D1666508

Kohlhammer

Michael Utsch

Religiöse Fragen in der Psychotherapie

Psychologische Zugänge zu Religiosität und Spiritualität

Mit Beiträgen von
Eckhard Frick, Martin Grabe, Felix Helg, Werner Huth,
Friedhelm Lamprecht, Tilmann Moser, Monika Renz,
Rolf Senst, Ursula Wirtz, Karl Heinz Witte und Jürg Zöbeli

Verlag W. Kohlhammer

1. Auflage 2005

Alle Rechte vorbehalten
© 2005 W. Kohlhammer GmbH Stuttgart
Umschlag: Gestaltungskonzept Peter Horlacher
Umschlagbild: Christina Utsch (www.atelier-paramentik.de)
Gesamtherstellung:
W. Kohlhammer Druckerei GmbH + Co. KG, Stuttgart
Printed in Germany

ISBN 3-17-017524-6

Inhalt

Vorwort 7

Zielsetzung, Inhaltsaufbau, Frageperspektive 9

Teil 1: Psychologie der Religion – ein unwegsames Gebiet 17

1 Psychologische Herausforderungen angesichts des Religionswandels. . . . 18
  1.1 Religiöses Erleben – natürlicher Bestandteil der seelischen
     Ausstattung? 18
  1.2 Wandel des Religiösen: zwischen Säkularisierung und
     Individualisierung. 35
  1.3 Die Religion der Psychologie: eine neue Heilslehre? 49
  1.4 Die psychologische Tabuisierung religiöser und spiritueller
     Erfahrungen. 58
  1.5 Aufgaben der Psychologie in einer religionsdiffusen Gegenwart 64
2 Geschichte – Hauptströmungen – Nebenstränge 69
  2.1 Historischer Abriss der Religionspsychologie 69
  2.2 Einige aktuelle empirische Erklärungsmodelle 75
  2.3 Besonderheiten psychoanalytischer Religionspsychologien 82
  2.4 Der Forschungsansatz der Transpersonalen Psychologie 90
  2.5 Die Deutungsperspektive der Parapsychologie 96
  2.6 Zur Neurobiologie religiöser Erfahrungen – die »Neurotheologie« . 100
3 Welt- und Menschenbilder in der Religionspsychologie . . . . · 105
  3.1 Menschenbilder als psychologische Leitkategorie 109
  3.2 Zwei gegensätzliche Vorannahmen 113
  3.3 Ein dritter Weg? Zur Transparenz anthropologischer
     Vorentscheidungen. 119
  3.4 Zusammenfassende Thesen zum Stellenwert einer persönlichen
     Weltanschauung in der Psychotherapie. 123

Teil 2: Religiosität als Thema von Beratung und Psychotherapie 131

4 Religiöse Beratung und spirituelle Psychotherapie 132
  4.1 Von der psychologischen Religionskritik zur spirituellen
     Psychoszene 135
  4.2 Die schwierige Zusammenarbeit zwischen Theologie und
     Psychologie 140
  4.3 Psychotherapie und Seelsorge – Gemeinsamkeiten und
     Unterschiede 145

4.4 Psychotherapie und geistliche Begleitung 152
5 Religion und Gesundheit 157
  5.1 Macht Religion krank oder gesund? 157
  5.2 Hilft Glauben heilen? Die Bedeutung des Gebets 167
  5.3 Werte und Tugenden als Ressource: die Positive Psychologie 178
6 Spiritualität: Sinnfindung oder Bewusstseinserweiterung? 186
  6.1 Begriffsverwirrungen: Glaube, Religiosität, Spiritualität 186
  6.2 Psychologische Messinstrumente von Religiosität und Spiritualität . 196
  6.3 Von der traditionellen Religion zur persönlichen Spiritualität 202

Teil 3: Zum therapeutischen Umgang mit religiösen Fragen 207

7 Ausschluss oder Einbeziehung religiöser Fragen? 208
  7.1 Existentielle Lebenskonflikte in Beratung und Therapie 208
  7.2 Empirische Befunde bei einer Einbeziehung religiös-spiritueller
      Änderungsstrategien 218
  7.3 Ausschluss oder Einbeziehung religiöser Fragen und spiritueller
      Themen? 226
8 Spirituelle Interventionen als Komplementärmedizin 236
  8.1 Spirituelle Interventionen in der Komplementär- und
      Alternativmedizin 236
  8.2 Unterschiede zwischen wissenschaftlicher und weltanschaulicher
      Lebenshilfe 241
  8.3 Die spirituelle Haltung als ein therapeutischer Wirkfaktor? 245
  8.4 Paradoxe Spiritualität – Meditation als Gesundheitsprophylaxe 246
  8.5 Voraussetzungen für die Einbeziehung religiös-spiritueller
      Interventionen 248
9 Zusammenfassendes Fazit in Thesenform 250
Epilog: Die Notwendigkeit religionspsychologischer Forschungsförderung . . 252

Teil 4: Religiosität in der klinischen Praxis: Therapeuten berichten 257

Werner Huth 258
Felix Helg 261
Eckhard Frick 265
Tilmann Moser 268
Monika Renz 270
Rolf Senst 273
Ursula Wirtz 277
Martin Grabe 281
Jürg Zöbeli 286
Karl Heinz Witte 290
Friedhelm Lamprecht 293

Literatur 297

Stichwortverzeichnis 325

Vorwort

Die Religiosität und Spiritualität werden in der deutschsprachigen Psychologie immer noch übergangen. Das ist der Ausgangspunkt dieses Buches, das zunächst nach Gründen für die psychologische Tabuisierung eines zutiefst menschlichen Themas fragt: Kann es sein, dass manche Psychologien selber die Hoffnung auf Selbsterlösung in sich tragen und deshalb eine Hilfe »von außen« ablehnen? Der Bereich des Religiösen und Spirituellen ist zudem so umfassend und komplex – psychologisch formuliert so »multifaktoriell« –, dass die Psychologie gut daran tut, ihren Blick über den Tellerrand der eigenen Disziplin zu erheben und wahrzunehmen, was andere Fakultäten erarbeitet haben, um diese Befunde aufzugreifen und psychologisch weiterzuentwickeln.

Das Fachgebiet der Religionspsychologie erlebt in Deutschland seit einigen Jahren einen behutsamen, aber immerhin merklichen Aufschwung. Dennoch sind viele Fragen – gerade von grundsätzlicher Reichweite – längst noch nicht geklärt. Die einfache Übertragung der differenzierten amerikanischen religionspsychologischen Befunde auf Deutschland funktioniert nicht, weil die europäische Religionskultur eine völlig andere Prägung aufweist. Religiöses und spirituelles Erleben sind nämlich in einem hohen Maß kulturell geprägt. Deshalb ist eine Wiederbelebung der europäischen und speziell der deutschen Religionspsychologie überfällig, zumal diese zu Beginn des vergangenen Jahrhunderts einige Jahre auch international forschungsleitend war.

Aufgrund des hierzulande mangelhaft entwickelten Forschungsstandes können manche Fragestellungen in diesem Buch nur angedeutet und zugespitzt, längst aber noch nicht beantwortet werden. Auch die beabsichtigte, möglichst umfassende Einbeziehung von Randgebieten der Religionspsychologie hat dazu geführt, dass einige Themen nur kurz angesprochen werden konnten, was beim Autor teilweise ambivalente Gefühle hinterlässt. Denn dadurch sind unvermeidlich Lücken geblieben – mögen sie zusammen mit den umfangreichen Literaturverweisen als Impuls für die Weiterarbeit dienen! Gerade im ersten Teil ging es mir neben der Skizzierung von Entwicklungslinien um den Argumentationsstrang der »Menschenbildabhängigkeit« – die weitere Ausdifferenzierung der religionspsychologischen Erklärungsansätze hätte den Buchumfang wesentlich erweitert und den Erscheinungstermin des Buches noch weiter hinausgeschoben. Einige wenige Redundanzen wurden in Kauf genommen, damit die Kapitel auch für sich gelesen werden können.

Ein fortwährender Streitpunkt betrifft den Gegenstandsbereich der Religionspsychologie. Während sich in den USA seit kurzer Zeit der Begriff Spiritualität durchzusetzen scheint, befinden wir uns hierzulande nach meiner Wahrnehmung mitten in der Begriffsumstellung von der Religiosität zur Spiritualität. Die dazugehörigen Diskussionen um Glauben, Religiosität und Spiritualität werden in dem vorliegenden Buch im 6. Kapitel dargestellt. In den vorigen Abschnitten werden Religiosität und Spiritualität synonym verwendet.

Der Abschluss des Manuskriptes hat sich aus verschiedenen Gründen mehrfach verschoben. An erster Stelle möchte ich deshalb meinem Lektor Dr. Ruprecht Poensgen für seine Geduld, Beharrlichkeit, vielfältigen Ermutigungen und hilfreichen Anregungen meinen herzlichen Dank aussprechen.

Aufrichtig danke ich ebenso den beiden Kolleginnen und neun Kollegen, die sich als praktizierende Psychotherapeuten auf das Wagnis eingelassen haben, zu einem ihnen unbekannten Buch eigene Erfahrungen und Positionen beizusteuern. Manche der vorher abstrakt geführten Diskurse gewinnen durch diese konkreten Stellungnahmen, die im Teil 4 abgedruckt sind, deutlichere Konturen und eine hohe Praxisrelevanz. Die vielfältigen und anregenden Beiträge dokumentieren darüber hinaus unmissverständlich, wie wichtig eine intensivere Behandlung der weltanschaulichen Fragen in Beratung und Psychotherapie ist. Also – ein herzlicher Gruß an *Werner Huth, Felix Helg, Eckhard Frick, Tilmann Moser, Monika Renz, Rolf Senst, Ursula Wirtz, Martin Grabe, Jürg Zöbeli, Karl-Heinz Witte* und *Friedhelm Lamprecht!*

Meinen Arbeitskollegen bei der Evangelischen Zentralstelle für Weltanschauungsfragen danke ich für viele anregende Diskussionen rund um die Fragen der Globalisierung von Weltanschauungen und der Bedeutung einer persönlichen Sinnfindung. Das EZW-Motto »Dialog und Unterscheidung« entspricht den psychologischen Qualitätskriterien gelingender Kommunikation und ist daher auch beim interreligiösen Gespräch unverzichtbar. Allen Religionspsychologen ist der Gedankenaustausch mit Theologen und Religionswissenschaftlern sehr zu empfehlen!

Meiner Frau, der Paramentikerin und Textil-Designerin Christina Utsch, danke ich für den Entwurf und die Herstellung des Bildgewebes »Sehnsucht«, das auf dem Buchumschlag abgebildet ist.

Last but not least – meine Frau und meine drei Kinder haben manches Mal zu Recht gemurrt, wenn die Familienpräsenz des Mannes/Vaters gerade in den letzten Monaten sehr eingeschränkt war. Vermutlich ist es zum großen Teil ihren Ermahnungen zu verdanken, dass dieses Manuskript zum Abschluss gebracht wurde – das Thema selber ist grenzenlos. Wenn das Buch also bei Lesern auf positive Resonanz stößt, können sie (auch) meiner Familie danken.

An das Buch knüpfe ich den Wunsch, die deutschsprachige Religionspsychologie möge ihre Kompetenzen noch stärker in gesellschaftlich brisante Konfliktfelder und therapeutisch-beraterische Grauzonen einbringen. Spiritualität und die persönliche Sinnfindung bergen für pluralistische Gesellschaften ein nicht zu unterschätzendes Konfliktfeld, zu dessen Lösung die psychologische Perspektive wirkungsvolle Hilfen bereitstellen kann.

Berlin, im Frühjahr 2005

Michael Utsch

Zielsetzung, Inhaltsaufbau, Frageperspektive: Über religiöse Fragen zu religiös-spirituellem Erleben?

Zielsetzung: In dem vorliegenden Buch werden zwei Themenbereiche behandelt, die trotz mannigfacher Berührungspunkte und einiger Überschneidungen deutlich voneinander unterschieden werden müssen. Grundlegende Lebensfragen betreffen jede(n) und berühren unwillkürlich Bereiche des Glaubens, des Religiösen und der Spiritualität – der allgegenwärtige (und dennoch verdrängte) Tod erinnert uns unmissverständlich daran. Außergewöhnliche Erlebnisse können dagegen schnell beiseite geschoben werden und lassen auch andere Deutungen als religiöse oder spirituelle zu. Den grundlegenden und »unbedingten« Lebensfragen nach Gerechtigkeit, Wahrheit, Leid, dem Bösen oder der Sinn(losigkeits)frage muss sich jeder Mensch stellen und diese für sich beantworten. Unvermeidlich kommen damit religiöse Themen und Traditionen ins Spiel. Unerklärliche Erlebnisse wie Lichterscheinungen oder Wahrträume hängen hingegen von besonderen charakterlichen Voraussetzungen oder außergewöhnlichen Ereignissen ab, die zwar häufiger vorkommen, als man denkt – Studien zufolge können in den meisten Ländern mehr als die Hälfte der Bevölkerung davon berichten (Hergovich 2001, 13 f.). Außerdem bieten sich neben einer religiösen oder spirituellen Deutung noch andere Interpretationen an, wie sie hierzulande häufiger vorgenommen werden.

Versucht man, die Religion mit Distanz etwa aus sozialwissenschaftlicher Perspektive zu betrachten, so besteht ihre wesentliche Funktion wohl darin, eine Lebensdeutung oder Weltanschauung zu (er-)finden, mit der das Schicksalhafte und Zufällige menschlicher Existenz überwunden werden kann. Das urmenschliche Bedürfnis nach Sicherheit, Schutz und Geborgenheit macht es erforderlich, Bedrohungen der eigenen Autonomie, die durch Gefühle des Ausgeliefertseins und des Kontrollverlusts entstehen, durch passende Erklärungen und Vorstellungen zu entschärfen. Je mehr Unwägbarkeiten der eigenen Person und der Umgebung bekannt sind und kontrollierbar erscheinen, desto größere Lebenssicherheit – im Sinne von Vertrauen in die eigenen und die sozialen Ressourcen – kann entstehen (Flammer 1994). Weil sich die eigene Umgebung letztlich bis zum Kosmos ausdehnt, nehmen das Weltbild und religiös-spirituelle Überzeugungen großen Einfluss auf das subjektive Empfinden von Lebenssicherheit. Gerade in existenziellen Krisensituationen scheint der Mensch auf religiöse Glaubensüberzeugungen angewiesen zu sein. Mit Hilfe dieser persönlichen »Wirklichkeitskonstruktion« können grundlegende Menschheitsfragen wie Zufall, Schuld, Leiden und Tod subjektiv schlüssig beantwortet werden.

Anders verhält es sich mit intensiven religiösen Erlebnissen. Während religiöse Ungewissheiten durch spezifische kognitive Einstellungen oder Glaubensüberzeugungen beantwortet werden können, vermittelt sich sowohl ein außergewöhnliches als auch sofort als religiös identifiziertes Erleben zunächst als eine affektive

9

Ergriffenheit, die erst in einem zweiten Schritt nach einer Erklärung verlangt. Sicher ist es für den Einzelnen im Nachgang wichtig, ob die Erfahrung des intensiven inneren oder auch äußeren Kontaktes esoterisch als »Energieerfahrung«, theologisch als »Gottesbegegnung«, okkult als »Geisterkontakt«, pantheistisch als ein »Aufgehen im Universum« oder rein immanent als menschliche Möglichkeit tiefer »Selbsterfahrung« interpretiert wird. Diese Entscheidung hängt ganz von den individuellen Vorerfahrungen, Prägungen und dem daraus entstandenen Deutungsschema ab. Zunächst jedoch steht das unbestreitbare, häufig durch intensive Körperempfindungen verstärkte Erleben von tiefer Ergriffenheit im Mittelpunkt.

Mit Recht betont der Soziologe Hans Joas (2004, 23): »Im subjektiven Erleben erscheinen uns bestimmte Deutungen unserer Erfahrung selbst als die einzig möglichen, die einzig plausiblen. Auch wenn für den Beobachter eine Differenz zwischen Erfahrung und Deutung besteht, gilt dies nicht notwendig für den Erlebenden selbst.«

> Zur Unterscheidung zwischen religiösen Fragen und religiös-spirituellem Erleben soll festgehalten werden: Existenzielle Fragen des Menschseins betreffen jede(n) und erfordern die Entwicklung einer eigenen religiös-weltanschaulichen Grundeinstellung und Glaubensüberzeugung.
> Das subjektive Erleben intensiver Ergriffenheit, Verbundenheit oder außergewöhnlicher Phänomene, von denen manche Menschen berichten, verlangt – wie alle tiefgreifenden Emotionen – nach einem Erklärungsmodell, das religiös oder spirituell ausfallen kann, aber auch andere Deutungen zulässt.

Trotz ihrer Unterschiedlichkeit berühren sowohl das intellektuelle Bedürfnis nach einer Welterklärung als auch Erlebnisse des Über-sich-hinaus-Reichens den religiösen Bereich. Dabei sollte mit religiösen (und auch mit anderen) Antwortversuchen vorsichtig und behutsam umgegangen werden, um das Unerklärliche, Rätselhafte und Geheimnisvolle der menschlichen Seele zu respektieren. Durch vorschnelle Deutungen und Erklärungen wird der Reichtum und die unberechenbare Entfaltungsdynamik der Seele beschnitten. Im besten Fall vermittelt Religion eine vertrauensvolle Zuversicht und Hoffnung trotz vieler ungelöster Fragen und eines nur lückenhaften Verstehens. Mit rationalen Kriterien und logischen Argumenten können die Widersprüchlichkeiten des Menschseins ohnehin nicht hinreichend erklärt werden. Sowohl die Beantwortung religiöser Fragen als auch die Bewertung religiöser Erlebnisse berühren die Grenze zum Außergewöhnlichen, Übernatürlichen oder Transzendenten, teilweise muss diese sogar überschritten werden.

> Daraus ergibt sich zu Beginn die ernüchternde und möglicherweise enttäuschende Feststellung, dass religiöse oder spirituelle Erlebnisse rein psycho-»logisch« nicht umfassend, schlüssig und folgerichtig erklärt werden können.

Die Religionspsychologie ist deshalb auf Ergänzung und eine interdisziplinäre Einbindung angewiesen, will sie nicht reduktionistische Schlüsse ziehen.

Psychologische Theorien und Modelle erheben den Anspruch, hinreichende innerseelische Erklärungen für menschliches Erleben und Verhalten zu liefern. In der schulischen Entwicklungsdiagnostik, der forensischen Begutachtung oder dem

Entwerfen eines psychotherapeutischen Behandlungsplans greifen Modelle see-lischer Persönlichkeitsentwicklung und Gesundheit mit Störungs- und Erkran-kungstheorien ineinander. Hinsichtlich der religiösen Dimension besteht die Schwierigkeit, dass hier der psychologischen Erkenntnisgewinnung enge Grenzen gesetzt sind. Religiös-spirituelle Erfahrungen entziehen sich einer rationalen Erfas-sung und Erklärung, weil ein möglicher Bestandteil dieser Erfahrungen – Gott oder eine übermenschliche Wirklichkeit – der wissenschaftlichen Analyse nicht zu-gänglich ist. Denn dafür wäre eine höhere, übergeordnete Analyseperspektive nö-tig, die feststellen kann, wo die Grenze zwischen der menschlichen Wunschvorstel-lung bzw. mentalen Konstruktion eines beispielsweise gütig-fürsorglichen Gottes und der (möglicherweise) davon unabhängigen und unsichtbaren religiösen Wirk-lichkeit verläuft. Neuere Überlegungen der Neurobiologie sehen interessanter-weise die Möglichkeit einer objektiven, bewusstseinsunabhängigen und damit transphänomenalen Welt als eine manche Rätsel des Bewusstseins lösende Hypo-these an (Roth 1997; Kirsch 2001).

Mit den geläufigen wissenschaftlich-psychologischen Methoden ist der religiö-sen Wirklichkeit – unabhängig davon, ob es sie gibt oder nicht – nur sehr vorläufig und vage beizukommen. Am nächsten kommt ihr die biographisch-hermeneuti-sche Analyse religiöser Erfahrungsberichte, bei der jedoch deren Wahrheitsgehalt nicht eigens untersucht wird. Die Erforschung der genauen Beschreibung einer subjektiven Gotteserfahrung geht zu Lasten verallgemeinerbarer Faktoren. Allen Berichten zufolge lässt sich eine Gottesbegegnung kaum sprachlich vermitteln. Ein solch außergewöhnliches Geschehen ist, den Betroffenen zufolge, nur als ein die ganze Person überwältigendes, unmittelbares Ereignis zugänglich. So wie eine Blinde schlecht über die Farbenpracht eines Rosenbeetes oder ein Tauber schwer-lich über ein Kammerkonzert berichten könne, entziehe sich ein religiöses Erlebnis der distanziert-wissenschaftlichen Untersuchung.

Auf diese berechtigte Kritik hat die Religionsforschung mit ausführlichen be-schreibenden Fallstudien reagiert. Neben den klassischen Textsammlungen und -analysen subjektiver Gottesbegegnungen, die später noch näher vorgestellt wer-den, ist hier an der Bremer Arzt Carl Albrecht zu erinnern, der eine phänomenolo-gisch exakte Beschreibung seiner Gottesbegegnung als »Ankommen des Umfassen-den im Versunkenheitsbewusstsein« beschrieben hat (Albrecht 1976, 254). Bei allem Wert solcher phänomenologischen Analysen werden jedoch zwei genuine Stärken der Psychologie nicht genutzt: ihre Fähigkeit, zwischen Wunschvorstel-lung und Realität sowie zwischen krankmachenden und gesundheitsförderlichen Einflussfaktoren unterscheiden zu können. Denn ohne Zweifel trägt der aufkläre-rische und emanzipatorische Ansatz der Psychologie dazu bei, Menschen selbst-sicherer, entscheidungsfreudiger und durchsetzungsfähiger zu machen. Dass die Psychologie aber keine Entwicklungsziele vorschreiben oder moralische Grenzen festlegen kann, wird häufig übersehen. Persönlich so wichtige Fragen wie »Was will ich? Woher komme ich? Wohin gehe ich? Warum ich? Wer bin ich?« müssen psychologisch unbeantwortet bleiben.

Diese zentralen Lebensthemen verweisen auf die Bedeutung einer religiösen oder spirituellen Selbstvergewisserung. Die Idee, den Einfluss religiös-spiritueller Glaubensüberzeugungen auf die Lebensqualität und besonders die Bewältigung von Lebenskrisen zu untersuchen, wurde erst in den letzten Jahren systematisch be-trieben – mit erstaunlichen Resultaten. Jedenfalls konnte die verbreitete Einschät-zung einer neurotischen und krankmachenden Religiosität widerlegt und sogar gesundheitsförderliche Effekte nachgewiesen werden. In der religionspsychologischen Forschung wird heute präzise und differenzierend gefragt:

> Welche Glaubensüberzeugungen können welchem Menschen helfen, eine höhere Lebenszufriedenheit zu erlangen oder einen Konflikt oder eine Krise besser zu bewältigen – und welche nicht? Welche Form der Religiosität oder Spiritualität nutzt einer bestimmten Person, welcher Glaubensstil erweist sich für welche Persönlichkeitsstruktur als eher schädlich?

Inhaltsaufbau: Eine Zielsetzung dieses Buches besteht in der konkreten Untersuchung, ob – und wenn ja, wie – eine religiöse oder spirituelle Dimension in Beratung und Psychotherapie einzubeziehen ist. Bevor dieser konkreten und anwendungsbezogenen Frage im dritten Teil des Buches unter dem Titel »Der beraterisch-therapeutische Umgang mit religiösen Fragen« nachgegangen werden kann, sind jedoch zwei vorbereitende Schritte notwendig:

1. Im ersten Teil werden grundsätzliche Fragen des Verhältnisses von Psychologie und Religion und ihre Geschichte behandelt. Dies ist notwendig, weil die Religionspsychologie besonders in Deutschland einen schweren Stand hat. Ohne die Einbeziehung gesellschaftlicher Veränderungen, die ja gerade auch das Religiöse betreffen (1. »Psychologische Herausforderungen angesichts des Religionswandels«), ohne die Skizzierung ihrer Forschungsansätze (2. »Geschichte – Hauptströmungen – Nebenstränge«) und ohne die Berücksichtigung der weltanschaulichen Voraussetzungen (3. »Menschenbilder in der Religionspsychologie«) kann das vorliegende Thema nicht angemessen behandelt werden.

2. Im zweiten Teil wird dann die Religiosität als Thema von Beratung und Psychotherapie untersucht. Welche neuen beraterischen Herausforderungen sind durch die gesellschaftliche Bedeutungsverschiebung der Religion entstanden? Wie wird fachlicherseits auf die Beobachtung reagiert, dass Orientierungs- und Wertekonflikte Anlass für Beratungs- und Therapiegespräche sind? Hier wird zum einen der amerikanische Forschungsstand referiert, zum anderen auf Gemeinsamkeiten und Unterschiede zu einer Disziplin hingewiesen, die von ihrem Selbstverständnis her Antworten auf den Umgang mit religiösen Fragen liefert – die christliche Seelsorge (4. Kapitel). Ein Forschungsschwerpunkt empirischer Religionspsychologie liegt seit vielen Jahren auf der Beziehung zwischen Religion und Gesundheit. Übt Religion, wie viele Menschen meinen, einen die natürliche Entfaltung unterdrückenden und gesundheitsschädlichen Einfluss aus, oder bietet sie sogar therapeutische Hilfen? Weil das Behandlungsziel beraterischer und therapeutischer Bemühungen zweifelsohne in der Gesundheit liegt, muss hier der Einfluss der Religion untersucht werden (5. Kapitel). Dabei wird deutlich, dass Religion nicht gleich Religion ist und die komplexen Verflechtungen der persönlichen religiösen Erfahrung und Deutung eine differenzierende Betrachtungsweise erfordern, die bei den Begriffen beginnt. So wird von christlich sozialisierten Menschen anstelle von der Religiosität häufig die Selbstbeschreibung »gläubig« verwendet. Darüber hinaus wird in diesem Zusammenhang immer häufiger das Konzept »Spiritualität« verwendet. Führt dieser Begriff weiter als die Konzepte Religiosität und Glaube, und ist mit »Spirituali-

tät« eher eine subjektive Sinnkonstruktion oder das Erleben einer Bewusstseinstransformation zu verstehen (6. Kapitel)?

3. Im dritten Teil werden dann praxisorientierte Fragen des therapeutischen Umgangs mit religiösen Fragen erörtert. Haben religiöse Fragen in einer Beratung oder Therapie ihren berechtigten Platz, oder sollten sie ausgeschlossen werden? Kann ein religiöses Ritual oder eine meditative Übung als »spirituelle Intervention« mit einer regelrechten therapeutischen Methode gleichgesetzt werden (7. Kapitel)? Weiterhin werden Gemeinsamkeiten und Unterschiede einer therapeutischen und einer spirituellen Grundhaltung herausgearbeitet, weil darin ein Schlüssel für die beraterische und therapeutische Wirksamkeit zu finden ist (8. Kapitel). Das 9. Kapitel umfasst ein kurzes Fazit in Thesenform. Hier werden die wesentlichen Ergebnisse, Anregungen und weiterführenden Fragestellungen der vorliegenden Arbeit zusammengefasst. Im anschließenden Epilog wird die Notwendigkeit religionspsychologischer Forschungsförderung begründet.

4. Der vierte Teil stammt direkt aus der Praxis. Er dokumentiert die Stellungnahmen von zwei Psychotherapeutinnen und neun Psychotherapeuten, wovon sechs eine ärztliche und fünf eine psychologische Grundausbildung haben. Diese klinischen Praktiker vertreten sehr unterschiedliche therapeutische Orientierungen und waren mir durch ihr Interesse an religiös-spirituellen Fragen in der Literatur aufgefallen. Ein wichtiges, weiteres Auswahlkriterium bestand darin, unterschiedliche weltanschauliche Perspektiven zu Wort kommen zu lassen. Diese psychologischen und ärztlichen Psychotherapeuten wurden gebeten, ihren Standpunkt zum Umgang mit religiösen Fragen in Beratung und Therapie kurz darzustellen, wobei ihnen als Anregung und Strukturierungshilfe folgende Fragen vorgelegt wurden:

> – Warum werden Ihrer Meinung nach in der deutschsprachigen Psychotherapie religiös-weltanschauliche Fragen häufig immer noch tabuisiert?
> – Wie verbinden Sie Ihren an wissenschaftlichen Kriterien orientierten Beruf als Therapeut/-in (»Profession«) mit Ihren religiös-weltanschaulichen Überzeugungen (im weitesten Sinne »Konfession«)?
> – Nimmt Ihre persönliche Glaubensüberzeugung Einfluss auf Ihre psychotherapeutische Praxis? Wenn ja, welchen?
> – Trennen oder integrieren Sie Psychotherapie und Spiritualität? Beziehen Sie religiös-spirituelle Fragen mit in eine Behandlung ein? Wenn ja, wie?

Die Stellungnahmen von Werner Huth, Felix Helg, Eckhard Frick, Monika Renz, Tilmann Moser, Rolf Senst, Ursula Wirtz, Martin Grabe, Jürg Zöbeli, Karl-Heinz Witte und Friedhelm Lamprecht sind ohne Kommentar abgedruckt und sollen für sich sprechen.

Der persönliche Standpunkt: In einer früheren Arbeit habe ich herausgestellt, wie sehr gerade bei religiösen Fragen die persönlichen Vorerfahrungen und der eigene Standpunkt die Frageperspektive und das Erkenntnisinteresse sowohl eines Forschers als auch einer Beraterin oder eines Therapeuten bestimmen (Utsch 1998, 39 ff.). Dieser Vorschlag der Transparenz der eigenen Denk- und Arbeitsvoraussetzungen wurde von manchen Religionspsychologen aufgegriffen (Beile 1998; Huber 2003). Deshalb möchte ich auch hier zu Beginn meinen eigenen Standpunkt kurz skizzieren.

13

Als Christ gehe ich von der Macht und dem liebevollen Wirken Gottes in der Welt und in jeder dafür offenen Lebensgeschichte aus. Die unsichtbare Wirklichkeit Gottes will und kann durch den Glauben an Jesus von Nazareth wahrgenommen werden und zu einer persönlichen Gottesbeziehung und gemeinsamen Geschichte führen. Ein christliches Elternhaus mit einer Mischung aus überzeugender pietistischer Frömmigkeit und protestantischer Weite führte mich schon als Kind zu einem persönlichen Umgang mit Gott. Mein Glaube wuchs langsam, unspektakulär und ohne ein besonderes Bekehrungserlebnis. Als Jugendlicher distanzierte ich mich von meinem Kinderglauben. In einer intensiven, mehrjährigen Protest-, Frage- und Suchphase wurden alternative Lebensentwürfe und Weltbilder analysiert und teilweise ausprobiert, konnten mich jedoch letztlich nicht überzeugen. Ausschlaggebend für eine erneute, nun rational-bewusste Hinwendung zum christlichen Glauben war ein schmerzlicher Prozess psychologischer Selbsterkenntnis, der in einer Sackgasse aus Ichbezogenheit, Einsamkeit und Beziehungssehnsucht endete.

Die neue Annäherungsphase begann mit der Entdeckung eines mich schon lange liebenden Schöpfergottes. Diese erlebte Wertschätzung und das in mich gesetzte Vertrauen setzten einen tiefgreifenden Änderungsprozess meiner Person in Gang. Dieser Prozess dauert an, weil das Leben – sollte ich besser sagen Gott? – ständig neue Dinge parat hält. Aber als ein von Gott gefundener Mensch kann ich weiter Suchender bleiben und mit ungelösten Rätseln leben. Immerhin lernte ich in meiner Ausbildung zum Psychoanalytiker (DGIP) im Rahmen von zwei Lehranalysen (bei einem Mann und einer Frau) meine eigene Weise von Beziehungsgestaltungen mit ihren Wünschen und Ängsten, Stärken und Schwächen besser kennen und verstehen. Ohne Zweifel hat sich dadurch auch meine Gottesbeziehung verändert. Die Selbstanalyse und beraterisch-therapeutischen Erfahrungen haben mich davon überzeugt, dass eine ihre Stärken einbringende und Grenzen einhaltende Psychologie die persönliche Spiritualität im Sinne einer authentischeren Glaubensverwirklichung fördern kann. Die beiden Lehranalysen erlebte ich diesbezüglich sehr unterschiedlich: Während der ärztliche Lehranalytiker, als er meine religiösspirituelle Seite kennenlernte, immer mehr ins Philosophieren abdriftete (er hat mittlerweile seine Chefarzt-Tätigkeit aufgegeben und arbeitet heute als leitender Mitarbeiter eines neuhinduistischen Satsang-Lehrers in Hamburg), reagierte die psychologische Lehranalytikerin bei diesen Themen merkwürdig gehemmt und zurückhaltend, was sonst durchaus nicht ihre Art war …

Als ein eher rationalistisch veranlagter und geprägter Mann sind mir intensive religiöse Erlebnisse eher unbekannt und suspekt. Bis heute habe ich keine mystische Einheitserfahrung gemacht, obwohl ich manchmal danach gesucht habe. Wenn ich mich trotzdem dafür interessiere, befinde ich mich in guter Gesellschaft: »Meine eigene Konstitution schließt mich vom Genuss mystischer Bewusstseinszustände fast vollständig aus, und ich kann von ihnen nur aus zweiter Hand berichten« (James 1997, 383).

Jedoch versuche ich heute häufiger, mich durch stille oder musikalische Kontemplation auf die Gegenwärtigkeit Gottes zu besinnen (was im Kontext eines lebendigen Familienlebens klare Grenzen hat), ohne dabei auf Erleuchtung oder Entrückung zu hoffen. Kleine Ereignisse oder Gedanken erinnern mich heute häufiger daran, wie nahe Gott mir immer schon ist. Nach meiner Überzeugung gilt es, die Spannung zwischen dem »Glauben und Nicht-Schauen« auszuhalten und sich trotzdem immer wieder vom Vordergründigen weg auf das Wesentliche des Hörens und Sprechens mit Gott zu besinnen und einzulassen.

Natürlich ist auch für mich die seit einiger Zeit populärer werdende Vorstellung verlockend, durch bestimmte Techniken Einblicke hinter den Schleier der trügerischen Alltagswahrnehmung nehmen zu können. Doch hier bleibe ich skeptisch – obwohl ich glaubwürdige, mystisch begabte Menschen kenne. Häufig tritt bei genauerer Betrachtung jedoch zutage, wie anfällig die menschlichen Auffassungen über die religiös-spirituelle Wirklichkeit für Trugbilder und Wunschvorstellungen sind. Hier kann die Psychologie zu einer kritischen Realitätsprüfung beitragen, indem sie untersucht, ob und wie sich religiös-spirituelles Vertrauen im Alltag auswirkt und bewährt. Nach meinen Erfahrungen können sich hier die wissenschaftliche Psychologie und ein religiöser Glaube gut ergänzen, wenn jeder Bereich seine Zuständigkeit (aner-)kennt und die dadurch feststehenden Grenzen eingehalten werden. Die Psychologie kann sich darin hilfreich erweisen, religiös-spirituelle Glaubensüberzeugungen zu »erden«.

Für einen Psychologen und Psychoanalytiker ist es eher ungewöhnlich, von einer persönlichen Gottesbeziehung zu reden, die nicht symbolisch als verinnerlichtes »Objekt«, sondern personal als ein lebendiges Gegenüber erlebt und verstanden wird. In meinem Ringen um eine erkenntnistheoretische Position hat mir die innere Entwicklung Martin Bubers (1982, 132) weitergeholfen, der von sich selber sagte, dass er als glaubender und denkender Mensch auf einem »schmalen Grat« existiere, »auf einem engen Felskamm zwischen den Abgründen, wo es keine Sicherheit eines aussagbaren Wissens gibt, aber die Gewissheit der Begegnung mit dem verhüllt Bleibenden«. Bubers innere Entwicklung verlief von einer Hochschätzung der mystischen Ekstase hin zu einem personal-dialogischen Verständnis der Gottesbeziehung (Mendes-Flohr 1979; Sudbrack 1988, 102 ff.). Nach einer Erfahrung, die er selber als »Bekehrung« beschrieb, entwickelte er in tiefgründiger philosophischer Verarbeitung seine von vielen aufgegriffene »Dialogik« (Buber 1973). Aufgrund seiner neuen Erkenntnisse distanzierte er sich später von seiner früheren Begeisterung für die Einheits-Mystik. Er untersagte deshalb die Neuauflage der früher von ihm herausgegebenen Textsammlung »Ekstatische Konfessionen«, weil er sie jetzt als irreführend empfand. Die einflussreiche Textsammlung, erstmals 1909 erschienen, wurde 1993 mit einem umfangreichen Vorwort von Peter Sloterdijk neu aufgelegt. In dem einführenden Vorwort werden jedoch Bubers Bekehrung verzerrt dargestellt und seine späteren Einsichten übergangen (Sudbrack 2001, 251 f.).

Martin Buber unterscheidet in seinem dichten, stellenweise poetischen Text »Ich und Du« trennscharf zwei Beziehungsweisen voneinander, nämlich die Ich-Es- von der Ich-Du-Beziehung. Nach ihrer Analyse in den ersten beiden Teilen analysiert er im dritten Teil die Beziehung zum »ewigen Du«. Darin respektiert er die mystische Einheitserfahrung als ein In-sich-Ruhen, versteht sie aber letztlich als eine Mystik des Selbst. Die Gottesmystik sei jedoch von einer echten Begegnung bestimmt, die er als Einheitserfahrung der Liebe charakterisiert. Hier seien beide Partner so selbstvergessen, dass sie ihre Beziehung als Einheit erlebten, was jedoch nur äußerlich der Selbstmystik gleiche. Die mystische Begegnung mit Gott sei am nächsten einer Liebeserfahrung vergleichbar. Die Verwechslung beider Einheitserfahrungen aber ist nach Buber (1973, 94) verhängnisvoll – der Mensch mache sich zu Gott: »Alle Versenkungslehre gründet in dem gigantischen Wahn des in sich zurückgebognen menschlichen Geistes; es geschehe im Menschen. In Wahrheit geschieht er vom Menschen aus – zwischen dem Menschen und dem, was nicht er ist.«

In der christlichen Theologie wird davon gesprochen, dass »die Wirklichkeit des Glaubens sich auf eine Begegnung gründet, auf eine Ich-Du-Beziehung zwischen Gott und Mensch. ›Ich bin der Weg, die Wahrheit und das Leben‹, sagt eines der Ich-Worte Jesu aus dem Johannes-Evangelium. Wahrheit entsteht danach in der Begegnung mit Christus, weil diese Begegnung eine erneute Gottesbeziehung schafft und diese Gottesbeziehung wiederum die Wirklichkeit des Menschen verwandelt« (Hemminger 1993, 8).

Weiter arbeitet Buber in diesem Text klare Differenzen des jüdisch-christlichen Personalismus zu hinduistischen und buddhistischen Ansätzen heraus. Seine Dialog- und Unterscheidungs-Prinzipien stießen damals wie heute auf viel Resonanz – und Widerspruch. Bubers Argumentation ist heute nicht nur vor dem Hintergrund des interreligiösen Dialoges mit ihrer fragwürdigen These der »Mystik als gemeinsamer Kern aller Religion« eine Beurteilungshilfe. In psychotherapeutischer Hinsicht ist besonders eine schriftliche Reaktion C. G. Jungs bemerkenswert, auf die Buber (1994) mit einer scharfen »Replik auf eine Entgegnung C. G. Jungs« reagierte. Auf der Grundlage seiner glaubenden Erfahrung und seines dialogischen Denkens adressierte er an C. G. Jung, der ihm auf einen Aufsatz öffentlich widersprochen hatte: »Die Unterscheidung, um die es hier geht, ist die zwischen psychischen Aussagen, denen eine außerpsychische Wirklichkeit entspricht, und psychischen Aussagen, denen keine entspricht ... Eine Seelenlehre, die die Geheimnisse behandelt, ohne die Glaubenshaltung zum Geheimnis zu kennen, ist die moderne Erscheinungsform der Gnosis. Sie – und nicht ein Atheismus ... – ist der eigentliche Widerpart der Glaubenswirklichkeit« (ebd., 149 f.).

Die klare Unterscheidung der Zuständigkeiten von Glauben und Denken ist wichtig, um sie persönlich integrieren zu können. Martin Buber ist hier ein verlässlicher Lehrer. Nicht ohne Grund habe ich für meine psychoanalytische Ausbildung Alfred Adlers Individualpsychologie gewählt, bei dem das Gemeinschaftsgefühl mit seinem interpersonalen Beziehungsgeschehen einen zentralen Stellenwert einnimmt, das auch Martin Buber beeinflusst hat (Wiegand 1995, 466).

Vor diesem Hintergrund soll diese Arbeit Wege des Umgangs mit religiösen Fragen aus psychologischer Sicht aufzeigen. Dabei wurde sowohl versucht, die aktuelle Literatur zu erfassen und vorzustellen als auch die zugrunde liegenden weltanschaulichen Aspekte zu berücksichtigen. Gerade die »kunsthandwerkliche« Praxis von Beratung und Therapie erfordert ein persönlich stimmiges Zusammenwirken von Denken und Glauben. Sowohl im Hinblick auf religionspsychologische Erkenntnisse als auch die individuelle Glaubensverwirklichung besteht hier nach meiner Einschätzung großer Nachholbedarf.

Teil 1: Psychologie der Religion – ein unwegsames Gebiet

Das Format der Religion hat sich in den letzten Jahrzehnten tief greifend geändert. Ethik und Moral sind längst nicht mehr an traditionell-religiöse Normen gebunden. Parallel zur Abnahme religiöser Bindungen haben subjektive religiöse, häufig als »spirituell« bezeichnete Erfahrungen zugenommen. Im ersten Kapitel wird der Wandel des Religiösen nachgezeichnet, und zwei widersprüchliche soziologische Erklärungsansätze, die Säkularisierungsthese und die Individualisierungsthese, werden gegenübergestellt (1.1). Wenn religiöses oder spirituelles Erleben in der Wissensgesellschaft auch überholt zu sein scheint, gibt es dennoch Hinweise darauf, dass es als ein natürlicher Bestandteil zur seelischen Ausstattung gehört (1.2). Andererseits haben psychologische Erklärungen selber zu einer gänzlich säkularen Deutung des Menschseins beigetragen, teilweise treten sie sogar mit eigenen Heilsversprechen auf (1.3). In der gegenwärtig religionsdiffusen Gesellschaft fallen der Psychologie hingegen neue Aufgaben zu, um den Einzelnen bei der individuellen Sinnfindung, ethischen Urteilsbildung und Positionsfindung im interreligiösen Dialog zu unterstützen (1.4).

Im zweiten Kapitel wird die Geschichte der Religionspsychologie in groben Zügen dargestellt. Nach einem kurzen historischen Abriss (2.1) werden aktuelle empirische Erklärungsmodelle vorgestellt (2.2). Danach kommen die Nebenstränge der psychoanalytischen Religionspsychologien (2.3), der Transpersonalen Psychologie (2.4), der Parapsychologie (2.5) sowie die Neurobiologie religiöser Erfahrungen (2.6) zu Wort.

Das dritte Kapitel behandelt den Einfluss von Menschenbildern in der Religionspsychologie. Obwohl sie häufig übersehen werden, fungieren Menschenbilder als Leitkategorie bei der Entwicklung psychologischer Theorien (3.1). In der Religionspsychologie wurde bisher häufig mit zwei gegensätzlichen Vorannahmen – die Religion erklärend (»reduktionistisch«) oder die Religion verteidigend (»apologetisch«) – vorgegangen (3.2). Durch die Offenlegung der anthropologischen Vorentscheidungen wird hier ein dritter Weg vorgeschlagen und beschritten (3.3).

17

1 Psychologische Herausforderungen angesichts des Religionswandels

1.1 Religiöses Erleben – natürlicher Bestandteil der seelischen Ausstattung?

Für die meisten Menschen gehört »Religion« nicht (mehr) zum persönlichen Erfahrungsbereich. Religion, damit werden spontan unzeitgemäße und alltagsferne Dogmen wie die Jungfrauengeburt oder der Zölibat in Verbindung gebracht. Auf den ersten Blick mag es scheinen, als ob die im Buchtitel angesprochene Deutung eines Erlebens als »religiös« nur noch eine historische Geltung beanspruchen kann. Allenfalls wird Verständnis dafür aufgebracht, dass religiöse Überzeugungen im Rahmen eines vormodernen Weltbildes eine zentrale Rolle übernahmen. Heute jedoch, im Zeitalter der Informations- und Wissensgesellschaft des angebrochenen dritten Jahrtausends, wird zumindest in Westeuropa vermutlich mehrheitlich die Überzeugung vertreten: Religiös sein heißt rückständig sein.

Dass ein ungewöhnliches Erleben auf die Zugehörigkeit zu einem größeren Ganzen hinweisen und damit an die Bezogenheit zum eigenen Ursprung erinnern könnte, davon sind nur wenige Zeitgenossen überzeugt. Während sich die Lebenssicherheit der Moderne aus rationalen Überzeugungen speist und eine Kontrolle über die Lebensbedingungen verspricht, entspringt das religiöse Lebensgefühl einer vertrauensvollen Beziehung zu einer Schöpferkraft oder Gott, der man sich bedingungslos ausliefert und hingibt. Dieses Vertrauensverhältnis stiftet Geborgenheit und bietet alltagsnahe Konfliktbewältigung an. In dieser Weltauffassung steht jedoch nicht der Mensch als *Homo faber* schöpferisch und kontrollierend im Zentrum wie im Weltbild der Moderne. Er (oder sie) empfindet das Wohlergehen abhängig vom Segen oder der Gnade eines verehrungswürdigen Schöpfers. Deshalb ist der persönliche Kontakt mit dieser anderen Wirklichkeit von hoher Bedeutsamkeit – wenngleich der Umgang oder gar die Beziehungsgestaltung zu der als heilig empfundenen Realität anderen Gesetzmäßigkeiten als der zwischenmenschlichen Kommunikation unterliegt.

Aber gehört die Fähigkeit einer religiösen Empfindsamkeit zur seelischen Grundausstattung des Menschen? Werden dadurch nicht eher bestimmte Charaktertypen gekennzeichnet, vergleichbar etwa mit musischer oder handwerklicher Begabung? Der Philosoph und Psychologe *William James* erhielt Anfang des 20. Jahrhunderts von der Universität Edinburgh den Auftrag, eine Vorlesungsreihe über natürliche Religion zu halten. Grundlage seiner berühmt gewordenen Gifford-Vorlesungen bildeten Erfahrungsberichte religiöser »Genies«. Er suchte nämlich nach intensiven ursprünglichen Erlebnissen, die er nur bei Menschen zu finden glaubte, »für die Religion weniger eine dumpfe Gewohnheit ist als vielmehr heftigem Fieber gleicht« (James 1997, 42). Bei charismatischen Führern religiöser Gemeinschaften – etwa George Fox als dem Begründer der Quäker – fand er lebendige Beispiele intensiv gelebter Frömmigkeit, die er seinen Analysen zugrunde legte. Bei aller Wertschätzung für diesen bahnbrechenden religionspsychologischen Klassiker weist die empirische Religionsforschung heute auf eine andere Befundlage hin. Der subjektive Gefühlszustand einer besonderen Ergriffenheit, Feierlichkeit, Abhängigkeit oder Verehrung kann sich durchaus auch auf nichtreligiöse Inhalte beziehen – auf einen bewunderten Menschen, eine vertraute Familientradition oder ein intensives Naturerlebnis. Der Münchener Religionspsychologe Bernhard Grom (1992, 249) kommt nach der Durchsicht verschiedener Studien zu dem Schluss, dass »Religiosität nicht als etwas eigenes zu betrachten ist, das sich von allem übrigen Erleben radikal unterscheidet und in einer besonderen ›Begabung‹, einer speziellen ›Anlage‹ oder einem eigenen ›Vermögen‹ wurzelt«. Das bedeutet:

> Einzig durch die kognitive Aktivität, nämlich durch die subjektive Bewertung und Einordnung eines Erlebens in ein religiöses oder spirituelles Deutungsschema, wird aus einem ungewöhnlichen Phänomen eine religiöse oder spirituelle Erfahrung.

In der religionsgeschichtlichen Erforschung des Phänomens Mystik wurde grundsätzlich an der Unterscheidung zwischen ihrer religiösen und säkularen Deutung festgehalten, ob sie nun in eine extrovertierte oder introvertierte, willens- oder gefühlsbetonte, persönlichkeitsverneinende oder persönlichkeitsbejahende, numinose oder religiöse Erfahrung unterteilt wird (Holm 1990, 60–66; Haas 1992). Auch ein herausragender vergleichender Religionsforscher, Robert Zaehner (1960), stellt eine wesenhafte Differenz zwischen Naturmystik und religiöser Mystik fest.[1] Auf den diesbezüglichen literarischen Schlagabtausch zwischen Carl Gustav Jung und Martin Buber, der ebenfalls die universalistische Einheitsmystik strikt von der jüdisch-christlichen Begegnungsmystik abgrenzte, wurde schon zu Anfang in der Zielsetzung hingewiesen.

Die hier beschriebene Zweiteilung konnte auch empirisch gut nachgewiesen werden. Die wohl meisten Studien zu diesem Forschungsbereich hat Ralph Hood (1995) angeregt und durchgeführt.[2] Dazu hat er verschiedene Messmethoden entwickelt, indem er beispielsweise Textausschnitte aus den von William James gesammelten Erfahrungsberichten zusammenstellte. Die Testpersonen sollten nun anhand einer Bewertungsskala beurteilen, ob sie ähnliche Erfahrungen wie die beschriebenen gemacht haben. Zusammenfassend lautet Hoods Resultat, dass intensive religiöse Erlebnisse in der Tat in zwei Haupttypen vorkommen. Der erste ist religiös orientiert und wurde daher auch als »religiöse Mystik« bezeichnet. Den anderen bezeichnete Hood als allgemeinen Faktor, wo Menschen eine besondere Ergriffenheit erlebten, ohne diese religiös zu deuten. Dazu gehörten das Aufgehen in der Natur, ein Ichverlust bei starker Identifikation mit einer Gemeinschaft oder intensive Kunsterlebnisse (Musik, Theater, Malerei).

Die Notwendigkeit eines interdisziplinären Verstehens

Mindestens zwei Faktoren erschweren jede psychologische Untersuchung religiöser Phänomene: ihre Intimität und ihre Komplexität. William James (ebd., 383) ging davon aus und prägte damit Forschergenerationen, dass »die persönliche religiöse Erfahrung ihre Wurzel und ihr Zentrum in mystischen Bewusstseinszuständen hat«. Aufgrund von zahlreichen Textanalysen gewann er ein relativ einheitliches Muster besonderer religiöser Wahrnehmungsweisen.[3] Er schlug vier Merkmale vor, die eine Erfahrung als mystisch ausweisen. Viele nachfolgende Untersuchungen schlossen sich seinen Kriterien an: Durch seine Unaussprechbarkeit, seine Überzeugungsqualität, seine Flüchtigkeit und seinen Bemächtigungscharakter wird ein Zustand »mystisch«.

Wie soll ein subjektives Erleben psychologisch abgebildet werden, dessen Wucht und Eindrücklichkeit kaum in Worte zu fassen ist, häufig paradoxe Inhalte vermittelt und sich zudem noch als äußerst unbeständig erweist? Kein Wunder also, dass bisher wenige Psychologen Interesse für derartige Phänomene zeigen! Und wenn, dann wurden häufig psychopathologische Kriterien angelegt – und prompt Symptome gefunden und Diagnosen vergeben. Aufgrund derartig reduktionistischer Perspektiven warnen nicht wenige Religionswissenschaftler und Historiker vor einer psychologischen Erforschung intensiver religiöser Erfahrungen. Mit Recht – denn eine vorschnelle, psychologisierende Einordnung und Festschreibung außergewöhnlicher Erfahrungen wird sich keinesfalls als dem Verständnis dienlich und weiterführend erweisen. Es gilt zunächst, die Unerklärlichkeit auszuhalten und sich – im günstigsten Fall – gemeinsam mit dem/der Ratsuchenden um ein biographisches Verstehen unter besonderer Einbeziehung der subjektiven Glaubensüberzeugung zu bemühen.

Die persönliche religiöse Suche, das Ringen mit existenziellen Fragen und das vorsichtig-tastende Ausprobieren unterschiedlicher Deutungsfolien ist eine zutiefst intime Angelegenheit. Das Spirituelle wird heute tabuisiert wie vor hundert Jahren die Sexualität. Vielleicht mag man sich in der aufgeklärten und technikgesteuerten Moderne nicht die (vermeintliche) Blöße geben, grundlegenden Lebensfragen – Woher komme ich? Wohin gehe ich? Wer bin ich? Was will ich? – rat- und hilflos ausgeliefert zu sein. Die im vierten Kapitel zu Wort kommenden Psychotherapeuten nennen weitere, erhellende Gründe für das (typisch deutsche?) Vermeiden religiöser Diskurse und Themen im beraterisch-therapeutischen Kontext.

Neben die Intimität tritt die Komplexität des religiösen Erlebens, die eine psychologische Beschreibung und Erhellung erschweren. Was macht einen Erleben zu einem religiösen? Reichen die vier Kriterien von James aus, um die unterschiedlichen Einflussgrößen und Aspekte zu erfassen?

Die beschriebene Komplexität macht die interdisziplinäre Zusammenarbeit unausweichlich, auch wenn sie schwierig ist. Die mittels empirischer Methoden zugänglichen Erfahrungen sind eine Sache, ihre Bedeutung und Interpretation eine andere. Schon Anfang des letzten Jahrhunderts hat Ernst Troeltsch darauf hingewiesen, dass die moderne Religionswissenschaft einerseits genaue empirische Kenntnisse der Phänomene erfordere. Darüber hinaus wird »jedoch eine ganz andere Dimension angeschlagen, in der erkenntnistheoretische Fragen anstehen. Man kann sich unmöglich mit einer bloß empirischen Psychologie zufrieden geben« (zit. nach McGinn 1994, 481). Auch einer der wegweisenden Theologen des vergangenen Jahrhunderts, Karl Rahner, hat in der Bewertung religiöser Erfahrungen nachdrücklich den Dialog mit der Psychologie eingefordert. Ob etwa die »mystische Erfahrung eine normale Entwicklungsfrage auf dem Weg zur christlichen Vollendung« sei, wollte Rahner (1989, 99) nicht generell beantworten: »Die Antwort hängt an der Psychologie: Inwiefern nämlich solche an sich natürlichen

Versenkungsphänomene notwendig in einen personalen Reifungsprozess gehören.«

Es wird deutlich, wie zwingend notwendig das Gespräch zwischen Theologie, Religionswissenschaft und Psychologie ist, um eine religiöse oder spirituelle Erfahrung angemessen verstehen zu können. Deshalb schließt einer der renommiertesten Mystik-Experten den ersten Band seiner Mystik im Abendland angesichts der feindlichen »Lager, die sich wie zu Beginn des Jahrhunderts gegenüber stehen«, etwas resigniert: »Wer wie ich der Überzeugung ist, dass eine rein empirische Interpretation mystischer Texte aus einer reduktiven psychologischen Perspektive fragwürdig ist, muss dennoch angesichts des völlig unzureichenden interdisziplinären Dialogs beunruhigt sein. Bei diesem dialogue de sourdes haben beide Seiten eine Bringschuld« (McGinn 1994, 481). Deshalb werden in der vorliegenden Untersuchung immer wieder Brücken zu Nachbardisziplinen hergestellt, ohne die ein angemessenes Verstehen nicht möglich wäre. Das geht zwar zu Lasten der einzelwissenschaftlichen Vertiefung, ermöglicht aber einen systematischeren Überblick. Eine derartige Vorgehensweise mit seinen Vor- und Nachteilen wurde zu dieser Thematik schon früher angewendet. Ich schließe mich einer vor fast hundert Jahren ausgedrückten Hoffnung an: »Es ist kaum ein Kapitel in diesem Buche, das sich nicht leicht zu einem Buche hätte erweitern lassen, und ich kann nur hoffen, dass dieser unvermeidliche Ausfall an ausführlicher Genauigkeit durch die Vorteile umfassender Zusammenschau aufgewogen werde« (Mattiesen 1987, VI).

Vom außergewöhnlichen Erlebnis zur religiösen Erfahrung

Dass ein außergewöhnliches (»paranormales«) Erlebnis zu einer »religiös« gedeuteten Erfahrung wird, setzt Kenntnisse im »verborgenen Bereich des Heiligen« voraus. So provokant hat es ein umstrittener Theologe formuliert und damit die persönliche, lebensgeschichtlich geprägte Deutungsperspektive mit ins Spiel gebracht (Josuttis 2000; 2002). Kritiker werfen ihm einen Rückfall in mythologisches Denken vor (Bieritz 2002). Die Aufregung ist verständlich, ist damit doch der zentrale Diskussionspunkt der weitgehend englischsprachigen Diskussion um die Beziehung zwischen mystischer Erfahrung und ihrer Interpretation erreicht, die McGinn (ebd., 449 ff.) übersichtlich nachgezeichnet hat.

Vereinfacht kann man festhalten, dass Erfahrungen kognitiv gedeutete Erlebnisse sind:[4] »Erfahrungen sind immer bis zu einem gewissen Grad interpretiert« (Smart 1978, 14). In dem erwähnten philosophischen Sammelband betont der Herausgeber Katz (1978, 26), dass es keine unmittelbare, »reine« Erfahrung gebe. »Jede Erfahrung ist durch extrem komplexe epistemologische Wege hindurchgegangen, wurde durch diese organisiert und macht sich nur so zugänglich.«

Unter Bezugnahme der Aufsätze dieses philosophischen Sammelbandes zur Interpretation religiöser Erfahrungen unterstützt McGinn (ebd., 455) seine Parteinahme für die Kontextualität aller mystischen Erfahrung und erinnert daran, dass »mystische Erfahrungen in erster Linie religiös spezifizierte Erfahrungen sind: Buddhisten machen buddhistische mystische Erfahrungen, Juden jüdische, und Christen machen mystische Erfahrungen, die auf Christus bezogen sind«. Damit stellt er sich gegen die weit verbreitete Behauptung von der universalen, transkonfessionellen Einheit mystischer Erfahrung, die in letzter Zeit an Popularität zugenommen hat – die Aktivitäten von Willigs Jäger sind dafür ein Indiz.[5]

Die verbreitete Hypothese einer sozialen Genese der religiösen »Empfänglichkeit« übersieht aber die Tatsache, dass heute immer mehr Biographien von einem »Religionswechsel« geprägt sind (Süss & Pitzer-Reyl 1996). Haben in einer zunehmend säkularisierten Wirklichkeitsdeutung religiöse Wahrnehmungsformen überhaupt einen Platz? Der genuss- und konsumorientierte Materialismus einer »Generation Golf« widerspricht einer werte- und beziehungsorientierten Spiritualität doch diametral (Illies 2001)![6]

Es mag wohl zutreffen, dass einige (wenige) Menschen einen unstillbaren Drang zu religiöser Verehrung, Unterwerfung und Verschmelzung mit »dem Universum« verspüren. Aber weisen derartig intensive religiöse Sehnsüchte nicht eher auf neurotische Fehlhaltungen hin, die sich psychotherapeutisch aufklären und »heilen« lassen können? Häufig werden vorschnell psychoanalytische Deutungsmuster in Anschlag gebracht und eine regressive Fixierung oder die Reinszenierung eines ungelösten ödipalen Konflikts assoziiert und diagnostiziert. Derartige Verknüpfungen sind als Pauschalurteil falsch, jedenfalls in direkter kausaler Verknüpfung (vgl. Rahner 1989, 33 ff.; Sudbrack 1998, 48 ff.; Mundhenk 1999; 177 ff.). Schon William James (ebd., 42) beschrieb seine religiösen »Genies« als Menschen, die ein Leben voll innerer Zerrissenheit führten und zeitweise unter Depressionen litten: »Sie kannten kein Maß, neigten zu Obsessionen und fixen Ideen; häufig fielen sie in Trance, hörten Stimmen, hatten Visionen und zeigten alle möglichen Eigenheiten, die man normalerweise als pathologisch klassifiziert.« Jedoch unterstrich er, dass nicht selten gerade diese pathologischen Züge diesen Menschen zu ihrer besonderen religiösen Autorität und ihrem Einfluss verholfen haben. Auch der bekannte Mystikforscher Josef Sudbrack (1998, 49) wehrt sich gegen eine vorschnelle Pathologisierung mystischer Erfahrungen und stellt nach der – zum Teil auch psychologischen – Analyse einschlägiger Heiligenbiographien fest: »Psychische Labilität und Heiligkeit können Hand in Hand gehen … Das Ideal des heiligen Lebens hängt für die christliche Lebensauffassung – Gott sei gedankt! – nicht von der psychischen Gesundheit ab, so sehr diese erstrebenswert bleiben muss.«[7]

Dass die Unterscheidung zwischen mystisch-religiösen Erfahrungen und wahnhaftem Erleben nicht einfach zu treffen ist, hat der Psychiatrie-Seelsorger Ronald Mundhenk (1999) in seiner Dissertation aufgezeigt. Nach eindrücklichen Falldarstellungen kann er jedoch Differenzierungsmerkmale wie eine relative Angstfreiheit und nachhaltige Alltagsrelevanz bei gesunden mystischen Erfahrungen beschreiben, während Wahnzustände häufig mit Angst einhergingen und sehr schwankend seien.

In einem Forschungsreferat hat ein Schweizer Psychiaterteam auf der Grundlage zweier ausführlicher Fallanalysen Unterschiede und Gemeinsamkeiten von Wahn und Glaube folgendermaßen herausgearbeitet (Schäfer, Pfeifer, Steinberg & Heindl 2002):

Wahn	Glaube
Singularität	Gruppenverankerung
Vereinsamung	Gemeinschaft
Unkorrigierbarkeit	Zulassen von Zweifel
Vertrauensverlust	Vertrauen
oft bedrohlicher Inhalt	oft transzendenter Inhalt
weitere psychopatholog. Auffälligkeiten	psychopathologisch unauffällig

Auch Psychotherapeuten erkennen zunehmend an, dass religiöse Bindungen oder spirituelle Erfahrungen ein Potential an Krisenbewältigung und Lebenssicherheit enthalten, das prophylaktisch und therapeutisch wirksam werden kann. Gehört die Beantwortung zentraler Lebensthemen vielleicht sogar zu den unerlässlichen Entwicklungsaufgaben des Erwachsenenalters (Benson, Roehlkepartain & Rude 2003; Hay, Reich & Utsch 2005)?

Religion – Kür oder Pflicht?

Offensichtlich existier(t)en zu allen Zeiten sehr unterschiedliche, lebensgeschichtlich geprägte Ausgangslagen, aus denen heraus sich eine intensive religiöse Sehnsucht entwickeln kann. Leider gibt es erst wenige vergleichende Untersuchungen, die einheitliche Motive wie etwa Mangelerfahrungen als Anlass für eine intensive religiöse Suche gefunden haben. Ein weiterführender Anknüpfungspunkt bildet das Modell der »Passung«, dass bei religionswissenschaftlichen Untersuchungen über neue religiöse Bewegungen als Scharnier zwischen der persönlichen Bedürfnislage und der Angebotspalette einer religiösen Gemeinschaft gefunden wurde (Deutscher Bundestag 1998, Murken & Namini 2004).

Immer wieder sind es plötzliche Lebenskonflikte, unterschätzte Übergangskrisen, Krankheiten oder persönliche Katastrophen, denen nur noch ein religiöser Sinn abgerungen werden kann, während psychotherapeutische und beraterische Hilfestellungen längst an ihre Grenzen stoßen (Wirtz & Zöbeli 1995).

Wenn einem Menschen plötzlich buchstäblich (zum Beispiel bei einem Lawinenunglück oder einem Erdbeben) oder symbolisch (Verlust einer »tragenden« Beziehungsperson) der Boden unter den Füßen weggerissen wird, werden unweigerlich religiöse Fragen virulent. Ein Berater berichtete von einer Patientin, die das Erdbeben in der Türkei 1999 miterlebte und dabei unter den Haustrümmern verschüttet wurde. Sie und ihre Schwester überlebten, die Mutter starb: »Die Patientin erlebte nicht nur, wie die Erde unter ihr zitterte und schwankte. ... Ihr ganzes Weltbild brach zusammen – mit Fragen und Anklagen an den Gott ihrer Religion« (Madert 2003).

> Ein schweres Trauma führt nach Madert (ebd., 22) unweigerlich zur Beschäftigung mit spirituellen Fragen durch die
> – Erschütterung der Selbstverständlichkeit des In-der-Welt-Seins,
> – Konfrontation mit dem Bösen und dem Leid, verstanden als dunkle Seite Gottes,
> – Verfeinerung der Wahrnehmung, Öffnung anderer Wahrnehmungsdimensionen,
> – Suche nach der Errettung und nach einer Erlösung.

Die Religionsgeschichte liefert vielfache Beispiele für einen tiefen Zusammenhang zwischen dem Durchleben einer persönlichen Krise und religiöser Erfahrung. Ein Beispiel aus der christlichen Mystik ist die »dunkle Nacht der Seele« als Durchgangsstadium zur Gottesbegegnung bei Johannes vom Kreuz. Auch bei Meister Eckhart ist »die mystische Gotteserfahrung zuletzt ein rezeptives Gott-Erleiden« (Rosenau 1993, 580). In den Schriften des Mystikers Johannes von Tauler wird »die Krise als Ort der Gotteserfahrung in ihren bewusstseinsverändernden Aspekten beschrieben. Ich habe auffällige Parallelen der mystischen Erfahrung mit dem traumatischen Erleben gefunden: Sinnkrise, extreme Angstzustände, Leiden, Selbstvernichtung und Leere« (Wirtz 2003, 9).

Neuerdings wird dieser Zusammenhang durch den Begriff der »spirituellen Krise« betont. Was genau damit gemeint ist, darüber herrscht gegenwärtig noch Unklarheit. Jedenfalls wird in dieser Sichtweise an jahrhundertlange Erfahrungen unterschiedlicher religiöser Traditionen angeknüpft und mit modernen psychologischen Theorien und Methoden in Beziehung gesetzt.

Die Psychotraumatologin Ursula Wirtz (ebd., 16) stellt für die Helfenden der Traumatherapie fest, dass sie »kontinuierlich Fragende und Befragte (bleiben): Woher kommen wir, wohin gehen wir, was ist der innerste Grund, aus dem wir entstanden sind und in den wir wieder eintauchen? Was ist der Sinn des Bösen? Was gibt meinem Leben Sinn und Halt, und welche Erfahrungen führen mich zu meiner Mitte?«

> Es gibt klare Hinweise darauf, dass die weltanschauliche Einordnung und Deutung einer existenziellen Krisensituation ihrer Bewältigung dient. Das kann im Einzelfall bedeuten, eine neue persönliche Positionsbestimmung vorzunehmen, wodurch das bisherige Selbst-, Gottes- und Menschenbild neue Konturen erhält.

Braucht jeder Mensch Religion? Der Soziologe Thomas Luckmann (1996) argumentiert mit der Nicht-Festgelegtheit, der »Weltoffenheit« der menschlichen Entwicklung, dass Menschen vor der Aufgabe stehen, sich selber eine sinnvolle Wirklichkeit zu schaffen. Durch den Tatbestand der Weltoffenheit sei die religiöse Suche vorgegeben – die Suche »nach mythologisch-narrativen, ikonischen, rituellen und theologisch systematisierenden Formen ... So wird innerhalb einer Weltansicht ein besonderer Teil artikuliert, den man als ihren religiösen Kern ansehen darf.«

Die Diskussion auch unter Therapeutinnen und Beratern über die »Pflicht oder Kür« eines religiösen Standpunktes hat eine lange Tradition und ist nach einer langen Zeit des Schweigens in der letzten Zeit wieder neu in Gang gekommen. Eine Elmauer Tagung zum Thema »Psychotherapie und religiöse Erfahrung«, die von der Stuttgarter Gemeinschaft »Arzt und Seelsorger« schon vor knapp vierzig Jahren durchgeführt wurde, brachte dazu markante Positionen miteinander ins Gespräch (Bitter 1965). In der Eröffnungsansprache wurden drei zentrale innerweltliche Gründe genannt, die im beraterischen und therapeutischen Kontext immer wieder thematisiert werden und nach Meinung des Referenten letztlich eine religiöse Stellungnahme erforderlich machen: die menschliche Heimatlosigkeit, des Menschen Sehnsucht nach Verwirklichung und das unwillkürliche Schuldigwerden (Daur 1965).[8]

Diese grundlegenden Fragen haben bis heute nichts an Brisanz eingebüßt – im Gegenteil. Im Hinblick auf das fortschreitende Auseinanderfallen haltgebender Strukturen, zum Beispiel der Familie, und der unaufhaltbaren Eskalation der Globalisierung dürften alle drei Themen heute noch drängender geworden sein (Safranski 2003).

Auch Menschen, die kein Interesse für meditative Versenkungsübungen, kosmische Bewusstseinszustände oder besondere Erleuchtungserfahrungen zeigen, müssen sich irgendwann einmal – im weitesten Sinne – religiösen Fragen stellen: Warum ich? Wozu gibt es das Böse, warum müssen Menschen leiden? Wie kann Schuld vermieden werden? Was geschieht nach dem Tod? Ein blinder Fortschrittsoptimismus der wissenschaftsgläubigen und technikbesessenen Moderne kann diese Fragen höchstens verdrängen. »Die zivilisatorische Macht der Wissenschaften kann nicht darüber hinwegtäuschen, dass unsere grundlegenden Stellungnahmen zum Leben nicht wissenschaftlicher Natur sind, sondern aus Moral, Religion, Lebensgefühl gespeist werden« (Safranski 2002, 21).

Viele Menschen haben sich früher den Hoffnungen des antireligiösen Aufklärers Freud angeschlossen, die religiösen Tröstungen als Illusion zu entlarven und mutig der angeblich schmerzlichen Realität des Menschseins zu trotzen. Die von Freud angebotene Wirklichkeit, in die der Mensch sich in »verständiger Resignation« zu schicken habe, ist dabei weder erbaulich noch hoffnungsvoll: »Die Absicht, dass der Mensch glücklich sei, ist im Plan der Schöpfung nicht vorgesehen« (Freud 1961, 434). Freud konnte jedoch eine derart pessimistische Haltung deshalb einnehmen, weil die Hoffnung im Spiel blieb, »der Verlust religiöser Illusionen könne kompensiert werden durch Wissenschaft und Technik« (Safranski ebd., 17).[9]

Das Vertrauen in einen grenzenlosen Fortschritt und Hoffnungen auf wissenschaftlich-technische Lösungen der Menschheitsfragen haben sich größtenteils zerschlagen. Zur Beantwortung der Menschheitsfragen müssen die gewohnten Denkwege und Verhaltensweisen verlassen und die Grenzen vertrauter Bewältigungsstrategien überschritten werden. Zugespitzt und apodiktisch formulierte der Soziologe Peter Gross (1991, 248): »Man kann nicht nicht-religiös sein.« Gerade in lebenserschütternden Krisensituationen scheint der Mensch auf derartige Deutungen angewiesen zu sein.

> Existenzielle Lebensthemen entziehen sich einer rationalen Analyse und Kontrolle. Eine vertrauensvolle Haltung zum Leben – gerade im Angesicht von Ungerechtigkeit, Leid und Sinnlosigkeit – kann nur durch die Annahme nichtrationaler Glaubensüberzeugungen gelingen.

Offensichtlich gehört eine Religion zum Grundbestandteil der menschlichen Gesellschaft. Selbst der Atheist Sigmund Freud (1974, 335) hat sie in seiner Schrift »Die Zukunft einer Illusion« als »das vielleicht bedeutsamste Stück des psychischen Inventars einer Kultur« bezeichnet. Religionen, in denen »ein mythisches Weltverständnis in einen umfassenden Sinnzusammenhang gestellt, systematisiert und zumeist zu einem Dogma ausgebaut« wird (Jaeggi, Möller, Hegener 1998), tragen wesentlich zur Identität, Geschlossenheit und dem Profil einer Gesellschaft bei. Eine religiöse Gruppe, so könnte man auch formulieren, wird durch eine spezifische Gesinnung zusammengehalten, mit deren Hilfe sich ihre Mitglieder in einem übergeordneten Sinnganzen wiederfinden und in eine Beziehung zu dieser Wirklichkeit treten. Insofern ist es folgerichtig, ihre Bedeutung mit sozialwissenschaftlichen Methoden zu erforschen, wie es beispielsweise in der Religionssoziologie geschieht.[10]

Religion scheint demnach sowohl für eine Gemeinschaft wie auch für den Einzelnen unverzichtbar zu sein.

Für den Bestand jeder Gruppe sind gemeinschaftlich akzeptierte und gelebte Werte und ethische Vereinbarungen nötig. Diese müssen nicht zwingend transzendent begründet werden, sie berühren jedoch diesen Bereich und erfordern eine diesbezügliche Stellungnahme. Für den Einzelnen ist die Beantwortung der Fragen nach der Endlichkeit und dem Sinn des Lebens wichtig, um nicht in Verzweiflung und Depression zu enden.

In einer einflussreichen systematischen Anthropologie wird dieser Zusammenhang aus theologischer Perspektive vorsichtig folgendermaßen ausgedrückt: »Es gibt eine ursprüngliche, zumindest implizite Verwiesenheit des Menschen auf Gott, die mit der strukturellen Weltoffenheit seiner Lebensform zusammenhängt und sich in der Schrankenlosigkeit des Grundvertrauens konkretisiert. ... Es handelt sich dabei aber nicht um ein künstliches, sondern um ein mit der Natur des Menschen gegebenes Bedürfnis, dem es sich so oder so nicht ohne weiteres entziehen kann – nämlich nicht ohne Ersatzgebilde zu erzeugen. Damit ist nicht schon die Wirklichkeit Gottes erwiesen, wohl aber der konstitutive Bezug des Menschseins auf die religiöse Thematik« (Pannenberg 1983, 227).

Für den Menschen ist das »Verlangen nach umfassender Sinnerfüllung grundlegend. ... Man will in einem seelisch-geistigen Sinne zu Hause sein in einem religiösen Lebens- und Erfahrungszusammenhang« – besonders in stürmischen Zeiten (Safranski 2002, 17). Deshalb können auch Menschen mit festen Glaubensüberzeugungen Lebenskrisen wie eine schwere Erkrankung oder Verlusterfahrungen besser bewältigen (Pargament 1997). In dem mittlerweile sehr bekannten Ansatz religiöser Krisenbewältigung belegen mehr als 150 empirische Studien, wie Menschen mit Gewinn auf religiöse Ressourcen zurückgegriffen und diesbezügliche Bewältigungsstrategien eingesetzt haben, als sie mit einschneidenden Lebensereignissen konfrontiert wurden. Untersucht wurden schwere Erkrankung, Verlust eines nahestehenden Menschen, Behinderung, Unfruchtbarkeit, Unfall, Scheidung, Gewalterfahrungen, Einsamkeit und etwa hohes Alter.

Darüber hinaus wurde ein »Glaubensfaktor« im Sinne weltanschaulich-religiöser Überzeugungen bei verschiedenen Erkrankungen als unterstützendes Element im Heilungsprozess beschrieben und empirisch geprüft (Kabat-Zinn 1995; Benson 1997; Koenig 1999; Amberger 2000; Fuchs & Kobler-Fumasoli 2002; Ehm & Utsch 2005). Persönliche Religiosität als eine wirkungsvolle Bewältigungsstrategie von Belastungssituationen erhält mittlerweile große religionspsychologische Aufmerksamkeit, zunehmend auch in Deutschland.

Diese Tendenz ist unbedingt zu stärken, denn die umfangreichen amerikanischen Erkenntnisse helfen hier nur bedingt weiter. Bekanntermaßen treten religiöse Phänomene vermittelt, das heißt in historisch und kulturell geprägten Bahnen in Erscheinung. Weil jedoch im Wertekanon, dem Lebensgefühl und der Sinnorientierung große Unterschiede zwischen den USA und Europa bestehen, haben die dort gefundenen religionspsychologischen Ergebnisse bei uns nur eine begrenzte Aussagekraft. Die persönliche Religiosität kann psychologisch nur unter Berücksichtigung ihrer spezifischen kulturellen Kontexte richtig verstanden und gedeutet werden. Die komplexe Vielfalt des religiösen und spirituellen Erlebens verbietet kulturübergreifende Verallgemeinerungen. Allein das kulturell vielschichtige Europa bietet eine bunte und teilweise widersprüchliche Mixtur religiös-weltanschaulicher Milieus zwischen erstarrten Ritualen, fortgeschrittener Säkularisierung, lebendigem Traditionalismus und neuen religiösen Angeboten.

Man sollte sich klar machen, dass die Stellung der Religionspsychologie in den USA und Deutschland mindestens einen markanten Unterschied aufweist: In den Vereinigten Staaten stellen finanzmächtige Stiftungen von streng konservativen Christen seit Jahrzehnten jährlich zweistellige Millionenbeträge für religionspsychologische Forschungsprojekte bereit. Dadurch haben sie die Religionspsychologie in den USA zu einer etablierten Disziplin gemacht und ihr zu einer weithin beachteten Stellung verholfen. Jedoch wird häufig übersehen, dass die Geldgeber genau auf die inhaltliche Übereinstimmung zu ihrem eigenen Weltbild achten, was eine ergebnisoffene Forschung kaum möglich macht. Ein weiterer Grund, die religionspsychologischen Befunde aus den USA genau anzuschauen und mit Skepsis zu prüfen!

Im Gegensatz zu den USA, wo die allermeisten dieser Studien durchgeführt wurden, werfen die Befunde eines Rückgriffs auf religiöse Ressourcen in Krisensituationen für die weitgehend säkularisierten Gesellschaften Nordwesteuropas brisante Fragen auf: Welche Deutungsmöglichkeiten und Bewältigungsangebote für den Umgang mit dem Sinnlosigkeitsgefühl bieten der Kapitalismus, die Konsumorientierung und der Kommerz? Eingedenk der Beobachtung, dass »der Konsumismus ... Züge einer Weltreligion angenommen hat« (Bolz 2002, 16), sollte sich die materiell überfütterte und geistig-spirituell ausgedörrte sogenannte 1. Welt diese Frage mit all ihren beschämenden Konsequenzen stellen!

Die Überlegungen des Kommunikationstheoretikers Norbert Bolz (2002, 16) legitimieren allerdings den dumpfen Konsumrausch mit der folgenden, fragwürdigen These: »Der Konsumismus ist das Immunsystem der Weltgesellschaft gegen den Virus der fanatischen Religionen ... Wo anders wäre, nachdem die Moderne den Himmel ausgeräumt hat, die Wendung von der Transzendenz zur Introszenz möglich: die Eroberung der ›diesseitigen Tiefe‹?« Diese These erscheint wie eine zynisch gewendete Kapitulation vor dem schier unstillbaren Besitz- und Geltungsstreben des Menschen. Mit welchen Mitteln bewältigen konsumdefinierte Menschen kritische Lebensereignisse? Glück, Geliebtwerden, ein Heimatgefühl und inneren Frieden kann man nicht käuflich, sondern nur durch den richtigen Umgang mit den zentralen Lebensfragen erwerben. Der amerikanische Karmeliter-Mönch William McNamara (2001), der zusammen mit einer Ordensschwester ein Retraite-Zentrum leitet, analysierte ganz im Gegensatz zu Bolz‹ Gedanken in einem spannenden Zeitschriften-Interview den prägenden Zeitgeist als ein »gefälliges Gift«, das unmerklich eine unwirkliche Welt geschaffen habe, die aus einem Netzwerk von Kompromissen, Manipulation und Verlogenheiten bestehe. Ein Mensch könne seine wahre Wirklichkeit und echte Freiheit nur in einer kontemplativen Pflege der Gottesbeziehung entdecken. Fast gewinnt man heute den Eindruck, dass im Zeitalter der Postmoderne diesem schwierigen (und schmerzlichen) Umgang mit letzten Fragen tunlichst aus dem Wege gegangen wird.

Religiöse Erfahrungen sind also weder diesbezüglich Begabten noch sehnsüchtig-fanatischen Gottsuchern vorbehalten. Im Gegenteil: Transzendenz, ganz allgemein verstanden als eine Grenzüberschreitung vertrauter Erlebens- und Verhaltensweisen, kann als ein »Funktionsprinzip der Persönlichkeitsentwicklung« beschrieben werden (Utsch 1998, 122 ff.). Zentrale psychologische Prozesse wie Wachstum, Veränderung und Entwicklung sind ohne transzendierende Fähigkeiten des Menschen gar nicht denkbar. »Im alltäglichen psychischen Erleben transzendieren wir ständig«, fasst die bekannte Jung'sche Therapeutin Verena Kast (2000, 41) zusammen. Im lebenslangen seelischen Wachstums- und Entwicklungsprozess sind zwischen relativ stabilen Entwicklungsstufen labile Übergangsphasen vorzufinden. Zur Meisterung dieses krisenhaften Übergangs müssen existenzielle Lebens-(abschnitts-)fragen gelöst werden. Gleiches gilt für die Bewältigung schwerer Lebenskrisen, die in der Regel den gewohnten Lebensalltag unterbrechen und hinterfragen. Vielleicht trifft deshalb als die »kürzeste Definition von Religion: Unterbrechung« zu (Metz 1992, 166).

In der Entwicklungspsychologie der Lebensspanne wurde die Funktion von Krisensituationen, Übergangsphasen und Anpassungsvorgängen ausführlich untersucht. Dabei kam zum Vorschein, dass zu jedem Lebensabschnitt besondere Entwicklungsaufgaben gehören, die nicht durch bisher angewendete Lösungsstrategien erfolgreich zu meistern waren, sondern oftmals nur durch ein neues, den bisherigen Handlungsspielraum transzendierendes Bewältigungsverhalten zufriedenstellend gelöst werden konnten. »Die Kapazität, eine gegebene Situation zu transzendieren, ist ein einzigartiges Merkmal der menschlichen Existenz«, fasste ein Entwicklungspsychologe zusammen (Norcross 1987, 15). Bei der mit »Transzendierung« bezeichneten Reaktionsform auf eine Belastungssituation nimmt insbesondere das Ringen um eine Sinngebung eine bedeutsame Position ein (Frankl 1984, Utsch 1992a).

Für die Psychologie hat schon Philip Lersch (1943, 15) in seiner Antrittsvorlesung »Seele und Welt‹ an der Universität Leipzig im Juli 1940 ausgeführt, dass »gerade die vorbehaltlose und voraussetzungsfreie Besinnung auf die schlichte Gegebenheit bestimmter seelischer Vorgänge zur Annahme einer überpsychischen Wirklichkeit nötigt, in die die Seele mit ihren Erlebnissen vorstößt, ja dass gerade die Eigenart gewisser Erlebnisse nur aus der Anerkennung einer solchen Transzendenz der Seele zureichend verständlich gemacht werden kann. Überall dort, wo die Seele in reiner Subjektivität und Binnenhaftigkeit betrachtet wird, der Blick von vornherein verstellt ist für die richtige Erfassung und Erhellung wichtigster seelischer Tatbestände.« Nach einem halben Jahrhundert »seelenloser« Psychologie gibt es heute wieder Hinweise auf ein Bemühen, den Menschen in seiner Ganzheit – und das heißt unter Einbeziehung der religiös-spirituellen Dimension – psychologisch zu verstehen (Utsch 2005).

Seelische Reaktionen auf religiöse Erlebnisse

Ein Hauptarbeitsgebiet der Religionspsychologie besteht darin, die seelischen Auswirkungen auf »Transzendenzerlebnisse« zu untersuchen. In der schon erwähnten, mittlerweile klassischen Vorlesungsreihe von William James (1997, 473) heißt es zusammenfassend in der letzten, 20. Vorlesung:

> »Die charakteristischen Befunde des religiösen Lebens schließen folgende Überzeugungen ein:
> 1. dass die sichtbare Welt Teil eines mehr geistigen Universums ist, aus dem sie ihre eigentliche Bedeutung gewinnt;
> 2. dass die Vereinigung mit diesem höheren Universum bzw. eine harmonische Bestimmung zu diesem unsere wahre Bestimmung ist;
> 3. dass das Gebet bzw. die innere Gemeinschaft mit dem Geist des Universums – mag dieser Geist »Gott« oder »Gesetz« sein – ein Prozess ist, in dem etwas Wirkliches geschieht, durch den spirituelle Energie in die Erscheinungswelt einfließt und dort psychologische oder materielle Wirkungen hervorbringt.«

In der dritten Vorlesung hatte James schriftliche Zeugnisse von der »Wirklichkeit des Unsichtbaren« vorgestellt und interpretiert. Auf verschiedene Weisen war dort von der »Wahrnehmung einer göttlichen Gegenwart« die Rede, die bei allen einen nachhaltigen Eindruck hinterließ und zum Teil radikale Konsequenzen nach sich zog (ebd., 85–109). Die das rationale Bewusstsein übersteigende, unmittelbare Erfahrung einer göttlichen oder heiligen Wirklichkeit nannte Evelyn Underhill in ihrem Klassiker »Mysticism‹ das »Erwachen des Selbst‹. Bis heute geben darüber literarische Selbstzeugnisse Auskunft – ob diese Erlebnisse nun als kosmisches Bewusstsein, Erleuchtung, Unendlichkeit oder einfach »Jetzt!« bezeichnet werden (White 1988, Segal 1998, Tolle 1998, Troll 2000, Utsch 2001, Bittrich & Salvesen 2002).

Kann so etwas wie die spirituell-religiöse Natur des Menschen psychologisch nachgewiesen und abgebildet werden? In der Theologie wird dieses seit langem unter dem Begriff des »religiösen Apriori« diskutiert (Pannenberg 1983, 40 ff.; Wagner 1986, 131 ff.; Fraas 1990, 45 ff.). Kann und sollte gar jeder Mensch eine »ihm immanente Transzendenz seines Wesens« entdecken, wie es der bekannte Meditationslehrer Graf Dürckheim (1992) behauptet hat?

Auf der einen Seite ist der religiöse Glaube eine rein »immanente«, psychische Funktion der Seele, verankert in den ›natürlichen‹ Prozessen des Menschen (Müller-Pozzi 1975, 32). Auf diesen Tatbestand haben besonders klassische Werke der Religionspsychologie – gerade auch tiefenpsychologischer Provenienz – hingewiesen (Vergote 1970, Pruyser 1972). Weithin bekannt ist das Anliegen Carl Gustav Jungs geworden, der nachzuweisen versuchte, dass die Seele natürlicherweise eine transzendente Funktion beinhalte, sie »naturaliter religiosa« sei. Noch bekannter dürfte seine Bilanz nach dreißig Jahren psychotherapeutischer Praxis sein, dass er nämlich unter seinen Patienten im Alter von über 35 Jahren keinen gefunden habe, »dessen endgültiges Problem nicht das der religiösen Einstellung wäre« (Jung 1963, 138). Hier ist nicht der Ort, um darauf kritisch einzugehen. Dennoch lässt sich am Religions- und Gottesbegriff Jungs ein häufiges Missverständnis verdeutlichen. Jung hat immer wieder betont, dass er einen rein immanenten, psychologischen Gottesbegriff verwendet. Religiöses Verhalten drückt sich bei Jung nicht in erster Linie in der Gottesbeziehung aus, sondern »ist eine Beziehung zu dem höchsten oder stärksten Wert ... Diejenige psychologische Tatsache, welche die größte Macht in einem Menschen besitzt wirkt als ›Gott‹, weil es immer der überwältigende psychische Faktor ist, der ›Gott‹ genannt wird« (ebd., 137). An diesem Zitat wird unmissverständlich Jungs psychologischer Gottesbegriff ersichtlich. Er bezieht sich auf die psychische Wirkung, die empirisch festgestellt werden kann. Nicht also die Beziehung zu einem personalen Gegenüber, sondern die eigenen Reaktionen auf ein rätselhaft »numinoses« Wirken stehen im Zentrum der Aufmerksamkeit Jungscher Psychologie.

In Hinblick auf das religiöse Erleben ist es wichtig, zwischen dem subjektiven Aspekt der Religiosität und der objektiven Wirklichkeit des Heiligen, Göttlichen oder Numinosen zu unterscheiden. Nur mittelbar kann die Religion relevant für die Psychologie werden, indem sie die seelischen Reaktionen und daraus resultierenden Prozesse dieser Erfahrung wissenschaftlich untersuchen kann. Auch für den amerikanischen Religionspsychologen David Wulff (1991, 4) ist eine Transzendenzerfahrung untrennbar mit der Subjektivität verknüpft, wenn er der vorherrschenden, quantifizierenden religionspsychologischen Forschung vorwirft: »Sie übersieht, dass Religiosität etwas mit der innerpsychischen Dynamik zu tun hat und lässt den kritischen Punkt der Transzendenz außer Acht.« Es ist Wulff zuzustimmen, dass die Transzendenz durch ihren objektiven und subjektiven Aspekt einen »Stolperstein« der Religionspsychologie darstellt.

Einen anderen Weg hat der phänomenologisch orientierte Psychiater Dieter Wyss in seiner Religionspsychologie beschritten. Wyss (1991, 13) umreißt als angemessene Vorgehensweise »eine deskriptive Psychologie und Auslegung der religiösen Erfahrung, die auf Transzendenz verweist und nicht aus der Immanenz der Psyche allein psychologisch abzuleiten ist«. Wyss will religiöse Erfahrungen »im Sinne faktischer, in jedem Fall ernst zu nehmender Erlebnisse« diskutieren, die »nicht psychologisch-reduktionistisch aufgelöst werden können, sondern die als Realität der Begegnung mit dem Übernatürlichen gewertet und entsprechend relevant akzeptiert werden müssen. Methodisch unterstreicht er, dass jede »Psychologie der Religion sich im Vornhinein darüber im Klaren sein muss, ob sie die mit dieser Erfahrung – Glauben – verbundenen Erlebnisse als nur psychologisch und immanent/subjektiv bedingt ansieht, wie z. B. überwiegend die sog. Religionspsychologie, oder ob sie sie durch höhere Mächte ausgelöst deutet« (ebd.).

Diese Definition markiert eine unüberbrückbare Kluft zwischen Mensch und Absolutem und steht der eben zitierten Auffassung Dürckheims diametral entgegen. Damit ist ein Hauptkonfliktpunkt der Religionspsychologie angesprochen, nämlich der einer dualistischen – Mensch und Gott – oder monistischen – Mensch als Gott – Weltanschauung, der weiter unten im Abschnitt über die anthropologischen Vorentscheidungen weiter behandelt wird.

Seit jeher spekuliert wird über den »Ort«, an dem der »Einbruch der Transzendenz« in die Person erfolgt. Für den niederländischen Mystikforscher Otmar Steggink (1992, 907) »bricht ... eine andere als die standardisierte Alltagserfahrung in der Erfahrung durch‹. Wie unterschiedlich der »Einbruch des Numinosen in die Existenz alltäglichen Daseins sichtbar« werden kann, dafür hat Wyss (ebd., 43 ff.) in seiner Religionspsychologie literarische Belege gesammelt und Berichte aus verschiedenen Kulturen verglichen. Religionspsychologisch höchst relevant sind derartige Beschreibungen deshalb, weil an dieser Nahtstelle als dem Berührungs- und Begegnungspunkt zwischen Überweltlichem und der Psyche als Persönlichkeitsstruktur etwas Irrationales zumindest mittelbar empirisch zugänglich wird. Dieser Bereich wird bis heute mit den verschiedensten Termini bezeichnet. Große christliche Mystiker sprachen vom »Seelengrund« (Tauler), »Seelenfunken« (Meister Eckhart) oder der »Seelenburg« (Theresa von Avila). Bedeutende Theologen des letzten Jahrhunderts verbanden Gottes- mit Selbsterfahrung in der »Dimension der Tiefe« oder einer allgemeinmenschlichen »transzendentalen Erfahrung« (Rahner 1976, 31 ff.). Paul Tillich (1962, 8) ging von der Metapher der Tiefe im Menschen als seiner »religiösen Dimension« aus und formulierte: »Religiös sein bedeutet, leidenschaftlich nach dem Sinn unseres Lebens zu fragen und für Antworten offen zu sein, auch wenn sie uns tief erschüttern.«

Eine solche Auffassung macht die Religion zu etwas universal Menschlichem, wenn sie auch von dem abweicht, was man gewöhnlich unter Religion versteht.[11] Der wohl bedeutendste katholische Theologe des letzten Jahrhunderts, Karl Rahner (1976, 32), ging davon aus, dass jedem Menschen mit der Fähigkeit zu außergewöhnlichen Erfahrungen ein gleichsam anonymes Wissen von Gott gegeben sei, das ihn auf Gott als eine geheimnisvolle Wirklichkeit und »absolutes Geheimnis« hinweise.

Von einem ganz anderen Ausgangspunkt kommt der bekannte Berliner Schriftsteller und Philosoph Rüdiger Safranski zu einer ganz ähnlichen Einschätzung. Anlässlich einer Tagung der Arbeitsgemeinschaft »Psychoanalyse und Religion« in der Deutschen Psychoanalytischen Gesellschaft (DPG) hat er über die Sehnsucht nach Religion gesprochen. Zusammenfassend charakterisierte er die religiöse Erfahrung als diejenige, »die im Leben und im Sein insgesamt ein letztlich unauflösbares Geheimnis und einen unerschöpflichen Reichtum sieht – und die von diesem Umgreifenden angerührt ist«. Safranski (2002) wehrt sich gegen die modernistische Tendenz, alles messen, verstehen und erklären zu wollen: »Authentische Religion erzieht zur Ehrfurcht vor der Unerklärlichkeit der Welt … Sie behält ihr Geheimnis, und der Mensch versteht sich als ein Teil davon.« Durch die Berührung mit dem Umgreifenden werden nach Safranski Energien im Selbst aktiviert, »als würde man Teil eines größeren Selbst«. In religiösen Erfahrungen »manifestieren sich schöpferische Kräfte des Menschen, der damit auf das Geheimnis des Seins, zu dem er gehört, antwort«.

Auch nach den grundlegenden Überlegungen des systematischen Theologen Pannenbergs (1983, 227) zur theologischen Anthropologie existiert »eine ursprüngliche, zumindest implizite Verwiesenheit des Menschen auf Gott.« Dabei handele es sich »um ein mit der Natur des Menschen gegebenes Bedürfnis, dem er sich so oder so nicht ohne weiteres entziehen kann – nämlich nicht ohne Ersatzgebilde zu erzeugen. Damit ist nicht schon die Wirklichkeit Gottes erwiesen, wohl aber der konstitutive Bezug des Menschseins auf die religiöse Thematik.« Gehört die Religion notwendig zum Mensch-Sein, fragte eine Ringvorlesung in Zürich renommierte Vertreter der Philosophie, Religionswissenschaft, Philologie, Psychiatrie, Psychologie und Wissenschaftstheorie (Stolz 1997). Unmissverständlich weisen die dort versammelten Belege aus ganz unterschiedlichen Perspektiven auf die Notwendigkeit einer persönlichen religiösen Standortbestimmung hin.

Das Bedürfnis nach Bedeutung und Sinnerfüllung

Heute gibt es deutliche Hinweise auf eine individuelle Wiederbelebung des Religiösen. In der vermeintlich aufgeklärten und säkularisierten Gesellschaft geht die institutionelle Schwächung der Kirchen und ein Verlust des kirchlichen Deutungsmonopols keineswegs mit einem Desinteresse an Religion und religiöser Erfahrung einher. Durch den nachhaltigen Individualisierungsschub hat sich das Erscheinungsbild des Religiösen gewandelt. Häufig sind heute religiöse Themen nicht an traditionelle Kontexte und Lebensereignisse gebunden, sondern tauchen in verkleideten Formen und überraschenden Inszenierungen auf. Die für die neuere Religionssoziologie zentrale Metapher von der »unsichtbaren Religion« besagt, dass sie zwar ihre Gestalt geändert habe, sich nun aber in veränderter Gestalt als sehr wirksam erweise (Luckmann 1991). Sie trete heute eher maskiert und zerstreut in Erscheinung – in der Werbung, im Sport, im Kino oder in der Popmusik.

Auch wenn viele heute über keine ausgeprägten religiösen Bedürfnisse verfügen, so lebt in ihnen doch das Bedürfnis nach Bedeutsamkeit und Sinnerfüllung. Das Leben in bedeutsamen Momenten als sinnerfüllt zu erleben, kann als Transzendenzsehnsucht verstanden werden. Mit Recht hat Verena Kast (ebd., 47) herausgestellt, dass ein versteckter Wunsch nach Selbstüberschreitung als solcher oft projiziert wird, »etwa auf mögliche Erlebnisse in fremden Ländern. Die Transzendenzsehnsucht kann von der Reisebranche sehr gut vermarktet werden.« Rüdiger Safranski (ebd., 25) hat ebenfalls eine Renaissance der religiösen Sehnsucht beobachtet und führt dazu aus: »Dasjenige, was in uns glauben will, die schöpferischen religiösen Kräfte, welche sich in der Menschheitsgeschichte manifestieren und die Kulturen geformt haben, diese Kräfte gibt es in uns – nach wie vor. Der Mensch ist ein Wesen, das transzendieren, das heißt: über sich hinausgehen kann; ein Wesen, zu dem es gehört, dass es nicht sich selbst gehört. ... Der Mensch ist Natur, aber im Menschen schlägt die Natur ihre Augen auf und bemerkt, dass sie da ist. Im Menschen ist die Natur gesteigert zur Selbstsichtbarkeit und damit zur Selbsttranszendenz. Daraus erwächst das große Staunen darüber, dass es das Sein gibt und nicht das Nichts. Aus diesem Spielraum des Transzendierens erwächst Kultur und Wissenschaft und die große Verantwortung für das Leben insgesamt und nicht nur für das eigene Ich.« Aus einer solchen Perspektive ist religiöse Erfahrung etwas zutiefst Natürliches: »Religiöse Erfahrung in diesem Sinne ist nicht etwas, woran man glauben müsste. Es gibt sie mit aller nötigen Selbstevidenz« (ebd., 20).

> Um die verborgene Realität des Heiligen als eine Einflussgröße auf seelisches Erleben und Handeln berücksichtigen zu können, ist es nötig, ein umfassendes Wirklichkeitsmodell zugrunde zu legen, dass sowohl die bio-psycho-sozialen Aspekte berücksichtigt als auch die menschliche Bezogenheit auf Transzendenz mit einbezieht.

Kürzlich hat ein amerikanischer Gerontologe dafür plädiert, gerade für die Erforschung des menschlichen Erlebens von chronischem Leiden und dem Sterbensprozess ein neues, bio-psycho-sozial-spirituelles Modell zu entwickeln (Sulmasy 2002). Nach seinen Beobachtungen – und damit greift er zahlreiche empirische Befunde auf – übernimmt die Spiritualität gerade in zwei für das Alter wichtigen Lebensbereichen, denen des Leidens und Sterbens, wichtige Funktionen. In der deutschsprachigen Gerontologie wird diesem Thema in letzter Zeit mehr Aufmerksamkeit gewidmet, weil Religiosität und Spiritualität eine vielfältige Anpassungshilfe an das Alter darstellen können (Utsch & Fisseni 1991, Utsch 1992 und 1992a, Fuchs 2000, Albani et al. 2004).

Auch der Verlauf einer schweren Krebserkrankung wird von der Religiosität und Spiritualität des Patienten mit gesteuert. In einer zweijährigen, deutschsprachigen Längsschnittstudie wurden Krebspatienten retrospektiv untersucht. Eine Fragestellung lautete, ob Unterschiede in der Krankheitsbewältigung zwischen Patienten, die nach Ablauf eines Jahres gestorben waren, mit Überlebenden herauszufinden waren. Es zeigte sich, dass in der Gruppe der später Verstorbenen die Hoffnungslosigkeit viel stärker ausgeprägt war als bei den Überlebenden. Weiterhin war in dieser Gruppe die Verarbeitungsform »Suche nach Halt in der Religion« viel seltener zu beobachten (zit. nach Zwingmann 2004, 223).

Im Alter und bei der Verarbeitung schwerer Erkrankungen kann also religiöser Glaube helfen. Bedeutet das aber nun gleichzeitig, dass der Mensch auch in anderen Lebenssituationen religiöse Erfahrungen macht? Kann man daraus folgern, dass Spiritualität ein Wesensmerkmal des Menschen darstellt? Safranski zitiert den Religionssoziologen Max Weber, der auf seine unnachahmlich lakonische Art erklärt habe, dass es sich mit der religiösen Erfahrung so verhalte wie mit der Musikalität: Nicht jeder komme in ihren Genuss. Weber selber sei zum Beispiel religiös unmusikalisch gewesen. Eine ähnliche Bemerkung wird ja auch von Sigmund Freud berichtet, als er gestand, dass ihm das »ozeanische Gefühl«, wie Romain Rolland die religiöse Erfahrung genannt hat, fremd geblieben sei. Safranski (ebd.) kommt in seinen Ausführungen über die Sehnsucht nach Religion zu dem folgenden erstaunlichen Schluss: »Wenn eine religiöse Erfahrung auch nicht jedem zugänglich ist, so liegt doch eine universalisierende Tendenz darin. Denn diese Erfahrung impliziert eine Art Ergriffenheit vom Ganzen, weshalb der Gedanke nicht fern liegt, dass sie auch alle angeht oder doch angehen sollte.« Auch andere wie etwa Hans Joas (2004, 27), Leiter des Max-Weber-Kollegs in Erfurt und Professor an der Universität von Chicago, kommen zu dem Schluss, dass »alle Menschen im Prinzip zu Erfahrungen der Selbsttranszendenz imstande sind. Gläubige deuten diese Erfahrungen aber im Lichte ihres Glaubens.« Und gleich anschließend weist Joas auf die Schwierigkeiten hin, die durch unterschiedliche Vorverständnisse und »Wahrnehmungsgewohnheiten« entstehen und deshalb weiter unten noch genauer behandelt werden: »Für die Gläubigen heißt dies zugleich, dass Gott auch von denen erfahren wird, die ihre Erfahrungen nicht auf Gott zurückführen und die, wenn sie das Wort ›Gott‹ hören, nicht dasselbe hören wie die Gläubigen.« Joas (ebd., 28) warnt aber gegenüber vorschnellen Verurteilungen und mahnt eindringlich: »Im Verhältnis zu anderen Religionen sind wir zur Bescheidenheit aufgerufen.«

Hier tritt ein Religions- und Wirklichkeitsverständnis zutage, das mit seiner Radikalität und seinem Absolutheitsanspruch der postmodernen Pluralität mit seinen »liberalen Monstranz-Begriffen Demokratie, Toleranz und Dialog« ins Gesicht schlägt (Bolz 2002, 29). Die lebensbestimmende Kraft religiöser Bindung ist heute verkümmert zur sogenannten Zivilreligion: »Man glaubt zwar nicht mehr an Gott, aber man schätzt die verhaltenssichernde Kraft der Rituale – etwa bei der Taufe, bei der Beerdigung und an Weihnachten« (Bolz ebd., 28). Eine derartig bigotte Haltung verschließe den Zugang zu echter religiöser Erfahrung: »Religion, die es ernst meint, ist nicht tolerant« (ebd.).

In dieselbe Richtung argumentiert Rüdiger Safranski (ebd., 14), wenn er treffsicher diagnostiziert, dass aus der ehemals »heißen« Religion des Christentums »weitgehend das kalte Projekt der Zivilreligion geworden ist ... spiritueller Flankenschutz bei der Bewältigung innerweltlicher Probleme ... Die ›kalte‹ Religion kommt ohne ernsthafte Transzendenz aus. Sie ist immanent gerichtet, pragmatisch, karitativ, rhetorisch. Die Glaubenswelt ist soweit psychologisiert und soziologisiert, dass daraus ein Gemisch wird aus Sozialethik, institutionellem Machtdenken, Psychotherapie, Meditationstechnik, Museumsdienst, Kulturmanagement, Sozialdienst.«

Eine auf »religiös« gemachte Erfahrung ist heute beliebig geworden, wird in fast jedem vorstellbaren Kontext feilgeboten. In erster Linie bedient sie sich individueller Bedürfnisse und überkommener Klischees: »Meine Religion mache ich mir selber« und »Religion ist Opium fürs Volk«. Religionssoziologen wie Ebertz (2001, 1772) diagnostizieren einen »gesellschaftlichen Zwang der Privatisierung, Individualisierung und damit eine Autozentrierung des Umgangs mit dem Religiösen«. Eine Jugendstudie kam zu dem für die Autoren überraschenden Ergebnis, dass »die Individuen ihre Weltanschauung nach eigenen autonomen Regeln zusammensetzen, die nicht mehr der traditionellen Logik folgen« (Sibereisen, Vaskovics, & Zinnecker 1997). Obwohl das konstante Motiv einer Rückbindungs-Bemühung erhalten bleibt, hat sich das Objekt der Verehrung und Anbetung geändert: Nicht mehr die Gemeinschaft, sondern das eigene Ich steht im Mittelpunkt. Ganz nüchtern konstatiert David Wulff (1997, 7) in der Einleitung seiner umfassenden Religionspsychologie: »An der zeitgenössischen Spiritualität fällt auf, dass ein explizites transzendentes Objekt außerhalb des Selbst fehlt. Das Leben ist nicht auf die Beziehung zum Heiligen Geist oder einer anderen heiligen Macht ausgerichtet, sondern auf die Möglichkeiten der eigenen Selbstentfaltung.«

Dabei ist der persönliche Glaube zerstreut und ausgedünnt worden auf die Event-Ebene der Erlebnisgesellschaft. In der Religionssoziologie wird seit vielen

Jahren über die Zunahme an religiöser »Bastelei« *(bricolage)* und religiösen «Flickenteppich-Identitäten« *(patchwork identity)* diskutiert. Das menschliche Bedürfnis nach Zugehörigkeit zu einem größeren Ganzen wird in der modernen, unsichtbar gewordenen und zerstreut-verflüchtigten Religion quasi materialisiert und ins Hier und Jetzt geholt (Höhn 1998, Ebertz 1998). Religion wird zu einer Ware gemacht, die bestimmte Bedürfnisse befriedigt und käuflich geworden ist:[12] Ein bisschen Zen-Meditation gegen den Stress, den neuen Jahreswagen und das Marken-Handy zur Steigerung des Selbstwertgefühls, ein wenig Esoterik-Lektüre zur besseren Krisenbewältigung, eine großzügige Spende für die Erdbebenopfer, um das soziale Gewissen zu beruhigen, und wegen aller Eventualitäten – man weiß ja nie: Auch die Kirchensteuern werden weiterhin bezahlt. Es liegt auf der Hand, dass damit kaum eine integre und authentische religiöse Erfahrung gemacht werden kann.

Safranski (ebd., 19) grenzt authentische von pervertierten Religionsformen ab. Eine echte Religion erziehe den Menschen zur Ehrfurcht, durch die der Welt und dem Menschen Geheimnisse zugestanden blieben. Entgegen dem Credo der säkularisierten pluralistischen Moderne mute echte Religion den Menschen das Eingeständnis ihrer Endlichkeit, Fehlbarkeit und Schuldfähigkeit zu«. Echte religiöse Erfahrung verlangt nach Safranski von einem Menschen die Ehrlichkeit, sich seiner Ungeborgenheit, seinem Fremdsein, der Ungewissheit und Einsamkeit zu stellen. Authentische Religiosität zeige aber Wege auf, mit diesen Eingeständnissen zu leben, während »Ersatzreligionen auf die Selbstmächtigkeit des Menschen setzen und das Paradies auf Erden versprechen«.

Rudolf Otto (1963) hat auf klassische Weise die Erfahrung des Heiligen als sowohl anziehend-faszinierend wie abstoßend-furchterregend beschrieben. Nach seinen Beobachtungen, die sich auf verschiedene Kulturen und eigenes Erleben beziehen, ist die religiöse Erfahrung umfassend, weil sie den ganzen Menschen ergreift und mitreißt. Auch andere, glaubwürdige Erfahrungsberichte bezeugen die Evidenz derartiger Erlebnisse (Bucke 1993, James 1997). Gerade die Wucht und die Unberechenbarkeit der Religion ist ein Aspekt, der so gar nicht in den konsumgerecht funktionalisierten westlichen Alltag hineinpasst.

Der emeritierte amerikanische Religionsphilosoph Louis Dupré (2003, 12) stellte in einem Interview fest, dass die »gegenwärtige säkulare Kultur, besonders in ihren Kommunikationsmedien, sich als überraschend offen gegenüber der Religion erweist. Aber wenig deutet darauf hin, dass dieses Interesse die rein horizontale Ebene der Kultur überschreitet. Die Kultur selbst ist, so könnte man sagen, zur Religion unserer Zeit geworden, und sie hat den Rest der verbliebenen Religion als ein untergeordnetes Element in sich aufgenommen. Sie bietet sogar einige der emotionalen Wohltaten von Religion an, ohne den Preis abzuverlangen, den der Glaube fordert. Wir sind letztlich alle Atheisten geworden, nicht im kämpferischen, antireligiösen Sinne eines früheren Zeitalters, sondern in dem Sinne, dass Gott in unserer abgeschlossenen Welt keine absolute Bedeutung mehr hat«. Der spanische Mystiker Dàvila (1994, 47) bekennt: »Ich bin ein Heide, der an Christus glaubt«.

Echte Religion hat etwas mit einer persönlichen Beziehung zu einer höheren Macht zu tun. Vielleicht ist die Ahnung von einer heiligen Macht auch als Ursache dafür anzusehen, dass religiösen Fragen heute nach wie vor gern aus dem Weg gegangen wird. Manche vergleichen die heutige Scheu vor religiösen Themen mit dem Umgang mit der Sexualität im Viktorianischen Zeitalter. Es stimmt: Über sexuelle Vorlieben und Praktiken wird in Talkshows und Zeitschriften ausschweifend, schamlos und detailliert berichtet. Wie aber existenzielle Menschheitsfragen wie die nach Wahrheit, Gerechtigkeit, Zufall, Tod, Schuld, oder die Sinnfrage beantwortet werden können, darüber wird zumeist verschämt geschwiegen.

> Das Tabu des Spirituellen kann damit erklärt werden, dass die Beantwortung der existenziellen Menschheitsfragen einen religiösen Standpunkt erfordert. Religiöse Standpunkte aber sind unmodern, weil sie das Leitbild (aus heutiger Sicht: den Mythos) der Moderne – einen Sieg der Vernunft über das Irrationale, Zufällige und Unbewusste – in Frage stellen.

Manche Politik- und Gesellschaftswissenschaftler halten den richtigen Umgang mit der Religiosität des Menschen in seiner kulturellen Vielfalt für eine Schlüsselfrage des begonnenen Jahrhunderts. Möglicherweise spitzt sich der Streit zwischen Wissen und Glauben noch zu, wenn man sich den Entscheidungsbedarf und die unterschiedlichen Praktiken auf den ethischen Konfliktfeldern der Sterbebegleitung, der Bioethik, der Künstlichen Intelligenz, der Hirnforschung oder der Klon-Versuche des Menschen verdeutlicht. So viel ist sicher: Die Gretchen-Frage »Wie hältst du's mit der Religion?« ist heute wieder hochaktuell.

1.2 Wandel des Religiösen: zwischen Säkularisierung und Individualisierung

Unübersehbar haben sich heute die Formen des Religiösen durch die gesellschaftlichen Veränderungsprozesse grundlegend gewandelt. Durch den Prozess der Individualisierung und den Vertrauensverlust in große Gruppen und Institutionen haben auch die christlichen Kirchen an Einfluss verloren. Parallel zur fortscheitenden Entkirchlichung und zum Rückgang christlicher Glaubenspraxis nimmt aber die Präsenz religiöser Phänomene im Alltag zu.

Versucht man, die gegenwärtige Bedeutung von Religion, genauer religiöser Haltungen in der westeuropäischen Gesellschaft und der individuellen Lebensführung ihrer Mitglieder zu ergründen, stößt man auf widersprüchliche Befunde. Ohne Zweifel hat die Religion in Gestalt der christlichen Kirchen in Westeuropa einen erheblichen Bedeutungsverlust erfahren. Ihr öffentliches Ansehen ist enorm gesunken, und die Abwanderung ihrer Mitglieder verläuft langsam, aber stetig. Der moderne Mensch scheint religiöse Erfahrungen und Überzeugungen nicht mehr zu benötigen. Religion als Umgangsform mit unbedingten Fragen und jenseitigen Dingen scheint im erlebnis- und konsumorientierten Westen ausgedient zu haben.

Diesem Trend stehen allerdings Gegentrends gegenüber. So haben fundamentalistische Bewegungen in den letzten Jahren unübersehbar an Einfluss gewonnen. Sie verstehen sich als eine Gegenbewegung zur Moderne. Ihr Heilsversprechen besteht darin, uns den Preis der Modernität zu ersparen: Sicherheit und Gewissheit statt Freiheit und Ungewissheit. Manche sehen in den Ereignissen und Folgen des 11. September 2001 eine markante Zäsur der Religionsvergessenheit in der Moderne. Gleichsam als apokalyptische Antithese haben sich Menschen mit Berufung auf ihren religiösen Glauben gegen die säkulare Weltgesellschaft aufgebäumt. Ihr Ziel war neben anderen eine »Globalisierung des Islam vs. Globalisierung der Wirtschaft ... Die von der Aufklärung verdrängte Religion kehrt wieder und schickt sich an, den Prozess der Modernisierung zu revidieren« (Bolz 2002, 24). Insofern handelt es sich um eine sehr aktuelle Form von Religion – mit unvorhersehbaren Konsequenzen.

Die moderne, hochtechnisierte Welt ist von jeglichem Geheimnis und Mythos entzaubert. Das macht sie – allerdings nur scheinbar, wie die unfassbaren Ereignisse vom 11. September 2001 gezeigt haben – überraschungssicher und kontrollierbar. Vor das strahlende Leitbild der Moderne – den Sieg der Vernunft über die Macht des Irrationalen – schieben sich immer wieder dunkle Wolken. Stichworte, die schnell erweitert werden könnten, lauten Terror, Krieg, Amok-Läufe, Entführungen, Kindesmissbrauch, die wachsende Kluft zwischen Arm und Reich und vieles mehr. Trotz einer deutlich höheren Lebenserwartung bleibt umstritten, ob der technische Fortschritt auch eine Verbesserung der Lebensqualität mit sich gebracht hat. Von manchen wird die Wissenschaftsgläubigkeit und Technikfaszination mittlerweile als ein neuer, illusionärer Mythos betrachtet.

Skepsis gegenüber der Rationalität als dem höchsten Entwicklungsstand menschlicher Weisheit drückt sich auch in Bevölkerungsumfragen aus. Einer britischen Zeitungsumfrage zufolge, an der sich über 6000 Personen beteiligten, glaubten 59 % an die Möglichkeit außersinnlicher Wahrnehmung, wobei der Prozentsatz weiblicher Gläubigkeit wesentlich höher lag als der männlicher. In einer anderen Studie gaben von 1500 Amerikanern 67 % an, Episoden des Hellsehens, der Telepathie oder Präkognition – sogenannte Psi-Erfahrungen – zu kennen (Hergovich 2001, 21). Interessanterweise stellt übrigens die Berufsgruppe der Psychologen die skeptischste Gruppe hinsichtlich solcher Überzeugungen dar, während Naturwissenschaftler dafür im Durchschnitt offener sind.

Einstellungen, die der Alltagserfahrung widersprechen, sind heute weit verbreitet – z. B. der Glaube an die Reinkarnation. Die Akzeptanz magisch-esoterischer Glaubensmuster ist in den letzten drei Jahrzehnten deutlich gestiegen. Kulturhistoriker prophezeien einen regelrechten Paradigmenwechsel von einer kausal-mechanisch-materialistischen Einstellung hin zu einem spirituell-energetischen Weltbild. Empirische Hinweise unterstützen diese Prognose. Eine im Jahr 2001 durchgeführte repräsentative Emnid-Befragung ergab eine hohe Zustimmungsquote hinsichtlich nichtrationaler Überzeugungen:

- Nur noch 5 % glauben ausschließlich an das, was sich wissenschaftlich beweisen lässt.
- 76 % der Befragten sind von nichtschulmedizinischen Verfahren überzeugt.
- 66 % glauben, dass mit einer Wünschelrute Wasseradern und Erdstrahlen festgestellt werden können.
- 57 % glauben an hellseherische Fähigkeiten.
- Fast die Hälfte der Befragten glaubt an die Astrologie.
- 42 % gehen von geheimnisvoll-magischen Kräften aus, die auf den Menschen wirken.
- Ein Drittel der Befragten glaubt, dass Fluchsprüche reale Auswirkungen haben.

Eine aktuelle Erhebung über die Vorstellbarkeit paranormaler Phänomene unterstreicht diesen Trend in der Bevölkerung. 1510 deutschsprachige Erwachsene wurden dazu im Frühjahr 2000 in einer repräsentativen Telefonumfrage befragt, darunter 20 % – entsprechend dem Bevölkerungsanteil – aus den neuen Bundesländern. Der »Psi-Report Deutschland« liefert die folgenden Befunde, die den Eindruck einer gegenwärtigen Renaissance mythischen Denkens unterstützt (Schmied-Knittel & Schteschke 2003):

- 73 % der Befragten glaubten, durch außersinnliche Wahrnehmung zu spüren, wenn irgendwo eine nahe stehende Person gerade stirbt oder in Gefahr ist.
- 57 % meinten, dass Haustiere mit ihren Besitzern über weite Entfernungen in Verbindung stehen.
- 54 % waren davon überzeugt, dass Menschen Ereignisse vorhersehen können (»Präkognition«).
- 48 % glaubten, dass Menschen über größere Entfernungen hinweg Gedanken oder Gefühle anderer wahrnehmen können.
- 24 % waren von der Existenz unidentifizierbarer Flugobjekte überzeugt.
- 16 % glaubten, dass Menschen mit Geisteskraft Gegenstände bewegen oder verbiegen können.

Wie sind diese Befunde zu werten? Der umstrittene englische Biologe Rupert Sheldrake (2003) fasst in seinem neuen Buch über den siebten Sinn des Menschen die Ergebnisse von 15 Jahren Forschung zusammen.[13] Er macht »mentale Energiefelder« für unerklärliche menschliche Fähigkeiten wie Vorahnungen oder Gedankenübertragung verantwortlich. Demgegenüber bezweifelt der Physiker Martin Lambeck (2003, 31), dass ein Mensch »allein durch Denken (mental) Wirkungen außerhalb des eigenen Körpers hervorbringen oder Informationen aus der Umwelt aufnehmen« kann. Andreas Hergovich (2001, 223), Psychologieprofessor in Wien, hält dagegen weder esoterische Modelle noch einen dogmatischen Skeptizismus im Hinblick auf übernatürliche, paranormale Phänomene für angemessen. Er sieht diesbezügliche Einstellungen letztlich als religiös motiviert an und versteht sie als persönlich bedeutsame Sinngebungsleistungen.

Die oben genannten Befunde unterstreichen die gegensätzlichen Glaubensgrundhaltungen, die in unserer Gesellschaft gleichzeitig vorhanden sind. Vielleicht ist der neue Irrationalismus auch eine logische Folge von enttäuschten Erwartungen an die Moderne. Unter einer pessimistischen Perspektive kann man nämlich die geistesgeschichtliche Entwicklung als eine Sequenz narzisstischer Kränkungen für den nach Autonomie strebenden Menschen auflisten. Waren die Hoffnungen der säkularen Religionsgeschichte der Moderne auf einen innerweltlich herstellbaren Neuen Menschen gerichtet, wurden diese durch umwälzende Veränderungen zumindest krisenhaft erschüttert, wenn nicht gar zerschlagen (Küenzlen 1994). Die folgende Tabelle fasst enttäuschende und schmerzliche Entlarvungen utopischer Menschheitsträume zusammen:

Kopernikus:	Die Erde ist nicht der Mittelpunkt der Welt.
Darwin:	Der Mensch ist auch nur ein Tier.
Feuerbach:	Es gibt keinen Gott, nur eine Projektion davon.
Marx:	Der Mensch ist seiner Bestimmung entfremdet.
Nietzsche:	Das Menschliche muss überwunden werden.
Freud:	Das Ich ist nicht Herr im eigenen Haus.
Konstruktivismus:	Es gibt keine objektive Abbildung der Welt.

Künstliche Intelligenz:	Der Geist ist computertechnisch nachzubilden.[14]
Gentechnik:	Menschliches Erbgut wird kopier- und veränderbar.
11.09.2001:	Religiöser Fundamentalismus hinterfragt säkulare Gesellschaft.

Ist der Traum vom grenzenlosen wissenschaftlichen Fortschritt dabei, sich selber zu vernichten? Für Richard Tarnas (1997, 419) war es eine »Ironie des Fortschritts, dass der unabhängige und bahnbrechende moderne Geist eine Reihe von deterministischen Prinzipien entdeckte – cartesianische, newtonsche, darwinsche, marxistische, freudsche, behavioristische, genetische, neurophysiologische, sozialbiologische –, die den Glauben an die Willens- und Geistesfreiheit des Menschen immer mehr schwächten und ihm das Gefühl raubten, mehr als nur ein peripherer und vorübergehender Zufall der materiellen Evolution zu sein.«

Auch, wenn man nicht so weitgreifend urteilt und von einer fortschreitenden Entkräftung der menschlichen Willens- und Geistesfreiheit ausgeht, die als eine permanente narzisstische Kränkung erlebt wird – die umwälzenden Veränderungen der Weltbilder in den letzten hundertfünfzig Jahren haben einen wachsenden Sinnverlust mit sich gebracht. Ohne Zweifel nehmen insbesondere die rasanten informations- und biotechnischen Entwicklungen der letzten Jahre Einfluss auf unser Selbst- und Weltbild. In den prägnanten Worten des Direktors vom Institut für medizinische Ethik, Grundlagen der Psychotherapie und Gesundheitskultur (IEPG) in Mannheim: »Das Schlagwort von der ›Neuen Unübersichtlichkeit‹ beschreibt ein wenig zu idyllisch den Zustand: Unsere Gesellschaft ist überinformiert, aber unterorientiert« (Kick 2002, 3).

Dieser Sinnverlust kann neben anderen Ursachen auch mit dem Verlust einer persönlichen Gottesbeziehung begründet werden. Martin Buber (1994, 66–99) hat die geistesgeschichtlichen Veränderungen in Bezug auf das Gottesbild in einem vielzitierten Aufsatz analysiert und kommt zu etwa folgendem Ergebnis:

Spinoza:	Im unbegrenzten All ist für Gott kein Platz.
Kant:	Gott ist keine Substanz, sondern moralisches Prinzip.
Hegel:	Der Weltgeist benötigt keinen Gott.
Nietzsche:	Gott ist tot.
Sartre:	Es gibt kein anderes Universum als das menschliche.

Diese religionsphilosophische Skizze der veränderten Gottesbilder, die in ihrer Zuspitzung sicher anfechtbar ist und zu erweitern und zu aktualisieren wäre, verdeutlicht zumindest den Einfluss des Gottesbildes auf unsere Weltanschauung. Vor wenigen Jahren hat eine renommierte Stiftung das Projekt »Geistige Orientierung« ins Leben gerufen. Namhafte Wissenschaftler unter der Leitung von Thomas Luckmann (1998, 267) sollen »Lösungen und Lösungskonzepte für zahlreiche Krisen der modernen Gesellschaft erarbeiten, die zusammenfassend als Orientierungsverlust bezeichnet werden können. Wie wir diese Krisen überwinden können, die mit Wertewandel und dem Verlust von Sinnhorizonten eng verbunden sind, ist eine der Fragen, an denen sich unsere Zukunft entscheiden wird.« Wodurch kann die verloren gegangene Orientierung wiederhergestellt werden?

Glaube und Wissen

Mit jeder psychologischen Untersuchung der Religion wird das spannungsgeladene Verhältnis zwischen Wissen und Glauben berührt. Versucht man, die Entwicklungsgeschichte dieser Beziehung in den letzten dreihundert Jahren in groben Linien zu skizzieren, sind bedeutsame Änderungen festzustellen.[15] Neben vielen anderen Phänomenen, die hier nicht behandelt werden können, ist vor allem die Wissenschaftsgläubigkeit zu nennen, die den religiösen Glauben verdrängt hat. Dabei ist allerdings die Tatsache bemerkenswert, dass die Naturwissenschaften ihren Siegeszug zunächst ausdrücklich religiös begründeten. Mathematische Methoden sollten helfen, das »Buch der Natur zu entziffern und den mit dem Instrumentarium exakter Naturwissenschaft eindeutig und klar zu erkennenden Weg zu Gott zu entschlüsseln« (Tarnas 1997, 378).

Die Motive wissenschaftlicher Forschung waren zur Zeit eines Max Weber getragen von der Erwartung nach vermehrter Gotteserkenntnis: »Den Weg zu Gott fand man nicht mehr bei den Philosophen und ihren Begriffen und Deduktionen: Dass Gott auf diesem Weg nicht zu finden sei, auf dem ihn das Mittelalter gesucht hatte, das wusste die ganze pietistische Theologie der damaligen Zeit ... Gott ist verborgen, seine Wege sind nicht unsere Wege, seine Gedanken nicht unsere Gedanken. In den exakten Naturwissenschaften aber, wo man seine Werke physisch greifen konnte, da hoffte man, seinen Absichten mit der Welt auf die Spur zu kommen« (ebd., 382). Wissenschaftsrevolutionäre der Spätscholastik wie Kopernikus, Galilei, Kepler oder Newton verstanden ihre Erkenntnisfortschritte »als triumphale spirituelle Fortschritte über die göttliche Architektur der Welt, als Offenbarungen der wahren kosmischen Ordnungen« (ebd., 378).

Diese Euphorie musste aber dem strengen Diktat des empirischen Rationalismus weichen. »Auf dramatische Weise gelang es dem mechanistischen Materialismus, seine Erklärungsmacht und seine Effizienz unter Beweis zu stellen ... Fragen zur Existenz Gottes oder einer transzendenten Wirklichkeit spielten in der wissenschaftlichen Vorstellungswelt ... keine entscheidende Rolle mehr« (ebd., 382). Die metaphysische Unvereinbarkeit zwischen Glauben und Wissen, die kognitive Dissonanz zwischen dem Glauben an die physische Auferstehung Christi nach seinem Tod und dem Glauben an die unbedingte Regelhaftigkeit der Naturgesetze erschienen unüberwindbar. Darin sieht Richard Tarnas die Ursache für den Übergang »der offenkundigen Religiosität der Wissenschaftsrevolutionäre des sechzehnten und siebzehnten Jahrhunderts zum gleichermaßen emphatischen Säkularismus des westlichen Denkens im neunzehnten und zwanzigsten Jahrhundert«.

In der Moderne wurde Gott schließlich einer menschlichen Vorstellung gleichgesetzt. Mit »Gott« wird zumeist ein Bewusstseinsinhalt oder eine biographisch geprägte, innerliche Verpflichtungsinstanz bezeichnet. Nach moderner Lesart ist Religion nur noch »eine anthropomorphe Projektion« (ebd., 411). Der vorläufig letzte Höhepunkt einer Instrumentalisierung des Gottesbegriffs mit der naheliegenden Gefahr eines Reduktionismus – »Gott ist nichts anderes als ...« – sind in den Ansätzen der sog. »Neurotheologie« zu finden, nach denen ein spezifischer physiologischer Erregungszustand einer bestimmten Hirnregion die Ursache der religiösen Erfahrung bilden soll (siehe dazu das Kapitel 2.6).

Auf der Basis seines dialogischen Denkens hat der jüdische Religionsphilosoph Martin Buber sich mit den prägenden Vertretern der europäischen Geistesgeschichte auseinandergesetzt und in den letzten beiden Jahrhunderten eine zunehmende »Gottesfinsternis« diagnostiziert. Das zunehmend positivistische Denken habe zu einer »Irrealisierung Gottes« geführt, die eine Begegnung mit der Wirklichkeit Gottes ausschließe. Mit aller Schärfe hinterfragt Buber (1994, 24), ob das Gottesbild der Religionsforscher auf einer Gottesbegegnung oder auf gedanklicher Abstraktion beruhe, und beklagt: »Wer sich weigert, die wirkende Wirklichkeit der Transzendenz, unser Gegenüber, als solche auszustehen, arbeitet an der menschlichen Seite der Verfinsterung mit.«

Diese kritische Sicht teilt der katholische Theologe Johann Baptist Metz, der in dem erwachten öffentlichen Interesse an Religiosität eine »religionsförmige Gotteskrise« wahrnimmt: »Diese Gotteskrise ist nicht leicht zu diagnostizieren, weil sie … in eine religionsfreundliche Atmosphäre getaucht ist. Wir leben in einer Art religionsförmigen Gotteskrise. Das Stichwort lautet: Religion ja – Gott nein … Religion als Name für den Traum von leidfreiem Glück, als mythische Seelenverzauberung, als psychologisch-ästhetische Unschuldsvermutung für den Menschen: Ja« (zit. nach Polak 2002, 34).

Auf die Gegenwart bezogen spricht Norbert Bolz (2002, 27) mit gleicher Intention von einem »Boutique-Multikulturalismus; der reicht vom Palästinenserschal bis zu fernöstlichen Managerweisheiten … Wenn man diese eminent moderne Haltung auf die eigene religiöse Überlieferung anwendet, dann resultiert die sogenannte Zivilreligion. Das heißt im Klartext: Man glaubt zwar nicht an einen Gott, aber man schätzt die verhaltenssichernde Kraft der Rituale – etwa bei der Taufe, bei der Beerdigung und an Weihnachten.«

Ein Blick über den westeuropäisch-nordamerikanischen »Tellerrand« bringt erstaunliche Unterschiede zutage. Der fortgeschrittenen Säkularisierung des »liberalen« Nordwestens steht eine zunehmende Spiritualisierung der südlichen Erdhalbkugel gegenüber. Belief sich der Anteil der Christen an der Bevölkerung Afrikas im Jahre 1900 auf neun Prozent, liegt er heute bei 46 % – Tendenz steigend. In den sogenannten »Dritte-Welt-Ländern« nimmt neben der Ausbreitung streng islamischer Überzeugungen die Zahl radikaler christlicher Gemeinschaften rasant zu, die entweder evangelikal, pfingstlerisch oder streng katholisch orientiert sind. Für den amerikanischen Religionsforscher Philip Jenkins (2003, 9) kennzeichnet »nach einer gründlichen Auswertung der Zahlen die tiefste Umwandlung in Christentum in der heutigen Welt nicht die liberale Reformation, die im Norden so geschätzt wird. Es ist die Gegenreformation aus dem globalen Süden.«

Die Bedeutung der Religion ist also durch große Widersprüchlichkeit gekennzeichnet, weil die gesellschaftlichen Prozesse einer Ent- und Wiederverzauberung der Welt parallel stattfinden. Max Webers zentrales Konstrukt der Entzauberung besagt, dass »mit der zunehmend technischen Bewältigung der Umwelt, der bürokratischen Organisation des Gemeinschaftslebens und der diesseitigen Orientierung des Alltaghandelns der einstige Zauber einer Hinterwelt weicht. Die natürlichen Vorgänge, die zwischenmenschlichen Probleme und die existenziellen Fragen werden nun nicht mehr vor dem Hintergrund einer unenthüllbaren Hinterwelt betrachtet, sondern als prinzipiell vom Menschen verstehbar, erklärbar und lösbar. Die Götter, Geister und Dämonen sind damit aus der Welt entschwunden, die nunmehr aus einem Diesseits besteht« (Knoblauch 1999, 57). Die Widersprüchlichkeit des modernen Zeitalters besteht in »einer massiven Säkularisierung, die aber ebenso der Schauplatz mächtiger Gegenbewegungen ist« (Berger 1994, 35).

Dieser bekannte Religionssoziologe betont deshalb neben dem unbestreitbaren Säkularisationstrend die Zunahme des religiösen Pluralismus. Einerseits laufen profane Übergangsrituale wie die Jugendweihe oder philosophische Grabreden traditionell kirchlichen Ritualen wie der Konfirmation oder der christlichen Bestattung den Rang ab, andererseits hat die Präsenz verschiedenster religiöser Gruppen aus anderen Kulturen im Westen zugenommen (Hempelmann et al. 2001). Mit Nachdruck weist Berger auf die Notwendigkeit hin, die sozialpsychologische Dynamik des Pluralismus mit ihren Folgen besser zu verstehen, um die gesellschaftlichen und persönlichen Konfliktherde zwischen grenzenloser Toleranz und gefährlichem Fanatismus einzudämmen. Schon hier sind Hinweise auf die Relevanz religionspsychologischer Erkenntnisse gegeben, die weiter unten differenziert entfaltet werden.

Schon vor über 100 Jahren hat Friedrich Nietzsche prognostiziert, dass die westliche Kulturentwicklung einen Menschentyp hervorbringen werde, der »in schiere Eindimensionalität und Trivialität gebannt, sein Leben führt, ohne noch etwas über sich selbst hinaus zu wissen, der, wie Nietzsche sagt, seinen ›Stern‹ über sich verloren hat« (Küenzlen 1999, 100). Nach Ansicht von Religionssoziologen wurde »zur bestimmenden Orientierungsmacht, aus der die Menschen heute ihr Leben führen, jene bloße Diesseitigkeit, die auf hedonistisches Gegenwartserleben reduziert bleibt und keine Sinn- und Hoffnungsgehalte über sich selbst hinaus mehr kennt« (ebd.).

Freuds (1974, 378) aufklärerischer Optimismus, der sich an der Vernunft und einem positivistischen Wissenschaftsverständnis orientierte – »unser Gott Logos«, ist allerdings schon damals von einigen Analytikern kritisiert worden. Für sie waren »die irrationalen Mächte der Religion – Sehnsucht, Zwanghaftigkeit, unbewusstes Schuldgefühl – ... zu stark, um sie einfach durch Freuds ›wissenschaftliche Weltanschauung‹ ersetzen zu können« (Nase & Scharfenberg 1977, 5).

In der Tat haben sich die Hoffnungen Freuds nicht erfüllt, und gegen solche Formen der Religionskritik wurden zahlreiche Einwände geltend gemacht. Denn gerade die christliche Religion sei, »wie man gegen allzu schlichte Säkularisationstheorien einwenden muss, schon zu aufgeklärt und ›wissenschaftlich‹«, bemerken selbst religionskritische Psychologen. »Religion ist, um ein Wort von Horkheimer und Adorno zu variieren, immer schon Aufklärung. Nicht zufällig haben bedeutende Theoretiker herausgearbeitet, dass die Moderne nicht aus dem Niedergang des christlichen finsteren Mittelalters hervorgegangen ist, sondern dass die christlichen Religionen ein ungeheures Modernisierungspotential in sich tragen. Man denke in diesem Zusammenhang etwa an Webers Analyse der religiösen Abkunft des Kapitalismus oder an Foucaults Konzept der Pastoralmacht« (Jaeggi, Möller, Hegener 1998, 2). Dem ist hinzuzufügen, dass regelrechte »Säkularisierungs-Theologien« entworfen wurden, die theologisch begründen, warum die Säkularisierung »ein notwendiges und spezifisches Erbe des Christentums« darstellt (Biehl 2001, 1889).

Ohne Zweifel nahm der sich ausbreitende Wissenschaftsglaube auf den gesellschaftlichen Gesinnungswandel großen Einfluss. In einer »Notiz zum Gestaltwandel des Religiösen in der modernen Welt« weist Peter Sloterdijk (1997, 21) darauf hin, dass sich im europäischen 19. Jahrhundert »eine Art szientistische Kirche formierte, die ihren Zeitgenossen beruhigend zusprach, sie sei dazu da, den blassen alten durch einen vitalen neuen Glauben zu ersetzen: durch wissenschaftliche Weltanschauung ... Was hier der ›neue Glaube‹ heißt, ist in funktionaler Sicht nichts anderes als die Ordnungsleistung von Wissenschaft und Technik für die durchsäkularisierte Welt: der neue Glaube dient, wie jeder alte, dazu, die Welt für den

Menschen geheuer zu machen.« Aus diesem kritischen Rückblick kann schon der Hinweis auf eine ersatzreligiöse Funktion der Wissenschaft entnommen werden, die heute, in einer von manchen als »postsäkular« gekennzeichneten Gegenwart, an ihre Grenzen gekommen zu sein scheint.

War das Wissenschaftsverständnis der Moderne von dem Anspruch getragen, eine einheitliche Methodenlehre bis hin zu einer Einheitswissenschaft (»Logischer Empirismus«) und wissenschaftlichen Universalsprache zu schaffen, führte die wissenschafts- und erkenntnistheoretische Diskussion der zweiten Hälfte des 20. Jahrhunderts zum Postulat eines uneingeschränkten Methodenpluralismus – dem postmodernen »*anything goes*«.

Die Heilsversprechen der Religionen, die Utopien der Politik, das Bildungsideal des Humanismus – globale Leitbilder nehmen nach Meinungsumfragen für viele keine Vorbildfunktion mehr ein. Für die heutige Lebensgestaltung erscheinen traditionelle Lebensentwürfe nicht mehr brauchbar zu sein. Heute muss man selber entscheiden, wer man sein möchte – die »Multioptionsgesellschaft« zwingt zu einer Wahl (Gross 1991). Die Volksweisheit »Jeder ist seines Glückes Schmied« bedeutet für die Postmoderne: »Jeder erfindet eine für sich gerade passende Weltanschauung.« Die Notwendigkeit, sich aus verschiedenen Quellen ein persönlich stimmiges Weltbild zu schaffen, wird von manchen geradezu als ein »Zwang zur Häresie« verstanden (Berger 1992).

Den radikalen Rückzug auf individuelle Glaubensstandpunkte hat Ken Wilber (2001, 184 ff. und 1998, 158 ff.) mit drei Kernannahmen begründet, die nach seiner Analyse postmoderne Theorien kennzeichnen:

1. Realität ist nicht immer vorgegeben, sondern in einigen wichtigen Aspekten das Ergebnis individueller Konstruktion und Interpretation (Konstruktivismus).
2. Bedeutung und Sinngebung entstehen in Abhängigkeit vom jeweiligen Kontext, und diese Kontexte sind im Prinzip grenzenlos (Kontextualismus).
3. Erkenntnis ist relativ, und deshalb sollte keine einzelne Perspektive bevorzugt werden (Aperspektivismus).

Durch die Vielfalt der weltanschaulichen Kontexte und subjektiven Konstruktionen treffen nun in jeder Gemeinschaft parallele »Glaubenswelten« aufeinander, zwischen denen eine Verständigung wegen ihrer widersprüchlichen Grundannahmen schwierig ist. Je nach weltanschaulicher Interpretation und Festlegung entstehen unterschiedliche Bilder von der Wirklichkeit. »Weltanschauung« klingt für viele Deutsche wegen der beschämenden nationalsozialistischen Vergangenheit nach ideologischer Vereinnahmung. Der Psychiater Werner Huth (1988) hat jedoch festgestellt, dass Weltanschauungen im Gegensatz zu Ideologien oder Wahnvorstellungen keinen Abwehrcharakter besitzen und als Grundlage für die persönliche Lebensdeutung und Sinnfindung unverzichtbar sind. Gemeint ist damit eine in sich stimmige, zusammenhängende Deutung der Welt. Aus religionssoziologischer Sicht ist die bzw. »der Fragende und Suchende die typische religiöse Sozialfigur unserer Zeit. Dass das Leben nur einen Sinn hat, ›wenn man ihm selber einen Sinn gibt‹, ist die religiöse Konsensformel« (Ebertz 2001, 1772).

Weltanschauung bedeutet, dass jemand aus einer bestimmten Anschauung heraus zu leben, zu handeln und zu werten weiß – und seinen persönlichen Platz im Universum ge-

> funden hat. Eine persönliche Weltanschauung zu bilden heißt, einen Sinn zu (er-)finden, der das Gefühl von Geborgenheit und Schutz vermittelt. Sie vermittelt die Vorstellung von Kontrolle angesichts der stets ungewissen Zukunft.

Eine vertrauensvolle Haltung in das Leben kann sich nur auf persönliche Glaubensüberzeugungen stützen. Das logisch-rationale Denken ist dazu ungeeignet, weil seine Methoden es nicht ermöglichen, existenzielle Fragen zu lösen. In lebensentscheidenden und richtungsweisenden Krisensituationen scheint der Mensch deshalb auf Glaubensüberzeugungen angewiesen zu sein. Zusammengenommen ergeben diese Überzeugungen ein konsistentes Deutungsmuster.

> Nur mit Hilfe einer subjektiv stimmigen, weltanschaulichen »Wirklichkeitskonstruktion« können existenzielle Fragen wie Zufall, Schuld, Leiden, Gerechtigkeit, Wahrheit und Tod beantwortet und existenzielle Lebenskrisen bewältigt werden.

Die Antwort auf bedrohliche Lebensfragen kann aber nur »postrational« erfolgen – in Form einer persönlichen und subjektiven Interpretation der Wirklichkeit. Nach der rationalen Analyse und Abwägung sind Glaubensschritte nötig. Eine wissenschaftliche Erklärung und Begründung der letzten Fragen gibt es nicht. Bei aller berauschenden Zukunftseuphorie war »die wissenschaftliche Befreiung vom animistischen Aberglauben und theologischen Dogma begleitet von einem neuartigen Gefühl der Entfremdung von einer Welt, die sich weder für menschliche Werte empfänglich zeigte noch einen erlösenden Zusammenhang bot. Auf die großen Fragen der menschlichen Existenz antwortete dieses Weltbild nicht mehr« (Tarnas ebd., 412).

Die Schwierigkeit einer persönlichen weltanschaulichen Positionsfindung hat sich in der Gegenwart noch verschärft. Die für eine Weltanschauung nötigen Glaubensüberzeugungen sind in der pluralistischen und individualisierten Gegenwart meistens nicht mehr sozial ableitbar, sondern zur Privatsache geworden. Der in vielen Bereichen beobachtbare Traditionsabbruch bedeutet eine neuartige Belastung des/der Einzelnen. Es fehlt, wie schon der Wiener Neurologe Viktor Frankl (1992, 83 ff.) treffend bemängelte, das »Wovor der Verantwortlichkeit«. Neben die Selbstverwirklichung muss nach seiner Überzeugung ein Verpflichtungsgefühl zur Selbstverantwortung treten, das er im Gewissen lokalisiert.

Durch das Verblassen des religiösen Profils und einer verkümmerten Gewissensbildung entstand eine Schieflage zwischen Glauben und Wissen. Das Erleben von Sinnhaftigkeit hängt jedoch von einem stabilen Gleichgewicht zwischen Glauben und Wissen ab. Beide Pole sind für eine ausgewogene Handlungsorientierung des Menschen unverzichtbar. Während der wissenschaftlich-technische Fortschritt ungeahnte Perfektionsdimensionen erklomm, konnte die ethisch-moralische Entwicklung nicht mithalten. Durch die weiter oben beschriebene »Gottesfinsternis« verdunkelte sich das »Wovor der Verantwortlichkeit«, bis es völlig im Nebel verschwand – heute zum Beispiel im Irrlicht medial inszenierter Scheinwelten. Wenn man aber keinem höheren Wert verpflichtet ist, wird alles gleichgültig.

Ganz unabhängig davon, ob man die Gegenwart als ein säkularisiertes, diffus religiöses oder neureligiöses Zeitalter betrachtet: Der tiefgreifende Wandel des Religiösen erfordert von allen Mitmenschen eine Reflexion und Vergewisserung ihrer eigenen Grundüberzeugungen. Auch eine »nachmetaphysische« Gesellschaft funktioniert nur mit Mitgliedern, die einer persönlichen Gewissensentscheidung verpflichtet sind und verantwortungsbewusst handeln.

Wenn diese Einschätzungen zutreffen, kommen auf Psychotherapie und Beratung neue Herausforderungen zu. Findet der oder die Ratsuchende nachhaltige und tragfähige Hilfestellung im Umgang mit Wertfragen, Sinnkrisen und existenziellen Entscheidungskonflikten in einem Beratungsgespräch oder einer therapeutischen Behandlung? Welche besonderen Voraussetzungen oder Fähigkeiten sind dazu seitens der Professionellen nötig? Jedenfalls ergab eine Umfrage unter Psychotherapeuten im nordbayrischen Raum, dass viele eine verstärkte Berücksichtigung der religiösen Thematik in ihrer Weiterbildung wünschen (Demling, Wörthmüller & Connolly 2001).

> Genauso, wie es zum professionellen Standard von Beraterinnen und Therapeuten gehört, ihr Denken und Fühlen in Form einer »analytisch-intuitiven« Wahrnehmung in eine innere Übereinstimmung zu bringen, ist die persönliche Integration von Wissen und Glauben in Form von »rational-vertrauendem« Handeln nötig. Eine persönlich stimmige Verbindung zwischen Denken, Fühlen und Glauben ist die Voraussetzung dafür, um mit religiösen und spirituellen Fragen angemessen umgehen zu können.

Diese Überlegungen erfordern von Beratern und Therapeutinnen also eine doppelte Befähigung:

– die erlernte Behandlungsmethode in professionelle Praxis umzusetzen und
– die Reflexion und Vergewisserung der eigenen weltanschaulich-religiös-spirituellen Grundüberzeugungen, die in einem hohen Maß die therapeutische Haltung prägen.

Der schwierige Übergang von der Theorie in die Praxis wurde für die Psychotherapie schon häufig thematisiert. Auf den Punkt bringt es ein bekanntes Lehrbuch der Psychoanalyse: »Die subjektive Brechung der objektiven Technologie als notwendiges Umsetzungsproblem der Theorie in die Praxis verweist auf die psychoanalytisch-therapeutische Praxis als eine Kunst. Die Umsetzung ist letztlich ein Können, die therapeutische Praxis eine künstlerische Technik. Die Kunst zu beherrschen, ist eine Frage der Ausbildung und der Persönlichkeit« (Thomä & Kächele 1988, 379). Die Unwandlung von Wissen in professionelles Handeln hat in den letzten Jahren viel Aufmerksamkeit erfahren (Buchholz 1999). Dem gegenüber sehen die Ansätze, die den zweiten hier genannten Qualifikationsschritt bearbeiten – die Reflexion und Kommunikation der anthropologischen Voraussetzungen – mager aus (Jaeggi 1995, Kutter et al. 1998, Fahrenberg 2004). Dieses Buch möchten mithelfen, diesem offensichtlichen Mangel entgegenzuwirken.

Die Postmoderne erfordert eine persönliche Positionsbestimmung

In der Theorie der Postmoderne können widersprüchliche Weltbilder gleichberechtigt nebeneinander stehen, ohne sich zu befeinden. Auf solche gegensätzlichen Standpunkte wurde schon hingewiesen, sie sind heute leicht ausfindig zu machen: Auf der einen Seite boomen Magie, Esoterik und das Irrationale. Auf der anderen

Seite beflügeln die rapiden Entwicklungen der Bio- und Informationswissenschaften die Phantasie technikgläubiger Fortschrittsoptimisten. Einerseits breitet sich die Säkularisierung weiter aus. Andererseits ist eine Re-Sakralisierung des Alltags zu beobachten, die in starkem Kontrast zu dem naturalistischen und materialistischen Weltbild steht. Einerseits eröffnet die Vielfalt der Möglichkeiten ungeahnte Perspektiven, andererseits entstehen dadurch neue Ängste und Unsicherheiten. »Auf der einen Seite stehen Erfahrungen der Befreiung aus schicksalhaft vorgegebenen kulturellen Zwängen, neuen Möglichkeiten legitimer, individueller Lebensgestaltung und Chancen einer reflexiven Verfügbarkeit kultureller Traditionen. Dem stehen Verluste an identitätssichernden Orientierungen und Bindungen gegenüber, die aus der individuellen Freiheit eine überfordernde ›Modernisierungsfalle‹ zu machen drohen« (Gabriel 1994, 134).

Es liegt auf der Hand, dass die Gleichzeitigkeit sehr unterschiedlicher Lebensdeutungen in einer Gemeinschaft Konflikte produziert. Eine problematische Folge der fortschreitenden Globalisierung wurde als »das Dreikörperproblem der Weltgesellschaft« bezeichnet (Bolz 2002, 11). Die Gegensätze zwischen sogenannten vormodernen (die sog. »Dritte Welt«), modernen und postmodernen Gesellschaftsformen sind so grundlegend, dass ein Zusammenleben ihrer Mitglieder hohe Transferleistungen und Integrationskompetenzen erfordert. Gerade hier werden religionspsychologische Kompetenzen benötigt, um gesellschaftliche Konfliktherde zu entschärfen. Der uralte und ungelöste Streit zwischen Glaube und Wissen entfaltet angesichts der andrängenden ethischen Entscheidungskonflikte eine hohe Brisanz.

> Ein hervorstechendes Merkmal der Postmoderne – die Gleichzeitigkeit von konkurrierenden Weltanschauungen und Sinndeutungen – erfordert eine persönliche Positionierung. Nur von einem festen Standpunkt aus können die unterschiedlichen Deutungsperspektiven und religiösen Systeme bewertet und eingeordnet werden.

Gerade die multikulturelle Gegenwart erfordert eine Rückbesinnung auf religiöse Wurzeln und Werte – und die Bereitschaft und Fähigkeit zum Dialog. Dabei ist das Gespräch über die persönliche Religion anspruchsvoll und anstrengend. Religiöse Fragen sind deshalb so unbequem, weil sie die Wahrheitsfrage berühren. Ihre Antworten treten mit dem Absolutheitsanspruch universeller Gültigkeit an. Wenn in einem Gespräch unterschiedliche religiöse Standpunkte sichtbar werden, wird die Position des jeweiligen Gegenübers damit automatisch in Frage gestellt. Besonders in einer psychotherapeutischen Behandlung werden solche Grundsatzfragen gerne ausgeklammert – »weltanschauliche Grundüberzeugungen (sind) einfach als vorausgesetzt und vorgegeben hinzunehmen. Da deren Analyse oft als Infragestellung der ganzen Person resp. der persönlichen Identität und damit als massive Kränkung erlebt wird, bleibt sie an dieser Stelle ausgespart« (Winkler 2000, 103). Viele der als gründlich geltenden Deutschen stören sich jedoch daran – es kann und darf doch nur eine Wahrheit geben! Andere Nationen gehen mit dem Wahrheitspluralismus viel pragmatischer und entspannter um.

War in der Moderne die Rationalität eines »aufgeklärten Subjekts« das Maß aller Dinge, so ist die Postmoderne von den vielfältigen Interpretationen multipler und flexibler Identitäten geprägt (Sennett 1992). Wenn Ken Wilber Recht hat mit seiner Behauptung, dass die persönliche Interpretation das Herz der Postmoderne darstellt, erklärt sich damit der Bedeutungszuwachs der weltanschaulichen Positionsfindung – auch in der Psychotherapie. Denn in einer therapeutischen Begleitung geht es ja gerade nicht um eine pragmatische Angleichung einer vermeintlich abweichenden Persönlichkeitsentwicklung an objektive Gesundheitsmaßstäbe oder modische Trends, sondern um das Verstehen und Annehmen einer einzigartigen Geschichte als Resultat des persönlichen Erlebens, Deutens und Strebens.

Aber nicht nur jede Kultur, Gruppe oder Gesellschaft sucht sich einen weltanschaulichen Deutungsrahmen, auch der/die Einzelne ist auf die Beantwortung der existenziellen Menschheitsfragen oder zentralen Lebensthemen angewiesen. Während früher diese Aufgaben institutionalisierte Religionen – im Westen das Christentum – übernommen haben, ist heute eine derart eindeutige Zuordnung nicht mehr möglich. Der gesellschaftliche Wandel hat dazu geführt, dass dem oder der Einzelnen die Verantwortung für die Wahl der richtigen Weltdeutung übertragen wurde. Ob diese Wahlfreiheit einen wirklichen Fortschritt bedeutet, darüber wird bis heute kontrovers diskutiert. Sicher ist nur, dass es dem einzelnen Menschen hinsichtlich seiner Sinndeutungsmöglichkeiten nicht so leicht fallen dürfte, eine für sich passende Variante zu finden. Im nüchternen Pädagogendeutsch wird dieser Sachverhalt folgendermaßen zusammengefasst: »Die moderne Welt kann weitgehend als Ergebnis einer Säkularisierung des Christentums verstanden werden. Dieser Prozess hat höchst ambivalente Wirkungen: Er fordert zu weltanschaulichen Stellungnahmen heraus« (Biehl 2001, 1888).

Untersuchungen von Kulturhistorikern und Religionssoziologen belegen die Hypothese, dass weltanschauliche Orientierungskonflikte heutzutage zugenommen haben (Zulehner & Denz 2001, Polak 2002). Das Nebeneinander gegensätzlicher Standpunkte ruft Konflikte hervor. Deshalb werden auch Psychotherapien zunehmend als Hilfestellung zum Umgang mit Wertfragen, Sinnkrisen und existenziellen Entscheidungskonflikten aufgesucht. Der ärztliche Direktor einer psychotherapeutischen Fachklinik erklärt die Zunahme religiöser Fragen in der Psychotherapie damit, dass »die Psychoanalyse angesichts vielfältiger anderer ›Psychoangebote‹ ihren Elfenbeinturm verlassen muss, auch deshalb, weil angesichts der drängenden gesellschaftlichen Probleme wieder mehr nach Sinn- und Wertorientierung gefragt wird« (Ruff 2002, 8).

Die erhöhte Bedeutung weltanschaulicher Orientierungskonflikte in der Psychotherapie dokumentiert die Einführung der neuen Störungs-Kategorie »religiöses oder spirituelles Problem« – auf Achse V wird »62.89« eingetragen: »Diese Kategorie kann verwendet werden, wenn im Vordergrund der klinischen Aufmerksamkeit ein religiöses oder spirituelles Problem steht. Beispiele sind belastende Erfahrungen, die den Verlust oder das Infragestellen von Glaubensvorstellungen nach sich ziehen, Probleme im Zusammenhang mit der Konvertierung zu einem anderen Glauben oder das Infragestellen spiritueller Werte, auch unabhängig von einer organisierten Kirche oder religiösen Institution« (Sass, Wittchen & Zaudig 1996).

Diese neue Diagnose wird dann vergeben, wenn Entwicklungsstörungen oder seelische Konflikte auf eine existenzielle oder weltanschauliche Frage zurückgeführt werden können. Mit dieser Kategorie nimmt die Ärzteschaft die Besonderheit religiöser Erfahrungen und die Bedeutung weltanschaulicher Konflikte und Orientierungssuche ernst. Religiöse und spirituelle Konflikte werden zum ersten Mal nicht per se pathologisch eingestuft, sondern als eine psychotherapeutisch zu begleitende Krisensituation eingestuft. Durch diese grundsätzlich begrüßenswerte

Entwicklung ist jedoch nun die paradoxe Situation entstanden, dass mit psychologischen Methoden spirituelle Themen behandelt werden sollen. Wie soll das gehen? Unvermeidlich zerfließen dadurch die Grenzen zwischen Profession und Konfession.

Weil heute werteorientierte Entscheidungskompetenz selten anzutreffen ist, wächst sich die individuell zu gestaltende und zu verantwortende Sinnfindung für manchen zu einem weltanschaulichen Orientierungskonflikt aus. Die Gründe hierfür liegen auf der Hand: Während »der Pluralismus einen Zustand permanenter Unsicherheit in bezug auf die Frage erzeugt, was man glauben und wie man leben soll, verabscheut das menschliche Gemüt nichts so sehr wie Unsicherheit – und dies auch noch in wirklich wichtigen Lebensfragen« (Berger 1994, 51).

Zugespitzt bedeutet das: Traditionelle Glaubensfragen sind in der Postmoderne zu zentralen Lebensthemen geworden. Die Fragen nach Schicksal, Karma und Vorherbestimmung werden deshalb nach meiner Beobachtung auch in der Lebensberatung zunehmend thematisiert. Der beraterische oder therapeutische Rahmen soll nun Hilfestellungen bieten, um in dem vielstimmigen Wertepluralismus an persönlicher Entscheidungssicherheit zu gewinnen.

Die Frage nach der eigenen weltanschaulichen Positionierung erhält eine neue und zentrale Bedeutung, die auch von der Berater- und Therapeutenseite nicht übergangen werden darf. Schon eine Studie aus den siebziger Jahre mit Heilern aus verschiedenen Kulturen, Schamanen und Psychotherapeuten zeigte, dass für einen erfolgreichen Beratungs- und Heilungsprozess ein gemeinsames Weltbild zwischen Behandler und Ratsuchendem entscheidend ist (Frank 1981). Da dieser unspezifische psychotherapeutische Wirkfaktor allgemein anerkannt ist und insbesondere durch amerikanische Studien belegt ist, läge es nahe, wenn jeder Therapeut die menschenbildabhängigen Voraussetzungen seiner Behandlung reflektieren und dokumentieren würde. Diese zusätzliche Information für den Klienten könnte seine Therapeutenwahl positiv beeinflussen, da ein ähnliches Weltbild von Psychotherapeut und Klient die Behandlung vereinfachen würde.

Die Vielfalt der ethisch-moralischen Optionen erfordert Entscheidungskriterien. Nur mit einem eigenen Standpunkt können solche Konflikte bewältigt werden, die aufgrund kultureller und weltanschaulicher Differenzen entstehen. Um eine multikulturelle Gemeinschaft beziehungsfähig zu erhalten, benötigen ihre Mitglieder Klarheit über und kritische Distanz zum eigenen Weltbild, um in einen konstruktiven Dialog über die unterschiedlichen Lebensauffassungen und ethischen Leitbilder treten zu können.

> Im Entscheidungskonflikt zwischen konkurrierenden Weltanschauungen kann die Psychologie Hilfestellungen leisten. Eine psychologische Perspektive ermöglicht durch einfühlendes Nachempfinden das Verstehen des Fremden und kann dadurch den weltanschaulichen Dialog verbessern.

Was Menschen begehren und anstreben, ist immer abhängig von zwar kulturell vermittelten, letztlich aber individuell zu verantwortenden Wertvorstellungen und Entwicklungszielen, von Menschen- und Weltbildern. Für den interkulturellen und interreligiösen Dialog steuert die Psychologie wichtige Kommunikationshilfen bei. Es gilt zunächst, Unterschiede zwischen dem eigenen Handeln und dem des anderen zuzulassen und wahrzunehmen, Orientierungs- und Verhaltensunsicherheiten,

Spannungen sowie die stets mögliche Infragestellung des Eigenen durch den anderen zu ertragen.

In einer multikulturellen Gesellschaft ist die und der einzelne einzig sich selber verantwortlich. Der Religionsphilosoph Charles Taylor (2002) hat den Rückzug des Religiösen aus der öffentlichen Sphäre ins Private als eine »Kulturrevolution« gedeutet. Von William James berühmten Gifford-Vorlesungen übernimmt er dessen Unterscheidung der institutionellen und der persönlichen Religion und stellt ganz im Sinne James› fest: »Die Religion hat ihren wirklichen Ort in der individuellen Erfahrung und nicht im körperschaftlich verfassten Leben … der Kirchen« (Taylor 2002, 13). Diese »persönliche Religion« gewinnt deshalb an Bedeutung, weil sich die »institutionelle Religion« seit mehreren Jahrzehnten zunehmend auflöst.

Mit dieser schon von James vorgenommenen Eingrenzung wird der traditionelle Bezugsrahmen der Religion, die Gesellschaft, auf das Individuelle und die persönliche Erfahrung umgelenkt. Diese inhaltliche Verschiebung zieht auch methodische Konsequenzen nach sich: Für eine wissenschaftliche Untersuchung sind damit nämlich primär psychologische Fragestellungen und Methoden und eigentlich keine soziologischen gefragt und erforderlich.

> Als ein objektivierbarer, empirischer Befund ist »Religion« eher eine soziologische denn eine psychologische Kategorie. In Anknüpfung an William James kann eine psychologische Religionsforschung aber die Bestandteile der »persönlichen Religion« untersuchen. Dadurch können biographische Ursachen für ihren stabilisierenden, gesundheitsförderlichen bzw. -hemmenden, eher krankmachenden Einfluss verständlich gemacht und – in Grenzen – verändert werden.

Dieses gewichtige Argument der kulturell-gesellschaftlichen Verortung von Religion dient auch als Argument für diejenigen, die das Konzept der Spiritualität als den eigentlichen Gegenstand der Religionspsychologie ansehen, ein Gedanke, dem ausführlich in Kapitel 6 nachgegangen wird. Im Hinblick auf religiöse Überzeugungen ist jedenfalls festzustellen, dass die persönliche Religion für manche Menschen eine Ressource der Konfliktbewältigung und persönlichen Weiterentwicklung darstellt, für andere der Auslöser für neurotische Verstrickungen und eine Wachstumshemmung darstellt.

Eine Religion kann nicht per se als positiv oder negativ bewertet werden. Ob sie sich als nützlich oder hinderlich erweisen wird, hängt von der Integrationsqualität in die persönliche Lebensgeschichte und der Entwicklung eines authentischen Glaubensstils ab.

Bei einer derartig differenzierenden Betrachtungsweise kommen automatisch die Beraterinnen und Therapeuten ins Spiel, weil es zu ihrer Profession gehört, Identitätsfragen und die Schwierigkeiten eines authentischen Lebensstils zu klären. Die Frage nach der inneren Übereinstimmung von Fühlen, Denken, Reden und Tun sind heute angesichts der verschiedenen Rollenanforderungen schwieriger geworden. Identitätsfragen berühren immer den Bereich der persönlichen Wertsetzungen und sind deshalb nicht ausschließlich rational zu beantworten.

Werte festigen sich in dem langen Prozess der Identitätsentwicklung nach sehr subjektiven Maßstäben. Die Reflexion und Entscheidung über handlungsleitende Entwicklungsziele reicht dabei weit über den engen Bereich psychologischer Faktoren hinaus. Die Analyse der Motivation menschlichen Handelns findet transzendente Elemente vor. In der zielgerichteten Erwartung (»Antizipation«) auf einen angestrebten Zustand wird mental vorweggenommen, was geschehen könnte. Dabei ist besonders heutzutage die Gefahr groß, die Grenzen des Machbaren zu übersehen. Im Zeitalter eines »Psycho-Designs« werden Einsichten anderer Fakultäten, die sich mit den Bedingungen eines gelingenden Lebens beschäftigen, übergangen. Weil die Psychologie im Alleingang das Korrektiv philosophischer und theologischer Reflexionen und Einsichten beiseite ließ, vernachlässigte sie in besonderer Weise grundlegende Fragen hinsichtlich des Menschenbildes – mit zum Teil fatalen Folgen.

Eine Kontrolle und Steuerung des Zufalls, die Verwirklichung aller Wunschträume und grenzenloses Durchsetzen und Bewundert-Werden ist psychologisch nicht machbar. Aus theologischer Sicht gehört das Akzeptieren von Grenzen, das Verzichten, Leiden und auch das Scheitern zum gesunden Menschsein dazu.

Aber solche Erfahrungen sind schmerzhaft und demütigend – lieber wird Botschaften gefolgt, die das Ego streicheln. Versteckt sich hinter der jungen Sozialwissenschaft Psychologie eine moderne Heilslehre? Verfolgt eine solche, den Bedürfnissen des Zeitgeistes adaptierte Psychologie religiöse Ziele wie das der Erlösung und Befreiung?

1.3 Die Religion der Psychologie: eine neue Heilslehre?

Der durchgreifende Siegeszug der Naturwissenschaften und des technischen Fortschritts im Verlauf der letzten zwei Jahrhunderte hat religiöse Überzeugungen diskreditiert und zurückgedrängt. Dazu hat auch das Forschungsethos der akademischen Psychologie beigetragen, der das Irrationale und Unberechenbare jeglicher religiösen Erfahrung suspekt sein musste. Am Ausgang des 19. Jahrhunderts, als sich die wissenschaftliche Psychologie von der Philosophie emanzipierte und aus einem Zweig der Metaphysik zu einer naturwissenschaftlichen Disziplin formierte, sah sie ihre Zukunft vornehmlich in objektiven Daten und statistischen Berechnungen. So begann auch die empirische Religionspsychologie mit der Entwicklung und statistischen Analyse von Fragebogenuntersuchungen zur Bedeutung des Gebets und der Bekehrung. Die berühmten zwanzig Gifford-Vorlesungen, zu deren Anlass William James in Edinburgh die literarischen Zeugnisse von intensiven religiösen Erlebnissen berühmter Schriftsteller interpretierte, sind insofern eine Ausnahme.

Die Psychologie übernahm ihr Leitbild vom Humanismus, der großen Aufklärungs- und Befreiungsbewegung des 18. Jahrhunderts. In dieser Zeit vollzog sich ein bemerkenswerter Wandel von der Magie zur Wissenschaft (Schmidbauer 1998). Für die körperliche und seelische Heilkunde hatte das zur Folge, dass sie ihre traditionellen mystischen und okkulten Anteile aufgab. Der »akademisch ausgebildete Arzt verdrängte den Heiler, der Operateur den Bader, die Bestrahlung das Brenneisen und das Gespräch die Beschwörung« (Wirsching 1998, 10). Die Psychologie gründet dabei auf den beiden Säulen der modernen Kultur, der Aufklärung und der Emanzipation.

Für religiöses Erleben und Verhalten hält dieses Modell keine Erklärungen vor. Traditionell-religiöse Riten und Symbole wurden entmystifiziert, jedoch durch neue Mythen ersetzt. In der modernen Gesellschaft tritt die Gesundheit an die Stelle des Heils, und das Medikament ersetzt die Hostie.

> Selbstbestimmung und der Wunsch nach rationaler Kontrolle über das Zufällige und Schicksalhafte der menschlichen Existenz waren die Leitbilder, mit denen auch die Psychologie angetreten ist. Diese Auffassung ist geprägt von einem positivistischen Glauben an die umfassende Änderungsmacht von Naturwissenschaft und Technik. Wenn alle Bedingungen kontrollierbar sind, ist die bedrohliche Macht des Zufalls und/oder des Schicksals gebannt.

Die Psychologie konnte sich das starke Bedürfnis nach persönlicher Weiterentwicklung und Selbstentfaltung zunutze machen, das nach dem gelungenen Wiederaufbau in den Nachkriegsjahrzehnten Anfang der siebziger Jahre aufbrach und sich ausbreitete. So wurde Psychotherapie zu einer »Befreiungswissenschaft«, mit deren Hilfe politische Ideale umgesetzt und die Fesseln der Tradition, der Bürgerlichkeit und des Establishments abgestreift werden sollten (Jaeggi, Rohner & Wiedemann 1989, 49 ff.).

Das Ideal der Befreiung und Emanzipation hat sich heute teilweise ins Gegenteil verkehrt: Laut Jürgen Habermas leben wir in einer »Therapeutokratie«. Ein »Netz von Klientenverhältnissen hat sich über die Gesellschaft ausgebreitet. Darin zappeln wir, verstrickt in bürokratisierte und auf Profit abzielende zwischenmenschliche Beziehungen. Kernbereiche gesellschaftlicher Realität werden behandelt, als ob sie nach psychologischen Gesetzen funktionieren: Organisationsmanagement, Werbung, politische Rhetorik ... Therapie findet, so Habermas, überall im ›Normalen‹ statt« (Gebhardt 2002, 15).

In der öffentlichen Meinung ist zu beobachten, dass die Erwartungshaltung an psychologisches Wissen heute immens hoch ist. Alle Lebensbereiche werden psychologisierend durchleuchtet. Viele wirtschaftliche, kulturelle, politische oder sportliche Ereignisse werden heute kausal-psychologisch interpretiert und erklärt. Psychologischen Faktoren wird vielerorts maßgebliche Bedeutung beigemessen – die mentale Haltung bestimmt den Sportwettkampf, das emotionale Stimmungstief die Börse, das Erfolgscoaching den Ausgang des Bewerbungsgesprächs. Im Gefolge der beeindruckenden naturwissenschaftlichen Fortschritte hat sich bei vielen der Glaube eingenistet, dass wie in der Technik bald auch umfassende Regulations- und Kontrollmöglichkeiten für die Seele zur Verfügung stünden. Ausgehend von den technischen Errungenschaften werden in der Regel (zu) hohe Erwartungen an psychologische Maßnahmen und Behandlungen geknüpft. Die wissenschaftliche Psychologie müsse doch in der Lage sein, seelische Probleme wie Ängste, Unsicherheiten oder Zwangsvorstellungen nachhaltig zu beseitigen oder erwünschtes Verhalten gezielt hervorzurufen. Die biochemischen Errungenschaften und gentechnischen Fortschritte nähren die Hoffnung, dass es bald möglich sein könnte, durch Medikamente erwünschte Seelenzustände nach Belieben herzustellen – »Glück auf Rezept« (Kramer 1995).[16] Analog den revolutionierenden Fortschritten in den Informationstechnologien, der Fahrzeugtechnik oder der Medizin werden ähnliche Gestaltungs- und Veränderungsmöglichkeiten auch von der Psychologie erwartet.

Die Vorstellung ist weit verbreitet, dass sich der Mensch mit Hilfe geeigneter Psychotechniken umfassend ändern und von lästigen Schwächen und Fehlern endgültig befreien könnte – das perfekte Lebensgefühl durch ›Psychodesign‹.

Manche psychologischen Entwürfe sind von einem regelrechten Kontroll- und Deutungsimperialismus getragen und scheinen davon überzeugt zu sein, auf jegliches Staunen, Spielen, die Intuition oder andere Wahrnehmungskanäle verzichten zu können. Ein psychologisches Machbarkeitsdenken hat sich durch auflagenstarke Selbsthilfebücher sowohl im Weiterbildungsmarkt als auch im Bereich der Ratgeberliteratur weitestgehend durchgesetzt. Weil derartige populärpsychologische Ansätze bei Laien häufig die Hoffnung wecken, bald jegliche seelische Regung erklären und kontrollieren zu können, wird der Psychologie häufig ehrfürchtig gegenübergetreten.

Um Unwägbarkeiten zu minimieren und dem Zufälligen seine Macht zu rauben, verlassen sich heute viele Menschen auf psychologische Erkenntnisse: das Testprofil im Bewerbungs-Auswahlverfahren, die Auskunft über eine Rückfallgefährdung von Straftätern bis hin zum Partnerschaftstest »Wer passt zu wem« in Illustrierten. Auch wenn die Methoden modern wirken, weil sie ein naturwissenschaftliches Design haben, lässt sich in solcher Form psychologischen Diagnostik »eine säkularisierte Form der Wahrsagerei erkennen« (Gebhardt ebd., 38). Ein Historiker behauptet, dass die menschliche Leistungs- und gar seine Glücksfähigkeit heute unter das Diktat und die »fürsorgliche Kontrolle« psychologischen Expertenwissens geraten sei. In der psychologischen Prognostik findet er einen »fundamental religiösen Charakter« (Raphael 1996).

Fachleute sind dagegen hinsichtlich der Vorhersagbarkeit und Steuerbarkeit seelischer Reaktionen viel skeptischer und bescheidener. Nach heutigem Wissenstand sind Anlage und Umwelt, Person und Situation, Gene und Gewohnheiten eng aufeinander bezogen und besitzen eine relativ stabile Eigendynamik, die viel weniger beeinflusst werden kann, als man früher noch dachte.

Besonders im Bereich der Beratung und Psychotherapie wird häufig mit unrealistischen Versprechen um Kundschaft geworben: »Sprenge deine Grenzen!«, »Vollkommene Selbstverwirklichung« oder »Entspannung total in drei Minuten« lauten typische Verheißungen. Derartige Angebote stoßen deshalb auf eine so große Resonanz, weil sie die Entzauberung der äußeren Natur durch die Technik durch die Verzauberung der inneren Natur ersetzen. Selber gibt sich die Psychotherapie aufklärerisch, in Wahrheit erfindet sie aber neue Mythen, lautet das Fazit von immer mehr Kritikern (Nuber 1995; Petzold & Orth 1999; Schmidbauer 1999; Kagan 2000; Degen 2000). Wie eine Psychologie »jenseits von Dogma und Mythos« aufgebaut sein könnte und welche Bedeutung dabei dem zugrunde liegenden Menschenbild zufällt, wird weiter unten in Kapitel 3 behandelt.[17]

Eine vermutlich ähnliche Macht wie die Versprechen unseriöser Anbieter auf dem Lebenshilfemarkt besitzen die Heilserwartungen der Klienten an »ihre« Therapeuten: »Ich möchte an Sie glauben können«, formulierte ein narzisstisch gestörter Patient, weil er ahnte, dass die therapeutische Beziehung ihn aus seiner krankmachenden Selbstverliebtheit befreien könnte (Malkwitz 2003). Es benötigt allerdings ein hohes Maß an Professionalität, um mit den verführerischen Größenphantasien von Patienten angemessen umzugehen und die utopischen Heilserwartungen im Rahmen eines stabilen Arbeitsbündnisses auf den Boden realistischer Behandlungsziele zurückzuholen.

Einerseits transportieren psychologische Theorien Ideale der Aufklärung und der Freiheit des Individuums. Wird die psychologische Veränderungskraft aber instrumentalisiert – und dieser Trend ist angesichts eines stark angewachsenen, lukrativen Psychomarktes esoterischer und anderer Spielarten unübersehbar – erreicht sie »genau das Gegenteil von Aufklärung und Befreiung: Gefügigkeit, Anpassung, mystische Vorstellungen von Determiniertheit« (Gebhardt ebd., 14). Wahrscheinlich trifft die ambivalente Beschreibung zu, mit der die Wissenschaftsjournalistin Gebhardt die gesellschaftliche Wirkung der Psychologie und anderer Sozialtechniken beurteilt: Ihr »Befreiungspotential ist genauso groß wie das Anpassungs- und Kontrollpotential.«

Wenn es stimmt, das in dieser Disziplin wirksame seelische Einflussmethoden (»Psychotechniken«) entwickelt wurden, die sowohl nutzbringend als auch unterdrückend eingesetzt werden können, werden Kriterien benötigt, mit deren Hilfe die Rahmenbedingungen der Interventionen festgelegt werden können. Damit rücken Fragen nach dem Entwicklungs- und Veränderungsziel und weiter nach dem Menschenbild, das einer Behandlung zugrunde liegt, ins Zentrum der Aufmerksamkeit.

Die Psychologie hat seit ihrer Begründung als eigenständige Wissenschaft der Theologie die Deutungsmacht über die Natur des Menschen streitig gemacht. Empirisch gewonnene Einsichten aus Fragebogenuntersuchungen und psychologische Datenberechnungen und -interpretationen haben die philosophische Anthropologie und theologische Exegese und Hermeneutik abgelöst und neue Menschenbilder hervorgebracht. Dabei sind auch utopische Idealbilder und ideologisch aufgeladene Modelle entstanden.

Wegen der häufig zu hohen Erwartungen gegenüber psychologischen Behandlungen und einer verbreiteten Unkenntnis hinsichtlich ihrer tatsächlichen Möglichkeiten ist es wichtig, sich die Mythen der Psychologie und die engen Grenzen der Psychotherapie zu verdeutlichen.

Zu den populären Irrtümern über die Psychologie zählen Behauptungen von
- der umfassenden Änderbarkeit des Charakters
(*Persönlichkeitseigenschaften sind relativ stabil*)
- der Dominanz des Lustprinzips
(*auch wertorientierte Ziele motivieren*)
- der verheerenden Wirkung eines frühen Traumas
(*die ersten Lebensjahre entscheiden nicht alles*)

Kulturwissenschaftler vermuten, dass psychologische Deutungen deshalb eine derartige Wirkung und enorme Prägekraft entwickelt haben, weil dort die Entzauberung der äußeren Natur durch die Technik durch eine Verzauberung der inneren Natur ersetzt werde. Unübersehbar ist die westliche Kultur von einer weitreichenden Psychologisierung der Lebenswelt geprägt, deren Schattenseiten häufig übersehen werden.

Der Psychologie fällt heute eine imposante Deutungsmacht zu. Ihre Erfolgsstory wäre jedoch ohne die Schwächung religiöser Deutungsmuster nicht denkbar gewesen. Durch die Säkularisierung und die Individualisierung haben die Industrienationen ein anderes Gesicht erhalten. Christliche Werte und Normen wurden durch andere Lebenskonzepte und Leitbilder in Frage gestellt und verloren an Bedeutung. Ein Glaube, der sich von einer alltagsverändernden Kraftquelle einzelner und einer gesellschaftlichen Orientierungsfunktion in eine zu verwaltende Institution zurückzieht, hat seine Attraktivität und Bedeutung verspielt. Die rasche Popularität der jungen Sozialwissenschaft Psychologie beschleunigte diese Entwicklung, weil sie das Entwicklungspotential der einzelnen Person betonte – und häufig überschätzte.

Selbstverwirklichung wurde zum Lebensinhalt für Generationen. Der gesellschaftliche Trend der Individualisierung unterstützte das Anliegen der Psychologie und verlieh ihr eine wachsende Popularität und Autorität. Heute, wo die Schattenseiten dieser Entwicklung unübersehbar geworden sind, sprechen Soziologen von einer Psychologisierung des Alltags und einer Therapeutisierung der Lebenswelt. Vielleicht ist die enorme Nachfrage nach psychotherapeutischen Behandlungen eher ein Hinweis auf das »Zeitalter des Narzissmus« als auf wirkliche Erkrankungen, zu dessen Ausbreitung und Verfestigung die Psychotherapie mit ihren Selbsterfahrungs-Angeboten ungewollt beiträgt.

Hier war die mahnende und korrigierende Stimme der Theologie viel zu selten hören. Sie hätte dem Selbstverwirklichungs-Boom den ihr angemessenen Platz zuweisen können. Selbstverwirklichung um jeden Preis und narzisstische Selbstverliebtheit verfehlen nämlich aus theologischer Perspektive die eigentliche Bestimmung des Menschen, sich selbst im anderen zu finden.

Immer schon war die menschliche »Seele« geheimnisvoll verschlossen und ein spannendes Rätsel, für erstaunliche Überraschungen gut. Theologische und psychologische Modelle haben in immer wieder neuen Anläufen den Versuch unternommen, zutreffende und allgemeingültige Aussagen über die »wahre Wirklichkeit« des Menschseins oder den »Personenkern« hinter den Erscheinungen und Ausprägungen seiner Verhaltensäußerungen zu entschlüsseln: Ist dieser eher theologisch mit »Identität des Sünders« (Schneider-Flume 1985) zu begreifen oder besser psychologisch mit »Entwicklungsstufen des Selbst« (Kegan 1986) zu beschreiben?

In dem angewachsenen Dienstleistungssektor von Lebenshilfe, Beratung und Therapie werden heute beträchtliche Summen umgesetzt. Wenn psychologische Veränderungsversprechen an den Menschheitsträumen der seelischen Unverwundbarkeit, perfekten Selbstverwirklichung und der Machbarkeit aller Wünsche anknüpfen, ist hohe öffentliche Aufmerksamkeit garantiert und zahlreiche Kundschaft zu erwarten. Eine Psychologie, die sich dem technischen Machbarkeitsglauben anschließt und ihre bescheidenen Grenzen aus den Augen verliert, bekommt ideologische Züge und wird unseriös. Petzold und Orth sprechen vom »kryptoreligiösen Erscheinungsbild der Psychotherapie als der neuen Pastoralmacht« (ebd., 120).

Ein wichtiges, mythenhaft ausgestaltetes und ideologisch überfrachtetes Leitbild der Gegenwart besagt, dass körperliche Fitness, seelische Gesundheit und überhaupt Wellness zum »richtigen Leben« dazugehört. Carl Rogers, eine Gründerfigur der Humanistischen Psychologie, hat beispielsweise das Leitbild einer *fully functioning person* geprägt. Das Ideal der vollständig zur Entfaltung zu bringenden Anlagen, Neigungen und potentiellen Eigenschaften kann allerdings auch zu einem notorisch-neurotischen Veränderungsbemühen führen und den Adepten unter einem enormen Entwicklungsdruck setzen. Kritisch bleibt zu fragen, ob der Patient unter derartigen Vorgaben »nicht im Dienste fragwürdiger Normalität funktionalisiert wird und ob er die Möglichkeit erhält, zu seiner Wahrheit und seinen Formen von

Gesundheit zu finden oder auch seine Formen von Krankheit zu leben – in Wachheit und Bezogenheit sein Leben zu leben« (Petzold & Orth ebd., 108).

Wenn eine psychotherapeutische Behandlung zur Selbstbestimmung und Mündigkeit des Ratsuchenden beitragen und führen will, erfordert dies Unvoreingenommenheit und Freiräume für einen spezifischen, individuell zugeschnittenen Lebensgestaltungsentwurf, auch wenn dieser von gesellschaftlichen Normen abweicht. Jede psychologische Vorgabe eines Leitbildes und die Festschreibung eines bestimmten menschlichen Entwicklungsziels läuft Gefahr, zu einer Ideologiebildung beizutragen. Wenn nicht die subjektiven Wert- und Moralvorstellungen, sondern gesellschaftliche Modetrends maßgeblich sind, wird die individuelle Vielfalt einer uniformen »Idealpersönlichkeit« geopfert.

> »Charakter« meint – im Gegensatz zu einem in Abendseminaren und Wochenend-Workshops gestylten »Psycho-Design« – das lebensgeschichtlich geprägte und damit auch verwundete und vernarbte Profil einer einzigartigen, unersetzbaren Person, die aus dem persönlichen Umgang mit den Widerwärtigkeiten und Chancen des Lebenslaufs ihre unverwechselbare Schönheit erhalten hat.

Die jeweilige Biographie hat einen Menschen zur Person gemacht. Dass die maßgeblichen Einflussgrößen dieses Entwicklungsgeschehens außerhalb der menschlichen Kontrolle liegen, sollte jede Psychologie demütig machen.

Ohne die Festschreibung von Entwicklungszielen und -grenzen können die Veränderungsmethoden ganz nach Willkür und Beliebigkeit eingesetzt werden. Auch die heiklen Fragen nach ethischen Grenzen und Pflichten in der therapeutischen Beziehung lässt sich ohne den Rückgriff auf »anthropologische Vorentscheidungen« nicht beantworten. Das Menschenbild beeinflusst in hohem Maße die beraterische und therapeutische Grundhaltung, mit der einer Klientin oder einem Patienten gegenübergetreten wird. Es bestimmt die Art der Beziehungsaufnahme und das Klima der Beziehungsgestaltung. Weil dem Menschenbild ebenfalls in jedem religionspsychologischen Entwurf eine zentrale Bedeutung zukommt, wird diese Frage weiter unten ausführlich behandelt.

Die Psychologie gründet auf den beiden Säulen der modernen Kultur: der Aufklärung und der Emanzipation. Bis heute tritt sie in ihrer klinischen Anwendung als Psychotherapie mit dem Anspruch auf, mehr Licht in die Abgründe des Seelenlebens zu bringen und dem Einzelnen zu helfen, besser mit bedrohlichen Gefühlen wie Angst, Trauer oder Wut umgehen zu können. Auch Sigmund Freuds Grundanliegen lassen sich auf diese beiden Motive zurückführen. Durch seine »Archäologie der Seele« wollte er menschliches Wünschen und Fürchten verstehen und die Person nicht mehr als Opfer seiner unbewussten Impulse wissen, sondern sie aufgrund rationaler Analyse zu selbstbestimmtem Handeln befähigen. Aus wissenschaftsskeptischer Sicht kann man mit Sloterdijk (1993, 12) folgern: »Der moderne Mensch will die höhere Gewalt nicht erleiden, sondern sein ... Modern ist, wer glaubt, dass man bis ins Äußerste etwas anderes tun kann, als sich an Gott und höhere Gewalten hinzugeben.«

Neben der großen Chance, das Individuum über seine (unbewussten) Motive aufzuklären und es von unbewussten (Wiederholungs-)Zwängen zu befreien, sah Freud in der von ihm entwickelten psychoanalytischen Behandlungsmethode einen großen gesellschaftliche Segen: die Psychoanalyse als Kultur- und Gesellschaftskritik. Besonders die religiöse Prägung der Gesellschaft missfiel dem »gottlosen Juden« Freud. Er knüpfte an die Einsichten seiner atheistischen »Vordenker« Marx und Nietzsche an und befand die Religion für hohl und bedeutungsleer, für die meisten Menschen gar schädlich und unterdrückend.

Freuds Prognose einer ausschließlich rationalen Handlungsethik hat sich als falsch erwiesen. Im Gegenteil: Es boomen irrationale, weltanschaulich orientierte Lebenshilfe-Angebote, die zudem häufig wissenschaftskritisch eingestellt sind. Hilfestellungen zur Bewältigung der Alltagskonflikte werden heute von vielen nicht bei den Wissenschaften, sondern auf dem »Markt der Religionen« (Zinser 1997) gesucht. Die verbreitete Sehnsucht nach Selbstvergewisserung und weltanschaulicher Orientierung kann dabei von konkurrierenden Sinnangeboten ganz nach Geschmack gestillt werden. Konfliktbewältigung durch buddhistische Meditationsangebote, praktische Lebenshilfe durch Positives Denken, Entscheidungshilfe durch Astrologie sowie die Vergangenheitsbewältigung und Zukunftsprognosen durch eine Familienaufstellung nach Hellinger boomen (Utsch 2001). Wo bleibt die Stimme der christlichen Seelsorge, zu deren Stärke früher die Vermittlung einer alltagsnahen Glaubenspraxis durch Gebet, Beichte und Gottesdienst zählte? Damit sind keine romantisch verklärten, mittelalterlichen Zustände gemeint, wohl aber die Wiederentdeckung klassischer Seelsorgetraditionen.

War früher die Einübung religiöser Praktiken für viele selbstverständlich und kirchliche Bindungen normal, hat heutzutage diese Aufgaben der Lebens- und Selbstvergewisserung die Psychologie übernommen. Dabei ist der Trend von psychologischer Heilbehandlung zu spiritueller Heilsvermittlung unübersehbar: Mit Therapie, Coaching und pseudopsychologischen Einsichten sollen existenzielle Lebensfragen beantwortet werden. Derartige Behandlungen bekommen den Charakter einer Weltanschauung und treten in den Status einer »Säkularreligion« (Barnard 2001).

Trifft diese Einschätzung zu, verwenden viele Psychotherapeuten Schulmeinungen, in denen sie ausgebildet wurden, als »Muster der Lebenserklärung, quasireligiöse Wahrheitsdiskurse ... und bringen sie für sich selbst und ihre eigenen Probleme zur Anwendung: Sie haben vielleicht mit einer Psychoanalyse begonnen, und als diese zur Lebenserklärung und Problembewältigung nicht ausreichte, suchten sie nach einer neuen Konfession und rituellen Praxis« (Petzold & Orth ebd., 228). Fast scheint es so, als sei die Psychologie als weltanschauliche Ersatzbildung an die Stelle früher verbreiteter Sinndeutungen getreten. Neben der Religion und der Naturwissenschaft ist damit »das psychosoziale System ein Grundbestandteil unserer Gesellschaft geworden, dessen Bedeutung und Ausdehnung eher wachsen als abnehmen wird: eine dritte Kirche« (Wirsching 1998, 257).

Besonders gefragt sind heutzutage Seminarangebote, die der individualisierten sowie spaß- und karriereorientierten Lebenswelt dienen. Dazu zählen psychologisch verbrämte Seminarangebote mit utopischen Erfolgsversprechen. Keine ambitionierte Firma verzichtet mehr auf Coaching, Personalentwicklung und Persönlichkeitstrainings. Beurteilungskriterien für diesen unübersichtlichen Markt sind Mangelware. Die Aussicht auf individuelle Wunschverwirklichung mit Hilfe psychologischer »Tricks« hat sich zu einem lukrativen Geschäft entwickelt. Durch die hohe Nachfrage sind manche unqualifizierten Geschäftemacher auf diesem Weiterbildungssektor tätig, die zu blenden verstehen. Wellness-Wochenenden liegen ganz im Trend, die sowohl Muskelentspannung, Maniküre als auch Meditatives im Programm führen. Immer wieder wird die Ganzheitlichkeit beschworen – was immer das auch sein mag. Zahlreiche Varianten des Positiven Denkens verheißen das Erreichen kindlicher Träume und Sehnsüchte. Mit Versprechen wie »Lebe deine Träume« oder »Mit vierzig Millionär« wird die Seminarkundschaft gelockt. Bei Misserfolg hat man noch nicht in der richtigen Weise daran geglaubt, und der Zusatzkurs »Mentales Zieltraining« soll Abhilfe schaffen. Im Rahmen seiner »Power-Seminare« vermittelt deshalb zum Beispiel Anthony Robbins, der auch in den eigenen Reihen umstrittene NLP-Trainer und Star-Coach, in einer speziellen Trainingseinheit die »Psychologie der Erfolgskonditionierung«.

Selbsterfahrungskurse, Wellness für die Seele und persönliches Coaching sind heutzutage sehr gefragt. Was sind die Gründe für den erstaunlichen Psychoboom? Im Wesentlichen ist es die Suche nach mehr Selbsterkenntnis, Neugierde auf das Entwicklungspotential der eigenen Person und die Entdeckung des eigenen Gestaltungsspielraumes. Die westlichen Gesellschaften haben in den letzten Jahrzehnten besonders durch die Individualisierung ein anderes Gesicht erhalten. Weil es kaum noch Rollen-Vorgaben gibt, muss der und die Einzelne sich eigenverantwortlich entscheiden. Herauszufinden, was die und der Einzelne wirklich wollen, wird angesichts einer Fülle von Wahlmöglichkeiten zu einer schwierigen Wahl, bei der eine psychologische Analyse der Motive, Bedingungen und Optionen sehr hilfreich sein kann.

> Die Individualisierung hat psychologische Argumente mit einer kaum zu überbietenden Autorität ausgestattet. Die alleinige Orientierung an psychologischen Maßstäben ist jedoch ungesund. Wenn das eigene Selbst zum Objekt der Verehrung und Anbetung wird, gehen Gemeinsinn und Beziehungsfähigkeit verloren. Die Beschäftigung mit dem eigenen Innenleben, mit Gefühlszuständen, Wünschen, Bedürfnissen und Entwicklungsmöglichkeiten, aber auch seelischen Verwundungen und deren Folgen wird jedoch in der Psychoszene mit heiliger Inbrunst betrieben.

Um nicht missverstanden zu werden – ein Beratungsgespräch oder eine psychotherapeutische Behandlung haben im Fall einer Entwicklungskrise, einer seelischen Störung oder gar Erkrankung ihre Berechtigung und vielfach Aussicht auf echte Hilfe und Verbesserung. Denn psychische Störungen haben enorm zugenommen – die Weltgesundheitsbehörde WHO bezeichnet Depressionen als die größte gesundheitliche Gefahr des 21. Jahrhunderts. Mit einer differenzierten Diagnose und einem begründeten Behandlungsplan müssen und können solche Krankheiten heute relativ erfolgversprechend kuriert werden.

In der Psychoszene sind jedoch vollmundige und schwammige Versprechen an der Tagesordnung. Unrealistische Veränderungsziele haben dazu beigetragen, die Illusion einer Verwirklichung des »ganzen« Menschen zu nähren und sein selbstsüchtiges Ego zu bedienen. Besonders die humanistische Psychologie mit ihrem Credo der sich vollständig zu entfaltenden Persönlichkeit hat dazu beigetragen, dass zahlreiche Menschen sich auf den Weg der experimentellen Selbsterforschung begeben haben und hier neuen Kontakt zu ihrem inneren Erleben suchen. Die Humanistische Psychologie bedarf wegen ihrer einseitigen Erfolgsverheißungen, der Ich-Zentriertheit und dem Verleugnen der menschlichen Destruktivität der Ergänzung (Vitz 1994, Hutterer 1998, Remele 2001).

Bei aller Wertschätzung psychologischer Möglichkeiten schmälern zwei gravierende Schwächen ihr unbestreitbares Potential: ihre zum Teil maßlose Selbstüberschätzung und ihre Anfälligkeit für ideologische Heilsversprechen. Diese Schwächen können nur ausgeglichen werden, wenn die Psychologie sich einbringt in eine Menschenkunde, in der auch das Wissen anderer Perspektiven wie das der Medizin und der Theologie mit einfließt. Der Mensch als Leib-Seele-Geist-Einheit kann nur in dieser Zusammenschau richtig verstanden werden.

Eine Psychologie, die der Religiosität und Spiritualität keine Aufmerksamkeit widmet, steht in der Gefahr, selber religiöse Ansprüche zu stellen. Die Religionshaltigkeit bestimmter Psychologie-Konzeptionen wurde in den letzten Jahren häufiger beschrieben und entlarvt (Horn 1997, Weiss 1998, Helg 2000). Obwohl dazu noch keine detaillierte Untersuchung vorliegt, setzte dieser Trend mit der humanistischen Psychologie ein. Der in der Schweiz tätige Soziologe Peter Gross (1999, 25) beurteilt diese Entwicklung vor dem Hintergrund schwindender religiöser Bindungen und folgert: »Seit Gott im Sterben liegt, feiert das Individuum seine Epiphanie, seinen Independence Day, sein Unabhängigkeitsjahrhundert, spiegelt diesen in einem Ich-Monotheismus, will sich, will identisch, will eins mit sich sein. In Bewegung in sich, in der Selbstanbetung und Selbstvergottung verliert es sich …, Identitätsdiffusion, teilt sich in Teil-Ichs, wird polytheistisch-multipel, zum Multimind.«

Der New Yorker Psychologe Paul Vitz vertritt die These, dass durch die humanistische Psychologie ein narzisstisches Menschenbild gefördert würde. Dieser Umstand habe dazu geführt, dass Werte wie Selbstentfaltung und Durchsetzungsfähigkeit gesellschaftliche breite Anerkennung finden würden. In dem Maße, in dem die Steigerung des Selbstgefühls im Zentrum des Interesses stehe und ein regelrechter »Kult um das eigene Ich« betrieben werde, erhält die Psychologie nach Meinung von Vitz (1994, 11) den Status einer Religion: »Psychologie ist zu einer Form des säkularen Humanismus geworden, die sich auf der Ablehnung Gottes und die Vergöttlichung des Selbst gründet«. Im Zuge der New-Age-Spiritualität sei nun eine Entwicklung »von der psychologischen zur spirituellen Selbst-Vergöttlichung« festzustellen (ebd., 139). Diese Veränderung begründet Vitz mit der Diskrepanz zwischen den verheißenen Entwicklungszielen und der Alltagsrealität der Menschen, die zu einer massiven Enttäuschung und Ernüchterung hinsichtlich der Versprechen humanistischer Therapien geführt habe. Die Überzeugung, die humanistische Psychologie könne den Menschen zu seinem Glück führen und sei in der Lage, alle Lebensfragen umfassend zu beantworten, habe zu bröckeln begonnen. Daraufhin hätten sich viele spirituellen Erfahrungen in der Hoffnung zugewandt, beispielsweise mit Hilfe transpersonaler Therapeuten inneren Frieden und ein beständiges Wohlgefühl zu erreichen.

Das bedeutet aber vor allem, dass die Psychologie sich ihrer methodischen Grenzen bewusst ist und sie diese auch einhält. Sonst wird der weitverbreitete Trend einer psychologisierenden Welterklärung gefördert, durch die psychologische Entwürfe leicht zu ideologischen Heilslehren hochstilisiert werden.

1.4 Die psychologische Tabuisierung religiöser und spiritueller Erfahrungen

Wie die vorigen Abschnitte aufgezeigt haben, nehmen unterschiedliche Spielarten des Religiösen auch im Zeitalter des Internet, der Globalisierung und der »Ich-AGs« Einfluss auf gesellschaftliche und persönliche Entwicklungsprozesse. Deshalb ist es erstaunlich, dass die Religiosität in der psychologischen Forschung und Ausbildung ein Schattendasein fristet, obwohl sich darin doch eine grundlegende kulturelle und individuelle Dimension des Menschen ausdrückt. Während die psychologischen Aspekte des Sports, der Werbung, der Musik oder eines ökologischen Bewusstseins mittlerweile intensiv erforscht werden, wird die Religion von den meisten deutschsprachigen Psychologen gemieden.

Dabei wurde der Psychologie ursprünglich einmal eine bevorzugte Position bei der Bestimmung des Religionsbegriffs zugewiesen. Denn der neuzeitliche Religionsbegriff wurde von seinem psychologischen Gehalt her entwickelt. Damit schien zunächst die Relevanz der Psychologie für dieses Thema gegeben zu sein. Allgemein wurde Religion dargestellt als ein individuelles emotionales Erleben, sei es als »Gefühl des Unendlichen« und »schlechthinniger Abhängigkeit« (Schleiermacher 1958), als »numinose Gemütsgestimmtheit« in der Ergriffenheit durch das Heilige (Otto 1987) oder als »erlebnishafte Begegnung mit heiliger Wirklichkeit« (Mensching 1961). Diesen psychologischen Sichtweisen der Religion wurde noch zu Beginn des vergangenen Jahrhunderts von bedeutenden protestantischen Theologen wie Ernst *Troeltsch* oder Paul *Tillich* zugestimmt. Durch die von Karl *Barth* begründete Dialektische Theologie und ihrer Wirkungsgeschichte wurde jedoch der psychologische Religionsbegriff zurückgedrängt. Die von Barth konzipierte »Dialektische Theologie« fasst die Wirklichkeit Gottes diametral entgegengesetzt zur Wirklichkeit des Menschen auf. Dem menschlichen Phänomen der Religion stellt Barth die göttliche Offenbarung entgegen, die nicht rational erfasst, sondern nur geglaubt werden könne. Barth proklamierte Gottes Offenbarung als Aufhebung von Religion und versuchte mit Erfolg, den Religionsbegriff zu disqualifizieren. Statt sich auf das religiöse Bewusstsein und die spirituelle Natur des Menschen zu gründen, dessen subjektive Überprüfung jedem möglich ist, »wird die Theologie exklusiv auf den geoffenbarten Glauben der Kirche verwiesen« (Halbfas 1976, 176). Damit wurde der Glaube von der psychologischen Erfahrungsebene abgekoppelt, worunter insbesondere der Protestantismus bis heute leidet.

Gleich von Anbeginn orientierte sich die junge und aufstrebende Psychologie streng an naturwissenschaftlichen Forschungsidealen. Damit wollte man sich von den geisteswissenschaftlichen »Eltern« der Philosophie und Theologie abgrenzen. Dabei stand die Psychologie vor dem Problem, dass das unmittelbare religiöse Erleben wissenschaftlich nicht zu greifen ist. Um aber mitreden zu können, musste die Psychologie dem Zeitgeist der naturwissenschaftlichen Revolution folgen und im Strom der objektiven Wissenschaften mitschwimmen. Zuallererst wurden die philosophischen und theologischen Seelenmodelle als veraltet abgetan. Zwar verlor man die Religiosität nicht gänzlich aus den Augen, reduzierte sie aber auf beobachtbare Faktoren wie religiöses Verhalten oder experimentierte mit der individuellen Reaktion auf religiöse Texte.

Ein weiterer Grund für Entwicklungsstörungen in der deutschsprachigen Religionspsychologie ist in der breiten theologischen Rezeption einer psychologischen Außenseiterposition, der Psychoanalyse, begründet. Freud und Jung waren zu Anfang des vergangenen Jahrhunderts die ersten, die umfassende Modelle der religiösen Entwicklung aus psychologischer Sicht vorgelegt haben. Deshalb können sie mit Recht als *grand theorists of religion* bezeichnet werden (Wulff 1997). Allerdings haben die psychoanalytischen Schulen bisher wenig dazu beigetragen, der Religionspsychologie ein eigenständiges Profil zu verleihen. Zu sehr waren sie mit der eigenen Identitätsfindung und praktischen Fragen wie der Patientenversorgung und dem Aufbau von Ausbildungsinstituten beschäftigt. Erst in jüngerer Vergangenheit – angestoßen durch die Wirksamkeitsnachweispflicht durch die Krankenkassen – wird auch der psychoanalytische Behandlungsansatz empirisch überprüft – mit beeindruckenden Resultaten (Brandl et al. 2004). Auch psychoanalytisch orientierte Religionspsychologen haben angefangen, ihre Modelle in empirisch überprüfbare Hypothesen umzusetzen und zu testen (Murken 1998).

Zu Beginn des letzten Jahrhunderts sind innerhalb weniger Jahrzehnte Dutzende von psychoanalytischen Schulen mit sehr unterschiedlichen Lehrmeinungen aus dem Boden gesprossen, die stark miteinander konkurrierten. Die große Deutungsvielfalt kann man daran ermessen, wie verschieden die drei tiefenpsychologischen Gründerväter Freud, Adler und Jung die Religiosität einschätzten: Während die klassische Psychoanalyse der Religion nichts abgewinnen konnte (und trotzdem intensiv von der Theologie aufgegriffen wurde), gingen schon prominente Schüler Freuds ganz anders damit um. Nach Alfred Adlers (1976) Einschätzung sind die Bewegungen der menschlichen Seele ohne die Einbeziehung einer transzendent-religiösen Dimension gar nicht vollständig zu verstehen, weil jedes Individuum auf Beziehung angewiesen und in eine soziale und kosmische Umwelt eingebunden sei. Noch deutlicher bezieht die Analytische Psychologie Carl Gustav Jungs (1962) religiöse Bilder und Symbole ein. Nach dieser Behandlungsmethode kann eine Selbstwerdung (»Individuation«) ohne die Beantwortung der existenziellen Lebensfragen nach Sinn, Leid und Tod überhaupt nicht gelingen.

Die junge, emporstrebende Psychologie war also zunächst darum bemüht, ihre theologischen und philosophischen Wurzeln abzuschütteln. Deshalb verschrieb sie sich anfangs ganz dem naturwissenschaftlichen Erkenntnisideal des Messens und Berechnens, um sich als empirische Sozialwissenschaft zu profilieren. Kein Wunder also, dass die sich von der christlichen Seelenlehre emanzipierende wissenschaftliche Charakterkunde von der Theologie abwandte. Bis heute wird »das Interesse an einem interdisziplinären Gespräch ganz überwiegend von der Theologie artikuliert und stößt auf Seiten der Psychologie auf eine geringe Resonanz« (Klessmann 2004, 29).

Der Dialog zwischen Evangelischer Theologie und Psychologie ist vorbelastet und hat nicht eine eher konstruktive Richtung eingeschlagen, wie sie beispielsweise in der katholischen Tradition festzustellen ist, die ein unbefangeneres Verhältnis zur natürlichen Gotteserkenntnis hat. Karl Rahner (1989) spricht beispielsweise von einer natürlichen Transzendenzerfahrung, deren Deutung neben theologischer auch psychologische Kompetenz erfordere. Ganz zu schweigen von der amerikanischen Situation, wo es seit vielen Jahren zu konkreten Formen der Kooperation und gegenseitiger Unterstützung zwischen einer auch quantitativ-empirisch ausgerichteten Religionspsychologie und der Pastoralpsychologie kommt (Malony 1995).[18]

Psychologisches Desinteresse an der Religion – Boom der Religionssoziologie

Zweifellos existiert ein öffentliches Interesse daran, das individuelle religiöse Erleben und Verhalten besser verstehen zu können. Aber aus den angedeuteten Gründen ist es in der deutschsprachigen Psychologie bisher zu keinen nennenswerten religionspsychologischen Fortschritten gekommen. Etwas anders stellt sich die Situation in einer Nachbardisziplin dar, der Religionssoziologie. Seit den 1990er Jahren ist das Thema Religion »vom Rand stärker in die Mitte der Soziologie in Deutschland zurückgekehrt« (Gabriel 2000). Seit dieser Zeit ist die Religionssoziologie wieder als Arbeitsgruppe und eigene »Sektion« innerhalb der Deutschen Gesellschaft für Soziologie vertreten (Wohlrab-Sahr 2004). Was hat zu diesem Aufschwung geführt, und warum fand eine ähnliche Entwicklung (bisher) nicht in der Psychologie statt? Ermöglicht wurde diese Aufwertung durch die enge Verschränkung religionssoziologischer Überlegungen mit der allgemeinen soziologischen Theorie. Mindestens drei deutschsprachige Wissenschaftler haben seit den siebziger Jahren wichtige Impulse für die Weiterentwicklung soziologischer Theoriebildung beigesteuert, die auch international breit rezipiert wurden: die von Thomas *Luckmann* gemeinsam mit Peter L. *Berger)* entwickelte Wissenssoziologie und die von Niklas *Luhmann* entworfene Systemtheorie der Gesellschaft. Weil in ihre Überlegungen der Stellenwert der Religion eine unterschiedliche, jedoch bedeutsame Rolle spielt, erfahren religionsbezogene Themen in der deutschsprachigen Soziologie ein verhältnismäßig hohes Interesse (Luckmann 1991; Luhmann 1977; Berger 1994).[19] Was sind die Gründe für das psychologische Desinteresse?

– In der deutschsprachigen Psychologie haben bisher zu wenige Forscher psychologische Theorien auf religiöse Fragestellungen angewendet. Diese Tatsache kann schlicht damit begründet werden, dass in dieser Berufsgruppe nach Umfragen sehr wenige religiöse Menschen anzutreffen sind – viel weniger als beispielsweise in der Gruppe der Ärzte, Architekten oder Physiker.

– Eine weiteres religionspsychologisches Handicap besteht darin, dass viele gebräuchliche psychologische Theorien und Messmethoden so grobmaschig aufgebaut sind, dass sie gar nicht imstande sind, religiöses und spirituelles Erleben zu erfassen.

– Ein weiterer Grund ist im Konzept einer »Psychologie ohne Seele« zu finden. Die seelischen Funktionen wurden unter dem Einfluss des rasanten Technologie-Fortschritts zunehmend mechanisiert und technisch verstanden – Geistiges erschien suspekt. Dadurch verlor ein geisteswissenschaftlich-hermeneutisches Vorgehen und die qualitative Forschung an Bedeutung, während naturwissenschaftlich-empiristische und quantifizierende Studien gefragt waren. Neuere Überlegungen weisen jedoch auf die Einseitigkeit solcher Ansätze hin und plädieren für einen umfassenderen, ganzheitlichen psychologischen Zugang zum Menschen. Sogar der längst als »überwunden« geltende Begriff der »Seele« wird in psychologischen Veröffentlichungen wieder häufiger gebraucht (Utsch 2005). Kürzlich hat ein bekannter Psychiater in seiner Disziplin gar einen regelrechten »Seelenhunger« diagnostiziert (Hell 2003).

– Schon seit Anbeginn psychologischer Religionsforschung steht der schier unlösbare Methodenkonflikt zwischen geistes- und naturwissenschaftlichem Vorgehen und die Überprüfbarkeit der Wahrheitsfrage als die beiden größten Hindernisse im Weg (Keilbach 1973, 44 ff.). So führte die sechste internationale Tagung europäischer Religionspsychologen, die 1909 in Genf stattfand, in der Diskussion um den Geltungsbereich des religiösen Wahrheitsanspruchs zu einem Bruch. Einige Teilnehmer forderten, »dass die eigene Bekehrung für den Religionspsychologen genauso wichtig wäre wie das Reagenzglas für den Chemiker. Dem gegenüber vertrat neben anderen Leuba die Ansicht, dass man nicht selbst kriminell sein müsse, um Kriminelle zu studieren« (Holm 1998, 19).

Neben dem geringen psychologischen Interesse an Religiosität und Spiritualität erweisen sich für die Religionspsychologie

– ihr unzulänglich definierter Forschungsgegenstand
  (Religiosität, Glaube oder Spiritualität?),
– ihre unklare Herkunft und Heimat
  (Theologie, Religionswissenschaft oder Psychologie?) sowie
– ihre sehr unterschiedlichen Vorgehensweisen
  (Fragebögen oder biographisch orientierte Forschung?)

als zusätzliche Bürden.

In der Regel fühlen sich Psychologen bei Themen der Religion und Spiritualität unwohl. Gerade Psychiater und Psychotherapeuten reagieren hierzulande häufig noch mit Misstrauen und Skepsis gegenüber einer persönlichen Religiosität. Offensichtlich keimt in ihnen schnell der Neuroseverdacht. In einer renommierten amerikanischen Fachzeitschrift erklärte ein Religionspsychologe die beschränkte Akzeptanz seines Forschungsgebiets mit der verbreiteten »objektiven«, naturwissenschaftlich orientierten Forschungshaltung. Darüber hinaus wies er auf die Gefahr von infantilem Wunschdenken und regressiven Tendenzen bei jeder religiösen Orientierung als mögliche Gründe für die bislang vorherrschende Distanzierung vieler Fachkollegen zu diesem Thema hin. Deutschsprachige Religionspsychologen fürchten gar, bei diesbezüglichen Aktivitäten ihre wissenschaftliche Reputation zu gefährden, weil sie »von Fachkollegen voreilig als Vertreter einer Religionsapologetik missverstanden und in die Nähe der methodischen Tradition der theologischen Religionspsychologie oder der Psychoanalyse gerückt« werden könnten (Moosbrugger, Zwingmann & Frank 1996, V).

Zur amerikanischen Religionsforschung

In den USA haben die Religion und persönliche Glaubensüberzeugungen einen völlig anderen Stellenwert als im »alten Europa«. Dabei ist zu bedenken: Die kulturell-gesellschaftliche Ausgangslage stellt sich in der von Erweckungsbewegungen geprägten »Neuen Welt« gegenüber Europa gänzlich anders dar. Repräsentative Bevölkerungsumfragen belegen, dass ein »persönlicher Glaube an Gott« in den USA mit seit 1944 (!) nahezu konstanten Zustimmungsraten über 96 % (!) die Norm und viel verbreiteter als in Deutschland ist, wo im Westen immerhin 63 %, im Osten jedoch nur 13 % dieser Aussage zustimmen (Bishop 1999, Terwey 2003). Diese Haltung schlägt sich auch in der religiösen Praxis nieder: Nach Meinungsumfragen beten mehr als drei Viertel der Amerikaner mindestens einmal in der Woche, mehr als die Hälfte sucht sogar täglich das Gespräch mit Gott.

Deshalb ist es verständlich und nachvollziehbar, dass ein kürzlich erschienener Übersichtsartikel in einer renommierten psychologischen Fachzeitschrift der amerikanischen Religionspsychologie einen rasanten Aufschwung bescheinigt. Dieser Forschungsschwerpunkt setzte mit den bekannten Studien zum Vorurteil und der Totalitarismusforschung Mitte der fünfziger Jahre ein (Adorno 1973). Seit einem viertel Jahrhundert habe sich die Religionspsychologie gar zu einer »voll ausgereiften und führenden Forschungsdisziplin entwickelt, deren Ergebnisse neue Fakten, Einsichten und stimulierende Impulse für andere psychologische Bereiche liefern« (Emmons & Paloutzian 2003, 379). Wer von den deutschen psychologischen Lehrstuhlinhabern hat sich je einmal ernsthaft mit der Religionspsychologie beschäftigt?

Nüchterne Zahlen liefern hier für die USA erstaunliche Befunde: Eine Literaturrecherche in der psychologischen Forschungsdatenbank »PsychInfo« ergab für den Zeitraum zwischen 1988 und 2001 1198 Verweise für den Begriff Religion und 777 Verweise für den Begriff Spiritualität. Während amerikanische Einführungsbücher zur Religionspsychologie schon in dritter Auflage erscheinen (Hood, Spilka & Gorsuch 2003), existieren derartige Einführungen aus europäischer Perspektive nur vereinzelt.[20]

Für die meisten deutschsprachigen Psychologen scheint die Religionspsychologie hingegen eine nach wie vor dubiose Angelegenheit zu sein. Von einer empirischen Sozialwissenschaft erhofft man sich klare Fakten über innerseelische und zwischenmenschliche Beziehungen. Weil aber die Beziehung zu einer übermenschlichen, göttlichen Wirklichkeit höchst spekulativ erscheint, wird religiösen Fragen nach wie vor häufig ausgewichen – besonders im vernunftbetonten Deutschland. Diese signifikante Abweichung gegenüber den USA erstaunt auch deshalb, weil die amerikanische Psychologie in vielen Bereichen tonangebend ist – man denke nur an den Diagnoseschlüssel für psychische und psychiatrische Erkrankungen oder die einflussreichen Theorien der gelernten Hilflosigkeit (Seligman) oder der Stressbewältigung (Lazarus). Fast könnte man meinen, dass die hartnäckigen Vorbehalte deutschsprachiger Psychologen gegenüber Glaubensüberzeugungen und religiösen Fragen etwas mit Schamgefühlen angesichts der nationalsozialistischen Vergangenheit und der nachhaltigen Traumatisierung durch ideologische Verführung zu tun haben könnten.

Unübersehbar herrschen jedenfalls große kulturelle Differenzen zwischen den USA und Deutschland, die sich gerade bei der Religionsforschung massiv auswirken. Ein großer Unterschied zwischen der amerikanischen und deutschen Sichtweise hinsichtlich des Stellenwertes der Religionspsychologie liegt darin, dass mit religiösem Erleben und Verhalten in den Vereinigten Staaten sehr viel unbefangender und pragmatischer umgegangen wird. Amerikanische Religionspsychologen interessieren sich weniger für extreme Bewusstseinszustände als für die Auswirkungen einer alltäglichen spirituellen Praxis.

Hierzulande wird eine religiöse Erfahrung aus psychologischer Perspektive immer noch eher als ein extravagantes Phänomen verbucht. Offenbar werden damit zunächst spektakuläre Erscheinungen wie außersinnliche Wahrnehmungen, paranormale Erfahrungen oder transpersonale Bewusstseinszustände in Verbindung gebracht, kaum aber gewöhnliches seelisches Erleben. Amerikanische Religionspsychologen scheinen sich viel stärker dafür zu interessieren, welchen Einfluss traditionell als religiös empfundene Gefühle auf die alltägliche Lebens- und Beziehungsgestaltung nehmen. Und hier tritt – mit aller Vorsicht – Erstaunliches aus amerikanischen Forschungsergebnissen zutage. So fördern »moralische« Charaktereigenschaften wie Demut und Bescheidenheit das gesundheitliche Wohlbefinden. Der Prozess des Verzeihens wird zunehmend als ein wichtiger Schlüssel für eine gelingende Partnerschaft angesehen und als ein psychotherapeutischer Wirkfaktor untersucht. Und dankbare Menschen fühlen sich – neuen Studien zufolge – im Alltag wohler und können besser mit einer chronischen Erkrankung umgehen (Utsch 2004).

Damit stellt die menschliche Spiritualität eines der letzten psychologischen Geheimnisse und eine der wenigen unbekannten Größen des ansonsten gründlich durchanalysierten und strukturell erfassten Seelenlebens dar. Der bekannte Theologe Hans Küng (1987, 111 ff.) hat die Religion als das letzte Tabu der Psychologie bezeichnet, dessen Bedeutung immer noch verdrängt werde. Diese Einschätzung scheint zuzutreffen, denn von psychologischen Fachleuten werden »religiöse Bindungen bzw. weltanschauliche Einstellungen ... trotz der vorhandenen psychoanalytischen Erklärungsmodelle des Phänomens ›Religion‹ mit einer auffälligen Unsicherheit behandelt« (Elgeti & Winkler 1984, 47). Bis heute »besteht bei vielen Psychotherapeuten eine spürbare Zurückhaltung, religiöse Themen vorbehaltlos aufzugreifen, wenn ihre Patienten darüber reden« (Bassler 2000, 10).

Der renommierte Narzissmusforscher Henseler (1995, 125) bestätigt diese Einschätzung: »Mich beschäftigt seit dreißig Jahren psychoanalytischer Praxis die Beobachtung, dass selbst in Langzeitanalysen von religiösen Erfahrungen beziehungsweise religiösem Erleben sehr selten und wenn, dann sehr wenig die Rede ist.«

Einen möglichen Erklärungsansatz liefert der bekannte Psychoanalytiker Tilmann Moser (1999, 16), indem er darauf hinweist, dass die meisten Kolleginnen und Kollegen kaum die Voraussetzungen zu einem angemessenen Umgang mit dem religiösen Erleben eines Patienten hätten. Um eine Enttäuschung zu vermeiden, würden religiös-spirituelle Themen in der Beratung und Therapie ausgeklammert. Das sei möglicherweise auch gar nicht die schlechteste Lösung, weil eine »Zurückweisung oder der Missbrauch von ›heiligen‹ Gefühlen ein Schmerz und eine Scham ... hinterlassen, die es heutzutage viel schwieriger machen, über solche Probleme zu sprechen als über Sexualität oder Beziehungsstörungen.«

Religiöse Fragen rufen offenbar bei vielen Psychologen zwiespältige Gefühle hervor. Das entspricht ganz ihren Auswirkungen, denn zweifellos ist Religion eine zweischneidige Sache. Durch einen gelebten Glauben kann der Mensch reifen, ein tiefes, dauerhaftes Gefühl des Geliebt-Werdens empfinden, an Selbstsicherheit gewinnen und gelassen seine Alltagskonflikte bewältigen. Religion kann einen Menschen aber auch unterdrücken – er kann auf einem kindlichen und abhängigen Entwicklungsniveau stehen bleiben oder dorthin zurückfallen. Manche religiöse Menschen sind in ängstliche Projektionen und Zwangsvorstellungen verstrickt und können ihren Alltag nur sehr gehemmt und eingeschränkt gestalten (Klosinski 1994). Fundamentalistische Gesinnungen werden theoriekonform (und am wirksamsten!) durch eine strenge religiöse Sozialisation weitergegeben (Hemminger 2003). Religiös aufgeladene Symbolsysteme und Rituale eignen sich vorzüglich zur Machtausübung (Wilber, Ecker & Anthony 1998). Religiös inszenierte Selbsterfahrungs- und Therapieangebote des alternativen Psychomarktes entwickeln bisweilen sektenähnliche Strukturen und haben zahlreichen Menschen mehr geschadet als genutzt. Insgesamt gilt es, das Missbrauchspotential der Religion nicht zu unterschätzen, aber auch nicht überzubewerten.

1.5 Aufgaben der Psychologie in einer religionsdiffusen Gegenwart

Die psychologische Ignoranz gegenüber der spirituellen Dimension steht im Widerspruch zur faktischen Relevanz der mit Religiosität bzw. Spiritualität verbundenen Inhalte. Denn gesellschaftliche und politische Veränderungen weisen eindringlich auf den Bedarf (und den Mangel) an religionspsychologischen Erkenntnissen hin. Angesichts der multikulturellen Gegenwart ist insbesondere das Verstehen des Fremden und die Intensivierung eines echten Dialogs der Kulturen und Religionen nötig, um den bedrohlichen Auswirkungen des Fundamentalismus in vielerlei Maskierungen entgegenzutreten. Nach wie vor »besteht ein akuter religionspsychologischer Wissensnotstand« (Utsch 1998, 15).

Die oben genannten Lebensthemen bereffen jede/n und sind weder technisch zu bewältigen noch kritisch-rational zu lösen (Horgan 1997, Tarnas 1997). Von einem aufgeklärten Bewusstsein ist aber auch zu erwarten, dass es um die begrenzte Reichweite seiner Erkenntnismöglichkeiten weiß und diese respektiert: »Es gehört wohl zu den größten Errungenschaften der wissenschaftlichen Weltanschauung, dass sie sogar ihre eigenen Grenzen erkennen kann« (Mérö 2002, 396). Auch in wissenschaftlichen Projekten, die Grenzgebiete der Alternativmedizin und Parapsychologie erforschen, wird zunehmend die Bedeutung offener Forschungsmethoden anerkannt (Walach, Jonas & Lewith 2002). Was aber liegt jenseits dieser Grenze? Der ungarische Mathematiker und Psychologe László Mérö stellt neben die Rationalität als zweite Quelle des menschlichen Denkens die Intuition, mit deren Hilfe »höhere«, spirituelle Bewusstseinszustände erreicht werden könnten. Auch andere Forscher plädieren für die Einbeziehung erweiterter Erkenntnismethoden als der herkömmlichen (Varela, Thomson, & Rosch 1994; Goleman 1996, 1998, 2003; Bösch 2002).[21] In Bezug auf die Religionspsychologie habe ich einen intensiveren Dialog zwischen expliziter und impliziter Forschung vorgeschlagen, um der Komplexität religiösen und spirituellen Erlebens gerecht zu werden (Utsch 1998a).

Es ist fatal, dass religiöse und spirituelle Themen in der Psychologie bisher vernachlässigt wurden. Denn gesellschaftliche und politische Veränderungen weisen eindringlich auf den Bedarf (und den Mangel) an religionspsychologischen Erkenntnissen hin. Aktuelle gesellschaftliche Herausforderungen wie das multikulturelle Zusammenleben, der angewachsene politische und religiöse Fundamentalismus sowie der enorme weltanschauliche Orientierungsbedarf angesichts postmoderner Sinnvielfalt verlangen eindringlich nach Antworten. Ohne apokalyptische Tendenzen bestärken zu wollen – alle Epochen malten sich ihre spezifische Endzeitszenarien aus – werden die bedrohlichen Probleme der begrenzten Naturressourcen, der anwachsenden Kluft zwischen Arm und Reich und der Überbevölkerung nur durch globale Kraftanstrengungen zu lösen sein, deren Gelingen wesentlich von einer Verständigung der Kulturen und Religionen abhängt.

> Angesichts der multikulturellen Gegenwart ist insbesondere das Verstehen des Fremden und die Intensivierung eines echten Dialogs der Kulturen und Religionen nötig, um den bedrohlichen Auswirkungen des Fundamentalismus in vielerlei Maskierungen entgegen-

zutreten. Zur Klärung dieser Fragen kann die Religionspsychologie einen entscheidenden Beitrag leisten.

Genau auf diese brisante Schnittstelle konzentriert sich eine dialogisch vorgehende Religionspsychologie (Utsch 1998a) – und steht in der Versuchung, bei der Gratwanderung zwischen Reflexion und Intuition, empirischen Forschungsmethoden und hermeneutischer Interpretation auf eine Seite hin abzurutschen und die für sie charakteristische Grundspannung aufzugeben. Sie fragt nach den seelischen Auswirkungen religiöser Erfahrungen, wenn sie beispielsweise den Einfluss religiöser Einstellungen (Gottvertrauen) oder Verhaltensweisen (Gebet, Gottesdienstbesuch) auf den Gesundheitszustand untersucht, ohne damit etwas über den Wirklichkeitsgehalt des Religiösen auszusagen. Mit anderen Worten: Religionspsychologinnen suchen innerpsychisch-immanent nach Zeichen und Auswirkungen einer möglichen Transzendenz. Damit ist natürlich nicht die Faktizität einer höheren Macht erwiesen und ein Gottesbeweis erbracht, weil die Effekte keine Aussagen darüber ermöglichen, ob eine religiöse Wirklichkeit nur symbolisch-metaphorisch oder real existiert. Religiöses Erleben und Verhalten ist jedoch als eine eigenständige und erst zu nehmende Kategorie anzusehen, die man geläufigen psychologischen Dimensionen wie der Fähigkeit zur Stressbewältigung oder der Lebenszufriedenheit gegenüberstellen kann.

Wenn, wie weiter oben näher ausgeführt, in der »multioptionalen« Gegenwart stabilisierende Glaubensüberzeugungen nicht mehr sozial ableitbar, sondern eine Privatangelegenheit sind, tritt hier die besondere und höchst aktuelle Bedeutsamkeit der Religionspsychologie hervor. Wenn keine sinnstiftende Gemeinschaft wie Familie, Sportclub oder Freundeskreis eine weltanschauliche Beheimatung bietet, hängt die Sinngebung von der individuellen Deutung ab. Dadurch sind Religion und Psychologie auf eine neuartige Weise eng aufeinander bezogen und angewiesen. In einer wichtigen Arbeit über die theologische Bedeutung der Psychotherapie wird sogar zugespitzt formuliert: »Die entscheidende Frage, die das Phänomen Psychotherapie an die Theologie stellt, ist somit, ob das Christentum die Wende in die pluralistische Erkenntnistheorie vollziehen kann« (Philipp 1997, 195). Damit meint der Autor, der um eine Verbindung zwischen Theologie und Psychotherapie auf anthropologischer Grundlage bemüht ist, die Wendung des Glaubens in die individuelle Erfahrung. Dies sei die »ethische Pflicht des heutigen Menschen. ... In der immer komplexer werdenden Situation ist nur auf diese Weise eine verantwortliche Entscheidung möglich« (ebd., 193).

Der in vielen Bereichen beobachtbare Traditionsabbruch bedeutet eine neuartige Belastung des Einzelnen, die das Modewort »Selbstverwirklichung« eher versteckt als benennt. Die individuell zu gestaltende und zu verantwortende Sinnfindung wächst sich für manche(n) zu einem regelrechten weltanschaulichen Orientierungskonflikt aus. Welche spezifische Werkzeuge kennt die Psychologie, mit deren Hilfe angesichts der religionsdiffusen Gegenwart die persönliche Orientierung verbessert und die individuelle Sinnfindung unterstützt werden kann?

Dank psychoanalytischer Einsichten ist die Untersuchung der eigentlichen Motive menschlichen Handelns – in Grenzen – möglich und offenbart die Kraft des Unbewussten und der eigenen Wünsche und Sehnsüchte. Es lohnt sich, den lebensgeschichtlichen Spuren intensiver Gefühle nachzugehen, sie besser zu verstehen und zu integrieren. Religiöse und spirituelle Erfahrungen hängen ohne Zweifel mit der Emotionalität eines Menschen zusammen – eine Verbindung, auf die schon William James hingewiesen hat. In seiner gründlichen Untersuchung findet er aber »keinen Grund für die Annahme, es existiere eine einfache abstrakte ›religiöse Emotion‹ als eine eigenständige elementare Gemütsbewegung, die ausnahmslos in jeder religiösen Erfahrung gegenwärtig wäre« (James 1997, 60). Nach seinen Beobachtungen lösen religiöse Objekte ein ganzes Bündel von Emotionen hervor, die je nach persönlicher Sichtweise sehr unterschiedlich ausfallen können und zwischen Furcht, Liebe, Angst, Freude, Zweifel, Ehrfurcht und anderen wechsele. Der Bereich von Religiosität und Spiritualität lässt nur wenige Menschen emotional unbeteiligt. Entweder stoßen ihnen diesbezügliche Fragen sauer auf, oder sie werden angenehm berührt. »The bitter and the sweet« – häufig bewirken Glaube, Religion und Spiritualität sowohl »Süßes« als auch »Saures«. In einem Übersichtsartikel hat der bekannte amerikanische Religionspsychologe Pargament (2002, 168) die emotionalen Folgen der Religiosität kürzlich in fünf Punkten zusammengefasst:

1. Einige Formen der Religion sind hilfreicher als andere. Während eine verinnerlichte, überzeugungsgeleitete Religion, die auf einer vertrauensvollen Gottesbeziehung beruht, sich positiv auf das seelische Wohlbefinden auswirkt, beeinträchtigt eine rein anerzogene und unreflektierte Religion sowie eine schwach ausgeprägte Gottesbeziehung das Wohlbefinden.
2. Sogar kontroverse Formen der Religion wie etwa der Fundamentalismus haben neben Nachteilen auch Vorteile.
3. Besonders hilfreich erweist sich Religion für soziale Randgruppen und für solche Menschen, die Religion ganzheitlich in ihr Leben einbeziehen.
4. Religiöse Überzeugungen und Praktiken erweisen sich besonders in Stresssituationen und Grenzerfahrungen als wirksam.
5. Die Effizienz der Religion ist abhängig von dem Maß, in dem sie in das alltägliche Leben integriert ist.

Bei einer solchen dialogischen Sichtweise kann die Psychologie dem Glauben helfen. Eine psychologische »Echtheitsprüfung« trägt zu einer aufrichtigeren Frömmigkeit bei. Dabei ist der Reichweite psychoanalytischer Erkenntnisse enge Grenzen gesteckt, und sie ist keineswegs so imperial, wie das manche orthodoxe Analytiker gerne hätten (Pohlen & Bautz-Holzherr 1994, Petzold & Orth 1999).

Aber: Die Macht des Unbewussten, die inneren Sehnsüchte und Wünsche können und sollen ernst genommen werden! Es lohnt sich, den lebensgeschichtlichen Spuren intensiver Gefühle nachzugehen. Es ist hilfreich und möglich, Gefühle besser zu verstehen und negative Emotionen besser zu integrieren. Aus psychologischer Perspektive kann beispielsweise kritisch gefragt werden, ob das Denken und Reden frommer Menschen (noch) mit ihrem Fühlen und Tun übereinstimmt. Der Blick, die persönliche Ausstrahlung und der Körper sprechen nämlich ebenfalls eine deutliche Sprache, die zu den Aussagen mancher Christen in einem eklatanten Widerspruch stehen. Die Übereinstimmung zwischen Selbstbild, Fremdbild und Idealbild ist eine lebenslange Aufgabe, bei der sich psychologische und biblisch-theologische Einsichten hilfreich ergänzen können.

Manche Berater und Therapeuten vertreten die These, dass gerade religiöse Menschen Schwierigkeiten im Umgang mit ihren Gefühlen hätten. Manchmal würden diese sogar dämonisiert und damit gänzlich abgespalten. Es gibt empirische Hinweise darauf, dass Religiosität auch negative Auswirkungen haben kann, die sich insbesondere in negativen Emotionen und Passivität äußern (Dörr 2001, 57–60; Schowalter & Murken 2003, 153–155). Es stimmt, dass manche (Christen-)Menschen sich mit einer »Lebenslüge« eingerichtet haben, die erkannt und – möglicherweise mit psychologischer Hilfe – überwunden werden kann. In ihrem Alltag leben sie nicht, was sie reden und zu glauben vorgeben. Häufig sind bestimmte Gefühlsbereiche abgespalten. Gewohnheiten werden beibehalten, obwohl sie längst nicht mehr »passen«. »Alles Menschliche will Dauer, Gott die Veränderung« (Ricarda Huch). Dies ist eine lebenslange Aufgabe. Auch Gottesbilder verändern sich im Lebenslauf und benötigen eine entwicklungsspezifische Anpassung. Das wichtige und vernachlässigte Thema einer Veränderung des Gottesbildes im Alter hat kürzlich eine Studie untersucht (Chukwu & Rauchfleisch 2002), aber weitere wären dringend nötig.

Die persönliche Gottesvorstellung sollte auch nicht als Lückenbüßer für die eigene Entscheidungsschwäche herhalten müssen. Nicht jegliche kleine Wahl muss zu einer geistlichen Entscheidung hochstilisiert werden. Vielmehr gilt: »Alles Geistliche muss natürlich und alles Natürliche geistlich werden« (Ruhbach 1996, 51). Die Psychologie kann ungesunde, ausschließlich biographisch geprägte Gottesbilder als Projektionen identifizieren, »Lebenslügen« entlarven und zu mehr Echtheit der christlichen Identität beitragen, indem Hilfen zur Gestaltung der persönlichen Gottesbeziehung gegeben werden.

Hilft oder hindert die Psychologie zu glauben? Zweifelsohne hemmt ein einseitiges, körperverneinendes und starres Gottesbild die Glaubensentwicklung. Wenn jedoch Gott als der Schöpfer allen Lebens angesehen wird, kann seine Handschrift überall entdeckt werden. Gott redet und handelt durch das Eingreifen in individuelle Lebensgeschichten. Mit und durch einzelne Menschen schreibt Gott Geschichte. Weil solche Lebensgeschichten gleichzeitig Glaubensgeschichten sind, berühren sich Theologie und Psychologie. Die Psychologie kann die Einflussfaktoren auf die Persönlichkeitsentwicklung differenziert beschreiben. Sie kann dazu beitragen, dogmatische und lebensfeindliche Gottesbilder in hilfreiche und lebensdienliche umzuwandeln. Dazu liegen erste empirische Befunde vor (Chukwu & Rauchfleisch 2002), die durch eindrückliche therapeutische Fallvignetten unterstrichen werden (Moser 2003) und durch zusammenfassende Überlegungen von Rauchfleisch (2004, 91–97) ergänzt werden.

Für religiöse Menschen gehören die Persönlichkeitsentwicklung und das Glaubenswachstum zusammen. Dabei kann es für beide Zugänge, sowohl der psychologischen als auch der religiösen, anregend und weiterführend sein, zu untersuchen, wie unterschiedliche Persönlichkeitstypen ihre Gottesbeziehung (er-)leben. Um psychologische Kriterien für einen »gesunden« Glauben zu bestimmen, muss darüber hinaus der soziokulturelle Kontext mit der psychischen Struktur in Beziehung gesetzt werden, wie es kürzlich auch Rauchfleisch (2004, 97–123) vorgeschlagen hat.

> Die Psychologie kann zu einer besseren subjektiven Gestaltwerdung und biographischen Verwirklichung des Glaubens beitragen, indem sie insbesondere auf die Übereinstimmung zwischen Frömmigkeitsstil und Charaktertyp achtet.

Christen unterscheiden sich in erster Linie durch ihre Gottesbeziehung von Andersgläubigen. Sie benötigen aber mehr psychologische Anleitungen, eine persönlich stimmige Form der Gottesbeziehung und des Gebetstils zu entdecken und zu entfalten (Jilesen 2001, Marxer 2003, Dupré 2003). Es gibt ermutigende theoretische Entwürfe (Hauenstein 2002, Peng-Keller 2003) und praktische Ansätze – heilsame Rituale wie die Beichte werden sogar in der lutherischen Tradition als christlicher »Wellness-Beitrag« wiederentdeckt (Hertzsch 2003). Die Psychologie kann dem Glauben zu einer persönlich-authentischeren Gestaltwerdung verhelfen.

2 Geschichte – Hauptströmungen – Nebenstränge

2.1 Historischer Abriss der Religionspsychologie

In der gerade einmal hundertjährigen Geschichte der Psychologie als einzelwissenschaftlicher Disziplin hat die Berücksichtigung und die Beschäftigung mit dem Phänomen menschlicher Religiosität einen bemerkenswerten Wandel durchlaufen. Einer weit verbreiteten Unkenntnis zum Trotz kann die Religionspsychologie auf eine reichhaltige Geschichte zurückblicken. 1902 erschien die Erstausgabe der einflussreichen Gifford-Vorlesungen von William James (1997), die heute als ein religionspsychologischer Klassiker gelten und wichtige Forschungsimpulse gab. Ab 1904 wurde die erste religionspsychologische Fachzeitschrift »*American Journal of Religious Psychology and Education*« von Stanley Hall herausgegeben. Die Übersetzung von James' Grundlagenwerk erschien 1907 in deutscher Übersetzung und wurde interessiert aufgenommen und intensiv diskutiert. Das übersetzte Werk unterstütze eine Forschungsrichtung, die schon seit einigen Jahren von sich reden machte. Ab etwa 1870 waren nämlich in Deutschland religiöse Erweckungsbewegungen wie die Heilsarmee, Methodisten und die Pfingstler aktiv. In ihren Veranstaltungen geschahen ungewöhnliche Phänomene wie das »Zungenreden« oder Spontanheilungen, die unerklärlich waren. Bei der Suche nach Beurteilungskriterien wurde deutlich, dass hier religionspsychologische Erkenntnisse hilfreich sein würden (Henning 2004).

Historisch betrachtet, »erlebte die Religionspsychologie einen Aufschwung gleichzeitig in Europa und in den USA, wobei ... die europäische und besonders die deutsche Entwicklung die eigentliche Triebkraft« waren (Holm 1998, 17). Mit derselben Argumentation weist ein niederländischer Religionspsychologe auf ein 1895 erschienenes Grundlagenwerk deutschsprachiger Religionspsychologie hin (Vorbrodt 1895), dass er als ein frühes Pionierwerk identifizierte (Belzen 1998).

Aus historischer Sicht steht die Wiege der Religionspsychologie damit an zwei Standorten, nämlich sowohl in den USA als auch in Deutschland. Diese doppelte Heimat erstaunt aus heutiger Sicht, weil diese Forschungsrichtung hierzulande sehr in Vergessenheit geraten ist und schon lange den Anschluss an die amerikanische Situation verloren hat.

Im Zeitalter von der Jahrhundertwende bis in die zwanziger Jahre des 20. Jahrhunderts – der Blütezeit der deutschsprachigen Religionspsychologie – kann man in Deutschland drei programmatische Richtungen unterscheiden (Belzen 1997, Heimbrock 1998, Popp-Baier 2000, Bucher & Oser 2002, Henning 2004):

Wilhelm Wundt: Im Rahmen seiner genetischen »Völkerpsychologie« untersuchte der Leipziger Forscher neben seinen Wahrnehmungsexperimenten Sprache,

Mythos und Sitte verschiedener Völker. Die Religion zählte Wundt zum Mythos und fasste sie als ein gesellschaftliches Phänomen auf, womit er sich bewusst gegen William James und seine Einzelfälle stellte, die er als eine »Kasuistik religiöser Pathologie« bezeichnete (Belzen 1997, 79). Im Anschluss an Wundts völkerpsychologischen Ansatz der Religionspsychologie entwickelte sich eine historische Richtung, die Religionspsychologie mit der Religionsgeschichte verband – prominente Autoren sind Söderblom (1916), Otto (1917) und Heiler (1918).

Dorpater Schule: Eine experimentelle Religionspsychologie auf denkpsychologischer Grundlage wurde von zwei Theologen begründet (Girgensohn 1921, Gruehn 1960). Nach Textlesungen wurden die Probanden auf ihre Assoziationen und beim Lesen entstandenen Vorstellungen hin befragt. Die experimentelle Introspektion war damals für mehr als eine Dekade als religionspsychologische Methode populär, heute ist sie allerdings nur noch historisch interessant (Gins 1992). Zutreffend urteilt Müller-Pozzi (1982, 76): »In ihrem krampfhaften Bemühen, empirische Psychologie zu sein, beschränkt sich die experimentelle Religionspsychologie auf das reine Feststellen von Tatsachen und verzichtet, zumindest vordergründig, auf jede psychologische Deutung. Das Deuten sieht sie als Aufgabe der Theologie. Damit fehlt ihr eine psychologische Theorie der Religion, und sie wird gerade deshalb für die Psychologie und Theologie bedeutungslos.«

Phänomenologisch-geisteswissenschaftliche Psychologie: Forscher wie Scheler, Spranger oder Lersch wollten mit Hilfe qualitativer Forschung die Person selber zu Wort kommen lassen. Im Gegensatz zum naturwissenschaftlich orientierten Experiment stellten sie die Einzigartigkeit des Individuums in den Mittelpunkt, das nicht kausal erklärt, sondern nur mitfühlend verstanden werden könne. Durch das besondere Interesse an der geistigen Dimension des Menschen lag es nahe, der Religiosität in besonderer Weise nachzugehen. Aus heutiger Sicht ist es erstaunlich, dass in Sprangers »Lebensformen«, einer auch noch in den Nachkriegsjahren einflussreichen Persönlichkeitstypologie, eine der sechs dominanten Sinnorientierungen nach Spranger auf den religiösen Lebensstil entfiel – neben einer theoretisch-intellektuellen, ökonomischen, ästhetischen oder sozialen Wertrichtung. Offensichtlich war eine religiöse Orientierung in der Bevölkerung damals noch stark verbreitet, die eine derartige, heute fremd anmutende Typologie rechtfertigte.

Auch in den USA erlebte die Religionspsychologie um 1900 eine erste Blüte. Noch stärker und durchgängiger als in Deutschland interessieren die Gründungsväter der amerikanischen Psychologie wie *Stanley Hall, Edwin Starbuck, James Leuba* oder *William James* für die Erforschung der Religiosität – wenn auch aus höchst unterschiedlichen, sowohl apologetischen als auch religionskritischen Motiven (Huxel 2000). Schwerpunkte waren dabei die Erforschung besonderer religiöser Erlebnisse und die Konversionsforschung. Durch diesen Fokus stand mehr das außergewöhnliche Erleben als die religiöse Alltagsbewältigung im Zentrum des Interesses. Aber auch dort geriet der enthusiastische Forschungsbeginn durch die Dominanz behavioristischer Theorien ins Stocken. Erst durch die »kognitive Wende« in den sechziger Jahren, die eine Schwerpunktverschiebung von der Verhaltensforschung hin zu mentalen Wahrnehmungs- und Bewertungsprozessen mit sich brachte, gewann die Religionspsychologie wieder an Bedeutung. Heute ist sie durch eine große Sektionsgruppe im Fachverband amerikanischer Psychologen präsent.

Als sich die Psychologie Ende des 19. Jahrhunderts als eigenständige Disziplin herausbildete, beschäftigten sich ihre Gründerväter und wegweisenden Wissenschaftler fast alle wie selbstverständlich mit der Religion als einem wichtigen Lebensbereich. War es beispielsweise »für einen Spranger noch naheliegend, einen religiösen Typus als Hauptkategorie in seiner Persönlichkeitslehre zu unterscheiden, so muss in den Jahren des größten quantitativen Wachstums der Psychologie, in den sechziger und siebziger Jahren, den Psychologen erst wieder umständlich und meistens ohne viel Erfolg erklärt werden, dass Religion für Menschen wichtig sein kann, eine wesentliche Verhaltensdeterminante darstellt und durchaus psychologisch erforscht werden kann« (Belzen 1998, 137).[22]

Während also einflussreiche Psychologen wie Fechner (1863), Galton (1872), Wundt (1915), Piaget (1922) oder eben genannter Spranger (1947) im Rahmen ihrer Wissenschaftlertätigkeit auch religionspsychologisch aktiv waren, haben ihre Nachfolger seit der Nachkriegszeit zu religiösen Fragen geschwiegen. Interessanterweise erlebte die Religionspsychologie ihren initialen Aufschwung zeitgleich ab etwa 1880 in Europa und den USA. Einerseits hängt das mit dem Verstehenshorizont sowohl phänomenologisch-geisteswissenschaftlicher als auch psychoanalytischer Entwürfe zusammen, die damals sehr verbreitet waren und mit ihrer Vorgehensweise wichtige religionspsychologische Erkenntnisse liefern konnten. Aber auch die sich stark ausbreitende Experimentpsychologie – insbesondere die »Dorpater Schule« mit ihren Gedächtnisexperimenten mittels der Reizwortmethode – verhalf der Religionspsychologie zu einem eigenständigeren Profil.

In Arbeiten zur Geschichte der Religionspsychologie werden in der Regel drei, vier oder fünf Epochen unterschieden (Parsons 2001). Die folgende Übersicht fasst die Ergebnisse zusammen:

1880–1915: Konstitutionsphase
Zeitgleich mit der Begründung der einzelwissenschaftlichen Psychologie entstehen religionspsychologische Erklärungsmodelle, und empirische Studien werden durchgeführt. Dabei halten sich hermeneutisch-einzelfallorientierte und quantifizierend-experimentelle Forschungsdesigns die Waage.

1915–1934: Blütezeit
Empirisch gestützte Theorien und vielfältige Erklärungsmodelle verhelfen der Religionspsychologie zu einem raschen Aufstieg. Mit ihren Methoden und Theorien steht sie im Zentrum der Mainstream-Forschung.

1934–1950: Abbau und Untergang
Durch den Zweiten Weltkrieg kommt die europäische Religionsforschung fast ganz zum Erliegen, während die amerikanische Forschung davon kaum berührt wird.

1950–1990: Krise und Neuorientierung
Durch die Vorherrschaft behavioristischer Ansätze fällt es der europäischen Religionspsychologie zunächst schwer, wieder neu auf die Beine zu kommen. Erst die aufkommende Kognitionsforschung eröffnet neue Zugänge.

ab 1990: Leiser und zögernder Aufschwung
Erste Lehrbücher und Fachartikel in deutscher Sprache greifen das vernachlässigte Thema der Religion auf. Die Theorie des religiösen Urteils des Schweizer Entwicklungspsychologen Fritz Oser wird international rezipiert, auf psychologischen Fachkongressen wird die Religiosität thematisiert, und Lehrbücher der Angewand-

ten Psychologie und Sozialpsychologie enthalten eigene Kapitel über die Religiosität und Spiritualität (Popp-Baier 2000; Utsch 2004).[23] Ein mehrjähriges religionspsychologisches Forschungsprojekt wurde von 2002 bis 2005 durch die Volkswagenstiftung finanziert (www.psychology-of-religion.de).

Durch die beiden Weltkriege hatte die deutschsprachige Forschung den Anschluss an die internationale Religionspsychologie verloren, den sie bis heute nicht wieder hat herstellen können. Auch in Deutschland hatte sie zu Beginn des vergangenen Jahrhunderts im akademischen Diskurs ihren Platz, kam in den universitären Studiengängen vor und war durch Lehrbücher und Fachzeitschriften präsent. 1914 wurden in Deutschland eine Fachgesellschaft und die Zeitschrift »Archiv für Religionspsychologie« ins Leben gerufen (Belzen 2003).[24] Durch die Nazi-Diktatur kam die Religionspsychologie in Mitteleuropa überhaupt zum Erliegen. Während sie in den USA und in den skandinavischen Ländern kontinuierlich weiterentwickelt wurde, fristet diese Spezialdisziplin in Deutschland heute ein Schattendasein. Weder eine theologische noch eine religionswissenschaftliche noch eine psychologische Fakultät unterhält einen Lehrstuhl für Religionspsychologie.[25] Andere Nachbarländer bieten in dieser Hinsicht mehr: In Belgien, Finnland, Italien, Niederlande, Norwegen und Schweden existieren religionspsychologische Lehrstühle, die in dem Weiterbildungsprojekt »Sokrates« vernetzt zusammenarbeiten (*www.univie.ac.at/etf/eurorelpsy/*).

> Dieses Defizit lässt sich auf die oben angeführten beiden Gründe zurückführen. Weder hat sich ein einflussreicher deutschsprachiger Psychologe intensiver mit religionspsychologischen Themen befasst, noch wurden gängige psychologische Theorien auf religionspsychologische Fragestellungen angewendet.

Ein anderes Bild bot sich zu Beginn der einzelwissenschaftlichen Psychologie. Damals nahmen einige deutsche Forschungsansätze internationalen Einfluss auf die Forschungsdiskussion. Wundts Wahrnehmungspsychologie, Külpes Denkpsychologie und Sprangers Entwicklungspsychologie lieferten weltweit Impulse. Alle drei prägten mit ihren Forschungsergebnissen die psychologische Theoriebildung in ihrem Fachgebiet. Gleichzeitig waren diese Forscher auch an religiösen Fragestellungen interessiert und erforschten diesen Bereich aus ihrem Blickwinkel und ihren methodischen Besonderheiten. Hier war die Religiosität ein durchaus legitimer Forschungsgegenstand, der aus so unterschiedlichen Perspektiven wie der experimentellen Denkpsychologie und der phänomenologisch-hermeneutischen Interpretation untersucht wurde. Der eigentliche Begründer der experimentellen Psychologie, Wilhelm Wundt, verfasste neben streng methodisch ausgerichteten Untersuchungen auch eine 12-bändige »Völkerpsychologie«. In enger Anlehnung an das naturwissenschaftliche Denkmodell im Sinne einer »Psychophysik« versuchte er einerseits, die menschliche Wahrnehmung zu erklären. Er war jedoch davon überzeugt, das ein kontrolliertes Experiment »nur das momentane Erleben als unmittelbarer sinnlicher Vorgang erfaßt ..., nicht jedoch die Kontinuität und Einheit psychischen Lebens« (Müller-Pozzi 1982, 73), deren Einbeziehung er für das Verständnis der Religiosität für unabdingbar hielt. Wenn es um »das Höhere im Menschen« gehe, versage die experimentelle Methode. Hier ist nach Wundt alleine genaues Beobachten und Beschreiben möglich. Neben die »allgemeine Psychologie«, die aufgrund experimenteller Befunde entwickelt werden kann, stellt Wundt die »Völkerpsychologie«, die der geisteswissenschaftlichen Analyse vorbehalten bleibt.

Religionspsychologische Einsichten gewinnen auf zwei Weisen an Bedeutung und Einfluss: Entweder werden überprüfte und erprobte psychologische Theorien auf die Funktionalität religiösen Erlebens und Verhaltens übertragen, oder aber einzelne, forschungsprägende Wissenschaftler erweitern ihr Studieninteresse auf religiöse Fragestellungen. Gute Beispiele hierfür sind *William James, Gordon Allport, Alan Bergin* oder auch *Otto Kernberg. James'* Pragmatismus, *Gordon Allports* Persönlichkeitspsychologe und sowohl Bergins als auch Kernbergs Beiträge zur Psychotherapieforschung haben die Entwicklung der jeweiligen Teildisziplin gefördert. Darüber hinaus verfolg(t)en diese Wissenschaftler auch religionspsychologische Forschungsinteressen und haben dazu gearbeitet und publiziert.

Zum anderen wurde beispielsweise die Stress-Bewältigungstheorie von *Aaron Lazarus*, die von dem amerikanischen Religionspsychologen *Kenneth Pargament* (1997) zu einem umfassenden religionspsychologischen Erklärungsmodell weiterentwickelt wurde. In zahlreichen Studien konnte er nachweisen, dass in der schwierigen Zeit einer Krankheitsbewältigung drei religiöse Bewältigungsstile vorkommen:

– eigenmächtig: der Patient glaubt, seine Krise selber bewältigen zu können

– kooperativ: der Klient sieht in Gott einen Partner zur Problemlösung

– untergeben: angesichts Gottes Allmacht wird Eigeninitiative überflüssig

Im Hinblick auf gesundheitsförderliche Effekte kam Pargament nach seinen Untersuchungen zu dem Schluss, dass Gläubige, die in der Furcht leben, für ihre Sünden von einem strengen Gott bestraft zu werden, und die diese Strenge auch in ihrer Glaubensgemeinschaft als »emotionales Klima« erleben, stärker zu Depressionen, Ängsten und psychosomatischen Störungen neigen als Nichtreligiöse. Umgekehrt fördert der Glaube an einen freundlichen Gott, der menschliche Schwächen nachsichtig beurteilt, in Verbindung mit emotionaler Geborgenheit in einer Glaubensgemeinschaft das psychische und körperliche Wohlbefinden deutlich.

Pargament (1997) hat in umfangreichen Studien die Rolle der Religiosität in der Krankheitsbewältigung erforscht und sich damit als Pionier der religiösen Copingforschung einen Namen gemacht. Seine Untersuchungen führten zu einer neuen Sichtweise der Funktion des religiösen Copings im Hinblick auf Stress, kritische Lebensereignisse und Krisen. Ein Hauptverdienst Pargaments war es, am Beispiel der Krankheitsverarbeitung die Vielfalt und Bandbreite an Funktionen, die religiöser Glaube einnehmen kann, anschaulich aufzuzeigen. Religiöses Coping dient nach Pargament nämlich nicht nur dazu, erlebte Spannungen zu reduzieren und sollte nach seiner Meinung nicht einfach als Strategie zur Gefühlsunterdrückung belastender Emotionen oder zur Realitätsverleugnung angesehen werden. Während sie sich bei einigen in der Tat als realitätsverleugnend auswirken würde, könne sie andere Menschen zu einer Erweiterung ihres Handlungsspielraums, zu neuer Hoffnung und Motivation und zu einer Sensibilisierung der Wahrnehmung eigener und fremder Bedürfnisse führen.

Auch andere psychologische Erklärungsansätze werden zur Erhellung religionspsychologischer Sachverhalte verwendet – etwa das Gesundheitsmodell der Salutogenese des israelischen Medizinsoziologen Antonovsky (1997). Als zentrale Widerstandsressource gegen Erkrankung und damit als Schlüssel zur Gesundheit definierte Antonovsky das »Kohärenzgefühl« *SOC = sense of coherency.* Damit umschrieb er ein grundlegendes, tief verankertes Vertrauen darauf, dass

1. die Ereignisse des Lebens verstehbar und erklärbar sind,
2. sich Lebensprobleme im Prinzip handhaben und gestalten lassen,
3. das Leben Bedeutung hat und es lohnt, sich darin zu engagieren.

1. **Verstehbarkeit.** Das Gefühl der Verstehbarkeit entsteht dann, wenn den vielfältigen Umweltreizen und Erlebnissen Sinn abgewonnen werden kann und der Eindruck vorherrscht, die Welt ist erklärbar statt chaotisch, konsistent statt zufällig, klar statt unerklärlich.
2. **Gestaltbarkeit.** Das Gefühl der Gestaltbarkeit erinnert an die Ressourcen, mit denen man in das Geschehen eingreifen kann. Genau entgegengesetzt ist die Haltung der Hilflosigkeit, die schnell in lethargischer Passivität münden.
3. **Bedeutsamkeit.** Die Überzeugung »Das Leben macht Sinn« führt dazu, sich für eigene und fremde Belange einzusetzen. Diese Sichtweise motiviert dazu, die Welt zu ordnen und dafür Potentiale zu mobilisieren.

Weil ein religiös-spirituelles Weltbild ein derartiges Vertrauen stiften kann, liegt eine religionspsychologische Interpretation nahe. Obwohl sich Antonovsky selber als atheistisch bezeichnete, leuchtet das Potential einer religionsfreundlichen psychologischen Interpretation ein. In einer umfangreichen Arbeit hat ein Paderborner Pastoralpsychologe die theologische Relevanz dieses Modells herausgestellt. Gleichzeitig hat er unter Zuhilfenahme dieses Modells in drei Studien die seelische Gesundheit und die Belastungsverarbeitung von Priestern und Seelsorgern untersucht (Jacobs 2000).

Eine jüngere deutschsprachige Studie, die im Rahmen eines von der Volkswagenstiftung geförderten religionspsychologischen Projektes durchgeführt wurde, hat Motive und Konsequenzen der Mitgliedschaft in einer neuen religiösen Gemeinschaft untersucht. Zwei Hypothesen lauteten, dass die Mitgliedschaft ein psychische Stabilisierung bewirken würde und dort ein Glaubenssystem vermittelt wird, dass im Sinne eines »religiösen Kohärenzgefühls« mit psychischer Gesundheit korreliere. Dazu wurden drei Fragen konstruiert, die in Anlehnung an Antonovskys Konzept ein religiöses Kohärenzgefühl ermitteln sollten (Murken & Namini 2004, 309):

- *Verstehbarkeit:* »Mein Glaube gibt mir das Vertrauen, dass er auf alle Fragen in meinem Leben eine Antwort gibt und geben wird.«
- *Handhabbarkeit:* »Mein Glaube gibt mir das Vertrauen, dass ich alle aktuellen und zukünftigen Ereignisse und Erfahrungen als Herausforderung annehmen oder zumindest irgendwie damit umgehen kann.«
- *Bedeutsamkeit:* »Mein Glaube gibt mir das Vertrauen, dass es sich lohnt, dass ich mich auch in schwierigen Situationen weiter anstrenge und engagiere.«

Unübersehbar kommt in diesen Formulierungen die Zuspitzung auf die zu untersuchende Gruppe religiöser Sondergemeinschaften zum Vorschein. Darüber hinaus weist dieses Vorgehen deutlich darauf hin, dass die Erklärungsleistungen des Kohärenzgefühls für die Religionspsychologie lange noch nicht ausgeschöpft sind.

2.2   Einige aktuelle empirische Erklärungsmodelle

Der Mangel an guten im Sinne von sachangemessenen Theorien wird von vielen Forschern beklagt (Popp-Baier 2000). Seine Bestandsaufnahme der Religionspsychologie in Deutschland beendet Murken (2002, 195) mit einer Problemanzeige: »Die systematische theoretische Einbindung des Phänomens Religion in allgemeinpsychologische Theorien erscheint mir daher für die Zukunft äußerst wichtig. Die Religionspsychologie muss zudem, wie jede andere Disziplin, ihren Gegenstandsbereich klar definieren. Daher ist es problematisch, dass bis heute nicht geklärt ist, was unter ihren Geltungsbereich fällt und wie weit Religion, Religiosität und Spiritualität zu fassen sind.«

Dies ist auch die Quintessenz der amerikanischen Forschung, wenngleich dort insgesamt der Wissensstand viel weiter entwickelt ist. Trotzdem gibt es auch dort nur wenige Publikationen, die dadurch eine Ausnahme bilden, dass sie anhand einer strengen, theoriebezogenen Systematik aufgebaut sind:

– Seinem religionspsychologischen Klassiker »Wurzeln des Glaubens« legte Paul Pruyser (1972) das dynamische Entwicklungsmodell der Psychoanalyse zugrunde. Dadurch gelang es ihm, ein in sich stimmiges Gesamtkonzept zu entwickeln, dass er systematisch auf die psychischen Grundkräfte des Menschen beziehen konnte. Er untersuchte Wahrnehmung, Denken, Emotion, Sprache, Handlungen, Beziehungen, Selbstbewusstsein in Bezug auf ihre religiösen Aspekte, allerdings ohne den Schritt in empirisch zu falsifizierende Hypothesen und ihrer Prüfung zu gehen.
– Das von Ralph Hood (1995) herausgegebene »Handbuch der religiösen Erfahrung« ist streng systematisch konzipiert worden: Teil 1 behandelt religiöse Erfahrung in den verschiedenen Konfessionen (Judentum, Katholizismus, Protestantismus, Islam, Buddhismus, Hinduismus). Teil 2 beleuchtet soziologische, philosophische und phänomenologische Aspekte. In den Teilen 3 bis 5 werden religiöse Erfahrungen aus Sicht geläufiger psychologischer Modelle untersucht (entwicklungs-, kognitions-, affekt- und verhaltenspsychologische Theorien, die Rollen-, Attributions- und die Bindungstheorie sowie aus körper-, transpersonal- und feministisch-psychologischer Perspektive). Den Abschluss bilden zwei Plädoyers für die pädagogische Hinführung und die Ermöglichung religiöser Erfahrungen.
– Eine weitere Ausnahme bildet ein religionspsychologisches Handbuch, dass in ähnlicher Weise theoriebezogen vorgeht. Die beiden Herausgeber Spilka und McIntosh (1996), zwei ausgewiesene Religionspsychologen, haben häufig zitierte religionspsychologische Zeitschriftenartikel thematisch nach psychologischen Teildisziplinen geordnet und nach deren Neuabdruck kritisch kommentiert. Teil eins des Handbuchs referiert und diskutiert den motivationspsychologischen Zugang intrinsischer und extrinsischer Religiosität, Teil zwei den funktionalen Ansatz der Stressbewältigung, Teil drei den sozialpsychologischen der Rollentheorie, Teil vier entwicklungspsychologische Zugänge, Teil fünf attributionstheoretische Ansätze und Teil sechs erfahrungsbezogene Modelle.

In Deutschland sieht die Situation, was die religionspsychologische Theoriebildung angeht, düster aus. Weder hat sich ein einflussreicher deutschsprachiger Psychologe nach dem Zweiten Weltkrieg intensiver mit religionspsychologischen Themen befasst, noch wurden gängige psychologische Theorien auf religionspsychologische Fragestellungen angewendet.

In der Religionspsychologie stehen deshalb verschiedenste Zugänge unverbunden nebeneinander. Folgende Beispiele verdeutlichen die Vielfalt der Erklärungsansätze:

– Die bekannteste deutschsprachige Einführung in die Religionspsychologie geht bewusst »ohne Theorieansatz und Religionsbegriff« vor (Grom 1992, 15).
– Andere Autoren bezweifeln, dass man ohne eine Modellvorstellung und eine reflektierte und kommunizierte Perspektive sinnvoll Religionspsychologie betreiben könne – und nehmen zum Beispiel einen »theologischen Standpunkt« ein (Fraas 1990, 9).
– Ein israelischer Religionspsychologe sieht die Aufgabe seines Faches darin, Glaube durch Wissen(-schaft) zu ersetzen. Er meint, psychologisch könne die Frage beantwortet werden, wie »jemand an etwas glauben kann, das so offensichtlich eine Illusion darstellt« (Beit-Hallahmi, zit. bei K. H. Reich 1999, 499).
– Aus theologischer Sicht wird manchmal fast neidisch zur Psychologie »hinübergeschielt« und für die Ablösung und den Ersatz der Pastoralpsychologie durch die Religionspsychologie plädiert (Morgenthaler 2002).
– Aus psychologischer Sicht wird häufig betont, dass die religionspsychologische Forschung in besonderer Weise wertneutral und profan sein müsse, einem methodologischen Agnostizismus verpflichtet sei und alles Transzendente ausklammern solle: »Religionspsychologie ist der Versuch zu bestimmen, was psychisch in oder an der Religion ist« (Belzen 2003, 15).
– Andere Psychologen folgen dem Prinzip vom Ausschluss der Transzendenz nur begrenzt. Religionspsychologische Forschungshypothesen sollten die Möglichkeit einer transzendenten Wirksamkeit im Sinne eines »methodologischen Theismus« einschließen (Reich 1999, 504).
– Ein führender amerikanischer Forscher kommt im letzten Absatz seines 650 Seiten starken Lehrbuchs zu dem Schluss, dass die klassische Lehrmeinung religionspsychologischer Forschung vom »Ausschluss der Transzendenz« heute ergänzt werde müsse. Zum Ausgleich müsse daneben das Prinzip von der Einbeziehung von Transzendenz-Erfahrungen gestellt werden. Erst in konstruktiver Zusammenarbeit könne die Religiosität angemessen erfasst und verstanden werden (Wulff 1997, 645).

Diese Vielfalt und Unterschiedlichkeit erfordert eine Entscheidungshilfe, mit welchen Mitteln und welcher »Brille« die Religiosität und Spiritualität angeschaut werden. Denn unbestreitbar wird das Ergebnis maßgeblich von der zugrunde gelegten Theorie und dem gewählten Erfassungsinstrument bestimmt werden. Die Entscheidungshilfe, die hier vorgeschlagen wird, heißt Anthropologie. Die Lehre vom Wesen des Menschen ist eine Hauptbeschäftigung der klassischen Philosophie gewesen. Die Theologie hat diese Überlegungen aufgegriffen und als Grundmerkmale des Menschen neben anderen die persönliche Freiheit, Würde und Selbstverantwortung herausgestellt.

Theologische und psychologische Menschenbilder haben – je nach Variante – einige Schnittmengen, aber durchaus auch Gegensätze. Deshalb ist es sinnvoll, sich in der Startphase eines Forschungsprojektes Gedanken über die zugrunde liegenden Prämissen zu machen und diese auch mitzuteilen. Auch der Münchner Religionspädagoge Fraas (2000) sieht in der Verständigung auf eine gemeinsame Anthropologie die »Basis des Diskurses zwischen Theologie und Anthropologie«. Fraas beendet seinen Vorschlag mit der Empfehlung, dass »ontologische Prämissen«, die jeder Theorie zugrunde liegen, offen darzulegen seien. Darüber hinaus sei es wichtig, »ob und inwieweit eine psychologische Theoriebildung die Frage nach dem Wirklichkeitsanspruch religiöser Erfahrung von ihrem eigenen Realitätsverständnis her offen lässt oder aber eine Verkürzung des Wahrnehmungsraumes impliziert, die dem Eigenverständnis religiöser Phänomene prinzipiell nicht gerecht zu werden vermag« (ebd. 119). Die weltanschaulichen Prämissen, die eine psychologische Theorie enthält, wären also vor (oder parallel zu) ihrer empirischen Überprüfung herauszuarbeiten und zu dokumentieren (Utsch 1998a). Allerdings dürfte es eine große Herausforderung für die Theoriebildung sein, ein derart komplexes Modell zu entwickeln, dass imstande ist, die unterschiedlichen, von religiösem und spirituellem Erleben berührten Persönlichkeitsbereiche abzubilden.

Ein weiteres Hauptproblem der Religionsforschung ist der Ausschluss der Wahrheitsfrage: Weil sozialwissenschaftlich nichts Eindeutiges über Gott oder eine transzendente Wirklichkeit ausgesagt werden könne, müsse der Anspruch auf Wahrheit zurückgewiesen werden. Etwas keck kann man diese schiedlich-friedliche Arbeitsteilung aber hinterfragen: Wie kann eine Psychologin ernsthaft forschen, wenn der Anspruch auf den Wirklichkeitsgehalt einer Aussage zurückgestellt wird? Ist es nicht Aufgabe der Psychologie, gerade die Grauzone zwischen Wunschvorstellung und Wirklichkeit, menschlicher Phantasie und handfester Realität zu unterscheiden? Wenn alle Schilderungen religiöser und spiritueller Erfahrungen (zunächst) nur als mentale Konstruktion aufgefasst werden, gibt die Psychologie eine ihrer wichtigsten Kompetenzen auf – die der kritischen Realitätsprüfung. Wissenschaftstheoretisch gesprochen hat eine solche Religionspsychologie die Integrationsaufgabe nicht gelöst. Jeder religionspsychologische Entwurf steht in der Gefahr, eine *szientistische* (»Religionspsychologie ohne Religion«) oder *fundamentalistische* (»Religionspsychologie ohne Psychologie«) Einseitigkeit zu entwickeln (Utsch 1998, 171 f.). Wie im Folgenden gezeigt wird, ist die religionspsychologische »Gratwanderung« offensichtlich schwierig durchzuführen. Jedenfalls dominieren reduktionistische oder apologetische Varianten, um religiöses und spirituelles Erleben psychologisch zu verstehen und zu erklären.

Ein angemessenes Verstehen der Religiosität und Spiritualität – dies stellt eine Prämisse der vorliegenden Arbeit dar – kann nur interdisziplinär gelingen. Diese Grundvoraussetzung eines sachangemessenen Forschens findet heute zunehmend Zustimmung. Ohne ein tieferes Verständnis von Religionen, der Spiritualität und verschiedener Frömmigkeitsformen können kaum sinnvolle psychologische Hypothesen formuliert werden: »Die Zusammenarbeit von Psychologie insbesondere mit Theologie und Religionswissenschaft ist im Bereich der Religionspsychologie besonders wichtig, weil diese beiden Disziplinen die religiösen Inhalte, um die es geht, kennen und verständlich machen können« (Mossbrugger & Zwingmann 2004, 10).

Für die sozialwissenschaftliche Religionsforschung sind deshalb Fähigkeiten zum interdisziplinären Dialog unabdingbar. Leider sind derartige Gesprächsforen selten – eher beherrschen Kommunikationsstörungen, Rivalitäten und Sprachprobleme das Feld. Um diesen Schwierigkeiten zu begegnen, wird in vorliegender Arbeit für mehr Reflexion und Transparenz gegenüber den eigenen Menschenbildannahmen und Prämissen plädiert. Ein Pionier europäischer Religionspsychologie stellte dazu unmissverständlich fest: »Die Geschichte der Religionspsychologie bestätigt, dass in der Religionspsychologie Vorannahmen, Herkunft und persönliche Interessen, die im Prinzip jeder hat, allzu leicht Konzepte und Methoden infiltrieren« (Vergote 1992, 17).

Weil diese Vorannahmen aber in der Regel nicht reflektiert und kommuniziert werden, fließen sie unbedacht mit in die Forschung ein und verunreinigen die Daten in einem erheblichen Ausmaß. Deshalb ist eine Verbesserung an dieser

Schwachstelle durch die Reflexion und Transparenz der anthropologischen Prämissen dringend erforderlich.

Anknüpfungspunkt Gesundheitspsychologie

Was sind gegenwärtig in der deutschsprachigen Forschung psychologische Anknüpfungspunkte, um die Religiosität und Spiritualität besser zu verstehen? Hier sticht eine Richtung hervor, deren Bedeutung in den letzten 15 Jahren stark angewachsen ist: die Gesundheitspsychologie. Diese Forschungsrichtung lädt geradezu dazu ein, religiöse und spirituelle Faktoren zu integrieren und für das Wohlbefinden, die Prävention, den Einzelnen wie die Gemeinschaft nutzbar zu machen. Im folgenden Abschnitt werden vier Themengebiete der Gesundheitspsychologie vorgestellt, die in letzter Zeit zunehmend auch aus religionspsychologischer Perspektive untersucht wurden. Die Schnittmenge von Gesundheits- und Religionspsychologie ist dabei noch lange nicht ausgelotet und verspricht auch für die nächsten Jahre ein attraktives weil ergiebiges Forschungsfeld zu sein!

– **Salutogenese und Resilienz.** Die Gesundheitspsychologie geht von der erstaunlichen Beobachtung aus, dass objektive Stressfaktoren wie eine Inhaftierung in einem Konzentrationslager, Verlust des Lebenspartners oder eine schwere chronische Erkrankung sehr unterschiedlich verarbeitet werden: Manche Menschen zerbrechen daran, andere überstehen derartige Extremsituationen relativ unbeschadet und genesen schnell. Offensichtlich ist die Fähigkeit zur Verarbeitung traumatischer Erlebnisse individuell sehr unterschiedlich ausgeprägt. Die Gesundheitspsychologie will nun die Faktoren bestimmen, die als psychische Widerstandkraft gegen den Stress das »seelische Immunsystem« stärken. Entscheidende Impulse hat die Gesundheitsforschung von dem israelischen Antonovsky (1997) erhalten. Dieser Ansatz sucht nach Gründen für stark oder schwach ausgeprägte Resilienz in den individuellen und sozialen Ressourcen. Obwohl Antonovsky selber atheistisch eingestellt war, findet sein Modell in der Religionspsychologie vermehrt Resonanz, weil der persönliche Glaube und eine religiöse Gesinnungsgemeinschaft ohne Zweifel eine Bewältigungshilfe darstellen.
– **Bindungstheorie:** Die Bindungstheorie ist ein riesiges, expandierendes Forschungsgebiet der Entwicklungspsychologie und Psychotherapieforschung. Ihr Begründer, John Bowlby, hat schon früh darauf aufmerksam gemacht, dass frühe Bindungsprozesse Grundlage der inneren Verpflichtung vieler Menschen gegenüber Autoritäten wie Führungspersonen oder auch sozialen Gruppen wie einer Religionsgemeinschaft sein können. Den mittlerweile umfangreichen Ergebnissen in den unterschiedlichen Forschungszweigen ist gemeinsam, dass sie die psychoanalytische Grundeinsicht bestätigen, dass die frühe Kindheit mit ihren Beziehungserfahrungen entscheidende Lebensweichen stellt. In Bezug auf die Religiosität wird von Forschern die Hypothese verfolgt, dass Menschen auch zu einer religiösen Figur einen Bindungsstil aufbauen. Von religiösen Menschen wird »das Verhältnis zu Gott als Beziehung betrachtet, aus der sie Trost und Kraft schöpfen und in der sie intensive Gefühle des Angenommen- und Geliebtseins, der Ehrfurcht oder auch der Angst erleben« (Richard 2004, 134). Aufbauend auf die einschlägige amerikanische Forschung werden mittlerweile auch hierzulande die Bedeutung religiöser Bindungsmuster sozialpsychologisch untersucht.[26]

- **Bewältigungsforschung:** Susan Folkman hat ein empirisch bewährtes Stressbewältigungsmodell, das von Lazarus und Folkman, modifiziert und erweitert. Diese mittlerweile klassische Theorie hat die Gesundheitsforschung revolutioniert, weil sie nachweisen konnte, dass nicht ein objektiv belastendes Ereignis an sich den maßgeblichen Stressfaktor darstellt, sondern die kognitive Bewertung und der individuelle Bewältigungsprozess. Weder allein der Reiz der Außenwelt noch die körperliche Reaktion auf ein Stresssignal sind ausschlaggebend, sondern das »transaktionale« Wechselspiel zwischen Person und Umwelt. Im Verlauf der letzten 30 Jahre wurde diese Theorie zu einer kompletten Emotionspsychologie ausgebaut.[27] Folkman (1997) hat nun in das kognitive Stress- und Bewältigungsmodell von Lazarus weitere, auf Sinnfindung basierende Copingstrategien integriert. Dabei nennt sie vier Bewältigungsstrategien, die mit einem positiven psychischen Befinden trotz chronischer Belastungen im Zusammenhang stehen: positive Neubewertung, veränderte Zielsetzungen im Sinne der problemorientierten Bewältigung, die bewusste Wahrnehmung und Gestaltung von Ereignissen und Situationen sowie spirituelle und religiöse Überzeugungen. In demselben sozialpsychologischen Rahmenmodell der Person-Umwelt-Interaktion hat Kenneth Pargament sein religiöses Copingmodell gestellt, das an anderer Stelle ausführlich vorgestellt wurde.
- **Meditationsforschung:** Das Konzept der Achtsamkeit ist Grundlage verschiedener Meditationstechniken und hat mittlerweile sowohl durch populäre Veröffentlichungen als auch klinische Studien eine hohe Popularität erlangt. Unter Achtsamkeit wird eine besondere Form der Aufmerksamkeitsschulung verstanden, durch die aktuelle Erlebnisinhalte eine nicht wertende Aufmerksamkeit gelenkt werden (Kabat-Zinn 1995). In den USA erfreuen sich das *mindfulness-based stress-reduction-* Programm, die MBSR-Kurse großer Beliebtheit. Etwa 15000 Personen haben einen Kurs am Ort seiner Entstehung, in Boston absolviert, amerikaweit wird es in über 200 Einrichtungen angeboten. Forschungsarbeiten zur Effizienz der Achtsamkeitsmeditation als klinischer Intervention können beachtliche Resultate vorweisen: bei chronischen Schmerzen und Ängsten, als erweiterte kognitive Therapie zur Depressionsbehandlung, zur Therapie von Borderline-Störungen und erfolgreicher Methode stationärer Drogenrehabilitation (Kabat-Zinn 2003). Im deutschen Sprachraum wird mittlerweile Achtsamkeit als ein Therapieprinzip in Verhaltenstherapie und Verhaltensmedizin angesehen und steht mit einem in Deutschland entwickelten Fragebogen der Forschung zur Verfügung (Heidenreich & Michalak 2003, Schmidt et al. 2004). Die bekannte Borderline-Therapeutin Marsha Linehan ist Buddhistin und führt bestimmte Behandlungselemente der von ihr entwickelten Dialektisch-Behavioralen Therapie darauf zurück.

Trotz dieser ermutigenden Befunde in verschiedenen Segmenten der Gesundheitspsychologie bleibt zu klären: Wie sind Religiosität und Spiritualität psychologisch am besten zu erfassen?

- Als eine spezifische Form der *Motivation* – »intrinsisch«, d. h. überzeugungsgeleitet, oder »extrinsisch«, d. h. nutzenorientiert, ausgerichtet?
- Ist damit eine innere Haltung in Form bestimmter Glaubensüberzeugungen gemeint? Hier wird die Religiosität psychologisch als *Einstellung* verstanden, die sich sowohl auf kognitiver als auch emotionaler Ebene im Erleben und Verhalten des Menschen findet.

- Oder ist die Religiosität eher als eine tiefe *Emotion* aufzufassen, die bestimmte Bewertungen nach sich zieht? Die oben vorgestellte Bewältigungsforschung favorisiert eine solche Sichtweise.
- Viel zu wenig wurde bisher das durch die Erziehung vermittelte positive oder negative Gottesbild ins Gespräch gebracht. Denn zweifelsohne nimmt die *Sozialisation* einen prägenden Einfluss auf die Religiosität des Menschen. Aus psychoanalytischer Sicht prägen frühkindliche Symbolisierungen und Bindungserfahrungen der ersten Lebensjahre auch das Gottesbild, das mit projektiven Tests und qualitativen Verfahren ermittelt werden kann.[28]
- Das Konzept der Weisheit und spirituellen *Intelligenz* hat zumindest in den USA einige Befürworter gefunden. Ausgehend von Howard Gardners Theorie der multiplen Intelligenzen wurde vorgeschlagen, Spiritualität als eine Art Expertenwissen zu begreifen. Dieses Wissen könne für wertorientiertes Handeln eingesetzt werden, also um Vergebungsbereitschaft zu fördern, Dankbarkeit auszudrücken, Demut zu erweisen und Mitgefühl zu zeigen (Emmons 2000). Weisheit wird hier als eine komplexe Fähigkeit aufgefasst,
  - veränderte Bewusstseinszustände zu erfahren,
  - die alltägliche Erfahrung zu einer heiligen zu machen,
  - spirituelle Ressourcen zur Problemlösung einzusetzen,
  - Entscheidungen und Handlungen wertorientiert vorzunehmen.
- Kann man die Religiosität nicht in einem herkömmlichen Sinne als *Persönlichkeitseigenschaft* auffassen? Schon Eduart Spranger hat in seiner Charaktertypologie den religiösen Lebensstil als eine von sechs Grundorientierungen beschrieben. Im Fünf-Faktormodell der Persönlichkeit, das heutzutage forschungsleitend ist, finden religiöse Charakterzüge wenig Berücksichtigung.[29] Deshalb hat ein amerikanischer Forscher argumentiert, einen sechsten Faktor »spirituelle Selbsttranszendenz« mit in eine Persönlichkeitsbeschreibung einzubeziehen (Piedmont 1999). Damit ist die Fähigkeit gemeint, sich einmal bewusst außerhalb von Zeit und Raum zu begeben und das Leben von einer höheren, mehr objektiven Warte aus zu betrachten. Mit einem Fragebogen sollen die drei maßgeblichen Teilfaktoren Universalität, Gebetserhörung und Verbundenheit erfasst werden. Typische Items für die drei Subskalen des Fragebogens lauten: »Ich glaube, das Leben hat einen tieferen Sinn«, »Ich finde innere Stärke und Frieden durch meine Gebete oder Meditation« und »Für mich ist es wichtig, meiner Gemeinschaft etwas zurückzugeben.«

Die empirisch überprüften Erklärungsansätze haben der Religionspsychologie geholfen, den Anschluss an die Mainstream-Forschung zu bekommen. Waren religiöse Überzeugungen gerade für Sozialwissenschaftler lange suspekt und ideologieverdächtig, können nun durch eine handfeste Operationalisierung Zusammenhänge mit anderen Variablen überprüft werden. Durch evidente Befunde kann der unbestreitbare Nutzwert bestimmter Formen von Religiosität und Spiritualität auch hartgesottene Skeptiker ins Nachdenken bringen und darüber hinaus differenzierende Details an Licht bringen.

Vier religionspsychologische Nebenstränge

Ganz bewusst werden in den folgenden vier Abschnitten Ansätze vorgestellt, die nicht zu dem harten Kern der empirischen Religionspsychologie zählen. Wodurch ist ein solches Vorgehen gerechtfertigt?

– In der Wissenschaft spiegeln sich immer auch die kulturell-gesellschaftliche Situation und ihr Zeitgeist wider. Die Gegenwart ist unübersehbar von einem massiven Pluralismus geprägt. Diese gleichzeitige Vielfalt sich widersprechender Deutungsmuster verwirrt und regt an. In der Wissenschaftstheorie hat sich das klassische Erkenntnisideal mit dem Leitbild der Physik schon lange überholt. Deshalb sollten auch alternative Erklärungsansätze, die sich mit Religiosität und Spiritualität mit zum Teil erweiterten Forschungsmethoden beschäftigen, Gehör finden.

– Wenn religionspsychologische Erkenntnisse wie im vorliegenden Buch auf den Bereich von Beratung und Psychotherapie angewendet werden, interessiert in besonderer Weise der Praxisbezug. Denn Psychotherapie und Beratung sind keine reine, sondern eine angewandte Wissenschaft – eine Profession (Buchholz 1999). Die im folgenden referierten Ansätze – auch wenn sie zum Teil spekulativ sind – erhalten alle eine hohe öffentliche Aufmerksamkeit und sind von daher relevant.

– Der vorliegenden Arbeit steht eine übergeordnete Bewertungskategorie – die Dimension des Menschenbildes – zur Verfügung. Dadurch können verschiedene Zugänge auch sehr widersprüchlicher Provenienz miteinander verglichen werden, ohne Gefahr zu laufen, einzelne Ansätze unsachgemäß zu bevorzugen.

– Intensive religiöse und spirituelle Erfahrungen – häufig mystisch genannt – können als ein Hinweis darauf verstanden werden, dass der Mensch mehr sein könnte als sein Körper und seine Seele. Warum soll eine solche Hypothese nicht auch in alternativen Erklärungsansätzen verfolgt werden? Dabei soll die Rationalität nicht auf dem »Altar mystischer Spekulationen« geopfert werden. Aber vielleicht lassen sich ja neue Zugänge und Verstehensmöglichkeiten finden, deren empirische Prüfung weiterführende Erkenntnisse ergibt.

Das Vorgehen dieses Abschnitts, auch religionspsychologische Nebenstränge mit einzubeziehen, stützt sich neben anderen auf Argumente des renommierten Religionspsychologen David Wulff. Transzendenz-Erfahrungen psychologisch zu beschreiben und zu erklären, gehört zu einer zentralen Aufgabe der Religionspsychologie und hat eine lange Geschichte. David Wulff (2000) stellt in einem aktuellen Aufsatz folgende sechs Erklärungsansätze nebeneinander, die aber aus Sicht der akademischen Mainstream-Psychologie ebenfalls Nebenstränge sind: Modelle der

– Neuropsychologie
– Psychoanalyse
– Jungianischen Psychotherapie
– Humanistisch-transpersonalen Psychologie
– Kognitionspsychologie
– kontextuellen Erklärungen

In der Zusammenfassung seiner Überlegungen begründet Wulff sein Vorgehen damit, dass angesichts der Fülle des Materials ein »methodologischer Pluralismus«

angezeigt sei. Und selbstkritisch fügt er an: »Gerade diejenigen, die über mystische Erfahrungen positiv denken, sind sich in der Regel auch über ihre Risiken bewusst – gerade Psychotherapeuten sollten darüber informiert sein. Für die Psychologie stellt die mystische Erfahrung ebenfalls ein Risiko dar, wenn damit ein gesundheitsförderlicher Zugang zur Wirklichkeit beschritten wird. Aber dieser Weg macht es erforderlich, sich einem Weltbild zu öffnen, dass die Vorannahmen, Theorien und Vorgehensweisen der modernen empirischen Psychologie grundlegend herausfordert« (ebd., 430). Besonders das Argument psychotherapeutischer Informiertheit erhält im Zusammenhang des vorliegenden Buches Gewicht und legitimiert den hier eingeschlagenen Weg.

Wulff (1985, 1997) hat auch in anderen Veröffentlichungen häufiger auf die wichtige Dimension der Weltbildfragen hingewiesen. Werden diese ausgeblendet und für die Daten-Interpretation nicht einbezogen, drohen zwei Fehldeutungen: Während empirische Ansätze häufig Gefahr laufen, reduktionistisch vorzugehen, sind die Konzepte und Methoden der religionspsychologischen Nebenstränge so weitläufig und unpräzise, das keine eindeutigen Urteile getroffen werden können. Diese Gefährdungen werden bei den folgenden Überlegungen berücksichtigt.

2.3 Besonderheiten psychoanalytischer Religionspsychologien

Im Unterschied zu vielen anderen Berichterstattern über die Geschichte der Religionspsychologie behandelt die vorliegende Darstellung die psychoanalytische Religionspsychologie wegen ihrer mehrfachen Sonderstellung separat. Was rechtfertigt ein solches Vorgehen?

– Sie entwickelte sich außeruniversitär,
– nahm (zunächst) keine empirische Überprüfung ihrer Hypothesen vor und
– wurde bis vor kurzem primär durch eine theologische Interpretation psychoanalytischer Einsichten bestimmt.

Dennoch nimmt die psychoanalytische Religionspsychologie eine wichtige Position ein, weil psychoanalytische Erkenntnisse wie die Bedeutung des Unbewussten, des Widerstandes oder der Übertragung heute in fast allen Therapieformen Eingang gefunden haben und auch den religiösen Bereich berühren. »Klassische« und in verschiedene europäische Sprachen übersetzte Einführungen in die Religionspsychologie stammen aus der Feder renommierter Psychoanalytiker – die bekanntesten in Deutschland dürften die von Antoine Vergote (1970) und von Paul Pruyser (1972) sein. Dennoch fanden diese Darstellungen offensichtlich nur einen geringen Widerhall in psychologischen Fachkreisen.

Die Psychologie tritt in ihrer klinischen Anwendung als Psychotherapie mit dem Anspruch auf, mehr Licht in die Abgründe des Seelenlebens zu bringen und dem Einzelnen zu helfen, besser mit bedrohlichen Gefühlen wie Angst, Trauer oder Wut umgehen zu können. Auch Sigmund Freuds Grundanliegen lassen sich auf diese beiden Motive zurückführen. Durch seine »Archäologie der Seele« wollte er menschliches Wünschen und Fürchten verstehen und die Person nicht mehr als Opfer seiner unbewussten Impulse wissen, sondern sie aufgrund rationaler Analyse zu selbstbestimmtem Handeln befähigen.

Neben der großen Chance, das Individuum über seine (unbewussten) Motive aufzuklären und es von unbewussten (Wiederholungs-)Zwängen zu befreien, sah Freud in der von ihm entwickelten psychoanalytischen Behandlungsmethode einen großen gesellschaftlichen Segen: die Psychoanalyse als Kultur- und Gesellschaftskritik. Besonders die religiöse Prägung der Gesellschaft missfiel dem »gottlosen Juden« Freud (Gay 1987). Er knüpfte an die Einsichten seiner atheistischen »Vordenker« Marx und Nietzsche an und befand die Religion für hohl und bedeutungsleer, für die meisten Menschen gar schädlich und unterdrückend. Darum könne sie nach seiner Einschätzung ihre frühere Aufgabe der »Versöhnung des Menschen mit der Kultur« nicht mehr leisten (Freud 1968, 368). Er plädierte deshalb dafür, die Religion als Kulturmacht abzulösen und durch eine »rein rationelle Begründung der Kulturvorschriften« zu ersetzen (ebd., 365).

In der psychoanalytischen Religionspsychologie spielen die beiden Erklärungsmodelle der *Projektion* und der *Illusion* eine zentrale Rolle, die deshalb hier kurz erläutert werden. Freuds (1956) erste wichtige, frühe religionspsychologische Studie »Totem und Tabu« fragt nach den Wurzeln des religiösen Denkens. Dazu greift er damals geläufige ethnologische Erklärungen auf und analysiert sie mit Hilfe seiner Neurosenlehre. Er verwendet die religionsgeschichtliche Dreigliederung Magie – Religion – Wissenschaft und deutet sie psychoanalytisch: Die animistische Phase entspräche dem frühkindlichen Narzissmus, die religiöse Phase den kindlichen Objektbeziehungen und die wissenschaftliche dem libidinösen Reifezustand, der das Lustprinzip zugunsten des Realitätsprinzips zurückstelle.

Nach Freuds Überlegungen entwickelte sich die christliche Gottesvorstellung »auf einer späteren Stufe des religiösen Fühlens« aus der Verehrung eines Opfertieres, des Totems (ebd., 165). Psychoanalytisch folgert Freud (ebd.): Die »Wurzel aller Religionsbildung (entspringt) der Vatersehnsucht«. Gott ist aus der klassisch-psychoanalytischen Perspektive der idealisierte, erhöhte Vater. Das Wunschbild oder die »Projektion« eines warmherzigen, gütigen und allmächtigen Vaters vermittelt dem hilflosen und ohnmächtigen Menschen nach Freud Schutz und Geborgenheit. In dieser Schrift entwickelte Freud seine Konzeption der »Projektion« als »die neurotische Erledigung eines Gefühlskonflikts« (ebd. 75). Dieser Begriff hat sich heute bis in die Alltagssprache eingebürgert.

In der späteren Schrift »Die Zukunft einer Illusion« fragt Freud (1968) nicht nach dem Woher, sondern nach dem Wesen der Religion. Dort fordert er in Bezug auf Kultur und Religion eine gründliche Revision ein: »Religion ist durch Wissenschaft und Vernunft zu ersetzen« (ebd., 3). Dazu gehöre die Suche nach der hinter allen religiösen Vorstellungen liegenden Wahrheit, wie es die Psychoanalyse beispielsweise an der Sehnsucht nach dem perfekten Vater verdeutlicht habe.

Freud geht es in erster Linie um eine Erziehung zur Realität. Erwachsen zu werden bedeutet demnach, kindliche Wunschvorstellungen aufgeben, sich dem eigenen Schicksal zu stellen und mit Hilfe der Wissenschaft die Wirklichkeit der Alltagsherausforderungen zu bewältigen. Die Religionskritik Freuds wendet sich in erster Linie gegen die naive Übernahme dogmatischer Lehren. Für ihn ist die Religion eine Illusion, die kritisches Denken verbiete und damit zur Verarmung der Vernunft beitrage.

Der dogmatische Atheismus Freuds wurde von einigen seiner Nachfolger schnell erkannt und in Frage gestellt. Freuds aufklärerischer Optimismus, der sich an Vernunft und Wissenschaft orientierte – »unser Gott Logos« (ebd. 378) – wurde schon damals von einigen Analytikern kritisiert. Manche erblickten gar in Freuds Religionskritik »weit eher ein Bekenntnis als die Frucht wissenschaftlicher Erkenntnis« (Meerwein 1979, 167). Während Freud selber dem naturwissenschaftlichen Erkenntnisideal einer »wissenschaftlichen Weltanschauung« verpflichtet war, konnten manche seiner Schüler diese Einseitigkeit rasch korrigieren. Schon die beiden klassischen Antipoden der tiefenpsychologischen Tradition, Carl Gustav Jung und Alfred Adler, wiesen der Religiosität einen völlig anderen Stellenwert als Freud zu.[30]

Carl Gustav Jungs Psychologie rückt – ganz im Gegensatz zu Freud – religiöse Symbole ins Zentrum seiner Überlegungen. Sie lauten: Indem sie große Aufmerksamkeit auf die religiöse Dimension richtet, kann die jungianische Perspektive den christlichen Glauben fördern – wenn sie ihn nicht esoterisch prägen will (was bei manchen Jungianern vorkommt). In der Betonung der »Synchronizität« sucht die Komplexe Psychologie Jungs nach kausalen Verknüpfungen »zufälliger« Ereignisse und bezieht dadurch ausdrücklich die verborgene Wirklichkeit Gottes mit ein. Auf weitere Schwerpunkte der jungianischen Perspektive wie die religiöse Botschaft der Träume oder Bedeutung der Emotionen und der Intuition kann hier nur verwiesen werden (Keintzel 1991, Kast 1999).

Neben allen Nutzen darf aber auch die deutliche Kritik an der junginanischen Psychologie nicht verschwiegen werden: »Echte religiöse Erlebnisse, die vom transzendenten, in der Geschichte handelnden Gott stammen, werden durch psychologische Erlebnisse des eigenen religiösen Unbewussten ersetzt« (Vitz 1994, 24), meint ein Kenner dieser Richtung und hinterfragt damit zweifelsohne das Selbstverständnis vieler Anhänger C. G. Jungs.

In der Individualpsychologie Alfred Adlers ähnelt das Menschenbild, das dieser Wiener Arzt um die Jahrhundertwende in Wien entwickelte, der christlichen Auffassung von Menschen sehr: »Dieser Arzt und Menschenkenner trägt in der allgemeinverständlichen Form säkularer Sprache und gestützt auf eine Fülle empirisch-psychotherapeutischer Erfahrungen das vor, was Christen eigentlich meinen, wenn sie von »Sünde« reden« (Ellerbrock 1985, 84). Auch Adlers zentrales Konzept »Minderwertigkeitsgefühl« wurde vielfach christlich aufgegriffen und interpretiert (Hüfner 2004). Zahlreiche evangelikale Seelsorgemodelle beziehen sich ausdrücklich auf Adlers Individualpsychologie (Reinhold Ruthe, Michael Hübner, Michael Dieterich).

Dennoch vermag auch die Individualpsychologie einen zentralen Beziehungskonflikt nicht zu lösen: Wie kann erlittenes Unrecht vergeben werden? Vergebung ist allein innerpsychisch nicht herzustellen. Der christliche Glaube bringt die Macht Gottes mit ins Spiel, wodurch weitergehende Veränderungsschritte möglich werden. Untersuchungen über die Häufigkeit psychosomatischer Erkrankungen haben gezeigt, dass Christen, die regelmäßig die persönliche Beichte in Anspruch nehmen und aktiv am Gemeindeleben teilnehmen, weniger seelisch erkranken als andere. Der Schweizer Arzt und Psychotherapeut Paul Tournier glaubte sogar, dass Beichte und Buße auf dem Weg zu seelischer Gesundheit die wichtigsten Schritte seien (Tournier 1979, 201 ff.). Diese Einsicht wird heute durch vielfältige empirische Belege gestützt und beschäftigt in den USA einen ganzen Forschungszweig (Luskin 2003, Worthington 2001, Enright 1999).[31]

Die sich auf Siegmund Freuds Grundeinsichten stützende Religionspsychologie hat in den letzten Jahren einen ungeahnten Aufschwung erlebt. Vermutlich ist das mit ihrer Intention zu erklären, kulturelle und gesellschaftliche Phänomene kritisch zu begleiten und zu deuten. Der gesellschaftliche Stellenwert von Religion und die individuelle Bedeutung einer persönlichen Weltanschauung haben sich in den letzten Jahrzehnten rasant verändert, die im ersten Kapitel nachgezeichnet wurden. Der dogmatische Atheismus Freuds wurde von seinen Nachfolgern schnell erkannt und überwunden. Während Freud selber dem naturwissenschaftlichen Erkenntnisideal einer »wissenschaftlichen Weltanschauung« verpflichtet ist, konnten seine Schüler diese Einseitigkeit korrigieren. Dennoch steht die psychoanalytische Theorie »immer wieder in Gefahr, als positivistische Wissenschaft missverstanden zu werden. Wird ihr kritisch-hermeneutischer Charakter jedoch übersehen, kann dies zu einem Verlust der dialogischen Funktion des Phänomens ›Religion‹ und damit zu dessen völliger Verleugnung durch die Psychoanalyse führen« (Meerwein 1979, 169). Auf diese Gefahr haben vor allem Philosophen und Theologen hingewiesen und Korrekturen vorgenommen (Ricoeur 1969, Scharfenberg 1968).

Zunächst stieß der psychoanalytische Denkansatz gerade in theologischen Kreisen auf Ablehnung, was bei der radikalen Religionskritik Freuds auch nicht verwundern kann. Aber auch in dieser Phase gab es mindestens zwei Ausnahmen, die hinter Freuds Abwehr den Nutzen der psychoanalytischen Methode auch für das Verstehen der Religiosität sahen (Steinmeier 1998, 11). Der Pfarrer Pfister (1977, 91) entdeckte in der Psychoanalyse eine »Seelsorge im weitesten Sinne«, die in der »Re-Integration der Liebe« und in der »Beseitigung der unbewussten Lebenslüge« bestehe und auf die »Gesamtversittlichung der Persönlichkeit« abziele. Der Arzt Paul Tournier (1977, 222) konnte in der Technik der Psychoanalyse eine Unterstützung des christlichen Glaubens sehen, die in »ihrer wechselseitigen Verbindung zu Erfolgen führen kann, die allein weder von der einen noch von der anderen erzielt werden können«.

Zu Beginn des letzten Jahrhunderts sind innerhalb weniger Jahrzehnte Dutzende von psychoanalytischen Schulen mit sehr unterschiedlichen Lehrmeinungen aus dem Boden gesprossen, die stark miteinander konkurrierten. Die große Deutungsvielfalt kann man daran ermessen, wie verschieden die drei tiefenpsychologischen Gründerväter Freud, Adler und Jung die Religiosität einschätzten: Während die klassische Psychoanalyse der Religion nichts abgewinnen konnte (und trotzdem intensiv von der Theologie aufgegriffen wurde), gingen schon prominente Schüler Freuds ganz anders damit um. Nach Alfred Adlers Einschätzung sind die Bewegungen der menschlichen Seele ohne die Einbeziehung einer transzendent-religiösen Dimension gar nicht vollständig zu verstehen, weil jedes Individuum auf Beziehung angewiesen und in eine soziale und kosmische Umwelt eingebunden sei. Noch deutlicher bezieht die Analytische Psychologie Carl Gustav Jungs religiöse Bilder und Symbole ein. Nach dieser Behandlungsmethode kann eine Selbstwerdung (»Individuation«) ohne die Beantwortung der existenziellen Lebensfragen nach Sinn, Leid und Tod überhaupt nicht gelingen.

Die psychoanalytischen Seelenlehren entwickelten einen schnell wuchernden Deutungsreichtum. Ihre theologische Rezeption verlief in einer merkwürdigen, hier nur anzudeutenden Eigendynamik, die eine völlig andere Richtung als der Dialog mit der akademischen Psychologie einnahm: Während psychoanalytische Konzepte intensiv aufgegriffen und teilweise assimiliert wurden, blieb ein ernsthaftes Gespräch mit der akademischen, empirisch orientierten Psychologie aus.

Die junge, emporstrebende Psychologie war zunächst darum bemüht, ihre theologischen und philosophischen Wurzeln abzuschütteln. Deshalb verschrieb sie sich anfangs ganz dem naturwissenschaftlichen Erkenntnisideal des Messens und Berechnens, um sich als empirische Sozialwissenschaft zu profilieren. Kein Wunder also, dass die sich von der christlichen Seelenlehre emanzipierende wissenschaftliche Charakterkunde von der Theologie abwandte. Bis heute wird »das Interesse an einem interdisziplinären Gespräch ganz überwiegend von der Theologie artikuliert und stößt auf Seiten der Psychologie auf eine geringe Resonanz« (Klessmann 2004, 29).

Ganz anders ging die Theologie auf die Psychologie ein. Die Außenseiterrichtung »Psychoanalyse« wurde ihr geheimer Liebling. Später lieferte die Gesprächspsychotherapie das Fundament der pastoralen Seelsorgeausbildung. Aller Religionskritik zum Trotz wurde die Psychoanalyse gerade von protestantischen Theologen und hier besonders in der Praktischen Theologie aufgenommen. Die zumeist umfassenden Modelle und Menschenbilder der Psychoanalyse dienten vielen Theologen als Inspiration. Die Übernahme Freudscher Einsichten in die Seelsorge begann mit dem Züricher Pfarrer Oskar Pfister (1927), einem Zeitgenossen und Freund Sigmund Freuds (Nase 1993). Mit Pfisters erstem Entwurf einer »psychoanalytischen« Seelsorge begann ein bis heute einseitig dominierter Dialogversuch zwischen Psychoanalyse und Theologie. Paradoxerweise scheint es fast so, als ob die Psychoanalyse, die »mit ihrer Religionskritik den Seelsorgern das Fürchten beibrachte« (Läpple & Scharfenberg 1977, 4), nun zum neuen Leitbild pastoralpsychologischer Kompetenz besonders in der evangelischen Kirche wurde.

Auch durch die Bevorzugung der Psychoanalyse ist der Dialog zwischen Protestantischer Theologie und der Psychologie vorbelastet und hat nicht eine eher konstruktive Richtung eingeschlagen, wie sie in der katholischen Tradition festzustellen ist. In der katholischen Pastoralpsychologie nehmen nämlich empirisch-psychologische Ansätze einen stärken Raum ein (Baumgartner 1990; Jacobs 2000). Weil die katholische Tradition ein unbefangeneres Verhältnis zur natürlichen Gotteserkenntnis im Sinne einer »Psychologie des Glaubens« hat, konnten dort ausgewogenere Ansätze entstehen. Karl Rahner (1989) beschrieb beispielsweise die natürliche Transzendenzerfahrung als einen wichtigen Baustein des Glaubens, dessen Deutung neben theologischer auch psychologische Kompetenz erfordere.[32]

In der (Pastoral-)Theologie wurde lange ignoriert, dass spätestens seit den 1960er Jahren in der Klinischen Psychologie an den Universitäten die Psychoanalyse von der kognitiven Verhaltenstherapie, der Gesprächspsychotherapie und systemischen Sichtweisen verdrängt war. Die neueren Richtungen setzten sich durch, weil sie die Wirksamkeit ihrer Behandlungen empirisch nachweisen konnten. Für Nicht-Psychologen ist die Tatsache immer wieder eine Überraschung, dass die Psychoanalyse in der akademischen Psychologie fast ausschließlich in historischer Hinsicht vorkommt – obwohl sie in der kassenfinanzierten Psychotherapie eine zentrale Rolle einnimmt.[33] Theologische Stimmen, die einen intensiveren Dialog mit der empirischen Psychologie einfordern, sind selten (Ven 1992; Bucher 1994, 2002; Morgenthaler 2002; Hauenstein 2002).

Deshalb kann man so weit gehen, die Entwicklungsstörungen in der deutschsprachigen Religionspsychologie auch mit der breiten theologischen Rezeption einer psychologischen Außenseiterposition, der Psychoanalyse, zu begründen. Freud und Jung waren zu Anfang des vergangenen Jahrhunderts die ersten, die umfassende Modelle der religiösen Entwicklung aus psychologischer Sicht vorgelegt haben. Allerdings haben die psychoanalytischen Schulen bisher wenig dazu beigetragen, der Religionspsychologie ein eigenständiges Profil zu verleihen. Zu sehr waren sie mit der eigenen Identitätsfindung und praktischen Fragen wie der Patientenversorgung und dem Aufbau von Ausbildungsinstituten beschäftigt. Erst in der jüngsten Vergangenheit haben psychoanalytisch orientierte Religionspsychologen angefangen, ihre Modelle in empirisch überprüfbare Hypothesen umzusetzen und zu testen. In der amerikanischen Religionspsychologie gibt es einen etablierten Strang psychoanalytisch orientierter Forscher, die um eine empirische Überprüfung ihrer Hypothesen bemüht sind (Rizzuto 1996; Shafranske 1996; Hill & Hood 1999; Hall 2003).

In den USA wurden die Impulse, die von der inspirierenden Arbeit von Ana Maria Rizzuto ausgingen, in der empirischen Religionsforschung aufgegriffen und weiterentwickelt. In Deutschland erfolgte die Resonanz – wieder einmal – fast nur von theologischer Seite (Thierfelder 1999).

Erst zögernd werden Konzepte, die von psychoanalytischen Hypothesen abgeleitet wurden, in Fragebögen messbar gemacht und empirisch geprüft werden. Der Religionswissenschaftler und – psychologe Murken (1998) hat – in Anlehnung an die psychoanalytische Modellbildung der Objektbeziehungstheorie, aber unter Verwendung eines überprüften Fragebogens – die Zusammenhänge zwischen Selbstwertgefühl, Gottesbild und seelischer Gesundheit erforscht. Andere psychoanalytisch orientierte Forscher konstruierten einen Fragebogen, um die spirituelle Entwicklung einer Person zu erfassen (Hall & Edwards 2002). Grundlage dieses Fragebogens liefert ein Modell, das die Beziehungen zu Gott oder einer höheren Wirklichkeit auf den unterschiedlichen Stufen der Persönlichkeitsentwicklung beschreiben kann. In diesem Ansatz einer »relationalen Spiritualität« werden Elemente der Bindungstheorie mit der psychoanalytischen Auffassung der Gottesrepräsentation kreativ verbunden und der empirischen Forschung zugänglich gemacht.

Wie allerdings der Religionspsychologe Bernhard Grom (2000, 787) zutreffend feststellte, können Überlegungen, die »im Stil des von Sigmund Freud begründeten Essays argumentieren«, seitens der akademischen Psychologie wenig Zustimmung erwarten, weil sie »ohne Fallstudien oder statistische Daten mit eindeutig weltanschaulichen Vorentscheidungen« vorgehen. Dabei könnte die Formulierung empirisch überprüfbarer Hypothesen, die eine Grundvoraussetzung sozialwissenschaftlicher Forschung darstellt, auch für die Psychoanalyse ein wertvoller Arbeitsschritt bedeuten. Denn in den weit auseinandergedrifteten neopsychoanalytischen Modellvorstellungen wird stellenweise mit hochspekulativen Elementen und eigener Terminologie gearbeitet. Ein renommierter Psychoanalytiker gab kürzlich unumwunden zu: »Die disparaten Theoriesprachen (der Psychoanalyse, M. U.) erfordern inzwischen einen Übersetzungsaufwand, der kaum noch zu leisten ist ... Ihre bis an die Grenzen der Sprachverwirrung reichende Vielsprachigkeit belastet ... die gesamte Disziplin überdies im Gespräch mit den Nachbarwissenschaften, die wissen möchte, mit welcher Psychoanalyse sie es zu tun haben« (Altmeyer 2004, 1111).[34]

Weiterführend ist die Begründung, mit der Altmeyer die zum Teil widersprüchliche Vielgestaltigkeit der Psychoanalyse erklärt. Er führt die fehlende Übereinstimmung auf »divergierende Werthaltungen« zurück und zitiert einen amerikanischen Psychoanalytiker: »Unsere Uneinigkeit reicht deshalb bis ans Mark, weil Psychoanalyse durch und durch wertehaltig ist. Wir können uns nicht darauf einigen, was Therapieerfolg bedeutet, was unsere Behandlungsziele sind oder was einen wahren psychoanalytischen Prozess ausmacht, weil viele von uns an ziemlich verschiedenen persönlichen und beruflichen Wertesystemen und Vorstellungen festhalten«

(Aaron, zit. nach Altmeyer ebd., 1112). Für den Pluralismus der psychoanalytischen Schulen sind also unterschiedliche Wertvorstellungen und Menschenbilder verantwortlich – eine Erkenntnis, die auch die vorliegende Arbeit auf den unterschiedlichsten religionspsychologischen Forschungsfelder vorgefunden hat.

Im Spektrum psychoanalytischer Schulen können fünf theoretische Anknüpfungspunkte unterschieden werden, die sowohl auf Religionsforscher als auch auf Theologen in besonderer Weise anregend wirken (Seiler 1998; Winkler 2000a):

1. die Symboltheorie,
2. die Narzissmustheorie,
3. die Objektbeziehungs- und Selbstpsychologie,
4. der Zugang über die Konzepte *faith* und *belief*,
5. die Befunde der empirischen Säuglingsforschung.

1. Die psychoanalytische Symboltheorie hat Theologen Anregungen besonders für die Deutung religiöser Erfahrungen gegeben. Ein symbolisches Verständnis von Zeichen und Ritualen verbindet kulturwissenschaftliche, ethnologische und religionswissenschaftliche Sichtweisen mit psychoanalytischen Deutungen (Wahl 1994).[35]
2. Die Narzissmustheorie fand gerade bei Theologen viel Anklang (Wahl 1985, Meng 1997). Sowohl die Narzissmustheorie als auch die neueren Befunde der Säuglingsforschung haben in zahlreichen empirischen Studien eine grundsätzliche Bestätigung, aber auch Präzisierungen theologischer Einsichten gefunden.[36] Andere Theorie-Schwerpunkte wie die Traumatologie werden derzeit empirisch geprüft, und anregende Verbindungen zu neurophysiologischen Forschungen sind geknüpft worden (Brandl et al. 2004, 72–75).
3. Ein Gruppe von britischen Psychoanalytikern konzeptualisiert Gott im Rahmen einer umfassenden Theorie, die das Selbst im Zusammenhang von sog. »Selbstobjekten« untersucht. Damit wird Gott als eine psychische Repräsentation konzeptualisiert und psychologisch zugänglich (Seiler 1998).
4. Schon Erikson hat sich für den Glauben und Glaubensüberzeugungen interessiert. Später haben Melanie Klein und ihre Schüler (Winnicott, Bion, Lacan, Britton, Grunberger) diesen Ansatz weiter verfolgt. Melanie Klein benannte die frühkindlich verinnerlichten guten Objekte als *faith* und *belief*. Dieser Gruppe von Autoren ist gemeinsam, dass »sie mit einem sehr weiten, noch nicht religiös definierten Begriff von »faith« arbeiten, was jedoch für die Verhältnisbestimmung von Religion und Psychotherapie eine wichtige Grundlegung bedeutet« (Seiler ebd., 483).
5. Die erstaunlichen Befunde der empirischen Säuglingsforschung boten einer theologischen Sichtweise willkommene Anknüpfungspunkte, weil das Neugeborene gegenüber früheren Meinungen sehr viel kompetenter ausgestattet ist (Thierfelder 1998, Steinmeier 1998).

Wie schon angedeutet, wurde die psychoanalytische Narzissmustheorie als eine geeignete Basis für religionspsychologische Fragestellungen verwendet. Aber selbst der gleiche Ausgangspunkt führte zu unterschiedlichen Deutungen und widersprüchlichen Erklärungen, die auf verschiedene weltanschauliche Setzungen zurückzuführen sind. Deshalb tritt das überraschende Ergebnis ein, dass – je nach den persönlichen Wertepräferenzen der Forscher – Religiosität und Glaube sehr unterschiedlich beurteilt werden, selbst wenn von derselben Theorie ausgegangen wird.

Mit großer Klarheit unterscheidet der Pastoralpsychologe Klaus Winkler (2000a) ein die Religiosität abspaltendes und ein integrierendes Erklärungsmuster innerhalb der Narzissmustheorie:

- In einer Traditionslinie, die von Sigmund Freud über Alfred Lorenzer bis hin zu Heinz Henseler geführt wird, sieht Winkler (ebd., 179 f.) abspaltende Tendenzen wirken. Weil der Mensch es aus narzisstischen Gründen nicht aushalte, »die großen und bleibenden Geheimnisse als solche stehen zu lassen«, setze die Religion in dieser Sichtweise einen »Entschuldigungsprozess« in Gang, der letztlich zur Desintegration und Abspaltung des Bösen führe.
- Obwohl ein anderer Deutungsschwerpunkt ebenfalls bei der Narzissmusdebatte einsetzt, »kommt er religionspsychologisch zu geradezu entgegengesetzten Schlussfolgerungen« (Winkler ebd., 181). Er kann die Religiosität integrieren, weil »nicht mehr der hemmende, sondern der förderliche Aspekt religiösen Erlebens im Vordergrund steht«. Als weitere Ansätze, die »für eine mögliche positive Funktion der Religion für die Realitätsbewältigung« offen sind, nennt Winkler Rizzuto und Balint.

Sind psychoanalytische Deutungen beliebig? Jedenfalls scheint die Thematisierung religiöser Fragen gerade im Kontext psychoanalytischer Behandlungen mit besonderen Schwierigkeiten verbunden zu sein: »Mich beschäftigt seit dreißig Jahren psychoanalytischer Praxis die Beobachtung, dass selbst in Langzeitanalysen von religiösen Erfahrungen beziehungsweise religiösem Erleben sehr selten und wenn, dann sehr wenig die Rede ist« (Henseler 1995, 125). Vielleicht ist das Wissen um ein Ausgeliefertsein an die psychoanalytische Deutungswillkür ein Grund dafür, warum gerade der sensible Bereich der persönlichen Glaubensüberzeugungen häufig immer noch verschwiegen wird.

Erst in den letzten Jahren gewinnt das Gespräch zwischen psychoanalytisch tätigen Klinikern und empirischen Forschern mehr an Konturen. Dabei dürften qualitative Verfahren immer noch der geeignetere Weg sein, die Komplexität einer psychoanalytischen Beziehungsdynamik abzubilden. In einer kürzlich veröffentlichten Arbeit hat eine australische Psychoanalytikerin qualitative Interviews mit 25 Psychoanalytikern in London, Sydney und Melbourne durchgeführt, um herauszufinden, wie diese Praktiker spirituelle Themen erleben, konzeptualisieren und wie sie damit umgehen (Simmonds 2004). Die meisten der sehr erfahrenen Therapeuten meinten, das Geistige sei der blinde Fleck der Analyse. Sie selber hätten in ihren Analysen keine Möglichkeit gehabt, spirituelle Themen zu behandeln, ohne befürchten zu müssen, mit dem Vorurteil »infantil« oder »pathologisch« belegt zu werden. Das sei heute anders – die Befragten beschrieben Spiritualität als Wohlgefühl und Aufgabe: Angenehm sei für sie die Vorstellung eines erweiterten Blicks und dem Gefühl einer tiefen inneren Verbundenheit, als Aufgabe stünde das Gefühl des Geheimnisvollen und Unsicheren im Raum.

Fazit: Auch wenn die Psychoanalyse auf die Theologie sehr anregend gewirkt hat – der empirischen Religionspsychologie hat sie bisher wenig Nutzen gebracht, weil sie erst seit kurzem damit begonnen hat, empirisch überprüfbare Hypothesen zu testen. Gerade weil die Gefahr droht, sich in spekulativen Theoriespitzfindigkeiten zu verlieren, würde eine Operationalisierung und empirische Prüfung der Theoriebildung dienen. Sonst prägen nicht theoretisch abgeleitete Einsichten, sondern persönliche Präferenzen und weltanschauliche Voraussetzungen die Ergebnisse. Am

Beispiel der Narzissmustheorie wurde aufgezeigt, dass ein gleicher theoretischer Ausgangspunkt zu widersprüchlichen Deutungen der Religiosität führen kann. Auch vor diesem Hintergrund gewinnt das folgende dritte Kapitel, das Menschenbildfragen behandelt, seine besondere Bedeutung.

2.4   Der Forschungsansatz der Transpersonalen Psychologie

Die Transpersonale Psychologie ist in den 60er Jahren in den USA entstanden und verstand sich zunächst als eine neue Richtung der Psychologie. Heute wird dieser hohe Anspruch wegen weit verzweigter und unterschiedlicher, manchmal auch gegensätzlicher Sichtweisen teilweise reduziert auf einen »zukunftsweisenden Heilungsansatz, der weniger eine neue Richtung als eine neue Dimension von Therapie sein möchte« (Galuska 2003a, 25). Weil sich bisher hauptsächlich Laien und Praktiker damit beschäftigt haben, liegt ihr Schwerpunkt auf der beraterischen und psychotherapeutischen Anwendung. Ein Hauptanliegen dieser vielschichtigen Bewegung ist es, besondere Erfahrungen oder Bewusstseinszustände, die spirituell oder religiös gedeutet werden, mit in die Forschung und in die therapeutische Praxis einzubeziehen. Für Galuska ist ein »transpersonales Bewusstsein« charakterisiert durch die Abwesenheit von Identifikationen, Interpretationen und Konzepten und geprägt von Präsenz, Gegenwärtigkeit und bewusster Anwesenheit (Galuska ebd.). Darüber hinaus leiten manche davon ein politisches Programm ab und verstehen das »transpersonale Bewusstsein« sogar als eine neue Form der Gesellschafts- und Alltagsgestaltung.[37]

Einen günstigen Nährboden fand diese Strömung in »dem explosiven Gemisch des amerikanischen ›Human Potential Movements‹, der Anti-Vietnamkriegsszene der späten 60er und frühen 70er Jahre, und dem damit verbundenen Bruch mit der bürgerlichen Tradition der USA« (Walach 2003, 14). Dort schälte sich eine neue spirituelle Szene heraus, die sich vor allem östlichen Weisheitslehren und Meditationstechniken öffnete, aber auch klassische esoterische Modelle wiederentdeckte. Manche Wahrheitssucher gingen nach Asien und verbrachten dort einige Zeit bei hinduistischen Gurus oder buddhistischen Meditationslehrern, um als ihre Schüler und Botschafter wieder zurück in den Westen zu kommen.

Als Vorläufer der Transpersonalen Psychologie gilt der Entwurf der Humanistischen Psychologie, deren Anliegen die Umsetzung und Verwirklichung aller im Menschen gelegenen Möglichkeiten ist. Einer ihrer Gründerväter, der Entwicklungspsychologe Abraham Maslow (1985), war gegen Ende seiner Laufbahn zu der Überzeugung gelangt, dass die reine Selbstentfaltung der menschlichen Potentiale, wie er sie selber in die Psychologie eingeführt hatte, nicht ausreiche, um das menschliche Erleben zu verstehen. Höhere Bedürfnisse transpersonaler Art würden dann an Bedeutung gewinnen, wenn die biologischen Bedürfnisse nach Essen, Schlaf, Sexualität sowie die sozialen nach Dazugehörigkeit, Macht, Anerkennung und Geltung befriedigt seien. Maslow (1985, 11 f.) behauptete, dass es ein natürliches Bedürfnis nach Selbsttranszendenz gebe, das sich in spontanen oder methodisch gesuchten Gipfelerlebnissen ausdrücke und das ebenso wie vitale und personale Grundbedürfnisse zur menschlichen Natur gehöre. Nach der Psychoanalyse und der Verhaltenstherapie sei »die humanistische Psychologie … die Vorbereitung für eine noch höhere ›Vierte Psychologie‹, die überpersönlich und transhuman ist, ihren Mittelpunkt im All hat und nicht auf menschliche Bedürfnisse und Interesse bezogen ist.« Von der transpersonalen Haltung erwartete Maslow regelrecht eine ethisch-moralische Orientierung und verkündigte apologetisch: »Ohne das Transzendente und Transpersonale werden wir krank, gewalttätig, nihilistisch oder sogar hoffnungslos und apathisch.«.

Bis heute hat sich dieser Ansatz zu einer transpersonalen Bewegung in vielen, zum Teil getrennt operierenden Bereichen weiterentwickelt. Ihr gemeinsamer Nenner ist mehr ein Interesse an der geistigen Weiterentwicklung des Menschen als eine einheitliche Lehre oder eine verbindliche Methodologie. Die noch keine fünfzig Jahre bestehende Transpersonale Psychologie ist heute vor allem durch einen starken Pluralismus der Meinungen und Methoden gekennzeichnet, deren gemeinsamer Nenner das Thema spirituell-religiöser Erfahrungsinhalte von Menschen und deren Relevanz für Wissenschaft und Lebenspraxis ist.

Historisch gesehen, speist sich die transpersonale Bewegung aus vier verschiedenen Quellen: Zum einen haben klassisch arbeitende Psychologen wie Abraham Maslow bemerkt, dass das menschliche Bedürfnis nach Selbstverwirklichung von innen heraus an Grenzen stößt, die es zu übersteigen gilt. Parallel dazu haben andere amerikanische Psychologen durch persönliche, zum Teil umwälzende Erfahrungen mit östlichen Meditationstechniken die Bedeutung dieses Ansatzes für die klinische Tätigkeit entdeckt und begonnen, diese zu erforschen und anzuwenden. Weiterhin haben europäische Psychologen wie Roberto Assagioli aus traditionellesoterischem Gedankengut neue psychologische Erkenntnisse geschöpft. Außerdem haben Psychiater und Personen, die mit bewusstseinserweiternden Drogen und Techniken arbeiteten wie beispielsweise Stanislav Grof, versucht, die Bedeutung der dabei induzierten Erfahrungen zu ergründen und praktisch nutzbar zu machen.

Die Transpersonale Psychologie stellt somit ein Sammelbecken für Ansätze dar, die außergewöhnliche Bewusstseinserfahrungen und -zustände als einen natürlichen und erstrebenswerten seelischen Status ansehen. Als gemeinsamer Nenner werden »die spirituellen bzw. religiösen Erfahrungen von Menschen und deren Bedeutung für Lebenspraxis und Wissenschaft« angesehen (Süss 2003, 3). Die Interpretation dieser besonderen Erfahrungen ist jedoch bisher uneinheitlich und entsprechend der unterschiedlichen Quellen vielfältig.

In Anlehnung an asiatische Bewusstseinskonzepte wird der personale Kern des Menschen zugunsten seiner angeblich kosmischen Verflechtung und Einheit zurückgestellt. Sogenannte »übersinnliche« oder Psi-Phänomene werden deshalb als Indizien für die prinzipiell grenzenlose Ausdehnung seelischer Energie gedeutet – ganz anders als in der parapsychologischen Perspektive, wie der folgende Abschnitt zeigen wird. Die Transpersonale Psychologie will ausdrücklich die Beziehung zur Ganzheit, zum existenziellen Seinsgrund, zum Religiösen und Spirituellen untersuchen. Dabei gibt sie vor, die personale Einzigartigkeit genauso wie die transpersonale Verbundenheit zu berücksichtigen, die über das Ich hinausreiche. Sie versteht sich als Bindeglied zwischen der herkömmlichen Psychologie, dem religiös-spirituellen Kulturwissen und den Weisheiten der philosophischen Erkenntniswege. Gerne beruft sie sich auf Carl Gustav Jung als einen Pionier, der von vielen postmodernen Strömungen als geistiger Vater herangezogen wird, obwohl neuere Untersuchungen auch dunkle Schattenseiten dieses Forschers an die Öffentlichkeit gebracht haben (Keintzel 1991, Höfer 1997, Stein 2000).

Die transpersonale Psychologie geht von einem monistischen Weltbild aus und setzt in provozierender Weise voraus, dass »Krankheit aus der kränkenden Verleugnung dessen hervorgehen kann, was wir im Innersten sind: Einheit, Weite und Stille« (Galuska 2003, 22). Sie ist mit dem Anspruch angetreten, den häufig krisenhaften Weg vom persönlichen Ich-Bewusstsein zu einem »transpersonalen Bewusstseinszustand« zu begleiten. Dieser wird als reines Gewahrsein oder unmittelbares Erleben der Seele verstanden.

Ein transpersonaler Vordenker in Deutschland, Joachim Galuska, unterscheidet zwei Schwerpunkte transpersonaler Therapie: Einerseits soll in einer transpersonalen Behandlung durch spezifische Methoden ein besonderer Bewusstseinszustand erzeugt werden. Dabei sollen Menschen von einer personalen zu einer transpersonalen Wahrnehmung und später Persönlichkeitsstruktur geführt und begleitet werden. Zum anderen könne der transpersonale Bewusstseinszustand des Therapeuten gezielt zur Behandlung von Störungen und Krankheiten eingesetzt werden. Weil letztlich dabei ein numinoses oder göttliches Wirken für die Heilung angesehen wird, wurde sogar der programmatische Begriff einer »transpersonalen Medizin« eingeführt (Achterberg 1996). Bei diesem Ansatz wird »ein durch Raum und Zeit verteilter Geist bzw. eine Energie zum heilenden Agens, das über Fern- und Gebetsheilung, Berühren oder schamanische Heilungstechniken in Gang gesetzt wird« (Andritzky 1999, 11).

Nach Galuska bildet der »transpersonale Bewusstseinsraum« den Schlüssel zum Verständnis transpersonaler Psychotherapie. Damit meint der Direktor des größten deutschen transpersonalen Behandlungs- und Ausbildungszentrums in Bad Kissingen eine besondere Wahrnehmungsweise, die man durch meditative Versenkung erreichen könne. Dieser Bewusstseinsraum ruhe in sich selber und sei charakterisiert durch Unberührtheit und Absichtslosigkeit. Der transpersonale Therapeut sei dabei nicht mehr verankert im eigenen Erleben, sondern in reiner »Präsenz, Freiheit, Leere und Weite, Stille, ästhetischem Empfinden, Verbundenheit, Offenheit für heilende Qualitäten« (Galuska 2003, 38 ff.). Ein Mensch im transpersonalen Bewusstseinszustand besitze »das Potenzial zur Sensivität, zur Medialität für feinstoffliche Energien, für jenseitige Kräfte und jenseitiges Wissen«. Auch Wesenszüge anderer Lebewesen, »von Tieren, Pflanzen und Steinen ... können unmittelbar erfahren werden« (Galuska 2003a, 24).

Wer in Verbindung mit dem »tiefsten Inneren« arbeite, dem sollen sich neue therapeutische Möglichkeiten eröffnen. In Anlehnung an Ken Wilbers »vier Quadranten« sollen die herkömmlichen Dimensionen der psychischen Struktur, die somatische sowie die soziale und kommunikative beibehalten werden. Darüber hinaus bleibe jedoch »das transpersonale Bewusstsein bezogen auf eine Freiheit vom Diesseits, die zunächst aus dem Jenseits konzeptualisiert wird« (Galuska 1999, 46). Methodisch müsse der transpersonale Psychotherapeut deshalb darin geschult und erfahren sein, je nach Bedarf »das eigene personale Bewusstsein zeitweise in einen transpersonalen Bewusstseinszustand hin zu wandeln« (ebd. 44).

Ein wesentliches Ziel transpersonaler Begleitung sieht Galuska (ebd. 50) darin, den Einzelnen von der Verankerung im Ich-Bewusstsein hin zu einem transpersonalen Bewusstsein und zur »Verankerung im Wesen, im transpersonalen Seinsgrund« zu führen. In gewisser Weise knüpft die transpersonale Psychologie an die mystischen Traditionen der Weltreligionen an. Sie will mittels neuerer psychologischer Einsichten den Weg der Begegnung mit der verborgenen Wirklichkeit des Heiligen bahnen. Besondere Gotteserfahrungen, wie sie auch die christliche Mystik kennt, sind bereits aus transpersonaler Perspektive untersucht worden (Wiethaus 1996). In klassischen Sammelbänden erschienen deshalb auch Zusammenfassungen zur christlichen Mystik, und in transpersonalen Zeitschriften werden – wenn auch vereinzelt – theologische Aspekte behandelt (McNamara 1978, Zapf 1989, Schraut 2001). Umgekehrt nimmt die aktuelle theologische Mystikforschung auch Bezug auf die transpersonale Psychologie, schlägt aber eher zurückhaltende Töne an (McGinn 1994, 460–481; Sudbrack 1990, 1999).

Kritische Anfragen an die Transpersonale Psychologie

Die Transpersonale Psychologie will mit ihrem Schwerpunkt auf höhere und veränderte Bewusstseinszustände nach eigenem Verständnis die Rolle der seelsorgerlich-geistlichen Begleitung/Führung *spiritual direction* übernehmen, die ein fester Bestandteil nahezu aller religiöser Traditionen ist und auch im Christentum fest verwurzelt ist. Besonders die englischsprachige Religionspsychologie hat sich in den letzten Jahren intensiv damit auseinandergesetzt (Hoenkamp-Bischops 2000, Sperry 2001, 9–19; Schreurs 2002, Eck 2002). Aus religionswissenschaftlicher Sicht ist jedoch anzufragen, wie eine inhaltlich offene und weltanschaulich unbestimmte spirituelle Begleitung aussehen soll. Der Mystik-Experte Josef Sudbrack (2002, 47) hält dieser sehr populären, universalisierenden Sichtweise vor: »Es widerspricht dem Reflexionsstand heutiger Wissenschaft und schlägt dem Mystiker, der sein Innerstes darin findet, ins Gesicht, wenn man einen kalten, so genannten ›objektiven‹ Begriff von Mystik konstruiert und die ›subjektive‹ Individualität der Mystiker darin aufgehen lässt ... Es gibt keine ›reine‹ Erfahrung ... Je näher man der existenziellen Erfahrung kommt, desto mehr spielt die persönliche Weltanschauung ... eine Rolle«. Auch in der Transpersonalen Psychologie spielen also menschenbildabhängige Vorentscheidungen eine zentrale Rolle.

Transpersonal meint »das Persönliche überschreitend« oder »jenseits der Person«. Diese Wortbedeutung macht den Blickwinkel und die Voraussetzungen deutlich, mit denen die menschliche Psyche untersucht wird. Dem Ansatz liegt eine apersonale Seelenlehre zugrunde. Ausdrücklich wird der Versuch unternommen, ein klar umrissenes weltanschauliches Konzept asiatischer Herkunft mit wissenschaftlichen Methoden und Kriterien der empirischen Sozialwissenschaft zu verbinden. Im asiatischen Denken wird die Individualseele mit einem universellen, unsterblichen Weltgeist gleichgesetzt – »Atman ist identisch mit Brahman«. Streng genommen enthält der zusammengesetzte Begriff jedoch einen Widerspruch: Wie soll mit seelenkundlichen Methoden etwas erforscht werden, was sich jenseits der Seele befindet?[38]

Ohne Zweifel hat die Transpersonale Psychologie zu einer Trendwende in der Psychologie beigetragen, weil »Spiritualität« zu einem psychologischen Forschungsgegenstand geworden ist. Dies belegen die neutrale psychiatrische Diagnose-Kategorie »Religiöses oder spirituelles Problem« (V 62.89 im DSM-IV), die früher unter Wahnerkrankungen fiel, und die neue Krankheitsklassifikation »Trance und Besessenheitszustände« unabhängig von Psychosen und Hirnverletzungen (ICD-10, F 44.3). Allerdings werden die Grenzen psychologischer Aussagemöglichkeiten hinsichtlich spiritueller Erfahrungen manchmal überschritten, häufig zumindest verwischt. Das unverfügbare Geheimnis der Gottesbegegnung, die Erfahrung des *tremendum* (*Rudolf Otto*) ist auch psychologisierend nicht handhabbar und in ein Denksystem zu zwängen.

Häufig haben gerade Menschen mit einem fragilen Selbstbild und wenig gefestigter Identität einen direkten Zugang zur spirituellen Ebene. Sie suchen in der Meditation oder besonderen spirituellen Erlebnissen Lösungen für ihre Persönlichkeits- und Lebenskonflikte. Hier stellt die Spiritualität eine willkommene Fluchtmöglichkeit dar, die mühsame Heilbehandlung gegen ein schnelles Heilsversprechen durch ein intensives Gruppenerleben einzutauschen. Nicht viele Meditationslehrer sind diagnostisch so versiert und finanziell so unabhängig wie Graf Dürckheim es gewesen ist, der manche seiner Schüler mit dem Auftrag abgelehnt hat, zunächst etwas mehr ihre neurotischen Konflikte zu bearbeiten und erst dann wieder zu seinen Meditationskursen zurückzukommen.

> Psychologisch ist hinsichtlich der Transpersonalen Psychologie einzuwenden, dass empirische Belege für die Existenz eines »transpersonalen Bewusstseinsraumes« fehlen, von dem die Transpersonale Psychologie ausgeht.

Die wissenschaftstheoretischen Grundlagen, wie sie Wilber beschrieben hat, sind spekulativ und gemäß dem gegenwärtigen Konsens unwissenschaftlich, weil sich eine empirisch überprüfbare Theoriebildung und religiöse Weisheitslehren vermischen. Die Transpersonale Psychologie geht von einem monistischen Weltbild mit der Subjekt-Objekt-Trennung als Illusion aus, das dem indischen Kulturkreis entstammt und sich nicht sozialwissenschaftlich abbilden lässt. Die Transpersonale Psychologie befindet sich mit dem wissenschaftlich kaum einzulösenden Anspruch einer integralen Sichtweise im Fahrwasser des New-Age-Denkens bzw. Esoterik-Booms. Ihre Gefahr liegt in einer »Psychologisierung der Religion und Sakralisierung der Psychologie« (Hanegraaff 1996, 224 ff.). Die von Wilber vertretene Vorstellung eines linearen Entwicklungsprozesses bringt darüber hinaus die Gefahr mit sich, dass die »unteren« Ebenen zu wenig Aufmerksamkeit erhalten und nicht integriert werden, weil die höhere, spirituelle Ebene als wichtiger angesehen wird.

Weitere Kritik wurde gegen Ken Wilbers »transpersonale Systemspekulation« geäußert (Weis 2001). Manche sehen das Hauptproblem in einer Verdinglichung des Transpersonalen und weisen auf die erkenntnistheoretische Sackgasse hin, die letzten Wahrheiten des Menschseins in einem »Super-Szientismus« erfassen zu wollen (Elsässer 2002). Psychologische Kritik an Wilber bezieht sich zum Beispiel darauf, dass er seine Behauptung, das Leib-Seele-Problem zu enträtseln, nicht einlöse (Quincey 2000, 206).

Kürzlich hat der amerikanische Religionsphilosoph (Adams 2002) der Transpersonalen Psychologie aus theistischer Perspektive aufgrund philosophischer Bedenken in grundsätzlichen Punkten widersprochen: Auf welcher Grundlage könne Wilber eine Erfahrung des gesamten Kosmos interpretieren, wenn doch auch die Möglichkeit bestünde, dass Gott außerhalb des geschaffenen Kosmos existiere?

Ob es eine Wirklichkeit jenseits der materiellen und spirituellen Welt gebe, könne weder bewiesen noch widerlegt werden. Wilber hingegen setze voraus, dass über den Bereich des nondualen Kosmos hinaus die Wirklichkeit aufhöre. Wilber werte theistisch-dualistische Positionen ab, die von der Begegnung mit einem Wesen außerhalb des nondualen Kosmos berichten, mit anderen Worten: der Begegnung mit einem transzendenten Gott. Auf welcher erkenntnistheoretischen Grundlage, so fragt Adams, sei eine solche spirituelle Erfahrung in Wilbers Augen weniger wertvoll als eine Erfahrung der Nondualität? In Wilbers Modell rangiere der Theismus auf dem »mythischen« Niveau der Bewusstseinsentwicklung und befinde sich damit um einige Stufen niedriger als der nonduale Wahrnehmungsmodus im Spektrum des Bewusstseins. Weiterhin bemängelt Adams, dass Wilber eine willkürliche Quellenwahl getroffen hat, indem er auf die nonduale Vedanta-Tradition von Shankara Bezug nehme. Er ignoriere dualistische Traditionen im Hinduismus, die ebenfalls einflussreich seien, aber seinem Denkmodell widersprächen.

Bewusstsein ist nach Auffassung transpersonaler Psychologen ein evolutionäres Geschehen. Dieser Entwicklungsprozess werde durch das gesteuert, was Stanislav Grof den »inneren Heiler« genannt hat. Damit »ist eine tiefere innere Intuition des Menschen gemeint, die immer weiß, was gut und heilend im entsprechenden Moment ist. Wir gehen davon aus, dass jeder Mensch über eine solche Intuition verfügt und dass die Menschheit als Ganzes gut beraten ist, wenn jedes einzelne Individuum die Wahrnehmung dieser tiefen inneren Weisheit schärft« (Jahrsetz 1999, 259). Aus christlicher Sicht verkennt die hier ausgedrückte Haltung die Gebrochenheit der menschlichen Person. Sie geht von der Annahme eines höheren, göttlichen Selbst in jeder Person aus, durch das sich letztlich alle Lebenskonflikte auflösen würden, käme es zur Entfaltung. Die Fragen nach dem Bösen, der Ungerechtigkeit und dem Leid in der Welt kann die Transpersonale Psychologie nicht schlüssig lösen. Damit übernimmt sie eine Erblast der Humanistischen Psychologie. Ein prominenter Vertreter dieser Bewegung, Rollo May, bewertet es im Rückblick als ein großes Versäumnis, sich nicht differenzierter mit der menschlichen Destruktivität befasst zu haben (Hutterer 1998, 425).

Aus neuropsychologischer Sicht lässt sich der transpersonale Wirklichkeitsbegriff hinterfragen. Auch mystisches Einheitserleben ist an die Gehirnfunktionen gebunden. Jede Wahrnehmung wird von einem realen, individuellen und autonomen Gehirn erzeugt. Jede Wahrnehmung eines »höheren Selbst«, »göttlichen Lichts« oder von Botschaften aus dem Übersinnlichen wird im Gehirn konstruiert und ist kein Beleg für deren Wirklichkeit. Diese Grenzen der menschlichen Wirklichkeitserkenntnis sind eng gesteckt und definitiv vorgegeben, nur ihre Interpretation eröffnet ein weites Spektrum an Deutungen. Das Anliegen der Transpersonalen Psychologie wirkt darüber hinaus in manchem widersprüchlich: Einerseits will sie sich als eigenständige Forschungsrichtung im psychosozialen Wissenschaftsbetrieb etablieren, andererseits sprengt sie mit ihren Grundannahmen und Forschungsinteressen die Erkenntnismöglichkeiten einer empirischen Sozialwissenschaft (Utsch 2002).

Dennoch: Mit ihrem Interesse an mystischen Erfahrungen ist die Transpersonale Psychologie ein wichtiger Gesprächspartner für an intensiven Gotteserlebnissen interessierte Christen. Theologische Kritik richtet sich allerdings gegen die zeitgemäße »Erlebnissüchtigkeit«, die auch in manchen transpersonalen Seminaren versprochen wird. Christliche Glaubenserfahrung geschieht demgegenüber in der Regel nicht spektakulär und unter Begleitung von parapsychologischen Phänomenen, sondern vollzieht sich in der Gestaltung des Alltags, in subtilen Veränderungen und neuen Haltungen gegenüber den kleinen, alltäglichen Herausforderungen. Kritisch grenzt sich der christliche Glaube auch von einer psychotechnischen Machbarkeit spiritueller Erfahrungen ab. Christlicher Glauben spricht vom unverfügbaren Handeln Gottes und macht sich nicht abhängig von emotionalen Erlebnissen (Utsch 2003).

Fazit: Auch bei der Transpersonalen Psychologie müssen zunächst grundlegende anthropologische und wissenschaftstheoretische Fragen beantwortet werden, und auch hier wird dieser Dimension zu wenig Aufmerksamkeit geschenkt. Wenn die Behauptung Sudbracks zutrifft, dass der Einfluss der weltanschaulich determinierten Deutung zunimmt, je näher man dem existenziellen Erfahrungsbereich kommt, unterstreicht das die Reflexion und Kommunikation der anthropologischen Voraussetzungen.

2.5 Die Deutungsperspektive der Parapsychologie

Die Forschungsrichtung der Parapsychologie kann auf eine über hundertjährige Tradition zurückblicken. Mit ihrem Anliegen der rationalen Erklärung übersinnlicher Phänomene gehört sie zu den Vorläufern der wissenschaftlichen Psychologie. Sie entstand im Gefolge des Mesmerismus und Spiritismus. Der Mediziner Franz Anton Mesmer (1734–1815), der auch Theologie und Philosophie studiert hatte, war von der Existenz eines das ganze Weltall durchdringenden, feinstofflichen Fluidums überzeugt. Sowohl das stabile System der Gestirne als auch ein gesundes Nervensystem sei von dem ungestörten Fluss dieses Fluidums abhängig. Krankheit wurde als ein Ungleichgewicht und eine Funktionsstörung des Nervenfluidums angesehen. Als spektakuläre Heilmethode entwickelte er seinen »animalen Magnetismus«: Wenn ein Mensch eine andere Person berührt oder die Hände mit bestimmten Bewegungen am ihrem Körper entlang führt, gehe eine heilsame Kraft davon aus. Der Mesmerismus erlangte wie der Spiritismus – der Glaube an das persönliche Überleben des Todes in einer jenseitig-geistigen Welt – gegen Mitte des 19. Jahrhunderts große Popularität. Um 1870 waren beispielsweise Materialisationen sehr in Mode, wobei alle Medien, die diese Phänomene produzierten, des Betrugs überführt oder zumindest verdächtigt wurden (zu Einzelheiten vgl. Beloff 1993 und Hergovich 2001).

Der Theologiestudent und spätere Erzbischof von Canterbury, Edward W. Benson (1829–1896), gründete schon 1852 in Cambridge den Verein »Ghost Society«, der sich »mit übernatürlich anmutenden, ›okkulten‹ Phänomenen auf der Basis rein wissenschaftlicher Methoden« beschäftigte (Thiede 2002).[39] Indirekt ging aus diesem Verein dreißig Jahre später, nämlich 1882, die bis heute einflussreiche »Society for Psychical Research« (SPR) hervor. Dieses Datum wird von Wissenschaftshistorikern als der Beginn der Parapsychologie angesehen, damals noch »Psychical Research« genannt (Bauer 1995; Beloff 1993). In den USA wurde 1884 unter der Leitung des Philosophen und Psychologen William James (1842–1910) die »American Society for Psychical Research« gegründet. Es war der Berliner Psychologiestudent und spätere Philosophieprofessor Max Dessoir, der 1889 in einer theosophischen Zeitschrift den Begriff »Parapsychologie« als Kunstwort einführte. Damit bezeichnete er außergewöhnliche Phänomene wie Gedankenübertragung, Wahrträume, Spukerlebnisse oder übermenschliche Fähigkeiten wie das Tischerücken oder Metallbiegen.

Zunehmend setzt sich im wissenschaftlichen Sprachgebrauch die Bezeichnung »Psi-Phänomene« durch, mit der nach dem 23. Buchstaben des griechischen Alphabets die Gesamtheit paranormaler und parapsychologischer Vorgänge beschrieben werden, während sich die Parapsychologie im engeren Sinne mit der psychophysikalischen Anomalieforschung beschäftigt und dafür Erklärungen sucht (Lucadou 1997). Heute werden die Psi-Phänomene in drei Gruppen klassifiziert:

- **Außersinnliche Wahrnehmung (ASW):** Hierzu zählen *Telepathie* (Informationsübertragung ohne Beteiligung bekannter Sinneskanäle), *Hellsehen* (Erfassung objektiver Sachverhalte, die niemandem bekannt sind) und *Präkognition* (das Wissen um zukünftige Ereignisse).
- **Psychokinese:** Dies ist die Beeinflussung physikalischer oder biologischer Systeme ohne Verwendung bekannter Kräfte (das bekannteste Beispiel ist das Löffelverbiegen).
- **Nahtodeserfahrungen:** Dieser junge Forschungszweig befragt Menschen, die kurzzeitig klinisch tot waren, nach ihren Erlebnissen. Die häufig erstaunlichen Berichte werden analysiert – und stehen vor dem gleichen Dilemma wie alle religionspsychologischen Nebenstrang-Erklärungen, entweder reduktionistisch oder spekulativ auszufallen.[40] Mit Sicherheit gibt es auch Nahtod-Forscher, die der hier vorgenommenen Zuordnung ihres Forschungsbereiches zur Parapsychologie energisch widersprechen würden, weil sie mit anderen Vorannahmen arbeiten und beispielsweise eher transpersonal orientiert sind.[41]

Als Pionier der wissenschaftlichen Parapsychologie gilt Joseph B. Rhine, der in den 30er Jahren an der Duke-Universität begann, umfangreiche kontrollierte Experimentalstudien durchzuführen. Diese sich schnell ausbreitende experimentelle Parapsychologie konnte unmissverständlich belegen, dass Psychokinese und außersinnliche Wahrnehmung zu zwar schwachen, aber äußerst »robusten« und statistisch überzufälligen Effekten führen. Von der Öffentlichkeit fast unbemerkt – sie ist eher an spektakulären »Spukfällen« und »Psiwundern« interessiert – haben Wissenschaftler im renommierten Princeton- Institut neue Erkenntnisse über die Grenzgebiete menschlichen Wissens gewonnen. Neben der interdisziplinären Arbeitsgruppe des »Princeton Engineering Anomalies Research Project« (PEAR) unter Leitung des Physikers und NASA-Ingenieurs Robert Jahn und der Psychologin Brenda Dunne ist das seit Ende der 1990er Jahre forschende »Global Consciousness Project« von Robert Nelson (2001) zu nennen. Diesem Projekt liegt die provozierende Hypothese zugrunde, dass gesellschaftliche Ereignisse mit stark emotionalen Inhalten mit durch Zufallsgeneratoren erzeugten Zufallsprozessen korrelieren. Ein ähnlich angelegtes Experiment wurde 2003 am Kölner Institut für Psycho-Physik begonnen (Hagel & Schapke 2005).

Die Begriffe Parapsychologie und Psi-Forschung sind mittlerweile umstritten, weil Kritiker befürchten, dass sie in der Öffentlichkeit schnell mit Esoterik und Okkultismus in Verbindung gebracht würden. Der akademische Zweig der Parapsychologen spricht deshalb lieber von »außergewöhnlichen Erfahrungen« oder der »psychophysikalischen Anomalieforschung«. Diese neue Generation der Psi-Forscher versteht ihre Arbeit deshalb nicht mehr als parapsychologisch. Ihr geht es um objektiv erkennbare Anomalien, die allerdings stark bewusstseinsabhängig sind. Deshalb wird der Wahrnehmung als einem aktiven Element der Realität besondere Aufmerksamkeit gewidmet.

Erklärungsansätze:

Auch in der Parapsychologie konkurrieren sehr unterschiedliche Deutungen miteinander. Aus skeptischer, streng positivistischer Sicht liefert Hergovich drei Erklärungen für ein persönliches Überzeugtsein von oder den »Glauben an« paranormale Phänomene:

- **Persönlichkeitsvariablen:** Nach Befragungsergebnissen »sind Psigläubige öfter gläubig, im Durchschnitt jünger und etwas suggestibler« (Hergovich 2002, 64). Damit wäre der Glaube an Psi eine Charakterschwäche und beruhe auf der Täuschung naiver und wenig realitätsbezogener Menschen.
- **Tricktäuschung:** Untersuchungen weisen darauf hin, dass Psigläubige anfälliger dafür sind, Trickbetrügern auf den Leim zu gehen. In einer neueren Untersuchung an der Universität von Hertfordshire wurde zum Tischerücken ein Schauspieler engagiert, der suggerierte, der Tisch, um den alle im abgedunkelten Raum versammelt waren, würde sich bewegen. Von den über 200 Teilnehmern behauptete fast jeder Dritte in der Nachbefragung, der Tisch habe sich bewegt, ein weiteres knappes Drittel war sich nicht sicher. Nur 31 % blieben vom Schauspieler unbeeindruckt und hielten an der zutreffenden Überzeugung fest, dass der Tisch ruhig geblieben war (Wiseman 2003).
- **Zufall:** Mittlerweile werden häufiger experimentelle Studien durchgeführt, um etwa das Phänomen der Gedankenübertragung zu erforschen. Um alle gewöhnlichen Sinneskanäle ausschließen zu können, liegt etwa im Ganzfeld-Experiment eine Versuchsperson entspannt in einem abgedunkelten Raum, im Kopfhörer ist leises Rauschen zu hören, und die Augen sind mit einer Binde verschlossen. In einem anderen Raum konzentriert sich eine zweite Person, der sog. Sender, auf eines von vier Bildmotiven, das von einem Zufallsgenerator ausgewählt wurde, und soll es per Gedankenkraft in den Nachbarraum übermitteln. Nach der Sitzung wird der »Empfänger« gebeten, möglichst genau zu beschreiben, was er während des Ganzfeld-Zustandes gesehen hat. In einem anderen Experiment soll ein Proband vorhersagen, ob bei einer langen Serie von Nullen und Einsen als Nächstes eine Null oder eine Eins folgt. Die Effekte derartiger Studien sind sehr gering – die Trefferquote liegt etwa bei 51 %, als nur geringfügig über einem zufälligen Treffer (50 %). Der Unterschied ist so klein, dass Parapsychologen und Skeptiker darüber streiten, ob es sich um reale Effekte oder statistische Zufallsschwankungen handelt: »Psigläubige sprechen von Psi, andere von Zufall« (Hergovich 2002, 65).

Unter Einbeziehung eines erweiterten Wissenschaftsverständnisses wird die Parapsychologie derzeit stärker im Spektrum der Transpersonalen Psychologie aufgegriffen. Den Autoren geht es dabei um die empirische Bestätigung ihrer Hypothesen, wobei allerdings die Grundlagen des klassisch-naturwissenschaftlichen Weltbildes verlassen werden und neue Modelle wie etwa energetische Feldtheorien hinzugezogen werden. Verdeutlicht man sich den gegenwärtigen Wissensstand der Parapsychologie, verfügt sie über eine differenziert ausgebildete Phänomenologie, jedoch über nur wenige überzeugende Erklärungsmodelle. Deshalb verwundert es nicht, wenn parapsychologische Phänomene transpersonal gedeutet werden: »Die transpersonale Psychologie erhält durch die Befunde der Parapsychologie Auftrieb« (Gosso 2003, 58). Ein anderer Vertreter der Transpersonalen Psychologie referiert in seiner umfangreichen, mit ausführlichen Falldarstellungen angereicherten Monographie den parapsychologischen Forschungsansatz ebenfalls ausführlich. Walch (207–246) bemängelt, dass die neuere Psi-Forschung die New Age-Bewegung und die transpersonale Psychologie übergehe. Er begründet diesen Mangel mit ihrer methodischen Einseitigkeit. Der empirisch-experimentelle Ansatz greife zu kurz, wodurch wichtige Fragestellungen ausgeklammert werden müssten: »Dazu wäre ein breiteres wissenschaftstheoretisches Verständnis nötig, das die phänomenologische und hermeneutische Einzelfallanalyse zulässt. Hier könnte die Parapsychologie über sich hinauswachsen« (Walch ebd. 225).[42] Walch selber präsentiert in seinem Buch eine transpersonal eingebettete Parapsychologie: Er referiert die einschlägigen Experimente und interpretiert diese vor dem Hintergrund transpersonaler Theoriebildung.

In der Parapsychologie stehen sich esoterische und streng empirische Forscher häufig feindlich gesinnt gegenüber – ein aktueller Sammelband hat bezeichnenderweise den Titel »PSI Wars« erhalten (Alcock, Burns & Freeman 2003). Der Kampf zwischen Psi-Skeptikern und Psi-Gläubigen nimmt zum Teil groteske Züge an, indem beispielsweise ein Skeptiker-Verband ein Preisgeld für den geprüften Beweis telepathischer Informationsübermittlung ausschrieb – natürlich ohne Schaden zu nehmen.[43] Eine Mittelposition nehmen die Forscher ein, die etwa Anleihen bei der Quantenphysik nehmen. Die Quantentheorie biete demnach ein Erklärungspotential, das man auf das menschliche Beziehungsfeld ausdehnen könne. Unter Anwendung strenger empirischer Bedingungen haben so die beiden Psi-Forscher Robert Jahn und Brenda Dunne (1999) ein auf quantentheoretischen Strukturen beruhendes, psychophysikalisches Modell konzipiert. Darin postulieren sie, dass Bewusstsein wie das Licht wellen- und teilchenartige Eigenschaften besitzt. Während die Teilchennatur die konventionelle, kausale Realität beschreibe, könne die masselose, traditionelle Raum- und Zeitkategorien übersteigende Wellennatur viele Psi-Optionen ermöglichen. Kürzlich haben Harald Walach (2003a) und Kollegen eine verallgemeinerte Form der Quantentheorie entwickelt und sie als eine vielversprechende Basis für das Verständnis transpersonaler Phänomene vorgestellt.

Schon vor vielen Jahren hat der Freiburger Psychologe und Physiker Walter von Lucadou (1997, 2003) ein »Modell der pragmatischen Information« formuliert. Darin spielen die nichtlokale Korrelation und allgemein die »informatorische Kopplung komplexer Systeme« eine zentrale Rolle. Lucadou geht davon aus, dass selbstorganisierende Systeme in der Lage sind, organisch geschlossene Einheiten zu bilden. In diesen Systemen entstehe nun eine »pragmatische Information«, dessen inhaltlicher Gehalt sich durch »nichtlokale Korrelation« übertrage.[44]

Fazit: Wie auch im parapsychologischen Nebenstrang unschwer zu erkennen ist, werden die entscheidenden Weichen nicht während, sondern vor dem Beginn eines Experiments gestellt. Auch in diesem religionspsychologischen Forschungsbereich entscheiden die anthropologischen Voraussetzungen darüber, in welchen Deutungshorizont die Befunde gestellt werden. Auch in der Parapsychologie bildet sich dabei ein großes Spektrum von streng empirischen Ansätzen bis zu hochspekulativen Entwürfen ab. Zur Einordnung und Bewertung eines parapsychologischen Verfahrens werden übergeordnete Kriterien geboten, die von den Menschen- und Weltbild-Kategorien geliefert werden können.

2.6 Zur Neurobiologie religiöser Erfahrungen – die »Neurotheologie«

Mit den rasanten Fortschritten der Hirnforschung – insbesondere ihrer verfeinerten Methoden – wuchsen auch die Hoffnungen darauf, neurophysiologische Erklärungen für die menschliche Transzendenzbezogenheit finden zu können. Der aktuellste diesbezügliche Versuch stammt von dem berühmten amerikanischen Molekularbiologen Dean Hamer (2004). Seinem neuen Buch über das »Gott-Gen« widmete das große amerikanische Nachrichtenmagazin »Time« im Oktober 2004 eine Titelgeschichte. Hamer, der Anfang der 1990er Jahre genetische Gründe für eine homosexuelle Orientierung vorgetragen hatte, die später widerlegt wurden, möchte mit seinem neuen Buch den Beweis antreten, dass die Fähigkeit zu glauben auf biologische Ursachen zurückzuführen ist. Bei einem bestimmten Gen, dass unter anderem für den Gefühlszustand eines Menschen verantwortlich ist, entdeckte Hamer nach eigenen Angaben ein klares Muster: Fand er an einer bestimmten Stelle des Gens den Stoff Cytosin, hat dieser Mensch sehr wahrscheinlich religiöse Erfahrungen, fand sich dort der Stoff Adenin, waren solche Erfahrungen eher unwahrscheinlich.

Allerdings warnte Hamer selbst vor falscher Deutung seiner Ergebnisse. Keinesfalls sei Spiritualität auf ein einziges Gen zurückzuführen, sondern müsse als Zusammenspiel vieler Gene betrachtet werden. Trotzdem hält er dieses, VMAT2 genannte Gen für wichtig, weil es erkläre, wie sich der Glaube im Gehirn niederschlägt. Ob aber zuerst der Glaube und dann eine hirnphysiologische Reaktion oder aber zuerst die Gehirnchemie und daraufhin religiöse Gefühle vorhanden sind, darauf kann diese Forschung keine Antwort geben.

Unübersehbar gewinnen evolutionäre Modelle, in dessen Tradition auch Hamers Modell steht, in letzter Zeit an Bedeutung. Diese Vorstellung wird durch die rasanten Fortschritte der Hirnforschung beflügelt. Immer mehr wird dadurch eine zentrale Prämisse des christlichen Menschenbildes, seine Willensfreiheit, in Frage gestellt (Geyer 2004). Im Oktober 2004 haben elf führende Neurobiologen weiter von sich reden gemacht, indem sie ein »Manifest« über Gegenwart und Zukunft der Hirnforschung in einem populärwissenschaftlichen Magazin veröffentlicht haben (Gehirn & Geist 6/2004, 30–37). Grundannahmen über den Menschen würden sich ändern, so das Manifest, wenn die Öffentlichkeit realisiere, dass »sämtliche innerpsychischen Prozesse mit neuronalen Vorgängen in bestimmten Hirnarealen einhergehen … und all diese Prozesse grundsätzlich durch physikochemische Prozesse beschreibbar sind.«

Diese Forscher sagen voraus, dass in den nächsten 20 bis 30 Jahren Geist, Bewusstsein, Gefühle, Willensakte und Handlungsfreiheit gänzlich als biologische Prozesse beschrieben werden können, weil sie »natürliche Vorgänge« seien. Hier kommt der evolutionäre Standpunkt deutlich zum Vorschein, der in der gesamten Psychologie in den letzten Jahren ein erstaunliches Comeback erlebt (Becker 2003, Rindermann 2003, Buss 2004). Obwohl eine vollständige Erklärung der Gehirnaktivität für unwahrscheinlich gehalten wird, stehen der Gesellschaft nach Meinung der Hirnforscher in absehbarer Zeit »beträchtliche Erschütterungen ins Haus«. Dabei werde die Hirnforschung nicht in einem neuronalen Reduktionismus enden, und eine gewisse Eigenständigkeit der »Innenperspektive« bleibe erhalten. Immerhin wird in dem Manifest »aus ethischen Bedenken« (?) vor Eingriffen in die Persönlichkeit gewarnt. Solche könnten möglich werden und sinnvoll erscheinen, wenn psychische Auffälligkeiten und Fehlentwicklungen, aber auch Verhaltensdispositionen voraussehbar werden. Nur: Wer führt die Aufsichtspflicht über derart verführerische und manipulative Machtmittel? Wer bestimmt die Entwicklungsziele des Menschen, wer definiert »normal« oder »gesund«?

Die Verfasser des Manifests erwarten, dass dualistische Erklärungsmodelle mit ihrer Trennung von Körper und Geist sich zunehmend verwischen werden. Deshalb sollten Geistes- und Naturwissenschaftler in einen intensiven Dialog treten, um »gemeinsam ein neues Menschenbild zu entwerfen«. Ob dafür aber eine gemeinsame Basis gefunden werden kann, erscheint unwahrscheinlich. Zumindest aus katholischer Sicht werden dieser Fraktion der Hirnforschung sehr direkt »naturalistische Fehlschlüsse«, »Kategorienfehler« und eine »philosophiefreie Erschleichung eines Weltbildes durch neurophysiologische Hochstapelei« vorgeworfen (Lüke 2004, Mutschler 2004). Kein geringerer Philosoph als Jürgen Habermas (2004) hat anlässlich einer Preisverleihung für sein Lebenswerk der Hirnforschung selber eine neue Mythenbildung vorgeworfen, wenn sie dem Menschen die Freiheit abspreche.

Wie auch auf den anderen religionspsychologischen Zugangswegen und Erklärungsmodellen sind auch in dem neurobiologischen Deutungsraster die weltanschaulichen Vorentscheidungen maßgeblich. Bevor aber in dem nächsten Kapitel diese Fragen ausführlich behandelt werden, sollen zunächst die derzeit populären Erklärungsansätze vorgestellt werden. Am bekanntesten sind die folgenden:

– **Experimentelle »Schläfenlappen-Mystik«:** Der kanadische Neuropsychologe Michael Persinger (1999) hat durch Fragebogenuntersuchungen festgestellt, dass zwischen Visionen und besonderen Erfahrungen, die Patienten mit Schläfenlappen-Epilepsien berichten, und mystischen Erfahrungen ein überzufälliger Zusammenhang besteht. Seine Vermutung: Religiöse Erfahrung entsteht in bestimmten Hirnregionen und kann durch elektromagnetische Reizung auch absichtlich hergestellt werden. Er konstruierte einen Helm, der Magnetfelder erzeugte, und befragte danach weit über fünfhundert Probanden. Seinen Hypothesen wird jedoch vielfältig widersprochen (Schnabel & Sentker 1997, 232–241).

– **»Gottesmodul« im Schläfenlappen?** In ähnlicher Weise kam der Neurologe Ramachandran (2002) auf der Basis zahlreicher Bobachtungen zu der Vermutung, dass in Anbetracht der extrem weiten Verbreitung des Glaubens an das Übernatürliche »der Hang zu diesem Glauben ... eine biologische Grundlage« haben könne (ebd., 299). Ob es wirklich ein »Gottmodul« im Sinne im Gehirn gebe, hält er für (noch) nicht erwiesen, aber den Erweis wohl für eine Frage der Zeit. Er konnte zeigen, dass Patienten mit Schläfenlappen-Epilepsien – anders als Gesunde – auf religiöse Bilder stärker reagieren als auf sexuelle oder gewalttätige Darstellungen. Daraus folgerte er, dass es im menschlichen Hirn ganz offensichtlich Schaltkreise gibt, die an religiösen Erfahrungen beteiligt sind. Dabei trennt er seine Forschungsaktivitäten aber streng von seinen persönlichen Überzeugungen: »Ich möchte als Wissenschaftler herausfinden, wie und warum religiöse Gefühle im Gehirn entstehen, aber das hat nicht die geringste Auswirkung auf die Frage, ob Gott wirklich existiert« (ebd.).

– **Durchblutungsreduktion im Scheitellappen:** Andrew Newberg (2003) hat bei acht Buddhisten, die ihre tibetische Meditation im Labor durchführten, und bei drei Franzikanerinnen durch Aufnahmen mit bildgebenden Verfahren herausgefunden, dass während der Phase intensivster selbstvergessener Meditation die Durchblutung des oberen Scheitellappens meist drastisch zurückging. Dadurch sei die Gehirnaktivität genau in dem Bereich reduziert, der für die räumliche Orientierung und die Unterscheidung des eigenen Körpers von der Umwelt verantwortlich sei. Die Meditation unterbinde kognitive Impulse und Sinnesreize so stark, dass subjektiv ein Gefühl der Unbegrenztheit, Zeitlosigkeit und Verschmelzung im Sinne der All-Einheit entstehe. Durch den kurzfristigen Ausfall des Orientierungsareals könne das Gehirn nicht mehr zwischen dem eigenen Selbst und der äußeren Welt unterscheiden und erzeuge »den subjektiven Eindruck völliger Raumlosigkeit, den der Geist als unendlichen Raum und als Ewigkeit interpretiert«. Die Laborresultate regten die Autoren zu der ihr ganzes Buch durchziehenden These an, dass das menschliche Gehirn substantiell und wissenschaftlich nachweisbar zur Selbstüberschreitung und zur Wahrnehmung einer mystischen Einheit fähig sei. Es sei uns Menschen möglich, »die materielle Existenz zu transzendieren und mit einem tieferen, geistigeren Teil von uns selbst in Verbindung zu treten, der als absolute, universelle Realität wahrgenommen wird, die uns mit allem Seienden vereint« (ebd., 19).

Newberg und seine Kollegen haben viel öffentliche Aufmerksamkeit, aber auch Kritik auf sich gezogen. Der Bonner Neurophysiologe Detlev Linke (2003, 82) moniert unter anderem, dass in der Auswertung der Testreihe Newbergs eine Tatsache nicht ausreichend bedacht wurde: der Moment des Reflektierens darüber, dass meditiert wird und dass der ekstatische Höhepunkt der Selbsttranszendenz naht. Es gibt einen Augenblick, in dem die Probanden den Höhepunkt nahen ahnen und ein Signal auslösen, auf das hin eine radioaktive Substanz injiziert wird. Dieser Markierungsstoff setzt sich in den Gehirnzellen der Probanden fest und ermöglicht tomographische Aufzeichnungen. Der tibetisch meditierende Proband wird dazu in einen Raum gebracht, der technisch für die tomographischen Aufnahmen mit einer sog. SPECT-Kamera ausgestattet ist. All dies wie auch die Selbstinterpretationen des Probanden lassen allerdings den Eindruck zu, dass hier weniger authentische Meditation und ihre neurologische Abbildung und Auswirkung als vielmehr die Inszenierung von Meditation zum Gegenstand einer Diagnose wurde.

Der Theologe Ulrich Eibach (2003, 42) gibt zu bedenken, dass sich bei einer solchen Art von Versuchsreihe schon die tiefgreifenden interpretatorischen Unterschiede der tibetisch-buddhistischen und der franziskanisch-kontemplativen Tradition nicht niederschlagen können, geschweige denn gravierende Unterschiede, die sich mit anderen seelischen Erfahrungen im Zusammenhang religiösen Erlebens ergeben.

Bemerkenswert:
Obwohl bei allen Meditierenden ähnliche hirnphysiologische Veränderungen gemessen wurden, interpretierten sie die erlebte Einheitserfahrung unterschiedlich: Während die meditierenden Nonnen sich eins mit Gott fühlten, empfanden die Buddhisten eine tiefe innere Leere. Das heißt: Nicht objektiv-messbare Veränderungen, sondern subjektive Erklärungsmuster sind für religiöse Erfahrungen maßgeblich.

– **Hemmung subkortikaler Hirnbereiche:** In seinem umfangreichen Buch gibt der Hirnforscher und Zen-Meditiationsleiter James Austin (1998, 175–196) folgende Gehirnbereiche an, die für die Überwindung der Ich-Abgrenzung und die Erfahrung der Erleuchtung verantwortlich seien: Angst sei in der Amygdala, die Gedächtnisfunktionen im Hippocampus und »innovative« Funktionen im Hypothalamus anzusiedeln. Wie auch Newberg nimmt Austin eine Lokalisierung vor, betrachtet dies jedoch nicht als Annäherung an einen Gottes- bzw. Transzendenzbeweis, sondern geht unabhängig davon von einem Geheimnisüberschuss meditativer Erfahrung aus. In »vereinfachenden Thesen« fasst der meditationserfahrene Forscher folgende Aspekte von Zen-Meditation zusammen: Sie verschaffe Erleichterung in Anbetracht von Zerstörung und Sinnenüberreizung, sie fördere integrative physiologische Prozesse, und sie beinhalte sinnliche und motorische Reduktionen und Einschränkungen. Die damit zuweilen verbundenen »Nebenwirkungen« wie Halluzinationen und Wahrnehmungsstörungen träten auch bei konventionellen Formen der Sinneseinschränkung auf. Im Übrigen stellt das umfangreiche Werk von Austin zu weiten Teilen eine gläubige, streckenweise erbauliche Darstellung des Zen-Buddhismus und der damit verbundenen Meditation dar. Er weist allerdings auch darauf hin, dass es der Zen-Meditation nicht darum gehen kann, eine übersinnliche Realität jenseits des Todes zu ergründen, sondern es gehe um die Konzentration auf die Frage, »wie wir dieses Leben leben, nach der Geburt, genau jetzt, im vollsten, lebendigen Ausmaß« (ebd., 374). Somit sind die Charakteristika, die Austin für die Zen-Meditation formulieren kann, keineswegs neurophysiologische Besonderheiten, die nur auf dem Wege über Zen-Meditation erzielt werden können.

Die ersten drei vorgestellten Ansätze stehen ganz in der Tradition der Evolutionstheorie, wonach die Entwicklung des Gehirns und seine Funktionen – auch seine religiösen – entwicklungsgeschichtlich begründet werden können. Evolutionstheoretisch macht die Entwicklung von religiösen Empfindungen deshalb Sinn, weil sie existentielle Angst und Unsicherheitsgefühle beseitigen kann. Während nach Newbergs Überzeugung die neueren hirnphysiologischen Befunde auf die Existenz eines Gottes hinweisen, glauben Ramachandran und Persinger dies nicht. Viel zurückhaltender argumentiert hingegen Austin. Nachdrücklich weist er auf den »Geheimnisüberschuss« des Zen hin, der nur erfahrbar, nicht aber diagnostizierbar sei.

Der Theologe und Religionswissenschaftler Ulrich Dehn ist hinsichtlich der Aussagekraft »neurotheologischer« Befunde skeptisch. Selbst wenn die Forschung erhellen könne, in welchen Gehirnfunktionen und an welchen Orten des Gehirns religiöses Wahrnehmen und Fühlen zu lokalisieren und zu identifizieren ist, trage sie nichts Wesentliches zum theologischen oder religionswissenschaftlichen Erkenntnisfortschritt bei: »Thesen neurotheologischer Art seien allemal Ergebnis von Interpretationen bzw. Glaubensfragen. Sie können nicht als Gottesbeweise, sei es philosophischer, sei es medizinischer Art, dienen. Die diesbezügliche wissenschaftliche Diskussion trägt in sich die Gefahr der Instrumentalisierung bzw. eines potentiellen Rückschlusses: Wenn Vorgänge des religiösen Erfahrens und Glaubens neurophysiologisch identifizierbar sind, ist grundsätzlich auch denkbar, umgekehrt Glauben bzw. seine neurologische Widerspiegelung neurophysiologisch entweder zu induzieren oder zu eliminieren, ggfs. auch gegen den Willen eines Probanden« (Dehn 2004, 283).

In ähnliche Richtung argumentiert auch der Münchener Theologe Friedrich Wilhelm Graf. Ohne Zweifel können meditative Techniken neurophysiologische Vorgänge aktiv beeinflussen. Aber keine Wissenschaft verfüge, so Graf, über »abschließende Perspektiven, um das komplexe Zusammenspiel zwischen den subtil kodierten Sprachen des Gehirns und den je besonderen religiösen Selbsterfahrungen von Individuen erklären zu können« (Graf 2004, 147).

Fazit: Auch in der Hirnforschung ist die Beschäftigung mit der Bedeutung von Welt- und Menschenbildern unausweichlich. Sonst gerät sie in Gefahr, selber zu einer neuen Mythenbildung beizutragen.

Fazit aus den empirischen Modellen und den vier Nebensträngen

Die in Abschnitt 2.4 vorgestellten aktuellen empirischen religionspsychologischen Erklärungsmodelle der Gesundheitspsychologie, Bindungstheorie, der Bewältigungs- sowie Meditationsforschung können aus ihrer Perspektive interessante Facetten der Religiosität und Spiritualität beleuchten. Allerdings fehlt ein bedeutungshaltiger Erklärungsrahmen, der imstande ist, die vielfältigen Einzelbefunde stimmig zu integrieren. Solange die Grundfrage, worum es sich bei der Religiosität und Spiritualität eigentlich handelt – am Ende von Abschnitt 2.2 sind die Konzeptualisierungen als Motivation, Einstellung, Emotion, Sozialisation, Intelligenz und Persönlichkeitseigenschaft aufgelistet –, nicht beantwortet wird, ist kaum ein Weiterkommen zu erwarten. Für zukünftige Forschungsarbeiten empfiehlt sich also die Klärung der jeweiligen menschenbildabhängigen Voraussetzungen.

Bei den vier diskutierten religionspsychologischen Nebensträngen ergeben sich folgende Befunde:

- Ausgehend von der psychoanalytischen Narzissmustheorie kommen Forscher – je nach Voraussetzung – zu sehr entgegengesetzten Ergebnissen (Kap. 2.3).
- In der transpersonalen Psychologie erhält der weltanschauliche Deutungsrahmen besonderes Gewicht, wenn beispielsweise Studien im Zustand eines veränderten Bewusstseins durchgeführt werden (2.4).
- In der Parapsychologie ist das Lager der »Skeptiker« und »Gläubigen« hoch polarisiert und von zum Teil polemischen Auseinandersetzungen geprägt. Die jeweiligen weltanschaulichen Grundannahmen werden selten thematisiert, obwohl ihre gemeinsame Analyse den Dialog ermöglichen könnte (2.5).
- Die Neurobiologie religiöser Erfahrungen tritt zum Teil explizit mit dem Anspruch auf, die Hirnforschung würde in den nächsten das »klassische« Menschenbild, das von der Willensfreiheit ausgehe, im Zuge eines evolutionären Naturalismus revolutionieren (2.6).

Neben den empirischen Erklärungsmodellen weisen auch die vier Nebenstränge auf die Bedeutung der weltbildabhängigen Vorentscheidungen hin.

3 Welt- und Menschenbilder in der Religionspsychologie

Warum sollen Welt- und Menschenbilder in der Religionspsychologie besonders berücksichtigt werden? Weil Religionen auch als ein menschliches Deutungssystem verstanden werden können, die Welt- und Menschenbilder konstituieren. Dabei sind Religionen, wie das zweite Kapitel gezeigt hat, kulturell und gesellschaftlich überformt. Will man also religiöse oder spirituelle Überzeugungen besser verstehen, tut man gut daran, die ihnen zugrunde liegenden Menschen- und Weltbilder zu untersuchen.

Wie der vorige Abschnitt gezeigt hat, hat sich das Verhältnis zwischen Glauben und Wissen – das heißt genau genommen der Stellenwert einer religiösen und wissenschaftlichen Weltanschauung – in den letzten drei Jahrzehnten radikal verändert. Im Hinblick auf die Deutung religiöser und spiritueller Phänomene nehmen heute sehr unterschiedliche Deutungsmuster entscheidenden Einfluss auf deren Bewertung. Dabei stehen sich zwei Extrempositionen diametral gegenüber. Zugespitzt formuliert: Entweder wird die Religiosität im Gehirn lokalisiert – Spiritualität als ein Produkt neurobiologischer Aktivität (»Neurotheologie«), oder Spiritualität ist gar nicht an eine Hirnaktivität gebunden, weil die »Energie des Geistes« weit über das Gehirn hinausgeht (Transpersonale Psychologie).

Unvermeidlich: Wissenschaftstheoretische und methodische Überlegungen

In dieser Arbeit wird primär aus wissenschaftstheoretischen Erwägungen heraus für die Berücksichtigung und die Einbeziehung der Menschenbildsetzungen in der Religionsforschung plädiert. Denn das Religiöse und Spirituelle wird aus den verschiedenen psychologischen Lagern sehr widersprüchlich gedeutet, und nicht selten stehen sich Argumentationsfronten gegenüber.

Einerseits wird die Hypothese vertreten, jede Seele sei ein winziger Bestandteil eines spirituellen, energetisch verbundenen Netzwerkes:

– Das öffentliche Interesse an unerklärlichen Phänomenen und außergewöhnlichen Erfahrungen hat stark zugenommen (Schmied-Knittel & Schteschke 2003). Die Deutung eines verbundenen Seelennetzwerkes durch bislang unbekannte Informationskanäle liegt im populärpsychologischen Trend und gibt vor, Erklärungen zu bieten, die Sicherheit und Kontrolle vermitteln.
– Empirische Befunde der Nahtodforschung (Lommel et al. 2001) und alternativmedizinische Wirksamkeitsstudien (Bösch 2002) weisen auf Einflussfaktoren hin, die im Rahmen des gegenwärtig gültigen »wissenschaftlichen« Weltbildes nicht erklärt werden können. Alternative Hypothesen wie etwa »nichtlokale

Korrelationen durch pragmatische Informationen in makroskopischen Systemen« sowie »morphogenetische Energiefelder« werden diskutiert (Lucadou 1997, Sheldrake 2003, Walach 2003).

– Der Grundtenor lautet hier: Das bisherige Wissenschaftsmodell ist reduktionistisch und muss durch ein neues ersetzt werden, in dem die Spiritualität als die Ur-Energie oder Information des Lebendigen einen prominenten Platz erhält. Ein erweitertes Wissenschaftsverständnis erfordert neue Methoden, bei denen zum Beispiel durch veränderte Bewusstseinszustände oder intuitive und imaginative Praktiken Erkenntnisfortschritte ermöglicht werden sollen.

Andererseits wird die These vertreten, Religiosität und Spiritualität seien einzig als Produkte des Gehirns zu erklären:

– Evolutionsbiologische Entwürfe feiern in der Psychologie ein Comeback, besonders in der Sozialpsychologie (Blackmore 2000, Becker 2003, Rindermann 2003, Buss 2004). Eine rein naturwissenschaftliche Perspektive erhebt einen Alleinerklärungsanspruch auf das Phänomen Mensch. Deshalb setzen sich Theologen neuerdings wieder intensiver mit dem evolutionären Denkansatz auseinander (Lüke, Schnakenberg & Souvignier 2004, Scheunpflug 2004). Das Thema hat an Brisanz gewonnen, weil sogar evolutionstheoretische Erklärungsmodelle für die Religion vorgelegt wurden (Kirkpatrick 1999, Buss 2002, Söling 2002).

– Die Hirnforschung hat in den letzten Jahren rasante Fortschritte gemacht. Der Grundtenor lautet hier: Es ist nur noch eine Frage der Zeit, bis auch höhere Geistestätigkeiten gänzlich neurobiologisch erklärt werden können. Es entsteht ein naturalistisches und deterministisches Menschenbild, dass derzeit kaum zu ermessene Auswirkungen in zahlreiche gesellschaftliche Lebensbereiche wie Partnerschaft, Justiz oder Bildung hätte.

Die beiden Thesen »Energetisches Netzwerk – Geist ist kosmische Qualität« und »Geist – ein Produkt des Gehirns« entsprechen unterschiedlichen wissenschaftstheoretischen Begründungen. In einer vergleichbaren Weise teilt Sulmasy (2002) die religionspsychologische Forscherlandschaft grob in zwei Fraktionen ein, die das Problem des angemessenen wissenschaftlichen Rahmens sehr unterschiedlich gelöst hätten: Während die eine, in sich ziemlich heterogene Gruppe den bisherigen Wissensstand als veraltet und positivistisch abtun und gänzlich erneuern will, bemüht sich eine zweite Gruppe darum, an dem gegenwärtigen Wissensstand anzuknüpfen und ihn durch andere Methoden und Techniken zu erweitern und zu ergänzen. Sulmasy identifiziert in dem entweder idealistischen oder dem materialistischen Weltbild den Ort, wo die entscheidenden Vorannahmen getroffen werden.

Eine psychologische Erforschung der Religiosität und Spiritualität kommt nicht umhin, sich den grundsätzlichen Fragen der Wissenschaftstheorie zu stellen und beispielsweise den Einfluss der persönlichen Grundüberzeugungen des Forschers, der Reichweite des Erklärungsmodells und der gewählten Forschungsmethode zu reflektieren und kommunizieren. Die gegenwärtig die Psychologie bestimmende quantifizierende Forschung orientiert sich am klassisch-physikalischen Weltbild, das von den Merkmalen wie Kontrolle, Homogenität, Geschichtslosigkeit, Linearität, mechanischer Kausalität und Statik bestimmt ist. Insbesondere aus den USA kommend, hat sich auch bei uns die Forschungsstrategie des Experiments durchgesetzt, die als *randomized controlled* trial (RCT) bezeichnet wird. Dahinter steht eine vorläufige Theorie, der zugetraut wird, ein beobachtbares Phänomen aus dem Zusammenspiel verschiedener Variablen umfassend erklären zu können. Das Experiment geht in drei Schritten vor:

1. Bestimmte, sog. »unabhängige« Variablen werden vom Forscher kontrolliert und in verschiedenen Versuchsdurchgängen oder durch unterschiedliche Bedingungen schrittweise verändert – *controlled trail*.
2. Die Zuordnung auf die verschiedenen Versuchsbedingungen ist zufällig – *randomized*.
3. Die Auswirkungen der Eingriffe bzw. unterschiedlichen Bedingungen werden an einer anderen, der sog. »abhängigen« Variable gemessen.

Unter bestimmten Bedingungen mag es nützlich sein, gezielt eine Dimension des religiösen Erlebens auf diese Weise zu testen. Die Schwierigkeiten lassen sich an einem klassischen religionspsychologischen Forschungsthema, der Gebetsheilung, leicht erläutern. So existieren Dutzende von Untersuchungen, die für Kranke einer Behandlungsgruppe beten lassen, während für die Kontrollgruppe nicht gebetet wird. Beide Gruppen erhalten identische Behandlungsbedingungen, und kein Teilnehmer oder Behandler weiß, ob er oder sie zur Behandlungsgruppe oder zur Kontrollgruppe zählt (Veränderung durch Erwartung – den Placebo-Effekt ausschließen!). So weit, so gut. Wer aber kann verhindern, dass nicht Verwandte ohne Wissen um die Gebetsstudie intensiv für Personen aus der Kontrollgruppe beten? Gerade im hochreligiösen Amerika, wo die meisten derartiger Studien bisher durchgeführt wurden, ist das nicht auszuschließen.

Jakob Bösch (2002, 137 f.), Chefarzt in Basel, führt darüber hinaus aus: »Das aggressive, zielgerichtete Gebet zum Erreichen bestimmter Resultate ist nirgends als erfolgreich beschrieben, eher eine zwar hoffnungsvolle, zuversichtliche, aber trotzdem besinnliche Haltung der Demut und des Akzeptierens ... Das wie absichtslose, hingebende Sich-Verbinden bringt die stärksten Wirkungen hervor ... Seelische und geistige Heilung durch das Gebet scheint nicht im Blickfeld der Forscher gelegen zu haben, es würde sicherlich auch die Anlage einer randomisierten, kontrollierten Doppelblindstudie methodisch überfordern.«

Es ist an der Zeit, die häufig unhinterfragten Voraussetzungen kontrollierter Doppelblindstudien und die Autorität empirisch gestützter Theorien zu hinterfragen. In einem umfangreichen Beitrag eines führenden psychologischen Fachmagazins wurden kürzlich die engen Grenzen dieser Forschungsstrategie für die Klinische Psychologie aufgezeigt (Westen, Novotny, Thomson-Brenner 2004). Darin begründen die Autoren, dass dem Empirismus enge Grenzen gesetzt sind und experimentelle Untersuchungen nicht das Maß aller Dinge sind. Insbesondere kritisieren sie den Anspruch auf grenzenlose Machbarkeit und die Fiktion, durch psychotherapeutische Interventionen alle psychologischen Prozesse steuern zu können. In ähnlicher Weise wird in einer deutschen Zeitschrift die Prominenz und Autorität des RCT-Standards hinterfragt (Neukom 2004). Kritisiert wird im Einzelnen:

– Befürworter des RCT-Standards sichern sich und denen durch sie favorisierten Therapiemethoden durch die Art der Messung und Datenerhebung eigene Vorteile.
– Quantifizierende Forschung ist auf die Ergänzung durch qualitative Studien angewiesen.

> – Das medizinische Modell ist in der Psychotherapieforschung zunehmend umstritten, weil biostatistische Parameter allein das Beziehungsgeschehen einer Psychotherapie nicht erfassen können.

Bei der Fixierung auf möglichst effektive Interventionen wird die soziokulturelle Dimension in Beratung und Therapie in sträflicher Weise vernachlässigt. Dies ist auch eine Hauptkritik gegenüber der Euphorie mancher Hirnforscher. Wolfgang Prinz (2004), Direktor am Max-Planck-Institut für Kognitions- und Neurowissenschaften in München, schreibt seiner eigenen Zunft ins Stammbuch: »Was sicher revidiert werden muss, ist der kaum reflektierte Naturalismus, der das Menschenbild mancher Hirnforscher prägt. Menschen sind aber das, was sie sind, nun einmal nicht nur durch ihre Natur, sondern vor allem auch durch ihre Kultur.« Und ganz im Sinne der vorliegenden Untersuchung plädiert er im weiteren Verlauf für eine neue Rahmentheorie, die neben den neurobiologischen Faktoren die kulturellen und sozialen Faktoren berücksichtigt: »Was Subjektivität und Bewusstsein angeht, glaube ich nicht, dass mehr Wissen automatisch zu mehr Verstehen führt. Was hier nämlich fehlt, ist eine übergeordnete Theorie, die die objektive Sprache, in der wir über Gehirnprozesse reden, und die subjektive Sprache der Bewusstseinsphänomene zueinander in Beziehung setzt und im Rahmen eines einheitlichen Systems den objektiven und subjektiven Sachverhalten ihren Platz zuweist.«

Diese Grundproblematik der Hirnforschung prägt auch die Religionspsychologie. In einer früheren Arbeit habe ich auf die Bedeutung einer integrativen Rahmentheorie hingewiesen und Elemente und Vorgehensweisen einer »dialogischen Religionspsychologie« beschrieben (Utsch 1998; vgl. die weiterführenden Überlegungen von Santer 2003 und Böhmer 2004). Eine kulturwissenschaftlich orientierte Religionspsychologie kann und muss wichtige Ergänzungen zu dem gerade in der amerikanischen Forschung vorherrschenden RCT-Standard beisteuern (Belzen 1999; Popp-Baier 2000; 2003).

Auch die Erforschung der Wirksamkeit von Psychotherapie und Beratung tut gut daran, nicht blindlings dem Trend »harter Daten« zu folgen. Zwei ärztliche Psychotherapeuten haben in einer Übersicht die Unterschiede zwischen psychotherapeutischen und humanmedizinischen Untersuchungs- und Therapieverfahren zusammengefasst, die ebenfalls für eine erweiterte Forschungsstrategie sprechen (Zepf & Hartmann 2003, 417). In der Psychotherapie

– sind Basisdaten nicht objektive Befunde, sondern die Wahrnehmung der Arzt-Patient-Beziehung,
– werden die Basisdaten von der Subjektivität des Therapeuten geprägt,
– findet die Datensammlung nicht kontrolliert statt, sondern ist von einem bessern Verständnis für den Patienten motiviert,
– »richtet sich das Erkenntnisinteresse nicht auf Kausalverbindungen, sondern auf das Begreifen der inneren Entwicklungslogik einer konkret einmaligen Lebensgeschichte«.

Die Kritik an einseitigen Forschungsstrategien, die alleine dem materialistischen Weltbild verpflichtet sind, und das Plädoyer für die Einbeziehung alternativer Sichtweisen – beispielsweise Forschungsmethoden, die letztlich einer idealistischen Position zuzuordnen sind – dies alles führt unweigerlich zur Frage nach den zugrunde liegenden Welt- und Menschenbildern.

3.1 Menschenbilder als psychologische Leitkategorie

Eine alte und seit ewigen Zeiten sehr heikle Frage betrifft die Widersprüchlichkeit zwischen wissenschaftlicher und religiös-spiritueller Weltauffassung. Zwischen einer immanenten und transzendenten Wirklichkeitskonstruktion und Lebensorientierung entstehen deswegen Konflikte, weil der Andersdenkende für meine Weltauffassung eine schwer verdauliche Herausforderung bedeutet, weil meine Weltansichten mein persönliches, sinngebendes System darstellen.

Der Begriff »Weltanschauung« ist von dem Romantiker Friedrich Schleiermacher geprägt worden und entspricht einer in sich stimmigen, zusammenhängenden Gesamtansicht der Welt. Weltanschauung bedeutet damit, dass jemand aus dieser Anschauung zu leben, zu handeln und zu werten weiß – seinen persönlichen Platz im Universum gefunden hat. Eine persönliche Weltanschauung zu bilden, heißt, einen Sinn zu (er-)finden, der uns das Gefühl von Geborgenheit und Schutz gibt. Dieses ursprünglich religiöse Terrain haben sich mittlerweile einige Wissenschaften zu eigen gemacht. Besonders die Psychologie hat infolge der massiven Individualisierung unserer Gesellschaft einen besonderen Stellenwert bei der Suche nach Lebensorientierung und Selbstverwirklichung erhalten. Des öfteren ist dabei eine Grenzüberschreitung dieser Sozialwissenschaft hin zu weltanschaulichen Aussagen anzumahnen.

Norbert Bischof (1996) hat in einer grundlegenden Untersuchung das »Kraftfeld der Mythen« untersucht und Standpunkte zur Beziehung zwischen wissenschaftlicher und mythologischer – also auch religiöser und spiritueller – Weltanschauungen wissenschaftsgeschichtlich eingeordnet. Die **fundamentalistische** Grundhaltung geht davon aus, dass für den Fall, in dem sich mythische und wissenschaftliche Theorien widersprechen, das wissenschaftliche Weltbild irre und das mythische wahr sei. Denn Wissenschaft entspringe dem fehlbaren menschlichen Intellekt, die mythische Aussage beruhe hingegen auf übernatürlicher Offenbarung. Im Gegensatz dazu zieht die **aufklärerische** Grundhaltung die wissenschaftliche Aussage vor, denn die mythische Weltdeutung sei nur eine naive Vorform der wissenschaftlichen Welterklärung. Eine Lösungsmöglichkeit für den Konflikt zwischen Mythos und Wissenschaft bietet die **romantische** Grundhaltung, weil sie davon ausgeht, daß Wissenschaft und Mythos von verschiedenen Dingen reden und sich einander daher nicht widersprechen. Beide sprechen eine dem jeweiligen Inhalt angemessene optimale Sprache. Ihre Verschiedenheit betreffe zwei unvereinbare, aber einander ergänzende Weisen, die Welt zu erfahren: den Weg der »äußeren« und den der »inneren« Erfahrung. Der eine wird beschritten, wenn man die Natur intellektuell analysiert, der andere, wenn man sich von ihr gefühlsmäßig ergreifen lässt. Als letzte Epoche führt Bischof die **postmoderne** Grundhaltung an, die davon ausgeht, dass mythische Aussagen und wissenschaftliche Theorien nur scheinbar von verschiedenen Inhalten reden. Eigentlich sei der Kosmos eine Einheit und die Scheidung in eine »innere« und »äußere« Erfahrung künstlich. Wo Wissenschaft und Mythos einander widersprechen, sei das Mythische wahr, weil die klassische Wissenschaft in Kategorien denke, die der Natur nicht wirklich angemessen seien. Sie würde von ihrem eigenen Gegenstand zum Umdenken gezwungen, weil die Lebensenergie nicht rational zu erfassen sei.

Bei dem größten Teil der alternativen Psychotherapie ist die postmoderne Grundhaltung vorzufinden. Mythen wie »feinstoffliche Energie« oder »kosmisches Bewußtsein« werden vielfältig ausgeschmückt und psychologistisch verbrämt. In dieser Haltung dienen psychologische Modelle dazu, umfassende Lebensorientierung zu liefern. Grundlage bildet eine bestimmte Weltanschauung, deren Religion oder Ideologie maßgeblichen Einfluss auf die Ausgestaltung der jeweiligen Orientierung nimmt.

Die Psychologie vor der Sinnfrage

Welche Antworten kann die Psychologie auf existentielle Fragen geben? Wird die Existenz einer übermenschlichen Wirklichkeit (»Jenseits«) abgelehnt, gibt es keinen Sinn, und die Frage danach erübrigt sich. Gibt es diese Wirklichkeit doch, verlangt der menschliche Geist nach einem Erklärungsmodell in Form einer Weltanschauung, die sein Verhältnis zu dieser anderen Realität bestimmt (Schnell 2004). Nicht die Psychologie, sondern philosophische Entwürfe und Religionen liefern Weltanschauungen, die dem Einzelnen Sicherheit in einem imaginären Ganzen bieten.

Psychotherapeutische Behandlungsansätze, die sich auf dieses Terrain begeben, enthalten ein (oft unreflektiertes) anthropologisches Leitbild, das aber nicht empirisch-wissenschaftlich, sondern nur philosophisch-weltanschaulich begründbar ist. Deshalb ist eine deutliche Grenzziehung zwischen psychologischer Heilbehandlung mit dem Ziel der seelischen Gesundung und einer weltanschaulich-religiös begründeten Lebensdeutung mit dem Ziel existentieller Selbstvergewisserung vorzunehmen.

Wenn behauptet wird, Sinnfindung auf psychologischer Grundlage sei möglich, ist große Skepsis angebracht. »Für die Psychologie kann nicht der Inhalt von Sinn Forschungsobjekt sein«, bemerkt der Amsterdamer Religionspsychologe van Belzen (1997), »wohl aber die menschliche Beziehung dazu.« Zahllose populärwissenschaftliche Veröffentlichungen wie »Denken Sie sich gesund« oder »Der Weg zum Glück/Erfolg/Reichtum« et cetera schüren eine unrealistische Erwartungshaltung an die Psychologie – und überschätzen ihre Erkenntnismöglichkeiten: »Genauso wenig wie andere Fachdisziplinen ist die Psychologie dazu berufen, inhaltliche Aussagen über so etwas wie ›Sinn‹ anzustellen«, bilanziert van Belzen. Er fügt hinzu: »Sie verliert an Glaubwürdigkeit, wenn sie sich doch hierzu verleiten lässt, da sie dann die Grenzen ihrer (bescheidenen) professionellen Kompetenz aus den Augen verliert.« Das bedeutet: Normative Modelle gelingenden Lebens kann die Psychologie nicht liefern.

Für den New Yorker Psychologieprofessor Vitz förderte die westliche, konsumorientierte Marktwirtschaft eine Psychologie, in deren Zentrum die »Verherrlichung des individuellen Selbst« steht. Vitz (1994) kritisiert, wie die psychologische Selbstvergötterung aus der Humanistischen Psychologie entstanden ist und sich in eine spirituelle Selbstverwirklichung verwandelt habe. Nach der Euphorie der sechziger und siebziger Jahre sei eine große Ernüchterung eingetreten, da die Grenzen der Selbstverwirklichung sowie massive Nebenwirkungen – insbesondere im zwischenmenschlichen Bereich – unübersehbar seien.

Seine These lautet, dass das Menschenbild der Humanistischen Psychologie zutiefst narzisstisch ist und dies zu seiner breiten Anerkennung in unserer Gesellschaft geführt habe. Weil aber traditionelle Religionen in der Regel verlangen, so Vitz, narzisstische Verhaltensweisen besonders in ethischen Fragen abzulegen, hätten sich viele der New-Age-Spiritualität zugewandt. Diese Stimme eines »Rufers in der Wüste« wird das Interesse und die Popularität weltanschaulich begründeter Psychologie nicht mindern.

In der Auseinandersetzung mit alternativen Heilverfahren befindet sich die Psychotherapie im Spannungsfeld zwischen rational begründeter Wissenschaft und mythisch-irrationaler Weltanschauung. Zum besseren Verständnis dieser »Schnittmenge« ist die empirische Religionspsychologie gefordert, durch ihre Forschungen religiöses Fühlen, Denken und Handeln zu beschreiben und zu interpretieren. Diese Disziplin – in Deutschland beschämend unterentwickelt – könnte einen wesentlichen Beitrag dazu leisten, gegenwärtige gesellschaftliche Herausforderungen wie den Dialog der Kulturen und Religionen und den wachsenden Fundamentalismus besser zu bewältigen.

Unrealistische psychotherapeutische Behandlungsziele haben dazu beigetragen, die Illusion einer Verwirklichung des »ganzen« Menschen zu nähren und sein selbstsüchtiges Ego zu bedienen. Für dieses Ziel kann die Psychologie missbraucht werden, wenn sie sich nicht an ethische Normen bindet. Ohne Bezug zu einer expliziten Werteordnung kann Psychologie in den Status einer Weltanschauung gelangen, dem sie methodisch nicht gerecht werden kann. Psychologischen Modelle liegen Menschenbilder zugrunde, die ihrerseits implizite Werte enthalten und transportieren. Psychologie als weltanschauliche »Orientierungswissenschaft« überschätzt ihre Möglichkeiten, wenn sie moralische Werturteile trifft und ethischnormative Aussagen als Psychologie »verkauft«.

Umgang mit »religiösen« Gefühlen

Klassisch »religiöse« Gefühle wie Furcht, Ehrfurcht, Unterordnung, aber auch Freude, Frieden, Ekstase, Vertrauen, Glückseligkeit gegenüber einer übermenschlichen Wirklichkeit, wie sie schon Anfang dieses Jahrhunderts sehr eindrücklich von William James oder Rudolf Otto beschrieben wurden, derart religiöses Erleben findet heute nicht mehr im traditionell religiösen Milieu, sondern sehr verstreut in den Medien, der Werbung, im Sport oder auch auf dem Selbsthilfe- und Psychomarkt statt. Der Religionssoziologe Ebertz (1997) spricht treffend von der »Dispersion des Religiösen«.

Missbraucht werden derartige Gefühle, wenn der Kosmos als psychologisch verfügbar und spirituelles Erleben als therapeutisch machbar vermittelt werden. Dann wird aus einem psychologischen Modell eine Weltanschauung, deren Grundlagen nicht mehr empirisch-überprüfbares Wissen, sondern ideologische »Weisheit« bildet.

Ein Missbrauch religiöser Gefühle findet statt, wenn existentielle Lebensgefühle als gruppendynamisch herstellbar beschrieben werden. Ebenso unrealistisch und unseriös ist es, wenn religiöse Entwicklungsziele wie Heil, Ganzheit, Glück oder Vollkommenheit als psychotherapeutisch machbar dargestellt werden. Hemminger (2003) hat eindrücklich das Manipulationspotential angstmachender Gottesbilder, veränderter Bewusstseinszustände und andere Mechanismen des religiösen Fanatismus dargestellt.

Wo sich fachliches Wissen mit weltanschaulicher Ideologie bunt mischt, zerfließt die Grenze zwischen Psychotherapie und Spiritualität. Visionäre Lebensentwürfe jeder weltanschaulichen Provenienz sind auf die kritische Realitätsprüfung einer sozialwissenschaftlich fundierten Psychologie angewiesen. Diese kann irrationale Sehnsüchte und Wunschvorstellungen auf ihre Alltagstauglichkeit hin überprüfen. Wird die Psychologie selber spirituell, büßt sie ihre ideologiekritische Funktion ein und verliert ihr eigentliches Profil.

Ein besonderes Gefahrenmoment bei weltanschaulich begründeten Verfahren liegt in der Anfälligkeit für manipulierende Vereinnahmung. Jede Weltanschauung bewirkt mit ihrer wirklichkeitsbildenden Deutungsmacht letztlich Unterordnung, Hingabe und Einfügung. Der moderne Versuch, Religion auf Ethik zu reduzieren, übersieht den grundsätzlich anderen Charakter religiös-spiritueller Erfahrungen, die heute so begehrt sind: Nicht die Autonomie des guten Handelns, sondern die Erfahrung radikaler Fremdbestimmtheit ist die Grundlage des religiösen Gefühls. Darauf hat schon William James (1997) zu Anfang dieses Jahrhunderts in seinem religionspsychologischen Klassiker »Die Vielfalt der religiösen Erfahrung« ausdrücklich hingewiesen.

Der amerikanische Religionssoziologe Peter Berger weist in diesem Zusammenhang den Irrtum zeitgenössischer liberaler Kirchen zurück, dass moralische Forderungen und klare ethische Normen den Mitgliederzahlen abträglich seien. Nach Berger wächst die Plausibilität der Glaubensbestimmungen mit der Größe des Opfers, das ihre Einhaltung dem Gläubigen abverlangt. Dies bezeichnet Berger (1994, 208) als »das Herzstück religiöser Psychologie: ein Gott, der nichts von mir verlangt, tut vermutlich auch nicht viel für mich«. Menschen sehnen sich nach Orientierung und sind bereit, dafür auch einiges zu investieren.

Visionäre Modelle der menschlichen Sinnkonstruktion entstammen der Philosophie und Theologie und haben dort ihren Ursprung. Aber alle Modelle bleiben Utopie, wenn sie nicht in eine konkrete Lebenswirklichkeit übersetzt werden können. Bei diesem Transferprozess leistet die Psychologie einen entscheidenden Beitrag, weil sie Aussagen über die Realisierbarkeit einer »Vision« auf der Grundlage ihres empirisch gewonnenen Wissens über Entwicklungsprozesse der Persönlichkeit treffen kann. Andererseits ist die Psychologie auf Zielvorstellungen angewiesen, und visionäre Sinnkonstruktionen können als Entwicklungsanreiz dienen. Insofern kann von einer gegenseitigen Ergänzung von weltanschaulich begründeter Vision und ihrer Realisation durch psychologische Überprüfung gesprochen werden. Die primäre Aufgabe der Psychologie bestünde dann darin, visionäre Modelle kritisch auf ihre Alltagstauglichkeit und individuelle Stimmigkeit hin zu überprüfen.

Eigene Visionen kann ein psychologischer Entwurf nur im Rückgriff auf ein Menschenbild und eine Weltanschauung entwickeln, von Selbstverständnis einer empirischen Sozialwissenschaft kann sie allein dies nicht leisten. Übersieht sie diesen Tatbestand, wird aus einer sozialwissenschaftlichen Theorie eine Weltanschauungslehre oder gar eine Ideologie.

Als Korrektiv fällt der Psychologie die wichtige Aufgabe zu, den wunschbildanfälligen Bereich der Religion und der Spiritualität zu »erden« und kritisch zu prüfen, inwiefern eine weltanschaulich abgeleitete »Lebensbewältigungshypothese« realisierbar ist. Durch empirische Studien kann sie untersuchen, welche Zusammenhänge zwischen weltanschaulich begründeter Lebensorientierung und psychologisch überprüfbarer Lebenszufriedenheit bestehen. Leben wird dann als erfüllend empfunden, wenn die Umsetzung der persönlichen, weltanschaulich abgeleiteten Werte gelingt. Diese Ziele und Ideale können durch eine psychologische Realitätsprüfung auf ihre Umsetzbarkeit hin untersucht werden. Der Gefährdung einer Ideologisierung und weltanschaulichen Überhöhung psychologischer Einsichten muss durch eine deutliche Unterscheidung zwischen den menschenbildabhängigen Voraussetzungen und einer sozialwissenschaftlich hergeleiteten Theoriebildung begegnet werden.

Jede Kultur beruht auf einem in weitestem Sinne »religiös« gedeuteten Weltbild. Offenbar ist eine wie auch immer vorgenommene Sinnkonstruktion für das Menschsein notwendig und konstitutiv. Welche tragfähigen und erprobten spirituellen Lebensformen sind in unserer angeblich so pluralistischen Gesellschaft vorhanden? Welche neuen Gestaltungsvarianten der Bezogenheit auf Transzendenz treten hervor? Zur Beantwortung dieser Fragen ist die Psychologie in dreifacher Hinsicht herausgefordert:

1. Die Psychologie kann überprüfbare Merkmale einer gelungenen Lebensgestaltung beschreiben, die als Bewertungsmaßstab für eine individuell stimmige Sinnkonstruktion dienen können. Konzepte wie Lebenszufriedenheit, seelische Gesundheit, Bewältigungsfähigkeit, soziale Kompetenz oder Gesundheitsverhalten können als Indikatoren dafür dienen.
2. Weltanschaulich abgeleitete Lebensweisen können vor dem Hintergrund psychologischen Wissens in realisierbare Entwicklungsziele umgeformt werden: Passt diese Vision zu meiner Person, entspricht jene Ethik meinen Vorstellungen und Überzeugungen?
3. Ob die anvisierten Entwicklungsziele mit den Resultaten der alltäglichen Wirklichkeit übereinstimmen, kann ebenfalls die Psychologie überprüfen. Weltanschauliche Orientierung bzw. Religion kann als ein menschliches Grundbedürfnis angesehen werden, das als Phänomen unabhängig von Kultur, Geschlecht oder Bildung zu beobachten ist. Die Psychologie trägt zum Verständnis der damit verbundenen Gefühle, Einstellungen und Gedanken durch die Erkenntnisse ihrer Disziplin Entscheidendes bei – die zaghafte Renaissance der deutschsprachigen Religionspsychologie belegt dies.

3.2 Zwei entgegengesetzte Vorannahmen

Wie der erste Abschnitt gezeigt hat, wird die Religionspsychologie in Deutschland vernachlässigt. Dies belegt auch ein Blick in die einschlägigen psychologischen Lehrbücher. Dort werden zwar Werbung, Sport, Musik und andere kulturelle Phänomene differenziert aus psychologischer Sicht dargestellt, selten aber die Religiosität.[45] Wenn Religiosität und Spiritualität thematisiert werden, sind meistens zwei entgegengesetzte Vorannahmen vorzufinden, von denen ausgegangen wird:

Eine letztlich krankmachende Gottesprojektion (*Religion als Illusion*) oder das therapeutisch wirksame Ur-Vertrauen (*Religion als Liebe*) sind die beiden zentralen Prämissen, die, häufig versteckt oder gar unreflektiert, im Hintergrund zahlreicher religionspsychologischer Studien standen und stehen.

Für die USA weist der bekannte Religionspsychologe *David Wulff* (2000a) darauf hin, dass sich besonders in diesem Forschungsgebiet häufig die Interessen mischen. So bemängelt er, dass bei einem Großteil der amerikanischen Religionspsychologen eher religiöse als psychologische Interessen im Mittelpunkt ständen. Andere Kenner der amerikanischen Forscherlandschaft bestreiten dies oder sehen darin kein Hindernis.

In der Geschichte der Religionspsychologie können jedoch die beiden genannten Prämissen leicht identifiziert werden. Einerseits wurde Religionspsychologie zu Anfang des vergangenen Jahrhunderts oftmals mit primär apologetischem Interesse betrieben, um den christlichen Glauben gegen Einwände anderer Weltanschauungen zu schützen (Zinser 1988). Andererseits erschienen in letzter Zeit erneut einige deutschsprachige Publikationen mit dem Anliegen, aus psychologischer Perspektive die Religiosität als illusionäres Wunschdenken zu entlarven und für eine Befreiung durch eine kritische, objektive Wissenschaft oder die Psychoanalyse zu plädieren (Rattner 1990, Buggle 1992, Henseler 1995).

Beide Ansätze stehen in Gefahr, ideologisierend und damit unwissenschaftlich vorzugehen. Für eine gegenstandsangemessene Religionspsychologie ist es hilfreich, von Anfang an die persönlichen Grundüberzeugungen des Wissenschaftlers zu kennen, um Missverständnisse zu vermeiden und auf Gefahrenquellen der jeweiligen Perspektive und auf subjektive Verzerrungen zu achten. Mit Recht wird vor der Möglichkeit gewarnt, dass sowohl ein streng gläubiger als auch ein atheistischer Forscher seine Weltanschauung unbewusst auf seine Forschungen übertragen könne (Wulff 1985, 41 ff.; Reich 1999).

Auch für andere Religionswissenschaftler sind neben den wissenschaftlichen die persönlichen Voraussetzungen entscheidend, weil es nach ihrer Meinung keine voraussetzungslose Wissenschaft gibt und das persönliche Weltbild Einfluss auf den Forschungsprozess nimmt. Nach einer Aufzählung von wissenschaftlichen Kompetenzen führt der Religionswissenschaftler *Friedrich Heiler* (1979) drei persönliche Haltungen an, die ein Religionsforscher mitzubringen habe, weil man der Religion »nicht bloß mit rationalen, philologischen und psychologischen Maßstäben beikommen« könne. Diese drei Erfordernisse sind nach Heiler »Ehrfurcht vor aller wirklichen Religion, ... persönliche religiöse Erfahrung, ... und das Ernstnehmen des religiösen Wahrheitsanspruches«. Die eigene Erfahrung mit ihrer subjektiven Evidenz kann durch die Auseinandersetzung mit anderen Erlebensweisen auf eine heilsame Weise relativiert werden – und sich dadurch für Neues öffnen.

Mittlerweile wird der Glaubensüberzeugung sowohl bei Religionsforschern als auch bei therapeutisch Tätigen mehr Aufmerksamkeit gewidmet. Sowohl eine sachgerechte Untersuchung religiöser Phänomene als auch der beraterisch-therapeutische Umgang mit Fragen, die diesen Bereich berühren, stellt besondere Anforderungen.[46] Sowohl der Forscherin als auch dem Berater ist dringend zu empfehlen, die eigenen Glaubensgrundsätze, Werthaltungen und religiös-spirituellen Überzeugungen zu reflektieren und zu kommunizieren. Vereinzelt gestatten es mittlerweile religionspsychologische Forscher und Praktiker, Einblicke in ihre persönliche Grundüberzeugung zu nehmen (Dill 1990, McDargh 1994). Gerade auf dem stark durch die Persönlichkeit des Therapeuten geprägten Feld der Psychotherapie beeinflusst der weltanschauliche Standpunkt die Bearbeitung ethisch-religiöser-weltanschaulicher Konflikte. Insofern ist es nur folgerichtig, wenn Therapeuten ihre persönliche Perspektive offen darlegen.[47] Schon eine Studie aus den siebziger Jahre mit Heilern aus verschiedenen Kulturen verglich Schamanen mit Psychotherapeuten und zeigte, dass für einen erfolgreichen Beratungs- und Heilungsprozess ein gemeinsames Weltbild zwischen Behandler und Ratsuchendem entscheidend ist (Frank 1981). Da dieser unspezifische psychotherapeutische Wirkfaktor allgemein anerkannt ist und insbesondere durch amerikanische Studien belegt ist, läge es nahe, wenn jeder Therapeut die menschenbildabhängigen Voraussetzungen seiner Behandlung reflektieren und dokumentieren würde. Diese zusätzliche Information für den Klienten könnte seine Therapeutenwahl positiv beeinflussen, da ein ähnliches Weltbild von Psychotherapeut und Klient die Behandlung vereinfachen und effektiver machen würde.

Es leuchtet ein, dass die oben skizzierten, gegensätzlichen Forschungsmotive, die sich gegenseitig regelrecht aufheben, eine von unterschiedlichen Perspektiven getragene, aber allgemein akzeptierte Definition über Inhalt, Zweck und Ziel religionspsychologischer Forschung erschweren. Wie soll sachgemäß Religionspsychologie betrieben werden? »Müssen ReligionspsychologInnen religiös gläubig sein«, fragt zugespitzt der Schweizer Religionspsychologe Helmut Reich (1999) und kommt zu dem Schluss, dass die Vorteile für PsychologInnen mit religiösen Erfahrungen überwiegen, wenn dem möglichen Nachteil einer zu unkritischen Dateninterpretation vorgebeugt wird – zum Beispiel durch Teamarbeit.

Viele Gesundheitsexperten können sich nicht vorstellen, dass Religion etwas zu seelischer und körperlicher Gesundheit beitragen kann. Das hängt jedoch mit ihren eigenen Erfahrungen zusammen. Umfragen zufolge sind Psychiater und Psychotherapeuten eher Menschen, die selber wenig Beziehungen zu einer Religion oder einem persönlichen Glauben haben. Vielleicht liegt es daran, dass sie durch ihren Beruf versuchen müssen, Erklärungen für unverständliche und ungewöhnliche Verhaltensweisen zu finden. Im Rückgriff auf ein Krankheitsmodell und eine Theorie der Gesundung versuchen sie als Experten, das Erleben und Verhalten eines Patienten verständlich und erklärbar zu machen. Religiös-spirituelle Erfahrungen entziehen sich dagegen einer rationalen Erklärung, weil ein wesentlicher Bestandteil dieser Erfahrungen – Gott oder eine übermenschliche Wirklichkeit – der wissenschaftlichen Betrachtungsweise nicht zugänglich ist.

Abgesehen von dem schädigenden Einfluss neurotischer Gottesbilder – spielen religiöse Überzeugungen heute wirklich noch eine Rolle? Sind sie für die seelische Entwicklung und damit die Psychologie relevant? Gottesvorstellungen nehmen subtilen Einfluss auf die individuelle Persönlichkeitsentwicklung, auch wenn das Ausmaß ihrer Bedeutung wegen des meist unbewussten Verlaufs unklar ist. Deshalb tut die Psychologie gut daran, sich unter den veränderten kulturellen Rahmenbedingungen einer säkularisierten Gesellschaft neu damit zu beschäftigen. Empirische Studien aus religionspädagogischer Sicht liegen dazu vor (Fetz, Reich & Valentin 2001).

Neben der subjektbezogenen Perspektive interessiert sich die Psychologie natürlich für allgemeingültige Gesetzmäßigkeiten. Wenn aber ausschließlich mit fünfstufigen Fragebögen und korrelationsstatistischen Berechnungen versucht wird, das religiöse Erleben als eine besondere Motivationsform oder als einen eigenständigen Persönlichkeitsfaktor abzubilden, stellt sich die Frage, was dabei wirklich gemessen wird.[48] Die Euphorie über berechenbare Daten »lässt allzu leicht übersehen, dass ein Fragebogen, so raffiniert er auch immer konstruiert sein mag, ein recht plumpes und naives Instrument bleibt, wenn es um die psychologische Erfassung so vielschichtiger Bildungen geht, wie es individueller Glaube und Religion sind« (Müller-Pozzi 1982, 78). Neuere Untersuchungen zu positiven Effekten religiöser Glaubensüberzeugungen weisen sogar darauf hin, dass ihre gesundheitsförderliche Wirkung sozusagen als Neben- und Abfallprodukt durch Gelassenheit,

Loslassen und Vertrauen entsteht und deshalb gar nicht kontrolliert und gezielt gesteuert werden können.[49]

Obwohl also mit psychologischen Methoden nicht überprüft werden kann, ob eine eigenständige religiöse Wirklichkeit existiert oder diese rein innerseelisch zu erklären ist – die Möglichkeit ihrer Faktizität darf nicht ausgeschlossen werden. Über diesen zentralen und bis heute aktuellen Konfliktpunkt jedes religionspsychologischen Entwurfs ist ein spannendes Streitgespräch zwischen zwei geistigen Größen des vergangenen Jahrhunderts – Martin Buber und Carl Gustav Jung – überliefert, dass hier weiterhelfen kann, auch wenn es vor über fünfzig Jahren stattfand.[50] Buber (1994, 82) bezeichnet Jungs Archetypenlehre als »pseudoreligiös, ... weil sie nicht eine persönliche Wesensbeziehung zu einem als unbedingtes Gegenüber Erfahrenen oder Geglaubten bezeugt«. Vielmehr konstatiert er eine »Wende ins Gnostische«, weil Jungs Seelenbegriff Gott als einen abhängigen Bewusstseinsinhalt, nicht aber autonom konzipiert. Buber hingegen betont die eingeschränkten rationalen Möglichkeiten: »Wir können Gott nicht denken, sondern ihm nur je und je begegnen – ohne ihn beschreiben oder definieren zu können. Er bleibt verhüllt« (ebd., 156).

Ganz ähnlich argumentiert der große katholische Religionsphilosoph Romano Guardini (1958, 13): »Die Religion könnte auch daraus ›entstanden‹ sein, dass es Gott gibt. Das religiöse Verhalten des Menschen könnte auf eine Wirklichkeit antworten, die Wirklichkeit Gottes, und mit dieser zusammen einen Ur-Bezug bilden, der einfachhin gegeben, wesentlich und notwendig ist.« Ein empirisch forschender Religionspsychologe forderte in gleicher Absicht dreißig Jahre später: »Psychologen müssten die Möglichkeit der Realität Gottes als Wahrheitsanspruch ernster nehmen, damit ihre Forschungen sinnvoll und nicht willkürlich-empiristisch ausfallen« (Hood 1986, 36).

Unbestritten ist das Forschungsobjekt Glaube, Religiosität und Spiritualität eine komplizierte Angelegenheit. Weshalb, so kann jetzt mit Recht gefragt werden, werden dann überhaupt psychologische Überlegungen zum Verständnis religiöser Erfahrungen angestellt? Welchen Beitrag kann die Psychologie zur Einordnung und Bedeutung religiöser Glaubensüberzeugungen leisten? Was könnte – und vielleicht sogar sollte – die Psychologie zur Erhellung dieser komplexen und kontrovers diskutierten Themen beitragen?

– Die Religionsgeschichte enthält eine Fülle von Beispielen, die sowohl die Wirklichkeitsflucht in utopisch-wahnhafte Vorstellungen als auch das Ausnutzen und den Missbrauch von Beziehungen zu Untergebenen dokumentieren. Weil die menschliche Begegnung mit einer religiös-spirituellen Wirklichkeit immer nur punktuell und kurzfristig stattfindet, ist die Religion anfällig für Trugbilder und Wunschvorstellungen. Hier kann die Psychologie zu einer kritischen Realitätsprüfung beitragen, indem sie untersucht, ob und wie sich religiös-spirituelles Vertrauen im Alltag auswirkt und bewährt.

– Menschen, die in Phasen meditativer Versenkung intensive Gotteserlebnisse haben oder bisweilen durch spirituelle Wahrnehmungen irritiert werden, stehen vor der Aufgabe, ihre spirituellen oder religiösen Erfahrungen psychologisch zu integrieren. Leider steckt eine Entwicklungspsychologie der Spiritualität noch ganz in den Kinderschuhen (Benson, Roehlkepartain & Rude 2003; Hay, Reich & Utsch 2005). Wenn als Gegentrend zur Technikfaszination der Meditationsboom verstanden wird, muss zukünftig stärker auf die »Passung« zwischen

Charakterstruktur und Frömmigkeits- bzw. Meditationsstil geachtet werden, damit Religiosität und Spiritualität zu einer wirkungsvollen Ressource der Sinnfindung und Lebenshilfe werden.

– Im Zeitalter religiöser Pluralisierung ist es höchste Zeit, die zahlreichen Umgangsformen mit einer subjektiv als religiös oder spirituell erlebten Wirklichkeit psychologisch zu erforschen.

In der Geschichte der psychologischen Religionsforschung ist immer wieder auf die beiden »Fallen« einer entweder reduktionistischen oder apologetischen Verzerrung hingewiesen worden. Wenn es stimmt, dass die religiöse Wirklichkeit »ein Geheimnis bleibt, dass man weder durch Wissen noch durch Erfahrung einholen kann,«[51] sollte jedes religionspsychologischer Forschungsprojekt sehr genau über die Voraussetzungen, Erkenntnisziele und Methodenfragen nachdenken, will sie ihre Beschreibung nicht auf Äußerlichkeiten einschränken.[52] Andererseits besteht verständlicherweise die Gefahr, durch psychologische Argumentationen insgeheim die Wirklichkeit Gottes beweisen oder widerlegen zu wollen.

Ein zentrales Problem der Mystik als einer unsichtbaren Wirklichkeit ist das der Wahrheit. Sind die Berichte intensiver religiöser Erfahrungen auf die Auswirkung realer Kräfte und Energien zurückzuführen, oder entspringen sie einer regen Phantasie oder gar wahnhaften Gedanken?[53] Bei den »Betroffenen« haben derartige Erfahrungen aufgrund der gewöhnlich intensiven Gefühlsbeteiligung eine unhinterfragbare Überzeugungsqualität – »ich habe es selber erlebt«. Schwierig wird es, wenn diese Erfahrungen verallgemeinert und zur Norm mit Absolutheitsanspruch erhoben werden.

In seinen Ausführungen über die Vielfalt religiöser Erfahrungen fasst William James bezüglich ihrer Echtheit zusammen, dass mystischen Bewusstseinszuständen von den Betroffenen selber mit Recht höchste Autorität eingeräumt werde. Durch die Wucht dieser Erfahrungen werde die Autorität des rationalen Bewusstseins gebrochen und eine andere Wahrheitsordnung eröffnet, »der wir so lange Glauben schenken dürfen, als sie in uns eine lebhafte Resonanz auslöst« (James 1997, 418). Wenn also eine Wirklichkeitsdeutung für den Einzelnen passend und stimmig erscheint, hält James (ebd.) das individuelle Befolgen für richtig. Gleichzeitig gibt er aber zu bedenken: »Für Außenstehende stellen sie keine Autorität dar, die diese verpflichte, ihre Offenbarungen unkritisch anzunehmen.«

Welche Wege zur Wahrnehmung und Beschreibung der religiösen Wirklichkeit eröffnen sich für die Psychologie? Man könnte dem Religionswissenschaftler Stephenson (1995, 7) folgen, bei dessen lebenslangen Bemühen um die Erforschung religiöser Phänomene und Ausdrucksformen der »Gedanke einer umgreifenden Wirklichkeit« aufkeimte, die er als »Bezugsgröße menschlicher Erfahrung und menschlichen Verhaltens« ansetzte. Für den Begriff Wirklichkeit habe »sowohl die von Meister Eckhart gebrauchte Wortbildung ›würk(e)licheit‹ im Sinne wirkenden Seins als auch die neuhinduistische Bezeichnung für die eigentlich religiöse Erfahrungsebene mit ›highest/supreme reality‹« (Stephenson ebd.). Diese Umschreibung verdeutlicht die bescheidenen Möglichkeiten und engen Grenzen einer Psychologie des religiösen Erlebens: Die seelischen Reaktionen auf eine – eingebildete oder tatsächliche – Wirklichkeit können untersucht werden, nicht aber deren Wahrheitsgehalt. Für die Psychologie ist es »daher nicht wesentlich, ob es sich (bei der Religiosität, M.U.) um echte Lebenswerte handelt oder nur um solche, die subjektiv für echt genommen werden« (Spranger 1927, 239). Und weil das

»menschliche Seelenleben bewusst an mystischen Vorgängen beteiligt ist, muss es eine Psychologie der Mystik geben« (Mager 1946, 46).[54]

Jede psychologische Annäherung an die menschliche Religiosität steht also vor der großen Herausforderung, die Frage nach der zugrunde liegenden Apologetik zu klären. Die anspruchvolle und schwierige Aufgabe besteht darin, Apologetik – »Religiöses ist allein psychologisch nicht erklärbar und trotzdem für den Menschen notwendig, weil …« und Reduktionismus – »Religion kann hinreichend psychologisch erklärt werden als …« auszubalancieren.

Religiöse Fragen, vorläufig verstanden als die Suche nach einer Bedeutung für besondere und unerklärliche Ereignisse, können natürlich auch als kindisch oder unlösbar abgetan werden. Die hochtechnisierte und konsumorientierte westliche Welt hat dem atheistischen Materialismus nahrhaften Boden bereitet. Dennoch – viele Trendanalytiker beobachten gerade in den Industrienationen eine »Wiederkehr des Religiösen«. Zumindest religiöse Versatzstücke, rituelles Beiwerk oder sakrale Inszenierungen sind seit geraumer Zeit hoch im Kurs. Diese zerstreute oder verwischte Religion erinnert zumindest an die potentielle Ausdrucks- und Heilungskraft der menschlichen Symbolisierungsfähigkeit.[55]

> Der Wirklichkeitsbereich des Religiösen berührt zumindest einige Male das Alltagserleben jedes Menschen, ganz egal, ob als Begründungen Zufall, Karma oder Gott angenommen werden. Aus psychologischer Sicht kommt der Religiosität die wichtige Aufgabe zu, ein Gefühl der Sicherheit und Geborgenheit angesichts der stets ungewissen Zukunft zu vermitteln. Dazu verhelfen religiöse Wirklichkeitsmodelle.

Im Zusammenhang von Beratung und Therapie können religiöse Probleme, weltanschauliche Konflikte oder spirituelle Krisen sehr unterschiedlich behandelt und gelöst werden. Im Prozess der Krisenbewältigung kann sich als ein möglicher Nebeneffekt ein persönlicher Zugang zu einer religiösen Interpretation, manchmal sogar zum religiösen Erleben eröffnen. Eine neue Wahrnehmungs- und Deutungsperspektive erweist sich bei manchen Menschen als ein hilfreiches Instrument der Konfliktbewältigung und der weiteren Lebensführung.

Zahlreiche Menschen haben darüber berichtet und ausführlich beschrieben, wie durch eine lebensbedrohliche Krankheit oder eine andere existentielle Lebenskrise zumindest ihre früher häufig unreflektierte religiöse Haltung massiv in Frage gestellt wurde. Ja, oftmals stellten sie angesichts der zugespitzten Konfliktlage fest, wie undifferenziert und oberflächlich sie bisher mit religiösen Fragen umgegangen sind. Manche konnten aber der schmerzlichen und verlustreichen Belastungs- und Trauerzeit im Rückblick den Nutzen abgewinnen, dadurch einen veränderten und angemesseneren Zugang zum Leben gewonnen zu haben (Lewis 1982, Peck 1986).

Eine ernsthafte Lebenskrise fordert normalerweise eine religiöse Stellungnahme ein. Dieser Tatsache wird in beraterischen und psychotherapeutischen Zusammenhängen hierzulande bisher wenig Rechnung getragen. Andersherum gewendet, liegen allerdings zahlreiche empirische Studien darüber vor, dass Menschen mit festen Glaubensüberzeugungen sowohl Krankheiten und Verlusterfahrungen besser bewältigen als auch tendenziell weniger krankheitsanfällig sind, wie es ausführlich in Kapitel 5.1 beschrieben wird.

3.3 Ein dritter Weg? Zur Transparenz anthropologischer Vorentscheidungen

Die Bedeutung des Menschenbildes

Die fundamentale Frage nach dem Wesen des Menschseins – seiner Besonderheit, seinen Entwicklungsmöglichkeiten und seinem Gestaltungspotential – ist bis heute nicht beantwortet. Einige sehen den Menschen nach wie vor mit Goethe als »edel, hilfreich und gut« an, andere mit Darwin als eine Bestie, ein menschelndes Tier an, das seinen Artgenossen zum Wolf werden kann. In der Pädagogik existiert seit Jahrzehnten ein Richtungsstreit zwischen Strenge und »Laissez-faire«, das in einem Kind entweder einen zu zähmenden Tyrann oder einen kleinen Gott erkennt. Welches Menschenbild ist zutreffend?

Kürzlich hat ein bekannter Psychologe sehr eindrücklich die Folgen beschrieben, wenn die Psychologie Menschenbildfragen übergeht. Nach Fahrenbergs (2004) Überzeugung ist die Beschäftigung mit den Grundfragen des Menschseins nötig, um den weltanschaulichen Meinungs-Pluralismus zu tolerieren, ohne dabei die eigenen Überzeugungen aufzugeben. Die kann zu einem besseren Verständnis gegenwärtiger gesellschaftlicher Phänomene beitragen und dadurch Konflikte entschärfen. Aktuelle Herausforderungen wie der schwierige Dialog der Kulturen und Religionen oder der Umgang mit einem wachsenden Fundamentalismus können besser bewältigt werden, wenn religiöses Fühlen, Denken und Handeln einzelner und bestimmter Milieus religionspsychologisch beschrieben, analysiert und interpretiert werden.

Dabei ist das Gespräch über die persönliche Religiosität anspruchsvoll und anstrengend. Religiöse Themen sind deshalb so unbequem, weil sie die Wahrheitsfrage berühren. Und weil die Wahrheit nun einmal universelle Gültigkeit beansprucht, wird ein offener Gedankenaustausch über religiöse Glaubensüberzeugungen heikel. Wenn nämlich unterschiedliche Erfahrungen und Positionen zum Vorschein kommen, wird die Position des Gegenübers damit automatisch in Frage gestellt.

Angesichts einer zunehmend multikulturellen Gesellschaft und einer Pluralität von Weltanschauungen ist jedoch die eigene Standortbestimmung wichtig. In der Erarbeitung einer eigenen Weltanschauung sieht Benesch (1990, 12) das wichtigste Merkmal menschlicher Geistestätigkeit. Dies sei heute nötiger als zu früheren Zeiten, weil die Menschen »das selbstverständliche Vertrauen in die geistige Geborgenheit eines allgemein anerkannten Weltanschauungssystems verloren haben«. Dabei unterscheidet Benesch fünf Dimensionen einer Weltanschauung:

– Weltbild: Wie erklärt man sich die Welt, und was passiert nach dem Tod?
– Menschenbild: Was sind Besonderheiten, was die Grenzen des Menschen?
– Sinnorientierung: Was macht den Alltag bedeutungsvoll?
– Wertekanon: Welche Ideale werden verfolgt?
– Moral und Ethik: Welche Regeln und Normen sind verpflichtend?

Was der Mensch ist oder werden kann, hängt von den perspektivischen Voraus-Setzungen ab. Sieht er (oder sie) sich unter theologischen Vorzeichen als Ebenbild Gottes eingeladen zu einer Partnerschaft mit dem Schöpfer, in den Worten von Psalm 8[56] nur »wenig geringer als Gott« verortet und mit Verwaltungskompetenz betraut? Oder werden aus psychologischer Sicht die Umwelteinflüsse betont, Sozialisation und Gene problematisiert und der Mensch als »Triebschicksal« entworfen, der seinen Bedürfnissen ausgeliefert scheint? Diese überzeichnete Gegenüberstellung verdeutlicht, wie unterschiedliche Menschenbilder die Entwürfe der menschlichen Person geprägt haben.

Ohne die Festschreibung von Entwicklungszielen und -grenzen können psychologische Veränderungsmethoden ganz nach Willkür und Beliebigkeit eingesetzt werden. Auch die heiklen Fragen nach ethischen Grenzen und Pflichten in der therapeutischen Beziehung lässt sich ohne den Rückgriff auf anthropologische Vorentscheidungen nicht beantworten. Weil dem Menschenbild in jedem psychologischen Entwurf eine zentrale Bedeutung zukommt, sollte es reflektiert und transparent gemacht werden.

Das stark angewachsene Gebiet der Lebenshilfe und Konfliktberatung – gleichgültig, ob sie in einem psychotherapeutischen oder einem seelsorgerlichen Zusammenhang stattfindet – befindet sich hier in einem enormen Spannungsfeld, weil »gleiche praktische Absichten, aber unterschiedliche Menschenbilder« vorliegen (Winkler 2000, 96). Noch präziser: Auch wenn die Bemühungen um lebensdienliche Hilfeleistungen seitens der Psychologie und Theologie ein gemeinsames Ziel verfolgen, so ist doch »entgegen Harmonisierungstendenzen eine klare Unterscheidung im weltanschaulichen Bereich und ein dementsprechendes Konkurrenzverhalten dort angezeigt, wo der Begriff ›Transzendenz‹ entweder (tiefen-)psychologisch oder theologisch ins Spiel gebracht wird und damit einer höchst unterschiedlich vorgezeichneten Anthropologie zugeordnet wird« (Winkler 1995, 6). Diese Voten untermauern das hier betonte Vorgehen, anthropologische Vorentscheidungen zu reflektieren und zu kommunizieren.

Anthropologie als Entscheidungshilfe

Der emeritierte Freiburger Psychologie-Professor Jochen Fahrenberg hat sich in den Spezialdisziplinen der Psychophysiologie und der Testpsychologie einen bleibenden Namen geschaffen. Einer der in Deutschland gebräuchlichsten Eigenschaftstests, der FPI-Fragebogen (»Freiburger Persönlichkeits-Inventar«), stammt aus seiner Feder. Sein neues, umfangreiches Werk zeugt jedoch von einem weitaus größeren Interessens-Horizont. Neben psychotherapeutischen Ansätzen stellt das Buch einige erstaunliche Befunde aus benachbarten Natur- und Geisteswissenschaften vor. Damit möchte der Autor zum Nachdenken über die Vielfalt der Menschenbilder anregen. Er stellt sich das hohe Ziel, unterschiedliche Deutungen über die Natur und die Bestimmung des Menschen darzustellen und psychologisch zu untersuchen. Mit seiner sorgfältig erarbeiteten Übersicht will Fahrenberg (2004) dazu beitragen, den Meinungs-Pluralismus zu tolerieren, ohne dabei die eigenen Überzeugungen aufzugeben.

Für dieses Projekt schlägt Fahrenberg einen ungewöhnlichen, aber spannenden Weg ein: Längeren Textpassagen an »Expertenwissen« folgen eigene Systematisierungen, Kommentare und psychologische Überlegungen. Zunächst stehen bekannte Psychologen und Psychotherapeuten im Mittelpunkt, die den Menschen sehr unterschiedlich konzipiert haben: Freud, Jung, Bühler, Fromm, Rogers, Frankl, Maslow, Skinner werden jeweils in einer tabellarischen Biographie vorgestellt und kommen mit mehrseitigen (!) Textzitaten selber zu Wort. Daran schließen sich Erläuterungen und Kommentare des Autors an, die sich besonders auf das jeweils zugrunde liegende Menschenbild beziehen. Fahrenbergs Erläuterungen und Kommentare fallen wohltuend knapp, zurückhaltend und präzise aus. Diese Methode – Zitate, Erläuterungen und Kommentare – zieht sich auch durch die folgenden Kapitel, die religiöse, naturwissenschaftliche und gesellschaftliche Menschenbilder zum Inhalt haben. Diese Struktur gibt der Themenfülle eine einheitliche Gestalt und ermöglicht darüber hinaus ein interessengeleitetes, selektives Lesen. In den drei letzten Kapitel entfaltet Fahrenberg seinen eigenen Entwurf einer Psychologischen Anthropologie.

Die bewusste Auswahl von kontroversen Standpunkten macht ein Hauptanliegen des Autors deutlich: Er stellt möglichst unterschiedliche Ansätze vor, um das reichhaltige Spektrum von Menschenbildern widerzugeben. Dabei versteigt er sich nicht zu dem Versuch eine einheitlichen Systematisierung im Sinne einer Synopse. Aber angesichts des modernen Pluralismus, den Fahrenberg als eine Folge der Aufklärung charakterisiert, komme dem Menschenbild als dem persönlich handlungsleitenden Motiv eine zentrale Stellung zu. Außerdem werde das Nachdenken über die Vorannahmen in der Psychologie bisher zumeist vernachlässigt. Fahrenbergs Ziel ist die Förderung der Reflexion, Transparenz und des Dialogs über persönliche Überzeugungsmuster. Angesichts drängender gesellschaftlicher Konfliktherde – man denke nur an den Kopftuchstreit oder die Bioethik – und in Ermangelung einer Streitkultur zwischen konträren Milieus und weltanschaulichen Standpunkten behandelt dieses Buch ein zukunftsweisendes Thema aus psychologischer Sicht.

Für die Darstellung religiöser Menschenbilder, die dem Kapitel über die Psychotherapeuten folgt, wählte der Autor die christliche und buddhistische Sichtweise aus. Während das christliche Weltbild in Europa (noch) eine zentrale Rolle spielt, bildet nach Fahrenbergs Meinung der Buddhismus als Religion ohne Gott und unsterbliche Seele den größten Kontrast dazu. Die dazugehörigen Textzitate stammen aus einem katholischen Lehrbuch, dem sog. »Welt-Katechismus« und Reden des Buddha. In diesem Kapitel sind außerdem noch Zitate von drei Psychotherapeuten aufgenommen, die sich mit sehr unterschiedlichen Konsequenzen an der Lehre des Christentums orientieren – der bekannteste von ihnen ist Eugen Drewermann.

Unter der Rubrik »Neue Perspektiven« kommen in dem anschließenden Kapitel Ansätze der Primatenforschung, der Evolutionsbiologie, der Neurowissenschaften, der Computertechnologie und die interkulturelle Perspektive zur Sprache. Die Zitate wurden hier sehr lesefreundlich ausgewählt – zum Teil sind es Wiedergaben aus populärwissenschaftlichen Zeitschriften, und die Themenauswahl trifft den Nerv unserer Zeit. Das menschliche Selbstverständnis, das schon durch Kopernikus, Darwin, Marx und Freud starke Veränderungen erfahren hat, wurde in den letzten drei Jahrzehnten durch rasante Fortschritte in den Informations- und Biotechnologien neu und radikal in Frage gestellt. Ohne sich in Details zu verlieren, gelingt es dem Autor bravourös, die wichtigsten Entwicklungen auf diesen Gebieten anschaulich nachzuzeichnen. Die hier skizzierten technischen und wissenschaftlichen Fortschritte stellen gewohnte Denktraditionen in Frage, die Veränderungen des Selbstbildes zur Folge haben. Mit großem Nachdruck mahnt Fahrenberg dazu psychologische Untersuchungen an – diesbezügliche Vorarbeiten hat er mit diesem Buch selber beigesteuert.

Wie sehr der Autor in dem weiträumigen und unübersichtlichen Gelände der Weltanschauungen zu Hause ist, zeigt das folgende Kapitel, in dem er drei aktuelle Streitpunkte als »Kernthemen des Menschenbildes« identifiziert und kompetent diskutiert: das Leib-Seele-Problem, den freien Willen und den interkulturellen Pluralismus. Als Folge seiner Überlegungen appelliert er an die Leser, sich mit den eigenen Annahmen über die Menschen bewusster zu beschäftigen und darüber zu sprechen, weil das »zum besseren wechselseitigen Verständnis beitragen und vielleicht auch die Toleranz abweichender Überzeugungen fördern« könne (Fahrenberg ebd., 331).

Fahrenberg geht davon aus, dass jeder Mensch ein individuelles Muster von grundsätzliche Überzeugungen, Werten und Zielen entwickelt hat, die seine alltäglichen Entscheidungen bestimmen. Für Fahrenberg liegen diese Themen nicht abseits der Psychologie, weil sie das Selbstbild des Menschen entscheidend beeinflussen. Fahrenberg will mit seinem Buch das Projekt einer »Psychologischen Anthropologie« vorantreiben, weil sie nach seiner Überzeugung durch neue theoretische Perspektiven und durch empirische Untersuchungen zu einem vertieften Verständnis des Menschen beitragen könne.

Natürlich ist dem Autor bewusst, dass die Auswahl bei einer solch umfassenden Fragestellung nur eine höchst subjektive sein kann. Beeindruckend ist jedoch die klare Gedankenführung und die Fülle des Materials, die in Fahrenbergs Überlegungen eingeflossen sind. Für die derzeit hochaktuelle Beschäftigung mit Menschenbildfragen stellt Fahrenbergs Buch ein äußerst nützliches Kompendium dar, das sich hervorragend für Seminare und Diskussionsgruppen eignet. Die klug ausgewählten Textauszüge vermitteln zudem einen authentischen Eindruck von dem jeweiligen Verfasser und können zur Originallektüre verführen – ein wichtiger Nebeneffekt!

Die Stärke des Bandes ist auch gleichzeitig seine Schwäche. Seine Informationsfülle, die noch durch empirische Befunde psychologischer und soziologischer Untersuchungen angereichert wird, geht zu Lasten der psychologischen Analyse und ihrer vertiefenden Deutung. Das Buch stellt eher eine eindringliche Problemanzeige denn einen Ratgeber zum Umgang mit der weltanschaulichen Vielfalt dar, obwohl dieses Problem an zahlreichen Stellen deutlich hervortritt. Wahrscheinlich wäre dafür aber ein neues Buch nötig gewesen. Auch fragt man sich, warum gerade bei der Auswahl der Psychologen-Menschenbilder die hundertfach referierte Traditionsabfolge von Psychoanalyse, Gesprächstherapie, Humanistischer Psychologie und Verhaltenstherapie noch einmal durchgekaut werden muss und nicht etwas unbekanntere, aber nicht minder anregende Sichtweisen vorgestellt werden, wie etwa die psychologische Biographik von Hans Thomae (1998) oder die dialogische Persönlichkeitslehre von Dieter Wyss (1982).[57]

Dennoch: Das Buch ist ein großer Wurf, weil es aktuelle Gegenwartsfragen auf hohem Niveau reflektiert und besonders die psychologische Problematik des interkulturellen Zusammenlebens erfasst. »Mehrdeutigkeit und Pluralismus zu dulden«, hält Fahrenberg fest, »stellt hohe Anforderungen, denn zwangsläufig werden dadurch die eigenen Überzeugungen und deren Wahrheitsanspruch relativiert.« Schade, dass keine psychologischen Anregungen für den Umgang mit Fremdheit folgen oder Beispiele dafür aufgeführt werden, wie der Umgang mit Andersartigkeit gestaltet werden kann und die eigene Identitätsbildung unterstützt. Die theoretischen Grundlagen würde ein praktischer Ratgeber mit psychologischen Hilfen zur interkulturellen Verständigung optimal ergänzen!

Die multikulturelle Weltgemeinschaft erfordert von ihren Mitgliedern eine hohe Toleranzbereitschaft – und darüber hinaus die Fähigkeit, über unterschiedliche Werte, Lebensziele und Menschenbilder ins Gespräch zu kommen. Für den Dialog zwischen unterschiedlichen Standpunkten liefert Fahrenbergs Buch eine anregende Grundlage, denn es enthält eine große Themenvielfalt und hochaktuelle Wissenschaftsdebatten. Auch wenn die Hilfen zum Umgang mit der weltanschaulichen Vielfalt nur gestreift sind: Der Anregung zur persönlichen Standortbestimmung kann man sich angesichts der klug ausgewählten kontroversen Sichtweisen kaum entziehen.

3.4 Zusammenfassende Thesen zum Stellenwert einer persönlichen Weltanschauung in der Psychotherapie

1. Postmoderne bedeutet: Die Zeiten allgemeingültiger Weltbilder sind passé. Weder die Kirche noch die Politik, weder die Wirtschaft noch eine Wissenschaft können verbindliche Werte liefern.
2. Durch massive gesellschaftliche Veränderungen (Stichworte Säkularisierung, Pluralisierung, Individualisierung, Globalisierung) ist ein großer Bedarf nach weltanschaulicher Orientierung entstanden. Aktuelle Beispiele: die Bioethik-/Gentechnik-Debatten, Euthanasie, Künstliche Intelligenz. Auch in der Lebensberatung und Psychotherapie sind die Sinnfindung und andere religiös-weltanschauliche Fragen mittlerweile kein Tabu mehr.
3. Die Wissenschaften haben ihre Orientierungsfunktion aufgrund des Methodenpluralismus und der widersprüchlichen Erklärungsmodelle verloren. Natur- und geisteswissenschaftliche Ansätze haben sich in Gegensatzpositionen hineinmanövriert, die kein einheitliches Gesamtbild vom Menschen mehr ergeben. Der aktuelle Konflikt zwischen neurobiologischen und geisteswissenschaftlichen Standpunkten zur Willens(un)freiheit des Menschen macht das Dilemma deutlich.
4. Die Individualisierung hat psychologische Argumente mit einer kaum zu überbietenden Autorität ausgestattet. Die alleinige Orientierung an psychologischen Maßstäben ist jedoch ungesund. Wenn das eigene Selbst zum Objekt der Verehrung und Anbetung wird, gehen Gemeinsinn und Beziehungsfähigkeit verloren.
5. Im Entscheidungskonflikt zwischen konkurrierenden Weltanschauungen kann die Psychologie Hilfestellungen leisten. Eine psychologische Perspektive ermöglicht durch einfühlendes Nachempfinden das Verstehen des Fremden und kann dadurch den weltanschaulichen Dialog verbessern. Was Menschen begehren und anstreben, ist immer abhängig von kulturell vermittelten Wertvorstellungen und Entwicklungszielen, von Menschen- und Weltbildern. Für den interkulturellen und interreligiösen Dialog steuert die Psychologie wichtige Kommunikationshilfen bei. Es gilt zunächst, Unterschiede zwischen dem eigenen Handeln und dem des anderen zuzulassen und wahrzunehmen, Orientierungs- und Verhaltensunsicherheiten, Spannungen sowie die Infragestellung der eigenen Position durch den anderen zu ertragen.
6. Zur Wahrnehmungsschärfung ist die Psychologie geeignet, nicht aber zur Beschreibung und Festlegung von menschlichen Entwicklungszielen. Im Gegenteil: Auch psychologische Theorien und Behandlungsstrategien können ohne ein zugrunde lie-

gendes Modell oder Bild des Menschen nicht formuliert werden. Diese Leitbilder wiederum haben philosophische oder theologische Ursprünge.

7. Menschenbilder haben eine wichtige Funktion: Sie vermitteln eine weltanschauliche Orientierung und stellen sinnvolle Beziehungen zwischen dem einzelnen Menschen und der Welt her. Damit gewähren sie Halt in Unsicherheiten und Geborgenheit gegenüber Gefühlen des Ausgeliefertseins. Sie vermitteln die Vorstellung von Kontrolle angesichts der stets ungewissen Zukunft.

8. Psychotherapie kann mithelfen, den subjektiven Sinn einer spezifischen Situation herauszufinden. Zur Beantwortung existentieller Fragen des Menschseins (u. a. Zufall, Schuld, Leid, Gerechtigkeit, Wahrheit, Tod, Glück, Sinn des Lebens) ist sie fachlich nicht in der Lage.

9. Keine Wissenschaft – auch die Psychologie nicht – kann Antworten geben hinsichtlich der Existenz, Beschaffenheit oder Funktion einer übermenschlichen Wirklichkeit. So, wie die Psychologie in wissenschaftlichen Modellen die seelische Struktur abbildet und damit die menschliche Wirklichkeit beschreibt, sind Weltanschauungen Hilfskonstruktionen, sich eine Vorstellung von der übermenschlichen Wirklichkeit zu machen. Ohne derartige Hilfskonstruktionen – seien sie naturalistisch, theistisch, existentialistisch, materialistisch, humanistisch oder atheistisch begründet – müsste ein Leben konsequenterweise in der Verzweiflung enden.

10. Zwei gravierende Schwächen schmälern die unbestreitbaren Erfolge der jungen Sozialwissenschaft Psychologie: ihre zum Teil maßlose Selbstüberschätzung und ihre Anfälligkeit für ideologische Heilsversprechen. Diese Schwächen können nur ausgeglichen werden, wenn die Psychologie ihre anthropologischen Voraussetzungen reflektiert und kommuniziert.

11. Jedes psychologische Modell transportiert anthropologische Leitbilder, die aber fairerweise reflektiert und kommuniziert werden sollten. Therapien mit dem Anspruch existentieller Lebenshilfe gründen nicht auf einer empirisch-wissenschaftlichen, sondern auf einer subjektiv-weltanschaulichen Position. Deshalb ist eine deutliche Grenze zwischen einer psychologischen Heilbehandlung mit dem Ziel der seelischen Gesundung und einer spirituellen Heilsvermittlung mit dem Ziel weltanschaulicher Selbstvergewisserung zu ziehen.

12. Bei einem Vorgespräch zwischen Patient und Therapeut sollte ggfs. über Menschenbild, Entwicklungsziele, die der Behandlung zugrunde liegende Weltanschauung und persönliche Werte gesprochen werden.

Anmerkungen zu Teil 1

1 In seiner epochalen Mystikgeschichte zeichnet Bernard McGinn (1994, 476 f.) eindrücklich den Disput zwischen Zaehner und Huxley nach, weil ersterer vehement auf der Einheit mystischer Erfahrungen insistierte.

2 In diesem Handbuch lässt Hood maßgebliche Forscher zu Wort kommen, die religiöse Erfahrung aus unterschiedlichen Konfessionen, Nachbardisziplinen und speziell der Psychologie – unterteilt in Tiefen-, Entwicklungs- und kognitive Psychologie – untersuchen. Eine gute Zusammenfassung des Forschungsstandes bietet das Lehrbuch von Hood, Spilka & Gorsuch (2003), Kap. 6 und 7. Hier werden auf knapp hundert Seiten alle wesentlichen empirischen Studien übersichtlich referiert; vgl. auch Hood (2002).

3 Allerdings kritisierte McGinn (1994, 417) an James' Entwurf die unklare Unterscheidung zwischen mystischen und veränderten Bewusstseinszuständen. Im Anhang über »Die moderne Mystikforschung« (383–481) vermittelt der Chicagoer Kirchenhistoriker eine hervorragende, systematische Übersicht über theologische, philosophische und psychologische Theorieansätze.

4 »Erfahrungen sind immer bis zu einem gewissen Grad interpretiert« (Smart 1978, 14).

5 Als »transkonfessionelle Religiosität« versteht der Zen-Lehrer und Benediktinerpater Willigis Jäger (geb. 1925) seinen universalreligiösen Ansatz. Er propagiert eine auf eigene Erfahrung gründende, »esoterische Spiritualität«, der er den Vorzug gegenüber einer »exoterischen Frömmigkeit« gibt. Während sich esoterisches Wissen auf die »innere Seinswirklichkeit« beziehe, basiere exoterischer Glaube primär auf dem Nachvollzug dogmatischer Glaubensgrundlagen, der keine direkte Gottesbegegnung ermögliche (vgl. dazu Süss 2003). Die theologische und kirchliche Kritik an Jägers esoterischem Christentum hat Singer (2003) gut zusammengefasst.

6 Vgl. Illies (2001). Die Thesen dieser essayistischen Zeitanalyse der 90er Jahre wurden kürzlich wissenschaftlich überprüft – und im wesentlichen bestätigt (Klein 2003).

7 Vgl. zum Thema auch P. Lüssi (1979), Huth (1988) sowie Mundhenk (1999).

8 Für aktuelle Perspektiven zur Heimatlosigkeit vgl. Utsch (1999), zur Sehnsucht nach Verwirklichung und seinen Abgründen Weis (1998), zur Schuldproblematik Funke (2000) und Weingardt (2003).

9 Mit einer gewissen prophetischen (masochistischen?) Beharrlichkeit sah Freud sich dazu genötigt, die menschliche Wirklichkeit als »die angeborene Neigung des Menschen zum Bösen, zur Aggression, Destruktion und damit auch zur Grausamkeit« darzustellen, auch wenn das die »lieben Kindlein« nicht gerne hören (Freud ebd., 679).

10 Als aktuelle und knappe Einführung empfiehlt sich Knoblauch (1999).

11 Durch die Erweiterung des Religionsbegriffs zur spirituellen Grunderfahrung des Menschen sind in Tillichs Theologie direkte Anknüpfungspunkte zur Psychologie enthalten. Sein theologischer Ansatz wurde insbesondere in dem religionspsychologischen Entwurf von Müller-Pozzi (1985) verwendet.

12 Zum »Konsumgut« Religion vgl. Zinser (1997), Bolz (1999) und Knoblauch (1999, 121 ff.).

13 Die Biologin Andrea Kamphuis (2004) hat kürzlich aus naturwissenschaftlicher Sicht Shledrakes Hypothese der »formbildenden Verursachung« als parawissenschaftliche Spekulation charakterisiert.

14 Diese Behauptung kann zumindest in zweierlei Hinsicht zurückgewiesen werden, denn Computerprogramme können weder Empfindungen noch Bedeutungen erfassen (vgl. McGinn 2001, 204–208).

15 Weiterführende Analysen zum Wechsel der Weltbilder und ihrer Folgen bieten neben anderen die folgenden Arbeiten: Bischof (1996), Brockman (1996), Sandvoss (1996), Horgan (1997), Tarnas (1997), Gierer (1998), Laszlo (1998). Eine beeindruckende Übersicht hat kürzlich Fahrenberg (2004) vorgelegt.

16 Neben anderen wird eine solche Erwartungshaltung von dem Wissenschaftspublizisten Horgan (2000, 158 ff.) deutlich hinterfragt.

17 Den Entwurf einer »Psychologie jenseits von Dogma und Mythos« hat G. Jüttemann (1992) vorgelegt. Noch grundsätzlicher hat N. Bischof (1996) aus psychologisch-biologischer Sicht den Mensch-Welt-Zusammenhang untersucht.

18 Ein Geheimtipp und Fundgrube für alle religionspsychologisch Interessierten – beim nächtlichen Surfen entdeckt – dürfte die sehr informative Internet-Präsenz des Verbandes amerikanischer Pastoralpsychologen und Religionspädagogen (ACPE) sein. Dort werden monatlich die neusten religionspsychologischen Zeitschriftenaufsätze und empirischen Studien auf dem Grenzgebiet von Psychologie, Theologie, Medizin und Pflege referiert und kommentiert (www.acperesearch.net).

19 Die hohe Qualität der bisher erschienen zehn Bände der Sektion »Religionssoziologie« der Deutschen Gesellschaft für Soziologie (Opladen: Leske & Budrich, herausgegeben von C. Gärtner, W. Gebhardt, V. Krech, G. Pickel und M. Wohlrab-Sahr) sind ein deutliches Indiz dafür.

20 Holm (1990) Moosbrugger, Zwingmann, Frank 1996; Loewenthal (2000); Argyle, (2000); Pyysiäinen (2001). Fontana (2003). In Deutschland sind seit kurzem zwei neue Sammelbände erschienen, die den empirischen Wissensstand darlegen, vgl. Henning, Murken, Nestler (2003) und Zwingmann & Moosbrugger (2004).

21 Die Berner Philosophin und Psychotherapeutin Carola Meier-Seethaler hat 1997 eine provozierende Zusammenschau rationaler und emotionaler Wahrnehmung vorgelegt und für ihre Integration plädiert.

22 Sprangers Persönlichkeitstypologie der »Lebensformen« (Tübingen 1950) war an die Philosophie seines Lehrers Diltheys angelehnt. Als prominenter Vertreter einer verstehenden Psychologie beschäftigte er sich intensiv mit der »Magie der Seele« (Tübingen 1947), vgl. dazu ausführlich D. Wulff (1997, 545–557).

23 Der 100jährige Jubiläumskongress der Dt. Gesellschaft für Psychologie wurde im September 2004 an der Universität in Göttingen durchgeführt. Die jährlichen Forschungskongresse geben ein verlässliches Bild über den akademischen Wissensstand der Disziplin wider. Immerhin wurden in Göttingen zwei religionspsychologische Arbeitsgruppen zugelassen (»Zentralität und Inhalt der Religiosität« und »Die Bedeutung der spirituellen Dimension für die seelische Gesundheit und in der Psychotherapie«).

24 »Internationale Gesellschaft für Religionspsychologie und Religionswissenschaft«. Die Archiv-Bände 1 bis 6 erschienen zwischen 1914 bis 1936. Nach der kriegsbedingten Unterbrechung erfolgte 1960 eine Neugründung der Gesellschaft, eine erneute Reorganisation fand 2001 statt.

25 Der Lehrstuhl von Bernhard Grom bildet eine Ausnahme. Er unterrichtet Religionspsychologie und Religionspädagogik an der Jesuitenhochschule für Philosophie in München (*vgl. www.hph.mwn.de*).

26 Die Arbeit von Ross (2004) kommt auf der Grundlage einer sehr kleinen und speziellen Stichprobe – 21 Männer aus christlichen Freikirchen, im Mittel 36 Jahre alt, 80 % verheiratet – zu sehr fragwürdigen Schlüssen: »Die Vermutung liegt nah, dass in dieser Stichprobe Gott das Selbstobjekt repräsentiert. In diesem Sinne kann man die Wünsche nach grandioser Selbstdarstellung, Beifall, Lob und unmittelbarer narzisstischer Gratifikation verstehen« (ebd., 96).

27 Eine gute Zusammenfassung und Zuspitzung auf religionspsychologische Fragen findet sich bei Jacobs (2000, 224–258).

28 Eine der raren empirischen Untersuchungen zu diesem Gebiet stammen von Chukwu und Rauchfleisch (2002). Die psychoanalytische Perspektive, die mit der Forscherin Ana-Maria Rizzuto verbunden ist, referiert Thierfelder (1998). Möglicherweise wird zum Gottesbild auch die Bindungsforschung einen wichtigen Beitrag leisten können, vgl. Hall (2003).

29 Vgl. aber die Untersuchung von Saroglou & Jaspard (2000), wo die Autoren Zusammenhänge zwischen den fünf Faktoren und bestimmten Religiositätsmaßen beschreiben.

30 Zum »klassischen Trio« der Tiefenpsychologie vgl. Pongratz (1983), zur jungianischen Religionspsychologie Kaintzel (1991) und Kast (1999), zur adlerianischen Religionspsychologie Ellerbrock (1985) und jüngst Hüfner (2004).

31 Zum »Stanford Forgiveness Project« vgl. www.forgivenessweb.com. Eine amerikanische Kampagne mit einem Forschungsetat von über sieben Millionen Dollar hat 46 Studien angestoßen (www.forgiving.org).

32 Die Literatur zur Psychologie der Gottesbeziehung aus katholischer Sicht ist reichhaltig, vgl. z. B. Scaramelli (2001); McGinn (1994, 460–48). Ebenso liefert die gründliche Untersuchung von Marxer (2003) hilfreiche Strukturierungen. Die praxisorientierten Überlegungen von Jilesen (2003) werden dem ambitionierten Buchtitel »Psychologie und Praxis der Gottesbegegnung« nicht gerecht. Zu einem besseren Verständnis des mystischen Erlebens tragen die beschreibend-phänomenologischen Untersuchungen von G. Walther (1955), Albrecht (1976), Wyss (1991) und jüngst Peng-Keller (2003) bei.

33 Auf den offensichtlichen Widerspruch, dass einerseits die Psychoanalyse in der akademischen Psychologie kaum noch vorkommt, in dem seit 1999 in Kraft getretenen Psychotherapeutengesetz jedoch eine der drei Behandlungsmethoden darstellt, die aufgrund von empirischen Wirksamkeitsnachweisen krankenkassenfinanziert verschrieben werden können, kann hier nur hingewiesen werden.

34 Auf einer halben Seite fragt Altmeyer mit ketzerischem Unterton in der psychoanalysedominierten Zeitschrift nach: »Wer beherrscht heute noch Lacans ›Sprache des Unbewußten‹ und die feinen Unterschiede zwischen kleinem ›a‹ und großem ›A‹? Wer kann von sich behaupten, den alphabetischen Metabolismus von Bion und die komplizierte Semantik seines *container/contained*-Modells wirklich verstanden zu haben? Wer ist in der Lage, Winnicotts Paradoxien des Selbst nachzuvollziehen, wie die vom Säugling, den es ›gar nicht gibt‹, der aber dennoch ›das Objekt erschafft, das er zugleich vorfindet‹, und eben dieses Objekt ›zerstören‹ muss, um es zu ›verwenden‹?« (ebd.) Und so weiter ...

35 Vgl. Wahl (1994), der neuerdings auf der Basis neuerer Konzepte (Bion) eine »beziehungsorientierte Sicht symbolischer Erfahrung« vorgestellt hat (Wahl 1999). Philipp (1997, 185 ff.) kritisiert Wahls Symbolansatz als reduktionistisch und sieht in dem sprachhermeneutischen Ansatz Raguses die »bislang beste Synthese von Psychoanalyse und Theologie« (vgl. Raguse 1994).

36 Ein mittlerweile häufig eingesetztes Forschungsinstrument fußt auf der Narzissmustheorie (Deneke & Hilgenstock 1989); zur Säuglingsforschung vgl. Dornes (2000).

37 »Sie entwickelte sich inzwischen zu einer umfassenden Weltdeutung mit spirituellem Anspruch weiter. Ihr Einfluss reicht weit über die Psychotherapie hinaus, so dass von einer regelrechten Transpersonalen Bewegung gesprochen werden kann« (Süss 2003).

38 Ein neuerer Handbuchartikel unternimmt den wenig überzeugenden Versuch, diese Mixtur als Vorzug angeblich »zeitgenössischer Crossover-Philosophien« darzustellen: »Dies sind Grenzgänger zwischen verschiedenen (Fach-)Gebieten, die gerade dadurch, dass sie Fremdes, gelegentlich auch durchaus Gegensätzliches, kombinieren, zu überraschenden Perspektiven und neuen, weiterführenden Einsichten gelangen ... Crossover-Philosophien verfolgen den Anspruch, Religion und Alltag, Spiritualität und Wissenschaft, Sichtbares und Unsichtbares zu verbinden, um auf diese Weise eine für die Lebenswirklichkeit umfassende Sinnkonstruktion zu entwerfen ... Beide, die wissenschaftlich geprägte Weltsicht und die spirituelle Erfahrung, werden als wechselseitige Interpretationsinstrumente genutzt: Die vorwiegend aus Indien entlehnte Anthropologie und Kosmologie erklärt die naturwissenschaftlich erhärtete Weltwahrnehmung der Gegenwart. So fügen sich beide Elemente zu einem größeren, ganzheitlich verstandenen Weltbild zusammen« (Süss 2003).

39 Das Gründungsjahr der »Ghost Society« als historischen Ursprung der Parapsychologie zu markieren, überschätzt ihren Einfluss – auch wenn ihr Gründer ein Theologe war!

40 Eine aktuelle Studie aus den Niederlanden liefert interessante Befunde, vgl. P. van Lommel et al. (2001); zur Interpretationsvielfalt vgl. Soeffner & Knoblauch (1999).

41 Die hier skizzierte Dreiteilung nimmt aber beispielsweise auch die internationale »Parapsychological Association« in ihrer Selbstvorstellung im Internet vor (www.parapsychology.org).

42 Die Schwierigkeiten scheinen mir jedoch nicht so sehr an der Skepsis gegenüber der Einzelfallforschung zu liegen – qualitativ-hermeneutische Methoden zählen bei korrekter Anwendung durchaus zur empirischen Forschung (auch wenn diese Richtung derzeit nicht favorisiert wird). Problematischer erscheinen mir Theorien, die einzig und allein auf Bewusstseinsveränderung abzielen.

43 13 Wünschelrutengänger und Geistheiler traten im Oktober in Süddeutschland den Versuch an, das von einem Amerikaner ausgeschriebene Preisgeld von 800.000 Euro zu gewinnen und übersinnliche Fähigkeiten zu dokumentieren – vergeblich (www.gwup.org).

44 Eine ausführliche Diskussion zwischen dem Biometriker Volker Guiard und Lucadou um das Modell der Pragmatischen Information dokumentiert die Zeitschrift für Anomalistik (2005, Band 5/1, 71–125).

45 1992 erschien – nach über dreißigjähriger Pause (!) – erstmals wieder eine deutschsprachige »Religionspsychologie« in einem psychologischen Fachverlag als »Bestandsaufnahme des gegenwärtigen Forschungsstandes« (hg. E. Schmitz, Göttingen 1992). Erst seit der dritten (1995) und aktuell in der vierten Auflage des Standardwerks zur Entwicklungspsychologie wurde ein Kapitel zur Entwicklung der Religiosität aufgenommen (Oser & Bucher 2002). Immerhin kommt in einem aktuellen Handbuch der angewandten Psychologie ein differenziertes Kapitel »Religionspsychologie« vor (in J. Straub, A. Kochinka, H. Werbik (Hg.), Psychologie in der Praxis. München 2000, 754–775, die Autorin ist U. Popp-Baier), ebenso ein Kapitel in dem neuen Handbuch über Positive Psychologie (Utsch 2004). Drei kürzlich erschienene Lehrbücher geben der deutschsprachigen Religionspsychologie Rückenwind, den sie dringend benötigt (Henning, Murken, Nestler, 2003; Zwingmann & Moosbrugger, (2004); Heine (2005)).

46 Schon im Anhang eines älteren Sammelbandes wird darüber reflektiert, inwiefern die »Religion des Psychologen« Einfluss auf Theorie und Praxis der jeweiligen religionspsychologischen Forschungsarbeit nimmt (Malony 1977).

47 Wichtige Anregungen verdankt dieses Buch der Untersuchung von Sperry (2001). Von dort wurde auch die Idee einer Dokumentation verschiedener therapeutischer Standpunkte, die den 4. Teil des vorliegenden Buches bilden, aufgegriffen. Sperry hat zwei Katholiken, einen Mormonen, einen evangelikalen Protestanten, eine Jüdin und einen Buddhisten zu Wort kommen lassen (Kapitel 8, 169–192).

48 Ein amerikanischer Psychologe hat einen Spiritualitätsfragebogen mit den drei Faktoren »Zufriedenheit durch Gebet/Meditation«, »Sinn im Leben« und »Verbundenheit« entwickelt und mit den gängigen Massen von Persönlichkeitsfaktoren verglichen (Piedmont 1999). Aber auch völlig andere Vorstellungen über Spiritualität liegen vor – welches Modell hat Recht?

49 Zwei unterschiedliche Befunde – aus der buddhistischen Meditations- und der kirchlichen Liturgieforschung – belegen beide einen paradoxen Effekt, wenn eine Übung oder ein Ritual gerade nicht im instrumentellen und zielgerichteten Sinne verstanden und praktiziert wird: »Wir meditieren nicht, um Schmerzen, Krankheit oder Probleme zu beseitigen … Der beste Weg, in der Meditation Ziele zu erreichen, ist, diese loszulassen … Die Entspannung entsteht als Nebenprodukt regelmäßiger Übung, sie ist nicht das Ziel« (Kabat-Zinn 1995, 137). »Gebete und liturgische Elemente funktionieren nur dann therapeutisch, wenn sie nicht therapeutisch funktionalisiert werden … Es geht in der Religion um einen Wirklichkeitsbereich menschlichen Erfahrens und Lebens, der nicht medizinisch ersetzt werden kann und auch nicht der psychologischen Machbarkeit unterliegt« (Meyer-Blanck 2001, 273).

50 Erstveröffentlichung in *Merkur* 6/5 (1952, 467 ff.); Wiederabdruck und hier zitiert nach M. Buber, Gottesfinsternis. Mit einer Entgegnung von C. G. Jung, Gerlingen 1994 (Erstausgabe Zürich 1953).

51 So fasst der katholische Mystik-Experte J. Sudbrack (1988, 34) die Lehre des wohl einflussreichsten christlichen Mystikers Dionysios zusammen; (vgl. auch die eindrückliche Arbeit von dems., Trunken vom hell-lichten Dunkel des Absoluten. Dionysios der Areopagite und die Poesie der Gotteserfahrung, Freiburg 2001).

52 Der renommierte Züricher Literaturgeschichtler und Mystik-Experte A. Haas (1996, 30 f.) bemerkt sehr skeptisch: »Dass psychologische Bestimmungen von Versunkenheitserfahrungen … relativ bescheidene Kategorien zur Qualifikation bereitstellen, relativiert meines Erachtens die medizinisch-empirisch-psychologischen Untersuchungen entscheidend. …. Dass allerlei modischer Psycho-Kitsch sich authentischer mystischer Texte habhaft macht, ist unvermeidlich. Ich würde über dem Tor zur Mystikforschung gerne ein *Cavete psychologiam* anbringen (ohne die psychologische Erforschung der Mystik an sich verbieten zu wollen).«

53 Ein Tatbestand der Psychosomatik, dass nämlich körperliche Veränderungen bzw. Erkrankungen sowohl durch objektiv-biologische als auch subjektiv-seelische Ursachen eintreten und sogar bewusst herbeigeführt werden können, hat mit ähnlichen Unterscheidungsproblemen zu kämpfen. Eine effektive Behandlung erfordert nämlich eine genaue ätiologische und differentialdiagnostische Herleitung der Erkrankung, bei der natürlich ihr Auslöser – z. B. Blinddarmentzündung oder nervöser Reizmagen – von hoher Bedeutung ist.

54 Der Benediktiner Alois Mager forderte deshalb: »Es wäre an der Zeit, dass das Vorurteil gegen eine Psychologie der Mystik als überlebt und morsch einer lebendigen Kenntnis der Mystik als seelischer Wirklichkeit endlich wiche« (ebd., 10).

55 Allein die Erinnerung an diese Möglichkeit dürfte sich kaum als nachhaltig wirksam im Sinne konkreter Lebenshilfe erweisen. Dazu ist es nötig, dem Heiligen oder der Transzendenz einen eigenen Wirklichkeitsraum zuzugestehen, der anderen Gesetzmäßigkeiten als denen für zwischenmenschliche Beziehungen unterliegt.

56 Psalm 8, 4–7: »Wenn ich die Himmel sehe, deiner Finger Werk, den Mond und die Sterne, die du bereitet hast: Was ist der Mensch, dass du seiner gedenkst, und des Menschen Kind, dass du dich seiner annimmst? Du hast ihn wenig niedriger gemacht als Gott, mit Ehre und Herrlichkeit hast du ihn gekrönt. Du hast ihn zum Herrn gemacht über deiner Hände Werk, alles hast du unter seine Füße getan.«

57 Besonders verwundert es, dass Fahrenberg angesichts des umfangreichen Literaturverzeichnisses – das Spektrum reicht vom Daoismus über katholische Fundamentaltheologie bis zur Quantenphysik – existierende Entwürfe einer psychologischen Anthropologie nicht aufgegriffen hat: Hampden-Turners (1996) Übersicht ist zwar recht holzschnittartig, aber in ihrer gerafften Darstellung und der graphischen Umsetzung der vorgestellten sechzig Modelle sehr prägnant. Hellmuth Beneschs (1990) Beitrag kommt mit ähnlich philosophischem Tiefgang daher und hätte dem Autor zumindest in seinen Überlegungen zu der psychologischen Funktion von Menschenbildern wertvolle Impulse liefern können. Schließlich bietet der Entwurf von Norbert Bischof (1996) eine reizvolle Kontrastposition, weil er sich – im Gegensatz zu Fahrenbergs stärker empirischen Ausrichtung – an der Mythologie, der Psychoanalyse und der Systemtheorie orientiert – und dabei teilweise zu ganz ähnlichen Folgerungen kommt.

Teil 2: Religiosität als Thema von Beratung und Psychotherapie

Im zweiten Teil wird zunächst die eigenartige Entwicklung einer zunehmenden Spiritualisierung der Psychotherapie verfolgt. Stand früher die Religionskritik im ihrem Mittelpunkt, existiert heute eine aktive spirituelle Psychoszene, die religiös begründete Lebenshilfe anbietet (4.1). Christliche Seelsorge war als vorwissenschaftliche Lebenshilfe in früheren Zeiten weit verbreitet. Weshalb gestaltet sich heute die Zusammenarbeit zwischen Psychotherapie und Seelsorge so schwierig (4.2)? Um die jeweilige Kompetenz zu stärken, werden Gemeinsamkeiten und Unterschiede von Psychotherapie und Seelsorge aufgezeigt (4.3), und Psychotherapie und geistliche Begleitung werden voneinander unterschieden (4.4).

Das fünfte Kapitel behandelt das für Beratung und Therapie wichtige Verhältnis zwischen Religion und Gesundheit. Kann sich religiöser Glaube heilsam auswirken, oder wirkt er eher unterdrückend und lebensfeindlich im Sinne einer »Gottesvergiftung« (5.1)? Zahlreiche Studien weisen auf die unterstützende Bedeutung des Gebets hin (5.2). Der neue Ansatz der Positiven Psychologie betont die Bedeutung von Werten und Tugenden und sieht in der Religiosität unter bestimmten Bedingungen eine wichtige Ressource (5.3).

Im sechsten Kapitel geht es um die schwierigen Unterscheidungen zwischen Religion, Glaube und Spiritualität. Durch ihre vielfältigen Verwendungszusammenhänge ist eine fatale Begriffsverwirrung eingetreten. Zugespitzt gefragt: Meint Spiritualität eher Sinnfindung oder Bewusstseinserweiterung (6.1)? Ein Blick auf die psychologischen Erfassungsmethoden erweist sich hier als weiterführend (6.2). Unter den gegenwärtigen gesellschaftlichen Bedingungen erweist es sich als notwendig, zu einer persönlichen Spiritualität zu finden (6.3).

4 Religiöse Beratung und spirituelle Psychotherapie

Die Religiosität einer Ratsuchenden oder eines Patienten wird in der deutschsprachigen Klinischen Psychologie bis heute sträflich vernachlässigt. Kaum wird sie in der Eingangsanamnese erhoben, und auch in den meisten Lehrbüchern wird sie ignoriert – selbst in renommierten Standardwerken.[1]

Wie ist Religion aus klinisch-psychologischer Sicht überwiegend zu bewerten? Als ein Krankheitsherd, den man bekämpfen und ausrotten sollte, oder als ein Gesundheitspotential, das man entdecken und entwickeln kann? Ist mit dem bekannten Psychoanalytiker Tilmann Moser eher von einer »Gottesvergiftung« zu sprechen – Gott als ein gewalttätiger und unbarmherziger Patriarch, der über den absoluten Gehorsam seiner Untergebenen wacht? Oder kann Religion auch so etwas sein wie eine Heilmethode oder Gottestherapie, die persönliche Mängel, Ängste, Schwächen und Fehler ausgleichen und wettmachen kann (Zellner 1995, Frielingsdorf 1999, Staehelin 2002)? Kann der Glaube gar eine heilende Wirkung ausüben (Benson 1997, Matthews 2000, Amberger 2000)?

Die gesellschaftliche Wertedebatte und überall spürbare Sinnsuche hat die Beratung und Psychotherapie längst erreicht. Sind aber persönliche Orientierungs- und Wertekonflikte wirklich Anlass für Beratungs- und Therapiegespräche? Wird Beratern und Therapeuten eine weltanschauliche Orientierungskompetenz zugesprochen? Die Befunde dazu sind widersprüchlich. Auf der einen Seite stehen eine wachsende Zahl spiritueller Beratungs- und Therapiemethoden, die gezielt mit weltanschaulicher Orientierung werben. Asiatische Bewusstseinskonzepte, buddhistische Meditationstechniken sowie schamanische und esoterische Praktiken boomen – besonders auf dem freien Markt der Lebenshilfe. Andererseits sind Psychologen seit jeher als eine besonders religions- und ideologiekritische Berufsgruppe bekannt.

»Spiritualität« ist dennoch zu einem psychologischen Forschungsgegenstand geworden. Dies belegen die neutrale psychiatrisch-psychotherapeutische Diagnose-Kategorie »Religiöses oder spirituelles Problem«, die früher unter Wahnerkrankungen fiel, und die neue Krankheitsklassifikation »Trance und Besessenheitszustände« unabhängig von Psychosen und Hirnverletzungen. Diese Zuordnungen können verwendet werden, »wenn im Vordergrund der klinischen Aufmerksamkeit ein religiöses oder spirituelles Problem steht. Beispiele sind belastende Erfahrungen, die den Verlust oder das Infragestellen von Glaubensvorstellungen nach sich ziehen, Probleme im Zusammenhang mit der Konvertierung zu einem anderen Glauben oder das Infragestellen spiritueller Werte, auch unabhängig von einer organisierten Kirche oder religiösen Institution« (Sass, Wittchen, Zaudig 1996, 772).

Diese neue Diagnose soll dann vergeben werden, wenn Entwicklungsstörungen oder seelische Konflikte auf eine existentielle oder weltanschauliche Frage zurückgeführt werden können. Mit dieser Kategorie nimmt die Ärzteschaft die Besonderheit religiöser Erfahrungen und die Bedeutung weltanschaulicher Konflikte und Orientierungssuche ernst. Religiöse und spirituelle Konflikte werden zum ersten Mal nicht per se pathologisch eingestuft, sondern als eine psychotherapeutisch zu begleitende Krisensituation eingestuft. Durch diese grundsätzlich begrüßenswerte Entwicklung ist jedoch die paradoxe Situation entstanden, dass in einem professionellen Kontext und Setting nun die ausschließlich subjektiv zu beantwortenden Fragen nach dem guten, richtigen Leben verhandelt werden. Unvermeidlich zerfließen dadurch die Grenzen zwischen Profession und Konfession. Wie gehen Therapeuten mit dem Wunsch nach religiöser Orientierung um?

Obwohl Psychotherapeuten aufgrund ihres Berufsethos und der Approbationsordnung zu einer weltanschaulichen Neutralität verpflichtet sind und diese auch einhalten wollen, finden – wie könnte es anders sein – subtile Beeinflussungen statt. Mittels narrativer Interviews befragte Ulrike Hundt in ihrer Diplomarbeit einige Psychotherapeuten ausführlich zu ihrer therapeutischen und spirituellen Praxis. Hauptsächliches Motiv von diesen sechs Berliner Psychotherapeuten, die alle spirituell orientiert waren, sich auf einen östlich-meditativen Übungsweg einzulassen und später auch spirituelle Konzepte und Methoden mit in ihre Arbeit aufzunehmen, war das Gefühl der Begrenztheit westlichen Denkens und Wissens. Obwohl die befragten Therapeuten es ablehnten, von sich aus ihre spirituelle Perspektive in die Therapie einzubringen, stellte die Forscherin eine subtile Einflussnahme auf das Menschenbild des Klienten fest. Das beabsichtigte Therapieziel der Klienten vermischte sich nämlich in allen Fällen mit dem spirituellen Lebensziel der Therapeuten (Hundt 2003). Eine weltanschauliche Neutralität im therapeutischen Umgang mit religiösen Fragen scheint nicht möglich zu sein.

In der amerikanischen Psychotherapieforschung spricht man seit einiger Zeit unbefangen von »spirituellen Psychotherapien« und meint damit Ansätze, die existentiellen Lebensthemen besondere Aufmerksamkeit widmen: »Indem ein Therapeut die seelische und spirituelle Existenz festigt, nähert er sich dem authentischen Selbst seines Gegenübers an« (Karasu 1999, 161). Eine solche Vorgehensweise wird in diesem Artikel wegen der Verwechslungsgefahr ausdrücklich von folgenden Verfahren unterschieden: Eine spirituelle Psychotherapie ist demnach

- keine religiöse Beratung in kirchlicher Trägerschaft, sondern der ewigen Philosophie und der Spiritualität hinter den Religionen verpflichtet,
- keine existentielle Psychotherapie, sondern strebt hoffnungsvoll und positiv auf eine Bewusstseinserweiterung zum kosmischen Universum zu,
- keine analytische Psychotherapie, die bei Störungen und seelischer Erkrankung einsetzt. Demgegenüber zielt eine spirituelle Psychotherapie auf Gesundheit, Transformation und Erleuchtung,
- keine New-Age-Therapie, die Selbstverwirklichung propagiert. Anstelle dessen wird Ichlosigkeit und Selbsttranszendenz angestrebt.

Bemerkenswert ist an diesem Artikel ein Trend, der mittlerweile fast zu einem Standard geworden ist: Ganz selbstverständlich sind buddhistische und hinduistische Wertvorstellungen in der zeitgenössischen Psychotherapie vorzufinden – häufig ohne bewusst gemacht oder gar reflektiert zu werden. Mögliche Konflikte aufgrund der großen kulturellen Verschiedenheit werden entweder übergangen oder sogar bewusst verschwiegen. Dabei sind Religion und Spiritualität Aspekte der Kultur und darin fest eingebunden.

In welcher Form tauchen religiöse Fragen in der Psychotherapie auf? In der Praxis kommt es zumindest in Deutschland wohl eher selten vor, dass eine religiöse Problematik im Vordergrund steht. Häufig jedoch »ist die Religiosität im Hintergrund relevant, wird jedoch wenig sichtbar, wenn der Therapeut diesen Bereich nicht aktiv anspricht« (Murken 2003, 4).

In einem amerikanischen Übersichtsartikel haben Worthington und Sandage (2001) zusammengestellt, in welcher Form Religiosität oder Spiritualität in einer Psychotherapie zum Vorschein kommen kann:

– Hochreligiöse Patienten wollen in der Regel die religiösen Überzeugungen und Werte des Therapeuten wissen. Auf Fachleute, die das Klientel hochreligiöser Patienten nicht kennen, können diese Fragen aggressiv oder ängstlich wirken. Andererseits sind gemeinsame Glaubensüberzeugungen ein effektiver Wirksamkeitsfaktor. Insofern kann sich eine baldige Klärung dieser Fragen als nützlich erweisen.
– Manche Klienten haben Vorbehalte gegen einen möglichen religiösen Einfluss. Sie bestehen vielleicht darauf, religiöse Themen in der Beratung oder Therapie auszuschließen.
– Wenn ein Therapeut religiöse oder spirituelle Fragen eher indirekt als direkt anspricht, können unausgesprochene Unstimmigkeiten über grundlegende Glaubensüberzeugungen die Beratungseffizienz einschränken. Deshalb empfehlen auch diese Therapieforscher dringend, in einem ersten Schritt die Bedeutung religiöser und spiritueller Werte und Vorstellungen für den Klienten zu erfassen.

Praxisbeispiel

Im Zuge der Zuwanderung leben auch in Deutschland immer mehr Menschen mit einer anderen religiösen Herkunft als dem Christentum. Wenn beispielsweise eine Türkin hier geboren wurde und aus einer orthodox-islamischen Familie stammt, sich als junge Erwachsene in einer evangelischen Kirche taufen ließ und jetzt mit einem Mann aus einer charismatischen Freikirche verheiratet ist, vermischen sich in ihrer Biographie religiöse Einflüsse des orthodoxen Islam, des kirchlichen und auch des charismatisch-freikirchlichen Christentums. Wenn der Beratungsanlass nun ein ethischer Entscheidungskonflikt ist, ist es eine anspruchsvolle, aber unabdingbare Aufgabe, die unterschiedlichen ethisch-moralischen Positionen der jeweiligen religiösen Kulturen gegenüberzustellen, um die Klientin in ihrem Entscheidungskonflikt besser verstehen und begleiten zu können.

Orientierungs- und Wertekonflikte können Anlass für Beratungs- und Therapiegespräche sein. Es ist zu vermuten, dass angesichts einer verbreiteten und weiter wachsenden Werte-Unsicherheit gerade auch Beratungsstellen und Therapeutenpraxen zunehmend mehr mit existentiellen Lebensthemen zu tun bekommen. Sich auf die Haltung einer weltanschaulichen Neutralität zurückzuziehen und aus der Verantwortung zu stehlen, wird wohl der Brisanz und – aus Sicht des Patienten/ Klienten häufig auch der Bedrohlichkeit durch die Grundfragen des Lebens kaum gerecht. Hier sind dringend neue Wege zu erkunden, auszuprobieren und kritisch zu diskutieren, wie eine Werteorientierung in einer »postsäkularen« Gesellschaft im Rahmen von Beratungs- und Therapiegesprächen gelingen kann.

In ihren Befragungen zum Verhältnis zwischen Religion und Gesundheit haben zwei niederländische Religionspsychologen auf der Grundlage mehrerer Befragungen in ihrem Land vier Positionen vorgefunden, wie Psychotherapeuten die Religiosität ihrer Klienten bewerten (Uden & Pieper 2000). Ihr Ergebnis beschreibt sowohl Nutzen als auch Gefahren einer religiösen Einstellung aus therapeutischer Sicht:

1. Eine negative religiöse Sozialisation kann neurotische Störungen und psychische Erkrankungen hervorrufen.
2. Religiosität kann aber auch eine Bewältigungshilfe und Kraftquelle darstellen und vor einer größeren seelischen Erkrankung schützen.
3. Es ist möglich, dass seelische Störungen durch das Fehlen einer religiösen Sozialisation entstehen. Sinnleere und Orientierungslosigkeit gerade bei jungen Menschen weisen darauf hin.
4. Religiosität kann aber auch zur Weltflucht verführen. Konfliktsituationen werden vermieden und in den religiösen Bereich verschoben. Längerfristig kann ein solche Haltung zu neurotischen Entwicklungen führen.

So wichtig eine unvoreingenommene Anamnese auch in religiöser und spiritueller Hinsicht ist, so schwierig ist sie angesichts eines boomenden Psychomarktes, der zum Teil selber mit religiösen Heilsversprechen und Erlösungsvorstellungen wirbt. Heilungserwartungen, früher eine Domäne der Kulte und Religionen, wird heute erwartungsvoll an die Therapeutenlandschaft herangetragen. In seinem wichtigen Buch über die Religion des New Age charakterisiert Wouter Hanegraaff (1996, 224–229) den breiten Strom weg von den Kirchen hin zum alternativen Gesundheitsmarkt zutreffend als »Psychologisierung der Religion und Sakralisierung der Psychologie«. Im folgenden Abschnitt wird der überraschende Sinneswandel einer psychologischen Religionskritik zur spirituellen Psychoszene nachgezeichnet und gedeutet.

4.1 Von der psychologischen Religionskritik zur spirituellen Psychoszene

Das psychosoziale Gesundheitssystem ist zu einem Grundbestandteil der westlichen Industrienationen geworden. Neben den kulturstiftenden Religionen und den fortschrittsfördernden Naturwissenschaften hat sich die Gesundheitsversorgung wie »eine dritte Kirche« etabliert (Wirsching 1998, 257). Zukunftsforscher prognostizieren einen weiter wachsenden Bedarf auf den Gebieten von Beratung, Supervision, Psychotherapie, Coaching, Mediation, Personalentwicklung, Führungstraining und (Selbst-)Managementschulung. Die Fitness-Center und Wellness-Hotels haben diesen Trend längst erkannt und weisen beachtliche Umsatzsteigerungen vor. Schon heute werden etwa zehn Prozent des Bruttosozialprodukts im Gesundheitssystem umgesetzt – Tendenz steigend.

Die Zunahme von alternativer Gesundheitsvorsorge, Selbsterfahrungskursen und Therapiemethoden wird klassisch als »Psychoboom« bezeichnet (Bach & Molter 1976). Er knüpfte an die Protestbewegung der 68er-Generation an, die antrat, mit psychologischen Methoden gesellschaftliche Utopien zu realisieren. Heilen mit Hilfe von übersinnlichen Kräften war schon vor dreißig Jahren so etwas wie der letzte Schrei in der Alternativszene. Obwohl der Begriff Spiritualität damals noch nicht so verbreitet und populär war wie heute, dokumentieren die Seminarinhalte die weltanschauliche Verwurzlung und Ausrichtung der Anbieter. Durch gravierende Änderungen im Krankenversicherungswesen wird der Verbraucher heute gezwungen, bei zunehmenden Einschränkungen kassenfinanzierter Leistungen für die eigene Gesundheitsfürsorge persönlich aufzukommen. Dadurch ist abzusehen, dass persönliche Präferenzen – auch weltanschaulicher Art – weiteren Vorschub erhalten werden, wenn das meiste davon aus der eigenen Tasche bezahlt werden muss.

Wie schon angedeutet, findet auf dem Gebiet angewandter psychologischer Beratung und Therapie eine zunehmende Spiritualisierung statt. Historisch hat sich das Angebotsspektrum der Psychotherapie von aufklärungsbetonten und emanzipatorischen Ansätzen mit wissenschaftlicher Ausrichtung hin zu ritualisierten Lebenshilfe-Angeboten unterschiedlicher weltanschaulicher Herkunft erweitert. Waren die streng empirische Psychologie und die klassische Psychoanalyse äußerst religionskritisch eingestellt, ist heute der Kurswechsel zu einer spirituellen Therapieszene unübersehbar. Diesbezügliche Ansätze werden mit unterschiedlichen Umschreibungen als New-Age-Therapien (Platta 1994), Psychokulte (Klosinski 1996), Psychomarkt (Gross 1996), Psycho-Sekten (Nordhausen & Billerbeck 1999), esoterische Therapien (Jaeggi 2001), alternative Gesundheitskultur (Andritzky 2001), weltanschauliche Lebenshilfe (Utsch 2002), transpersonale Psychotherapien (Galuska 2003) oder schlicht als Psychoszene (Köthke, Rückert, Sinram 1999; Goldner 2000) bezeichnet.

Die rechtlichen Grundlagen heilkundlicher Psychotherapie sind in dem Heilpraktikergesetz von 1939 und dem Psychotherapeutengesetz von 1999 geregelt (Dannecker 2003). Ein Gesetzentwurf zur Regelung gewerblicher Lebensbewältigungshilfe, das angesichts fehlender Transparenz und einem wachsenden Umsatz auf diesem Markt sinnvoll und nötig erscheint, wurde nach einigen Jahren Gremienarbeit vom Bundesrat im Herbst 2004 abgelehnt.

Was ist mit dem etwas abfällig klingenden, hier aber beschreibend gemeinten Begriff »Psychoszene« gemeint? Die Psychoszene umfasst weltanschaulich begründete Angebote zur Lebenshilfe, Persönlichkeitsentwicklung und Sinnorientierung außerhalb der wissenschaftlichen Psychologie und des kassenfinanzierten Gesundheitswesens. Neben weltanschaulich »aufgeladenen« Substanzen (z. B. in der Homöopathie), Massagetechniken (z. B. Shiatsu) und Körperübungen (z. B. Kinesiologie) werden in der Psychoszene besonders mentale Haltungen und Erwartungen vermittelt (Utsch 2001).

Die Psychoszene überschneidet sich vielfältig mit der Alternativmedizin, wo behauptet wird, durch die Seele den Körper heilen zu können. Häufig liegt folgendes simple Störungs- und Behandlungsmodell zugrunde: Von Natur aus sind Körper und Seele gesund, aber die Umwelt bzw. die Erziehung haben Schäden verursacht. Bestimmte Psychotechniken oder weltanschauliche Heilriten sollen nun dem Anwender Einstellungen und Haltungen vermitteln bzw. den Körper so beeinflussen, dass sich vorhandene Blockaden auflösen und die Selbstheilungskräfte der Seele und des Körpers aktiviert werden.

Ohne Zweifel unterstützen Placebo-Effekte im Sinne positiver Erwartungen die Heilwirkung eines Medikaments oder therapeutischen Handelns. Die Psychotherapieforschung relativiert jedoch ihre Bedeutung. Nach Vergleichsuntersuchungen des renommierten »Institute for the Study of Therapeutic Change« in Chicago ist die größte Wirkung einer Therapiemaßnahme auf außertherapeutische Veränderungen und die Ressourcen des Patienten zurückzuführen (40 %). Weiterhin trägt die Qualität der therapeutischen Beziehung maßgeblich zur Verbesserung einer Störung bei (30 %). Nur zu jeweils 15 % wirken die eingesetzten Methoden und die Erwartungs- (Placebo-) Effekte (Hubble, Duncan, Miller 2001, 49–64).

> Die herkömmliche Aufgabenstellung einer psychologischen Heilbehandlung, die Bewältigung innerer und äußerer Konflikte, wird bei den alternativen Gesundheitsangeboten auf existentielle und religiös-spirituelle Themen ausgedehnt.

Erfüllt ein Therapeut jedoch das Bedürfnis nach spiritueller Führerschaft unreflektiert, wird der Rahmen fachlich begründeter Veränderungsstrategien verlassen. Damit kann eine wissenschaftlich begründbare Heilbehandlung zu einer ideologischen Heilsvermittlung werden. Psychotherapie kann zu einem Religionsersatz werden, wenn sie existentielle Lebensfragen nach Leid, Schuld, Sinn und Tod letztgültig beantworten will oder spirituelle Erfahrungen herzustellen verspricht.

Als Folge des religiös-weltanschaulichen Pluralismus sind auf dem freien Markt der Lebenshilfe hinduistische Bewusstseinskonzepte, buddhistische Meditationstechniken sowie schamanische und esoterische Praktiken weit verbreitet. Gemeinsam ist diesen weltanschaulich begründeten Lebenshilfe-Angeboten die Suche nach Bewusstseinserweiterung und Sinnfindung.

Seminare der Psychoszene beabsichtigen, mit Hilfe psychologischer Methoden eine Ideologie zu verwirklichen und in den Alltag ihrer Teilnehmer zu überführen. Mit Methoden der Osho-Bewegung sollte das hinduistische Ideal eines erleuchteten, vom Kosmos ungetrennten Bewusstseins – die Buddha-Natur des Menschen – mit Körpertherapiemethoden der humanistischen Psychologie und mentalen Übungen der transpersonalen Psychologie verwirklicht werden. Bei Scientology soll ein permanenter Macht- und Erfolgszustand mit gezielten Denk- und Verhaltenstrainings erreicht, beim Familienstellen nach Hellinger die Vision einer versöhnten Familien-Gemeinschaft durch subtile Gruppendynamik hergestellt werden.

Gründe für den Psychoboom

Die westlichen Gesellschaften haben in den letzten Jahrzehnten besonders durch die Säkularisierung und Individualisierung ein anderes Gesicht erhalten. Christliche Werte und Normen wurden durch andere Lebenskonzepte und Leitbilder in Frage gestellt und verloren an Bedeutung. Die Popularität der jungen Sozialwissenschaft Psychologie beschleunigte diese Entwicklung, weil sie das Entwicklungspotential der einzelnen Person (über-)betont. Nach dem Niedergang der großen universellen Heilslehren von Christentum, Sozialismus und Kommunismus ist nun für viele die Psychologie zum individuellen Glücksbringer und Ratgeber für ein gelingendes Leben geworden.

Im Zuge der Individualisierung ereignet sich Religiöses heute nur noch selten in spezifischen Gemeinschaftszusammenhängen oder an dafür bestimmten heiligen Orten. Das eigene Selbst ist zum Objekt der Verehrung und Anbetung geworden. Die Beschäftigung mit dem eigenen Innenleben, mit Gefühlszuständen, Wünschen, Bedürfnissen und Entwicklungsmöglichkeiten, aber auch seelischen Verwundungen und deren Folgen wird in der Psychoszene mit heiliger Inbrunst betrieben.

Unrealistische psychotherapeutische Behandlungsziele haben dazu beigetragen, die Illusion einer Verwirklichung des »ganzen« Menschen zu nähren und sein selbstsüchtiges Ego zu bedienen. Dem Unbehagen an der eigenen momentanen Befindlichkeit mit ihren inneren Spannungen und Konflikten wird mit der Annahme einer ursprünglichen Reinheit und Harmonie des Ichs begegnet. Dieser Zustand wird mystifizierend als »wahres Selbst« umschrieben. Durch entsprechende psychologische Methoden sei es nun möglich, so die Vorstellung, in Kontakt zu diesen tiefsten Schichten der Innerlichkeit zu treten. Psycho-Angebote unterstützen diesen Trend zur Selbstbespiegelung.

Besonders die Humanistische Psychologie mit ihrem Credo der sich vollständig zu entfaltenden Persönlichkeit hat dazu beigetragen, dass zahlreiche Menschen sich auf den Weg der experimentellen Selbsterforschung begeben haben und hier neuen Kontakt zu ihrem inneren Erleben suchen. Die Humanistische Psychologie bedarf wegen ihrer einseitigen Erfolgsverheißungen, der Ich-Zentriertheit und dem Verleugnen der menschlichen Destruktivität der Ergänzung (Vitz 1994, Hänle 1997, Remele 2001).

> Ein wesentlicher Grund für die Attraktivität von ideologisch geprägten psychologischen Gruppen besteht darin, dass dort Wege zum Glücklichsein beschrieben werden, der Umgang mit Krisen und Krankheit erläutert und ein Weltbild vermittelt wird, das den einzelnen Menschen einbettet in ein sinnvolles Ganzes. Heilkräfte sollen angeblich symptom-unspezifisch wirken und sehr allgemein Gesundheit, Persönlichkeitswachstum, Sinnfindung oder spirituelles Wachstum ermöglichen.

Besonders gefragt sind heutzutage Seminarangebote, die der individualisierten sowie spaß- und karriereorientierten Lebenswelt dienen. Dazu zählen psychologisch verbrämte Seminarangebote mit utopischen Erfolgsversprechen. Die Aussicht auf individuelle Wunschverwirklichung mit Hilfe psychologischer »Tricks« hat sich zu einem lukrativen Geschäft entwickelt. Deshalb sind Wellness-Kuren im Trend, die Gesundheitstraining, Spaß und Streßbewältigung im Programm führen. Zahlreiche Varianten des Positiven Denkens verheißen das Erreichen kindlicher Träume und Sehnsüchte. Mit Versprechen wie »Lebe deine Träume« oder »Mit vierzig Millionär« wird die Seminarkundschaft gelockt.

Systematik der »Psychoszene«

Die Machbarkeit aller Wünsche im Sinne naiven Positiven Denkens und die spirituelle Führung und Einweihung in erweiterte Bewusstseinszustände durch transpersonale Meister sind zwei zentrale Versprechen der Psychoszene. Inhaltlich ergibt sich dadurch eine zweiteilige Systematik: Neben den Angeboten mit einer psychologistischen Ideologie stehen weltanschaulich begründete Behandlungsverfahren, die entweder dem esoterisch-magischen Denken oder asiatischer Spiritualität in den Ausprägungen des Buddhismus oder Hinduismus verpflichtet sind. Sowohl esoterisch-magisches Denken als auch asiatische Spiritualitätsformen – zum großen Teil in westlichen »light«-Versionen – haben sich fest etabliert. Psychotherapie und Spiritualität sind zu einem Geschwisterpaar geworden. Westliches Wissen und asiatische oder magisch-okkulte Weisheit sind in der Psychoszene zu einer merkwürdigen Einheit verschmolzen.

Was unterscheidet eine psychologistische Ideologie von esoterisch-magischem Denken und asiatischer Spiritualität? Unter Ideologie versteht man ein in sich stimmiges gedankliches System, das die Ziele und Werte einer Gruppe oder Gesellschaft bestimmt. Das griechische *eidolon* bezeichnet das Trugbild oder die Nachbildung der ursprünglichen Erscheinung (*idea*). Im Neuen Testament werden damit die irrführenden Idole der Götzenbilder bezeichnet. Eine Ideologie kann somit als eine einseitige, perspektivische verzerrte Wirklichkeitswahrnehmung und -deutung verstanden werden. Eine wichtige Aufgabe der Psychologie, nämlich die der kritischen Realitätsprüfung, wird in den ideologischen Angeboten der Psychoszene oftmals zugunsten einer dogmatisch-verzerrten Wirklichkeitsdeutung aufgegeben. Das Missbrauchspotential einer Therapiemethode erhöht sich, wenn ihr Menschenbild und ihre Ethik nicht reflektiert und kommuniziert werden.

Grenzen der Psychologie

Seit Beginn des Psychobooms wurde auf den Abweg einer »Vergötzung des Selbst« als Folge der Humanistischen Psychologie hingewiesen und auf Gefahren utopischer Versprechungen mittels riskanter Gruppentechniken aufmerksam gemacht. Problematisch wird es, wenn Anbieter die psychologische Machbarkeit aller Änderungswünsche in Aussicht stellen. Hier gibt es gegenwärtig Tendenzen, die menschlichen Eigenschaften und Anlagen als einen formbaren Rohstoff anzusehen. Keine Psychologie ist imstande, ersehnte persönliche Eigenschaften wie Schlagfertigkeit, Selbstsicherheit, Kontaktfähigkeit oder Humor anzutrainieren. Die erschreckende Vorstellung eines kommerziellen »Psychodesigns« liegt nahe, wenn man sich den rapide zugenommenen Gebrauch von Psychopharmaka vor Augen hält – Stichwort Ritalin – und den in der Psychoszene vertretenen Machbarkeitsglauben mit seinen Heilsversprechen anschaut.

Über die Psychoanalyse hinaus wurde der Anspruch der gesamten Psychologie radikal in Frage gestellt (Degen 2000). Demnach dienen die schillernden Mythen über die Seele vor allem dem »kollektiven Selbstbetrug und der Finanzierung eines Berufsstandes«. Zweifelsohne reichen die Erwartungen an das Veränderungspotential von »Psychotechniken« durch Ratgeberliteratur im Sinne positiven Denkens ins Uferlose (Scheich 1998). Weil die Psychologie als Lehre vom menschlichen Erleben und Verhalten bei Laien häufig die Hoffnung weckt, bald jegliche seelische Regung erklären, kontrollieren und verändern zu können, wird ihr häufig ehrfürchtig gegenübergetreten. Dagegen sind die Fachleute hinsichtlich der Vorhersag- und Steuerbarkeit seelischer Reaktionen skeptischer und bescheidener. Aus heutiger Sicht besitzt das komplexe Zusammenwirken von Anlage und Umwelt, Person und Situation, Genen und Gewohnheiten eine relativ stabile Eigendynamik und lässt sich psychologisch viel weniger beeinflussen, als man früher noch dachte (Kagan 2000).

Wegen des hohen Anspruchs an psychologische Behandlungen und einer verbreiteten Unkenntnis hinsichtlich ihrer tatsächlichen Möglichkeiten ist es wichtig, sich die Mythen der Psychologie und die engen Grenzen der Psychotherapie zu verdeutlichen.

Grenzüberschreitungen in der Psychotherapie

Eine wissenschaftlich begründete Psychotherapie ist von der ideologisch geprägten Psychoszene abzugrenzen: Während es auf der einen Seite um eine präzise eingegrenzte Störungsbehandlung unter den wissenschaftlich gebräuchlichen Bedingungen geht (Gesundheits- bzw. Krankheitslehre, Diagnose, Behandlungsplan, Prognose), versprechen Seminaranbieter der Psychoszene schnelle und umfassende Persönlichkeitsänderungen durch universell wirksame Heilkräfte.

Ideologisches kommt natürlich auch in der Psychologie und Psychotherapie vor. Misstrauen ist dort angebracht, wo psychologische Modellvorstellungen zu ideologischen Überzeugungen überhöht werden. Wissenschaftliche Theorien müssen sich einer rational-kritischen Überprüfung unterziehen. Bei vielen alternativen Therapieverfahren und Behandlungsansätzen finden unsachgemäße Grenzüberschreitungen statt, weil die Erkenntnismöglichkeiten der Psychologie überschätzt oder gar missbraucht werden und weltanschauliche Inhalte und ideologische Dogmen als angeblich neueste psychologische Einsichten verbreitet werden. Abzulehnen ist, wenn psychologische Methoden gezielt zur Herbeiführung seelischer Extremzustände eingesetzt werden. Es übersteigt die Grenzen psychologischer Kompetenz, dieses dann als ein transpersonales Vorgehen zur »spirituellen Öffnung« zu rechtfertigen.

Zahlreiche Erlebnisberichte von Betroffenen zeugen von Machtmissbrauch und ideologischer Beeinflussung – sowohl in klassischen Therapieformen wie der Psychoanalyse (Kaiser 1996, Drigalski 2000) als auch bei Angeboten der Psychoszene (Lell 1997, Vogel 1999, Zfar 2000). Fachlich werden die Risiken und Nebenwirkungen einer Psychotherapie selten thematisiert (vgl. aber Märtens & Petzold 2002), obwohl sich die Psychoszene mittlerweile weitläufig auf das Gebiet der Personalentwicklung und des Persönlichkeitstrainings ausgedehnt hat (Schwertfeger 1998, Utsch 2002a).

Das Gefahrenpotential durch unrealistische Versprechen in der Psychoszene ist nicht zu unterschätzen. Eine Kontrolle und Steuerung des Zufalls, die Verwirklichung aller Wunschträume und grenzenloses Durchsetzen und Bewundert-Werden ist auch psychologisch nicht machbar. Die schwierige Frage nach den Entwicklungszielen der Persönlichkeitsentfaltung ist auch evolutionären Ansätzen nicht zu ersparen. Und auch das demütigende Wissen um die menschliche Gebrechlichkeit, das unaufhaltsame Altern und unvermeidliche Sterben darf bei allen visionären Modellen nicht übergangen werden.

4.2 Die schwierige Zusammenarbeit zwischen Theologie und Psychologie

In den letzten Jahrzehnten erfahren die Psychologie und die Theologie eine gegenläufige gesellschaftliche Akzeptanz. Während heute psychologischen Kriterien weitreichende Entscheidungskompetenzen zugestanden werden, hat die Theologie massiv an Einfluss verloren. Psychologische Deutungen haben den Bedeutungsverlust des christlich-kirchlichen Wirklichkeitsverständnisses für sich zu nutzen gewusst und treten heute teilweise ganz unverblümt als Sinngeber und Orientierungsmaßstab auf.

Die »Erfolgsstory« der Psychologie wäre ohne die Schwächung religiöser Deutungsmuster nicht denkbar gewesen. Durch die Säkularisierung und die Individualisierung haben die Industrienationen ein anderes Gesicht erhalten. Christliche Werte und Normen wurde durch andere Lebenskonzepte und Leitbilder in Frage gestellt und verloren an Bedeutung. Ein Glaube, der sich von einer alltagsverändernden Kraftquelle und einer gesellschaftlichen Orientierungsfunktion in eine zu verwaltende Institution zurückzieht, hat seine Attraktivität verloren. Die rasche Popularität der jungen Sozialwissenschaft Psychologie beschleunigte diese Entwicklung, weil sie das Entwicklungspotential der einzelnen Person betonte – und häufig überschätzte.

Weil der Glaube aber auch eine menschliche Seite hat – das individuelle Erleben von Gottes Reden und Handeln sowie die persönliche Beziehungsgestaltung zu Gott – haben psychologische Überlegungen ihre Berechtigung und machen Sinn. Psychologie und Theologie können sich dabei hilfreich ergänzen. Sie verfolgen auf verschiedenen Wegen das Ziel, ein ganzer Mensch – als Gegenüber Gottes – sein zu können. Als eine wesentliche Voraussetzung für eine fruchtbare Zusammenarbeit beschreibt der Baseler Psychoanalytiker und Professor für Klinische Psychologie, Udo Rauchfleisch (2004, 211), das Wissen um die Arbeitsfelder, Konzepte und Vorgehensweisen der je anderen Zugangsweise. Rauchfleisch sieht in einer Zusammenarbeit große Chancen: Patienten werden »ganzheitlich, mit ihren psychischen, sozialen und religiösen Anliegen wahrgenommen und erhalten Antworten in allen drei Bereiche« (ebd., 215). Weiterhin könnten beide Seiten von der Gegenseite profitieren:

– Seelsorgerinnen können durch die Zusammenarbeit umfangreiche psychopathologische Kenntnisse und psychodynamische Erfahrungen erwerben. In interdisziplinären Fallgesprächen kann herausgearbeitet werden, »wie stark die religiösen Vollzüge und Inhalte durch die Persönlichkeit der Patienten und ihre spezifischen Störungen beeinflusst werden (z. B. Versündigungsideen Depressiver, religiöse Wahninhalte bei Schizophrenen)« (ebd., 216).
– Psychotherapeuten können in einer interdisziplinären Zusammenarbeit »mehr über die existentiellen Sorgen und Nöte, aber auch über die religiösen Ressourcen ihrer Patienten erfahren. Gerade weil in weiten Kreisen der Psychotherapeuten ein religiöses Tabu herrscht, fehlt es vielen Fachleuten dieses Bereichs an der nötigen Sensibilität, um die Bedeutung der religiösen Dimension richtig einzuschätzen und damit angemessen umgehen zu können« (ebd.).

Dieser Einschätzung eines renommierten Psychotherapeuten ist nur beizupflichten, denn in der Tat besteht gerade im Dialog zwischen Seelsorgern und Psychotherapeuten und Beraterinnen häufig immer noch große Berührungsängste und Rivalitäten.

Die Psychologie bringt vor allem die Bedeutung der Gefühle, der Erinnerung, der Vorstellungskraft und der Beziehungsqualität ein, die Theologie das Wissen und die Erfahrung um die Wirklichkeit und Wirksamkeit des dreieinigen Gottes. Für die Theologie kann sich bei einer Kooperation mit der Psychologie ihr seelsorgerlich-therapeutisches Potential neu und vertieft erschließen, für die Psychologie der Umgang mit religiösen Fragen verbessern.

Die große Herausforderung besteht darin, beide Sichtweisen so ins Gespräch zu bringen, dass sie ohne Totalanspruch der jeweiligen Deutungsmacht gemeinsam die Wirklichkeit des Menschen erkunden. Für die Psychologie hieße das, das Einwirken der Schöpferkraft Gottes durch den Heiligen Geist und damit eine metaphysische, transzendente Wirklichkeit nicht auszuschließen. Seitens der Theologie würde die Bereitschaft erforderlich sein, stärker die psychologischen Funktionen religiösen Erlebens und Verhaltens zu untersuchen und die menschliche Seite des Glaubens in den Blick nehmen zu lassen.

»Wie bei jeder Zusammenarbeit verschiedner Personen und Disziplinen«, betont auch der Baseler Psychologe Udo Rauchfleisch (ebd., 210), wäre die Voraussetzung für eine fruchtbare Zusammenarbeit zwischen Psychotherapeuten und Seelsorgern »gegenseitiger Respekt und gegenseitige Wertschätzung«. Diese idealtypische Modellskizze einer dialogischen Kooperation wird aber nur möglich, wenn beide Seiten ihre Grenzen anerkennen und auf der Basis eines gemeinsamen Menschenbildes zusammenarbeiten. Eine derart offene Haltung und gegenseitig kritische Funktion der beiden Disziplinen ist Zukunftsmusik. Deutlich dominieren zumindest von psychologischer Seite reduktionistische Modelle das Feld, die mit einem impliziten Ganzheitsanspruch das Gespräch mit theologischen Positionen verhindern.

Exemplarisch soll dieses gegenseitig kritische Dialogverhältnis an einer Beispielskizze verdeutlicht werden. Die humanistische Psychologie mit ihrem Credo der sich vollständig entfaltbaren Persönlichkeit hat dazu beigetragen, dass zahlreiche Menschen sich auf den Weg der experimentellen Selbsterforschung begeben haben. Selbsterfahrungsgruppen sind eine beliebte Möglichkeit, hier neuen Kontakt zu seinem inneren Erleben zu suchen. Selbstverwirklichung wurde zum Lebensinhalt für Generationen. Der gesellschaftliche Trend der Individualisierung unterstützte das Anliegen der Psychologie und verlieh ihr eine wachsende Popularität und Autorität. Heute, wo die Schattenseiten dieser Entwicklung unübersehbar geworden sind, sprechen Soziologen von einer Psychologisierung des Alltags und einer Therapeutisierung der Lebenswelt. Vielleicht ist die enorme Nachfrage nach psychotherapeutischen Behandlungen eher ein Hinweis auf das »Zeitalter des Narzissmus« als auf wirkliche Erkrankungen, zu dessen Ausbreitung und Verfestigung die Psychotherapie mit ihren Selbsterfahrungs-Angeboten ungewollt beiträgt.

Hier war die mahnende und korrigierende Stimme der Theologie viel zu selten zu hören. Sie hätte dem Selbstverwirklichungs-Boom den ihr angemessenen Platz zuweisen können. Selbstverwirklichung um jeden Preis und narzisstische Selbstverliebtheit verfehlen nämlich aus theologischer Perspektive die eigentliche Bestimmung des Menschen, sich selbst im Anderen zu finden.

Unbestritten hat die Psychologie mehr Fakten über das Seelenleben herausgefunden: welche hohe Bedeutung frühkindliche Bindungen haben, wie wichtig die Entfaltung eigener Begabungen ist, wie man die eigenen Gefühle besser wahrnehmen und ausdrücken kann, wie Gedächtnisleistungen gesteigert werden können, wie neurotische Fehlentwicklungen verändert werden können, welche Faktoren ein zufriedenes Älterwerden begünstigen, was Kommunikationsprozesse fördert und hemmt und vieles mehr. Auch die Gleichberechtigung der Frau wurde durch psychologische Einsichten gefördert.

Doch zwei gravierende Schwächen schmälern die unbestreitbaren Erfolge der Psychologie: ihre zum Teil maßlose Selbstüberschätzung und ihre Anfälligkeit für ideologische Heilsversprechen. Diese Schwächen können nur ausgeglichen werden, wenn die Psychologie sich einbringt in eine Menschenkunde, in der auch das Wissen anderer Perspektiven wie die der Theologie mit einfließt. Der Mensch als Leib-Seele-Geist-Einheit kann nur in dieser Zusammenschau richtig verstanden werden.

Der Chicagoer Theologe Don Browning (1987, 61–93) hat in seiner Kritik der Humanistischen Psychologie überzeugend dargestellt, wie sowohl Rogers als auch Maslow die Selbstverwirklichung von einem deskriptiven Begriff in eine moralische Norm verwandelt haben. Danach gleiten sie von einer Beschreibung der Selbstverwirklichung hinüber zu der Forderung, das eigene, wahre Selbst zu verwirklichen. Schließlich versteigen sie sich zu der Behauptung, Selbstverwirklichung sei das Patentrezept zur Lösung aller individuell-moralischen und gesellschaftlichen Probleme.

Unrealistische psychotherapeutische Behandlungsziele haben dazu beigetragen, die Illusion einer Verwirklichung des »ganzen« Menschen zu nähren und sein selbstsüchtiges Ego zu bedienen. Während früher Religion mehrheitlich als Bezogenheit auf Transzendenz verstanden wurde, dessen größeres Ganze – z. B. im Bild vom Kosmos – gemeinschaftsbildend wirkte, wird die neuzeitliche, verwischte »Religion« von den Bedürfnissen des Subjekts bestimmt. Nicht mehr gemeinschaftliche Werte und Ziele, sondern das eigene Ich steht heute im Mittelpunkt. An die Stelle einer Gemeinschaft ist das Individuum getreten, das um seine bestmögliche Entfaltung, Darstellung und Beachtung kämpft.

Für dieses Ziel kann die Psychologie missbraucht werden, wenn sie sich nicht an ethische Normen bindet. Ohne Bezug zu einer expliziten Werteordnung kann Psychologie in den Status einer Religion gelangen, dem sie methodisch nicht gerecht werden kann. Psychologischen Modelle liegen Menschenbilder zugrunde, die ihrerseits implizite Werte enthalten und transportieren. Diese sollten reflektiert und kommuniziert werden

Exkurs 1: Zur Psychologiefeindlichkeit im Pietismus
Gerade auch in der evangelikalen Frömmigkeitstradition wurde die Psychologie lange Zeit gemieden. Bis heute wird diese junge Wissenschaft teilweise immer noch verdächtigt, sie könne den persönlichen Glauben angreifen und zerstören. Die evangelikalen Vorbehalte, die sich beispielsweise in Tagungen und Publikationen der Bekenntnisbewegung »Kein anderes Evangelium« artikulieren, sind durch ein ausgeprägtes Feindbild geprägt (Antholzer & Schirrmacher 1997, dazu kritisch Gramzow 2000). Die Psychologie und Psychotherapie soll durch eine »biblische Seelsorge« ersetzt werden. Dabei setzt zumindest die Bekenntnisbewegung selber starke psychologische Methoden und Argumentationen ein, um ihren Standpunkt zu festigen. Die Scheu vor der Psychologie bei den Evangelikalen ist meines Wissens nach noch nicht eingehender untersucht worden. Eine mögliche Hypothese dazu lautet, dass die pietistische Frömmigkeitspraxis eigene psychologische Techniken entwickelt hat und zum Teil gezielt einsetzte und deshalb die vergleichende Konkurrenz der fachlichen Psychologie fürchtete und mied.

Dafür gibt es mindestens zwei Belege: Carl Rogers, der Begründer der populären Gesprächspsychotherapie, stammte selber aus einem streng pietistischen Elternhaus und entdeckte gegen Ende seiner Karriere, dass er mit seiner Methode der Gesprächsführung und Gruppenleitung im Grunde eine säkularisierte Variante pietistischer Frömmigkeit entwickelt hat. Der entscheidende Unterschied findet sich in den unterschiedlichen anthropologischen Voraussetzungen. »Der Mensch ist gut«, sagt Rogers, »der Mensch ist gefallen und in seiner Selbstsucht gefangen«, sagt die Bibel. Der amerikanische Pastoralpsychologe Thomas Oden hat weiterhin überraschende Überschneidungen zwischen dem Pietismus und den populären psychologischen Selbsterfahrungsgruppen herausgestellt: die kleine Gruppe, das starke Bemühen um Aufrichtigkeit, die Betonung auf der Erfahrung im Hier und Jetzt, vertrauensvolle zwischenmenschliche Beziehungen sowie häufige, lange und intensive Treffen, durch die sowohl Erweckungsveranstaltungen als auch Gruppenmarathons gekennzeichnet sind (zit. nach Vitz 1994, 117 f.).

Verfolgt man die Wurzeln der evangelikalen Bewegung bis zur Quelle, tritt eine gänzlich andere Einstellung zur Psychologie zu Tage. Die evangelikale Frömmigkeit beruft sich maßgeblich auf den Pietismus, deren Pioniere sich im 17. und 18. Jahrhundert als »Erneuerer, Vollstrecker oder Vollender der Reformation« ansahen (Schmidt 1972, 9). Verschiedentlich wird der Pietismus auch als die »Renaissance der Mystik im Luthertum« charakterisiert (Wallmann 2002, 131). Der Pietismus hat dabei zahlreiche psychologische Methoden entwickelt, um seinem erklärten Ziel, der inneren Erfahrungskenntnis Gottes, näher zu kommen.[2] Den pietistischen Pionieren lag die »Erweckung des inneren Menschen mit all seinen Sinnen« am Herzen, um der drohenden dogmatischen Starre und lähmenden Ritualisierung zu entfliehen. Der zur Heuchelei verführenden Institution des Beichtstuhls wurde die subjektive Echtheit des Glaubens entgegengesetzt. Den Pietismus erklärt man deshalb auch »als Übergang von der kirchlichen Seelsorge zur Psychologie«, machten die Pietisten doch »die Seele zum Gegenstand frommer Techniken wie Bußkampf und Bekehrung« (Reiter 1991, 198).

Vereinzelt sind mittlerweile Studien zur Psychologie der christlichen Glaubenserfahrung erstellt worden.[3] Hier liegt jedoch noch ein großes und wichtiges Arbeitsfeld brach, weil gerade die protestantische Frömmigkeitspraxis ausgetrocknet erscheint. Peter Zimmerling (2003, 38) hebt in einer neuen Studie hervor, dass es höchste Zeit sei, »das Moment der Erfahrung in den Glauben zu reintegrieren«. Evangelische Spiritualität sei nämlich von ihrem Ursprung her – und dazu führt er zahlreiche Belege aus Martin Luthers Schriften an – eine »erfahrungsbezogene Frömmigkeit«. Aber, so führt er weiter aus, schon in der dritten nachreformatorischen Generation kam es zu einer Krise der (protestantischen) Spiritualität, die ihre Ursache in zunehmenden Erfahrungsdefiziten des religiösen Lebens hatte. Um dieses Spiritualitätsdefizit auszugleichen, mussten in der Folgezeit Anleihen vor allem bei der mittelalterlichen Mystik gemacht werden« (ebd., 39). Zimmerling (2002) weist in diesem Zusammenhang auf die Anstöße pietistischer Glaubenspraxis am Beispiel Zinzendorfs hin.

Psychologie und Theologie im Streit um die Seele

Das Gespräch zwischen Psychologie und Theologie verläuft deswegen schleppend, weil sie sich als Rivalinnen der Lebensklugheit gegenüberstehen. Das umworbene Streitobjekt von Psychologie und Theologie ist die Seele – ihr Wesen, ihre Bestimmung und der Weg zu ihrer bestmöglichen Entfaltung. Während heute psychologischen Kriterien weitreichende Entscheidungskompetenzen zugestanden werden, hat die Theologie in den letzten Jahrzehnten einen massiven Bedeutungsverlust erlitten. Psychologische Deutungen haben den Bedeutungsverlust des christlich-kirchlichen Wirklichkeitsverständnisses für sich zu nutzen gewusst und treten heute teilweise ganz unverblümt als Sinngeber und Orientierungsmaßstab auf. Dabei verwischt jedoch die Grenze zwischen einem wissenschaftlich begründeten Heilverfahren und einem weltanschaulich entlehnten Heilsversprechen.

Immer schon war die menschliche »Seele« geheimnisvoll verschlossen und ein spannendes Rätsel, für erstaunliche Überraschungen gut. Theologische und psychologische Modelle haben in immer wieder neuen Anläufen den Versuch unternommen, zutreffende und allgemeingültige Aussagen über die »wahre Wirklichkeit« des Menschseins oder den »Personenkern« hinter den Verhaltensäußerungen zu entschlüsseln: Ist dieser eher theologisch mit »Identität des Sünders« (Schneider-Flume 1985) zu begreifen oder besser psychologisch mit »Entwicklungsstufen des Selbst« (Kegan 1986) zu beschreiben?

Verdächtigungen der Psychologie gegenüber der theologischen Personenlehre wurden dahingehend formuliert, dass die theologische Perspektive die Sinnlichkeit und Körperlichkeit des Menschen gering achtet und mit rigiden und weltfremden Moralvorstellungen Zwangserkrankungen provoziere.[4] Verdächtigungen der Theologie gegenüber der Psychologie wurden beispielsweise dahingehend formuliert, dass dort systematisch ein Kult um das eigene Ich betrieben werde.

Das Verhältnis zwischen Psychologie und Theologie gestaltet sich deshalb so konfliktreich, weil es dabei um die Vormachtstellung hinsichtlich der Deutungs- und Erklärungsbedürftigkeit des Alltags geht: Wird ein Ereignis innerweltlich-psychologisch oder im weitesten Sinne überweltlich-religiös gedeutet? In einem psychologistisch entzauberten Alltag hat Religiöses keinen Platz mehr. Es ist verständlich, dass besonders Freuds Atheismus bei manchen das Vorurteil von der glaubenszerstörenden Psychoanalyse nährte. Besonders die neueren Entwicklungen der Psychoanalyse enthalten aber unübersehbar glaubensförderliche Impulse.[5]

4.3 Psychotherapie und Seelsorge – Gemeinsamkeiten und Unterschiede

Die Verhältnisbestimmung zwischen Psychotherapie und Poimenik (Seelsorgelehre) hat eine lange Geschichte, die bei weitem noch nicht systematisch aufgearbeitet und dargestellt wurde.[6] Dennoch wird ihre gegenwärtige Situation von verschiedenen Seiten als Umbruchsphase gekennzeichnet. Verfolgt man ihre markanten Entwicklungslinien, fällt eine analoge Dynamik auf. Während Teile der Psychotherapie unverkennbar eine *Spiritualisierung* erlebten, wurden viele Seelsorge-Angebote durch eine *Psychologisierung* ihrer Inhalte geprägt.

Seit Beginn der eigenständigen Disziplin »Psychotherapie« wird um das angemessene Verhältnis zwischen Therapie und Seelsorge gerungen. Immer wieder ging es darum, ein spezifisches Terrain vor Übergriffen der jeweils gegnerischen Disziplin im »Streit um die Seele« abzugrenzen und auf besondere Methoden hinzuweisen, die entweder Seelsorger oder Psychotherapeuten als alleinige Spezialisten für seelische Konflikte ausweisen sollen. Wenn nach C. G. Jung alle Lebenskonflikte, die im Alter von über 35 Jahren auftauchen, letztlich auf ungelöste religiös-spirituelle Fragen zurückzuführen sind, wäre Seelsorge das Mittel der Wahl. Wenn religiöse Sehnsüchte letztlich als kindlich-regressives Wunschdenken zu verstehen sind, dann wäre die Psychotherapie gefragt, Menschen mit ihrer unbehausten Lebenssituation vertraut zu machen und ihre Endlichkeit und die Schicksalhaftigkeit des Daseins annehmen und aushalten zu lernen.

Lange Zeit wurde von Psychotherapeuten und Seelsorgern sorgfältig darauf geachtet, das eigene Arbeitsgebiet genau einzuhalten und nicht »in fremden Wassern zu fischen«. Deshalb enthält beispielsweise eine klassische Textsammlung über »Psychotherapie und Seelsorge« in einem Abschnitt Beispiele für eine »Grenzüberschreitung«.[7] Hier wird an konkreten Personen deutlich gemacht, dass sehr wohl begehbare Brücken und konstruktive Verbindungen zwischen Therapeuten und Seelsorgern möglich sind. Allerdings werden diese Vertreter als Ausnahmen dargestellt und erhalten den Touch des Exotischen. »Sich wirklich auf einen Dialog einzulassen, überschreitet freilich das Modell der schiedlich-friedlichen ›Arbeitsteilung‹. Theologie und Psychologie, Seelsorge und Therapie kommen sich erst gar nicht ins Gehege, solange man beiderseits die Warnungen von unerlaubten ›Grenzüberschreitungen‹ beherzigt. Das Kreative von Grenzen und der Arbeit an und mit ihnen kommt so gar nicht ins Spiel« (Wahl 2000, 69). Mit diesem engagierten Plädoyer votiert ein psychoanalytischer Theologe – oder theologischer Psychoanalytiker – für das Aufweichen klassischer Grenzen. In der Tat sind theologischerseits die Schranken zur Psychologie längst gefallen – psychologische Weiterbildung ist für Theologen ein Muss. Anders sieht es mit Psychologen aus, die der Theologie und Religionswissenschaft bisher wenig abgewinnen konnten. Mit dem wiedererstarkten Fundamentalismus deutet sich aber eine Trendwende an, und auch andere gesellschaftliche Konfliktherde erfordern religionspsychologisches Wissen, das immer häufiger eingefordert wird.

In der Vergangenheit haben sich in Deutschland also viel häufiger Theologen mit der Psychologie als Psychologen mit der Religion oder der Theologie befasst.[8] Konstruktiv wurden Einsichten der Psychologie auf die theologische Theorie und Praxis angewandt.[9] Als ›Hilfswissenschaft‹ war und ist sie gefragt und geschätzt, auch wenn manche Stimmen eine Vereinnahmung und Aushöhlung der Theologie befürch(te)ten. Dennoch bleibt nach wie vor in grundsätzlicher Hinsicht auf die Schieflage hinzuweisen, dass nämlich »auf Seiten der Theologie für eine Kooperation schon eine beachtliche Vorarbeit geleistet worden ist. Die Antwort der Psychologie steht noch aus« (Berkel 1984, 199). Insofern kann von gemeinsamen Interessen kaum die Rede sein, wohl aber ein intensives Aufgreifen psychologischen Wissens seitens der Theologie.

Seit Ende der sechziger Jahre breitete sich in Deutschland eine Seelsorgerichtung aus, in der eine euphorische Übernahme humanwissenschaftlicher, insbesondere psychologischer Methoden erfolgte. Bis dahin orientierte sich die vorherrschende »kerygmatische Seelsorge« an der Bibel als Wort Gottes. Bekannt wurde die plakative Definition: »Seelsorge ist die Verkündigung des Wortes Gottes an den einzelnen« (Thurneysen 1978, 86). Ausgangspunkt des verkündigenden Modells war der Primat des Wortes Gottes. Seelsorge »ist in diesem Sinne sowohl Zuarbeit für die Verkündigung als auch Ausführung derselben in der besonderen Situation des Gesprächs« (Ziemer 2000, 83).

1969 erschien eine Dokumentation der amerikanischen Seelsorgebewegung. In ihr machte Dietrich Stollberg (1969) eine gänzlich anders akzentuierte Vorgehensweise in Deutschland bekannt und setzte damit eine regelrechte Kehrtwende in der Seelsorgelehre und -ausbildung in Gang. In besonderer Weise wird sich bei diesem Ansatz der zwischenmenschlichen Ebene zugewendet. Seelsorge ereigne sich demnach in einem tröstenden und ermutigenden Gespräch, auch wenn keinerlei christliche Inhalte zur Sprache kommen. Mit dieser Deutung begann ein ungeahnter Aufschwung von Gruppendynamik, Selbsterfahrung, empathisches Mitgehen und konfrontatives Spiegeln in der Seelsorge.

Eine prägnante Definition dieser Richtung spricht von dieser Form der Seelsorge als »Psychotherapie im kirchlichen Kontext«.[10] Deshalb werden in diesem Seelsorgeansatz schwerpunktmäßig psychologische Methoden und Vorgehensweisen – insbesondere der Psychoanalyse und Gesprächspsychotherapie – erlernt und eingeübt. Zusätzlich werden deren Folgen aber theologisch interpretiert.[11]

Grob skizziert, können die Schwerpunkte der neueren evangelischen Seelsorge in drei Abschnitte unterteilt werden:[12]

1920 – ca. 1970:	Kerygmatische Seelsorge (*Leitbild*: Verkündigung des Wortes Gottes)
1970 – ca. 1990:	Seelsorgebewegung (*Leitbild*: Beratende Psychotherapie)
ab ca. 1990:	Selbstkritik und Neuorientierung

Außerhalb dieser relativ deutlich unterscheidbaren Epochen – in der es auch jeweils prominente Gegenstimmen gab[13] – hat sich das psychoanalytische Denken als eine durchgängig einflussreiche Größe in der Seelsorgelehre etabliert. Psychoanalytisch orientierte und ausgebildete Theologen haben wohl mit der größten Intensität das Gespräch mit der Psychologie gesucht, und aus dieser Richtung liegen die am weitesten fortgeschrittenen Integrationsbemühungen vor.

Dialogschwierigkeiten zwischen Therapeuten und Theologen

Ein ernsthaftes, partnerschaftliches Gespräch zwischen Seelsorgern und Psychotherapeuten kam bisher vielleicht deshalb selten zustande, weil die zu allermeist theologische Initiative »von Psychoanalytikern eher als Vereinnahmung oder gar Bekehrungsversuch gewertet und belächelt« wurde (Ruff 2002, 7). Ein Pastoralpsychologe kommentiert diese Schieflage aus heutiger Sicht: »Man nimmt gar nicht wahr, was ein eigenständiger Dialogpartner wie die Psychoanalyse – durchaus auch kritisch – in eine interdisziplinäre Begegnung einzubringen hätte … Nüchtern und redlich muß man konstatieren und einräumen: Der heute favorisierte Dialog findet faktisch weitgehend (noch) als Einbahnstraße statt: Die Theologie profitiert einseitig von ihrem psychologischen Partner – und dies interessanterweise trotz der notorischen Religionsfeindlichkeit der Psychoanalyse … Umgekehrt muß die Theologie sich selbstkritisch fragen, warum sie so lange offenbar kein sehr attraktiver Gesprächspartner für Psychoanalytiker war und immer noch ist« (Wahl 2000, 68).

Diese Sicht wird von der »Gegenseite« bestätigt: »Mich beschäftigt seit dreißig Jahren psychoanalytischer Praxis die Beobachtung, dass selbst in Langzeitanalysen von religiösen Erfahrungen beziehungsweise religiösem Erleben sehr selten und wenn, dann sehr wenig die Rede ist« (Henseler 1995, 125).

Erst in den letzten Jahren gewinnt das Gespräch an Konturen, und weiterführende Fragen werden behandelt. Während das erste pastoralpsychologische Lehrbuch noch von der oben skizzierten tiefenpsychologischen Einseitigkeit bestimmt war, kommt insbesondere das theologische Profil bei aktuellen Integrationsbemühungen zwischen Psychotherapie und Seelsorge deutlicher zum Vorschein (Eschmann 2000, Ziemer 2000, Rauchfleisch 2004, Klessmann 2004).

Trotz der vagen theoretischen Integrationsfortschritte hat sich in der evangelischen Beratungsausbildung und -praxis psychoanalytisches Denken etabliert, wovon beispielhaft die Ausrichtung des Berliner Ausbildungsinstituts für Familienberatung und die größte Sektion der Deutschen Gesellschaft für Pastoralpsychologie (DGfP), »Tiefenpsychologie«, zeugen. Eine kürzlich durchgeführte Befragung kirchlicher Beratungseinrichtungen belegt in beeindruckender Weise die konkrete Zusammenarbeit zwischen Praktischer Theologie und psychoanalytisch geprägter Gesprächstechnik und Behandlungsweise, auch wenn dieser Beratungsansatz bisweilen das christliche Profil in den Hintergrund treten lässt (Schubert et al. 1998).[14]

Die starke Orientierung an den professionellen Vorgehensweisen der psychotherapeutischen Experten ist jedoch plausibel und nachvollziehbar. Seit Beginn des 20. Jahrhunderts musste sich die Seelsorgelehre aufgrund veränderter Bedingungen neuen Herausforderungen stellen. Das »helfende Gespräch im Horizont der Kirche bekommt dreifache Konkurrenz: die Entdeckung des Gesprächs als ärztliches Therapeutikum, ... die beratende staatliche Sozialarbeit ... und zuletzt durch die zunehmende Veröffentlichung helfender Gespräche in den Massenmedien.«[15]

Die psychoanalytisch geprägte Seelsorgelehre entwickelte sich erst mit großem zeitlichen Abstand zur »säkularen« analytischen Psychotherapie. Der progressive Beginn durch Pfisters psychoanalytische konzipierte Seelsorge aus dem Jahre 1927 geriet durch verschiedene Gründe ins Hintertreffen[16] und wurde in Deutschland erst wieder über den »Umweg« der Rezeption der amerikanischen Seelsorgebewegung (s. u.) seit dem Ende der 60er Jahre neu aufgegriffen und weiterentwickelt. Im Gefolge der Dialektischen Theologie war es insbesondere Karl Barths Freund Eduard Thurneysen, der sich in erklärter Abkehr gegen die kulturprotestantisch-liberale Theologie und einer Übernahme psychotherapeutischer Methoden wandte. Thurneysen (1948, 9) versteht in direkter Anknüpfung an die reformatorische Tradition den Seelsorgedienst als »Ausrichtung des Wort Gottes an die einzelnen«.[17] Im Gegensatz zu allem psychologischen Vorgehen möchte er auf jegliche »Anknüpfung« verzichten. Sein drastisches Bild vom »Bruch im seelsorgerlichen Gespräch« soll unabhängig von Situation und Person den Ratsuchenden mit der Wirklichkeit Gottes konfrontieren. Für Thurneysen konstituiert sich damit seelsorgerliches Geschehen unabdingbar durch Sündeneinsicht und Buße.[18]

Seine streng protestantisch gefasste Seelsorgelehre zeitigt bis heute Auswirkungen: an ihr »arbeiten sich sämtliche späteren Entwürfe des 20 Jahrhunderts ab« (Hauschild 2001, 61). Mit diesem systematisch-theologischen Ansatz wurde der Grundstein zu einer verkündigenden Seelsorge gelegt. Bis heute hat sich der Gegensatz zur (psycho-)therapeutischen Seelsorge verfestigt, auch wenn polemische Stimmen Thurneysen selber ein unbemerktes therapeutisches Paradigma nachweisen wollen (Gräb 1997). Außerdem hat sich seine radikale, früh verfasste Theorie in den späteren praktisch orientierten Veröffentlichungen gemäßigt.[19] Seine klare Argumentation und griffigen Bilder stellen eine Herausforderung dar – seine markante und häufig zitierte Metapher vom »Bruch« hat einige literarische Nachspiele hervorgerufen (Winkler 1997, 33–36).

Spätestens mit der profunden Kritik des aus der Arbeit des Elberfelder Prediger-seminars entstandenen Buchs von Helmut Tacke (1993) wurden wieder nicht-ana-lytische Seelsorge-Ansätze gesprächsfähig. Vom Standpunkt einer reformiert-barthianischen Wort-Gottes-Theologie beklagte er vehement eine defizitäre theologische Begründung der Seelsorgepraxis und warf der Seelsorgebewegung die »Divinisierung des Humanen« vor. In eindrücklichen und polarisierenden Bildern beschrieb er die Unterschiede zwischen Therapeuten und Theologen und votierte damit für eine klare Grenzziehung zwischen beiden Gebieten.

Eine deutliche Erweiterung von Seelsorgeansätzen wird sichtbar, wenn man die »klassische«, psychoanalytisch geprägte Einführung von Joachim Scharfenberg (1985) mit aktuellen Lehrbüchern und Monographien vergleicht, die bewusst an anderen historischen Vorbildern, theologischen Motiven oder soziologischen Be-funden anknüpfen.[20] Unverkennbar wird in der neueren Seelsorgediskussion das spezifisch christliche Profil in Abgrenzung zu sozialwissenschaftlichen Methoden eingefordert.

Kritik und Neuorientierung

In letzter Zeit erfolgte eine kritische Bestandsaufnahme der Seelsorgebewegung. Nachdrücklich plädieren neuerdings PastoralpsychologInnen für den »Abschied vom therapeutischen Leitmodell der Seelsorge« (Karle 1999, 49). In einem Vortrag anläßlich des 25jährigen Bestehens der DGfP im Jahr 1997 heißt es im Rückblick selbstkritisch: »Die Seelsorgebewegung ist am Ende. Der Glanz und die erste Be-geisterung sind verbraucht … In der Pastoralpsychologie dominiert die bloße Über-nahme psychotherapeutischer Handlungstheorien, ohne daß sie angemessen für das Arbeitsfeld ›Seelsorge‹ modifiziert worden wären … Die Grenze einer rein psy-chologischen Betrachtung spiritueller Erfahrungen besteht darin, dass die Psycho-logie keinen konstruktiven Beitrag zu einer praktizierten Spiritualität beitragen kann. Sie kann lediglich analytisch die Grenzen markieren, bei denen Spiritualität krank zu machen beginnt. Aber Psychologie kann keine Frömmigkeitspraxis be-gründen und vor allem nicht zu einer solchen anleiten« (Hänle & Jochheim 1998, 58 f.).

Unverkennbar werden hier spezifische Elemente der Seelsorge angemahnt und eingefordert, die psychologisches Wissen und Können übersteigen. Die Autoren deuten im weiteren Verlauf auf ein Spezifikum der Seelsorge hin: »Die Theologie weist demgegenüber darauf hin, daß es in der Spiritualität nicht nur um ein religiö-ses Erleben des Menschen geht, sondern um wirkliche Begegnung mit Gott. Christ-liche Spiritualität ist an der Begegnung mit dem Heiligen, also Gott selbst interes-siert, aber gerade so, daß sie darum weiß, daß nur Gott selber seine Gegenwart gibt … Gelebte Frömmigkeit in der Seelsorge stellt einen Raum bereit, in dem ich mich ausdrücklich Gott zuwenden, mich für ihn öffnen möchte. Und wir tun dies, wie vieles in unserem Leben, in der Hoffnung, daß er dann auch tatsächlich gegen-wärtig und für uns erfahrbar ist. Genau in diesem Gebrauch ist Spiritualität ein un-verzichtbares Element von Seelsorge« (ebd., 62).

Im Zentrum dieses engagierten Plädoyers steht die Beachtung der Gottesbezie-hung. Damit hat Seelsorge »als religiöse Kommunikation, als Kommunikation des

Evangeliums eine unersetzbare Funktion für den Menschen. Nur wenn Seelsorge ihr spezifisch christliches Profil zur Geltung bringt, ... nur dann wird sie den Herausforderungen der Gegenwart gerecht. Dann stellt sie Orte bereit für die Klage, aber auch für die Dankbarkeit und das Lob Gottes ... Dann lässt sie sich umsichtig auf die Verängstigten und Unsicheren, die Orientierungslosen und Überforderten ein und begleitet sie taktvoll im Vertrauen auf Gott in die Zukunft« (Karle 1999a, 219). Auf Ansätze einer Neubelebung spiritueller Seelsorge, bei der – wie oben beschrieben – die Pflege der Gottesbeziehung im Mittelpunkt steht, wird im vorliegendem Text im nächsten Abschnitt näher eingegangen, wenn die therapeutischen Aspekte der christlichen Spiritualität untersucht werden.

Im Rückblick führte der Streit um die angemessene Seelsorgelehre schnell zu einer Frontenbildung zwischen einer biblisch-verkündigenden und beratend-therapeutischen Ausrichtung an. Diese paradigmatische Frontstellung wurde als ein Grundkonflikt der Seelsorgelehre im letzten Jahrhundert an zahlreichen Stellen verhandelt, jedoch ohne zufriedenstellend gelöst worden zu sein.[21] Ein einschlägiger Lexikon-Artikel hat beide Paradigmata parallelisiert und gegenübergestellt (Hauschild 2001):

Verkündigende Seelsorge
1. Seelsorge ist Hilfe zum Glauben.
2. Theologie und Seelsorge sind nur kompatibel, wenn die Theologie die Führung übernimmt.
3. An der theologischen Bestimmung des Propriums von Seelsorge zeigt sich die Professionalität der Seelsorge.

Therapeutische Seelsorge
1. Seelsorge ist Hilfe in psychischen Konflikten.
2. Theologie und Psychotherapie sind zwar nicht identisch, aber kompatibel.
3. Seelsorge wird professionell durch ihre therapeutische Methodik. Diese Gegenüberstellung verdeutlicht die gegensätzlichen Ziele und Methoden und unterstreicht, welche zentrale Bedeutung der Verhältnisbestimmung zwischen Psychotherapie und Seelsorge zukommt. Weiterführende Gespräche zwischen beiden Disziplinen sind nötig, um von einer gegenseitig kritischen Funktion zu profitieren, die manche Autoren vorschlagen und die auch hier favorisiert wird.[22]

Während also zumindest die evangelische Seelsorgelehre versuchte, einen Anschluss an die moderne Psychologie zu behalten, treten bei der Gegenüberstellung von Seelsorge und Psychotherapie grundsätzlich unverkennbare Gegensätze hervor (leicht modifiziert nach Demling 2004):

	Seelsorge	Psychotherapie
Ausgangsbedingungen	transzendente Macht Gottes christliches Menschenbild Gotteskindschaft des Menschen jüdisch-christliches Weltbild	Natur, Biologie psychologisches Menschenbild »seelischer Apparat« wissenschaftliches Weltbild
Krankheitslehre	Gottesferne, Leiden am Egoismus	Psychopathologie
Gesundungsangebot	Gebet, Beichte, Gottesbeziehung christliche Gemeinschaft	Verhaltenstraining, Einsichtslernen korrigierende emotionale Erfahrung
Wertdimension	Schuld und Vergebung, Glaube und Nichtglaube, Gut und Böse	angebliche Wertneutralität
Ziele	Erlösung von Angst und Schuld Sinnfindung, Gottesnähe, Seelenheil	Symptombeseitigung, seelische Heilung, Persönlichkeitsreifung

Modelle der Zusammenarbeit zwischen Psychologie und Theologie

In der religionspsychologischen Forschung wurde das Problem einer Zusammenschau von Psychologie und Theologie konzeptionell unterschiedlich gelöst, deren wichtigste Lösungsmodelle im Folgenden referiert werden.

Übereinstimmend fassen die meisten (theologischen) Referenten zusammen, dass »die Kooperation der Theologie mit Humanwissenschaften ... bislang selten gelungen« sei (Frey 1977, 108). »Selektive Auswahl«, »Scheindialoge« und »Ergänzungsstrategien« seien die vorrangig gewählten »Gesprächsformen« zwischen diesen beiden Disziplinen. »Ein erst zu bewährendes Modell kritischer Solidarität« fordert Frey, in dem »aspekthaft« die unterschiedlichen Erkenntnisse zusammengetragen und ergänzt werden (ebd., 105). Frey plädiert für einen fortzuführenden Dialog, der »beiden Seiten hilft, etwas zu geben und vom anderen zu nehmen«, wobei als Voraussetzung beide Disziplinen im Wirklichkeitsbegriff korrespondieren müssten, bei dem sowohl in psychologischer als auch theologischer Hinsicht »der Mensch Antwort ist auf eine Frage, die wir noch nicht hinreichend kennen« (ebd., 254).

Der Greifswalder Theologe Michael Herbst (1999) unterscheidet sechs Modelle, wie sich »säkulare« Psychotherapie und »sakrale« Seelsorge aufeinander beziehen können:

- **Konfrontation:** Die Psychologie wird als etwas Dämonisches angesehen. Die Seelsorge konzentriert sich einzig auf die menschliche Schuld und die Wiederherstellung der Gottesbeziehung.
- **Dienerin:** Die Psychologie wird als Hilfswissenschaft angesehen, um die gute Botschaft des Evangeliums besser unter die Leute zu bringen.

151

- **Konvergenz:** In der Seelsorgebewegung werden die Unterschiede im Menschenbild verwischt. Sie lässt sich sehr weit auf psychologische Methoden ein und übernimmt vieles, will aber dabei trotzdem ihr theologisches Profil behalten.
- **Rekonstruktion:** Im Rahmen einer Gesellschaft für Christliche Psychologie (IGNIS), die der charismatischen Bewegung nahesteht, sollen psychologische Aussagen biblisch geprüft werden: die Psychologie als Findungshilfe, das therapeutische Potential der Bibel noch besser zu erschließen.
- **Integration:** Eine »Biblisch-Therapeutische Seelsorge« (BTS), die dem württembergischen Pietismus entstammt, bedient sich pragmatisch psychologischen Einsichten, um Christen besser in ihrer Lebensbewältigung zu unterstützen
- **Zwei-Reiche-Lehre:** Seelsorge, die auf das Heil des Menschen zielt, und Psychotherapie, die auf die seelische Funktionalität achtet, ergänzen sich komplementär. Sie sind zu unterscheiden, in der Praxis aber nicht voneinander zu trennen.

Aus den vorangehenden Überlegungen ergibt sich das folgende **Fazit:**

- Eine Zusammenarbeit von Psychotherapie und Seelsorge ist wünschenswert und nützlich. Für die Seelsorge kann dabei ihre Kommunikationsfähigkeit verbessert werden sowie ihr therapeutisches Potential neu und vertieft erschlossen werden, für die Psychotherapie der Umgang mit religiösen Fragen verbessert werden.[23]
- Der Grundkonflikt der Seelsorgelehre des letzten Jahrhunderts zwischen Verkündigung und Beratung hat an Schärfe verloren. Er kann nur durch die Verständigung auf ein gemeinsames Menschenbild gelöst werden.
- Bei der gleichen konkreten Absicht von Lebenshilfe bleiben die unterschiedlichen Menschenbilder und Hilfsressourcen von Psychotherapie und Seelsorge bestehen. Erst die gegenseitige Kenntnisnahme und Kritik ermöglicht eine Zusammenarbeit.
- Die Wiederentdeckung klassischer Seelsorgetraditionen wie z. B. die Beichte in Luthers Seelsorgelehre und -praxis führt zu einer Stärkung des theologischen Profils seelsorgerlichen Handelns. Solches Vorgehen entspricht neueren psychotherapeutischen Erkenntnissen, die der Vergebung einen hohen Stellenwert im Heilungsprozess bei emotionalen Störungen beimessen.[24]

4.4   Psychotherapie und geistliche Begleitung

Psychologische Hilfen können die Glaubensentwicklung fördern und zur persönlichen Glaubensaneignung und Glaubensvertiefung beitragen. Die mit Recht beklagten Erfahrungsdefizite des christlichen Glaubens können durch die Beachtung psychologischer Einsichten beseitigt werden. Psychologie und Glaube können sich hilfreich ergänzen. Eine Kernkompetenz der Psychologie liegt in ihrer Fähigkeit zur Realitätsprüfung. Persönliche Gotteserlebnisse, die zu religiösen Überzeugungen führen, neigen wegen der sie begleitenden intensiven Gefühle jedoch häufig zu Höhenflügen und Übertreibungen. Hier kann die Psychologie zu einer kritischen Realitätsprüfung beitragen, indem sie untersucht, ob und wie sich religiös-spirituelles Vertrauen konkret im Alltag auswirkt. Durch psychologische Selbsterkenntnis werden die Stärken und Schwächen eines Charakters offenbar, und daraufhin können gezielte Veränderungsschritte eingeleitet werden. Zudem verhilft bessere Selbsterkenntnis dazu, einen persönlich angemessenen Gebets- und Glaubensstil zu finden und dadurch die eigene Frömmigkeitspraxis zu vertiefen.

Vor dem Horizont des ökumenischen und interkulturellen Zusammenwachsens ist der Bedarf nach einer Profilierung der christlichen Spiritualität gewachsen. In diesem Prozess ist die persönliche Standortbestimmung wichtig. Eine noch zu entfaltende systematische Theologie der Spiritualität berücksichtigt sowohl die Vielfalt der Konfessionen als auch die individuellen Glaubensstile.

In der amerikanischen Forschung ist die Zusammenarbeit zwischen Psychotherapie und Seelsorge aufgrund geringer ausgeprägter Berührungsängste viel weiter fortgeschritten als hierzulande.[25] Es wäre wünschenswert, diese Impulse aufzugreifen und auf die deutschsprachige Tradition und Kultur anzuwenden, was jedoch seit einiger Zeit begonnen hat. So kommt in der theologischen Fort- und Weiterbildung der persönlichen Spiritualität eine wachsende Bedeutung zu. Auf Erfahrungen der Überforderung und des Ausgebranntseins reagieren Pfarrerinnen und Pfarrer, aber auch andere Mitarbeiterinnen und Mitarbeiter der Kirche mit dem Wunsch nach einem spirituellen »Auftanken«. Sie suchen solche Möglichkeiten in Kommunitäten und evangelischen Klöstern, in Angeboten anderer Konfessionen, aber ebenso auch in Pastoralkollegs und an anderen Orten der Fort- und Weiterbildung.

Zur Vertiefung und Ausbreitung einer personalen Spiritualität sind Weiterbildungen zu konzipieren und durchzuführen. Manche schlagen eine dreijährige Weiterbildung zum Spiritual/zur Spiritualin vor, die qualifiziert zur spirituellen Praxis anleiten sollen.

Der Berlin-Brandenburgische Bischof Huber (2003) plädiert konkret dafür, dass Spiritualität in den Familien und in anderen Lebensgemeinschaften wieder heimisch wird. Dazu zählt er einfache Formen der familiären Andacht, die Ermutigung zum gemeinsamen Gebet am Morgen und am Abend, die Erneuerung des Tischgebets. Diese »schlichten Formen der Frömmigkeit sollten in ihrer Bedeutung für den Alltag christlicher Existenz neu bewusst werden«.[26]

Der Ratsvorsitzende der EKD möchte weiter an der geistlichen Kraft und Qualität der Gottesdienste arbeiten. Dabei misst er der liturgischen Gestaltung von Gottesdiensten einen besonderen Stellenwert bei: »Die bewusste Weiterentwicklung eucharistischer Frömmigkeit in der evangelischen Kirche ist ein noch immer unterschätzter Bereich der Spiritualität.« Der evangelische Bischof wirbt für Orte des Einübens von Spiritualität. Exerzitien im Alltag hält er für wichtige und hilfreiche Ansatzpunkte. Zugleich »sind Orte nötig, an denen Retraiten und Exerzitien, Meditationsübungen und Schweigewochen, Kontemplation und Bibliodrama angeboten werden.«

Huber betont, dass Spiritualität in der Aus- und Fortbildung kirchlicher Mitarbeiterinnen und Mitarbeiter, insbesondere der Pfarrerinnen und Pfarrer, einen zentralen Platz erhalten solle. Für besonders wichtig hält Huber die Weiterbildung von Multiplikatoren, die zur Weitergabe eigener Erfahrungen und zur Einführung in spirituelle Praxis in ihrem Bereich befähigt sind. Nur durch solche Weiterbildung, für die auch »Laien« in Frage kommen, ist es möglich, eine spirituelle Erneuerung auch auf der Ebene der Gemeinden sich entwickeln zu lassen. Eine besondere Weiterbildungsaufgabe besteht in der Qualifizierung zum Spiritual und zur Spiritualin. Für Huber sind solche Menschen wichtig, damit »eine genügende

Zahl von Menschen in unserer Kirche bereit und in der Lage ist, qualifiziert zu einer spirituellen Praxis anzuleiten und das geistliche Leben unserer Kirche insgesamt weiterzuentwickeln.« Unterschiedliche Formen der Spiritualität sollen nach Huber bei einer solchen Weiterbildung ebenso im Blick sein wie die Entwicklung einer eigenen theologischen Urteilsfähigkeit zu unterschiedlichen Ansätzen von Spiritualität.

Diese Einschätzung teilen zwei Pastoralpsychologen, die anläßlich des 40jährigen Bestehen der Deutschen Gesellschaft für Pastoralpsychologie formulierten: »Erst in der Trias von theologischer Reflexion, Spiritualität und pastoralpsychologischer Kompetenz kann die Seelsorgelehre erfolgreich ihrer Aufgabe gerecht werden, zu einem theologisch, geistlich und handlungstheoretisch verantworteten seelsorgerlichen Handeln anzuleiten« (Hänle & Jochmann 1998, 56).

Zur Formulierung eines »persönlichkeitsspezifischen Credos« und der Entfaltung einer personalen Spiritualität werden Persönlichkeitsstil und Glaubensentwicklung aufeinander bezogen. Geistliche Begleitung berücksichtigt sowohl die individuellen personalen Voraussetzungen als auch den Stand der Glaubensentwicklung.

Praxisbeispiel

In der Pfarrerausbildung der Ev-luth. Landeskirche Hannovers soll nach intensiven Diskussionsprozessen mit neuer Zielstrebigkeit die persönliche Glaubensdimension Gegenstand der Aufmerksamkeit in der Ausbildung werden. Ein Vikar stellte nämlich öffentlich die provozierende Frage, ob die immer wieder beobachtete »pastorale Hemmung« im Seelsorgegespräch ihren Grund »auch darin hat, dass sich die Seelsorgeausbildung über zwei Jahrzehnte hinweg den Wahrnehmungskategorien eines psychotherapeutischen Zugangs untergeordnet hat« (Wohlgemuth 2001, 24). Deshalb gelinge es mittlerweile »nur schwer, nicht lediglich psychologische Sachverhalte theologisch umzuformulieren, sondern vorzudringen zu einer religiösen Kommunikation, die sich dem (nichttheologischen) Gesprächspartner erschließt« (ebd., 27).

Wichtige Elemente von Weiterbildungsgruppen in geistlicher Begleitung, die diesbezügliche Sprachfähigkeiten fördern und schulen können, sind neben anderen die religiöse Selbsterfahrung (Veränderungen des Gottesbildes im Lebenslauf, Integration der religiösen Sozialisation, Moralentwicklung, Leiblichkeit und Spiritualität, Glaube und Zweifel), Grundkenntnisse der spirituellen Theologie sowie die Einübung einer Meditationsform. Folgende Aufgaben einer geistlichen Begleiterin/eines Spirituals erscheinen dafür zentral zu sein:

1. Eine Fähigkeit zur Elementarisierung der christlichen Spiritualität,
2. die persönliche Integration der Lebens- und Glaubensgeschichte und
3. psychotherapeutisch-diagnostische Kompetenz und didaktisch-pädagogisches Geschick, um zur Vertiefung der Gottesbeziehung anzuleiten.

Damit wird an das spezifische Seelsorgeverständnis der kerygmatischen Tradition angeknüpft, das hier aber mit der Notwendigkeit psychotherapeutisch-diagnostischer Kompetenz verbunden wird. Der Nachholbedarf an geistlicher Positionsfindung in der Seelsorgeausbildung rechtfertigt aber diese einseitige Position. »Der ureigene Horizont der Seelsorge ist es, dass Menschen in ihrer aktuellen – krisenhaft oder nur alltäglichen – Lebenssituation erneuerten und lebensdienlichen Kontakt zur Gegenwart Gottes für ihr Leben gewinnen. Das ist kein handhabbares, operationalisierbares Ziel. Aber es ist der Horizont, von dem her sich eine eigenständig begründete seelsorgerliche Praxis und ihre Ausbildung strukturieren müsste, im Bewusstsein der Unverfügbarkeit dieses Horizonts, aber ebenso in handwerklich verantwortetem Einsatz der spezifischen Mittel des Glaubens« (Wohlgemuth ebd., 27).

In einer kürzlich veröffentlichten Arbeit hat ein niederländischer Theologe geistliche Begleitung bzw. spirituelle Führung (*spiritual guidance*) als eine wichtige Aufgabe der Kirchen zur religiösen Identitätsfindung des Einzelnen herausgearbeitet (Knippenberg 2002). Nach dieser Einschätzung will »Religion« ja nichts anderes als Spiritualität vermitteln, indem sie die Menschen konfrontiert mit der Frage, was ihnen heilig ist und was letzten Endes von Bedeutung (*ultimately important*) ist. Ziel der geistlichen Begleitung sei das Profil einer eigenen religiösen Identität. Dazu verweist der Verfasser auf die heilenden Funktionen christlicher Rituale wie das Abendmahl und die Krankensalbung. Sein Hauptaugenmerk richtet er auf das Sakrament der Beichte, von der – gerade in ihrer psychotherapeutischen Funktion – eine reinigende und heilende Wirkung ausgehe.[27] Auch in der evangelischen Kirche wird seit kurzem die Bedeutung der Beichte wiederentdeckt, und auch die deutsche Religionspsychologie weist nachdrücklich auf die Vergebung als eine heilsame »Beziehungstechnik« hin (Hertzsch 2003, Weingardt 2003).

In der deutschen Sprache besteht zwischen Heilung, heilig und Heil ein enger Zusammenhang, der allerdings manche Theologen und Therapeuten zu einer vollmundigen Heilungsrhetorik verführt hat. Die Sehnsucht nach Ganzheit, Vollkommenheit, Unversehrtheit und Ungebrochenheit ist gerade heutzutage weit verbreitet. Eine immer ausgeklügeltere Technik, die zwar den Alltag ungemein erleichtert, treibt aber die Ansprüche und Erwartungen ins Uferlose – gerade im Hinblick auf ein »Psychodesign«: den utopischen Versuch, einen perfekten neuen Menschen mittels geeigneter Psychopharmaka und Psychotechniken herzustellen. Diesbezügliche Angebote des alternativen Lebenshilfe-Marktes haben sich in den letzten Jahren sehr verbreitet. Sie schüren die Illusion von der Machbarkeit eines vollkommenen Menschen – ein Leben ohne Krankheiten, seelische Konflikten und Hindernisse. Dabei macht gerade der individuelle Umgang mit körperlichen, seelischen und biographisch bedingten Grenzen das Menschliche aus und verleiht jedem Charakter sein unverwechselbares Profil und eine eigene Schönheit.

Heil und Heilung müssen wegen der Gefahr ihrer Gleichsetzung klar voneinander zu unterscheiden sein. Geht es in der Heilung um eine reparative Wiederherstellung, die Wunden und Narben hinterlässt, so zielt eine Heilserwartung auf einen gänzlich neuen Menschen. Eine therapeutische Heilbehandlung ist von einer religiösen Heilsvermittlung strikt zu trennen. Während die Heilbehandlung mit wissenschaftlich kontrollierten Bedingungen arbeitet, erfolgt eine Heilsvermittlung über die vertrauensvolle Erwartung. Ohne Zweifel kann religiöses Vertrauen gesundheitsförderlich wirken. Dies aber als eine Art Wunderdroge einzusetzen, hieße, eine Religion zu missbrauchen. Angesichts der zahlreichen korrelationsstatistischen Indizien für die heilsamen Funktionen des Glaubens wurde in einer medizinischen Fachzeitschrift ausgiebig darüber diskutiert, ob Ärzte religiöse Tätigkeiten verordnen sollen. Schlussendlich überwog jedoch die Skepsis: Der wichtigste Einwand war der Hinweis auf »eine drohende Trivialisierung der Religion. Religion darf nicht instrumentalisiert und getestet oder verordnet werden wie ein Antibiotikum« (Sloan et al. 2000, 1915). Nicht der Glaube als solcher, wohl aber bestimme Frömmigkeitsstile können sich wohltuend auswirken, genauso wie manche Religionsformen krankmachende Folgen zeitigen.

Fallbeispiel

Ein 43-jähriger Oberstudienrat mit den Fächern Musik und Religion nahm aufgrund körperlicher Probleme (Nackenverspannungen, Kopfschmerzen, chronische Hals- und Stimmbandreizungen) und akuter angstneurotischer Symptome psychotherapeutische Hilfe in Anspruch. Im Rahmen einer ambulanten tiefenpsychologisch fundierten Psychotherapie konnte der Patient zunächst stabilisiert und die angstneurotischen Symptome reduziert werden. Es bedurfte einiger Überzeugungsarbeit, um Einsicht in die Psychogenese der Erkrankung zu vermitteln. Dabei konnte aber die therapeutische Beziehung so gefestigt werden, daß im weiteren Verlauf auch die für diesen Fall wichtigen Fragen der Religiosität und des persönlichen Gottesbildes offen angesprochen und in die Behandlung mit einbezogen werden konnten.

Der 1,68 Meter kleine, hagere Familienvater von vier Kindern, der als ein streng religiöser Mensch Mitglied im örtlichen Kirchenvorstand war, litt zunehmend unter Antriebsschwäche und Versagensängsten. Er berichtete, dass sein Leben keine Qualitäten mehr habe. Er fühle sich klein und schwach, und seine drei zentralen Lebensbereiche der Schule, Familie und Kirchengemeinde bedeuteten nur noch eine Last und Überforderung für ihn. Die biografische Anamnese ergab, dass es dem Patienten nur unzureichend gelungen war, ein stabiles Selbstwertgefühl zu entwickeln. Als Ursachen wurden neben anderen fehlendes väterliches Vorbild und eine verwöhnende Mutter erkannt. Die den kränkelnden Jungen betreuende Mutter vereinnahmte ihn derart, daß der Patient emotional stark auf mütterliche Zuwendung angewiesen war. Zum Zeitpunkt der Ablösung von der Mutter intensivierte der Patient seine kirchlichen Aktivitäten. Im Rückblick wurde ihm deutlich, dass ihm die Gottesdienste und seine persönlich gelebte Frömmigkeit als Mutterersatz dienten. Männliche Aspekte Gottes – seine Verantwortung als Christ, ein kämpferisches Engagement und Eintreten für Dinge, von denen er überzeugt war, waren dem Patienten bisher weitgehend fremd geblieben.

In der Psychotherapie konnte der Patient die Zusammenhänge zwischen seiner Persönlichkeitsentwicklung und der Religiosität besser verstehen. Er stellte fest, wie einseitig sein Gottesbild geprägt war und wie bestimmte Bereiche seiner Frömmigkeit neurotische Persönlichkeitsanteile von ihm verstärkten. In der zweiten Hälfte des Behandlungszeitraums gelang es dem Patienten, bestimmte Aspekte seines Gottesbildes zu hinterfragen und zu verändern. Sein Glaube gewann die Lebendigkeit und Unmittelbarkeit früherer Jahre zurück, der sich nun auch positiv und unterstützend auf die Bewältigung seiner Versagensängste auswirkte. Als überaus hilfreich erwiesen sich aus therapeutischer Sicht zwei Telefonate mit dem Seelsorger des Patienten, in denen ein Gedankenaustausch und die Abstimmung der jeweiligen Vorgehensweise stattfanden.

5 Religion und Gesundheit

5.1 Macht Religion krank oder gesund?

Die folgende Überschrift stach ins Auge: »Gott schützt nicht.« So fasste kürzlich ein »Psychologie heute«-Bericht das Ergebnis einer Klinik-Studie aus Essen zusammen. Während Religiosität bei der Bewältigung schwerer Krankheiten wie Rheuma und Krebs helfen könne, so der Autor, sei die Schutzwirkung bei Depressionen fraglich. Die Untersuchung von über 800 Patienten einer psychotherapeutischen Ambulanz habe nämlich ergeben, dass »religiöse Patienten im Durchschnitt sogar eine stärkere Depressivität zeigen als Atheisten. Mögliche Ursache: Gläubige Menschen neigen in ihrer Gotteshingabe zu einem Fatalismus, der ihnen das Gefühl vermittelt, nichts an ihrer jeweiligen Situation ändern zu können« (Psychologie heute, Sept. 2004, 61). Zog man jedoch die Quelle des Berichts heran, so stellte sich heraus, dass in dieser Studie die Religiosität nur sehr unzulänglich erfasst wurde, nämlich durch die Häufigkeit des Kirchgangs sowie eine Selbsteinschätzung. Ein genaueres Bild der religiösen Einstellungen wurde nicht erhoben, sodass die Aussage als sehr fragwürdig gelten muss. Auch die kühne Schlussfolgerung zeigt, dass hier eher die Meinung eines Journalisten als die Sachlage wiedergegeben wurde.

Einige aktuelle amerikanische Befunde

– Ein Referenz-Handbuch erbrachte durch die Auswertung von 1200 (!) amerikanischen Studien den Nachweis, dass zwischen seelischer Gesundheit und einem persönlichen Glauben ein positiver statistischer Zusammenhang besteht, den man durchaus kausal interpretieren kann (Koenig, McCullough & Larson 2001). Das heißt: Wer glaubt, ist gesünder, verfügt über mehr Bewältigungsstrategien und genießt eine höhere Lebenszufriedenheit und sogar eine höhere Lebenserwartung. In ihrem umfangreichen systematischen Literaturüberblick berichten die Autoren von 100 Studien, die Zusammenhänge zwischen Lebenszufriedenheit bzw. Wohlbefinden mit Religiosität untersucht haben. 79 dieser Studien belegen, dass religiöser Glaube mit höherer Lebenszufriedenheit, größerem Wohlbefinden und ausgeprägteren moralischen Überzeugungen einhergeht. In 101 Studien wurde das Verhältnis zwischen Religion und Depression untersucht, von denen etwa zwei Drittel eine geringere Anzahl und Intensität von depressiven Symptomen bei religiösen Personen berichteten. Die Autoren weisen auf ähnliche Befunde bei Suizid und Suizidneigung, Ängste, Drogen- und Alkoholmissbrauch hin.

157

- Um methodische Mängel zu beheben, die vielen Fragebogenuntersuchungen vorgeworfen wurde (z. B. Erfassung der Religiosität allein durch die Häufigkeitsangabe des Gottesdienstbesuches), wählte eine Forschergruppe ein komplexeres Studiendesign (Kendler et al. 2003). 2616 Zwillinge wurden mit einem neuartigen Messinstrument differenziert zu ihrer Religiosität und zu psychiatrischen Störungen befragt. Dazu wurden sieben Dimensionen der Religiosität identifiziert (generelle und soziale Religiosität, Vatergott, Richtergott, Vergebung, Dankbarkeit, Versöhnungsbereitschaft).[28] Die Ergebnisse weisen darauf hin, dass bestimmte religiöse Faktoren wie generelle Religiosität und Vergebung mit einem geringeren Risiko für Angst- und Panikstörungen verbunden waren. Andere religiöse Faktoren wie soziale Religiosität und Dankbarkeit ergaben ein geringeres Risiko für Suchterkrankungen.
- Von allen psychischen Krankheiten tritt eine Depression am häufigsten auf. Deshalb ist der Einfluss der Religiosität in der Bewältigung einer depressiven Erkrankung intensiv erforscht worden. In einer Meta-Analyse von 147 Studien mit insgesamt knapp 100.000 Personen zum Zusammenhang zwischen Religiosität und Depressivität zeigte sich, dass stärker ausgeprägte Religiosität mit weniger depressiven Symptomen einhergeht (Smith, McCullough & Poll 2003). Dieses Ergebnis zeigte sich unabhängig von Alter, Geschlecht oder ethnischer Gruppe der untersuchten Personen. Am stärksten erwies sich der Religiositäts-Depressions-Zusammenhang bei Personen, die sich in akuten Stress-Situationen befanden.
- Mehrere empirische Studien belegen, dass der Genesungsprozess von Patienten nach einem Herzinfarkt entscheidend durch die Qualität der Gottesbeziehung begünstigt wird. Bei 142 Patienten, die eine Woche nach einem Infarkt auf ihre Religiosität befragt wurden, zeigte sich, dass ausgeprägte religiöse Überzeugungen mit weniger gesundheitlichen Komplikationen und einem kürzeren Krankenhausaufenthalt in Verbindung standen (Contrada et al. 2004).
- Wirkt sich Religiosität auf die Langlebigkeit aus? In einer Übersichtsarbeit werteten amerikanische Forscher alle verfügbaren Studien aus und kamen zu dem nüchternen Fazit, dass 20jährige Amerikaner, wenn sie einmal pro Woche ihre Kirche, Synagoge oder Moschee besuchen, eine um 6,6 Jahre höhere Erwartung haben, als wenn sie nie einen Gottesdienst besuchen (McCullough, Hoyt, Larson, Koenig, Thorensen 2000).
- Herbert Benson (1997), Mediziner an der Harvard University, fand heraus, dass wiederholtes Gebet und die Abweisung störender Gedanken körperliche Veränderungen in Gang bringen, die Entspannung bewirken. Diese Entspannung ist nach seiner Untersuchung eine gute Therapie bei der Behandlung von verschiedenen Leiden wie Bluthochdruck, Herzrhythmusstörungen, chronischen Schmerzen, leichten bis mittleren Depressionen und anderen Erkrankungen.
- Umfangreiche Untersuchungen des amerikanischen Mediziners Matthews (2000) belegen, dass Patienten durch Glauben und Gebet nach Operationen weniger lang bettlägerig sind, weniger Schmerzmittel benötigen und ihr Blutdruck schneller sinkt.
- Eine Studie des Psychiaters Harold Koenig (1997) der renommierten Duke-University (North-Carolina) hat den Wert christlicher Gemeinschaft und gemeinsamen Gebetes im Gottesdienst bestätigt. Die 1997 veröffentlichte Untersuchung ist die größte Studie, die je über soziale Unterstützung durch Kirchenmitgliedschaft durchgeführt wurde. Koenig und sein Team fanden an

4000 zufällig ausgewählten Senioren heraus: Ältere Menschen, die regelmäßig Gottesdienste besuchen, sind weniger depressiv und körperlich gesünder als diejenigen, die allein zu Hause beten. Koenig ist der Direktor des »Duke University's Center for the Study of Religion/Spirituality and Health«, deren Internet-Präsenz einen guten Einblick in die Aktivitäten des Instituts bietet (www.duke-spiritualityandhealth.org).

Wie Bernhard Grom (2003) treffend bemerkte, wertet die amerikanische Forschung bisher nur englischsprachige Studien aus. Neben dem Sprachproblem liegt das sicher auch daran, dass die Religionspsychologie in anderen Ländern und Kontinenten nicht den hohen Stellenwert wie in Amerika besitzt und die Anzahl diesbezüglicher Studien sehr viel geringer ausfällt. Denn in den USA hat die religionspsychologische Gesundheitsforschung mittlerweile die Mainstream-Psychologie erreicht, was Aufsätze in führenden wissenschaftlichen Zeitschriften belegen (Contrada et al. 2004, Emmons & Paloutzian 2003, Hill & Pargament 2003, Powell, Shababi & Thorensen 2003).

In der amerikanischen Forschung ergibt sich nach Jahrzehnten intensiver Forschungstätigkeit bei einer genaueren Prüfung ein relativ eindeutiges Bild. Der weitaus größere Teil der Forscher stellt die positiven Aspekte der Religion in den Vordergrund. Manche wenden zwar skeptisch ein, dass viele dieser Studien von privaten Stiftungen wie Templeton oder Fetzer finanziert werden, die satzungsgemäß spirituelles Wachstum fördern wollen (Murken 1999). Deshalb seien die Ergebnisse kritisch zu prüfen. Allerdings weist eine Kennerin der amerikanischen Forscherlandschaft den Vorwurf einer »pro-religiösen Schlagseite« entschieden zurück. Wissenschaftler würden ihre Argumente nicht dem Geldgeber anpassen, und die akademische Zunft würde Studien nach der Güte ihres Versuchsaufbaus und logischen Stringenz der Argumentation beurteilen und nicht nach dem Geldgeber (Amberger 2000, 146–149). Ein von der Templeton-Stiftung geförderter Neurologe bestätigte diese Sicht. Er sei ein »grantiger Atheist«, und bisher seien ihm noch keine versteckten Motive bei den Förderungsprojekten dieser Stiftung aufgefallen (zit. bei Amberger ebd., 149).

Ein jüngerer Übersichtsartikel von renommierten amerikanischen Experten, die seit Jahren den Zusammenhang zwischen Religion und Gesundheit erforschen, fasst zusammen: »Die große Mehrzahl der Studien erweist, dass Religion heilsame Auswirkungen auf die Gesundheit ausübt. Außer in Einzelfällen und sehr kleinen Stichproben kleiner als zehn Personen haben wir bei repräsentativen Bevölkerungsstichproben und systematisch ausgewählten klinischen Populationen keine Hinweise dafür finden können, dass Religion der Gesundheit schadet« (George et al. 2000). Nur bei religiösen Sondergemeinschaften beständen negative Auswirkungen, weil sie teilweise ärztliche Geburtshilfe ablehnen würden oder – wie Mitglieder der Christian Science – sich zu spät ärztlich behandeln lassen würden.

Andere Übersichtsarbeiten sind mit ihren Schlussfolgerungen vorsichtiger und benennen sowohl heilsame als auch schädigende Aspekte der Religion, wobei auch dort die positiven Auswirkungen überwiegen (Schumaker 1992, Pargament 1997). Während negative Emotionen wie Ärger und Zorn auf Gott bei uns durch literarische und wissenschaftliche Veröffentlichungen bekannt sind, stellt dieses Thema in den USA Neuland dar.[29] Negative Gefühle gegenüber Gott und dunkle, belastende Gottesbilder sind gerade bei einer strengen Erziehung nicht selten. Bisher wurden negative Gefühle gegenüber Gott wie Angst, Ärger, Wut oder Zorn eher biographisch thematisiert, kaum jedoch wissenschaftlich untersucht. Von religionspädagogischer Seite und in seelsorgerischer Verantwortung wurden Ansätze entwickelt, um neurotische Gottesbilder heilsam zu beeinflussen (Zellner 1995, Frielingsdorf 1999).

In einer Zusammenfassung des bislang sehr lückenhaften amerikanischen Forschungsstandes kommt Exline (2003) auf der Grundlage einiger weniger Studien zu dem Schluss, dass Zorn auf Gott auf zwischenmenschliche Konflikte und mangelnde Vergebungsbereitschaft hindeuten.

Fallbeispiel

In einem Sorgerechtsstreit um zwei kleine Kinder von drei und fünf Jahren wurde von der Mutter ein Kontaktverbot zum Vater erwirkt. Als Gründe wurden seine als bedrohlich empfundenen religiösen Aktivitäten genannt, deren Ursache von der Richterin in einer psychischen Erkrankung vermutet wurde. Der Vater hatte während der Zeit des Zusammenlebens regelmäßig einen geheimen »Kraftplatz« aufgesucht, um dort gegen okkulte Mächte zu beten. Teilweise habe er dazu seinen älteren Sohn mitgenommen, der danach psychisch sehr angegriffen und instabil gewesen sei. In der Anhörung des Sohnes hat dieser Situationen geschildert, wo im Zusammensein mit seinem Vater Gespenster, Schatten, böse Mächte, ein Mutter-Geist und Monster erschienen seien. Einmal habe sein Vater ein unsichtbares Monster vom Teppich des Kinderzimmers vertrieben.

Angesichts des gefährdeten Kindeswohl wurde das Sorgerecht zunächst der Mutter zugesprochen. Ein psychologisches Ergänzungsgutachten sollte nun darüber Auskunft geben, ob die religiösen Aktivitäten im Zusammenhang mit einer psychischen Erkrankung zu verstehen sind. In der biographischen Anamnese des Vaters wurde klar, dass er selber unter einem als herrischen, brutalen und übergriffigen Vater gelitten habe. Teilweise habe dieser seine Söhne mit Riemen geschlagen, und auch gegenüber seiner Frau habe er Gewalt gebraucht. Zu Hause habe es nur Streit und Anspannung gegeben, wodurch die Kindheitsjahre des Kindsvaters sehr getrübt wurden Durch seine spätere Frau lernte er als Jugendlicher die verbindliche Gruppe einer Freikirche kennen und schätzen. In der Gemeinschaft Gleichgesinnter erlebte er ein bergendes Heimatgefühl und familiäre Strukturen, die er als kleines Kind vermisst hatte. Später heirateten die beiden in der Freikirche und engagierten sich ehrenamtlich. Allerdings führten überwertige Gedanken und mangelnder Realitätssinn des Ehemanns zum Zerwürfnis mit der Ehefrau und auch zu seinem Gemeindeaustritt. Im Rückblick resumierte der freikirchliche Pastor, der viele Seelsorgegespräche mit dem Mann geführt hatte, daß die intensive Religiosität vom Ehemann dazu benutzt worden war, die eigene Identitätsstörung zu kaschieren und einer Bearbeitung innerer Konflikte auszuweichen.

Eine neue Heimat fand der Mann in einer jungen Freikirche, die der Glaubensbewegung *Faith-Movement* nahe steht. Dort verbindet sich der pfingstlich-charismatische Impuls mit der Kraft des positiven Denkens. Es ist die Überzeugung der Vertreter dieser Bewegung, dass »Realität« durch die Vorstellungskraft des Geistes geschaffen wird. Durch das Proklamieren des göttlichen Gesetzes könne der Mensch Krankheit und Armut überwinden und seine Lebenssituation grundlegend verändern. Hier fand der Mann Gehör und Nahrung für seine überwertigen Gedanken. Die nach Visionen strebende junge Gemeinde bot einen günstigen Nährboden für die neurotische Störung des Vaters.

Das Gutachten erbrachte als Befund keine religiöse Wahnerkrankung, jedoch eine neurotische Störung narzisstischer Prägung, die durch die intensive Religiosität im Stil der Glaubensbewegung verdeckt wurde. Der Austritt aus der traditionell orientierten Baptistengemeinde, die Bewunderung für charismatische Leitpersonen und der Kontakt mit christlichen Rand-Gruppierungen halfen dem Vater nicht, seine persönlichen Probleme und Konflikte zu bewältigen, im Gegenteil: Durch ein religiös legitimiertes Beharren auf überzogene Versprechen und Vorstellungen wurden persönlich wichtige Entwicklungsschritte und die notwendige Verarbeitung verletzender Kindheitserfahrungen blockiert.

Einsichten der europäischen Forschung

Religiosität und Spiritualität werden hierzulande erst in letzter Zeit als ein psychologisch relevantes Forschungsthema entdeckt. Eine psychologische Diplomarbeit an der Universität Gießen war an messbaren Unterschieden zwischen religiösen und nicht-religiösen Menschen interessiert (Thomas 2000). Dazu stellte der Diplomand religiös und nicht-religiös eingestellten Studenten eine unlösbare Denkaufgabe, für dessen Lösung ein Geldbetrag versprochen wurde. Durch Fragebögen und Blutdruckmessungen wurde der Ärgergrad bestimmt. Obwohl sich nur schwache Unterschiede zwischen den beiden Gruppen zeigten, weisen die Befunde dieser Arbeit darauf hin, dass intrinsische Religiosität mit stärkerer Aggressionshemmung einhergeht.

In ihren Befragungen zum Verhältnis zwischen Religion und Gesundheit haben zwei niederländische Religionspsychologen auf der Grundlage mehrerer Befragungen vier Positionen vorgefunden, wie Psychotherapeuten die Religiosität ihrer Klienten bewerten. Ihr Ergebnis beschreibt sowohl Nutzen als auch Gefahren einer religiösen Einstellung aus therapeutischer Sicht (Uden & Pieper 2000):

1. Eine negative religiöse Sozialisation kann neurotische Störungen und psychische Erkrankungen hervorrufen.
2. Religiosität kann aber auch eine Bewältigungshilfe und Kraftquelle darstellen und vor einer größeren seelischen Erkrankung schützen.
3. Es ist möglich, dass seelische Störungen durch das Fehlen einer religiösen Sozialisation entstehen. Sinnleere und Orientierungslosigkeit gerade bei jungen Menschen weisen darauf hin.
4. Religiosität kann aber auch zur Weltflucht verführen. Konfliktsituationen werden vermieden und in den religiösen Bereich verschoben. Längerfristig kann ein solche Haltung zu neurotischen Entwicklungen führen.

Aufgrund der dürftigen deutschen Forschungslage sind verallgemeinernde Aussagen hier kaum zu treffen. Dennoch ist es interessant, welche Tendenz in deutschsprachigen Übersichtsarbeiten ausgedrückt wird. Während im religiös hochaktiven Amerika die positiven Bewertungen deutlich überwiegen, fällt das Resultat im säkularisierten Europa sehr viel skeptischer aus: »Empirische Untersuchungen an eher unbelasteten Stichproben wie Studenten oder Analysen allgemeiner Bevölkerungsdaten finden in der Regel keinen oder nur einen leichten positiven, stabilisierenden gesundheitsförderlichen Effekt von Religiosität« (Schowalter & Murken 2003, 156). Im Hinblick auf schädigende Auswirkungen führen die Autoren aus, dass »durch Religion auch negative Gefühle ausgelöst werden. Bestimmte Lehrinhalte können die Ausbildung von multiplen Ängsten unterstützen, wie Angst vor Sünde, vor Bestrafung durch Gott oder Angst vor Krankheiten, durch die Gott den Glauben prüfen will ... Moralische Richtlinien können zu einem Korsett werden, das sowohl das Ausleben von positiven Gefühlen, wie z. B. Vergnügen und Genuss, als auch von negativen Gefühlen, wie z. B. Aggressionen, verbietet« (ebd., 154 f.). Allerdings belegen die Autoren diese Behauptungen nicht, und in der Tat ist die Datenlage dazu sehr dünn.

Nachdem auch in Deutschland in den letzten Jahren immer häufiger von den wohltuenden und gesundheitsförderlichen Auswirkungen religiösen Glaubens berichtet wurde und auf die zahlreichen amerikanischen Studien verwiesen wurde, meldeten sich auch andere Stimmen zu Wort. Der Freiburger Psychologe Franz Buggle (1992), schon früher hervorgetreten durch eine kämpferische Abrechnung mit dem Christentum und einem gleichzeitig missionarischen Votum für den Atheismus, verglich in einer Kontrollgruppenuntersuchung 174 dezidierte Atheisten mit einer Gruppe gläubiger Christen. Er kam zu dem folgendem Schluss: »Dezidierte Atheisten haben einen deutlich geringeren Depressivitätswert als mehr oder weniger Religiöse. ... Derjenige, der nach einer religiösen Sozialisation den Mut aufbringt, mit Religion und Kirche zu brechen, hat die beste Aussicht, ein glücklicheres Leben zu führen. Dies hat allerdings neben einer aufgeklärten atheistischen Grundhaltung die Aufarbeitung der religiösen Grundhaltung zur Voraussetzung«.[30] Bei einer genaueren Prüfung der Ergebnisse stellt sich jedoch heraus, dass diese Aussagen nicht aus den Daten abzuleiten sind, sondern eher die Meinung der Autoren darstellen.

Gerade das Verhältnis Religion und Gesundheit ist mit zahlreichen Vorurteilen belegt. Viele Gerüchte und Behauptungen sind bislang nicht hinreichend erforscht und können nicht abschließend beantwortet werden. Die häufig geäußerte Behauptung, dass sexuelle Probleme oft durch religiöse Erziehung verursacht seien, lässt sich in dieser Allgemeinheit nicht halten.[31] Im Gegenteil ergab beispielsweise eine neuere deutschsprachige Studie bei langjährig verheirateten, freikirchlich orientierten Christen eine überdurchschnittlich hohe Zufriedenheit mit ihrer Sexualität (Bochmann & Nähter 2002).

Religiöse und wissenschaftliche Heilkunde – ein Widerspruch?

Früher lag der Heilkunde ein umfassendes, religiöses Welt-Verständnis zugrunde. Heilung hing mit Heiligung zusammen, also mit der richtigen Lebensführung. Die Naturreligionen legen bis heute Zeugnis von dem Zusammenhang zwischen dem persönlichen Wohlbefinden und der Verehrung einer höheren Macht ab. In Anknüpfung an dieses Verständnis ist etwa im Schamanismus bei einer körperlichen Heilung das Seelenheil eingeschlossen.

Religiöse Heilweisen sind die Vorläufer heutiger Medizin und Psychotherapie. Was heute Alternativmedizin genannt wird, stellt die Wiege der wissenschaftlichen Schulmedizin dar. Im Altertum waren die Heiler Angehörige der Priesterklasse, und auch im Mittelalter wurde der Arztberuf von der Geistlichkeit ausgeübt. Religiöse Übungen und Rituale wie Opfer und Anbetung wurden gezielt zu physischen und psychischen Heilzwecken eingesetzt. Damit übernahm die Religion eine lebenspraktische Aufgabe mit spürbaren Folgen. Die ursprüngliche Bestimmung der Religion, das Tor zum ewigen Seelenheil zu öffnen, wurde durch zum Teil spektakuläre Heilerfolge schon hier und jetzt konkret erfahrbar.

Mit der Aufklärung, der umgreifenden Technisierung des Alltags und den professionellen Spezialisierungen brachen das religiöse Heil und die säkulare Heilung auseinander. Therapie und Theologie wurden zu Rivalinnen. Verfolgt man den Begriff Therapie auf seine älteste bezeugte Bedeutung zurück, tritt jedoch sein religiöser Kern deutlich hervor: Das Griechische *therapeuein* bedeutet zunächst die Götter verehren, der Gottheit dienen, und dann auch: besorgen, warten, pflegen, ärztlich behandeln und eben auch heilen, (wieder-)herstellen. Infolge einer zunehmenden wissenschaftlichen Welterklärung wurde Heilsein seit der Moderne nicht mehr als ein ganzheitliches Erleben aufgefasst, sondern auf das rein Materiell-Messbare reduziert.

Der seit Jahrzehnten leidenschaftlich ausgefochtene Kampf zwischen einer »Apparatemedizin« und einer »Ganzheitsmedizin« offenbart jedoch die Grenzen jeder einseitigen Sicht- und Vorgehensweise: hier immer mehr Spezialwissen und Detailinformationen, aber auch zum Teil beängstigende Nebenwirkungen und der Verlust menschlicher Würde, dort erstaunliche Heilerfolge, aber auch schwammige Begrifflichkeiten und keine überprüfbaren Wirksamkeitsnachweise. Der Mensch als Leib-Seele-Geist-Einheit entzieht sich – zum Glück bisher erfolgreich – seiner kompletten Erfassung und wissenschaftlichen Kontrolle.

Der moderne Götze Gesundheit, Boom der Alternativmedizin

Gesundheit und Wohlbefinden, so führen Kritiker aus, sind die Götzen des 21. Jahrhunderts (Lütz 2002). Zukunftsforscher prognostizieren einen weiter wachsenden Bedarf an privater Gesundheitsvorsorge. Die Fitness-Center und »Wellness«-Hotels haben diesen Trend längst erkannt und weisen beachtliche Umsatzsteigerungen vor. Schon heute werden etwa 10 % des Bruttosozialproduktes im Gesundheitssystem umgesetzt – Tendenz steigend.

Laut der WHO steigt die Zahl der Nutzer von Angeboten alternativer Medizin und Naturheilkunde in den westlichen Industrienationen stetig an. So haben 70 % der Kanadier, 49 % der Franzosen und 42 % der US-Amerikaner bereits mindestens ein Mal in ihrem Leben Erfahrungen mit alternativen Heilungsmethoden gemacht. Nach einer Emnid-Umfrage halten 76 % der Deutschen die Alternativmedizin für wirksam, auch wenn man ihre Effekte wissenschaftlich nicht erklären kann. Kinesiologie, Elektroakupunktur, Bach-Blütentherapie oder Heiledelsteine – die Verfahren sind vielfältig und vermischen wissenschaftliche Erkenntnisse mit esoterischen oder asiatischen Weisheiten.

Hilft Glaube heilen?
In dem unübersichtlichen Grenzgebiet der Komplementär- und Alternativmedizin übernehmen Weltanschauungen die zentrale Funktion der Wirklichkeitsdeutung. Alternative Heilverfahren gründen auf eine bestimmte Weltanschauung. Kommt ein Verfahren zur Anwendung, werden auch seine Werte, Ideale und Ethik mit übermittelt. Zugespitzt könnte man sagen: In der Weltanschauung ist das Wirkprinzip eines alternativen Heilverfahrens verborgen. In der Regel widersprechen die Weltbilder der Alternativmedizin dem wissenschaftlichen Weltbild der Moderne. Den vormodernen Weltbildern entnehmen die Heilpraktiker vertrauensvoll ein Wissen, das gesunde Lebensführung vermittelt und (Selbst-)Heilungsprozesse in Gang setzen soll.

Der Geborgenheit spendende Kosmos wird als Ur-Mutter verstanden, zu dem eine innige Nähe und Verbindung hergestellt werden könne. In einer spiritualisierten Einheitsschau werden alle Erscheinungen der Welt als verschiedene Entwicklungsstufen der »universellen Lebensenergie« angesehen. Medizinhistorikern zufolge kommt das Energie-Konzept eines Fluidum, Chi oder Prana, das sich einer wissenschaftlichen Erfassung und Erklärung entzieht, in über hundert verschiedenen Kulturen vor. Ganz praktisch wollen beispielsweise Reiki-Gruppen den kranken Wäldern durch Baum-Meditationen geistig-feinstoffliche Kräfte zuschicken oder selber bei gesunden Bäumen Energie »auftanken«.

Beurteilungskriterien

In dem unübersichtlichen Grenzgebiet der Komplementär- und Alternativmedizin und der alternativen Therapieszene übernehmen Weltanschauungen die zentrale Funktion der Wirklichkeitsdeutung. Jedes Heilverfahren gründet auf eine bestimmte Weltanschauung – einer materialistischen, idealistischen oder vitalistisch-spirituellen.

Beim Einsatz einer Heilmethode werden auch ihre Werte, Ideale und Ethik mit übermittelt. Zugespitzt könnte man sagen: In der Weltanschauung ist das Wirkprinzip eines Heilverfahrens verborgen. Die Wirkprinzipien von Materialismus, Idealismus und Vitalismus setzen an sehr unterschiedlichen Stellen ein. In der Regel widersprechen die Weltbilder der Alternativmedizin dem wissenschaftlichen Weltbild der Moderne. Den vormodernen Weltbildern entnehmen die Heilpraktiker vertrauensvoll ein Wissen, das gesunde Lebensführung vermittelt und (Selbst)-Heilungsprozesse in Gang setzen soll.

Das bedeutet: Weltanschauungen und Lebensdeutungen enthalten ein Heilungspotential. Ein wesentlicher Grund für die Wirksamkeit von weltanschaulich geprägten Heilverfahren liegt darin, dass hier ganz allgemein Wege zum Glücklichsein beschrieben werden. Der konkrete Umgang mit Krisen und die Bedeutung von Krankheiten wird erläutert und ein Weltbild vermittelt, das den einzelnen Menschen einbettet in ein sinnvolles Ganzes. Von Max Planck ist überliefert: »Der Mensch will nicht nur Erkenntnis und Macht, er will eine Weltanschauung, die ihm das höchste Gut auf Erden, den inneren Seelenfrieden, verbürgt.«

Eine Weltanschauung als die Fähigkeit zur Wirklichkeitsdeutung ist im Zeitalter der Postmoderne wichtig, ja unersetzlich geworden. Den herkömmlichen Sinngebern wird zunehmend weniger Vertrauen geschenkt. Durch die Globalisierung stehen darüber hinaus mittlerweile eine Vielzahl an Weltanschauungen gleichberechtigt nebeneinander. Wir haben jedoch bisher kaum ein Sensorium dafür entwickelt, mit den letzten Fragen offen und unverkrampft umzugehen. Dabei sind Mut zu neuen Glaubenschritten wie auch kritisches Urteilsvermögen gleichermaßen nötig. Denn die »Kraft der Wirklichkeitsdeutung« kann auch zu eigenen Zwecken missbraucht werden – die Medizingeschichte ist reich gefüllt mit Quacksalbern und Kurpfuschern, die in einer krankheitsbedingten Notlage als skrupellose Geschäftemacher zur Stelle waren und Hilfsbedürftigkeit und Gutgläubigkeit schamlos ausnützten. Bis heute lässt sich mit vollmundigen Gesundheitsversprechen viel Geld verdienen.

Weltanschauungen enthalten also nicht nur ein Heilungspotential, sondern auch die Möglichkeit des Irrtums oder der Täuschung. Ob man an das Bluttransfusionsverbot bei den Zeugen Jehovas erinnert oder an den kürzlich festgenommenen Krebs-Arzt Dr. Ryke Geerd Hamer, der die Neue Germanische Medizin begründet hat, ein äußerst spekulatives Heilverfahren – Weltanschauungen besitzen auch ein Verführungspotential.

Wie lässt sich die Zuverlässigkeit von Heilungsangeboten beurteilen? An der Schnittstelle von wissenschaftlich begründeten Heilverfahren und weltanschaulichen Heilsversprechen fällt dem zugrunde liegenden Weltbild eine zentrale Funktion zu. Wenn Heilung von der Übernahme eines Glaubenssystems abhängig gemacht wird, sollte dies auf die persönliche Stimmigkeit hin befragt werden.

Gerade bei alternativen Heilverfahren ist es ratsam, die weltanschaulichen Hintergründe genauer anzuschauen und zu prüfen, ob sie mit dem eigenen Weltbild übereinstimmen. Neuere Studien zur Wirksamkeitsforschung der Alternativmedizin weisen unmissverständlich darauf hin, dass dem gemeinsamen Weltbild zwischen Therapeut und Patient ein enormes Heilungspotential zukommt. Deshalb darf der Bereich der persönlichen Glaubensüberzeugungen nicht länger aus Medizin und Psychotherapie ausgeklammert werden.

Religiosität und Krankheitsbewältigung: Ergebnisse der Forschung

Laut der Weltgesundheitsorganisation steigt die Zahl der Nutzer von Angeboten alternativer Medizin und Naturheilkunde in den westlichen Industrienationen stetig an. So haben 70 % der Kanadier, 49 % der Franzosen und 42 % der US-Amerikaner schon mindestens ein Mal in ihrem Leben Erfahrungen mit alternativen Heilungsmethoden gemacht. Nach einer Emnid-Umfrage halten mehr als drei Viertel einer repräsentativen deutschen Bevölkerungsstichprobe die Alternativmedizin für wirksam, auch wenn man ihre Effekte wissenschaftlich nicht erklären kann. Kinesiologie, Elektroakupunktur, Bach-Blütentherapie oder Heiledelsteine – die Verfahren sind vielfältig und vermischen wissenschaftliche Erkenntnisse mit esoterischen oder asiatischen Weisheiten.

Welcher Glaube macht gesund? Die folgende Übersicht listet einige empirische Befunde auf, die den Einfluss religiöser Überzeugungen auf Krankheitsbewältigung und Gesundheitsprophylaxe belegen.

Patienten-/Klientenseite

Andritzky (1997):
Fünf Teilnehmergruppen von Volkshochschulkursen (Aerobic, Yoga, Körpertherapien, psychologische Seminare und Reiki; N=1135, zu zwei Dritteln weiblich, überdurchschnittliches Bildungsniveau) wurden auf ihre Verhaltensänderungen hin verglichen. Anhänger einer spirituell orientierten Heilweise – in diesem Fall Reiki – zeigten hochsignifikant mehr gesundheitsfördernde Verhaltensänderungen (mehr aktive Freizeitgestaltung, tägliche Meditations- und Körperübungen, weniger Zeit- und Leistungsdruck, weniger Fernsehen, veränderte Ernährungsgewohnheiten) als die Teilnehmer der anderen vier Seminartypen. Es zeigte sich, dass persönliche Glaubensüberzeugungen das Gesundheitssuchverhalten steuerten.

Hellmeister & Fach (1998):
In 219 Telefoninterviews wurde nach Motivation gefragt, ein alternatives Gesundheitsverfahren anzuwenden. Es ergab sich folgende Rangfolge:

1. psychische Probleme	28 %
2. körperliche/funktionelle Beschwerden	22 %
3. psychosomatische Störungen	21 %
4. familiäre-/Partnerschaftskonflikte	14 %
5. Wunsch nach pers. Veränderung/Selbsterfahrung	13 %
6. Suche nach Sinn und Bewusstseinserweiterung	12 %
7. wirkungslose Schulmedizin	8 %
8. Neugier	7 %
9. Wunsch nach Hilfe für Dritte	6 %

Deister (2000):
157 Patienten mit lebensbedrohlichen Erkrankungen wurden daraufhin untersucht, welchen Einfluss eine positive religiöse Einstellung auf die Krankheitsverarbeitung nimmt. Je positiver die Religiosität getönt war, so lautet ein zentrales Ergebnis dieser Studie, um so besser konnten sich die Patienten aktiv mit ihrer Situation auseinandersetzen und Sinn darin finden und um so weniger versuchten sie, sich abzulenken, oder zogen sich sozial zurück.

Majumdar (2000):
Bei 21 Klienten mit psychosomatischen Auffälligkeiten, die an einem achtwöchigen Achtsamkeits-Meditations-Training teilgenommen hatten, wurden Veränderungen des Gesundheitszustands überprüft. Es ergaben sich effektive und nachhaltige Symptomreduzierungen. Insgesamt wurde das Meditationstraining als hilfreiche Ergänzung zur ärztlichen und/oder psychotherapeutischen Behandlung erlebt.

Kaiser (2001):
Eine Befragung von 209 Patienten, die sich entweder in schulmedizinischer oder alternativmedizinischer Behandlung befanden, ergab, dass ihre Therapie- und Therapeutenwahl maßgeblich von ihren religiösen und weltanschaulichen Wertvorstellungen und Einstellungen bestimmt war.

Mehnert & Koch (2001):
Bei einer Stichprobe von 191 Hamburger Krebspatienten und einer Kontrollgruppe von 151 Gesunden wurden Zusammenhänge zwischen Religiosität und einer positiven Stressbewältigung gefunden.

Renz (2003):
135 von 251 Patienten auf einer onkologischen Station berichteten von einer besonderen spirituellen Erfahrung angesichts ihrer schweren Erkrankung. Bei allen veränderte sich dadurch ihre Befindlichkeit stark: »Anders im Körper, anders in Raum und Zeit, anders in Bezug auf ihre krankheitsbedingte Situation, frei, weit, intensiv, entspannt, liebend, versöhnt mit sich selbst« (S. 129).

Arzt-/Therapeutenseite

Ludwig & Plaum (1998):
Eine empirische Untersuchung über »Glaubensüberzeugungen bei PsychotherapeutInnen« belegt ein erstaunlich hohes Maß an Irrationalität auf dem Feld der Psychotherapie. Die meisten, nämlich 93 % der 74 Befragten – in München niedergelassene Psychothe-

rapeutInnen – glaubten an etwas, das über die Befunde der empirischen Wissenschaften hinausgeht. Noch konkreter an eine »transzendente Realität« glaubten drei Viertel der Befragten; zwei Drittel gestanden ihr sogar eine Bedeutung in Bezug auf den Therapieprozess zu.

Demling, Wörthmüller & O'Connolly (2001):
Ein Fünftel der Studien-Teilnehmer – 253 Ärzte und 78 Psychologen, die 1994 als Richtlinien-Psychotherapeuten in Franken tätig waren – haben bereits öfter für ihre Patienten gebetet, 72 Prozent noch nie.

Hundt (2003):
Hauptsächliches Motiv von sechs spirituell orientierten Psychotherapeuten dieser qualitativen Studie, sich auf einen östlich-meditativen Übungsweg einzulassen und später spirituelle Konzepte und Methoden mit in ihre Arbeit aufzunehmen, war das Gefühl der Begrenztheit westlichen Denkens und Wissens. Obwohl die befragten Therapeuten es ablehnten, von sich aus ihre spirituelle Perspektive einzubringen, findet doch eine subtile Einflussnahme auf das Menschenbild des Klienten statt.

5.2 Hilft Glauben heilen?
Die Bedeutung des Gebets

Das Beten gehört zum grundlegenden Bestandteil jeglichen religiösen Lebens. Manche sehen im Gebet sogar das spezifisch Humane des Menschen. Ein Sprichwort lautet: »Der Vogel ist Vogel, wenn er singt, die Blume ist Blume, wenn sie blüht, der Mensch ist Mensch, wenn er betet« (Ruhbach 1987, 174). Im Gebet »übersteigt der Mensch sich, seine Welt und die gesamte Wirklichkeit, gleichzeitig aktualisiert er darin auch seine ganze Endlichkeit und Gebrochenheit« (Schütz 1992, 435). Bitte, Dank, Klage, Lob, Fürbitte, Anbetung – auf vielfältige Weise wird der Kontakt zu Gott oder einer höheren Wirklichkeit gesucht und gestaltet. Ob liturgisch oder frei, in der Gemeinschaft oder allein, ob mit geschlossenen Augen und gefalteten Händen oder erhobenen Hauptes und mit ausgestreckten Armen, laut oder leise, schweigend versunken oder einem Gebetstext folgend, andächtig lauschend oder gemeinsam das Vaterunser sprechend, stumm oder von fröhlicher Musik mitgerissen – die Ausdrucksformen sind so zahlreich wie die Frömmigkeitsstile.

Dabei ist das Beten bei den Deutschen nicht sonderlich beliebt. So beten – laut der 13. Shell Jugendstudie aus dem Jahr 2000 – nur 8 % der männlichen jugendlichen Gottesdienstbesucher auch persönlich. Paradoxerweise ist das heimliche Verlangen danach aber groß. Wie das Institut für Demoskopie Allensbach ermittelte, haben 66 % der West- und 57 % der Ostdeutschen »manchmal das Bedürfnis nach Augenblicken der Ruhe, des Gebets, der inneren Einkehr oder etwas Ähnlichem« (Ernst 2003, 69). Hingegen erlebt das Gebet in den USA seit einigen Jahren einen beachtlichen Boom: Drei Viertel der Amerikaner beten heute mindestens einmal die Woche, mehr als die Hälfte täglich. Jeder zweite der 34- bis 49-jährigen US-Bürger hat zum täglichen Gebet zurückgefunden (ebd.).

In der höchst persönlichen Aktivität des Betens werden eigene Wunschbilder und Sehnsüchte ausgedrückt. Beten stellt eine ungeheure Provokation dar, weil ein betender Mensch sich seinen Grenzen stellt und diese von einer höheren Macht erweitern lassen möchte. Es gilt ernst zu nehmen und wahr zu machen, wenn es zum Beispiel in der Bergpredigt heißt: »Bittet, so wird euch gegeben, suchet, so werdet ihr finden, klopfet an, so wird euch aufgetan« (Mat 6,7). Einige Kapitel später interpretiert Jesus eine Gleichniserzählung so: »Alles, was ihr bittet im Gebet, wenn ihr glaubt, so werdet ihr empfangen« (Mat 21,22). Die komplexen Fragen eines glaubensvollen Betens können in ihren vielfältigen Bezügen hier nicht beantwortet werden. Einige empirische Befunde der religionspsychologischen Forschung weisen aber auf die Bedeutung des Gebets als therapeutischer Interventionsmethode hin.

Zur Intimität des Betens

Mitteilungen über das persönliche Gebetsleben gehören zu einem schamhaft besetzten und ängstlich gehüteten Geheimnis – nicht nur im Christentum. Das erstaunt, gehört das Gespräch mit Gott doch zum Kernbereich und zur Basis des christlichen Glaubens. Zwei Zitate, die fast hundert Jahre auseinander liegen, deuten die Weite und Gegensätzlichkeit von Interpretationsmöglichkeiten an. In den Worten Friedrich Heilers (1923, 488) ist das Beten der unmittelbare Ausdruck eines »urkräftigen seelischen Erlebens«. Ein zeitgenössischer Theologe versteht das Gebet als eine spirituelle Praxis mit transpersonalen Wirkungen: »In den Augenblicken doxologischen Betens vollzieht sich eine personale Entgrenzung, in der Selbstvergessenheit Selbstbewusstsein ersetzt … Nicht die Identität eines Subjektes, sondern die Konversion einer Person wird durch spirituelle Praxis in anthropologischer Hinsicht bewirkt. Unter dem Einfluss des göttlichen Geistes wird eine Person zum Personanzraum von Gotteskraft« (Josuttis 2002, 15).

In diesen gegensätzlichen Einschätzungen wird eine Schlüsselfrage deutlich: Wird das Gebet als ein innerpsychisches Geschehen angesehen oder verbindet es den und die Beterin mit einer überirdischen Welt? Wie weit reichen das menschliche Denken, Empfinden und die Phantasie? Ist möglicherweise ein bestimmter Bewusstseinsbereich oder -zustand für eine übernatürliche Wahrnehmung ausgestattet und reserviert? Gibt es gar ein lokalisierbares Gehirnareal, in dem die Gotteserfahrungen messbar und manipulierbar sind, wie manche neurologischen Forscher es vermuten? Wo verläuft die Grenze zwischen der menschlichen Vorstellungskraft und der transzendenten Wirklichkeit Gottes?

Diese klassische und grundlegende Frage wird heute neu und mit Nachdruck gestellt (Hauenstein 2002), und auch durch die neurobiologischen Fortschritte erhofft man sich weiterführende Einsichten. Dennoch ist man hier in der sozialwissenschaftlichen Gebetsforschung erst ganz am Anfang.

Beten meint das Gespräch mit einer höheren Wirklichkeit, gleichgültig, ob es als ein innerlich-symbolisches, suchend-kosmologisches oder als personal-antwortendes verstanden wird. Die verbreitete Scham, Gebetserfahrungen mitzuteilen, erklärt sich damit, dass der persönliche Gebetsstil tiefe Einblicke in die zugrunde liegende Gottesvorstellung und damit auch in das eigene Selbstbild gestattet, denn mit den persönlichen Gottes- und Gebetserfahrungen gibt man zugleich eigene Begrenzungen, Ängste und Schwächen preis. In einer Gesellschaft, die vor allem Unabhängigkeit und Selbstbestimmung propagiert, haben Demut und das Eingeständnis von Abhängigkeit keinen hohen Stellenwert. Deshalb berichtet kaum jemand über seine tiefe Freundschaft zu einem gütigen und gerechten Gott, der ihm Vater und Mutter ist und für ihn sorgt.

Unmissverständlich hat die psychologische Forschung erwiesen, dass der Schlüssel für eine gelingende Beziehung in der Kommunikation zu suchen ist. Wenn nach christlicher Überzeugung sowohl der Mensch als auch Gott auf Gemeinschaft und Beziehung angelegt sind, überrascht die Tatsache, das bei dem Thema Gebet oft ein schaler Beigeschmack entsteht. Die lebendige Beziehungspflege zwischen Gott und Mensch scheint auf merkwürdige Weise erloschen oder zumindest abgestanden zu sein.

Die beiden anderen großen monotheistischen Religionen, der Islam und das Judentum, aber auch die katholische Tradition haben es hier leichter, weil die dort praktizierten Gebetsrituale und die vorgegebenen Liturgien einen hilfreichen Rahmen liefern. In der reformatorischen Tradition wird das Gebet an die Heilige Schrift geknüpft. Martin Luther (1983, 7) empfiehlt, auf einfältige Weise zu beten: »Wenn ich fühle, dass ich durch fremde Geschäfte oder Gedanken kalt geworden bin oder zum Beten keine Lust habe, nehme ich mein Psalmbüchlein, laufe in die Kammer oder – wenn es an der Zeit ist – in die Kirche zu den anderen Christen und beginne, die Zehn Gebote, das Glaubensbekenntnis und, je nach der Zeit, einige Sprüche von Christus, von Paulus oder aus den Psalmen mündlich herzusagen, etwa so, wie es die Kinder tun.« Luther schätzte neben dem liturgischen Beten auch den persönlichen Gedankenaustausch mit seinem Gott. Als drittes Hauptstück findet sich in seinem Kleinen Katechismus nach den Zehn Geboten und dem Glaubensbekenntnis das Gebet des Herrn. Dort antwortet er auf die Frage »Was heißt beten« sehr konzentriert: »Ein herzliches Gespräch mit Gott haben, da wir alle unsere Not und mannigfaltigen Anliegen dem allmächtigen Gott auf seinen Befehl und gnädige Zusage vortragen und im wahren Glauben mit herzlicher Demut allerlei geistliche und leibliche Gaben von ihm erbitten, auch loben und danken.« Hier tritt deutlich der Beziehungsaspekt des Beters und verschiedene Formen des Gebets in den Vordergrund, die heute psychologisch untersucht werden (McCullough & Larson 1999).

Neue Aktualität eines alten Themas

Die allermeisten Menschen kennen zumindest Stoßgebete aus eigenem Erleben: In größter Not hofft man auf das Unmögliche und appelliert an eine höhere Macht, einzugreifen und das herannahende Unglück zu verhindern. Ob und wie ein solches Verhalten hilft – jeder von uns hat vermutlich eigene Erfahrungen damit und sich Erklärungen zurecht gelegt. Ob nun Gott, das Schicksal, der Zufall, das Karma, ein Glücksstern oder doch nur das eigene Vermögen für den Ausgang des Geschehens verantwortlich ist, hängt von der persönlichen Deutung ab.

Seit Beginn der religionspsychologischen Forschung gegen Ende des 19. Jahrhunderts zogen die Formen und Auswirkungen des Gebets besonderes Forschungsinteresse auf sich. Sir Francis Galton, ein Pionier der empirischen Persönlichkeits- und Sozialforschung und begeisterter Anwender statistischer Methoden, hat schon 1872 die Wirkung von Fürbittgebeten korrelationsstatistisch untersucht. Wenn gläubige Christen konkret und erwartungsvoll für die Veränderung eines Sachverhaltes beten, so seine Überlegung, müssen sich doch die Auswirkungen dieses religiösen Verhaltens objektiv feststellen lassen, was er durch seine Forschungen auch bestätigt fand. Neuere Untersuchungen unterstützen diese Hypothese, weisen aber darüber hinaus auf einen überraschenden Nebeneffekt hin. In einer sorgfältig angelegten, experimentellen Studie über die Auswirkungen des Gebets wurden positive Gesundheitseffekte nicht nur bei denen gefunden, für die gezielt gebetet worden war. Überraschenderweise übertrafen die gemessenen Werte der Depressionsneigung, Ängstlichkeit und des Selbstwertgefühls bei denen, die gebetet hatten, die Werte der Personen, für die gebetet wurde (O'Laiore 1997). Dieses erstaunliche Ergebnis in der Erforschung von Gebetswirkungen lässt sich natürlich theologisch hinterfragen – kann man überhaupt unter experimentellen Bedingungen »beten«? Sie wirft jedoch anregende und weiterführende Fragen auf.

Forschungsergebnisse der Glaubensmedizin

Ist der Glaube nicht eher ein kindliches Wunschdenken? Stößt in unserem hochtechnisierten Zeitalter eine »Glaubensmedizin« auf Resonanz? Dreimal pusten, dreimal streicheln – ein Zauberspruch – und weg ist der Schmerz? Sind nicht wissenschaftlich bestens erforschte Medikamente besser zur Krankheitsbeseitigung geeignet als ein naiver Kinderglaube?

Hauptsächlich in den USA existiert eine umfangreiche medizinsoziologische Forschung, die seit vielen Jahren belegt, dass ein religiöser Glaube und das Gebet die Gesundheit und das Altwerden positiv beeinflussen. Um ein ganz nüchternes Ergebnis zu nennen, das 1999 in einer renommierten Fachzeitschrift erschienen ist: 20-jährige US-Amerikaner haben, wenn sie einmal pro Woche den Gottesdienst besuchen, eine um 6,6 Jahre höhere Lebenserwartung als diejenigen, die nie einen Gottesdienst besuchen. Wenn sie weniger als einmal in der Woche zur Kirche, Synagoge oder Moschee gehen, leben sie immerhin noch 4,4 Jahre länger als Gottesdienst-Abstinenzler (Hummer et al. 1999). Ganz ähnlich waren die Befunde, als man den Einfluss regelmäßigen Betens untersuchte.

Mit Recht hat Bernhard Grom (2001) darauf hingewiesen, dass zum Gesundheitsplus der Gottesdienstbesucher und regelmäßigen Beter wahrscheinlich – über den irrational-metaphysischen Bereich hinaus – drei Faktoren beitragen:

1. *Das Gesundheitsverhalten:* Gottesdienstbesucher rauchen tendentiell weniger, trinken weniger Alkohol und nehmen seltener Drogen.
2. *Soziale Unterstützung:* Gottesdienstbesucher haben durch den gemeinsamen Glauben einen erweiterten Freundeskreis, der besonders in Krisenzeiten Unterstützung bietet.
3. *Belastungsbewältigung durch Glauben:* Spezielle Studien haben nachgewiesen, dass ein lebendiger Glaube dazu befähigt, emotionale Belastungen besser zu verarbeiten und damit auch das Immunsystem weniger zu beanspruchen.

Es scheint, dass Wohlbefinden und Langlebigkeit durch Gebet und Glaube statistisch signifikant ansteigen. Dr. Herbert Benson (1997), Mediziner an der Harvard University, fand heraus, dass wiederholtes Gebet und die Abweisung störender Gedanken körperliche Veränderungen in Gang bringen, die Entspannung bewirken. Diese Entspannung ist nach seiner Untersuchung eine gute Therapie bei der Behandlung von verschiedenen Leiden wie Bluthochdruck, Herzrhythmusstörungen, chronischen Schmerzen, leichten bis mittleren Depressionen und anderen Erkrankungen.

Die amerikanische Stressforscherin Esther Sternberg bestätigte Bensons Befunde und beschrieb zwei Mechanismen, wie das persönliche Gebet die Körperphysiologie positiv beeinflusst: Sich abseits der Alltagshektik in ein Gebet zu versenken, reduziert die Ausschüttung des Stresshormons Cortisol – und das stärkt die Körperabwehr. Außerdem festige ein Botenstoff, der zwischen dem Immunsystem und den Hirnzellen vermittelt, diesen Effekt (Sternberg 1998).

Eine folgenreiche Untersuchung wurde 1988 von einem evangelikal orientierten Mediziner publiziert. Zwischen August 1982 und Mai 1983 wurde an der University of California an 393 Patienten eine provozierende Studie über die Auswirkungen des Fürbittgebets durchgeführt (Byrd 1988). Die Patienten mit kurz zuvor erlittenem Herzinfarkt wurden in eine Herzüberwachungsstation eingewiesen und in einer prospektiven, randomisierten und doppelblind geführten Studie in ein Protokoll aufgenommen, d. h. sie wurden nach Zufallsprinzip ausgewählt und laufend protokolliert, und weder Arzt noch Patient wussten, welcher Kategorie der Patient zugeteilt war. Für die 192 Patienten der Behandlungsgruppe wurde von Menschen außerhalb des Krankenhauses gebetet. Die zu erfüllenden Kriterien für die Betenden waren, christlich getauft zu sein und aktiv am Gemeindeleben teilzunehmen. Jedem Patienten, für den gebetet wurde, teilte man drei bis sieben Beter zu, denen als einzige Information ein Name und der Gesundheitszustand des Patienten mitgeteilt wurde. Diese Gruppe traf sich täglich einmal zum Fürbittgebet. Die Kontrollgruppe von 201 Patienten erhielt bis auf das Gebet eine identische Behandlung. Die klinischen Parameter der Behandlungsgruppe (BG), bei der die durch Gebet betreute Gruppe wesentlich besser gegenüber der Kontrollgruppe (KG) abschnitt, waren Herzleistungsschwäche (BG 8 %, KG 20 %), Verbrauch von Medikamenten zur Kreislaufentwässerung (BG 5 %, KG 15 %), Herzstillstand (BG 3 %, KG 14 %), Lungenentzündung (BG 3 %, KG 13 %), Antibiotika-Verbrauch (BG 3 %, KG 17 %) und künstliche Beatmung (BG 0 %, KG 12 %) Summe der Komplikationen (BG 15 %, KG 27 %).

Um den zahlreichen Kritiken auf diese Untersuchung zu begegnen, wurde ein Jahrzehnt später eine methodisch modifizierte Untersuchung mit einem vergleichbaren Versuchsaufbau durchgeführt (Harris et al. 1999). Hier wurden 990 Patienten zufällig in eine Behandlungs- und Kontrollgruppe eingeteilt, ohne dass Patienten oder die Ärzte von der Studie wussten. Das Ergebnis entsprach in etwa den Ergebnissen von Byrd – die Behandlungsgruppe schnitt bei verschiedenen relevanten Messgrößen mit 11 % besseren Werten ab. Die Forscher sehen in einem Fürbittgebet eine effektive Ergänzung zur Schulmedizin, ohne seine Wirkung erklären zu können.

Können Gebete auch den Erfolg einer In-Vitro-Fertilisation beeinflussen? In einer streng methodisch aufgebauten Studie wurden die Daten von 199 Koreanerinnen untersucht, die sich alle derselben IVF-Behandlung unterzogen (Cha, Wirth & Lobo 2001). Für eine zufällig ausgesuchte Behandlungsgruppe wurden gläubige Christen aus Nordamerika und Australien gewonnen, die drei Wochen lang fürbittend um die Erhöhung der Schwangerschaftsrate beten sollten. Jede Gebetsgruppe erhielt als einzige Information das Gebetsanliegen und Fotos von fünf zufällig ausgewählten Frauen der Behandlungsgruppe. Das nüchterne Ergebnis: die Schwangerschaftsrate lag bei der Behandlungsgruppe bei 50 %, bei der Behandlungsgruppe bei 26 %.

Zusätzliches, erstaunliches Nebenergebnis: Anzahl der Mehrlingsschwangerschaften in der Behandlungsgruppe 17 %, in der Kontrollgruppe 4,9 %. Das nüchterne Fazit dieser Studie – Auswirkungen von Placebo-Effekten und Glaubenserwartungen schlossen die Forscher aufgrund des streng methodischen Aufbaus aus: Fürbittgebete haben eine signifikante Wirkung bei einer IVF-Behandlung.

An diesem Forschungsaufbau kritisierte der bekannte amerikanische Religionsforscher Harold Koenig jedoch schwerwiegende wissenschaftliche und theologische Mängel. Die Studie messe eher die Wirksamkeit übersinnlicher Wahrnehmung als die des Gebets. Weil davon ausgegangen werden müsse, dass auch Freunde für die Patientinnen der Kontrollgruppe beten würden, überprüfe die Studie die theologisch fragwürdige These, ob Gott eher auf zehn als auf fünf Fürbittgebete antworte (Kuzma 2002). Koenigs Zweifel haben von anderer Seite Unterstützung erhalten: wegen des Vorwurfs der Datenmanipulation hat die Fachzeitschrift, die diese Studie veröffentlicht hat, sie kürzlich aus ihrem Online-Archiv entfernt.[32]

Kein Wunder, dass solche erstaunlichen Ergebnisse kritische Diskussionen nach sich ziehen, aber auch zur Nachahmung anspornen. Dabei sind auch abenteuerlich anmutende Studiendesigns entwickelt worden: Vermag das Fürbittgebet sich gar rückwirkend – so verwegen können vielleicht nur Juden denken – auf Krankheitsverläufe auswirken (Leibovici 2001)? Ein israelischer Medizinprofessor hatte die Akten von 3393 Blutvergiftungsfällen aus den Jahren von 1990 bis 1996 nach dem Zufallsprinzip in zwei Hälften geteilt. Für die »Behandlungsgruppe« wurde im Jahr 2000, also rückwirkend um Genesung und Wohlbefinden gebetet. Die nackten Zahlen zogen erbitterte Protestschreiben an das renommierte Wissenschaftsjournal, in dem die Studie erschienen war, nach sich: Die Erkrankungen der Personen der Behandlungsgruppe verliefen geringfügig seltener tödlich, sie litten deutlich kürzer an Fieberschüben und waren schneller aus dem Krankenhaus entlassen worden. In dieser Studie prallen theologische und naturwissenschaftliche Axiome aufeinander: Während »Gott nicht an die lineare Zeit wie wir gebunden ist« (Leibovici 2001, 1450), sind Zeit und Raum Grundkoordinaten des rationalen Denkens, deren Aufgabe jede Wissenschaft überflüssig machen würde. Die provozierende Studie macht immerhin deutlich, wie weit heutzutage ein wissenschaftliches und ein gläubiges Weltbild auseinandergedriftet sind – und wie viel Übersetzungsarbeit nötig ist, um das Gespräch zwischen beiden wieder zu intensivieren.

Gerade wegen ihrer teilweise brüskierenden Ergebnisse bleibt die Gebetsheilung ein brisantes Forschungsthema. Derzeit werden – neben anderen – zwei Langzeitstudien von der Templeton-Stiftung finanziell unterstützt, die vertiefende Einsichten in die Zusammenhänge zwischen Religiosität und Gesundheit versprechen. In einer Studie des »Vergebungs-Instituts« von Robert Enright wird die Auswirkung des Vergebens auf Herzinfarktpatienten untersucht. Dazu erlernt die Behandlungsgruppe in einem 12-wöchigen Programm die vom Institut entwickelte Vergebungsmethode (Enright & Coyle 1998, Enright & Exline 2000). Es wird erwartet, dass die Gruppe, die besser zu vergeben gelernt hat, weniger wütend und ängstlich und hoffnungsvoller als die Kontrollgruppe ist, d. h. Unterschiede im subjektiven Wohlbefinden wie auch im körperlichen Gesundheitszustand festzustellen sind.

Im Jahr 2002 hat eine weitere, europaweite Studie begonnen, bei der 400 Geistheiler sechs Monate 400 Patienten »fernbehandeln«. Der Heiler erhält keinen Kontakt zum Patienten, sondern hat lediglich dessen Vornamen und eine Photographie des Patienten bekommen. Als Patienten wurden zu der Studie Personen zugelassen, die entweder am chronischen Müdigkeitssyndrom oder einer vielfachen Chemie-Unverträglichkeit litten. Der Grund für die Wahl dieser eher exotischen Störungen lag nach Angaben der Forscher darin, dass viele Heiler behaupten, dabei gute Erfolge zu haben. Das strenge Forschungsdesign teilt die Patienten vier Gruppen zu, um den häufig zur Erklärung herangezogenen Placebo-Effekt kontrollieren zu können: Entweder sie bekommen Fernheilung oder nicht, und entweder wissen sie darüber Bescheid oder nicht. Die Seriosität der Studie ist an der Finanzierung ablesbar: Der Projektleiter Harald Walach und Kollegen (2002) haben dafür 300 000 Euro aus einem europäischen Forschungsfond einwerben können.

Herbert Benson, Direktor des Bostoner Mind-Body-Instituts, hat die provozierende Byrd-Studie erweitert und repliziert: Die Untersuchungszahl wurde erhöht, differenziertere Fragebögen verwendet, komplexere statistische Auswertungsskalen eingesetzt und anderes mehr (www.mbmi.org). Die Ergebnisse liegen aber weder bei Enright noch bei Benson vor.

In einer anderen, bereits abgeschlossenen Studie untersuchte eine kalifornische Psychiaterin 37 Männer und drei Frauen mit AIDS (Sicher et al. 1998). Für die Hälfte von ihnen beteten 20 Freiwillige in den USA und Kanada zehn Wochen lang jeweils eine Stunde täglich. Den Gesundbetern gab man wie in der Studie von Byrd ein Foto sowie den Vornamen, um eine bessere geistige Verbindung herstellen zu können. Anders als Byrd war Targ jedoch an den Effekten nicht nur christlicher, sondern allgemeiner spiritueller Interventionen interessiert. Deshalb gehörten die Fernbeter acht verschiedenen religiösen oder spirituellen Gruppen an – vom Christentum über Judentum und Buddhismus bis hin zum Schamanismus. Nach einem Rotationssystem wurde jeder Patient in jeder Woche von einem anderen Fernbeter spirituell »behandelt«. Die Ergebnisse: In der Zahl der Helferzellen, die als Gradmesser für die Stärke des Immunsystems gelten, gab es keine Unterschiede. Allerdings litt die Behandlungsgruppe (für die gebetet wurde) weniger häufig an neuen Sekundärinfektionen, ging seltener zum Arzt, lag weniger oft im Krankenhaus und war insgesamt optimistischer eingestellt.

Mit diesem Ergebnis trifft Targ allerdings die gleiche Kritik wie Byrd: »Die Faktoren, die sie als markante Unterschiede auflistet, bedingen einander. Weniger Sekundärinfektionen bedeuten weniger Arztbesuche und weniger Krankenhausaufenthalte« (Amberger 2000, 132). Auch andere Wiederholungsstudien belegen, dass am Herzen Operierte, für die gebetet wurde, bezüglich der Komplikationen um etwa zehn Prozent besser abschnitten als die Kontrollgruppe (Harris et al. 1999). In einer Übersichts-Studie wurden aus 100 Studien 23 methodisch hochwertige Untersuchungen (randomisiert, verblindet, in Zeitschriften mit *peer-review*-System erschienen, klinisch-naturalistisches Design) ausgewählt. Diese wurden den Kategorien Gebet, therapeutisches Handauflegen und andere Formen der Fernheilung zugeordnet. Weil bei 57 % aller Untersuchungen eine heilende Wirkung festgestellt werden konnte, empfiehlt diese Untersuchung der Schulmedizin weitere Forschungsarbeiten (Astin, Harkness, & Ernst 2000).

Eine weitere, kürzlich publizierte Übersichtsstudie wählte systematisch alle publizierten Untersuchungen der Jahre zwischen 1956 und 2001 aus, die den strengen RCT-Kriterien – *randomized, controlled trails* – entsprechen (Crawford, Sparber & Jonas 2003). Die Forscher fanden 45 klinische und 45 Laborstudien, die zum Thema Fernheilung (hauptsächlich Fürbittgebet oder Geistheilung) und therapeutisches Handauflegen (hauptsächlich Reiki oder Therapeutic Touch) durchgeführt worden waren. Von den klinischen Studien wiesen 70 % positive Effekte vor, bei den Laborstudien waren es 62 %. Negative Effekte fanden sich bei 9 % der klinischen und 33 % der Laborstudien. Trotz der erstaunlich hohen Wirksamkeitsnachweise weisen die Forscher präzise auf Mängel im Studienaufbau und statistische Fehler hin, um in der zukünftigen Forschungstätigkeit noch genauere Ergebnisse erzielen zu können. Jedenfalls weist die streng empirische Forschung eindeutig darauf hin, dass Fürbittgebet und Geistheilung »überzufällig«, genauer zwischen 57 und 70 % wirken, also in jedem Fall mehr als die zufälligen 50 %.

Helfen solche statistisch harten Fakten weiter? Der Baseler Arzt Jakob Bösch, der bei manchen Krankenbehandlungen selber eine Geistheilerin mit einbezieht und in einer mit stattlichen Mitteln geförderten Untersuchung die Heileffekte der Geistheilung bei unfruchtbaren Frauen untersucht, könnte sich über solche Zahlen eigentlich freuen, unterstützen sie doch seine Intention einer Erweiterung des rein schulmedizinischen Denkens. Allerdings hat er gegenüber derartigen Forschungsdesigns schwerwiegende Einwände geltend gemacht. Denn er bezweifelt, dass die herkömmlichen Forschungsmethoden weiterführende Erkenntnisse liefern: »Als Folge der mechanistischen Wirksamkeitsvorstellungen können gerade wesentliche Wirkungen verpasst oder verschleiert werden ... In doppelblinden, kontrollierten Studien wird Gott – so scheint es – zum Helfer des vordergründigen Körper-Reparaturbetriebs gemacht« (Bösch 2002, 137). Mit demselben Argument kritisiert auch ein anderer Evaluationsforscher die Zahlengläubigkeit der empirischen Forschung.

Wäre es nicht vielleicht an der Zeit, meint auch Harald Walach (2002, 267), den »subtilen Materialismus, dem viele Komplementärmediziner verhaftet sind, mit selbstkritischen Augen zu betrachten? Wäre es nicht nötig, ein Gegengewicht zu setzen zum überwältigenden materialistischen Weltbild, das die moderne Medizin implizit vermittelt?« Andere Kritiker weisen mit Recht darauf hin, dass gerade im hochreligiösen Amerika bei der jeweiligen Kontrollgruppe nicht ausgeschlossen werden kann, dass nicht doch ein Freundeskreis, die Familie oder Kirchengemeinde für die Genesung bete – und damit das Ergebnis verfälsche.

Zugegeben: Die empirischen Befunde der Glaubensmedizin wirken verführerisch, weil sie eine funktionale Vereinnahmung und instrumentale Nutzung des Gebets suggerieren. Deshalb müssen die Zusammenhänge genauer angeschaut werden. Denn in einigen neureligiösen Gruppen wie bei Christian Science, dem Universellen Leben oder dem Bruno-Gröning-Freundeskreis, aber auch in christlich-charismatischen Randgruppen wird einer naiven Heilungsmagie gehuldigt. Diese können zwar kurzfristige Effekte vorweisen, eine nachhaltige und bleibende Veränderung jedoch nicht dokumentieren.

Der Gebetsstil offenbart den Glaubensstil

Was hier über den Gesundheitsfaktor Glaube ausgesagt wird, gilt nicht für jeden Glaubensstil. Es zeigen sich enorme Unterschiede bei der Form der Religiosität. Schon die klassische Unterscheidung zwischen extrinsischer, nutzenorientierter und intrinsischer, überzeugungsgeleiteter Religiosität von Gordon Allport hat diesen Unterschied herausgestellt. Bei Sterbenden, bei denen sich Religiosität nicht auf ein starres Festhalten an Glaubenssätzen und -praktiken beschränkte, sondern als eine warmherzige innere Beziehung erlebt wurde, fand Monika Renz (2003) in ihrer kürzlich publizierten Studie zahlreiche positive Auswirkungen. Welcher Glaubensstil wirkt nun wohltuend und macht gesund?

Eine große amerikanische Studie hat neben vielen anderen den Zusammenhang von Glauben und Wohlbefinden untersucht (Ellison 1991). Wenn man nur aus Pflichtgefühl oder sozialer Gewohnheit zur Kirche geht oder eine religiöse Schrift liest, so fanden die Forscher, wirkt sich das weniger positiv aus, als wenn man intensiv am Gottesdienst teilnimmt und dabei eine persönliche Beziehung zu Gott pflegt.

Die Gottesbeziehung wird von dem persönlichen Gottesbild geprägt. Menschen, die sich Gott vor allem als liebendes Wesen vorstellen, neigen stärker dazu, eine innige Beziehung zu Gott zu pflegen und auch größere Zufriedenheit darin zu empfinden. In der Hamburger Gottesbild-Studie wurden je hundert Frauen und Männer zu ihrer Lebenszufriedenheit und ihrem Gefühl von Einsamkeit befragt. Auftauchende neurotische Züge wurden mit dem jeweiligen Gottesbild in Beziehung gebracht (Schwab & Petersen 1990). Entgegen der weitverbreiteten Auffassung, dass religiöse Menschen neurotischer sind als nichtreligiöse, ergab diese Studie genau das Gegenteil: Je religiös engagierter die Teilnehmer waren, um so geringer waren ihre neurotischen Züge ausgeprägt. Menschen, die Gott in erster Linie als liebevoll und hilfreich betrachten, berichteten weniger von Gefühlen der Einsamkeit und äußerten häufiger, mit ihrem Leben zufrieden zu sein. Umgekehrt sprachen die Menschen, die Gott eher als strafenden Richter sahen, öfter von Gefühlen der Einsamkeit und Unzufriedenheit.

Sowohl die Gottesbeziehungs-Studie aus den USA als auch die Gottesbild-Studie aus Hamburg zeigen, dass nur diejenige Glaubenshaltung gesundheitsförderlich ist, die sich aus einer positiven und herzlichen Gottesbeziehung entwickelt. Diesen Befund unterstreicht auch eine Untersuchung an psychosomatischen Patienten in Deutschland. Bei 465 Patienten wurden ihre Religiosität und ihre Krankheitsbewältigung erfasst. Während ein positives Gottesbild in dieser Studie keine Gesundheitseffekte ergab, verlangsamte ein negatives Gottesbild den Heilungsprozess. Je negativer die Gefühle gegenüber Gott ausfielen, desto geringer war die psychische Gesundheit ausgeprägt (Murken 1998).

Auch in der Gerontologie wird schon seit vielen Jahren die Bedeutung der Religiosität und Spiritualität als gesundheitserhaltender Faktor untersucht (Utsch & Fisseni 1991). In einer neueren Untersuchung der Universitäten Leipzig und Ulm wurde das Ausmaß religiöser Einstellungen sowie der erlebten sozialen Unterstützung in einer Glaubensgemeinschaft bei knapp 600 über 60-Jährigen aus der deutschen Allgemeinbevölkerung untersucht (Albani et al. 2004). Dabei fanden die Forscher heraus, dass religiöse Einstellungen bei Frauen sowie bei Personen aus Westdeutschland stärker als bei Männern bzw. Ostdeutschen ausgeprägt waren. Interessant war das Nebenergebnis, dass nämlich konventionelle Formen der Religiosität kein unterstützendes Potential im Sinne eines Schutzfaktors vor altersbedingten Einschränkungen bot. Dies war bei Religiosität als überzeugter, innerer Haltung im Sinne intrinsischer Religiosität der Fall. In einem Überblick listete eine Altersforscherin folgende gesundheitsförderliche Aspekte der Religiosität auf, die allerdings nur dann zur Geltung kämen, wenn sich darin eine tatsächliche innere Glaubenshaltung widerspiegele (Fuchs 2000).

> Demnach kann Religiosität das Älterwerden erleichtern, weil
> – sich der ganze Mensch trotz abnehmender Leistungsfähigkeit und Attraktivität angenommen weiß,

> – das Vertrauen auf eine helfende und gegenüber Schuld verzeihende Macht sich in einer spirituellen Grundhaltung niederschlägt, die Hoffnung vermittelt,
> – Sinn auch im Leiden erfahren werden kann,
> – das Gefühl des Getragenseins in einer Gemeinschaft weiterhilft,
> – die Haltung, sich dem »Willen Gottes« vertrauensvoll überlassen zu können, entlastet,
> – durch gemeinsame Rituale wie Gebet oder Meditation Stress abgebaut wird.

Die Form des Gebetsstils offenbart etwas von der grundsätzlichen Glaubenshaltung eines Menschen. In der Religionssoziologie hat sich schon lange die Unterscheidung zwischen einem substantiellen und einem funktionalen Religionsverständnis bewährt. Substantielle Definitionen der Religion suchen die Eigenheit des Religiösen selbst zu bestimmen, etwa durch Deutungen von »Gott«, »übernatürlichen Wesen«, »jenseitigen Welten« oder »überempirischen Mächten«. Dabei betont der psychologisch orientierte Religionsbegriff besondere Erfahrungen und Bewusstseinszustände, während der soziologische, substantielle Religionsbegriff eher gemeinschaftsbezogen und durch Rituale und Dogmen bestimmt ist (Knoblauch 1999, 114).

Funktionale Definitionen zeichnen sich dadurch aus, dass sie Religion an bestimmten Wirkungen, etwa der Angstbewältigung oder der Beantwortung existentieller Lebensfragen wie der menschlichen Endlichkeit festmachen.

Auch das Gebet kann man funktional oder substantiell auffassen. Als »Glaubensmedizin« oder Garant für Wohlbefinden und Gesundheit steht seine funktionale Wirkung – wie oben dargestellt – im Zentrum des Interesses. In substantiell-inhaltlicher Hinsicht hat eine amerikanische Soziologin eine allgemein akzeptierte Gebets-Typologie entwickelt, indem sie die klassische Zweiteilung des Gebets von Friedrich Heiler – seine emotionale und rationale Seite – mit Richard Fosters (1999) Systematik verband. Sie unterscheidet danach vier Gebetsstile (Poloma & Pendleton 1991): Das Gebet als

– Bitte: Was kann Gott mir geben?
– Ritual: Formalisierte Gebete
– Meditation: Betrachtung, Vertiefung, Stille
– Gespräch: Gefühl zwangloser Intimität

Ein wesentliches Ergebnis der umfangreichen Untersuchungen von Margret Poloma besagt, dass sich im persönlichen Gebetsstil die individuelle Gottesbeziehung ausdrückt. Generell fand sie: Je persönlicher sich die Beziehung gestaltete, desto mehr Wohlbefinden stellte sich bei ihren Untersuchungspersonen ein. Nicht die Häufigkeit des Gebets scheint den Betenden selbst am Wichtigsten zu sein, sondern dessen Inbrunst. Innerer Frieden, Nähe zu Gott und das Gefühl, von diesem geführt zu werden, sind nach Poloma Kriterien, die ein »wohltuendes« Gebet ausmachen. Wenn man sich Gott nur als eine kosmische Appellationsinstanz vorstellt, von der man auf seine Bitten positive oder abschlägige Bescheide erhält, oder wenn man das Gefühl hat, man könne mit Gott nur über Gebetsformeln in Verbindung treten, die von anderen verfasst worden sind, ist die Wahrscheinlichkeit geringer, dass man aus seinem Glauben tiefe Glücksgefühle bezieht. Wenn man hingegen in Gott einen Freund sieht, mit dem man jederzeit über alles reden kann, oder wenn man über eine Eigenart Gottes und seine Güte meditiert, findet man durch das Gebet eher zu einem tiefen Gefühl der Zufriedenheit und sogar Freude.

Gebet zwischen Selbstermächtigung und Loslassen

Die oben referierten Befunde der Gebetsforschung beeindrucken, können jedoch auch zu vorschnellen Versprechen oder Erwartungen verlocken. In der deutschen Sprache besteht zwischen Heilung, heilig und Heil ein enger Zusammenhang, der allerdings manche Theologen und Therapeuten zu einer vollmundigen Heilungsrhetorik verführt. Die Sehnsucht nach Ganzheit, Vollkommenheit, Unversehrtheit und Ungebrochenheit ist heute stark wie nie. Eine immer ausgeklügeltere Technik, die zwar den Alltag ungemein erleichtert, treibt die Ansprüche und Erwartungen ins Uferlose – gerade im Hinblick auf ein »Psychodesign«: den utopischen Versuch, einen perfekten neuen Menschen mittels geeigneter Psychopharmaka und Psychotechniken herzustellen.

Diesbezügliche Angebote des alternativen Lebenshilfe-Marktes haben sich in den letzten Jahren sehr verbreitet. Sie schüren die Illusion von der Machbarkeit eines vollkommenen Menschen – ein Leben ohne Krankheiten, seelische Konflikte und Hindernisse. Dabei macht gerade der individuelle Umgang mit körperlichen, seelischen und biographisch bedingten Grenzen das Menschliche aus und verleiht jedem sein unverwechselbares Profil und eine eigene Schönheit.

Heil und Heilung müssen wegen der Gefahr ihrer Gleichsetzung klar voneinander unterschieden werden. Geht es in der Heilung um eine reparative Wiederherstellung, die meistens Wunden und Narben hinterlässt, so zielt die Heilserwartung auf einen gänzlich neuen Menschen. Eine therapeutische Heilbehandlung ist von einer religiösen Heilsvermittlung strikt zu trennen. Während die Heilbehandlung mit wissenschaftlich kontrollierten Bedingungen arbeitet, erfolgt eine Heilsvermittlung über die vertrauensvolle Erwartung. Ohne Zweifel kann religiöses Vertrauen gesundheitsförderlich wirken. Dies aber als eine Art Wunderdroge einzusetzen, hieße, Religion zu missbrauchen. Angesichts der zahlreichen korrelationsstatistischen Indizien für die heilsamen Funktionen des Glaubens wurde in einer medizinischen Fachzeitschrift tatsächlich darüber diskutiert, ob Ärzte religiöse Tätigkeiten wie das Gebet »verordnen« sollen.

Schlussendlich überwog jedoch die Skepsis. Der wichtigste Einwand war der Hinweis auf »eine drohende Trivialisierung der Religion. Religion darf nicht instrumentalisiert und getestet oder verordnet werden wie ein Antibiotikum« (Sloan et al. 2000, 1915). Echte Religiosität lässt sich nicht funktionalisieren oder instrumentalisieren. Weder sind die sogenannten neurotheologischen Forschungen ein Beweis für die Existenz Gottes, noch macht Religion automatisch glücklich und gesund, wie es manche propagieren. Darauf weisen auch zahlreiche Studien über die positiven Gesundheitseffekte der Meditation hin.

Aus theologischer Sicht wird entschieden protestiert, wenn eine funktionale Vereinnahmung des christlichen Glaubens droht. Die auf den ersten Blick paradox anmutende Zielperspektive evangelischer Spiritualität überschreibt ein Theologe mit den Worten »Gott Gott sein lassen« und fährt fort: »Durch Frömmigkeit kann nach evangelischer Auffassung nichts ›erreicht‹ werden« (Barth 1993, 51). Evangelische Spiritualität hat nach den Untersuchungen dieses Systematischen Theologen keine »Zwecke«, sondern sei ihrerseits ein Geschenk und in erster Linie ein Resultat göttlichen Handelns.

Ein Praktischer Theologe hat die aus theologischer Sicht fragwürdige Verknüpfung zwischen Glaube und Gesundheit analysiert und in vier Thesen »Ansätze für eine therapeutische Liturgietheologie« entworfen. Demnach wirken liturgische Elemente, spirituelle und rituelle Handlungen dann therapeutisch, wenn sie nicht therapeutisch funktionalisiert werden. Glaube darf nach seinem Verständnis nicht als Therapeutikum missverstanden und »als spezifische Form von Psychopharmakon verstanden und damit trotz bester Absichten depotenziert werden. Es geht in der Religion um einen Wirklichkeitsbereich menschlichen Erfahrens und Lebens, der nicht medizinisch ersetzt werden kann und der auch nicht der psychologischen Machbarkeit unterliegen soll. Liturgisches Handeln wirkt gerade dadurch, dass es nicht wirken soll, vergleichbar vielleicht der Liebe, die nur dann Berge versetzt, wenn sie nicht intentional eingesetzt wird. Wenn ich sage: Ich will Dich lieben, weil Du es brauchst und dann innerlich wachsen kannst, dann habe ich die Liebe zerstört. Wenn ich sage: Ich will Dir vom Glauben erzählen, weil Dich das beruhigt und eine heilende Wirkung ausübt, dann wird der Glaube zur Lüge« (Meyer-Blanck 2001, 271).

Dem religiösen Menschen geht es primär nicht um Gesundheit und Erfolg, sondern um eine lebendige Gottes-Beziehung. Die kann sich gerade in Lebenskrisen und Krankheitszeiten festigen und intensivieren. Das persönliche Gebet – sei es schweigend, fürbittend, dankend, klagend oder lobend – ist dabei ein untrüglicher Indikator für die Beziehungsqualität zu Gott oder der höheren Wirklichkeit.

5.3 Werte und Tugenden als Ressource: die Positive Psychologie

Auf der Suche nach Glück und Zufriedenheit sind wohl alle Menschen. Kann eine psychologische Methode gelingendes Leben garantieren? Welche therapeutische Schulrichtung hat als Behandlungsmethode die »Glücksformel« in ihrem Repertoire? Ist es Viktor Frankls paradoxe Intervention oder eher die kognitive Umstrukturierung? Geht alles einfacher mit Ritalin – dem angesagten Mode-Medikament für angeblich zu aktive Kinder? Ist Glück bald in der Apotheke per Rezept zu erwerben?

Laut dem Verzeichnis im Amazon-Buchkatalog sind derzeit über 2800 deutschsprachige »Glücks-Ratgeber« lieferbar. Das Interesse daran ist offenbar immens groß, die praktische Umsetzung von Gelassenheit und Zufriedenheit jedoch sehr schwierig. Diesen Widerspruch unterstreicht eine bemerkenswerte, fast schon beängstigende Korrelation: In den westlichen Gesellschaften ist mit der Steigerung des materiellen Lebensstandards und des Bruttosozialproduktes auch die Zahl der neurotischen Störungen und psychischen Erkrankungen rasant angewachsen.

Objektive Indikatoren für das Wohlbefinden wie Ernährung, Bildung oder Kaufkraft sind angestiegen. Demgegenüber sind die Indikatoren für subjektives Wohlbefinden gesunken: Depressionen sind heute zehnmal so verbreitet wie 1960. Diese Zeitkrankheit betrifft vermehrt junge Leute: Trat die Erkrankung 1960 im Durchschnittsalter von 29,5 Jahren zum ersten Mal auf, liegt dieser Zeitpunkt heute bei einem Alter von 14,5 Jahren!

»Think positive!« Stimmt die Volksweisheit, dass Optimisten länger leben? »Don't worry, be happy« – enthält dieser flotte Popsong die ultimative Lösung im Sinne einer Gehirnwäsche im Positiven Denken? Zielt die Positive Psychologie gar auf eine wissenschaftlich verpackte Stimmungsaufhellung? Nein – die Positive Psychologie hat mit dem Positiven Denken nichts zu tun. Während das Positive Denken auf die Magie der Gedankenkraft setzt und mit Suggestion und Imagination arbeitet, ist die Positive Psychologie ein Kind der Wissenschaft. Sie untersucht, mit welchen Hilfsmitteln das Leben besser gemeistert werden kann. Dabei ist sie kein »Advokat der Positivität«, sondern daran interessiert, warum es manchen Menschen besser als anderen gelingt, die Widrigkeiten des Alltags zu meistern (Seligman 2003, 447). Sie versteht sich als Ergänzung traditioneller Psychologien, die sich hauptsächlich mit den Störungen und Einschränkungen der menschlichen Entwicklung beschäftigt hat. Auf keinen Fall will sie bewertende oder moralisierende Forderungen aufstellen.

Seligman ist sich im Klaren darüber, das die von ihm mitinitiierte Forschungsrichtung an Bewährtes anknüpft. In seinen Überlegungen bezieht er sich beispielsweise auf Allport, Maslow und Rogers. Und manche Gedanken von Seligman sind altbekannt, sei es das Konzept der »Ermutigung« in Adlers Individualpsychologie oder der Ansatz der Positiven (!) Psychotherapie von Peseschkian.

Neu ist jedoch der akademische Ausgangspunkt. Nachdem sich die Psychologie jahrzehntelang hauptsächlich mit den dunklen Seiten der Seele – mit Ängsten und Ärger, Aggression und Frustration, mit Depression und Neurosen beschäftigt hat, entdeckt die Forschungsrichtung der »Positiven Psychologie« das konstruktive Potential von Werten und moralischen Tugenden, wie sie die Religionen sei jeher betonen und fördern. Seligman selber hat mit seinem Konzept der »gelernten Hilflosigkeit« intensiv zum Profil einer »Negativen Psychologie« beigetragen, bevor es zu seiner Kehrtwende kam. Man könnte sogar von einer Wandlung vom Saulus zum Paulus sprechen. In den 1980er Jahren war er nämlich ein dezidierter Gegner einer Einbeziehung von Wertfragen und religiös-spirituellen Themen in Psychotherapie und Beratung. In der amerikanischen Therapeutenlandschaft war es eine Provokation, als 1980 der Mormone Allen Bergin in einem wichtigen Wissenschaftsjournal die Thematisierung religiöser und spiritueller Fragen in einer Psychotherapie einforderte (vgl. Kap. 1). Martin Seligman wurde zu einem Kommentar eingeladen – und lehnte diesen Vorschlag als unsachgemäß ab (Seligman 1983). Schaut man 20 Jahre später in seinem aktuellen Buch »Glücks-Faktor« nach, findet sich eine gänzlich andere Haltung: In dem letzten Kapitel wirbt Seligman auf sehr persönliche Weise um eine offene Haltung im Umgang mit dem Unverfügbaren.

Die amerikanischen Forschungsergebnisse berichten heute im Hinblick auf den Nutzen der Religion Erstaunliches – auch wenn sich eine direkte Übertragung auf europäische Verhältnisse aufgrund der kulturellen Unterschiede verbietet. So fördern »moralische« Charaktereigenschaften wie Demut und Bescheidenheit das gesundheitliche Wohlbefinden. Erste Studien deuten darauf hin, dass Stolz, Narzissmus und der tägliche Kampf um Anerkennung dem Selbstbewusstsein eher schaden als nutzen. Personen, die eine hohe Meinung von sich hatten, reagierten am aggressivsten auf Kritik auf einen von ihnen verfassten Essay. Die psychosomatische Herzforschung konnte zeigen, dass Ärger, Wut und Bitterkeit dem Herzen gefährlich werden können, dass hingegen Vergebenkönnen zu den wichtigsten Schutzfaktoren gezählt werden muss. Studien zeigten, dass allein die Erinnerung, unfair und ungerecht behandelt worden zu sein, den Blutdruck teilweise dramatisch steigen ließ, während diejenigen sich am besten erholen, die versöhnlich reagieren konnten. Der Prozess des Verzeihens wird auch als ein wichtiger Schlüssel für eine gelingende Partnerschaft angesehen und mittlerweile als ein psychotherapeutischer Wirkfaktor untersucht (McCullough et al. 2000, Luskin 2003). Die Fähigkeit, Hoffnung zu entwickeln, wird als eine wichtige Persönlichkeitseigenschaft angesehen, um den eigenen Lebenswillen vor allem gegen Not, Unglück und andere Widrigkeiten zu mobilisieren (Yahane & Miller 1999). Dankbare Menschen fühlen sich – neuen Studien zufolge – im Alltag wohler und können besser mit einer chronischen Erkrankung umgehen (McCullough, Emmons & Tsang 2002, Nuber 2003).

Die gewünschten Ergebnisse der Positiven Psychologie sind Glück und Wohlbefinden. Dabei geht Martin Seligman (2003, 202) davon aus, dass die Frage »Wie werde ich glücklich?« falsch gestellt ist. »Der Glaube, dass wir uns Belohnungen auf direktem Wege nehmen und auf die Bewährung durch eigene Stärken und Tugenden verzichten können, ist ein Irrtum.« Glück kann nach Seligmans Überzeugung niemals direkt erzielt werden – darin stimmt er mit Viktor Frankl überein, ohne ihn allerdings zu erwähnen. Glück verstehen beide als einen (sehr wichtigen) Nebeneffekt eines gelingenden Lebens. Es geht der Positiven Psychologie um die Entdeckung eines guten Lebens. Dabei geht er mit dem weit verbreiteten Genussstreben hart ins Gericht: »In einem mit Bequemlichkeiten angefüllten Leben verkümmern die menschlichen Stärken und Tugenden, während sie in einem Leben, das in freier Wahl seine Erfüllung in sich seelisch lohnendem Handeln sucht, gedeihen« (ebd., 199).

Mit dieser Kritik setzt sich Seligman vom Zeitgeist ab. Heute streben Menschen nach dem schnellen, unmittelbar erreichbaren Glück. Dadurch entstehe aber ein Selbstwertgefühl, so Seligman, das ungerechtfertigt sei, weil es nicht auf erbrachten Leistungen beruht. Eine Folge sei grenzenloser Egoismus, und weiterhin würden viele dieser Menschen sich als Opfer der Lebensumstände und der Erziehung ansehen.

Der »gute Charakter« ist ein Kernkonzept der Positiven Psychologie. Nach Seligman festigt er sich durch Willensstärke und Verantwortungsgefühl auch hier ist die inhaltliche Nähe zur Logotherapie unübersehbar. Dabei ist die Positive Psychologie weder dogmatisierend optimistisch noch gläubig oder betont menschenfreundlich. Wissenschaft soll nicht vorschreiben, sondern beschreiben! Aber diese Forschungsrichtung hat sich vorgenommen, die Auswirkungen von positiven Eigenschaften zu beschreiben. Generell geht die Positive Psychologie von der folgenden simplen Einsicht aus: Mehr Optimismus erbringt weniger Depression, bessere körperliche Gesundheit und eine höhere Leistungsfähigkeit. Sie möchte zu einer Erneuerung der menschlichen Stärken und Tugenden beitragen. Sie sucht nach Hilfsquellen, die dem einzelnen beim Erreichen von Zielen und zur Bewältigung von Krisen unterstützen. Nicht die psychischen Störungen und Umweltstressoren stehen im Mittelpunkt der Untersuchungen wie in der bisherigen Psychologie, sondern die Identifizierung von persönlichen Ressourcen.

Welche Einstellungen bzw. Tätigkeiten rufen nun Glück und Wohlbefinden hervor?

Vergangenheit: Genugtuung, Zufriedenheit, Stolz, Gelassenheit
Zukunft: Optimismus, Hoffnung, Vertrauen, Zuversicht
Gegenwart: Genießen und Aktivitäten, die Genuss versprechen

Glücklichsein, das Hauptziel der Positiven Psychologie, entsteht nicht nur durch das Erreichen angenehmer Gemütszustände. Im Gegenteil – diese sind flüchtig und »launisch«. Deshalb untersuchen auch deutschsprachige Psychologen heute das emotionale Wohlbefinden, das sich beim Streben nach der Verwirklichung persönlicher Ziele einstellt (Brunstein & Meier 2002). Glück meint, das eigene Leben authentisch zu führen. Deshalb stellt sich die Positive Psychologie der Aufgabe, die eigenen Stärken zu entdecken und zu entfalten. Ein sinnvolles Leben fügt dem angenehmen Leben eine weitere Komponente hinzu. Sinnvoll leben bedeutet, seine Stärken und Tugenden einzusetzen, um damit etwas Größerem zu dienen.

Auf der Suche nach Tugenden und Werte wurden in einem Forschungsprojekt alle Weltreligionen und maßgeblichen Philosophien befragt – insgesamt über 200 Tugend-Kataloge. Das überraschende Ergebnis: Alle Traditionen unterstützen – verteilt über 3000 Jahre und den gesamten Erdball – die folgenden sechs Tugenden:

- Weisheit/Wissen
- Mut
- Liebe/Humanität
- Gerechtigkeit
- Mäßigung
- Spiritualität/Transzendenz

Schon Thomas von Aquin ging in seiner bahnbrechenden theologischen Systematik ganz analog von den vier Kardinaltugenden Weisheit, Gerechtigkeit, Mut und Mäßigung und den beiden göttlichen Tugenden Glaube/Hoffnung und Liebe aus.

In diesem Sinne anerkennt die zeitgenössische Psychologie zunehmend das Konstruktive Potential der Religiosität. Psychologen bewerten die Religion heute sehr viel positiver als früher. Galt sie damals als ein Krankheitsherd, den man bekämpfen und ausrotten sollte, entdeckt man heute ihr Gesundheitspotential, das zu entwickeln sich lohnt. Neuere Veröffentlichungen zeugen von diesem grundlegenden Einstellungswandel. Eine lebendige Religiosität wird heute in ihrer stützenden Funktion anerkannt und teilweise schon als eine therapeutische Ressource eingesetzt.

Für die veränderte Haltung der Psychologie und Psychotherapie zur Religion ist der Gesinnungswechsel des bekannten Psychoanalytikers Tilmann Moser exemplarisch. 1976 veröffentlichte Moser seinen Bestseller »Gottesvergiftung«, in dem er mit dem strafenden Richtergott seiner Kindheit abrechnete. Sein Gottesbild zeigte einen gewalttätigen und unbarmherzigen Patriarchen, der über den absoluten Gehorsam seiner Untergebenen wacht. Durch empirische Befunde, die unmissverständlich einen positiven Einfluss des Glaubens auf die Gesundheit belegen, änderte sich seine Einstellung. Heute kann Moser bestimmte religiöse Glaubenshaltungen als eine Quelle von Kraft und seelischem Reichtum würdigen (vgl. dazu weiter unten den Exkurs 2).

Der Ansatz der Positiven Psychologie enthält viele Querverbindungen zur Religionspsychologie (Park 2003). Diese psychologische Teildisziplin beabsichtigt, religiöses oder spirituelles Erleben und Verhalten mit bewährten psychologischen Theorien besser zu verstehen oder es mit neuen Theorien zu beschreiben. Beispielsweise wurde die Stressbewältigungstheorie von Aaron Lazarus von dem amerikanischen Religionspsychologen Kenneth Pargament zu einem umfassenden religionspsychologischen Erklärungsmodell weiterentwickelt. Er kam nach vielen Untersuchungen zu dem Schluss, dass Gläubige, die in der Furcht leben, für ihre Sünden von einem strengen Gott bestraft zu werden, und die diese Strenge auch als

»emotionales Klima« in ihrer Glaubensgemeinschaft erleben, stärker zu Depressionen, Ängsten und psychosomatischen Störungen neigen als Nichtreligiöse. Umgekehrt fördert der Glaube an einen freundlichen Gott, der menschliche Schwächen nachsichtig beurteilt, in Verbindung mit emotionaler Geborgenheit in einer Glaubensgemeinschaft das psychische und körperliche Wohlbefinden deutlich.

Auch andere psychologische Erklärungsansätze wurden zur Erhellung religionspsychologischer Sachverhalte verwendet – etwa das Gesundheitsmodell der Salutogenese, das der israelische Medizinsoziologe Antonovsky (1997) entwickelte. Als zentrale Ressource für die Widerstandsfähigkeit gegenüber Erkrankungen und damit als Schlüssel zur Gesundheit definierte Antonovsky das »Kohärenzgefühl«. Damit umschrieb er ein grundlegendes, tief verankertes Vertrauen darauf, dass

– die Ereignisse des Lebens vorhersehbar und erklärbar sind
– sich Lebensprobleme im Prinzip handhaben lassen
– die Welt es wert ist, sich in ihr und für sie zu engagieren.

Weil ein religiös-spirituelles Weltbild ein derartiges Vertrauen stiften kann, liegt eine religionspsychologische Interpretation nahe (Jacobs 2000).

Religiosität – eine psychologische Kategorie?

Die durchgängige gesellschaftliche Präsenz der Religion zu allen Zeiten und in allen Kulturen veranlasst heute Wissenschaftler, die religiöse Dimension als einen unabhängigen und eigenständigen Persönlichkeitsfaktor des Menschen aufzufassen (Hay, Reich & Utsch 2005). Damit kann die Religiosität auch psychologisch beschrieben und erforscht werden. In der amerikanischen Persönlichkeitsforschung wird derzeit überprüft, ob Spiritualität das Fünf-Faktoren-Modell der Persönlichkeit *big five* um eine sechste Dimension ergänzt (Piedmont 1999): Zu den fünf Basisdimensionen Extroversion, Verträglichkeit, Gewissenhaftigkeit, emotionale Stabilität und Offenheit für Erfahrungen käme der Faktor »spirituelle Transzendenz« hinzu. »Spirituelle Transzendenz« bezeichnet die Fähigkeit, sich außerhalb des unmittelbaren Raum- und Zeitempfindens zu begeben und das Leben von einer höheren, mehr objektiven Warte zu betrachten.

Psychologische Funktionen der Religion

Weil die persönliche Religiosität nur unter Berücksichtigung ihrer spezifischen kulturellen Kontexte richtig verstanden und gedeutet werden kann, helfen die amerikanischen Erkenntnisse im europäischen Kontext nur bedingt weiter. Einige wenige deutschsprachige Psychologen haben die Aufgabe der Religion aus ihrer jeweiligen Perspektive gedeutet. Eine wesentliche Funktion der Religion besteht nach Einsichten des Schweizer Entwicklungspsychologen Flammer (1994) darin, eine Lebensdeutung oder Weltanschauung zu konstruieren, mit der das Schicksalhafte und Zufällige der menschlichen Existenz überwunden werden kann. Je mehr Unwägbarkeiten der eigenen Umwelt und besonders der eigenen Person bekannt seien und kontrollierbar erschienen, desto größere Lebenssicherheit – im Sinne von Vertrauen in die eigenen und die sozialen Ressourcen – könne entstehen. Der Gesprächspsychotherapeut Reinhard Tausch (1996) untersuchte Probanden mit einem positiven Gottesbild und stellte fest, dass ihr religiöser Glaube sich primär als Stress reduzierend erwies.

Weil aller noch so beeindruckende technische Fortschritt die drängenden Existenzfragen nicht beantworten kann, bleibt die Tür zur Transzendenz offen. Das persönliche Motiv der Selbstüberschreitung korrespondiert mit dem Bild der »offenen Tür«: Die Selbst-Transzendenz wurde als grundlegendes Ziel menschlicher Motivation beschrieben (Utsch 1998, 128 ff.; Sperry 2001, 38 ff.). Eine Psychologie, die der auf Selbsttranszendenz angelegten Person in seiner Ganzheit gerecht werden will, kommt an der Religiosität und Spiritualität nicht vorbei (Maurer 1999, Wilber 2000).

Glaube als Gesundheitsfaktor: amerikanische Befunde

Medizinsoziologische Untersuchungen hauptsächlich aus den USA belegen seit vielen Jahren, dass ein religiöser Glaube die Gesundheit positiv beeinflussen kann. Diese »Glaubensmedizin«-Forschung berichtet Erstaunliches – erstaunlich zumindest für Leser aus Europa, wo solche Untersuchungen bisher kaum durchgeführt wurden. Nach über 1200 Studien dürfte erwiesen sein, dass zwischen körperlicher Gesundheit und persönlichem Glauben ein positiver statistischer Zusammenhang besteht, den man durchaus kausal interpretieren kann (Koenig et al. 2001, Dossey 2003; Reich 2003). Das heißt: Wer glaubt, ist gesünder, verfügt über mehr Bewältigungsstrategien und genießt eine höhere Lebenszufriedenheit, ja sogar eine höhere Lebenserwartung.

Was hier über den Gesundheitsfaktor Glaube ausgesagt wird, gilt allerdings nicht für jeden Glaubensstil. Vielmehr zeigen sich enorme Unterschiede bei der Form der Religiosität. Schon die klassische Unterscheidung zwischen extrinsischer – nutzenorientierter – und intrinsischer – überzeugungsgeleiteter – Religiosität von Allport (1950) hat diesen Unterschied herausgestellt. Bei Sterbenden, deren Religiosität sich nicht auf ein starres Festhalten an Glaubenssätzen und -praktiken beschränkte, sondern als eine warmherzige innere Beziehung erlebt wurde, fand Renz (2003) in ihrer Studie zahlreiche positive Auswirkungen. Welcher Glaubensstil macht nun gesund?

Die Nonnen-Studie. Antworten auf diese Frage liefert möglicherweise eine ungewöhnliche Untersuchung, die vor kurzem in den USA vorgestellt wurde. Im September 1930 hatte die Oberin eines franziskanischen Klosters in Nordamerika alle Novizinnen angeschrieben und gebeten, per Hand eine Lebensbeschreibung zu verfassen, bevor sie ihre Gelübde ablegten. Diese zwischen 1931 und 1943 entstandenen Texte bildeten 60 Jahre später die Basis für eine spannende prospektive Längsschnittuntersuchung: 678 der mittlerweile hochbetagten Schwestern erklärten sich zu jährlichen körperlichen und psychologischen Untersuchungen bereit. Anschließend wurde der körperliche und seelische Gesundheitszustand der Schwestern mit ihren Glaubensstilen verglichen (Snowdon 2001). Die autobiographischen Texte der Novizinnen waren zuvor von zwei unabhängigen Forschern inhaltsanalytisch ausgewertet worden. Trotz der sehr homogenen Stichprobe – es handelte sich ja ausschließlich um Ordensschwestern, die kurz vor dem Gelübde standen – fanden die Forscher sehr verschiedene Glaubensstile vor. Der wichtigste Unterschied bestand in der Intensität des emotionalen Ausdrucks: Waren manche Lebensberichte und die in ihnen zum Ausdruck kommende Frömmigkeit von einer positiven Emotionalität durchzogen, sprachen andere in erster Linie von Pflicht, Gehorsam und Unterwerfung. Der Vergleich von Glaubensstil und Gesundheitszustand ergab: Je mehr positive Emotionen in den Texten zum Ausdruck kamen, desto besser war es um den Gesundheitszustand der Schreiberin bestellt. Schwestern, so folgerten die Forscher, die mit ihrem Glauben positive Gefühle wie Dankbarkeit, Schutz, Freude oder Gelassenheit verbanden, konnten auch schwierige Lebensereignisse besser verarbeiten und integrieren, was der Gesundheit diente.

Die Gottesbeziehungs-Studie. Zu ähnlichen Ergebnissen kam eine weitere große Studie aus den USA, die den Zusammenhang von Glauben und Wohlbefinden untersuchte (Ellison, 1991). Wenn man nur aus Pflichtgefühlen oder aus sozialer Gewohnheit zur Kirche gehe oder eine religiöse Schrift lese, so die Forscher, wirke sich das weniger positiv aus, als wenn man intensiv am Gottesdienst teilnehme und eine persönliche Beziehung zu Gott pflege.

Die Hamburger Gottesbild-Studie. Die Gottesbeziehung wird durch das persönliche Gottesbild geprägt. Menschen, die sich Gott vor allem als liebendes Wesen vorstellen, neigen stärker dazu, eine innige Beziehung zu Gott zu pflegen und auch größere Zufriedenheit darin zu empfinden. In Hamburg wurden je 100 Frauen und Männer zu ihrer Lebenszufriedenheit und zu Gefühlen von Einsamkeit befragt. Auftauchende neurotische Züge wurden mit dem jeweiligen Gottesbild in Beziehung gebracht (Schwab & Petersen, 1990). Entgegen der weit verbreiteten Auffassung, dass religiöse Menschen neurotischer sind als nichtreligiöse, kam diese Studie zum gegenteiligen Ergebnis: Je engagierter die Teilnehmer in religiöser Hinsicht waren, umso geringer ausgeprägt waren ihre neurotischen Züge. Menschen, die Gott in erster Linie als liebevoll und hilfreich betrachteten, berichteten seltener von Gefühlen der Einsamkeit und äußerten häufiger, mit ihrem Leben zufrieden zu sein. Umgekehrt sprachen die Menschen, die Gott eher als strafenden Richter sahen, öfter von Gefühlen der Einsamkeit und Unzufriedenheit.

Fazit der drei referierten Untersuchungen ist, dass nur diejenige Glaubenshaltung gesundheitsförderlich wirkt, die sich aus einer positiven und herzlichen Gottesbeziehung entwickelt.

Die positiven Effekte von Religiosität und Spiritualität lassen sich folgendermaßen zusammenfassen:

– emotionale Entlastung – ein sinnvolles, geschlossenes Weltbild
– moralische Orientierung – eine ethisch verantwortete Lebensführung
– soziale Unterstützung – Eingebundensein in eine Gemeinschaft
– kognitive Neubewertung – Glauben an das Walten einer höheren Macht in Situationen der Hilflosigkeit
– mentale Bewältigung – Trost, Hoffnung, Gelassenheit auch in ausweglosen Situationen

Festzuhalten ist, dass Gesundheit und Wohlbefinden von vielfältigen Bedingungen und Einflussfaktoren abhängen: von psychosozialen und innerseelischen, neurobiologischen und lerngeschichtlichen. Die Religiosität ist – auch in ihrer positivsten Form – immer nur ein Faktor unter mehreren. Sie ist eingebettet in eine spezifische Persönlichkeitsentwicklung und einen Lebensstil, der sich durch typische Erlebensformen und Bewältigungsstrategien auszeichnet. Innerhalb dieses Rahmens entwickeln sich verschiedene Glaubensstile, die sich sowohl negativ als auch positiv auswirken können. Der Harvard-Mediziner Benson (1997) unterscheidet zwei verschiedene Formen der Gläubigkeit, eine eher passiv-akzeptierende und eine aktiv-

fordernde: Ein berechnender, fordernder Glaube zeigt keine positiven Gesundheitseffekte. Nur wer loslassen und sein Schicksal vertrauensvoll in die Hand Gottes
oder einer anderen höheren Macht legen kann (»Dein Wille geschehe«), profitiert
von der gesundheitsfördernden Kraft des Glaubens.

Das Bedürfnis nach Kontrolle oder die Fähigkeit, loslassen zu können – macht
das vielleicht den entscheidenden Unterschied zwischen den Konzepten Religiosität und Spiritualität aus?

6 Spiritualität: Sinnfindung oder Bewusstseinserweiterung?

6.1 Begriffsverwirrungen: Religion, Glaube, Spiritualität

Was mit Spiritualität gemeint ist, darüber gehen die Meinungen weit auseinander. Manche verstehen darunter eine Persönlichkeitseigenschaft, andere einen Bewusstseinszustand, wieder andere eine spezifische Haltung zum Leben. Der amerikanische Religionspsychologe Daniel Helminiak (1996, 32 ff.), der sich in seinen Studien auf den katholischen Philosophen Lonergan bezieht, unterscheidet sechs verschiedene Verwendungen dieses Begriffs: Spiritualität …

– … als die spirituelle Natur des menschlichen Wesens: seine Fähigkeit, über sich hinauswachsen zu können.
– … als die menschliche Bezogenheit auf Transzendenz und der Umgang mit der eigenen Endlichkeit.
– … als gelebte Wirklichkeit in allen religiösen Traditionen.
– … als akademische Disziplinen (Pastoralpsychologie, Religionsphilosophie u. a.).
– … als Spiritualismus: Kommunikation mit Geistern oder Verstorbenen.
– … als Parapsychologie: Psi-Phänomene (Gedankenübertragung, Tischerücken).

Obwohl aus theologischer Perspektive in der Vergangenheit die katholische Tradition stärker bemüht war, ihr Wissen um die Bedeutung der Spiritualität einzubringen, haben sich in letzter Zeit auch evangelische Beiträge zu Wort gemeldet (Wiggermann 2001, Josuttis 2002, Zimmerling 2003). Im vorliegenden Kontext interessiert jedoch besonders die psychologische Perspektive.

Hier ist vielleicht an erster Stelle die Entwicklungspsychologie zu nennen. Bei der Erforschung der menschlichen Denk- und Bewertungsprozesse zog schon früh das religiöse Denken Interesse auf sich. Analog zum populären Stufenmodell der kognitiven Entwicklung nach Piaget wurden Stufen des religiösen Denkens, Urteils und der persönlichen Glaubensentwicklung postuliert und empirisch überprüft (Oser & Bucher 2002). Trotz dieser empirischen Fundierung stößt der Erklärungsansatz der Glaubensentwicklung – vermutlich auch wegen des eingeschränkten Zugangs durch das christliche Glaubenskonzept – in Deutschland in der Entwicklungspsychologie auf geringe Resonanz – allenfalls in der Religionspädagogik (Büttner & Dieterich 2000, Böhmer 2004). Entwicklungs- oder Persönlichkeitstheorien, die der religös-spirituellen Dimension Aufmerksamkeit widmen, gibt es zwar, sie bilden aber eine Ausnahme. Der Ansatz einer körperzentrierten Psychotherapie von Yvonne Maurer erweitert den Gestaltansatz um das Spirituelle. In ihrem Entwurf beschreibt sie eine »spirituell-transzendente Lebensdimension«, in der sich die Fähigkeit des Menschen zur Ruhe, zur Stille, zum Hinfinden zum eigenen wahren Selbst und zu Sinnfindung im Leben zeige (Maurer 1999, 104 ff.).

Während das Konzept der Religiosität kaum Widerspruch erhielt, wurde der Begriff »Glaube«, den der amerikanische Pastoralpsychologe Fowler seinen Studien zugrunde legte, wegen seiner unspezifischen Weite angegriffen (zum aktuellen Stand der Glaubensentwicklungstheorie vgl. das Themenheft des »International Journal for the Psychology of Religion« 11/3 (2001)). Diese Tatsache und seine weitgehende Ignorierung im deutschen Sprachraum verwundert, weil der Glaube zumindest in der protestantischen Theologie einen zentralen Lehrinhalt darstellt. Mittlerweile wird gegenüber der klassischen religiösen Entwicklungspsychologie eingeräumt, dass die dort gebräuchlichen »Items ein christliches Milieu voraussetzen, das in den letzten Jahrzehnten massiv erodierte« (Bucher & Oser 2002, 941).

Dennoch ist – gerade im sogenannten »christlichen Abendland« – Glaube ein traditionsreicher Begriff, der manchen Menschen auch inhaltlich von höchster Bedeutung ist. Überraschenderweise bezeichneten sich beispielsweise in einer Untersuchung einer Krankenhausgruppe die meisten weder als »religiös« noch als »spirituell«, sondern als »gläubig«. Wenn »für die meisten Menschen ihre Religiosität am ehesten mit dem Begriff ›gläubig‹ abgedeckt wird«, so folgerten die Forscher, »sollte er auch in den entsprechenden Fragebögen eingesetzt werden. Das würde verhindern, das man Begriffe verwendet, die subjektiv nicht als relevant erachtet werden und den Gegenstand unzureichend abdecken« (Schowalter et al. 2003, 372).

Hier können theologische Einsichten wirkungsvolle Unterstützung bieten, die babylonischen (!) Begriffsverwirrungen in der Religionspsychologie zu klären und trennscharfe Konzepte zu entwickeln:

> Aus theologischer Sicht sind Religion und Glaube zu unterscheiden, aber nicht zu trennen: »Religion kann als die Lebensbedingung des Glaubens bezeichnet werden, der Glaube als die Kritik der Religion« (Klessmann 2004, 18).

Der Wuppertaler Pastoraltheologe Klessmann (ebd.) definiert Religion als »das menschliche Grundbedürfnis nach Sinn, Sicherheit und Geborgenheit, Glaube dagegen als ein Vertrauen und Sich-Verlassen auf etwas außerhalb meiner selbst, das nur empfangen und erfahren, nicht aber selbst hergestellt werden kann«. Für den weiteren Fortschritt der Religionspsychologie sind derart klare Unterscheidungen nötig, die dann auch in entsprechenden Messverfahren operationalisiert werden können. Entwicklungspsychologische Ansätze, die dem Glauben, der Religiosität oder Spiritualität als eine Motivation, Emotion oder Einstellung mit in ihr Gedankengebäude aufgenommen hätten, werden hierzulande übergangen (Groeschel 1983, Helminiak 1987, Hay, Reich & Utsch 2005). Nach wie vor fehlt ein schlüssiges Gesamtmodell in Form eines theoretischen Rahmens, in dem Spiritualität messbar und handhabbar gemacht werden könnte.

> Ist Spiritualität aus psychologischer Sicht
> - eine eigenständige Persönlichkeitseigenschaft (Piedmond 1999),
> - ein separater Intelligenzfaktor (Emmons 2000),

- ein besonderer Bewusstseinszustand (Deikman 2000, Kabat-Zinn 2003),
- die zentrale Entwicklungsdimension der Menschlichkeit (Sperry 2001, 24),
- die Summe der höchsten Ebenen aller Entwicklungslinien (Wilber 2001, 151)?

In der Gesundheitsforschung war es besonders das bio-psycho-soziale Modell Engels, dass als geeignete Rahmentheorie verwendet wurde, um seelische Störungen besser zu verstehen und Änderungsprozesse zu erklären. Seit kurzem wird überlegt, wie dieses Modell erweitert werden muss, um der spirituellen Dimension den ihr zustehenden Platz einzuräumen. Dabei können mit Sulmasy (2002) zwei grobe Richtungen unterschieden werden: Während eine in sich ziemlich heterogene Gruppe den bisherigen Wissensstand als veraltet und positivistisch abtun und gänzlich erneuern will, bemüht sich eine zweite Gruppe darum, an dem gegenwärtigen Wissensstand anzuknüpfen und ihn durch andere Methoden und Techniken zu erweitern und zu ergänzen. Letztlich spiegelt sich hier eine Diskussion wider, die auch den Anspruch einer Alternativmedizin von dem einer Komplementärmedizin unterscheidet.

Sehr ambitioniert ist Ken Wilbers (2001) Entwurf einer »Integralen Psychologie«, die der spirituellen Dimension neben der körperlichen, sozialen, psychologischen und moralischen Dimension den zentralen Stellenwert zur Erklärung der menschlichen Erfahrung einräumt. Mit Wilber räumen zahlreiche Forscher ein, dass ein erweitertes Theoriegebäude und Methodeninventar nötig ist, um der spirituellen Dimension gerecht zu werden (Vaughan, Wittine & Walsh 1996 oder Sperry 2001, 24 ff.). Diesem Forschungsansatz geht es nicht darum, die Fortschritte der aufgeklärten, rationalen Wissenschaftlichkeit zu kritisieren oder zu leugnen, wohl aber darum, ergänzend andere und neue Wege einzuschlagen. Gerade um der Subjektivität einer spirituellen Erfahrung gerecht zu werden, sind introspektive Verfahren und auch die Wirkungsforschung erfolgversprechende Wege, hier zu weiterführenden Erkenntnissen zu gelangen (Wit 1991, Forman 1998, Walach, Jonas & Lewith 2002).

Aber auch quantifizierende Methoden sind entstanden, um Spiritualität messbar zu machen. Am renommiertesten ist die von Ellison entwickelte »Spiritual Well-Being Scale«, die mit 21 Items spirituelles Wohlbefinden erfasst (vgl. www.life-advance.com). In einer Studie wurden damit einhundert Zwillingspaare untersucht, wobei negative Zusammenhänge zwischen Spiritualität und Alkoholmissbrauch sowie anderen psychischen Erkrankungen gefunden wurden (Tsuang et al. 2002).

Während also die amerikanische Forschung schon ein relativ differenziertes Bild liefert, ist man in Deutschland immerhin soweit, Religiosität von Spiritualität zu unterscheiden. Während Religiosität »ein überindividuelles System transzendierender Werte von unterschiedlichem Organisations- und Institutionalisierungsgrad« bezeichne, wird als Spiritualität eine »persönliche sinnstiftende Grundeinstellung« beschrieben, die »unter anderem auch religiös sein kann« (Möller & Reimann 2003). Diese Konzeption zielt auf die Fähigkeit einer sinnstiftenden Selbstreflexion und Bedeutungsgebung ab. Verschiedene Studien können nun nachweisen, dass Spiritualität mit Konzepten und Variablen wie Belastungsbewältigung und Aggressionsbereitschaft zusammenhängen. In der Gesundheitsforschung bestehen mittlerweile gesicherte Hinweise darauf, dass Spiritualität auf medizinpsychologische Variablen wie Resilienz und Salutogenese positive Wirkungen zeigt. Allerdings: »In den hierzulande gängigen persönlichkeitsdiagnostischen Verfahren wird das Merkmal Spiritualität nicht erfasst ... Ein deutschsprachiges Inventar, das religionsungebundene spirituelle Lebenskonzepte zu erfassen in der Lage wäre, ist derzeit nicht vorhanden. Es scheint, dass dieser Themenbereich auch von seinen methodischen Grundlagen her noch zu erarbeiten ist ... der empirische Forschungsbedarf ist erheblich« (ebd., 612).

In manchen Anwendungsfeldern der klinischen Praxis ist man möglicherweise schon weiter fortgeschritten als in der theoretischen Konzeptualisierung der Spiritualität. In der Suchttherapie ist man sich schon seit vielen Jahren einig, dass ungestillte spirituelle Bedürfnisse eine wichtige Ursache für Suchterkrankungen darstellen (May 1992, Miller 2003). In dem ersten deutschen Buch zu der »neuen« psychischen Störung »Sexsucht« betont Kornelius Roth (2004, 139 f.) den suchttherapeutischen Effekt einer spirituellen Selbstvergewisserung: »Spiritualität kann uns das Gefühl von Aufgehobensein in dieser Welt vermitteln. Sie wirkt beruhigend auf den Geist und bietet eine Orientierung – Eigenschaften, die einen süchtigen Menschen auf seinem neuen Weg unterstützen. Spiritualität ist weder Religion noch Psychotherapie noch steht sie in Konkurrenz zu ihnen. Sie ist an keine Religionszugehörigkeit gebunden. ... Mit ihr verknüpft sich eine Sehnsucht nach einer vertieften Innerlichkeit, die mit einer Ausrichtung auf das Unbekannte, das Unbegreifliche verbunden ist. Sie ist getragen von dem Wunsch, einer verborgenen Sicherheit näher zu kommen, um die innere Zerrissenheit überbrücken zu helfen.«

Was aber genau ist mit dem umfassenden Begriff »Spiritualität« gemeint? Kann er so präzisiert werden, dass er sich von anderen Konzepten wie Glaube, Religion oder Transzendenz abgrenzen lässt? Kann er in psychologischer Begrifflichkeit beschrieben und für Forschungszwecke operationalisiert werden? Können die in einer Anamnese häufig übergangenen und sprachlich schwer vermittelbaren Bereiche der persönlichen Glaubensüberzeugungen überhaupt knapp und präzise erfasst werden? Immerhin – für die knappe Erhebung einer »spirituellen Anamnese« oder der Spiritualität innerhalb eines komplexen Forschungsprojektes sind mittlerweile kompakte Fragebögen entwickelt worden (West 2000, 77–83; Sperry 2001, 109–119; vgl. zum Ganzen Kapitel 7.3).

In einigen amerikanischen Studien wurde die folgende Spiritualitäts-Definition verwendet: »*Spirituality is a way of being in the world that acknowledges the existence of a transcendent dimension. It includes an awareness of the connectedness of all that is, and accepts that all of life has meaning and purpose and is thus sacred*« (Becvar 1994). Die Anerkennung und Wahrnehmung des menschlichen Eingebundenseins in ein sinnhaltiges größeres System scheint Grundlage der Spiritualität zu sein.

In den USA wird die persönliche Spiritualität als Gesundungsfaktor systematisch untersucht und in der Regel in eine therapeutische Behandlung mit einbezogen. Mit seriösen Methoden wird versucht, außergewöhnliche Erfahrungen wie Hellsehen, Nahtod-Erfahrungen oder mystische Erlebnisse wissenschaftlich zu beschreiben und zu verstehen (Jahn & Dunne 1999; Cardena, Lynn & Krippner 2000). In jüngster Zeit haben dabei besonders die neuropsychologischen Fortschritte die Erforschung eines religiös veränderten Bewusstseins stimuliert und neue Erkenntnisse, aber natürlich auch neue Fragen ergeben (siehe Kap. 2.6).

Spiritualität ist in den USA ein legitimer psychologischer Forschungsgegenstand geworden. Spiritualität wird beispielsweise als ein eigenständiger Intelligenzbereich untersucht oder auch als der sechste Faktor stabiler Persönlichkeitsmerkmale angesehen. »Spirituelle Selbsttranszendenz« wird dabei als die Fähigkeit definiert, sich einmal bewusst außerhalb von Zeit und Raum zu begeben und das Leben von einer höheren, mehr objektiven Warte aus zu betrachten. Anders als beim spekulativ-esoterischen Zugang werden hier erprobte Messverfahren und bewährte Theorien herangezogen, um diesen angeblich besonderen Denk- und Entscheidungsbereich zu definieren (Piedmond 1999).

Robert Emmons (2000) von der Universität in Kalifornien beschrieb spirituelle Intelligenz als die Fähigkeit,

1. veränderte Bewusstseinszustände zu erfahren,
2. die alltägliche Erfahrung zu einer heiligen zu machen,
3. spirituelle Ressourcen zur Problemlösung einzusetzen,
4. Entscheidungen und Handlungen wertorientiert vorzunehmen.

Das Modewort »Spiritualität ist ein Containerbegriff mit vielen Sinngebungen« (Ruhbach 1996, 17).[33] Unwillkürlich kommen Entwürfe eines euphorischen New Age-Denkens oder auch charismatisch-pfingstkirchliche Ansätze in den Sinn. Beide sind häufig von einem Machbarkeitsglauben geprägt, der in der richtigen mentalen Einstellung den Schlüssel zur Wunscherfüllung sieht. Aber auch aus wissenschaftlich-professioneller Sicht sind in den letzten Jahren zum Verhältnis von Therapie und Spiritualität einige Publikationen erschienen (Schnorrenberg 1999; Posner 1999; Seefeldt 2000; Helg 2000; Utsch 2002; Murken 2003; Galuska 2003).

Inwiefern können aber aus psychologischer Sicht mit einer spirituellen Haltung therapeutische Effekte verbunden sein? Können diese gezielt gefördert und verstärkt werden, oder sind sie nur als eine willentlich nicht zu beeinflussende Nebenwirkung anzusehen? Verfolgt man den Begriff »Therapie« auf seine älteste bezeugte Bedeutung zurück, tritt sein religiöser Kern deutlich hervor: »*Therapeuein*« bedeutet zunächst die Götter verehren, der Gottheit dienen, und dann auch: besorgen, warten, pflegen, ärztlich behandeln und eben auch heilen, (wieder-)herstellen« (Burbach 2000, 58).

Begriffsgeschichtlich steht fest, dass der lateinische Begriff *spiritualis* ursprünglich den vom Geist Gottes erfüllten und geleiteten Menschen beschrieb (Barth 1993, 10 ff.). Heute ist der Begriff jedoch weitgehend von der New-Age-Bewegung und der Esoterik vereinnahmt worden. Schon Ferguson (1982) widmete in ihrem bahnbrechenden Klassiker dem »Abenteuer Spiritualität« ein Kapitel, das dort enthusiastisch als die »Verbindung mit der Quelle« beschrieben wird. Eine – willkürlich herausgegriffene – Vertreterin dieser Bewegung ist die amerikanische Suchttherapeutin Anne Wilson Schaef (1995, 262), für die Spiritualität »die Wahrnehmung vom Einssein aller Dinge wieder in uns lebendig machen muß ... Herauszufinden, wohin wir gehören im Prozess des Universums, ist Spiritualität. Das Gewahrsein unseres Platzes ist für die Genesung von ausschlaggebender Bedeutung.«

Eine religionswissenschaftliche Untersuchung umschrieb die gegenwärtige religiöse Situation zusammenfassend so: »Von der Religion als Getrenntsein zur Spiritualität als Einbezogensein in einen existentiell bewahrheiteten Sinnkosmos« (Süß & Pitzer-Reyl 1996, 137 ff.). Hier wird in typischer Manier dem negativ besetzten Begriff der traditionell-dogmatischen Religion das Konzept einer individuellen, kulturunabhängigen und idealtypisch entworfenen Spiritualität gegenübergestellt. Der amerikanische Religionspsychologe Pargament (1999) stellte dazu skeptisch fest, dass die teilweise euphorische und inflationäre Verwendung des Spiritualitätsbegriffs zu einer problematischen Polarisierung führe: Religion werde als institutionell-zwanghaft und damit negativ beschrieben, Spiritualität als individuelle Sinnfindung hoch gelobt. Verkannt werde dabei, dass seit den späten achtziger Jahren Hunderte von spirituellen Gemeinschaften – z. B. Heiler-, Yoga-, Meditations-, New-Age-, 12-Schritte-Gruppen – entstanden seien, die sich ebenfalls schon institutionalisiert hätten.

Dennoch ist unverkennbar, dass die transzendent verankerte christliche Weltanschauung des westlichen Kulturkreises gegenüber einer individualistisch-immanenten Orientierung an Bedeutung verliert. Letztere will in erster Linie dem Maßstab der eigenen Selbstverwirklichung gerecht werden. Beim »Tanz um das goldene Selbst« ist es nur folgerichtig, eine individuumsbezogene, anthropozentrische Spiritualität zu definieren. Pargament (ebd., 11) hingegen warnt vor einem Übersehen der transzendenten Dimension: »Eine Spiritualität ohne den Kern des Heiligen verliert ihr eigentliches Zentrum.« Damit wendet er sich besonders gegen die populäre Suche nach erweiterten und veränderten Bewusstseinszuständen, die häufig schon per se als »spirituell« vermarktet werden.

Gegen den esoterischen Zeitgeist bezeichnet auch der Züricher Psychiater Scharfetter (1997) mit Spiritualität eine bewusste, im weiteren und überkonfessionellen Sinne verstanden religiöse Lebenseinstellung und -weise. In ihr drücke sich eine Haltung und Beziehungsweise zu dem den Menschen umgreifenden und übersteigenden Sein aus, das ihm als unfassbar »Geistiges« (lateinisch *spiritus*) im Gegensatz zur materiellen Dingwelt erscheint. Über das Geistige gebe es kein gesichertes Wissen, es vermittle sich in ahnungsvoller Schau oder einer ergreifenden Erfahrung. Verblüffend ähnlich setzen Scharfetter und Pargament Religion und Spiritualität in Beziehung. Religion ist das breitere Konzept, das insbesondere Rituale, Symbole und Traditionen umfasse. Spiritualität definiert Pargament als Suche nach Geheiligtem, »*search for the Sacred*« (ebd., 12). Für ihn stellt diese Suchhaltung die wichtigste Funktion der Religion dar: »Spiritualität ist das Herz und die Seele der Religion.«

Für den spirituellen Menschen ist nach Scharfetter dieser Bereich Ursprung und Ziel seines Lebens, der seine Lebensführung, Verantwortlichkeit und Ethik maßgeblich bestimmt. Was Spiritualität im Gegensatz zu mancher populären Meinung nicht ist: jeder außergewöhnliche Bewusstseinszustand oder -inhalt, jedes intensive religiöse Erlebnis wie Ekstase, Vision oder Audition, weder besondere Körperempfindungen noch parapsychologische oder okkulte Phänomene. Den religionspsychologischen Forschungsstand zu diesen Phänomenen referieren Cardena, Lay und Krippner (2000).

Spiritualität meint also die Umsetzung einer Glaubenseinstellung und erweist ihre Bedeutsamkeit in der konkreten Lebenspraxis. Aus religionspsychologischer Sicht wurde mit Spiritualität die »individuelle Gestaltung der Bezogenheit auf Transzendenz« bezeichnet (Belzen 1997). Für transpersonale Psychologen nimmt Spiritualität sogar den Rang eines »natürlichen, wesentlichen und absolut lebenswichtigen Elements des Daseins« ein (Grof 1985, 351). Wilber stellt einer das Selbst legitimierenden *Religion* eine transformierende *Spiritualität* gegenüber: »Transformierende und authentische Spiritualität ist revolutionär. Sie legitimiert die Welt nicht, sondern zertrümmert sie; sie tröstet die Welt nicht, sondern röstet sie. Sie macht das Selbst nicht zu-frieden, sondern sie macht es zu-nichte« (Wilber 2001, 46).

Spiritualität als die alltägliche Umsetzung einer Lebenseinstellung transformiert eine »gewöhnliche«, »säkulare« oder unachtsame Erfahrung oder Handlung in eine religiöse. Spiritualität ist eine Lebensweise, die der religiösen Erfahrung der

»Zugehörigkeit« entspringt – dem Gefühl der Verbundenheit mit dem gesamten Kosmos. Wie mittlerweile auch einige deutschsprachige empirische Studien belegen, fördert ein derartiger Lebensstil die Gesundheit, Stressresistenz und Krankheitsverarbeitung (Deister 2000, Jacobs 2000).

Spiritualität kann gemessen und damit erforscht werden. Eine systematische Recherche in der Datenbank MEDLINE über die Anzahl der Publikationen diesbezüglicher Studien von 1960 bis 2003 zeigte, dass ab Mitte der 1990er Jahre die Anzahl der Religiositätsstudien nach einem rasanten Anwachsen in den Jahren zuvor sehr abnahm, jedoch die Anzahl der Studien mit dem Thema Spiritualität weiter den Wachstumskurs beibehielt (Büssing 2005).

Die Religionspsychologie, die sich faktisch mit Auswirkungen der Spiritualität befasst, stellt in den USA einen blühenden Ast im Spektrum psychologischer Teildisziplinen dar. Ein neuer Übersichtsartikel bestätigt stolz: »Die Religionspsychologie gehört wieder zu den zentralen und führenden Forschungsgebieten unserer Disziplin. Von ihrem Wissen, ihren Daten und ihren Aktivitäten profitiert der Rest der Psychologie« (Emmons & Paloutzian 2003). Die als »Division 36« geführte Sektion hält regelmäßig Konferenzen ab und veröffentlich vierteljährlich den »Psychology of Religion Newsletter«.[34] Im Jahr 1976 begründet, nannte sich die Sektion bis 1992 »Psychologists Interested in Religious Issues (PIRI)«. Nach einer jahrelangen Debatte änderten die Mitglieder 1992 die Bezeichnung ihres Arbeitsgebiets in »Psychology of Religion (POR)«, um den zum Teil erheblichen Forschungsfortschritten und der Renommiertheit ihres Fachgebietes Rechnung zu tragen. Damit glichen sie ihre Gebietsbezeichnung anderen Teildisziplinen (z. B. *psychology of learning, psychology of women, psychology of personality*) an. Dennoch verstummte die Grundsatzdebatte um ihren eigentlichen Forschungsgegenstand nicht.

In einem essayistischen Beitrag warb kürzlich der renommierte Religionspsychologe Paloutzian (2003), der von 1989 bis 1995 als Präsident der Sektion 36 tätig war, in Hinblick auf die Namensgebung um mehr Pragmatismus. Er unterstrich, dass die neue Namensgebung, die unter seiner Ägide als Präsident vorgenommen wurde, dazu beigetragen habe, die professionelle Ausrichtung der Gruppe zu unterstreichen, während die frühere Bezeichnung eher unseriös und fragwürdig geklungen habe. Bei dem früheren Namen sei sofort die Frage aufgetaucht, ob die Psychologen eher als pro-religiöse oder anti-religiöse Menschen am Thema interessiert seien. Außerdem gebe es führende Religionspsychologen, die wenig persönliches Interesse an religiösen Themen hätten, aber von den psychologischen Faktoren, die religiöse Überzeugungen und Verhaltensweisen hervorbrächten, fasziniert seien. Deshalb plädierte Paloutzian nachdrücklich dafür, am gegenwärtigen Namen festzuhalten. Er konnte sich nicht durchsetzen: 2004 erweiterte die Sektion die Gebietsbezeichnung in »*Psychology of religion and spirituality*«.

Natürlich stellt sich bei einem Thema mit persönlicher Bedeutsamkeit und existentieller Tragweite wie dem der Religion sofort die Frage, wie ein Forscher persönlich dazu eingestellt ist. Wenn in einem Forschungsprojekt homosexuelle Verhaltensweisen erforscht werden sollen, dürfte es ebenso von Bedeutung sein, welche persönlichen Einstellungen die Forschenden dazu haben. Es dürfte sehr schwer sein, existentielle Lebensthemen ohne innere Anteilnahme zu erforschen. Deshalb habe ich vorgeschlagen, die persönlichen Wert-Setzungen und den eigenen Standort zu Beginn offen darzulegen, um Spekulationen zu vermeiden. Sylvester

Walch, ein transpersonal orientierter Psychologe und Anbieter des Holotropen Atmens, hat zu Beginn seiner Monographie darüber deshalb ebenfalls seinen eigenen spirituellen Weg beschrieben (Walch 2002, 13–20).

Schon vor vielen Jahren habe ich dafür plädiert, Spiritualität als einen religionspsychologischen Forschungsgegenstand einzuführen (Utsch 1998, 95–104). Gerade ein Blick auf den differenzierten amerikanischen Forschungstand dürfte diese Entscheidung vereinfachen. Die Konzeptualisierung und Abgrenzung von Religiosität und Spiritualität war eine Hauptaktivität der amerikanischen Religionspsychologie der letzten zwei Jahrzehnte. Ein Referenzbuch liefert heute detaillierte Informationen über mehr als hundert standardisierte Messinstrumente der Religiosität und Spiritualität auf (Hill & Hood 1999).

Spiritualität ist zu einem Modebegriff beworden und wird in der Regel als eine intensive persönliche Erfahrung von Verbundenheit mit allem in einen Gegensatz zur tradierten Religion gestellt, die häufig mit weltfremden Dogmen und Normen in Verbindung gebracht wird. Oft wird die folgende vorschnelle und unzutreffende Unterscheidung vorgenommen: Religion wird mit menschenfeindlichen Dogmen, mittelalterlichen Moralvorstellungen und verstaubten Ritualen in Verbindung gebracht. Demgegenüber betreffe die Spiritualität persönliche Empfindungen und intensive Erfahrungen, die sprachlich kaum vermittelbar seien. Gerade in der transpersonalen Psychologie treten Kirchenkritik und Eigenlob häufig gemeinsam auf. Dass traditionelle Religionen auf Spiritualität gründen oder Christen spirituell leben könnten, erscheint Grof (2003, 30) undenkbar: »Spiritualität beruht auf der unmittelbaren Erfahrung anderer Wirklichkeiten ... Zur Spiritualität gehört also eine besondere Beziehung zwischen dem Individuum und dem Kosmos ... Idealerweise sollten Religionen ihren Anhängern Zugang zu unmittelbaren spirituellen Erfahrungen bieten und diese unterstützen. Häufig geschieht es jedoch, dass eine Religion die Verbindung zu ihrer spirituellen Quelle vollkommen verliert und zu einer weltlichen Institution wird, welche die spirituellen Bedürfnisse des Menschen ausbeutet, ohne sie zu befriedigen.«

Natürlich sind solche Tendenzen in der Kirchengeschichte zu beklagen. Diese These ist aber in ihrer Allgemeingültigkeit schon deshalb nicht haltbar, weil »Spiritualität das Herz und die Seele der Religion ist. Die Suche nach dem Geheiligten ist die zentralste Funktion der Religion« (Pargament 1999, 13). Bei allen gesellschaftlichen Veränderungen ist deshalb zu berücksichtigen, dass sich selbst neue spirituelle Bewegungen einem Institutionalisierungseffekt und der »religiösen« Dogmenbildung nicht entziehen können. Ein anschauliches Beispiel der jüngsten Religionsgeschichte liefert die Bhagwan- bzw. Osho-Bewegung.

Ken Wilber, ein führender Theoretiker der Transpersonalen Psychologie, die wesentlich zur Rehabilitation des Spiritualitätskonzeptes beigetragen hat, sieht aber auch im Rahmen einer traditionellen Religion die Möglichkeit spiritueller Erfahrung: »Nur dann, wenn sich die Religion auf ihr Herz, ihre Seele und ihr Wesen besinnt (nämlich unmittelbare mystische Erfahrungen und transzendentes Bewusstsein ...), kann sie der Moderne standhalten und etwas bieten, was diese ja so dringend braucht: eine echte, verifizierbare, wiederholbare Injunktion (innere Erfahrung, M.U.), die das Spirituelle zum Vorschein bringt« (Wilber 1998, 216).

Das Konzept der Spiritualität entstammt dem Christentum. Wörtlich übersetzt bezeichnet dieser Begriff die christliche Lebensgestaltung kraft des Heiligen Geistes. Der Mystik-Experte Joseph Sudbrack (1999, 35–84) hat die Wortgeschichte kenntnisreich dokumentiert und seine Bedeutung analysiert. Es ist fatal, dass ein ursprünglich zentrales Konzept des christlichen Glaubensvollzugs, nämlich Spiritualität, heute einen massiven Bedeutungswandel erfahren hat. Nicht mehr ein Leben aus dem Heiligen Geist, sondern esoterische Glaubensüberzeugungen werden heute damit in Verbindung gebracht. Zugespitzt formuliert: Ein ursprünglich christliches Konzept verlor über die Jahrhunderte seine Lebendigkeit und geriet in Vergessenheit, um dann aus fremder Perspektive mit synkretistischen Tendenzen revitalisiert zu werden.

Eine »spirituelle« Einstellung, würde sie heute in einer Meinungsumfrage erhoben, enthielte vermutlich mehr esoterische als christliche Glaubensinhalte. Die Kappung der biblisch-theologischen Wurzeln hat zu einer dreifachen Bedeutungsänderung der Spiritualität geführt:

Sakralisierung der Psyche bzw. der Psychologie: In einer gründlichen Untersuchung hat der Amsterdamer Religionswissenschaftler Hanegraaff (1996) darauf aufmerksam gemacht, dass als ein Gegentrend zur mächtigen Bewegung der Säkularisierung eine nicht zu übersehende Sakralisierung der Psychologie eingetreten ist.

Verwechslung von Bewusstseinszustand mit Geisterfüllung: Aus theologischer Sicht gehören veränderte Bewusstseinzustände zum Bereich der Schöpfungsordnung Gottes. Jede außergewöhnliche Wahrnehmung schon als »Reden Gottes« oder »Nachricht aus dem Jenseits« zu deuten, verkennt aus biblisch-theologischer Sicht die Unterschiede zwischen dem Reich Gottes und dem menschlichen Bereich. Gottes Wirklichkeit als eine dem Menschen unerreichbare und fremde mag zwar punktuell in ein Menschenleben »einfallen«, ermöglicht aber nicht ihre komplette Entschlüsselung. Wie schon in der Einführung dargelegt wurde, ist allein Respekt vor dem Geheimnis Gottes angemessen. Der naturwissenschaftliche Forscherdrang hat sich jedoch schon an manchen Stellen über ethische und moralische Grenzen hinweggesetzt und dominiert auch die Psychologie.

Selbstmystik anstelle Christusmystik. Aus biblisch-theologischer Sicht eröffnet sich der menschliche Zugang zum Schöpfergott einzig über Jesus von Nazareth. Mystik meint in der Bibel in den allermeisten Fällen Christusmystik, kaum ist Gottesmystik zu finden. Ohne ein Verständnis für Gott als Vater-Sohn-Geist-Einheit gerät die Spiritualität auf den Abweg der Selbstvergottung (Sudbrack 1988).

Derartige religionswissenschaftliche und theologische Unterscheidungen sind nötig, um nicht Opfer der Begriffsverwirrungen um diese populären Konzepte zu werden.

Definitionen von Spiritualität

Benner (1989, 31):	»Die menschliche Antwort auf Gottes freundliche Einladung, eine Beziehung mit ihm einzugehen«
Helminiak (1987, 23):	»intrinsisches Prinzip authentischer Selbsttranszendenz«
Scharfetter (1999, 41):	»Haltung und Beziehungsweise zu dem Sein, das den Menschen umgreift und übersteigt«
Belschner (2000):	»intensiv erlebte Verbundenheit mit einer höheren Macht«
Vaughan (1991, 105):	»eine subjektive Erfahrung des Geheiligten«
Pargament (1999, 12):	»Suche nach Geheiligtem«
Belzen (1997, 210):	»individuelle Gestaltung der Bezogenheit auf Transzendenz«

Wilber (2001, 32):	»permanente Verwirklichung des Bewusstseins zum non-dualen Geist«
Wirtz/Zöbeli (2000, 299):	»Öffnung der Ich-Grenzen zum überindividuellen Sein«
Berger (2000, 228):	»wachsende Durchdringung der Alltagswelt mit religiöser Erfahrung«

Diese Zusammenstellung vermittelt einen Eindruck von der Vielfalt der Bedeutungshorizonte, der unterschiedlichen kulturellen Herkünfte und akademischen Bezüge des Begriffs und regt hoffentlich dazu an, in Zukunft behutsamer, gründlicher und präziser mit diesem schillernden Konzept umzugehen.

Spiritualität psychologisch

Was bedeutet Spiritualität psychologisch? Einer der wenigen bislang publizierten Versuche einer Systematik der psychologischen Dimensionen der Spiritualität hat ein amerikanischer Pastoralpsychologe vorgelegt (Ingersoll 1994, 99). Zunächst konstatiert Ingersoll eine Renaissance des Spiritualitätsbegriffs und weist darauf hin, dass eine amerikanische Dachorganisation für psychotherapeutische Beratung, die »Association for Religious and Value Issues in Counseling« eine Namensänderung erwägt, um den Begriff Spiritualität einzuschließen. Im Unterschied zur Religion, die eine soziale Identität vermittele und eine gesellschaftlich-integrative Funktion innehabe, sei die Spiritualität subjektbezogener und vermöge deshalb eine größere interindividuelle Variationsbreite abzudecken.

Nach der Untersuchung der lateinischen, hebräischen und griechischen Wurzeln des Begriffs kommt Ingersoll zu dem Ergebnis, dass daraus keine differenzierten Dimensionen abzuleiten sind. Forschungsansätze zum »spirituellen Wohlbefinden« (siehe oben) hätten die Multidimensionalität der Spiritualität herausgestellt, allerdings seien keine theoretischen Ableitungen zur Identifizierung dieser Dimensionen bekannt. Ingersoll beschreibt in seinem Aufsatz sieben Dimensionen: Sinn, Konzeption des Heiligen, Beziehung, Geheimnis, Erfahrung, Spiel und eine integrative Dimension. Leider sind diese religionsphilosophischen Konstrukte so breit und unspezifisch, dass sie wenig hilfreich für die Ableitung empirisch überprüfbarer Zusammenhänge sein werden.

Die Überlegungen vom Psychologen und Jesuiten Helminiak (1987, 30 ff.) in seiner interdisziplinären Studie über spirituelle Entwicklung führen weiter. Im Rückgriff auf Lonergans religionsphilosophische Bewußtseinstheorie definiert er Spiritualität psychologisch als »intrinsisches Prinzip authentischer Selbst-Transzendenz«. Durch diese nicht-theistische Beschreibung der Spiritualität »verschiebt sich der angemessene Bearbeitungsplatz der spirituellen Entwicklung aus dem Bereich der Theologie in das Feld der Psychologie« (ebd., 95).

Mit diesen philosophischen Begriffen ist der Entwicklungsprozess der Selbstwerdung umschrieben, der nach Lonergan darauf abzielt, Werte wie Wahrheit, das Schöne und das Gute zu verwirklichen, was nur selbst-transzendent realisierbar sei. Diese »Dynamik des menschlichen Geistes« bestimmt Lonergan als ein »intrinsisches, konstitutives Prinzip des Menschen« (ebd., 23). Nach solcher theoretischen Grundlegung gelingt es Helminiak, dieses spirituelle Entwicklungsprinzip

195

mit anderen psychologischen Reifungs- und Phasentheorien in Beziehung zu setzen. In einer Übersichtstabelle hat Helminiak acht verschiedene Dimensionen der Entwicklung – psychosoziale (Erikson), »jungianische« (Grant), Lebensabschnitte (Levinson), Übergänge (Gould), kognitive (Piaget), moralische (Kohlberg), Glaubensentwicklung (Fowler) und Ich-Entwicklung (Loevinger) – altersbezogen in einer Synopse nebeneinander gestellt und auf sie den Prozess der spirituellen Entwicklung bezogen (ebd., 72 f.).[35]

Der Ansatz von Helminiak ist insofern zukunftsweisend, als auf Grund einer theoretischen Grundlegung – in diesem Fall des religionsphilosophischen Modells von Lonergan (1991) – die Basis für weitere empirische Untersuchungen gelegt wurde. Weitere Ansätze in dieser Richtung sind wünschenswert und notwendig.

In anregender Weise hat kürzlich Wilber (2001, 1500 ff. und Tafel 6a) in einer Zusammenschau die Stufenfolge spiritueller Entwicklung von verschiedenen Theoretikern miteinander verglichen. Neben sein eigenes, evolutionäres Entwicklungsmodell des Bewusstseins, das von einer archaisch-magischen Stufe zu einer nichtdualen Mystik reicht, werden die Modelle von Underhill (Stufen christlicher Mystik), Fowler (Stufen des Glaubens), Helminiak (spirituelle Entwicklung), Funk (Kontakt mit dem Numinosen), Hazrat Inayat Khan (Sufismus) und Mahamudra (Stufen der Meditation) aufgeführt. Wilber versteht hier unter Spiritualität eine Haltung wie Offenheit oder Liebe, die man auf jeder Entwicklungsstufe einnehmen kann, auf der man gerade ist. Mit Sicherheit laufen aber in dieser beschreibenden Zusammenschau die Kategorien und Dimensionen der Stufen an vielen Stellen völlig aneinander vorbei. Hier können die altbewährten messtheoretischen Qualitätsmerkmale der Validität und Reliabilität – also die Gültigkeit des Messinstrumentes und die Zuverlässigkeit der Messung – weiterhelfen.

6.2 Psychologische Messinstrumente von Religiosität und Spiritualität

Während in den USA mehr als hundert standardisierte Messinstrumente der Religiosität und Spiritualität entwickelt wurden und vielfältig Verwendung finden, sieht die Lage aufgrund der desolaten Stellung der deutschsprachigen Religionspsychologie gänzlich anders aus. Schon frühzeitig verengte sich der Schwerpunkt zur Erfassung der Religiosität auf eine soziologische Perspektive. Hier erwies sich der Ansatz der Religionssoziologen Glock und Stark als besonders fruchtbar, der fünf Dimensionen der Religiosität unterschied: Ideologie (Übereinstimmung mit Glaubensaussagen), Gebet (persönliche Rituale), Erfahrung, Gottesdienst (soziale Praxis) und kognitives Interesse. Allerdings verschob sich mit diesem Blickwinkel das Interesse immer mehr auf die äußerlichen Merkmalsbereiche der Religiosität. Die persönliche Bedeutung, »Sinn und Funktion religiösen Glaubens sowie die Frage nach der Motivierung bleiben ausgeklammert« (Müller-Pozzi 1982, 78). Selbstkritisch gestand im Rückblick der Religionssoziologe Glock ein: »In unserem Bemühen, die Korrelate der Religiosität zu erforschen, und ihre Wirkung zu verstehen, haben wir das Phänomen selber aus dem Blick verloren« (zit. nach Müller-Pozzi 1982, 79).

Die rasanten gesellschaftlichen Veränderungen haben es mit sich gebracht, dass die geläufigen Indikatoren wie Konfession, Häufigkeit des Kirchgangs oder des Gebets nur sehr vage Rückschlüsse auf die persönliche Religiosität der Probanden ermöglichen. Diesen Mangel haben auch zahlreiche Folgeuntersuchungen in dieser Tradition nicht beheben können. Ein von Kölner Religionssoziologen entwickelter Fragebogen erfasst ebenfalls nur die Dimensionen christlichen Glaubens mit zum Teil sehr spezifischen Inhalten wie beispielsweise der Jungfrauengeburt (Keckes & Wolf 1993).

Diese wesentliche Einschränkung trifft leider auch auf eine differenzierte Religiositätsskala zu, die kürzlich in einer prominenten religionssoziologischen Reihe erschienen ist. Die Doktorarbeit von Stefan Huber (2003), derzeit Co-Leiter eines von der Volkswagenstiftung geförderten Religionsforschungs-Projektes, zeigt kenntnisreich Stärken und Schwächen von zwei prominenten religionspsychologischen Messmethoden auf. Überzeugend weist der Autor nach, dass die bisherige Erfassung der fünf soziologischen Ausdrucksformen der Religiosität nach Glock nur unzureichend gelungen ist. Deshalb ergänzt Huber die Messung der fünf Dimensionen um einen Index für die persönliche Bedeutung und Wichtigkeit (»Zentralität«) der jeweiligen religiösen Dimension. Damit greift er die klassische Unterscheidung zwischen extrinsischer, nutzenorientierter und intrinsischer, überzeugungsgeleiteter Religiosität von Allport auf. Durch die Kombination von der persönlichen Gewichtung (Allport) der jeweiligen religiösen Dimensionen (Glock) kann mit diesem Instrument die christliche Religiosität differenziert und darüber hinaus ökonomisch erfasst und abgebildet werden.

Aber – der massive Religionswandel der letzten Jahrzehnte hat insbesondere das kulturelle und gesellschaftliche Leben in Europa verändert. Aus soziologischer Perspektive werden zwei Erklärungsmuster diskutiert, um die veränderte Gestalt der Religion zu erklären. Die Individualisierungsthese liefert Gründe, warum herkömmliche, gemeinschaftsorientierte Religionsformen abnehmen und individuumszentrierte Spiritualitäts-Angebote boomen. Anhänger der Säkularisierungsthese können auf die Veränderungen beim Gottesdienstbesuch verweisen: Heute besuchen nur noch etwa 15 % der katholischen und deutlich weniger als fünf Prozent der protestantischen Christen regelmäßig ihre Kirche (Knoblauch 1999, 87; Terwey 2003). Zweifellos haben sich die religiösen Ausdrucksformen geändert. Mit einer Messmethode, die sich an den traditionellen, kirchlich geprägten Dimensionen orientiert, lässt sich gegenwärtige Religiosität und Spiritualität nicht genau abbilden.

Religiosität oder Spiritualität?

Diesen Mangel betonen auch führende amerikanische Religionspsychologen, wenn sie in einem Übersichtsartikel zu Spiritualität und Gesundheit betonen: »Fast alle Forschung in diesem Gebiet basiert auf der Messung der Religiosität, nicht jedoch der Spiritualität. Damit übergeht die Forschung ein wichtiges Segment der Bevölkerung, nämlich diejenigen, die sich als spirituell, nicht jedoch als religiös beschreiben« (George et al. 2000, 107). Obwohl diese Beobachtung zutrifft, stellt sich die Sachlage vermutlich noch komplizierter dar. In einer kürzlich veröffentlichten religionspsychologischen Untersuchung an Patienten zweier Kliniken in Rheinland-Pfalz und Bayern wurden diese gefragt, welcher Begriff ihre religiöse Überzeugung am ehesten charakterisiere. Obwohl in dieser Studie durchgängig nach der Religiosität der Patienten gefragt wurde und offensichtlich keine Abgrenzungen zum Begriff Spiritualität vorgenommen wurden, interessierten sich die Forscher für die Selbstbeschreibung der Patienten. Überraschenderweise bezeichneten sich die meisten weder als »religiös« noch als »spirituell«, sondern als »gläubig«. Wenn »für die meisten Menschen ihre Religiosität am ehesten mit dem Begriff ›gläubig‹ abgedeckt wird«, so folgerten die Forscher, »sollte er auch in den entsprechenden Fragebögen eingesetzt werden. Das würde verhindern, das man Begriffe verwendet, die subjektiv nicht als relevant erachtet werden und den Gegenstand unzureichend abdecken« (Schowalter et al. 2003, 372).

Eine andere Forschergruppe aus Nordrhein-Westfalen, die Zusammenhänge zwischen den persönlichen Glaubensüberzeugungen und der Krankheitsbewältigung bei Klinikpatienten erforscht, unterschied deshalb auch religiöse und spirituelle Orientierungen voneinander. In ihrem Forschungsüberblick stellen sie fest, dass im deutschsprachigen Raum die bislang verwendeten Fragebögen meistens eng mit konfessionell geprägten Begriffen und einem christlichen Gottesbegriff verbunden seien. »Eine konfessionsübergreifende Herangehensweise an dieses Problemfeld findet sich kaum verwirklicht« (Ostermann, Büssing & Matthiessen 2004).

Deshalb entwickelte die Forschergruppe am Lehrstuhl für Medizintheorie und Komplementärmedizin der Universität Witten/Herdecke einen Fragebogen, der das Zusammenspiel zwischen dem spirituellen und religiösen Hintergrund eines Patienten und seiner Einstellung zum Umgang mit Krankheit zuverlässig abbilden kann. Auch in dieser Studie erwiesen sich die begrifflichen Unschärfen von Religiosität und Spiritualität als ein Problem, und die Forscher hatten mit Effekten der Voreingenommenheit und Fehleinschätzung zu tun. So lehnten »mehrere Patienten die Befragung ab, weil sie mit Religion in ihrer konfessionellen Ausrichtung (›Amtskirche‹) nichts zu tun haben wollten, während andere nicht mit einer falsch verstanden ›Spiritualität‹ in Verbindung gebracht werden wollten (›Ich bin doch katholisch‹)« (Büssing & Ostermann 2004, 115). Zutreffend halten die Forscher fest, dass im Spätmittelalter mit Spiritualität »noch die Verkündigung, Verbreitung und Vertiefung des christlichen Glaubens gemeint war, während die Mehrzahl der Bevölkerung heute damit überwiegend Inhalte aus dem Bereich der Esoterik verbinden.«

Die Untersucher stießen auf das Problem, dass vielen Befragten nicht klar war, was unter Spiritualität überhaupt zu verstehen sei und worin ein Unterschied zur Religiosität bestehen könnte. Um Patienten in ihrer Selbsteinschätzung nicht durch vorgegebene Definitionen zu beeinflussen, wurde in zwei getrennten Fragen nach einer religiösen bzw. einer spirituellen Einstellung gefragt. Um Nachfragen zu begegnen, wurde die folgende Fußnote ergänzt: »Mit Spiritualität ist auch das nichtkonfessionelle Suchen nach geistigen Wahrheiten gemeint. Zudem gibt es sehr wohl auch eine katholische, protestantische, jüdische, islamische usw. Ausprägung der Spiritualität.« Es wird deutlich, wie komplex die Thematik ist und wie wichtig die Berücksichtigung unterschiedlicher Dimensionen und Faktoren ist.

Mangel an theoretischem Verständnis und neue Fragebögen

Viele Autoren haben deshalb vorgeschlagen, bei der Messung der komplexen Vielfalt religiöser Einstellungen und Orientierungen stärker theoriegeleitet vorzugehen (Popp-Baier 2000). Seine Bestandsaufnahme der Religionspsychologie in Deutschland beendet Sebastian Murken mit einer Problemanzeige: »Die systematische theoretische Einbindung des Phänomens Religion in allgemeinpsychologische Theorien erscheint mir daher für die Zukunft äußerst wichtig. Die Religionspsychologie muss zudem, wie jede andere Disziplin, ihren Gegenstandsbereich klar definieren. Daher ist es problematisch, dass bis heute nicht geklärt ist, was unter ihren Geltungsbereich fällt und wie weit Religion, Religiosität oder gar Spiritualität zu fassen sind« (Murken 2002, 194). Eine solche Begriffsklärung ist aber ohne interdisziplinäre Zusammenarbeit zwischen Religionswissenschaft, Theologie und Psychologie nicht zu leisten, was auch das Ergebnis im vorangehenden Abschnitt war.

Um einen möglichst breiten Bereich abzudecken, haben andere Forscher unterschiedliche Skalen gemischt, um sowohl religiöse als auch spirituelle Aspekte des persönlichen Glaubens zu erfassen. Vereinzelt wurden englischsprachige Fragebögen ins Deutsche übersetzt und hier eingesetzt (Mehnert & Koch 2001). Für eine Studie des Hamburger Universitätsklinikums in Eppendorf wurde aus fünf verbreiteten amerikanischen Fragebögen ein deutschsprachiges Messinstrument zusammengestellt. Diese Vorgehensweise wurde gewählt, um möglichst viele der unterschiedlichen Dimensionen religiösen Erlebens und Verhaltens zu erfassen. Mit Hilfe statistischer Berechnungen (Faktorenanalyse) wurden Wiederholungen ausgeschlossen und ein Kurzfragebogen entwickelt, der letztlich zwei Themenbereiche abfragte: das Ausmaß religiöser Verbundenheit (»Der Glaube ist ein wichtiger Teil meiner Persönlichkeit«) und die religiöse Zufriedenheit (»Ich habe eine persönliche, befriedigende Beziehung zu Gott«). Allerdings ist auch hier einschränkend festzustellen, dass die Skala ein christliches Gottesbild voraussetzt. Wo findet sich aber der immer größer werdende Teil der Bevölkerung wieder, der kein personales Gottesbild kennt, sondern sich in einem kosmologischen, evolutionären, esoterischen, atheistischen, buddhistischen, humanistischen oder synkretistischen Welt- und Gottesbild bewegt?

Die Klinik für Psychotherapie am Universitätsklinikum in Leipzig hat ebenfalls eine deutschsprachige Version eines in den USA verbreiteten Messinstrumentes psychometrisch überprüft (Albani et al. 2002). Dabei wurde eine Kurzversion des oben genannten Fragebogens aus Hamburg mit 15 Fragen verwendet, der die beiden Bereiche »religiöse Überzeugungen und Praktiken« und die »soziale Unterstützung in der Glaubensgemeinschaft« abdeckt. Allerdings ist auch hier fraglich, ob und wie aktuelle spirituelle Aktivitäten zur Gesundheitsförderung wie beispielsweise Reiki oder Qi Gong erfasst werden. Auch mit diesem Messinstrument wird ein christliches Welt- und Menschenbild abgefragt, das auf viele Probanden sicher nicht (mehr) zutrifft.

Das Hauptproblem der genannten Fragebögen ist ihre inhaltliche Beschränkung auf traditionelle christliche Religiosität. Lebensformen individueller Spiritualität können damit nicht erfasst werden. Gegenwärtig sind drei Fragebögen in der Entwicklung, deren Ziel darin besteht, ein konfessionsübergreifendes Erfassen religiöser und spiritueller Überzeugungen und Erfahrungen zu ermöglichen. Neben dem Fragebogen aus Witten/Herdecke hat ein Gesundheitspsychologe der Universität Oldenburg den Fragebogen »Transpersonales Vertrauen« entwickelt, dem eine hohe Messgenauigkeit nachgewiesen wurde (Albani et al. 2003). Ein Freiburger Forscherteam hat aufgrund der Grundlage einer buddhistischen Meditationspraxis einen Fragebogen entwickelt, der das Ausmaß innerer Aufmerksamkeit und Fähigkeit zur Selbstdistanzierung misst (Buchheld 2000). Die folgenden Tabellen listen die Fragebögen, die Religiosität oder Spiritualität erfassen, mit ihren jeweiligen Dimensionen auf.

Deutschsprachige Fragebögen zum Thema Spiritualität und Gesundheit

Autoren	Fragebogen	Dimensionen
Belschner & Galuska (1999) Albani et al. (2003)	Transpersonales Vertrauen (TPV)	Transzendente Führung und transpersonale Eingebundenheit
Ostermann et al. (2004)	Spirituelle und religiöse Einstellung und Krankheit (SpREUK)	Sinngebung Führung/Kontrolle Unterstützung zur Bewältigung Stabilisierung des Befindens
Majumdar (2000), Buchheld (2002), Buchheld & Walach (2002)	Freiburger Fragebogen zur Achtsamkeit (FFA)	Aufmerksamkeit Akzeptanz, Annehmen Verstehen

Zur Untersuchung von Zusammenhängen zwischen der Religiosität und der Gesundheit wurden in der letzten Zeit folgende Messinstrumente eingesetzt:

Deutschsprachige Fragebögen zum Thema Religiosität und Gesundheit

Autoren	Fragebogen	Dimensionen
Schmitt & Lohaus (1989)	Kontrollüberzeugungen zu Krankheit und Gesundheit	externale/internale Kontrolle
Albani et al. (2002)	dt. Kurzversion des «Systems of Belief Inventory» (SBI-15-D)	Religiöse Überzeugungen und Praktiken, soziale Unterstützung durch Glaubensgemeinschaft
Mehnert & Koch (2001)	dt. Adaptation von fünf amerikanischen Fragebögen	Religiöse Verbundenheit Lebenszufriedenheit
Mehnert et al. (2003)	dt. Adaptation des «Systems of Belief Inventory» (SBI-54)	Hoffnung und Zuversicht durch den Glauben
Kremer (2001)	Religiöser Bewältigungsindex	Handelnde Interaktion Gott – Mensch
Deister (2000) Deusinger & Deusinger (2004)	Frankfurter Religionsfragebogen (FRF)	Einstellung zu Gebet, Gott, Jesus, Heiligen, Maria, Kirche
Schowalter et al. (2003)	Fragebogen zum religiösen Erleben (FRE) durch Übersetzung der »Spiritual Outcome Scale«	Nähe zu Gott Selbstakzeptanz, Liebe zu den Mitmenschen

Autoren	Fragebogen	Dimensionen
Dörr (2001)	verschiedene neu entwickelte Fragebögen	religiöses Verhalten religiöse Einstellung emotionales religiöses Potential, Kooperatives Coping

Es ist sehr zu begrüßen, dass jetzt auch in Deutschland durch Fragebögen handhabbare Instrumente zur Verfügung stehen, um genauer zu erforschen, welchen Stellenwert religiöse oder spirituelle Überzeugungen auf eine Krankheitsbewältigung nehmen und wie sie die Gesundheitsprophylaxe beeinflussen. Besonders in der Bewältigung einer lebensbedrohlichen Erkrankung – hier sind vor allem Krebserkrankungen zu nennen – stellen Religiosität und Spiritualität Ressourcen dar, die zunehmend auch in deutschen onkologischen Abteilungen entdeckt werden (Weber & Frick 2002, Renz 2003, Zwingmann 2004). Mittlerweile wurden spezielle Fragebögen entwickelt, die die gesundheitsbezogene Lebensqualität unter Einbeziehung der Religiosität und Spiritualität erfassen (zur deutschen Forschungslage vgl. Zwingmann 2004, 224–229; zur amerikanischen Forschungslage National Cancer Institute 2003).

Qualitative Religionspsychologie

Große Resonanz haben in Deutschland – übrigens ganz im Unterschied zu den USA – phänomenologische Studien und die biographische Religionsforschung hervorgerufen. Die qualitative Religionsforschung hat im Zusammenhang theologischer Biographieforschung einige weiterführende Erträge gebracht, die aber in der Psychologie kaum rezipiert wurden (vgl. etwa Klein 1994 oder Sommer 1998). Eher am Rande wurden auch Entwürfe vorgelegt, die stärker psychologische Perspektiven einnahmen (Greschat 1994, Knoblauch 2003, Popp-Baier 2003). Mangels »Masse« sind dies aber mehr hoffnungsvolle Ansätze denn brauchbare Fakten, die vertiefte Einsichten und ein besseres Verständnis über religiöses und spirituelles Erleben liefern könnte. Auch in diesem Segment sieht die Situation in den USA anders aus. Obwohl die quantifizierende Forschung generell keinen hohen Stellenwert besitzt, liegen zumindest für die Zusammenhänge zwischen Spiritualität und Gesundheit einige interessante Studien vor (Larson & Larson 2003).

Der niederländische Religionspsychologe van Belzen tritt engagiert für die Wiederbelebung der geisteswissenschaftlich-hermeneutischen Forschungstradition in der Religionspsychologie ein. In einem Sammelband hat er führende Vertreter dieses kulturwissenschaftlich orientierten Ansatzes erläutern lassen, welche Möglichkeiten derartige Zugänge eröffnen (van Belzen 1997). Dabei hakt er bei Ansätzen ein, die versuchen, die »einseitige Dominanz der hypothetisch-deduktiven, experimentellen und quantitativ-statistischen Orientierung zu durchbrechen … Neuauflagen älterer Ansätze … präsentieren sich als der Hermeneutik verpflichtete Modelle, die sich bemühen, den Menschen aus seiner alltäglichen Welt heraus zu verstehen. Sie dürften besser geeignet sein, die Religiosität zu erforschen als mechanistische, kognitivistische und experimentell vorgehende Psychologien« (van Belzen 1998, 138).

Auch Forscher, die an der aktuellen, quantifizierenden Forscherfront stehen und großen Wert darauf legen, primär mit validen und reliablen Fragebögen zu arbeiten, kommen zunehmend zu dem Schluss, dass »aufgrund der Komplexität des

Konstrukts vielfältige Forschungsstrategien zum Einsatz kommen müssen ... Fragebögen reichen alleine nicht aus, vielmehr sind auch nicht-sprachliche und qualitative Verfahren nötig« (Richard 2004, 151).

Fazit: Eine psychologische Konzeptionalisierung von Glaube, Religiosität und Spiritualität benötigt theologische und religionswissenschaftliche Kompetenzen, um Begriffsverwirrungen auflösen zu können. Allein quantifizierende Fragebögen sind darüber hinaus nicht geeignet, die Komplexität des Gegenstandes abzubilden. Eine zukunftsweisende religionspsychologische Zusammenarbeit erfordert sowohl Interdisziplinarität als auch Methodenvielfalt.

6.3 Von der traditionellen Religion zur persönlichen Spiritualität

Gibt es spezifische Werkzeuge der Psychologie, die sie angesichts der religionsdiffusen Gegenwart zur Verbesserung der persönlichen Orientierung und Sinnfindung beisteuern könnte?

Der Religionsphilosoph Charles Taylor (2002) hat den Rückzug des Religiösen aus der öffentlichen Sphäre ins Private als eine »Kulturrevolution« gedeutet. Von William James' berühmten Gifford-Vorlesungen übernimmt er dessen Unterscheidung der institutionellen und der persönlichen Religion und stellt ganz im Sinne James' fest: »Die Religion hat ihren wirklichen Ort in der individuellen Erfahrung und nicht im körperschaftlich verfassten Leben ... der Kirchen« (ebd., 13). Schon James definierte Religion als »Gefühle, Handlungen und Erfahrungen von einzelnen Menschen in ihrer Abgeschiedenheit, die von sich selbst glauben, dass sie in Beziehung zum Göttlichen stehen« (James 1997, 64). Diese »persönliche Religion« gewinnt deshalb an Bedeutung, weil sich die »institutionelle Religion« seit mehreren Jahrzehnten zunehmend auflöst.

Mit dieser schon von James vorgenommenen Eingrenzung wird der traditionelle Bezugsrahmen der Religion, die Gesellschaft, auf das Individuelle und die persönliche Erfahrung umgelenkt. Diese inhaltliche Verschiebung zieht auch methodische Konsequenzen nach sich: Für eine wissenschaftliche Untersuchung sind damit nämlich primär psychologische Fragestellungen und Methoden (und nicht etwa soziologische) gefragt und erforderlich. Schon für William James war Religion im Grunde genommen eine Sache der Subjektivität und gehörte nach seiner Meinung daher zur Psychologie und nicht zur Soziologie.

Im Hinblick auf religiöse Überzeugungen ist festzustellen, dass die persönliche Religion für manche Menschen eine Ressource der Konfliktbewältigung und Weiterentwicklung darstellt, für andere der Auslöser für neurotische Verstrickungen und eine Entwicklungshemmung bedeutet. Eine Religion kann nicht per se als positiv oder negativ bewertet werden. Über eine nützliche Einbeziehung entscheidet ihre Integration in die persönliche Lebensgeschichte und die Entwicklung eines authentischen Glaubensstils. Durch eine derartig differenzierende Betrachtungsweise kommt automatisch die Berater- und Therapeutendomäne ins Spiel, weil dort

Identitätsfragen und die Probleme eines authentischen Lebensstils im Zentrum stehen (vgl. dazu weiterführend den Teil 3 der Arbeit).

Diesem wichtigen Gedanken trägt auch das neue, multidimensionale Messinstrument zur Erfassung der Religiosität und Spiritualität des Fetzer-Instituts (1999) Rechnung. Neben Wertvorstellungen oder einer religiösen oder spirituellen Gruppenzugehörigkeit wird auch die Häufigkeit täglicher spiritueller Erfahrungen erfragt. Damit soll die persönliche Gestaltwerdung und Umsetzung der Glaubensüberzeugung dokumentiert werden. Es wird geprüft, inwiefern sich Einstellungen, Erwartungen und Hoffnungen im alltäglichen Erleben widerspiegeln. In einer Rangfolge von 1 (mehrmals am Tag) bis 6 (fast nie) erfragt die Skala »Tägliche spirituelle Erfahrungen« etwa »Ich spüre Gottes Gegenwart« oder »Ich empfinde tiefen inneren Frieden und Harmonie«.

Ohne Zweifel ereignen sich solche »spirituellen« Erfahrungen im Sinne einer Bezogenheit auf ein größeres Ganzes auch im Rahmen traditioneller Religion. Aber hier ist es nötig, einen persönlichen Bezug zu überlieferten Frömmigkeitsformen zu finden und dem »Erbe« einen persönlichen Zuschnitt zu geben. Eine psychologische Perspektive kann einen Menschen dazu ermutigen, den zentralen Lebensthemen nicht auszuweichen, sondern sich diesen zu stellen. Wird dieser Weg beschritten, stellt sich sehr bald ein Dilemma ein: Durch gezieltes Nachfragen und mitfühlendes Verstehen wird man sehr bald auf Geheimnisse und Aporien der individuellen Lebensgeschichte stoßen. Wie können solche offenen Fragen aber ausgehalten werden? Wie sollen Beraterinnen und Therapeuten mit Fragen an der Schwelle zur Transzendenz umgehen, die keinesfalls fachlich, sondern höchstens persönlich zu beantworten sind?

Anmerkungen zu Teil 2

1 Es ist völlig unverständlich, warum in dem aufwändigen und umfangreichen Grundlagenwerk zur »Praxis der Psychotherapie« von Senf und Broda (2000) die Begriffe Religion, Glaube und Spiritualität in dem differenzierten Register (und damit auch im Text) fehlen.

2 Ein neuerer historischer Übersichtsartikel bezweifelt, dass die Erfahrungsseelenkunde als Vorläufer der empirischen Psychologie aus dem Pietismus erwachsen sei und beklagt das »magere Belegmaterial« (Gundlach 2004). Ohne Zweifel bedarf es weiterer historischer Untersuchungen, um diese Zusammenhänge genauer zu erforschen.

3 Zur Psychologie der *karmelitischen* Spiritualität (Johannes vom Kreuz, Theresa von Avila) vgl. Mager (1945); zur Psychologie der *pietistischen* Spiritualität vgl. della Croce (1979), Hoffmann (1982), Ludewig (1986) und Wolff (1989); zur Psychologie *jesuitischer* Spiritualität vgl. Scaramelli (2001).
Eine konzentrierte Übersicht bietet B. McGinn (1994, 460–481). Ebenso liefert die gründliche Untersuchung von Marxer (2003) hilfreiche Strukturierungen. Eher assoziativ denn systematisch hat der Mystik-Experte J. Sudbrack (1998) die Thematik entfaltet.

4 Spätestens die Veröffentlichung von Ammicht-Quinn (2000) räumt diesbezügliche Vorurteile aus.

5 Ergebnisse eines gelungenen Dialogs zwischen Theologie und Psychoanalyse finden sich zum Beispiel bei Steinmeier (1998) oder Bobert-Stützel (2000).

6 Schon 1925 wurde in Berlin die »Arbeitsgemeinschaft Arzt und Seelsorger« mit einer gleichnamigen Schriftenreihe begründet. Die nach Kriegsende 1949 gegründete »Stuttgarter Arbeitsgemeinschaft Arzt und Seelsorger« veranstaltete Tagungen mit namhaften Therapeuten und Theologen, die besonders durch von Wilhelm Bitter herausgegebenen Tagungsbände viel Beachtung fanden (Psychotherapie und Seelsorge, 1952; Angst und Schuld in theologischer und psychotherapeutischer Sicht, 1953; Das Vaterproblem in Psychotherapie, Religion und Gesellschaft, 1956; Psychotherapie und religiöse Erfahrung, 1965; Abendländische Therapie und östliche Weisheit, 1986; Meditation in Religion und Psychotherapie, 1973[2]). Immer mehr jedoch dominierte das Gespräch die Jungsche Psychoanalyse, was sich bis heute in den Jahrestagungen der nun bezeichneten »Internationalen Gesellschaft für Tiefenpsychologie« unschwer ablesen lässt (vgl. Egner 2000).
Aus historischer Sicht wurde die Entwicklung dargestellt von Plieth (1994), Sons (1995) und von Jochheim (1998).

7 Läpple & Scharfenberg (1977).

8 Einen aktuellen Eindruck von der (dürftigen) deutschsprachigen Religionspsychologie bietet das Themenheft »Religion auf dem Prüfstand psychologischer Forschung« der Zeitschrift »*Wege zum Menschen*« 54/4 (2002).

9 Aus psychologischem Blickwinkel wurden beispielsweise folgende theologische Fragestellungen und Themenfelder untersucht: Psychoanalytische Interpretation biblischer Texte (Spiegel 1972); psychologische Aspekte paulinischer Theologie, (Theissen 1983); Historische Psychologie des Neuen Testaments, (Berger 1991); psychologische Zugänge zu biblischen Texten (Bucher 1992); psychologische Exegese (Theissen 2005). In systematischer Hinsicht liegt u. a. vor: Psychologisches Grundwissen für Theologen (Rebell 1988); Handbuch der Psychologie für die Seelsorge (2 Bde, Blatter et al. 1992); Praxis der pastoralen Supervision (Andriessen & Miethner 1993); Psychologie und Theologie – eine Gewinn- und Verlustrechnung für die Seelsorge (Bohren 1996); Wer sorgt für die Seele? (Rauchfleisch 2004); religiöse Psychobiographien (Bucher 2004).

10 Wegen der häufigen Fehlinterpretationen des Zitats seien hier die letzten drei Sätze des kleinen, aber inhaltlich schwergewichtigen Büchleins von D. Stollberg (1972, 63) zitiert: »Seelsorge ist – *phänomenologisch* betrachtet – Psychotherapie im Kontext der Kirche. Sie ist damit Psychotherapie aus der Perspektive des Glaubens. Seelsorge ist – *theologisch*

gesehen – das sakrament echter Kommunikation, welches sich der Partner aus der mit dem Mensch-Sein geforderten ›Solidarität in Not‹ heraus (im Vollzug ihres allgemeinen Priestertums) gegenseitig spenden«.

11 1972 wurde zur Organisation der kirchlichen Seelsorgeausbildung die Deutsche Gesellschaft für Pastoralpsychologie (DGfP) gegründet, und Stollberg war der erste Direktor des neu gegründeten Seelsorginstituts in Bielefeld-Bethel, dass seitdem in der EKD für die Seelsorgeausbildung zuständig ist.

12 Darin ist keine chronologische Abfolge zu sehen, »doch dominierte von ca. 1920 bis 1965 die verkündigende, ab 1965 die therapeutische Seelsorge, nicht ohne dass es auch jeweils gleichzeitig prominente Gegenstimmen gab« (Hauschildt 2000, 59).

13 Ein exemplarisches Beispiel ist Helmut Tackes »Glaubenshilfe als Lebenshilfe«, der vom Standpunkt einer barthianischen Wort-Gottes-Theologie schon 1975 ganz entschieden die Seelsorgebewegung kritisierte und an die Tradition Thurneysens anknüpfte. Auch sein Schüler und Nachfolger am Elberfelder Predigerseminar, Peter Bukowski (1994), setzt diese »Querdenkertradition« fort.

14 Die treffende Kritik von Michael Klessmann an dieser Arbeit lautet: »Der größte dritte Teil ergeht sich dann … in sehr weitläufigen und abstrakten soziologischen Reflexionen zur Konstitution von Gesellschaft, Religion und Kirche in der Moderne: Reflexionen, die den qualitativ-empirischen Ansatz der Studie eher verwischen und mich am Schluß im Blick auf die Ausgangsfrage (eines evangelischen Beratungsprofils, M. U.) doch eher ratlos zurücklassen« (Klessmann 2001, 54).

15 E. Hauschildt, a. a. O., 59.

16 Anzuführen sind als Gründe die Dialektische Theologie, die sich jeglicher Psychologisierung entgegenstellte; die theologische Attraktivität der Jungschen Archetypenlehre sowie die zerstörerischen Auswirkungen des 2. Weltkriegs (vgl. Nauer 2001, 174 f.).

17 E. Thurneysen1948, 9.

18 Zu Thurneysens Seelsorgelehre vgl. ausführlicher Winkler (1997), 28–45 und besonders Jochheim (1998), 97–187.

19 Es wäre verfehlt, wenn in diesen knappen Zügen der Eindruck einer kerygmatischen »Brechstangen-Seelsorge« entstünde. Thurneysen ging differenzierter vor, aber »seine Seelsorgelehre (ist) von der Seelsorgebewegung problematisch und mißverständlich interpretiert worden« (Ziemer 2000, 83).

20 Die Lehrbücher von Winkler (1997) und Ziemer (2000) beziehen erstmals den historischen Kontext ein und begegnen damit der Kritik der »Geschichtsvergessenheit«. Klessmann (2004) behandelt in seinem Lehrbuch ausführlich die systemische Sichtweise. Die Seelsorgelehre von Eschmann (2000), Dozent am methodistischen Seminar, legt die Trinitätslehre zugrunde, der Entwurf von Karle (1996) rezipiert die Systemtheorie N. Luhmanns, Henke (1994) bezieht sich auf Habermas, und Hauschildt (1996) legt wissenssoziologische und soziolinguistische Theorien zugrunde. Die Entwürfe der Hamburger Studienleiterin Pohl-Patalong (1996) und des Aachener Pastoralreferenten Wittrahm (2001) beziehen sich auf Vertreter der Postmoderne, Schneider-Harpprecht (2001) und Riedel-Pfäfflin & Strecker (1998) knüpfen an aktuellen gesellschaftlichen Diskursen an. Die Reihe wäre beliebig fortzusetzen. Seit kurzem liegt ein systematisches, übersichtliches Kompendium von 29 Seelsorge-Ansätzen vor (Nauer 2001).

21 Allerdings zeigt ein aufmerksamer Blick in die Geschichte der Seelsorge, dass der scheinbar aporetische Grundkonflikt der Poimenik zwischen Beratung und Verkündigung schon in M. Luthers und D. Bonhoeffers Seelsorge-Ansätzen aufgenommen und integriert worden ist (Bobert-Stützel 1995).

22 Zuerst und mit Nachdruck wiederholt vertreten von K. Winkler (1969), der einen frühen, vielzitierten Aufsatz folgendermaßen beendet: »Im theoretischen Rahmen kann die eine Wissenschaft der anderen gegenüber eine kritische Funktion einnehmen und damit befruchtend auf sie einwirken.«

23 Schon vor dreißig Jahren bemerkte der Theologe Köberle (1968, 151) zu dieser herausfordernden Aufgabe: »So könnte die Beschäftigung mit der Psychotherapie wesentlich dazu beitragen, daß der Seelsorger in seinem Einfühlungsvermögen, im Verstehen und Mitgehen, reicher, elastischer und beweglicher wird, und das wäre wahrhaftig ein nicht geringer Gewinn für einen Berufsauftrag.«

24 Vgl. Grom (2002). Das Beispiel »Beichte« ist insofern spannend, als dass für viele Protagonisten der therapeutischen Seelsorge gerade ihr defizitäres Erleben der Beichtpraxis Anlass für neue Wege und Überlegungen war: »Für Scharfenberg und Piper dürfte das Scheitern des Rituals der Beichte geradezu ein Schlüsselerlebnis gewesen sein, und sie wollten (mit der Psychotherapie, M.U.) eine andere, ›bessere‹ Beichte bieten« (Hauschildt 2001, 65).

25 Vgl. z. B. Johnson & Jones (2000), Benner (1998), Schreurs (2002), 128–137, Eck (2002), Beck (2003), Sperry (2003) und Tan (2003).

26 W. Huber, Zur spirituellen Situation der Evangelischen Kirche. Vortrag am 28.05.02 in Berlin, Manuskript abgerufen im Sommer 2003 unter www.zeitzeichen.de.

27 Eine knappe deutschsprachige Zusammenfassung dieses Werks bietet die Rezension von H. G. Pöhlmann in der Theologischen Literaturzeitung 129 (2004), 438 f.

28 Nach einer umfassenden Literaturrecherche wurden 78 Items aus verfügbaren Manualen ausgewählt. Die meisten Items entstammten dem multidimensionalen Messinstrument der Religiosität und Spiritualität, das von einer renommiert besetzten Arbeitsgruppe in Kooperation zwischen dem »National Institute on Aging« und dem »Fetzer Institute« 1999 erstellt wurde und seitdem vielfältig angewendet wird (vgl. www.fetzer.org). Neu an diesem Messinstrument ist die klare Unterscheidung zwischen Religiosität und Spiritualität, die Erfassung täglicher spiritueller Erfahrungen, negativer Gottesbilder sowie Dankbarkeit und Vergebungsbereitschaft.

29 Zwei biographische Bestseller, deren Erzählung von der Wut auf Gott lebt: Tilmann Mosers (1976) Abrechnung mit seiner streng pietistischen Erziehung und Fritz Zorns (1977) Lebensrückblick als krebskranker junger Millionärssohn. Eine Zusammenfassung von möglichen negativen Auswirkungen der Religiosität auf die psychische Gesundheit findet sich bei Schowalter und Murken (2003).

30 Das Ergebnis der Studiengruppe um F. Buggle wurde zitiert in dem Gesundheitsmagazin Dr. Mabuse, 142/2 (2003), 12.

31 So Murken: Religion und Gesundheit. Der Humanist (2002). Als ein Argument für den negativen Zusammenhang zwischen Religiosität und psychischer Gesundheit führt Murken die These an, dass Religion »den Ausdruck sexueller Gefühle verbietet und daher sexuelle Störungen begünstigen kann«.

32 www.wissenschaft-online.de/abo/ticker/722582.

33 Josuttis (2002) hat in Form eines umfangreichen Literaturberichts versucht, in der Flut von »Spiritualitäts«-Veröffentlichungen einige Hauptströme zu identifizieren. Konkreter fragt und antwortet Klaus Berger (2000): Was ist biblische Spiritualität?.

34 Die Internetpräsenz vermittelt einen guten Einblick in die vielfältigen Aktivitäten dieser Sektion (www.apa.org/divisions/div36/).

35 Ebd. 72 f. Es dürfte als Bestätigung für den Autor gelten, dass diese auf katholische Tradition fußende spirituelle Entwicklungstheorie in der Synopse von Ken Wilber als hilfreich und weiterführend aufgegriffen wurde (Wilber 2000, 84 ff.).

Teil 3: Zum therapeutischen Umgang mit religiösen Fragen

Wie soll nun in der beraterischen und therapeutischen Praxis mit religiösen Fragen umgegangen werden? Sollen religiöse Fragen mit dem Verweis auf therapeutische Abstinenz und weltanschauliche Neutralität ausgeschlossen werden? Welche Bedingungen müssen erfüllt sein, damit religiöse Fragen einbezogen werden können? Es ist unstrittig, dass auch existentielle Lebenskonflikte in Beratungen und Therapien thematisiert werden (7.1). Auch säkulare Therapeuten müssen mit existentiell-religiösen Konflikten umgehen (7.2). Hauptsächlich amerikanische, aber auch einige deutschsprachige Studien haben die Wirkungen einer Einbeziehung religiös-spiritueller Änderungsstrategien in Beratung und Psychotherapie untersucht (7.3).

Im achten Kapitel werden zunächst die Unterschiede zwischen einer wissenschaftlichen und einer religiös-welt-anschaulichen Lebenshilfe zusammengefasst (8.1). Kann die spirituelle Haltung einer Beraterin oder eines Therapeuten als ein heilender Wirkfaktor angesehen werden (8.2)? Untersuchungen an Meditierenden, die eine religiöse Übung im Rahmen der Gesundheitsprophylaxe einsetzten, weisen auf deutliche Wirkungen hin (8.3).

Auf einem der Psychoszene vergleichbaren Anwendungsfeld, der Alternativmedizin, werden schon länger religiös-weltanschaulich begründete Interventionen durchgeführt (9.1). Unter bestimmten Voraussetzungen können auch in der Therapie und Beratung religiös-spirituelle Interventionen hilfreich und weiterführend sein (9.2).

Im zehnten Kapitel werden die Ergebnisse der Arbeit thesenartig zusammengefasst und Empfehlungen zum Umgang mit religiösen Fragen in Beratung und Therapie gegeben.

7 Ausschluss oder Einbeziehung religiöser Fragen?

7.1 Existentielle Lebenskonflikte in Beratung und Therapie

Die Religiosität einer Ratsuchenden oder eines Patienten wird in der deutschsprachigen Klinischen Psychologie bis heute sträflich vernachlässigt. Kaum wird sie in der Eingangsanamnese erhoben, und auch in den meisten Lehrbüchern wird sie ignoriert – selbst in renommierten Standardwerken (Senf & Broda 2000).

Wie ist Religion aus klinisch-psychologischer Sicht überwiegend zu bewerten? Als ein Krankheitsherd, den man bekämpfen und ausrotten sollte, oder als ein Gesundheitspotential, das man entdecken und entwickeln kann? Ist mit dem bekannten Psychoanalytiker Tilmann Moser eher von einer »Gottesvergiftung« zu sprechen – Gott als ein gewalttätiger und unbarmherziger Patriarch, der über den absoluten Gehorsam seiner Untergebenen wacht? Oder kann Religion auch so etwas sein wie eine Heilmethode oder Gottestherapie, die persönliche Mängel, Ängste, Schwächen und Fehler ausgleichen und wettmachen kann? Kann der Glaube gar eine heilende Wirkung ausüben?

Exkurs 2:
Veränderungen des Gottesbildes – ein mühsamer Prozess
Tilmann Moser gehört beileibe nicht zur Fraktion der orthodoxen Psychoanalytiker. Schon vor vielen Jahren hat er als ein Vorreiter mutige und überzeugende Schritte zu einer behutsamen Integration körpertherapeutischer Interventionen in das klassische psychoanalytische Setting getan. Damit erfuhr das über Jahrzehnte bewährte Modell der psychoanalytischen Redekur eine radikale Erweiterung. Eine Berührung – etwa in der behutsamen Gebärde des Haltens – kann nun unter bestimmten Bedingungen nicht nur im übertragenen Sinne auf der seelischen Ebene, sondern ganz real und körperlich zur Unterstützung eines therapeutischen Prozesses eingesetzt werden.

Auf innovative Weise gelang es Moser, die somatische Dimension in psychoanalytisches Wahrnehmen und Deuten aufzunehmen und damit zur Weiterentwicklung eines als zäh und verkrustet geltenden Behandlungskonzeptes beizutragen. Sein neues Buch belegt, dass ihm dies in Hinblick auf die spirituelle Dimension nur teilweise gelungen ist. Ganz offensichtlich standen ihm für einen weiteren Quantensprung eigene religiöse Prägungen und Projektionen im Wege – keine Empfehlung für einen Psychoanalytiker.

Zwar beurteilt Moser in seinem neuen Buch »Von der Gottesvergiftung zu einem erträglichen Gott« den religiösen Glauben milder und positiver. Anders als in seinem 1976 erschienenen Bestseller »Gottesvergiftung«, in dem Moser mit dem schrecklichen Gott seiner Kindheit abrechnete – damals für ihn ein gewalttätiger Patriarch und unbarmherziger Richter –, kann er ihn heute sogar als »eine gewaltige Quelle von Kraft und seelischem Reichtum« anerkennen (Moser 2003, 27). Moser erklärt seinen Gesinnungswechsel nicht mit einem Bekehrungserlebnis, sondern als »professionellen Wendepunkt«, der nach der Lektüre empirischer Studien über die Heilkraft des religiösen Glaubens eingetreten sei. Weil es heute zahlreiche und unzweifelhafte Belege für den Zusammenhang zwischen seelischer Gesundheit und stützenden Formen des religiösen Glaubens gebe, müsse man »sozusagen aus psychohygienischen Gründen für Religiosität eintreten« (79). Dennoch hinterlässt die Lektüre des flüssig und sehr anschaulich geschriebenen Buches ein merkwürdig ambivalentes Gefühl: Einem einleuchtenden Theorieteil folgt die Darstellung einer fragwürdigen Selbsterfahrungsgruppe, und drei berührenden Fallausschnitten mit religiösen Fragestellungen ist ein hochemotionaler, persönlicher Brief des Autors angefügt. Eins nach dem anderen:

Im ersten Teil seines neuen Buches führt Moser einige weiterführende psychoanalytische Überlegungen zur Religion aus. Das Zusammenspiel zwischen einem entspannten Körper und einem vertrauensvollen, zuversichtlichen Seelenzustand bezeichnet Moser als die »Fähigkeit zur Andacht«, das als menschliches Grundgefühl »vielleicht das wichtigste Fundament von Religion bildet« (23). Wenn ein Neugeborenes sich in der leiblichen Nähe der Eltern beruhigen und entspannen kann, erlebe es kostbare und »heilige« Momente. In der Phase symbiotischer Verbindung zur Mutter sieht Moser die frühkindlichen Quellen von Religiosität, weil sich darin eine elementare Geborgenheit vermittle. Nach und nach erkenne der Säugling, dass die Quelle der Beruhigung und des Friedens, die Mutter, außerhalb seiner selbst liege. Damit verweise jede Mutter auf Transzendenz.

Andacht und Spiritualität, so Moser, sind »kostbare Fähigkeiten des Menschen, sich und die irdischen Verstrickungen zu transzendieren«. »Sie darf sich aber weder in den Dienst einer Glaubensrichtung stellen noch Gläubigkeit und Religiosität prinzipiell bekämpfen, will sie nicht selbst einem missionarischen und oft sogar neurotischen Atheismus verfallen« (42). Das sind neue Töne eines von zerrissener Frömmigkeit Gezeichneten. Selbst ein vergiftetes Gottesbild konnte Mosers »Offenheit für das Transzendente« offenbar nicht zerstören. Nach Moser hilft der »Rückgriff auf Spiritualität als eine aus der Kindheit stammende Fähigkeit zur Andacht, Glaubensprobleme therapeutisch anzugehen, ohne zu werten« (44). Es ist sehr zu begrüßen, dass Moser die religiöse Prägung und spirituelle Dimension mit in eine therapeutische Behandlung einbezieht. Leider wird der Autor jedoch der theoretischen Einsicht eines wertfreien Umgangs damit in den folgenden Teilen seines eigenen Buches nicht gerecht.

Diese sind nämlich nach wie vor von den Auswirkungen eines gequälten Gottesbildes geprägt. Wie schon in der »Gottesvergiftung« tritt ausschließlich der kontrollierend-strafende Richtergott in Erscheinung. Offensichtlich rührt dieses Gottesbild von den tief verletzenden Kindheitserfahrungen des Autors her, die durch Patientenberichte über religiös bedingte Neurosen vielfältige Bestätigungen fanden. Ganz in dieser Diktion berichtet Moser im zweiten Teil seines Buches mit der bezeichnenden Überschrift »Zwanzig Pfarrer und ihr armer Gott« über eine von ihm geleitete Selbsterfahrungswoche. Inhaltlich ging es um die Wandlungen des Rollen- und Gottesbildes von evangelischen Hauptamtlichen, die durch Rollenspiele und Gespräche aktualisiert wurden. Detailliert werden hier Zerrbilder Gottes entfaltet, wie sie eben in manchen, gerade auch kirchlich sozialisierten Biographien Gestalt annehmen. Moser sieht sich hier mit der schwierigen Aufgabe konfrontiert, zusammen mit den Ratsuchenden herauszufinden, »wie sich spirituelles seelisches Potential und neurotische Verarbeitung vermischt haben«, ohne jedoch einen hilfreichen Lösungsvorschlag anzubieten (38).

Selbstkritisch gesteht Moser ein, dass der Text von einem »Hauch von Schadenfreude« getränkt sei, weil ihm manche Pfarrer schmerzlich verstrickt in soziale und religiöse Rätsel erschienen, denen der Autor sich entronnen glaubt. Wie sehr Moser jedoch noch in der eigenen religiösen Sozialisation gefangen ist, zeigt seine Forderung, die Kirche möge sich »bei Angehörigen der älteren Generation, die sich ihr Leben durch die Sündentheologie haben verdüstern lassen, so für ihre als unfroh, eingeengt und einschüchternd aufgenommene Botschaft, das Kak-Angelion, entschuldigen« (74).

Mosers Haltung ist unzweifelhaft von einem negativen Gottesbild geprägt. Erfahrene Supervisoren berichten über das Phänomen, dass sich Patienten unbewusst die Therapeuten auswählen, die zu ihrer Störung passen. Moser gesteht ein, dass viele Patienten ihn wegen seines Buches »Gottesvergiftung« aufsuchen, um ihre eigenen religiösen Neurosen behandeln zu lassen. Wäre aber hier nicht der Kontrast erhellend und weiterführend? Nach Mosers eigener Erfahrung muss man sich bei manchen Patienten »zufrieden geben, wenn ein vergiftetes sich in ein erträgliches Gottesbild wandelt« (40). Zweifelsohne redet er an dieser Stelle auch von sich. Wo aber bleiben – zumindest als Gegenbild und Ausgleich – positiv getönte Gottesvorstellungen?

Im Rahmen der Forschungsrichtung »Positive Psychologie« stellt man seit einigen Jahren mit Erstaunen fest, dass traditionell als religiös empfundene Haltungen wie Glaube, Hoffnung, Liebe und konkrete Verhaltensweisen wie Dankbarkeit, Bescheidenheit oder Demut eine schützende und stabilisierende Funktion haben. Das gilt besonders auch für ein positives Gottesbild. Der Religionspsychologe *Kenneth Pargament* kam nach vielen Untersuchungen zu dem Schluss, dass Gläubige, die in der Furcht leben, für ihre Sünden von einem strengen Gott bestraft zu werden, diese Strenge auch in ihrer Glaubensgemeinschaft als »emotionales Klima« erleben und stärker zu Depressionen, Ängsten und psychosomatischen Störungen neigen als Nichtreligiöse. Umgekehrt fördert der Glaube an einen freundlichen Gott, der menschliche Schwächen nachsichtig beurteilt, verbunden mit emotionaler Geborgenheit in einer Glaubensgemeinschaft das psychische und körperliche Wohlbefinden deutlich. Weil Moser diese Dimension einer Gotteserfahrung fremd zu sein scheint, kommt sie in seinem Buch nicht vor.

Im dritten Teil dokumentiert Moser an drei Fallbeispielen, wie einfühlsam und hilfreich er Menschen auf ihrer religiösen Suche begleiten und unterstützen kann. Dazu schlüpft er manchmal in die Rolle Gottes, ja, er lässt »Gott« sogar mit verstellter Stimme zum Patienten reden. Fast schon überrascht es Moser selber, dass er »bei einer Vertiefung oder Verbreiterung einer Gottesbeziehung hilfreich (ist), statt – wie sonst häufiger – bei der Entneurotisierung eines bedrückenden Gottesbildes« mitzuwirken (114). In der Tat liefern die detaillierten Fallprotokolle anregende Impulse, Patienten mit religiös verstrickten Lebensgeschichten bei deren Entwirrung zu unterstützen und auf dem Weg hin zu einer hilfreichen Gottesbeziehung zu begleiten.

Moser ist es im Laufe seiner jahrzehntelangen Analytikertätigkeit immerhin gelungen, sein krankmachendes Gottesbild auf ein »erträgliches Maß« an Verunsicherung, Einschüchterung und Bedrohung zu reduzieren. Doch so wie der Arzt sich nicht selber heilen kann, kann Moser seine therapeutische Kompetenz im Umgang mit religiösen Fragen anderer nicht zur Bewältigung der eigenen Gottesneurose nutzen. Theoretisch erklärt er die Entstehung eines neurotischen Gottesbildes primär mit »frühen, familiär vermittelten Dispositionen in der eigenen seelischen Struktur« (71). Insofern räumt er ein, dass seine »Gottesvergiftung« sich nicht mit der Kirche, sondern mit »dem dämonischen Introjekt Gott« auseinandergesetzt habe.

Wenn ein verinnerlichtes Gottesbild aber als bösartige Fratze erscheint, hängt das von der eigenen Geschichte und vor allem von dem persönlichen Umgang mit diesem Bild ab. Dass Mosers Seele an dieser Stelle noch erhebliche Verletzungen aufweist, belegt insbesondere der 24-seitige »Brief an meinen Feind Augustinus«, der das letzte Kapitel des Buches bildet. Diesem Kirchenvater und frühen Zeugen christlicher Mystik attestiert Moser eine »riesige Gottesneurose« und bezeichnet ihn als ein »Jahrtausendunglück«. In seiner hoch emotionalisierten Auseinandersetzung mit Augustins »Bekenntnissen« offenbart Moser, wie sehr er ihn »über sechzehn Jahrhunderte hinweg hasst« und sich auf schmerzliche Weise mit ihm verbunden weiß: »Meine beiden Pfarrgroßväter waren geprägt von deinem Geist der Schuldhaftigkeit und des Zweifels am Leben … Meine eigene Neurose ist augustinisch! Gefällt dir dieser Ehrentitel?« (162). Seine wutschnaubende Betroffenheit verwehrt ihm die Einsicht, dass »Augustinus, bis heute der wichtigste Denker des Abendlandes, … eine dualistische Weltsicht mit ihrem ›gut und böse‹ als falsch« zurückgewiesen hat« (Gestrich 200, 257). Im Übrigen irrt Moser mit der Behauptung, Augustinus werde nur von Theologen gelesen (152). Gerade aus den »Bekenntnissen« ziehen auch heute noch zahlreiche Menschen Kraft und Zuspruch. Für Künstler und Schriftsteller waren und sind sie eine Quelle der Inspiration – auch des produktiven Widerspruchs. Literaturwissenschaftler wie Philosophen kommen ohne ihre Kenntnis kaum aus. Man denke nur an ihre Wirkung auf Wittgensteins Werk. Von Hermann Hesse weiß man, dass das letzte Buch, in dem er noch unmittelbar vor seinem Tod gelesen hat, die »Confessiones« waren. Selbst Peter Sloterdijk, der durchaus nicht als kirchenfreundlich gilt, rekurriert in dem ersten Band seiner dreibändigen Sphärologie für die Beschreibung des Gott-Seele-Verhältnisse auf die »Confessiones«. Sloterdijk (1998, 58–69) entnimmt ihnen die Heilbarkeit des Unglaubens an Gott durch Gott.

Moser jedoch reduziert in seiner verengten Perspektive den Kirchenvater einzig auf das böse, anklagende Gewissen, von dem er sich mit gewaltigen Kraftanstrengungen zu befreien sucht. An schonungsloser Ehrlichkeit steht er seinem erklärten Feind in nichts nach. Während jedoch Augustins unruhiges Herz im Erleben eines gütigen Gottes Frieden fand und dankbar wurde, scheint Moser einem blinden Hass ausgeliefert und von Rachegefühlen verbittert zu sein. Die Zitatsplitter, mit denen Moser argumentiert, zeugen von seiner sehr einseitigen Lektüre der »Bekenntnisse«, die einzig auf Augustinus' Schuldanerkenntnis fixiert ist und nicht wahrnehmen kann, wie wohltuend und befreiend das Erleben der Schuldvergebung auf deren Verfasser wirkte. Dank und Lob, die dort den weitaus größeren Raum einnehmen, qualifiziert Moser als »fromme Falschmünzerei« ab (174). Steckt in dieser vehementen Abwehr der menschlichen Schuldhaftigkeit vielleicht zugleich die Abwehr von deren Konsequenz, nämlich der Anerkenntnis des »ungeheuren Angewiesenseins auf einen Erbarmer« (162)?

Aktuelle psychologische Untersuchungen stützen die altbekannte Weisheit, dass Hass selbstzerstörerisch wirkt. Die empirischen Befunde belegen, dass Menschen neben eingebildeten Schuldgefühlen auch und vor allem unter wirklicher Schuld leiden. Deshalb können und sollen in einer hilfreichen therapeutischen Begleitung die heilsamen Schritte des Verzeihens vorbereitet und durchgeführt werden. Beichte, Reue und Wiedergutmachung, das schon von Thomas von Aquin empfohlene Sühneritual, bestätigen neue psychologische Studien eindrücklich. Ein ganzer psychologischer Forschungszweig arbeitet derzeit in den USA zum Thema »forgiveness«. Psychologisch gesehen, so zeigen erste Ergebnisse, wirkt Versöhnung befreiend, weil unnötiger Ballast von der Seele geworfen wird. Durch den Prozess des Verzeihens können negative Fixierungen gelöst und Energien für neue Lebensaufgaben frei werden.

Aber, und auch darauf wird hingewiesen, bei der Frage nach dem Bösen stößt die Psychologie an ihre Grenzen. Nicht von ungefähr hielt kürzlich auf der Jahrestagung der psychoanalytischen Dachverbände, auf der 600 Ärzte und Psychologen über das Verhältnis der Psychoanalyse zum religiösen Glauben nachdachten, der Berliner Philosoph Rüdiger Safranski ein vielbeachtetes Hauptreferat. Der Mensch verlange nach moralischer Transzendenz, weil er sich selber nicht über den Weg traue, »weil der Mensch die Moral, die Entscheidung über gut und böse also, in einem Fundament verankert sehen möchte, das tiefer und umfassender ist als er selbst«. »Mit den Religionen«, so Safranski (2002, 23), »muten sich die Menschen das Eingeständnis ihrer Ohnmacht, ihrer Endlichkeit, Fehlbarkeit und Schuldfähigkeit zu. Eine authentische Religion erzieht zur Ehrfurcht vor der Unerklärlichkeit der Welt.« Diesen wichtigen und zentralen Aspekt von Religion übersieht Moser.

Moser verwechselt das verinnerlichte, biographisch geprägte Gottesbild mit dem Geheimnis des Glaubens. Das führt zu der schier unmenschlichen Anstrengung, ein sozialisationsbedingtes negatives Gottesbild ertragen zu müssen. Gott will nicht ertragen, sondern kann im Glauben erfahren werden. Glauben bedeutet jedoch loslassen und vertrauen – vielleicht für Psychoanalytiker eine besondere Herausforderung.

Religiöse Orientierung in Beratung und Therapie?

Sind persönliche Orientierungs- und Wertekonflikte Anlass für Beratungs- und Therapiegespräche? Wird Beratern und Therapeuten eine weltanschauliche Orientierungskompetenz zugesprochen? Die Befunde dazu sind widersprüchlich. Auf der einen Seite stehen eine wachsende Zahl spiritueller Beratungs- und Therapiemethoden. Asiatische Bewusstseinskonzepte, buddhistische Meditationstechniken sowie schamanische und esoterische Praktiken boomen – besonders auf dem freien Markt der Lebenshilfe. Gemeinsam ist spirituellen Lebenshilfe-Angeboten, dass sie mit Hilfe eines klar definierten Weltbildes, spezifischen Glaubensüberzeugungen und davon abgeleiteten Techniken und Ritualen arbeiten und als Sinngeber fungieren (Utsch 2002).

»Spiritualität« ist zu einem psychologischen Forschungsgegenstand geworden ist. Dies belegen die neutrale psychiatrisch-psychotherapeutische Diagnose-Kategorie »Religiöses oder spirituelles Problem«, die früher unter Wahnerkrankungen fiel. Diese neue Diagnose soll dann vergeben werden, wenn Entwicklungsstörungen oder seelische Konflikte auf eine existentielle oder weltanschauliche Frage zurückgeführt werden können. Mit dieser Kategorie nimmt die Ärzteschaft die Besonderheit religiöser Erfahrungen und die Bedeutung weltanschaulicher Konflikte und Orientierungssuche ernst. Religiöse und spirituelle Konflikte werden zum ersten Mal nicht per se pathologisch eingestuft, sondern als eine psychotherapeutisch zu begleitende Krisensituation eingestuft. Durch diese grundsätzlich begrüßenswerte Entwicklung ist jedoch die paradoxe Situation entstanden, dass in einem professionellen Kontext und Setting nun die ausschließlich subjektiv zu beantwortenden Fragen nach dem guten, richtigen Leben verhandelt werden. Unvermeidlich zerfließen dadurch die Grenzen zwischen Profession und Konfession.

Religiöse und spirituelle Fragen werden in der psychosozialen Beratung und Praxis häufig immer noch vermieden. Das hat vermutlich in erster Linie mit dem Selbstverständnis und dem Kompetenzbereich von Beratern und Therapeutinnen zu tun, die sich für dieses Themengebiet nicht zuständig und vor allem auch nicht ausgebildet fühlen. Jedenfalls wünschen sich viele Ärzte und Psychologen eine bessere Weiterbildung zum Umgang mit diesbezüglichen Fragen (Ludwig & Plaum 1998; Demling, Wörthmüller & O'Connolly 2001; Schowalter et al. 2003; Reich 2003). Es ist verständlich, wenn »religiös unmusikalische« Professionelle diesen Bereich meiden, möglicherweise jedoch für den Heilungserfolg von Nachteil, wenn die Ressourcen von Religiosität und Spiritualität bei der Bewältigung einer Krise nicht genutzt werden. »Glaubensaspekte sind mit psychischen Symptomen verzahnt und sollten daher auch in der Therapie berücksichtigt werden ... Unabhängig von saluto- oder pathogenetischen Aspekten ist die Religiosität für das Verständnis eines religiösen Patienten wichtig« (Schowalter et al. 2003, 36). Die Analyse von Heilungsfaktoren von Patienten einer psychosomatischen Fachklinik ergab, dass eine Integration religiöser Aspekte in die psychotherapeutische Behandlung die Erfolgsaussichten erhöht, da ein positives Gottesbild die Gesundung unterstützt. Interventionen, die die Veränderung eines negativ getönten Gottesbildes zum Ziel haben, ermöglichen bei religiösen Menschen eine günstigere Therapieprognose (Murken 1998).

Unabhängig von der Behandlerseite drücken viele Patienten den Wunsch aus, religiöse und spirituelle Aspekte einer Erkrankung oder Störung mit einzubeziehen. Die amerikanische Forschung hat diesen Tatbestand in den letzten Jahren häufiger hervorgehoben (Larimore, Parker & Crowther 2002; Clark, Drain & Malone 2003; Astrow & Sulmasy 2004). Kürzlich wurden amerikanische Ärzte aus sechs Krankenhäusern befragt, ob und wie sie religiöse und spirituelle Fragen im Erstgespräch mit einem Patienten thematisieren. Von den 476 Ärzten, die an der Untersuchung teilnahmen – die Rücklaufquote betrug immerhin 62 % –, waren die meisten überzeugt davon, dass es hilfreich sei, die religiöse oder spirituelle Orientierung des Patienten zu kennen. Aber von sich aus würden sie diesen Themenbereich in der Regel ausklammern, außer ein Patient sei kurz davor zu sterben. Weniger als ein Drittel der befragten Ärzte würde mit Patienten beten, selbst wenn die Patienten im Sterben lägen. Würden sie jedoch von einem Patienten darum gebeten, würden 77 % diesem Wunsch nachkommen (Monroe et al. 2003).

Weil sich die Belege häufen, wonach die persönliche Religiosität einen Gesundungsprozess maßgeblich beeinflusst, plädieren manche Wissenschaftler dafür, den Forschungsbereich »Medizinische Spiritualität« stärker auszubauen (Bessinger & Kuhne 2002). Darunter fassen sie ein interdisziplinäres Gebiet der Gesundheitsforschung, auf dem die komplexen Zusammenhänge zwischen Gesundheit und Spiritualität untersucht werden. Die Bedeutung und Möglichkeiten spiritueller Interventionen, aber auch die Philosophie medizinischer Praxis sowie ethische, soziale und rechtliche Aspekte stehen hier im Mittelpunkt. Dabei sei evidenz-basiert, nicht-sektiererisch und theologisch neutral vorzugehen.

Weil eine ernsthafte körperliche Erkrankung häufig plötzlich und unvermittelt auftritt, wird damit der vertraute Lebensrhythmus eines Menschen unterbrochen. Die Sorge um die Gesundheit und eigenen Chancen auf eine Heilung sowie die notwendigen Schritte dazu rücken nun in den Lebensmittelpunkt. Unweigerlich tauchen auch die Fragen nach dem Sinn der Krankheit auf. Die unlösbare Frage »Warum ich?« bringt viele Menschen zum Grübeln und führt auf direktem Wege zum religiös-spirituellen Bereich: Was ist die Ursache für die Erkrankung? Liegt eigenes Verschulden dafür vor? Bestraft das »Schicksal« möglicherweise Fehler und Versäumnisse? Gibt es einen Gott oder eine übernatürliche Kraft, deren Heilwirkungen helfen können? Es wird deutlich, dass gerade in der medizinischen Behandlung lebensbedrohlich Erkrankter religiöse und spirituelle Themen einbezogen werden müssen. Zweifellos hat hier die medizinische und pflegerische Ausbildung in Deutschland einen großen Nachholbedarf.

Um diesen Themenbereich angemessen in psychosozialer Beratung und Psychotherapie zu berücksichtigen, wurden in den USA kompakte und praxiserprobte Anamnese-Hilfen zur Erfassung der Religiosität und Spiritualität eines Patienten/Klienten entwickelt (G. Miller 2003, 145–149; Sperry 2001, 109–119; West 2000, 77–83; Gorsuch & Miller 1999). Für das knappe Zeitbudget einer ärztlichen Praxis hat Matthews (2000, 316 f.) eine Kurzform zur Einschätzung der Religiosität/Spiritualität einer Patientin/Klientin für das Erstgespräch entwickelt:

> – Welche Bedeutung haben Religion und Spiritualität für Sie?
> – Wirken sich Ihre religiösen oder spirituellen Überzeugungen darauf aus, wie Sie Ihre gesundheitlichen Probleme einschätzen und ganz allgemein über Ihre Gesundheit denken?
> – Sind Sie Mitglied einer religiösen oder spirituellen Gruppe?
> – Möchten Sie, dass ich auch auf Ihre religiösen oder spirituellen Überzeugungen und Praktiken zu sprechen komme?

Für den amerikanischen Psychiater Len Sperry (2001,112–115) umfasst eine vollständige spirituelle Anamnese die Erfassung der religiösen Sozialisation und persönlichen Glaubensentwicklung, die Bedeutung oder/und Zugehörigkeit zu einer religiösen oder spirituellen Gruppe, die Gottesvorstellung, den Stellenwert des Gebets und anderer religiös-spiritueller Praktiken sowie grundlegende Werte und Überzeugungen.

Um herauszufinden, ob eine religiös-spirituelle Intervention sinnvoll sein könnte, hat Kelly (1990) die Klienten in acht Gruppen eingeteilt. Während die ersten vier Haltungen spirituelle Interventionen in einem Beratungs- oder Therapiegespräch ermöglichen, erweisen sich die letzten vier als hinderlich:

1. *Religiös verpflichtet*: tiefe religiöse Überzeugungen, die das ganze Leben bestimmen
2. *Religiös loyal*: lockere religiöse Bindungen, primär aufgrund der Sozialisation
3. *Spirituell verpflichtet*: eine tiefe Verbundenheit mit der spirituellen Seite des Lebens ohne einen religiösen Deutungsrahmen
4. *Religiös und spirituell offen*: keine Verpflichtungen hinsichtlich Religion und Spiritualität, durch die Beratung können aber diesbezügliche Fragen auftauchen

5. *Oberflächlich religiös:* gewisse religiöse Überzeugungen, die aber auf die Alltagsgestaltung keinen Einfluss nehmen
6. *Religiös tolerant und indifferent:* tolerant gegenüber der Religion ohne eigene Bedürfnisse
7. *Nicht-religiös:* Religion und Spiritualität werden als überflüssig angesehen und zurückgewiesen
8. *Religionsfeindlich:* Religion wird als menschenverachtend angesehen und bekämpft.

Für die Einschätzung einer reifen Religiosität des Klienten verwendet der amerikanische Psychoanalytiker Lovinger (1996) die folgenden Aspekte:

1. Wahrnehmung der religiösen Vielfalt und ihrer Widersprüchlichkeiten
2. Religiöse Zugehörigkeit aufgrund persönlicher Entscheidung
3. Übereinstimmung von Wertvorstellungen und Verhalten
4. Wahrnehmung eigener Schwächen und Grenzen
5. Respekt vor den religiösen Bindungen anderer.

Weil eine »religiöse Anamnese« hierzulande bisher selten durchgeführt wird, können Interviewleitfäden aus dem angloamerikanischen Raum hier Anregungen geben, die allerdings erst nach einer gründlichen kulturellen Anpassung und Überarbeitung nutzbringend einzusetzen sind (Anadarajah & Hight 2001; Maugans 1996; Puchalski & Romer 2000). Obwohl in deutschsprachigen Kliniken diese Fragen noch stiefmütterlich behandelt werden, gibt es einige mutige Vorstöße (Renz 2003, Schowalter et al. 2003). Mitarbeiter einer Münchener onkologischen Abteilung haben ein halbstrukturiertes klinisches Interview zur Erhebung einer »spirituellen Anamnese« entwickelt (Weber & Frick 2002). Auch nach ihren Erfahrungen wünschen viele Patienten, dass »sie spirituelle Bedürfnisse, Ressourcen und Schwierigkeiten mit dem Arzt besprechen können, unabhängig davon, ob sie mit einem Seelsorger in Kontakt stehen oder nicht« (ebd., 107). Die Mitarbeiter des Tumorzentrums haben das Interview »**SPIR**« erarbeitet:

S =	Spirituelle und Glaubens-Überzeugungen
P =	Platz und Einfluss, den diese Überzeugungen im Leben des Patienten einnehmen
I =	Integration in eine spirituelle, religiöse oder kirchliche Gruppe
R =	Rolle des Arztes: Wie soll er mit spirituellen Erwartungen und Problemen des Patienten umgehen?

Zur Genese spiritueller Interventionen in Beratung und Therapie

Vor knapp 25 Jahren löste der klinische Psychologe Allen Bergin, der als Mitherausgeber eines angesehenen Psychotherapie-Handbuchs bekannt geworden war (Bergin & Garfield 1994), mit einem provokanten Aufsatz eine weitreichende und bis heute nicht abgeschlossene Debatte um den Stellenwert von Werthaltungen und Glaubensüberzeugungen in Beratung und Psychotherapie aus. Bergins (1980) Aufsatz umfasste acht zentrale Aussagen:

1. Es besteht ein wachsendes Interesse an Wertfragen in der Psychotherapie.
2. Alle Therapieschulen beruhen auf impliziten Wert-Setzungen.
3. Ein spirituell-theistisches Weltbild stellt den Menschen als das Geschöpf Gottes dar, der auf eine Beziehung zu seinem Schöpfer angewiesen sei.
4. Die impliziten Wert-Setzungen eines klinischen Pragmatismus und eines humanistischen Idealismus, die das Feld der Beratung und Psychotherapie dominieren, widersprechen dem spirituell-theistischen Weltbild.
5. Bislang beherrschten negative Vorurteile den psychologischen Umgang mit religiösen Fragen.
6. Psychotherapeuten sollten sich über ihre eigenen Wert-Setzungen klar werden und diese auch transparent machen.
7. Therapeuten müssen eine höhere kulturelle Sensibilität für die unterschiedlichen Werte-Voraussetzungen ihrer Klienten entwickeln.
8. Theistische und spirituelle Werte sollten in der Mainstream-Psychologie durch empirische Forschung und Schulungen mehr Bedeutung erhalten.

Diese wichtigen Diskussionspunkte haben mittlerweile – zumindest ansatzweise – auch die deutschsprachige Berater- und Therapeutenlandschaft erreicht (Jaeggi 1995, Kutter, Páramo-Ortega & Müller 1998, Fahrenberg 2004), während der amerikanische Diskussionsprozess nach diesem fulminanten Auftakt rasant weiter fortschritt. Nur wenige Monate später wurde in derselben Fachzeitschrift ein bissiger Widerspruch gegen Bergins »frommes« Plädoyer aus der Feder des bekannten humanistischen Psychologen Albert Ellis (1980) veröffentlicht. Auch eine atheistische Weltanschauung enthalte menschendienliche Werte, argumentierte Ellis, obwohl dies Bergin gar nicht bestritten hatte. Der polemische Grundton und einige stereotype Argumente entlarvten aber unmissverständlich die gängigen Vorteile: Religion und Glaube an Gott sei unlogisch und damit unreif oder gar schädlich. Obwohl sich andere bekannte Psychologen in ähnlicher Weise äußerten,[1] präsentierte Bergin (1985) jedoch einige Jahre später eine überraschende Zusammenfassung der Resonanz auf seinen Artikel: mehr als 1000 Kolleginnen und Kollegen, darunter bekannte Fachleute aus Psychotherapie und Psychiatrie[2], hatten persönlich auf den Artikel von Bergin reagiert und ihm grundsätzlich zugestimmt, auch wenn sie zum Teil andere Werte favorisieren würden. Neben den bemerkenswerten schriftlichen Reaktionen, die er zum Teil zitierte, präsentierte Bergin eine Zusammenstellung religiöser Motive und Zielvorstellungen, die der seelischen Gesundheit dienen würden. Dazu rechnete Bergin Freiheit, Verantwortlichkeit, Selbstkontrolle, Liebe, Gemeinschaft, Identität und andere.

In den 1990er Jahre wurde dem Zusammenhang zwischen Religiosität und Klinischer Psychologie weiter hohe Aufmerksamkeit geschenkt. Das dokumentieren einschlägige Übersichtsartikel (Shafranske & Malony 1990, Bergin 1991, Jones 1994, McCullough 1999, Johnson & Sandage 1999, Worthington & Sandage 2001, 2002) wie auch Monographien und Handbücher (Shafranske 1996, Richards & Bergin 1997, 2000; W. Miller 1999, West 20009, Sperry 2001, Schreurs 200, G. Miller 2003).

Aber wieder war es der Mormone Allen Bergin, der zusammen mit einem Kollegen ein differenziertes psychologisches Konzept zur Integration spiritueller Interventionen in eine psychotherapeutische Behandlung vorlegte (Richards & Bergin 1997). Dieses Buch entwickelte in Theorie und anhand anschaulicher Praxisbeispiele, wie von einem theistischen Weltbild aus spirituelle Methoden als therapeutische Interventionen in eine Behandlung integriert werden können. Die Besonderheit lag vielleicht nicht so sehr in dem Bekenntnis der Autoren zu Gott – im Bereich der Psychotherapie waren schon vorher viele Bücher mit anderen weltanschaulichen Grundlagen wie der Esoterik oder des Buddhismus erschienen (Deikman 1982, Walsh 1990). Das Handbuch war streng an wissenschaftlichen Kriterien und dem aktuellen psychotherapeutischen Wissensstand orientiert. Obwohl in dem Buch ausdrücklich ein Modell zur Einbeziehung spiritueller Interventionen dargestellt wurde, konnten die beiden Psychologen der renommierten Mormonen-Universität aus Utah ihr Werk aufgrund der stringenten Argumentation in dem angesehensten psychologischen Fachverlag der USA publizieren. Damit erfüllte sich Bergin einen Lebenstraum und Karriereziel, die »Religiosität und damit die Religionspsychologie zu einer Hauptdisziplin der Psychologie zu machen« (Richards & Bergin 1997, X).

Neben der wissenschaftlichen Fundierung besteht eine weitere Besonderheit dieses Buches darin, dass die Autoren den Einfluss weltanschaulich-kultureller Vorverständnisse auf Beratung und Psychotherapie hervorheben. Deshalb werden im weiteren Verlauf ausführlich folgende drei maßgeblichen Weltbilder beschrieben:

– Naturalismus (z. B. Positivismus)
– Idealismus (z. B. Christentum)
– Vitalismus (z. B. Buddhismus)

Weil keine Veränderungsmaßnahme ohne Vorannahmen vonstatten gehen würde, plädieren die Autoren dafür, die weltanschaulichen Prämissen offenzulegen. Der Stellenwert anthropologischer Vorentscheidungen ist auch in anderen religionspsychologischen Arbeiten herausgestellt worden und stimmt mit dem Anliegen des vorliegenden Buches überein.

Die Autoren machen aus ihrem persönlichen Glauben keinen Hehl – und plädieren für die angemessene Einbeziehung in ökumenischer Weite. Aufgrund dieses offenen Horizontes konnten die Autoren drei Jahre später in dem gleichen Verlag einen Sammelband herausgeben, der den differenzierten psychotherapeutischen Umgang mit Patienten aus den unterschiedlichen Weltreligionen zum Inhalt hat (Richards & Bergin 2000).

Für den Anwendungsteil ihrer Arbeit haben die Autoren den Entwicklungsverlauf eines psychotherapeutischen Prozesses zugrunde gelegt und darin die Chancen und Grenzen spiritueller Interventionen untersucht. Richards und Bergin haben fünf Fragenbereiche aufgelistet, warum zu einer Patienten-Anamnese die Feststellung seiner Religiosität zwingend dazugehöre (Richards & Bergin 1997, 172–175):

1. Welche religiös-spirituelle Einstellung hat der Patient?
2. Ist diese Haltung gesundheitsdienlich? Wie beeinflusst sie die gegenwärtigen Probleme und Störungen?
3. Können die spirituellen Überzeugungen bzw. eine religiöse Gemeinschaft als Bewältigungshilfe und zur Unterstützung eingesetzt werden?
4. Müssen die spirituellen Anliegen und Bedürfnisse des Patienten in der Behandlung angesprochen werden?
5. Welche spirituellen Interventionen könnten nützlich und effektiv sein?

Konkret listen die Autoren folgende bewährte religiöse und spirituelle Praktiken als nützliche therapeutische Interventionen auf (ebd., 201–228):

1. Gebet
2. Kontemplation und Meditation
3. Lesung religiöser Texte
4. Buße und Vergebung
5. Lobpreis und religiöse Rituale
6. Einbeziehung der religiösen Gemeinschaft
7. Zusammenarbeit mit Seelsorgern
8. Klärung der ethisch-moralischen Werte

Ein derart differenziertes Modell, das aufgrund seiner Wirksamkeit zudem auch noch wissenschaftlich anerkannt wurde, ist hierzulande Zukunftsmusik. Am weitesten haben sich in diesem Bereich Religionspädagogen vorgewagt, die gezielt religiöse und spirituelle Impulse in beraterische und pädagogische Arbeitsfelder einbezogen haben. Ein Berner Theologieprofessor und eine Pfarrerin haben gemeinsam einen Kursus entwickelt, um das Profil einer ausdrücklich »religiösen Beratung« zu schärfen (Morgenthaler & Schibler 2002, s. u.).

7.2 Empirische Befunde bei einer Einbeziehung religiös-spiritueller Änderungsstrategien

Welche Wirkungen ergibt die Einbeziehung religiös-spiritueller Strategien?

Patienten-/Klientenseite

Borgen (2003):
25 drogenabhängige junge Menschen wurden in einer christlichen Therapieeinrichtung in Schweden befragt, wie die Hinwendung zum religiösen Glauben ihre Heilung und weitere Lebensführung beeinflusst hat. Nach sechs Jahren lebten 72 % der Befragten immer noch drogenfrei.

Deister (2000):
157 Patienten mit lebensbedrohlichen Erkrankungen wurden daraufhin untersucht, welchen Einfluss eine positive religiöse Einstellung auf die Krankheitsverarbeitung nimmt. Je positiver die Religiosität getönt war, so lautet ein zentrales Ergebnis dieser Studie, um so besser konnten sich die Patienten aktiv mit ihrer Situation auseinandersetzen und Sinn darin zu finden und um so weniger versuchten sie, sich abzulenken, oder zogen sich sozial zurück.

Dörr (2001):
192 Patienten aus kirchlichen Beratungsstellen und zwei freikirchlichen »christlichen« Kliniken wurden darauf hin untersucht, welche Form von Religiosität die psychische Gesundheit positiv beeinflusst. Ein kooperativer Bewältigungsstil (»Wenn ich das Problem anpacke, unterstützt Gott mich dabei«) erwies sich gegenüber einer aktiv-selbständigen (»Ich muss mein Problem selber lösen, auch wenn ich an Gott glaube«) und einem passiv-deligierenden Stil (»Ich muss nicht nach Lösungen für das Problem suchen, weil Gott sie mir zeigen wird«) als überlegen.

Majumdar (2000):
Bei 21 Klienten mit psychosomatischen Auffälligkeiten, die an einem achtwöchigen Achtsamkeits-Meditations-Training teilgenommen hatten, wurden Veränderungen des Gesundheitszustandes überprüft. Es ergaben sich effektive und nachhaltige Symptomreduzierungen. Insgesamt wurde das Meditationstraining als hilfreiche Ergänzung zur ärztlichen und/oder psychotherapeutischen Behandlung erlebt.

Religiosität in der Bewältigung einer körperlichen Erkrankung

Mehnert & Koch (2001):
Bei einer Stichprobe von 191 Hamburger Krebspatienten und einer Kontrollgruppe von 151 Gesunden wurden positive Zusammenhänge zwischen Religiosität und einer positiven Stressbewältigung gefunden.

Mehnert, Rieß & Koch (2003):
Bei 117 Patienten wurde nach ihrer Hautkrebs-Operation untersucht, welchen Einfluss religiöse und spirituelle Überzeugungen auf die Krankheitsbewältigung nahm. In Übereinstimmung mit amerikanischen Untersuchungen gingen Patienten, für die ihr Glaube Kraftquelle und Sinngebung bedeutete, offen mit ihrer Krankheit um und bemühten sich aktiv um Bewältigung.

Ostermann, Büssing, Matthiessen (2004):
129 Patienten des Gemeinschaftskrankenhauses Herdecke wurden auf ihre Religiosität und Spiritualität hin befragt. 32 % bezeichneten sich als religiös und spirituell (RS+), 35 % als religiös, aber nicht spirituell (R+), 20 % als weder religiös noch spirituell (RS-), 9 % als spirituell, aber nicht religiös (S+). Die Gruppe R+ setzt ihr Vertrauen auf eine höhere, sie tragende Macht und bezieht sich auf eine höhere Instanz, während die Gruppe RS+ Vertrauen in ihre innere Stärke hat und sich ihre Spiritualität eher auf innere Kraft, die nichts mit äußeren Mächten zu tun hat, bezieht.

Renz (2003):
135 von 251 Patienten auf einer onkologischen Station berichteten von einer besonderen spirituellen Erfahrung angesichts ihrer schweren Erkrankung. Bei allen veränderte sich dadurch ihre Befindlichkeit stark: »Anders im Körper, anders in Raum und Zeit, anders in Bezug auf ihre krankheitsbedingte Situation, frei, weit, intensiv, entspannt, liebend, versöhnt mit sich selbst« (S. 129).

Weitere deutsche Studien zur Rolle der Religiosität als Ressource bei der Bewältigung von Krankheiten ergaben bei psychosomatischen (Murken 1998), psychiatrischen (Dörr 2001) und Schlaganfallpatienten (Kremer 2001) jedoch eher schwache oder uneindeutige Zusammenhänge. Ein negatives Gottesbild trug sogar zur Verlangsamung des Heilungsprozesses bei (Zwingmann 2004).

Religiosität in Psychotherapie und Beratung

Arzt-/Therapeutenseite

Ludwig & Plaum (1998):

Eine empirische Untersuchung über »Glaubensüberzeugungen bei PsychotherapeutInnen« belegt ein erstaunlich hohes Maß an Irrationalität auf dem Feld der Psychotherapie. Die meisten, nämlich 93 % der 74 Befragten – in München niedergelassene PsychotherapeutInnen – glaubten an etwas, das über die Befunde der empirischen Wissenschaften hinausgeht. Noch konkreter an eine »transzendente Realität« glaubten drei Viertel der Befragten; zwei Drittel gestanden ihr sogar eine Bedeutung in Bezug auf den Therapieprozess zu.

Demling, Wörthmüller & O'Connolly (2001):

Ein Fünftel der Studien-Teilnehmer – 253 Ärzte und 78 Psychologen – die 1994 als Richtlinien-Psychotherapeuten in Franken tätig waren, haben bereits öfter für ihre Patienten gebetet, 72 % noch nie.

Hundt (2003):

Hauptsächliches Motiv von sechs spirituell orientierten Psychotherapeuten dieser qualitativen Studie, sich auf einen östlich-meditativen Übungsweg einzulassen und später spirituelle Konzepte und Methoden mit in ihre Arbeit aufzunehmen, war das Gefühl der Begrenztheit westlichen Denkens und Wissens. Obwohl die befragten Therapeuten es ablehnten, von sich aus ihre spirituelle Perspektive einzubringen, findet doch eine subtile Einflussnahme auf das Menschenbild des Klienten statt.

Patientenseite

Robrecht (2002):

Der Theologe, der als tiefenpsychologischer Therapeut arbeitet, untersuchte die Bedeutung der Religiosität in Lebenskrisen. Dazu ließ er seine Patienten einen Fragebogen ausfüllen, den er auswertete. Entgegen der Arbeitshypothese, der christliche Glaube spiele für die Bewältigung von Lebenskrisen eher eine untergeordnete Rolle, ergab die Befragung ein anderes Bild: Für fast alle (93 %) ist die aktuelle Lebenskrise Anlass, neu über ihre Religiosität nachzudenken. Und für 60 % ist ihr Glaube für die Bewältigung der gegenwärtigen Krise hilfreich.

Einflüsse religiöser Überzeugungen auf die Psychotherapie

Was folgt aus der Durchsicht der referierten Studien? Die Befunde sind – leider und wie so oft – widersprüchlich. Einige Therapeuten und Wissenschaftler beurteilen die Berücksichtigung der religiösen Dimension als grundlegend wichtig für einen Heilungserfolg. Dem widerspricht aber beispielsweise eine Untersuchung, in der 128 zukünftige Psychotherapiepatienten nach ihren Erwartungen und Zielen der Behandlung gefragt wurden. Die meisten (99 %) Patienten wünschten sich eine Verbesserung ihrer Symptome. Lediglich ein Fünftel der Befragten erwartete eine neue Orientierung für ihr Leben, und lediglich 3 % bewegten existentielle Sinnfragen (Grosse-Holtforth 2001).

Auf die unterschiedliche und damit nicht zum Vergleich geeignete Situation in den USA wurde schon hingewiesen. Allerdings kann als gesichert gelten, dass für hochreligiöse Patienten einen religiöse Behandlung oder die Einbeziehung spiritueller Interventionen nützlich sein kann. Wie stehen säkulare und spirituelle Verfahren im Vergleich dar?

Säkulare und spirituelle Behandlungen im Vergleich

Hierzulande sind gegenüberstellende Untersuchungen zwischen säkularen und spirituellen Behandlungen eine Seltenheit. Es liegen jedoch Ergebnisse einer Therapeutenbefragung aus den Niederlanden (Uden & Pieper 2000, 2002) und einer Patientenbefragung aus Süddeutschland (Schowalter et al. 2003) vor.

In der niederländischen Studie wurden die Standpunkte von 65 Therapeuten zweier öffentlicher Ambulanzen für psychische Gesundheit (RIAGG) mit denen von 29 Therapeuten verglichen, die einem evangelikal orientierten Dachverband der Gesundheitsfürsorge angehören (GLIAGG).[3] Die wichtigsten Ergebnisse dieser Studie:[4]

- 46 % der Riagg-Therapeuten und 57 % der Gliagg-Therapeuten wünschen eine bessere Ausbildung im Umgang mit religiösen Fragen und Weltanschauungskonflikten.
- 40 % der Riagg-Klienten (!) vermutet einen Zusammenhang zwischen ihrer seelischen Problematik und ihrer religiösen Glaubens- und Lebenseinstellung.
- Nach Meinung der Riagg-Therapeuten wirkt sich der Glaube jedoch nur bei 18 % der Klienten negativ bzw. schädigend aus, während nach Überzeugung der Gliagg-Therapeuten der Glaube bei 67 % ihrer Klienten eine zentrale Rolle hinsichtlich ihrer psychischen Problematik spielt.
- Während die Gliagg-Therapeuten eher auf positive als auf negative Effekte des Glaubens verweisen, nehmen die Riagg-Therapeuten ebenso viele positive wie negative Einflüsse der Religiosität wahr. Positive Einflüsse ergeben sich für beide Gruppen bei der Bewältigung von Verlusterlebnissen und traumatischen Erfahrungen, negative bei Depressivität und der Schuldproblematik.
- Gliagg-Therapeuten setzen religiöse Interventionen ein, z. B. beten 41 % dieser Gruppe für ihre Patienten, während das bei den Riagg-Therapeuten so gut wie gar nicht vorkommt.
- Gliagg-Therapeuten arbeiten gut mit kirchlichen Seelsorge-Angeboten zusammen, während das bei Riagg-Therapeuten nur bei einem Prozent der Fall ist.

In Süddeutschland wurden 280 Patienten einer psychosomatischen Fachklinik ohne Einbeziehung religiös-spiritueller Interventionsmethoden (ohne RSI) mit 185 Patienten einer psychosomatischen Fachklinik, die religiös-spirituelle Interventionsmethoden in ihr Behandlungskonzept mit einbezieht (mit RSI), verglichen.[5] Die wichtigsten Befunde dieser Studie (Schowalter et al. 2003):

- 50,3 % der Patienten der Klinik ohne RSI messen ihrem religiösen Glauben eine extreme bis ziemlich wichtige Bedeutung bei.

– Bei den Patienten mit RSI verbesserte sich ihr Gesundheitszustand unabhängig davon, ob in der Behandlung religiöse Elemente angewendet wurden oder nicht. Für eine symptomatische Verbesserung, so schlossen die Forscher, scheint eine explizite Integration religiöser Behandlungselemente nicht notwendig zu sein.

– Im Hinblick auf ihr spirituelles Wohlbefinden profitierten die Patienten in der Klinik mit ISR mehr von ihrer Behandlung als die Patienten ohne ISR. Die Forscher vermuten gerade darin den Wert der Integration spiritueller Behandlungselemente, dass den Patienten die anscheinend nicht so offensichtliche Verzahnung zwischen psychischer Symptomatik und Glaubenserleben transparent gemacht wird und dadurch eine Veränderung in beiden Bereichen ermöglicht.

Amerikanische Befunde zur Einbeziehung religiös-spiritueller Interventionen

Es folgen einige Ergebnisse der amerikanischen Forschung. Ein häufig zitierter Forschungsüberblick untersuchte 148 empirische Studien aus den Jahren 1985 bis 1995, die alle den Einfluss religiöser Überzeugungen auf den psychotherapeutischen Prozess untersuchten. Zusammenfassend ergibt sich darin, dass religiöse Klienten nicht generell als neurotischer eingestuft werden können. Außerdem weist die Mehrzahl der Studien darauf hin, dass gerade bei religiösen Klienten die weltanschauliche Überzeugung des Therapeuten einen wichtigen Einfluss auf den Therapieerfolg nimmt (Worthington et al. 1996).

Dieses Teilergebnis wird durch eine weitere, kürzlich publizierte Meta-Analyse unterstützt. Ein Religionspsychologe verglich fünf Studien, wo bei neurotisch Depressiven die Therapie-Effekte einer Behandlungsgruppe mit einer christlich modifizierten Verhaltenstherapie denen einer Kontrollgruppe mit herkömmlicher kognitiver Verhaltenstherapie gegenüberstand (McCullough 1999). »Christlich modifiziert« bedeutet, dass Aussagen bekannter Depressionsinventare wie die von Beck oder von Meichenbaum mit christlichen Inhalten gefüllt wurden. Bei den insgesamt 111 Versuchspersonen gab es keine Hinweise darauf, dass sich die christlich modifizierten Therapien effektiver oder weniger effektiv als ihre säkulare Variante erwiesen. Dennoch plädiert der Forscher nachdrücklich dafür, dem Patienten – wenn möglich – eine religiöse Variante – in diesem Falle eine christliche Verhaltenstherapie – als Wahlmöglichkeit anzubieten. In der Nutzung religiöser Ressourcen sieht McCullough bislang wenig beachtete, potentiell stützende Elemente einer Verhaltensmodifikation. Deshalb plädiert er dafür, bei religiösen Klienten eine religiös ausgerichtete Behandlung vorzunehmen.

Zu demselben Ergebnis kommt eine weitere Untersuchung (Hickson et al. 2000). 147 lizenzierte Berater nahmen an einer Studie hinsichtlich spiritueller Fragen im therapeutischen Prozess teil. Es ergaben sich vier Hauptergebnisse: Am wichtigsten schätzten die Berater die Wahrnehmung und Berücksichtigung ihrer eigenen weltanschaulichen Perspektive ein (94 %). Die Spiritualität wurde insgesamt als ein einflussreicher psychotherapeutischer Wirkfaktor angesehen (90 %). Die Berater sahen keine Geschlechtsunterschiede in der Wahrnehmung und dem Erleben von Spiritualität, wohl aber in ihrem Ausdruck. Die meisten Berater (89 %) schätzten religiös-spirituelle Selbsterfahrung und das Gespräch darüber als wichtig ein.

Eine eher seltene Studie untersuchte mit halboffenen Interviews die Gottesvorstellungen von angehenden Psychoanalytikern (Sorensen 1994). In einer qualitativ angelegten Pilot-Studie wurden die Beschreibungen des biographisch geprägten Gottesbildes bei 12 Ausbildungskandidaten mit den Erfahrungen verglichen, die sie in Bezug auf religiöse und spirituelle Themen in ihrer Lehranalyse gemacht hatten. Es zeigte sich, dass die Erfahrungen in der Lehranalyse ein besserer Prädiktor für den Umgang mit religiösen Themen in den Behandlungen der Ausbildungskandidaten war als die biographisch geprägten Gottesbilder. Obwohl dieses Ergebnis wegen der kleinen und hochselektiven Stichprobe – Ausbildungskandidaten an einem psychoanalytischen Institut – nicht zu verallgemeinern ist, ist diese Arbeit eine der wenigen Studien, die den Umgang mit religiösen und spirituellen Fragen in der Psychotherapie und Beratung thematisiert hat.

In einer weiteren Studie wurden Ratsuchende und Patienten von sechs verschiedenen amerikanischen Beratungs- und Therapieeinrichtungen unterschiedlicher Trägerschaft befragt (Rose, Westefeld & Ansley 2001). Mehr als die Hälfte (55 %) aller Befragten gab den Wunsch an, religiöse oder spirituelle Themen einbringen zu wollen. Nur 18 % lehnten derartige Themen ab. Die hohe Offenheit für spirituelle Fragen erstaunt vor dem Hintergrund, dass etwa 40 % der Studienteilnehmer gegenwärtig keiner religiösen Gemeinschaft zugehörten, was jedoch nicht dem amerikanischen Durchschnitt entspricht, der bei deutlich über 70 % liegt.

Aber: Auch in Deutschland gibt es vereinzelt Untersuchungen an Stichproben, die nicht dem Durchschnitt entsprechen und deshalb nicht verallgemeinert werden können. Eine Umfrage unter fränkischen Psychotherapeuten fand eine erstaunlich hohe Religiosität unter dieser sonst als eher areligiös eingestuften Berufsgruppe: 77,5 % der psychotherapeutisch tätigen Ärzte und 78,5 % der Psychologen bezeichneten sich als »religiös praktizierend« oder »religiös eingestellt, aber nicht praktizierend«, 70 % gehörten einer Glaubensgemeinschaft an, und etwa 20 % der Psychologen hatten sogar schon einmal für ihre Patienten gebetet (Demling, Wörthmöller & Oconnelly 2001). Wäre die Studie nicht in Franken, sondern in Berlin durchgeführt worden, würden die Zahlen deutlich anders ausfallen! Wenn sich schon in Deutschland kulturelle Unterschiede regional gravierend auswirken, können umso weniger die amerikanischen Forschungsergebnisse ohne eine kulturelle Übersetzung auf unsere Situation bezogen werden.

Unterschiede in der Religionsforschung, neue Impulse in Deutschland

Bei aller amerikanischen Forschungs-Euphorie und der beeindruckenden Datenfülle ist aber die gänzlich andere Ausgangslage zu bedenken. Denn die USA sind ein hochreligiöses Land: Seit 1944 geben Befragte in den USA mit konstant 96 bis 99 % an, dass sie persönlich an einen Gott glauben. Während in den 1980er Jahren ca. 60 % der Bevölkerung uneingeschränkt äußerten, nie an Gott zu zweifeln, stieg dieser Prozentsatz in den 1990er Jahren auf ca. 70 % an (Bishop 1999).

Gegenwärtig glauben in den USA 96 % an Gott als den universalen Geist, 92 % fühlen sich einer Glaubensrichtung verbunden, 71 % sind Mitglied einer Religionsgemeinschaft. Für 80 % der Bevölkerung stellt die Religion einen wichtigen Bereich ihres Lebens dar, und 42 % besuchen regelmäßig Gottesdienste (Gallup, zit. nach McCullough 1999). Medienberichten zufolge hat sich die religiöse Bindung und der Anteil konservativer Orientierungen nach dem September 2001 drastisch erhöht.

Die Situation in Deutschland ist da gänzlich anders. Obwohl sich die niedrigen Kirchenmitgliedszahlen der Neuen Bundesländer stark ausgewirkt haben – dort beläuft sich die Mitgliedszahl der christlichen Konfession im Durchschnitt auf unter 25 % – gehören prozentual immerhin noch knapp 70 % einer christlichen Kirche an. Doch ein anderer Indikator als die formale konfessionelle Zugehörigkeit, nämlich die objektivierbare religiöse Praxis eines regelmäßigen Gottesdienstbesuches vermittelt ein anderes und wohl realistischeres Bild: Bei den Katholiken liegt er deutlich unter 20, bei den Protestanten deutlich unter 5 % ihrer Mitglieder (nach Knoblauch 1999, 87). Der Religionssoziologe Terwey (2003) sieht die Kirchen weiter »auf der Verliererstraße« und findet in aktuellen Erhebungen Hinweise darauf, dass der Aberglaube sich im Aufwind befindet.

Differenzierende Erkenntnisse brachte die Europäische Wertestudie hervor. Dort konnten vier verschiedene Weltanschauungsgruppen identifiziert werden: Nur noch 27 % erwiesen sich hinsichtlich ihres Glaubens als christlich im traditionell-dogmatischen Sinn. Je 30 % entfielen auf sog. »Religionskomponisten« (Christliches plus Fernöstliches oder plus Naturreligionen) und humanistische Orientierungen, und 13 % entfielen auf atheistische und agnostische Überzeugungen (zit. nach Polak 2002, 32 f.). Eine weitere Datenanalyse der Europäischen Wertestudie fand insbesondere bei denjenigen Jugendlichen ein hohes Interesse für Spiritualität vor, die sich selber als nicht-religiös bezeichneten (Lambert 2003). Auch dieser religionssoziologische Befund weist unmissverständlich auf die dringend überfällige Differenzierung zwischen Religiosität und Spiritualität hin.

Die gravierenden Unterschiede des Stellenwertes der Religion in Kultur und Gesellschaft erlauben nicht, dass religionspsychologische Erkenntnisse aus den USA einfach so übernommen werden können. Deshalb ist es um so wichtiger, dass Deutschland eine eigenständige Religionspsychologie entwickelt. Hierzulande herrschen aber andere Bedingungen vor. Hier existiert kein einziger Lehrstuhl für Religionspsychologie an einer psychologischen Fakultät. In den psychologischen Disziplinen stellt sich die Religiosität größtenteils als ein weißer Fleck dar. Angesichts der gesellschaftlichen Relevanz religionspsychologischer Themen muss dieser Mangel dringend behoben werden.

In Deutschland sind immerhin kleinere Aktivitäten bemerkbar, die der Religionspsychologie Aufwind verleihen. 1999 wurde ein »Deutsches Kollegium für Transpersonale Psychologie und Psychotherapie« gegründet, die den Ansatz der Transpersonalen Psychologie und Psychotherapie an den deutschen Hochschulen fördern will. Beteiligte Hochschullehrer sind der Oldenburger Gesundheitswissenschaftler Belschner sowie der Landauer Kulturpsychologe Quekelberghe (www.transpersonal.com).

Eine deutsche Forschungsgruppe hat sich der empirischen Meditationsforschung verschrieben, die der Bochumer Psychosomatik-Professor Klaus Engel leitet. Jährlich lädt diese Gesellschaft zu Arbeitstagungen ein, wo zahlreiche deutsche empirische Studien aus diesem Bereich vorgestellt und diskutiert werden.[6] Dabei erstreckt sich das Themenspektrum auf einen sehr weiten Bereich – von Yoga-Übungen im Grundschulbereich über Anleitungen zur Wahrnehmung der feinstofflichen Lebensenergie bis hin zu Übungen der Transzendentalen Meditation zu einer gezielten Bewusstseinserweiterung.[7]

Forschungsergebnisse über Effekte der Meditation zur Krankheitsbehandlung und Gesundheitsprophylaxe sind in Deutschland bislang dünn. In der Praxis existieren jedoch Integrationsansätze zwischen Psychotherapie und Spiritualität schon eher. Die Fachklinik Heiligenfeld in Bad Kissingen kooperiert beispielsweise bezüglich der Diagnose »religiöses oder spirituelles Problem« mit den Krankenkassen. Das Behandlungsangebot der Klinik auf ihrer Webseite lautet: Hier sind »neben der medizinischen und psychotherapeutischen Qualifikation auch Erfahrungen und Kompetenz im Umgang mit religiösen, spirituellen und esoterischen Themen« enthalten.[8] Andere klinische Einrichtungen, wie die evangelikal orientierte Klinik Hohe Mark[9], das anthroposophische Gemeinschaftskrankenhaus in Herdecke[10], die pfingstlerisch-charismatisch orientierte De'Ignis-Klinik[11] oder das katholische Recollectio-Haus[12] haben neben psychotherapeutischen Verfahren zusätzlich meditativ-spirituelle Elemente in ihr Behandlungsangebot integriert. Seit einigen Jahren veranstaltet eine engagierte Fachgruppe regelmäßige Forschertreffen und große Kongresse, um den Dialog zwischen Psychotherapie und Seelsorge zu fördern.[13]

Zusammenfassend kann festgestellt werden: Neben esoterischen Konzeptionen ziehen in therapeutischen Kreisen besonders asiatische Denkformen eine hohe Aufmerksamkeit auf sich. Sowohl von einem schamanistischen, hinduistischen als auch von einem buddhistischen Weltbild liegen Integrationsvorschläge zur westlichen Psychotherapie vor und werden aufmerksam rezipiert (Walsh 1990, Epstein 1996, Flasch 1999, Helg 2000, Goleman 1997, 2003). Integrationsansätze vom biblischen Menschenbild zur Psychotherapie sind weniger populär und kommen hierzulande selten vor (Staehelin 2002).

Aus medizinischer Sicht hat der evangelikal-charismatisch orientierte Arzt Dale Matthews (200) Forschungsergebnisse und Empfehlungen vorgelegt, um Spiritualität und Medizin wieder zu versöhnen. Nach seiner Erfahrung und Überzeugung leben diejenigen, die glauben, gesünder. Einen »Glaubensfaktor« hat – mit großer Resonanz – der Methodist Herbert Benson (1997) als effektive Wirksamkeitsgröße in der Krankenbehandlung beschrieben. Die Internet-Präsenz seiner Mind-Body-Klinik mit angeschlossener Forschungsstation erteilt über die zahlreichen Publikationen und laufenden Forschungsprojekte Auskunft.[14]

Die kürzlich veröffentlichte Studie von Monika Renz spricht von der »Grenzerfahrung Gott«. Ein Jahr lang erfasste sie detailliert Patientenberichte auf einer onkologischen Station, auf der sie als Musik- und Psychotherapeutin arbeitete. Von den 251 betreuten Patienten berichteten 135 von intensiven spirituellen Erfahrungen. Trotz sehr verschiedener Verläufe berichteten alle 135 Personen ein völlig verändertes Erleben von Gegenwart oder eine stark veränderte körperliche und/oder seelische Verfassung. Renz (2003, 129) folgert: »Es scheint also eigentliches Charakteristikum von spiritueller Erfahrung zu sein, das Menschen darin und/oder danach anders wahrnehmen, sich anders fühlen. Anders im Körper, anders in Raum und Zeit, anders in Bezug auf ihre krankheitsbedingte Situation, frei, weit, intensiv, entspannt, liebend, versöhnt mit sich selbst.« Eine solche Erfahrung setzt aber glaubensvolles Vertrauen voraus und ist nicht mittels beraterischer oder therapeutischer Techniken herzustellen.

Fazit: Alle hier dargestellten Studien betonen die Bedeutung und Transparenz der weltanschaulichen Voraussetzungen des Therapeuten. Schon die klassische Studie von Jerome Frank (1981) aus den siebziger Jahre mit Heilern aus verschiedenen

Kulturen – Schamanen und Psychotherapeuten – zeigte, dass für einen erfolgreichen Beratungs- und Heilungsprozess ein gemeinsames Weltbild zwischen Behandler und Ratsuchendem entscheidend ist. Da dieser unspezifische psychotherapeutische Wirkfaktor allgemein anerkannt ist und insbesondere durch amerikanische Studien belegt ist, läge es nahe, wenn jeder Therapeut die weltanschaulichen Voraussetzungen seiner Behandlung reflektieren und dokumentieren würde. Diese zusätzliche Information für den Klienten könnte seine Therapeutenwahl positiv beeinflussen, da ein ähnliches Weltbild von Psychotherapeut und Klient die Behandlung vereinfachen würde.

7.3 Ausschluss oder Einbeziehung religiöser Fragen und spiritueller Themen?

Obwohl Psychotherapeuten aufgrund ihres Berufsethos und der Approbationsordnung zu einer weltanschaulichen Neutralität verpflichtet sind und diese auch einhalten wollen, scheint eine solche Trennung praktisch schwer durchführbar zu sein. Hauptsächliches Motiv von sechs spirituell orientierten Psychotherapeuten in der qualitativen Studie von Ulrike Hundt, sich auf einen östlich-meditativen Übungsweg einzulassen und später spirituelle Konzepte und Methoden mit in ihre Arbeit aufzunehmen, war das Gefühl der Begrenztheit westlichen Denkens und Wissens. Obwohl die befragten Therapeuten es ablehnten, von sich aus ihre spirituelle Perspektive einzubringen, fand die Autorin in Gesprächen mit den Klienten eine subtile Einflussnahme auf das Menschenbild der Klienten vor (Hundt 2003).

Es entspricht der professionellen Gepflogenheit einer »therapeutischen Abstinenz«, religiöse oder spirituelle Themen auszugrenzen. Obwohl mittlerweile ganz unverhohlen darüber Bücher publiziert werden, dass Weltanschauung und Menschenbild sogar Einfluss auf die psychoanalytische Praxis nehmen, ist im klinischen Alltag sicher wenig davon zu spüren (Kutter, Páramo-Ortega & Müller 1998). Vielleicht ist in der europäischen Wissenschaftstradition die Skepsis gegenüber Irrationalem so stark ausgeprägt, dass man sich an diesem »heißen« Thema die Finger verbrennt.

Die früher häufig vermiedene Einbeziehung religiöser und spiritueller Fragen in professionelle Psychotherapie hat sich in letzter Zeit regelrecht in ihr Gegenteil verkehrt. Besonders in den USA wird die persönliche Spiritualität immer häufiger als Ressource zur Stressbewältigung und Gesundung betrachtet und in eine therapeutische Behandlung mit einbezogen. Mindestens zehn Standardpublikationen zur Integration von Psychotherapie und Spiritualität sind in den letzten zehn Jahren erschienen.[15] Die Schnittmenge von Psychotherapie und Religion bzw. Spiritualität wird hier aus der Perspektive verschiedener Therapieschulen beleuchtet. Dabei liegt allerdings ein deutliches Schwergewicht auf einer theistischen, weißen, männlichen Sichtweise. In der amerikanischen Psychotherapieforschung werden weltanschaulich-religiöse Überzeugungen mittlerweile als eigenständige Wirkfaktoren betrachtet und detailliert untersucht, wie oben dargestellt wurde.

Dabei ist unübersehbar, dass Spiritualität zum Leitbegriff geworden ist, der den der Religiosität abgelöst hat. Zahlreiche Aufsätze in renommierten Fachzeitschriften dokumentieren, dass heute religiöse und spirituelle Fragen in der professionellen Psychotherapie zumindest in den USA sehr ernst genommen werden.

Es spricht vieles dafür, dass das Thema der »spirituellen Intervention« aus den USA stammt: Die bunte amerikanische Religionskultur, gepaart mit dem für den Kontinent ebenso charakteristischen Pragmatismus – schnell sind ein paar Rituale kreiert, mit denen dann munter drauf los therapiert werden kann … Spaß beiseite – einige europäische Religionspsychologen haben sich dezidiert skeptisch zu diesem amerikanischen Trend geäußert. Der norwegische Religionspsychologe Stifoss-Hanssen (1999) anerkennt beispielsweise die Anstrengungen, die sein amerikanischer Kollege Pargament (1999) darin investiert, eine empirische Religionspsychologie zu entwickeln, die das Konzept der Spiritualität integriert. Allerdings widerspricht er in dem Kommentar zu Pargaments Aufsatz seinen Ausführungen in drei Punkten:

Aus seiner Sicht ist der Begriff noch viel zu schwammig und unpräzise, als dass er sich für eine Operationalisierung eigne. Nach seinen Beobachtungen ist der Begriff Spiritualität in Skandinavien wenig gebräuchlich, hier und auch im weiteren Europa würde häufiger »Lebensanschauung« – mit explizitem Bezug auf Deutschland unter Nennung dieses Begriffs, Existentialität oder Sinngebung verwendet.[16] Stiffos-Hanssen stimmt zu, dass die empirische Religionspsychologie auch Bereiche erforscht, die nicht notwendigerweise religiös konnotiert sein müssen. Dieses Areal, so schlägt er vor, könnte Lebensanschauung, Sinngebung oder auch Spiritualität genannt werden. Spiritualität aber in den Rang der Religion als gleichgewichtigen Forschungsgegenstand zu heben, hält er für unangemessen.

In ähnlicher Weise widerspricht der niederländische Psychoanalytiker Jozef Corveleyn (2000) mit einer »wohlwollenden Neutralität« dem Konzept einer »spirituellen Strategie«. Zutreffend schildert er den Tatbestand, dass in Nordamerika darüber eine heftige Debatte entbrannt ist, während man in Europa kaum bis gar nicht über Religiosität, Spiritualität oder ethische Wertesysteme diskutiere. In Erinnerung an das in seinen Augen nützliche Konzept der psychoanalytischen Neutralität und Abstinenz rät er sehr davon ab, dass ein Therapeut in die Funktion eines Führers hinsichtlich bestimmter, selbst getroffener Wertsetzungen gerate.

Muss dies aber wirklich so sein? Sicher erfordert es gerade im Behandlungsrahmen der Psychoanalyse viel Fingerspitzengefühl und Augenmaß, um das therapeutische Arbeitsbündnis nicht durch unsachgemäße Interventionen und Rollenkonfusionen zu verwirren. Aber auch die Analyse hat sich weiterentwickelt und gestattet mittlerweile auch körpertherapeutische Interventionen im analytischen Setting (Heisterkamp 1995, Moser 1996). Warum sollten da nicht – mit entsprechender Behutsamkeit und bedacht – entsprechende spirituelle Interventionen unter bestimmten Bedingungen möglich sein?

Grundsätzlich werden in dem Forschungsbereich »Psychotherapie und Religion« ursprünglich religiöse Konzepte psychologisch analysiert und als eine gezielte psychotherapeutische Intervention eingesetzt: Im christlichen Kontext wären als Beispiel verschiedene Gebetsformen zu nennen, deren theoretische Ableitung und therapeutische Wirkungen in Amerika seit einigen Jahren intensiv untersucht werden. Aus buddhistischer Perspektive setzten auch einige deutsche Kliniken die Methode der Achtsamkeits-Meditation nach Kabat-Zinn ein, die sich offenbar gut zur Streß- und Schmerzbewältigung eignet. Auch in Deutschland werden religiöse Methoden wie z. B. die Meditation psychotherapeutisch eingesetzt und aus psychologischer Perspektive untersucht (Engel 1999, Huth 2000).

Diese signifikante Veränderung hinsichtlich einer Einbeziehung religiöser Fragen gilt jedoch nicht nur für die religiös hochaktiven Vereinigten Staaten von Amerika. Auch in Europa sind diesbezügliche Veränderungen festzustellen. Einige Monographien zur Einbeziehung der religiös-spirituellen Dimension liegen vor (West 2000, Schreurs 2002, Fontana 2003). Bei diesen beiden Werken sticht die sorgfältige Reflexion und Transparenz der eingenommenen weltanschaulichen Perspektive ins Auge, wodurch sie sich trotz der sehr unterschiedlichen Ausgangspunkte maßgeblich von den amerikanischen Publikationen unterscheiden. *William West* (2000, 1–3 und 65), Hochschullehrer in Manchester, verbindet einen humanistischen Beratungs- und Therapieansatz mit seinem Standpunkt als Quäker, deren Gemeinschaft und Frömmigkeit er nach langjähriger New-Age-Anhängerschaft seit zehn Jahren für sich als spirituelle »Heimat« empfindet. *Agneta Schreurs* (2002), eine niederländische Gruppentherapeutin und Seelsorgerin, verbindet ihre professionelle Sicht als Gruppenanalytikerin mit der christlich-katholischen Spiritualität. *David Fontana* (2003), ein bekannter englischer Psychologe, Meditationslehrer und Buchautor, hat seine kürzlich erschienene Religionspsychologie nicht nach streng wissenschaftlichen Kriterien angelegt, sondern plädiert in Anlehnung an Ken Wilbers Bewusstseinsmodell an ein erweitertes Wissenschaftsverständnis, das er aber ebenfalls zu Beginn offen darlegt.

Ein »Glaubensfaktor« im Sinne weltanschaulich-religiöser Überzeugungen wurde bei verschiedenen Erkrankungen als unterstützendes Element im Heilungsprozess beschrieben und empirisch geprüft. Persönliche Religiosität als eine wirkungsvolle Bewältigungsstrategie von Belastungssituationen erhält mittlerweile große religionspsychologische Aufmerksamkeit, zunehmend auch in Deutschland. Was genau wirkt aber hierbei heilsam? Sind es externe Kraft- und Heilungseinflüsse, oder ist es die innere Kraft des Vorstellungsvermögens und der Überzeugung? Die moderne psychosomatische Forschung hat herausgefunden, dass ein Medikament umso besser wirkt, je mehr man von seiner Wirksamkeit überzeugt ist. Nicht die Zusammensetzung des Medikamentes ist entscheidend für die Wirkung, sondern die Art und Weise, wie es verschrieben und eingenommen wird – in den Seneca zugeschriebenen Worten: »Sich Heilung zu wünschen, ist bereits Beginn der Heilung.«

Zahlreiche Studien haben nachgewiesen, dass die Gabe von Placebos – d. h. pharmakologisch wirkungslosen Scheinmedikamenten – unter bestimmten Umständen sehr effektiv sein kann (Brody 2002). Eine wichtige Voraussetzung des Placebo-Effektes ist das Arzt-Patient-Verhältnis. In dieser besonderen Beziehung sind drei Faktoren wichtig: die Persönlichkeit des Arztes, die Persönlichkeit des Patienten und insbesondere die Rollenerwartung beider: der Glaube des Arztes an seine Medizin – nicht sein Wissen darüber! – sowie das Vertrauen des Patienten in die Fähigkeiten des Arztes. Glaubensüberzeugungen entfalten eine starke therapeutische Wirkung. Dabei sind religiöse Glaubensüberzeugungen besonders umfassend, weil sie den Menschen in kosmische Zusammenhänge stellen und ihn dadurch tragen.

Spiritualität bzw. Religiosität und Ethik

Zweifelsohne stellen Religiosität und Spiritualität Machtinstrumente dar, die missbräuchlich eingesetzt werden können. Die Kombination von ärztlicher und geistlicher Autorität kann bei Patienten utopische Erwartungshaltungen erzeugen. Seitens professioneller Helfer können dadurch gottähnliche Allmachtsphantasien genährt werden. Deshalb hat der Berufsverband amerikanischer Psychologen (APA) bereits vor zehn Jahren die Berücksichtigung der Religiosität von Klienten in ihre ethischen Richtlinien aufgenommen. Bei der Einbeziehung spiritueller Interventionen sind besondere Vorsichtsmaßnahmen einzuhalten, um nicht übergriffig und missbräuchlich vorzugehen. Das bedeutet, über die genauen Lebensumstände hinaus die religiösen Überzeugungen, Praktiken und Erwartungen der Klientin oder des Patienten zu kennen. Ein Beispiel für die behutsame Exploration des sensiblen Gebiets der persönlichen Religiosität stellt eine Modifikation der Multimodalen Therapie dar. In der Multimodalen Therapie wird das BASIC ID verwendet, um die Störung einer Patientin präzise zu erfassen *(behavior, affect, sensation, imagery, cognitive, interpersonal relations, drugs and biology)*. Die Autoren erweitern diesen Erfassungskatalog um den Bereich Spiritualität. Dazu stellen sie folgende vier Fragen (Curtis & Davis 1999):

– Welche spirituellen und religiösen Überzeugungen haben Sie?
– Welche Bedeutung haben diese Überzeugungen in Ihrem Leben?
– Erzählen Sie mir, welche Rituale oder Gebete Ihnen angenehm sind.
– Erzählen Sie mir, welche Glaubensvorstellungen Sie irritieren oder ängstigen.

Unverkennbar stammen diese Fragen aus dem amerikanischen Kulturkreis, die nicht ohne weiteres auf die gänzlich andere Situation in Deutschland übertragen werden kann. Dennoch ist wohl unbestritten, dass bei Beraterinnen und Therapeuten die Kompetenz zum Umgang mit religiösen Fragen bei uns unterentwickelt ist. Ein grundlegender Aspekt religiöser Kompetenz in der gegenwärtig religionsdiffusen Lage ist jedenfalls darin zu sehen, religiöse Themen und Bedürfnisse beim Gegenüber wahrzunehmen. Wichtig ist dafür die Reflexion des eigenen weltanschaulichen Standortes. Ausdrücklich hält der Deutsche Arbeitskreis für Jugend-, Ehe- und Familienberatung (DAJEB) in seinen gemeinsamen Grundsätzen fest:

»In jede Beratung gehen seitens der Berater und der Ratsuchenden besondere Wertorientierungen ein, die auf unterschiedlichen Welt- und Menschenbildern beruhen. Beratung ist also nicht wertfrei. Als Partner der Ratsuchenden müssen die Berater für deren Wertorientierung offen sein und diese gegebenenfalls auch thematisieren. … Eine Voraussetzung dafür, dass Berater ihre Wertvorstellungen den Ratsuchenden nicht aufdrängen, ist, dass sie ihre eigenen Orientierungen kritisch reflektieren.«

Eine beraterische und seelsorgerliche Kompetenz setzt also die Klärung des eigenen weltanschaulich-religiösen Standpunktes voraus. Erst in aufmerksamer Reflexion und kritischer Distanz zum eigenen Weltbild können existentielle Fragen zugelassen und Ratsuchende begleitet werden. Die Fähigkeit zur differenzierten Wahrnehmung der religiös-spirituellen Bedürfnisse des Gegenübers verlangt von dem Therapeuten selber eigene Erfahrung und einen Standpunkt. Eigene religiöse Erfahrungen und Selbsterfahrung ist nötig, um mit Religiosität anderer umgehen zu können.

Das bedeutet für den Berater: Die Reflexion der eigenen religiösen Sozialisation, der lebensgeschichtlichen Veränderungen des Gottesbildes, des Umgangs mit Leid, Schuld, Zufall und Tod ist unverzichtbar. Weiterhin gehört dazu eine inhaltliche Diskussion über folgende Themengebiete: Wie sind »paranormale Phänomene« zu bewerten? Hält der/die Berater/in eine »übermenschliche« Wirklichkeit, Dämonen, Engel, Geister für möglich? Wie steht er/sie zu Reinkarnation, Auferstehung, der »Erscheinung« Verstorbener? Wie sieht es mit dem »Einfluss« von guten und schlechten Gedanken, von Fluch und Segen aus?

Methodisch sollte reflektiert werden, wie der/die Berater/in mit Anfragen an sein/ihr religiöses Selbstverständnis umgeht. Wie weit soll die Transparenz gehen? Wird beispielsweise der Bitte um ein gemeinsames religiöses Ritual entsprochen? Gerade heutzutage, wo sich immer mehr beraterische Anfragen auf den nebulösen Bereich des Irrationalen beziehen, sind diesbezüglich intensive Reflexion und Transparenz dringend nötig.

Ist es nicht naheliegend, gerade von Mitarbeitenden in kirchlichen Beratungsstellen ein besonderes Einfühlungsvermögen und Kompetenzen im Umgang mit religiösen Fragen zu erwarten? In der kürzlich erschienenen Einführung zur »Religiös-existentiellen Beratung« von Christoph Morgenthaler und Gina Schibler heißt es (2002, 9 ff.): »Kirche wird auf dem florierenden Markt der Beratung gerade dann präsent bleiben, wenn sie ihre Beratungsangebote auch religiös-existentiell profiliert ... Beratungsmodelle, die es erlauben, religiöse Themen bewusster anzusprechen und in denen theologische Arbeit eine begründete Rolle spielt, könnten zur Profilierung der Identität kirchlicher Beratung beitragen.«

Was die beiden Schweizer Autoren damit meinen, erläutern sie an einem Beispiel. Im Erstgespräch ermuntern sie mit den folgenden Fragen zur religiös-spirituellen Exploration eines Problems:

»Hat dieses Problem auch eine spirituelle Seite? Hat es auch mit Ihrem Glauben zu tun? Was würde Gott zu diesem Problem sagen, wenn wir ihn direkt fragen könnten? Warum glauben Sie, dass gerade Sie dieses Problem haben? Was sagt mir das Problem über Ihren Glauben, Ihre Ethik, Ihre Wertvorstellungen? Welche Grundüberzeugungen spielen eine Rolle, dass Sie das Problem so erfahren?« (Morgenthaler & Schibler 2002, 64).

Eine behutsame Einbeziehung der religiös-spirituellen Dimension in eine Krankenbehandlung wird zumindest von immer mehr Patienten gewünscht.

Gerade Beratungsangebote und Krankenhäuser in kirchlicher Trägerschaft können und sollten sich auf ihre spirituelle Tradition besinnen und die religiöse und spirituelle Kompetenz ihrer Mitarbeiterinnen fördern. Die neuere Forschung weist unmissverständlich darauf hin, dass Spiritualität ein relevanter Genesungsfaktor für die Krankheitsbewältigung und Sinnfindung darstellt, der von Diakonie und Caritas wiederentdeckt werden kann (Büssing & Ostermann 2004).

Es bleibt festzuhalten, dass alle (sozial-)wissenschaftlichen Modelle weltanschauliche Überzeugungen und Werte enthalten. Jedes psychologische Modell transportiert anthropologische Leitbilder, die aber fairerweise reflektiert und kommuniziert werden sollten. Therapien mit dem Anspruch existentieller Lebenshilfe gründen nicht auf einer empirisch-wissenschaftlichen, sondern auf einer subjektiv-weltanschaulichen Position. Deshalb ist eine deutliche Grenze zwischen einer psychologischen Heilbehandlung mit dem Ziel der seelischen Gesundung und einer spirituellen Heilsvermittlung mit dem Ziel weltanschaulicher Selbstvergewisserung zu ziehen.

Sollten Ärzte deshalb religiöse Aktivitäten verschreiben? Dies ist keine rhetorisch gemeinte Frage. Vor drei Jahren diente sie als Titelüberschrift einer provozierenden Arbeit in einer renommierten amerikanischen Fachzeitschrift und löste eine intensive kontroverse Debatte aus. Aus europäischer Sicht dürften jedoch schnell Gedanken von Zwang, dogmatischem Erfolgsdruck und manipulativer Vereinnahmung auftauchen, die ein derartiges Vorgehen in einem äußerst fragwürdigen Licht erscheinen lassen. Sollen Ärzte, Berater und Therapeuten neuerdings religiöses Vertrauen einflößen wie eine bittere Arznei?

Hierzulande spielt Religiöses im Bewusstsein vieler Menschen keine Rolle mehr. Viel naheliegender als ein mögliches Gesundungs- oder Gesundheitspotential erscheinen die unterdrückenden und krankmachenden Aspekte religiöser Überzeugungen zu sein. Ein instrumentalisierter Glaube macht Verführungs-, Einschüchterungs- und Unterwerfungsversuche leicht. Missbrauchte religiöse Sehnsüchte haben in der Vergangenheit unendliche Schmach und Schuld auf Deutschland gelegt und andere Nationen auf unvorstellbare Weise geschädigt. Deshalb ist die weitgehende Skepsis, die bei vielen bis zu einer gänzlichen Ablehnung der Religion reicht, nachvollziehbar. Andererseits könnte gerade die nationalsozialistische Vergangenheit als ein stichhaltiges Argument für mehr religionspsychologische Forschungsaktivitäten betrachtet werden.

Fallbeispiel

Ein 48-jähriger Schauspieler wandte sich an die Evangelische Zentralstelle für Weltanschauungsfragen mit dem Wunsch, mehr Hintergrundwissen über esoterische Lebenshilfen zu erhalten. Es stellte sich heraus, dass der Ratsuchende verschiedene Verfahren der Psychoszene wie das Familienstellen nach Helliger, schamanistische Visionssuche, Chanelingkurse und Quadrinity-Seminare über Jahre hinweg besucht hatte. Ein plötzlicher Todesfall in der nächsten Umgebung hatte ihn vor einem Jahr sehr nachdenklich gemacht. Seit diesem Zeitpunkt habe er Abstand von den früher häufig durchgeführten Seminarbesuchen genommen und gemerkt, dass sie auf wesentliche Fragen keine Antworten böten. Ihm sei mittlerweile nicht mehr deutlich, was er eigentlich bei den zahlreichen Seminarbesuchen gesucht habe. In den beiden Beratungsgesprächen kristallisierte sich eine tiefe Sinnsuche und große persönliche Orientierungslosigkeit als die beiden wichtigsten Motive heraus. Zwar hätten manche Seminare ihm Gedankenanstöße vermittelt, insgesamt sei eine nachhaltige Wirkung aber ausgeblieben.

Der Gesprächspartner war in einem atheistischen Elternhaus aufgewachsen und hatte von daher wenig Hintergrundwissen über den christlichen Glauben. In der Schule berichtete ein Schulkamerad so begeistert von dem evangelischen Religionsunterricht, dass er seine Eltern bat, daran teilnehmen zu dürfen, was diese für ein Schuljahr zuließen. In letzter Zeit würde er sich ab und zu an Sequenzen dieses Unterrichts erinnern, und mittlerweile habe er großes Interesse am Christentum entwickelt. Es gelang, ihn zu einem Einführungsseminar in den christlichen Glauben (»Alpha-Kurs«) in einer für ihn günstig gelegenen Kirchengemeinde zu vermitteln. Ein halbes Jahr später teilte er per E-mail mit, dass er eine neue spirituelle Heimat in dieser Gemeinde gefunden habe.

Religiöses Erleben – Möglichkeiten und Grenzen des psychologischen Verstehens

Während in der Philosophie, der Religionswissenschaft, der Germanistik und der (historischen und geistlichen) Theologie die Mystikforschung eine lange Tradition hat, stellt sie in der Psychologie eine Ausnahme dar. Erleben und Erfahrung sowie

Religion, Spiritualität, Mystik sind in der Psychologie gemiedene Begriffe und Themen. Wegen ihrer extrem unterschiedlichen Verwendung und inhaltlichen Unschärfe haben sie sich als äußerst missverständlich erwiesen. Im Verlauf der etwas mehr als hundertjährigen Wissenschaftsgeschichte der Psychologie hat diese Disziplin die Schwerpunkte ihrer Forschung mehrfach geändert. Zunächst standen das menschliche Bewusstsein und sein Erleben im Mittelpunkt und wurden mittels Fragebogenstudien, aber auch phänomenologischer Beobachtung untersucht (Pongratz 1984). Spätestens seit den sechziger Jahre verlor sich das psychologische Interesse an der Innerlichkeit, und das menschliche Verhalten und Handeln rückte in den Mittelpunkt.

Zur Religion hat die wissenschaftliche Psychologie von Anbeginn an eine eher skeptisch-ablehnende Haltung eingenommen. Obwohl die Körper-Seele-Geist-Einheit immer noch von vielen als ein zutreffendes Bild vom Menschen angesehen wird, haben sich häufig Ärzte, Psychologen und Theologen auf ihre professionellen »Inseln« zurückgezogen, ohne an einem Gespräch und einer möglicherweise ergänzenden Sichtweise Interesse zu zeigen.

Wie sieht eine intensive religiöse oder spirituelle Erfahrung im subjektiven Erleben aus? Die allermeisten »Betroffenen« erinnert diese Verbundenheitserfahrung an ihre Bezogenheit auf Transzendentes und ihre Zugehörigkeit zu einer »übersinnlichen Wirklichkeit« oder dem »kosmischen Universum«.[17] Dieser Welt wird eine zwar unsichtbare, aber reale Existenz zugeschrieben. Wie nun aber die geheimnisvolle Verbindung zwischen den beiden Welten zustande kommt – der vordergründig-gewöhnlichen, sichtbaren und der unsichtbar-außergewöhnlichen, aber grundlegenden Welt im Einzelnen – als geheimnisvoll-esoterische Lebensenergie, als Kundalini- oder Chi-Kraft, als feinstoffliche Strömungsenergie oder gnadenhafte Gottesbegegnung – die kognitive Bewertung und Einordnung hängt ganz alleine von den persönlichen Voraussetzungen und Glaubensüberzeugungen ab.

Die persönliche religiöse Suche, das Ringen um eine Antwort auf existentielle Lebensfragen und ein vorsichtig-tastendes Ausprobieren unterschiedlicher Sinnangebote ist eine zutiefst intime Angelegenheit. Das Spirituelle wird heute tabuisiert wie vor hundert Jahren die Sexualität. Angesichts der vielfach festgestellten »Wiederkehr der Religion«. Angesichts eines in letzter Zeit häufig diagnostizierten Kampfes der Kulturen und Religionen ist das Gespräch darüber vielleicht wichtiger denn je. Es ist meine Überzeugung, dass wir eine Gesprächskultur der Innerlichkeit entwickeln müssen, um gemeinsam die Herausforderungen der Globalisierung zu meistern. Dazu gehört eine vertrauensvolle Offenheit und der Mut, dem Anderen Einblicke in das eigene Innenleben – auch das religiöse zu gestatten.

Worum geht es eigentlich bei einer intensiven religiösen Erfahrung? Warum kasteien sich Menschen, fasten wochenlang, begeben sich in unbequeme Sitzhalten, beten oder meditieren stundenlang? Ihr Ziel besteht darin, die Welt und die eigene Mitte als eins zu empfinden. Es geht darum, alles loszulassen und sich dem All-Einen zu öffnen. Das simple und doch so schwierige der religiösen Erfahrung besteht darin, vollständig gegenwärtig, ganz in der Gegenwart zu sein.

Jede Person mit Meditationserfahrung weiß, wie schwer es ist, in der Gegenwart anzukommen. Das ist es, was die Mystiker aller Zeiten gesucht haben – die reine, unmittelbare Gegenwart. Das Ganzsein, das Heilsein, der tiefe Frieden der Seele hängt von der Fähigkeit ab, die Vergangenheit hinter sich zu lassen und auch die ambivalenten Blicke in die Zukunft aufzugeben – und einzutauchen in ein schlichtes, unhinterfragtes, zeitloses Gegenwärtigsein. Dazu dienen religiöse und spirituelle Übungen.

Aber müssen alle Menschen religiöse Aktivitäten entwickeln, um inneren Seelenfrieden zu erreichen? Für einige Menschen sind religiöse Erfahrungen ein erstrebenswertes Ziel und einzig wahrer Ausdruck von Religiosität. Nur diese Erfahrungen ermöglichen, so behaupten die Praktizierenden, das grundlegende Wesen der Religion zu verstehen und im Alltag zu verwirklichen. Gleichzeitig werden sie durch religiöse Erfahrungen in ihrem Glauben bestätigt und ermutigt.

Für andere wiederum sind religiöse Erfahrungen ein Zeichen menschlicher Selbst-Täuschung, Schwäche und Unreife. Ja, sie verstehen Religion an sich als ein Versuch, sich der Eigenverantwortung zu entziehen. Ihrer Meinung nach übergeben sich die Anhänger einer Religion der Führung einer höheren Macht, um dem Wunsch nach Sicherheit und Geborgenheit zu entsprechen, was letztlich aber eine Illusion sei.

Braucht jeder Mensch Religion? Aus meiner Sicht ist diese Frage zu bejahen, denn die klassischen menschlichen Existenzfragen verlangen nach einer Antwort. Auch Menschen, die kein Interesse für meditative Versenkungsübungen, kosmische Bewusstseinszustände oder besondere Erleuchtungserfahrungen zeigen, müssen sich irgend wann einmal – im weitesten Sinne – existentiellen Fragen stellen, die unmissverständlich religiöse Antworten erfordern: Warum ich? Wozu gibt es das Böse, warum müssen Menschen leiden? Wie kann Schuld vermieden werden? Was geschieht nach dem Tod? Selbst hochentwickelte Computertechnologien können diese Fragen nicht lösen. Der Berliner Schriftsteller und Philosoph Rüdiger Safranski (2002, 31) schreibt: »Die zivilisatorische Macht der Wissenschaften kann nicht darüber hinwegtäuschen, dass unsere grundlegenden Stellungnahmen zum Leben nicht wissenschaftlicher Natur sind, sondern aus Moral, Religion, Lebensgefühl gespeist werden.«

Viele Menschen haben sich früher den Hoffnungen des antireligiösen Aufklärers Freud angeschlossen. Sie wollten die religiösen Tröstungen als Illusion entlarven und mutig der angeblich schmerzlichen Realität des Menschsein trotzen. Die von Freud angebotene Wirklichkeit ist dabei weder erbaulich noch hoffungsvoll: »Die Absicht, dass der Mensch glücklich sei, ist im Plan der Schöpfung nicht vorgesehen.« Freud konnte jedoch deshalb eine solch pessimistische Haltung einnehmen, weil er von der festen Hoffnung beseelt war, dass der Verlust religiöser Illusionen kompensiert werden könne durch Wissenschaft und Technik.

Heute haben sich das Vertrauen in einen grenzenlosen Fortschritt und Hoffnungen auf die wissenschaftlich-technische Lösung der Menschheitsfragen größtenteils zerschlagen. Gegenüber einer weithin wissenschaftsgläubigen und technikbesessenen Moderne muss eingestanden werden, wie rat- und hilflos wir den grundlegenden Lebensfragen immer noch ausgeliefert sind. Denn unübersehbar haben sich vor das strahlende Leitbild der Moderne – den Sieg der Vernunft über die Macht des Irrationalen, Zufälligen und Unbewussten – bedrohlich dunkle Wolken geschoben. Die Stichworte Terror, Krieg, Amok-Läufe, Entführungen, Kindesmissbrauch oder Naturkatastrophen genügen. Trotz einer deutlich höheren Lebenserwartung stellt sich die Frage, ob der technische Fortschritt auch eine Verbesserung der Lebensqualität mit sich gebracht hat. Eine Aufklärung, die der Religion keinen Platz zugesteht, wird unmenschlich. Die hochzivilisierte Großstadtbevölkerung der westlichen Industrienationen ist eine merkwürdig zwiespältige Erscheinung: ausgerüstet mit einem internetfähigen Mobiltelefon, aber ethisch-moralische Analphabeten.

Existentielle Lebensfragen entziehen sich einer rationalen Analyse und Kontrolle. Eine vertrauensvolle Haltung zum Leben – gerade im Angesicht von Ungerechtigkeit, Leid und Sinnlosigkeit – kann nur durch die Annahme nichtrationaler Glaubensüberzeugungen gelingen. Zugespitzt formulierte sogar der Soziologe Peter Gross (1999, 61): »Man kann nicht nicht-religiös sein.«

Gerade in lebenserschütternden Krisensituationen scheint der Mensch auf derartige Deutungen angewiesen zu sein. Die Beantwortung der Fragen nach Endlichkeit, Sinn, Gerechtigkeit, Wahrheit oder Zufall ist für jeden wichtig, um nicht in Verzweiflung und Depression zu enden. Für den Menschen ist das Verlangen nach umfassender Sinnerfüllung grundlegend. Safranski (2002, 27) schreibt: »Man will in einem seelisch-geistigen Sinne zu Hause sein in einem religiösen Lebens- und Erfahrungszusammenhang – besonders in stürmischen Zeiten.« Deshalb können auch Menschen mit festen Glaubensüberzeugungen Lebenskrisen wie eine schwere Erkrankung oder Verlusterfahrungen besser bewältigen.

Aber – das Reden über Religion ist schwierig, weil religiöse Überzeugungen nur subjektiv zugänglich sind. An religiöse Erfahrungen muss man nicht glauben. Wenn ein Mensch dafür empfänglich ist, prägen sie ihn oder sie. Der große Soziologe Max Weber hat auf lakonische Art erklärt, dass es sich mit der religiösen Erfahrung so verhalte wie mit der Musikalität: Nicht jeder komme in ihren Genuss. Weber selber sei zum Beispiel religiös unmusikalisch gewesen. Eine ähnliche Bemerkung gab es ja auch von Sigmund Freud, als er gestand, dass ihm das »ozeanische Gefühl«, wie Romain Rolland die religiöse Erfahrung genannt hat, fremd geblieben sei. Safranski (ebd.) kommt in seinen Ausführungen über die Sehnsucht nach Religion zu dem folgenden erstaunlichen Schluss: »Wenn eine religiöse Erfahrung auch nicht jedem zugänglich ist, so liegt doch eine universalisierende Tendenz darin. Denn diese Erfahrung impliziert eine Art Ergriffenheit vom Ganzen, weshalb der Gedanke nicht fern liegt, dass sie auch alle angeht oder doch angehen sollte.«

Das Reden über religiöse Erfahrung hat mit vielen Schwierigkeiten zu kämpfen. W. James hat vier Merkmale beschrieben, durch die sich echte religiöse Erfahrungen auszeichnen: ihre Unaussprechlichkeit, Überzeugungsqualität, Flüchtigkeit, ihr Bemächtigungscharakter. Damit hat er eine umfassende Typologie vorgelegt, die den vielfältigen Facetten gerecht zu werden sucht. Gleichzeitig dokumentieren diese Aspekte jedoch die schier unüberwindbaren Probleme, mit derartigen Erfahrungen in einer Beratungs- oder Therapiesituation angemessen umzugehen: Wie soll ein Erleben, dass in seiner subjektiven Evidenz überzeugend und bemächtigend daherkommt, sich dazu aber noch als unstet erweist, sprachlich vermittelt und verstanden werden?

Wenn man sich mit der religionswissenschaftlichen Mystikforschung beschäftigt, findet man eine Fülle von Überlegungen zu Ausprägungen und Formen religiös-mystischer Erfahrung. Jedoch spricht viel dafür, dass die Diskussion in eine Sackgasse geraten ist. Das hängt zum Teil mit der Unschärfe und Vieldeutigkeit des Erfahrungsbegriffes zusammen. Der Ausdruck »mystische Erfahrung« lässt sofort an außergewöhnliche Phänomene denken – an Visionen, Stimmen und Verzückungen. Viele Mystiker haben jedoch betont, dass dieses gerade nicht das Wesen der Begegnung mit Gott ausmacht. Viele der großen christlichen Mystiker – man braucht nur an Origenes, Meister Eckhart oder Johannes vom Kreuz zu denken –

sprachen sich sogar entschieden gegen solche Erfahrungen aus. Statt dessen hoben sie die neue Dimension des Innewerdens hervor, die der mystischen Begegnung eigen ist, das besondere und erhöhte Bewusstsein, das Liebe und Erkenntnis umfasst. Die neuere Forschung »hält die Kategorie Bewusstsein für präziser und fruchtbarer als die Kategorie der Erfahrung«, fasst der Chicagoer Kirchengeschichtler Bernard McGinn zusammen (1994, 384). Damit fällt auch der Psychologie wieder eine höhere Bedeutung zu. Wie auch immer religiöse Erfahrungen gewertet werden, ihr Auftreten ist ein Bewusstseinsphänomen und damit eine »psychologische Tatsache« (Jung 1973, 98).

Die Evidenz subjektiver Erfahrung hat in der ganzen Religionsgeschichte immer wieder dazu geführt, von Wissen anstelle von einem Glauben zu reden. Aus biblisch-theologischer Sicht gehört aber der Zweifel zum Glauben dazu. Gerade die Unsicherheit führt zu hoffnungsvollen Vertrauensschritten und einem sich Anvertrauen einer größeren Wirklichkeit, die man denkerisch sowieso nicht erfassen kann.

Wo diese Spannungen zwischen Wissen und Glauben nivelliert werden, gerät jede Beschreibung der religiösen Wirklichkeit in die Nähe esoterischer Schwärmerei. Die häufig zitierte Quintessenz aus den Untersuchungen von William James muss zutreffend als Rückgriff auf »esoterisch-neohinduistisches Gedankengut« qualifiziert werden (Dehn 2004, 290). Nach James (1997, 379) schließen nämlich »die charakteristischen Befunde des religiösen Lebens folgende Überzeugungen ein:

1. dass die sichtbare Welt Teil eines mehr geistigen Universums ist, aus dem sie ihre eigentliche Bedeutung gewinnt;
2. dass die Vereinigung mit diesem höheren Universum bzw. eine harmonische Bestimmung zu diesem unsere wahre Bestimmung ist;
3. dass das Gebet bzw. die innere Gemeinschaft mit dem Geist des Universums – mag dieser Geist ›Gott‹ oder ›Gesetz‹ sein – ein Prozess ist, in dem etwas Wirkliches geschieht, durch den spirituelle Energie in die Erscheinungswelt einfließt und dort psychologische oder materielle Wirkungen hervorbringt.«

Ein biblisch-theologisches Verständnis des Glaubens lässt sich also deutlich von den Konzepten der Religiosität und Spiritualität abgrenzen. Die religionspsychologische Forschung benötigt für ihre Weiterentwicklung das Gespräch mit der Theologie und Religionswissenschaft, um ihre Konzepte trennscharf definieren zu können.

8 Spirituelle Interventionen als Komplementärmedizin

8.1 Spirituelle Interventionen in der Komplementär- und Alternativmedizin

Die Alternativmedizin befindet sich in einem beachtlichen Aufwind. Der Boom der Alternativmedizin ist nichts Neues. Schon Anfang des letzten Jahrhunderts gab es in Deutschland mehr nicht-ärztliche Naturheiler als Ärzte. Ein ähnlicher Trend ist seit einigen Jahren erneut zu beobachen, nur dass jetzt immer mehr Schulmediziner ergänzend alternative Verfahren anbieten. Nach Angaben einer Allensbach-Umfrage soll sich in den vergangenen zehn Jahren die Anzahl der Ärzte, die als Zusatzbezeichnung »Homöopathie« oder »Naturheilkunde« führen, fast verdoppelt haben. Heute wird die Akupunktur sehr erfolgreich zur Schmerzbekämpfung verschrieben und teilweise von den Krankenkassen übernommen. Yoga-Übungen und Zen-Meditation werden von Ärzten zur Stressreduktion und Gesundheitsprophylaxe empfohlen. Während vor 25 Jahren in einer repräsentativen Umfrage nur 33 % Meditation als Entspannungstechnik positiv bewerteten, sind es heute 49 %. Ayurveda-Anwendungen sind im Rahmen von Wellness-Kuren ein Renner, die traditionelle chinesische Medizin boomt. Und Homöopathika werden als Selbstbehandlung leichter Erkrankungen immer häufiger eigenverantwortlich eingesetzt.

Über die Motive, Komplementär- und Alternativmedizin anzuwenden, wurde schon viel geforscht. Der Erkenntnisstand lässt sich etwa so zusammenfassen: Viele Menschen sind unzufrieden mit der konventionellen Medizin und der Wissenschaft überdrüssig. Manche sind verzweifelt, etwa weil sie unheilbar erkrankt sind. Hinzu tritt als ein »positives« Motiv der populäre Trend zum Natürlichen und Übersinnlichen. Dabei steht die Hoffnung im Vordergrund, eine Heilung ohne Nebenwirkungen zu erhalten und mehr Kontrolle über die eigene Gesundheit zu gewinnen. Vor allem Eltern von Kindern mit chronischen Erkrankungen wie Neurodermitis, Allergien oder Asthma, zeigen ein hohes Interesse an dieser Alternative zur Schulmedizin.

Für das weite Feld der Alternativmedizin gibt es unterschiedliche Bezeichnungen: Volks-, Erfahrungs- oder traditionelle Medizin, holistische oder Ganzheitsmedizin, unkonventionelle Heilweisen oder Komplementärmedizin. In den USA hat sich der Sammelbegriff CAM für »Complementary and Alternative Medicine« eingebürgert. Die Alternativ- bzw. Komplementärmedizin ist dort weit verbreitet und offiziell anerkannt. CAM-Kurse werden an drei Viertel der US-amerikanischen Hochschulen unterrichtet, das dazugehörige Forschungszentrum ist mit einem jährlichen Etat von rund 100 Millionen Dollar üppig ausgestattet. Während die Forschung in Deutschland noch hinterherhinkt, ist das öffentliche Interesse an solchen Heilweisen unvermindert groß.

Wie kann man die vielfältigen Verfahren der sogenannten »sanften Medizin« systematisieren? Eine gründliche Übersicht liefert das Lehrbuch des Historikers Robert Jütte (1996) über die »Geschichte der Alternativen Medizin«:

1. Religiöse und magische Medizin
   (Wunderglaube, Wallfahrten, Gebetsheilungen, Geistheilung)
2. Klassische Naturheilkunde
   (Wasser-, Bewegungs-, Kräuter-, Ernährungs-, Ordnungstherapie)
3. Biodynamische Heilweisen
   (Homöopathie, Anthroposophische Medizin)
4. Fernöstliche Heilweisen
   (Akupunktur, Yoga, Ayurveda, traditionelle chinesische Medizin)

Alternativmedizinische Verfahren stellen im Grunde die Wiege der wissenschaftlichen Medizin dar. Denn bevor sich die akademische Schulmedizin in der Mitte des 19. Jahrhunderts konstituierte, gab es ein weites Spektrum von Heilern, im dem Quacksalber und Scharlatane ebenso vorkamen wie erfahrungskundige Apotheker und Chirurgen. Als beispielsweise Samuel Hahnemann gegen Ende des 18. Jahrhunderts mit seiner Homöopathie antrat, spaltete sein ungewöhnlicher Erklärungsansatz des Ähnlichkeitsprinzips sein Publikum in Anhänger und Feinde. Dabei erwiesen sich die Abgrenzungsbemühungen als Motor für die Profilierung einer »rationalen Medizin«, wie man die Schulmedizin damals gerne bezeichnete. Die sogenannte Alternativmedizin ist also viel älter als die durch den wissenschaftlich-technischen Fortschritt sich sprunghaft entwickelnde Schulmedizin.

Seit Hahnemanns Zeiten hat sich die Alternativmedizin in Wellen von Sympathie und Antipathie weiter ausgebreitet. Professor Paul Unschuld (2003, 268), Sinologe und Medizinhistoriker an der Universität München, begründet ihren bemerkenswerten Aufschwung mit der »Überzeugungskraft von Ideen«. Der Übergang von einem heilkundlichen Ideensystem zu einem anderen – etwa von der Schulmedizin zur Alternativmedizin – hängt nach seiner Meinung im Wesentlichen von außermedizinischen Faktoren ab. Dazu zählt er die kulturellen und sozialen Rahmenbedingungen einer Gesellschaft und vor allem die »Grundwerte, die sich für das menschliche Zusammenleben herausgebildet haben«. Nicht zuletzt meint er damit auch »die Ängste, die eine Gesellschaft im Hinblick auf reale oder vermutete Gefährdungen ihrer Strukturen hegt. All diese Gegebenheiten rufen offenbar einen bestimmten Zeitgeist hervor, der sich nicht zuletzt in der Art und Weise widerspiegelt, wie die Bedrohung durch Kranksein und frühen Tod empfunden, konzeptualisiert, in Theorien eingefügt und schließlich als heilkundliches Ideensystem kulturell strukturiert wird.«

In der Alternativmedizin übernehmen Weltanschauungen die zentrale Funktion der Wirklichkeitsdeutung. Alternative Heilverfahren gründen auf Weltbildern und vermitteln deren Werte, Ideale und Ethik. Zugespitzt kann man formulieren: In der Weltanschauung ist das Wirkprinzip eines alternativen Heilverfahrens verborgen. In der Regel widersprechen die Weltbilder der Alternativmedizin dem wissenschaftlichen Weltbild der Moderne. Den vormodernen Weltbildern entnehmen die Heilpraktiker vertrauensvoll ein Wissen, das gesunde Lebensführung vermittelt und Heilprozesse in Gang setzen soll.

Konzepte von Gesundheit und Wohlbefinden, von Heilsein und Ganzheit sind also immer auch ein Spiegel des Zeitgeistes und der aktuellen gesellschaftlichen Wertesysteme. Nur vor diesem Horizont lässt sich der schwammige Begriff »Alternativmedizin« definieren: Dazu zählen genau die Verfahren, die »von den herrschenden medizinischen Richtungen einer bestimmten Gesundheitskultur mehr oder weniger stark abgelehnt werden, weil sie die Therapieformen der herrschenden medizinischen Richtungen teilweise oder völlig in Frage stellen bzw. auf eine unmittelbare und grundlegende Änderung des medizinischen Systems abzielen« (Jütte 1996, 13).

Konzepte einer alternativmedizinischen »Gegenkultur« lassen sich heute leicht finden: Vorstellungen eines feinstofflichen Körpers, von besonderen Energiepunkten und -kanälen im Sinne einer Aura, von Meridianen und Chakren, die die Grundlage der asiatischen Heilweisen bilden, lassen sich im westlichen medizinischen Denken nicht abbilden, naturwissenschaftlich erfassen oder gar verstehen. Die Heilwirkungen veränderter Bewusstseinszustände, die im Schamanismus eine zentrale Rolle spielen und heute als magische Medizin eine erstaunliche Aufmerksamkeit erfahren, entziehen sich ebenfalls dem rationalen Verständnis. Die Einbeziehung bestimmter Tageszeiten oder Mondkonstellationen in eine therapeutische Behandlung innerhalb des biodynamischen Spektrums ist gleichfalls an weltanschauliche Glaubensüberzeugungen gebunden.

Im Zentrum alternativer Heilverfahren steht also in der Regel eine komplexe Weltanschauung und Lebensphilosophie. Das sollte man wissen, wenn man sich auf eine fremdartige Heilmethode einlässt. Heute hat man manchmal den Eindruck: je exotischer das Verfahren, desto größer die Aufmerksamkeit. Für viele ist beispielsweise der Buddhismus mit seiner friedvollen und Gelassenheit ausstrahlenden Atmosphäre attraktiv. Die Idee der Reinkarnation findet wachsenden Zuspruch – wahrscheinlich auch deshalb, weil man damit der bedrohlichen Endlichkeit ein Schnippchen zu schlagen glaubt. Dabei ist mit einer erneuten Reinkarnation nach buddhistischem Verständnis gar kein Erfolg, sondern Scheitern und fortgesetztes Leiden verknüpft.

Es ist also unverzichtbar, bei der Bewertung von Alternativmedizin etwas genauer und gründlicher deren weltanschauliche Hintergründe anzuschauen. Mitunter stößt man im historischen Kontext mancher alternativer Verfahren auf das Umfeld bzw. auf deren Beheimatung in einer »Sekte«. Robert Jütte (ebd., 14) führt dazu aus: »Heute weit verbreitete unkonventionelle Heilweisen erfüllen auch eine soziale Funktion, die von der naturwissenschaftlichen Medizin ausdrücklich nicht erfüllt werden soll: sie bindet Menschen eng aneinander, sie verschafft ihnen ein Bewusstsein von Zusammengehörigkeit, … sie bildet die Chance zu ständigen, wohltuenden gegenseitigen Bestätigungen, dass man im Recht sei, kurzum: sie stiftet Integration zu einer Gemeinschaft, deren kognitiver Überbau oder ›Glaubensinhalt‹ Sicherheit vermittelt.« Er nennt als Beispiele:

– die Christian Science-Bewegung (Gesundbeten),
– die Geistheilerin »Uriella« mit ihrem »Orden Fiat Lux« (göttliche Heilkraft),
– der Bruno Grönung-Freundeskreis (magnetisch »aufgeladene« Staniolkugeln),
– Joseph Weißenberg und seine »Johannische Kirche« (Wunderheilungen),
– Maharishi Ayur-Veda (Heilslehre der Transzendentalen Meditation).

Diese Reihe ließe sich noch ergänzen durch die Heilungsversprechen bestimmter pfingstkirchlich-charismatischer Gruppen und esoterischer Anbieter.

Deshalb darf im Hinblick auf die Alternativmedizin nicht aus dem Blick geraten: Weltanschauungen und Lebensdeutungen enthalten sowohl ein Heilungs- als
auch ein Missbrauchspotential. An der Schnittstelle von Heilverfahren und Heilsversprechen sollte deshalb der folgende Grundsatz beherzigt werden: Wenn Heilung von der Übernahme eines Glaubenssystems abhängig gemacht wird, sollte
dies genau geprüft werden. Wenn jemand eine Weltanschauung wegen ihres Hei-
lungsversprechens in Anspruch nehmen möchte, sollte auch die Übereinstimmung
mit ihrer Ethik, ihrer Sinndeutung sowie ihrem Gottes- und Menschenbild sorgfältig geprüft werden.

Alternativmedizinische Verfahren werden zum Teil naiv und leichtfertig beurteilt. Spektakuläre Ergebnisse sollen Wahrheiten schaffen: »Wer heilt, hat Recht.«
Bei der naheliegenden Frage nach der Wirk-Ursache unerklärlicher Phänomene
winken viele esoterisch orientierte Heiler gelangweilt ab: Das sei doch gleichgültig,
Hauptsache, das Resultat stimmt. Dem ist entgegenzuhalten: Wem Recht zugesprochen wird, der erhält auch Anrechte auf den Menschen. Deshalb ist es notwendig, die schwierige und komplexe Frage nach den Urhebern und Wirkprinzipien
von Heilerfolgen zu stellen. Mit einer gutgläubigen Orientierung an (kurzfristigen)
Heilerfolgen werden zum Beispiel die Risiken und Nebenwirkungen ungewöhnlicher Heilungen komplett ausgeblendet.

Ein Verfechter der ergebnisorientierten Sichtweise ist der eben zitierte Medizinhistoriker Paul Unschuld, einer der besten Kenner der chinesischen Medizin. In seinem neuen Buch über westliche und östliche Wege der Heilkunst zeichnet er die
enge Verflechtung heilkundlichen Denkens mit den kulturell-gesellschaftlichen Lebensbedingungen und menschlichen Lebensentwürfen nach, was er für die Kultur-
kreise Europa und Asien nachweist. Während seine Überlegungen zu den kulturellen Kontexten und Bedingtheiten eines Heilverfahrens einleuchten, gerät er bei den
Konsequenzen in esoterisches Fahrwasser. Er schreibt in seiner Zusammenfassung:
»Der modernen Medizin fehlt etwas: der Glaube an die Lebenskraft. Die ist nicht
messbar, nicht fühlbar und entzieht sich darum der wissenschaftlichen Überprüfung … Die Existenz einer Lebenskraft wird von der westlichen Wissenschaft ignoriert. Die Lebenskraft, die Lebensvitalität hat in 106 Kulturen weltweit eine zentrale Bedeutung im Verständnis von Lebensvorgängen. Sie ist in der Entwicklung
der westlichen Medizin in den zurückliegenden 100 Jahren untergegangen« (Unschuld 2003, 268).

Unschuld übergeht die methodischen Grenzen einzelner Wissenschaftsdiszipli-
nen und möchte alles mit allem mischen. Er versteht das Konzept der Lebenskraft
als eine säkularisierte Religion, als eine Theologie ohne Gott oder Götter. Folglich
träumt er in seinem Schlusskapitel auch von »zufriedenen Kunden im Supermarkt
der Möglichkeiten«: Es gebe doch so viele Alternativen zur Schulmedizin: »Homöopathie, Anthroposophie, tibetische Medizin, hawaiianische Geistheiler, Para-
celsische Spagyrik, Bach-Blütentherapie, und viele andere mehr machen Kranke
wieder gesund, vermitteln Heilern die Gewissheit, endlich das Richtige gefunden
zu haben. Das ist gut so. So muss es in der modernen Gesellschaft sein. Ein Supermarkt der Möglichkeiten. Bei Computern: Man hat die Auswahl zwischen konventionellen europäischen Anbietern wie Siemens, amerikanischen Erzeugnissen von
Hewlett Packard und asiatischen Produkten von Toshiba. Bei der Weltanschauung:
Man hat die Auswahl zwischen konventionellen europäischen Anbietern wie den
christlichen Kirchen, amerikanischen Erzeugnissen wie Scientology und asiatischen Produkten wie dem Zen-Buddhismus« (Unschuld ebd., 277). An der glei-

chen Vielfalt möchte sich der Autor auch im Spektrum der Heiler-Landschaft erfreuen.

Unschuld hat Recht, wenn er Heilerfolge auch mit der gemeinsamen Weltanschauung zwischen Arzt und Patient verknüpft sieht. Allerdings irrt er, wenn er glaubt, dass alles beliebig zu mischen sei. Um im Bild zu bleiben – Unschuld verwechselt die Software mit der Hardware. Eine Weltanschauung als grundlegender Deutungsrahmen eines menschlichen Lebensentwurfes ist mit den elektronischen Bauteilen eines Rechners nicht zu vergleichen.

Ein Grundsatz der Schulmedizin lautet: Krankheit ist eine Funktionsstörung, die mit hochwirksamen Medikamenten beseitigt werden kann. Ein Hauptsatz der Alternativmedizin lautet: Krankheiten können in einer bestimmten Situation zum richtigen Zeitpunkt in der richtigen Dosierung Gesundheitsprozesse im Organismus stimulieren. Krankheiten können ein Zugewinn sein, ein entwicklungsförderliches Ereignis. Das erlebt man häufig bei den Kinderkrankheiten. Bevor die ausbrechen, sind die Kinder oft quengelig und treten in ihrer Entwicklung auf der Stelle. Plötzlich hängen sie erbärmlich in den Seilen. Nachdem sie die Krankheit durchgemacht haben, schauen sie plötzlich mit einem ganz anderen Blick in die Welt. Sie malen anders, sprechen anders, haben einen Entwicklungsschub gemacht. Krankheit ist nicht immer etwas Defizitäres, sondern kann zu einer höheren Form von Gesundheit führen. Damit soll keine Lanze für die Alternativmedizin gebrochen werden, wohl aber der moderne Götze »Gesundheit« kritisiert und die Vormachtstellung von Erfolg, Leistung und Effizienz hinterfragt werden.[18]

Der Schulmedizin und der Alternativmedizin liegen zwei gänzlich unterschiedliche Weltbilder zu Grunde. Um die Bedeutung der alternativen Heilverfahren richtig einschätzen zu können, ist eine kritische Untersuchung der weltanschaulichen Wurzeln nach meiner Überzeugung unverzichtbar.

	Alternativmedizin	Schulmedizin
Wahrnehmung	Herz, Gemüt, Gefühl Erleben der Natur qualitative Aspekte	Verstand Beobachten der Natur quantitative Aspekte
Rezeption	emotional; Betroffenheit und Verantwortung des Forschers	rational; objektives Interesse und Neugier des Forschers
Wertung	moralisch-ästhetisch; im Zusammenhang mit der Natur	»wissenschaftlich«; als Detail der Natur
Wiedergabe	Überzeugen, Glauben Bekenntnis Laienkultur	Wissen Erkenntnis einzelner Details Expertenkultur
Ideal	Mensch als Teil der Natur Verehrung der Natur Kranke behandeln Heil des Menschen	Mensch als Gegenüber der Natur Beherrschen der Natur Krankheit behandeln Heilung des Menschen

Unterschiede zwischen Schul- und Alternativmedizin (nach Bühring 1997, 44)

Immer mehr Menschen sind von der begrenzten Reichweite rein rational-naturwissenschaftlicher Erkenntnisweisen überzeugt und wenden sich anderen Denksystemen und weltanschaulichen Deutungen zu. Das nach wie vor ungelöste und doch so zentrale Leib-Seele-Problem, der uralte Widerspruch zwischen Geist und Materie und die brennende Frage, wie in unserem Gehirn Bewusstsein entsteht, lässt sich offensichtlich allein mathematisch-technisch nicht lösen. Wir brauchen komplexe Bilder und offene Modelle, um das Lebendige des Menschseins verstehen zu können. Das Einzigartige des Menschen – seine Fähigkeit zu Selbstreflexion, Religion, Kultur und Kunst – lässt sich jedoch nicht allein mathematisch-naturwissenschaftlich erklären. Eine offene Konzeptualisierung der Religiosität und Spiritualität ermöglicht es, dem Menschen als einer freien Person näher zu kommen, ohne alle Rätsel erklären zu können.

8.2 Unterschiede zwischen wissenschaftlicher und weltanschaulicher Lebenshilfe

Viele Menschen haben sich aus Enttäuschung über die traditionellen Kirchen anderen Religionen und weltanschaulichen Bewegungen zugewandt. Ayurveda-Wellnesskuren oder zen-buddhistische Meditationen zum Stressabbau, astrologische Beratungsangebote, traditionelle chinesische Medizin oder anthroposophische Heilkräuter boomen. Eine derzeit sehr gefragte Variante stellt die sogenannte Energiemedizin dar. Mit modernsten High-Tech-Geräten sollen spekulative, vormoderne Konzepte wie die unsichtbare Lebensenergie, das Chakrensystem oder der feinstoffliche Körper kontrolliert und verändert werden.

Alternative Gesundheitsangebote haben die Schulmedizin in Bedrängnis gebracht. Das häufigste Motiv von Anwendern, alternative – und das heißt in aller Regel nicht wissenschaftlich, sondern weltanschaulich begründete – Heilverfahren zu wählen, sind Unzufriedenheit bzw. Enttäuschung bezüglich konventioneller Behandlung. Obwohl die Wirksamkeitsbelege dafür dünn oder widersprüchlich ausfallen, wächst der Druck auf die Krankenkassen, Ansätze wie Akupunktur oder die Homöopathie in ihre Leistungskataloge aufzunehmen.

Weltanschauliches »Geheimwissen« ist zu einer echten Konkurrenz zur bisher geläufigen, wissenschaftlichen Wirklichkeitskonstruktion geworden. Wenn die Möglichkeiten wissenschaftlichen Denkens und Handelns ausgeschöpft sind, werden magische und mythische Rituale bemüht, um Gesundheit, Glück und Wohlbefinden »um jeden Preis« zu erzielen. Gerade esoterische Therapieansätze zielen ausdrücklich auf das Erreichen eines neuen, besseren und vollkommenen Menschen ab. Gemeint sind Beratungsangebote und Therapieformen, die mit Tarot, Okkultismus, Theosophie, Tantra, Rebirthing, Reiki, Kinesiologie und anderen Praktiken arbeiten. Von Peter Berger noch als Gegentrend zur Moderne eingeschätzt, werden sie in letzter Zeit schon wieder anders gesehen: nämlich als Faktoren typischer postmoderner Lebensweise. Der Zerfall des modernen Weltbildes, das sich auf eine beweisbare Wahrheit hin orientiert, lässt in das Vakuum die unterschiedlichsten weltanschaulichen Konzepte strömen.

Ein wesentliches Kennzeichen der weltanschaulichen Lebenshilfe besteht darin, daß hier Methoden angeboten werden, die angeblich symptomunspezifisch wirken und sehr allgemein Heilung, Persönlichkeitswachstum, Sinnfindung und spirituelles Wachstum versprechen. Religiöse Unterweisung dient hier als Welterklärung und Deutungsfolie persönlicher Konflikte. Dadurch bieten weltanschauliche Interpretationen Hilfe und Unterstützung zur Lebensbewältigung. Skeptiker stellen dazu resigniert fest (Petzold & Orth 1999, 213): »Der Bedarf an Gurus in der Psychoszene ist erheblich, und die Naivität, mit der höchst obskure Konzepte begierig aufgenommen werden, ist beeindruckend.«

Deshalb ist eine kritische Prüfung jedes Heilangebots – ob es nun wissenschaftlich oder weltanschaulich begründet wird, unverzichtbar. Zur Bewertung eines Lebenshilfe-Angebots ist das Menschen- und Selbstbild des Anbieters entscheidend:

1. Welches Menschenbild ist in der Therapie erkennbar? Herrscht in dem Angebot ein Machbarkeitsglaube, der die Endlichkeit und Begrenztheit des Menschen ausblendet? Gibt es dort eine prinzipielle Abwertung von Leiden, Schmerz und Behinderung als »böse«, »selbstverursacht« oder »selbstverschuldet«, so dass Erfahrungen von der Würde des Leidens ausgeschlossen werden?
2. Welche Auffassung von dem Anbieter ist erkennbar? Ist er Führer, Meister oder Medium von Kräften und Energien – und muss deswegen für die Folgen seines Handelns auch keine Verantwortung übernehmen – oder fehlbarer und verantwortlicher Mensch wie alle anderen?
3. Können die angewendeten Methoden durch Misserfolg in Frage gestellt werden, oder liegen die Misserfolge prinzipiell an der Uneinsichtigkeit oder mangelhaften Kooperation des Patienten?
4. Kann ich die Therapie anwenden, ohne mich von der (z. B. magischen) Weltanschauung, die hinter der Therapie steht, im Alltag beherrschen zu lassen? Kann ich z. B. bei sog. Körpertherapien Übungen vom ideologischen Überbau trennen und etwa Tai-Chi als Form von Gymnastik betreiben?

Auch oder gerade wenn es keine Wirksamkeitsnachweise gibt, darf die Tatsache nicht unterschlagen werden, dass viele Anwender weltanschaulicher Methoden hoch zufrieden mit den erzielten Ergebnissen sind. Untersuchungen bestätigen: Ein immer größer werdender Teil der Menschen in der Bundesrepublik wendet sich alternativen Heilmethoden zu und möchte sie ergänzend oder anstelle der wissenschaftlich ausgerichteten Medizin anwenden. Befragungen zeigen, dass besonders Frauen solche Therapien in Anspruch nehmen. Auch ein höherer Bildungsstand und weniger Risikofaktoren scheinen bei Patienten, die unkonventionelle Behandlungsmethoden nachfragen, zu überwiegen.

Kennzeichnend für Angebote einer weltanschaulichen Lebenshilfe ist ein Glaubenssystem, das sich deutlich von den herkömmlichen, wissenschaftlich orientierten Verfahren unterscheidet. In Bezug auf Gesundheit und Krankheit haben vielfach spirituell gefärbte Sinnsysteme und Erklärungsmuster das naturwissenschaftliche Denken abgelöst. Die Popularität der Alternativmedizin wie Homöopathie, Akupunktur oder Magnetfeldtherapie ist ein Beleg für den sich ausbreitenden Einstellungswechsel. Obwohl ihre Wirksamkeit mit herkömmlichen wissenschaftlichen Methoden nicht überprüfbar ist, übernehmen immer mehr Krankenkassen auf Druck ihrer Versicherten hin diese Methoden.

Die Unterschiede zwischen wissenschaftlich begründeter und weltanschaulich geprägter Lebenshilfe lassen sich so zusammenfassen:

Während es auf der einen Seite um eine präzise eingegrenzte Störungsbehandlung unter den wissenschaftlich gebräuchlichen Bedingungen geht (Gesundheits- bzw. Krankheitslehre, Diagnose, Behandlungsplan, Prognose), versprechen Seminaranbieter der Psychoszene schnelle und umfassende Persönlichkeitsänderungen durch universell wirksame Heilkräfte. Psychotherapeutische Prozesse lassen sich in weiten Bereichen vernünftig erklären, während alternativtherapeutische Konzepte zunehmend weltanschauliche Rituale einsetzen, die sich nicht rational begründen, sondern nur glaubend-erwartungsvoll erschließen.

Gerade auf dem alternativen Gesundheitsmarkt sind Glaubensüberzeugungen aus anderen weltanschaulichen Traditionen weit verbreitet. Lebensweisheiten unterschiedlichster Kulturen stehen hoch im Kurs. Ob es indianische Heilrituale, asiatische Meditationstechniken oder das Geheimwissen australischer Ureinwohner ist – aufmerksam nimmt der Westen diese ideologiegetränkten Informationen auf und versucht, sie zu adaptieren. Oft entsteht der Eindruck: je exotischer und fremder die Methode, desto höhere Erwartungen werden an sie geknüpft.

Ein wesentlicher Grund für die Attraktivität von weltanschaulich geprägten Lebenshilfe-Angeboten besteht darin, dass hier grundsätzlich Wege zum Glücklichsein beschrieben werden. Der einfache Umgang mit Krisen und Krankheit wird erläutert und ein Weltbild vermittelt, das den einzelnen Menschen einbettet in ein sinnvolles Ganzes. Der Geborgenheit spendende Kosmos wird als Ur-Mutter verstanden, zu dem eine innige Nähe und Verbindung hergestellt werden könne. In einer spiritualisierten Einheitsschau werden alle Erscheinungen der Welt als verschiedene Entwicklungsstufen der »universellen Lebensenergie« angesehen. So wollen beispielsweise Reiki-Gruppen den kranken Wäldern durch Baum-Meditationen geistig-feinstoffliche Kräfte zuschicken oder selber bei gesunden Bäumen Energie »auftanken«.

Eine fachliche Psychotherapie ist dem gegenüber deutlich von einer auf Glaubensüberzeugungen fußenden Behandlung abzugrenzen, betonen Petzold und Orth (1999, 174). Diese Aufgaben übernehmen Religionen und Weltanschauungen, »und darin können sie sinnvoll und nützlich sein. Nur: Psychotherapien sollten nicht die Qualität derartiger Glaubenssysteme haben und als solche fungieren. Da es um Gesundheit und Wohlbefinden von Menschen und um die Behandlung von Krankheit geht, besteht die ethische Verpflichtung, Heilverfahren zu entwickeln, deren Wirksamkeit wissenschaftlich überprüfbar ist und von deren Bonität man überzeugt sein kann, ohne an sie ›glauben‹ zu müssen. Psychotherapien sollten nicht – offen oder verdeckt – zu Ersatzreligionen werden.«

Diese Überlegungen weisen auf die dringende Notwendigkeit einer sauberen Unterscheidung zwischen einem weltanschaulich abgeleiteten spirituellen und einem wissenschaftliche begründeten therapeutischen Vorgehen hin. Um nicht missverstanden zu werden: Natürlich gibt es Gemeinsamkeiten zwischen einem therapeutischen und einem spirituellen Vorgehen. In einer tiefenpsychologischen Therapie beispielsweise spielt das Erleben der Bindung an den Therapeuten durch die Übertragungsbeziehung eine zentrale Rolle. Besonders die bisher oft unbekannte Erfahrung des vorbehaltlosen, wertfreien Angenommenseins bekommt dabei religiöse Züge. Seitens des Therapeuten nimmt das Vertrauen in die Selbstheilungskräfte und Ressourcen des Patienten eine religiös-spirituelle Funktion ein: Was macht die Therapeuten denn so sicher, dass eine Behandlung zu einem Erfolg führen wird? Häufig müssen sie für die ihnen Anvertrauten mitglauben und für sie hoffen, dass Angstzustände bewältigt werden können, Zwangsgedanken und depressive Verstimmungen weichen, Traumata verarbeitet und neurotische Muster aufgelöst werden können. Ohne vertrauende Zuversicht und hoffnungsvollen Optimismus funktioniert das nicht.

Für die Beziehungsdynamik zum Klienten stellt es eine wichtige Aufgabe für den Therapeuten dar, sich seiner Rolle und Funktion klar zu sein: Arbeitet er oder sie heilkundlich mit wissenschaftlich überprüfbaren Methoden, oder basiert das Vorgehen auf Glaubensvorstellungen, die Therapeut und Patient teilen? Ob die religiöse Dimension in einem Gespräch zum Thema wird oder gar zu einem religiösen Verhalten wie einer Beichte oder einem Gebet führt, hängt wesentlich von der Person des Beraters ab. Sicher wäre es zwanghaft und unangemessen, in jedem Gespräch dazu kommen zu wollen, weil es nicht bei jedem Problem nötig und hilfreich ist.

Zusammenfassend lassen sich die folgenden Merkmale nennen, anhand derer spirituell orientierte Psycho-Seminare von wissenschaftlich überprüfbaren Therapien unterschieden werden können:

	Weltanschauliche Methode	Wissenschaftliches Verfahren
Anspruch und Prognose	umfassend und vage: »Heilsversprechen«	begrenzt und präzise: »Heilbehandlung«
Weltbild	energetisch-spirituell	wissenschaftlich-rational
Ätiologie	weltanschaulich	theoriegeleitet
Diagnose	gar nicht oder intuitiv	theoriegeleitet
Vorgehen	häufig mittels Ritualen	meist verbal
Wirksamkeitsfaktor Glaubensüberzeugung	maßgeblich	ca. 15 %
Methode überprüfbar	nein, nur erfahrbar	ja durch empirische Studien
Kontrollmöglichkeit	selten	Supervisionspflicht

Als eine entscheidende Einflussgröße auf den Heilungsprozess in einer beraterischen oder therapeutischen Beziehung hat sich nach Jahrzehnten intensiver Therapieforschung die innere Haltung des Lebenshilfe-Anbieters herausgestellt. Sehr genau wird diese/r nämlich auf die Glaubwürdigkeit, Echtheit, Überzeugungskraft und schlicht auch auf Sympathie hin angeschaut. Amerikanische Forscher haben nach der Sichtung zahlreicher Studien die folgende Zusammenfassung der Wirksamkeitsfaktoren einer Psychotherapie vorgelegt (Miller, Duncan & Hubble 2000, 46):

40 %   außertherapeutische Faktoren
30 %   die therapeutische Beziehung
15 %   therapeutische Techniken
15 %   Erwartungen, Hoffnungen, »Placebo«

Aus diesen Befunden ergeben sich für unsere Fragestellung einige weiterführende Schlussfolgerungen:

– Einflüsse aus dem sozialen Umfeld üben offensichtlich die größte Wirksamkeit während einer therapeutischen Behandlung aus. Diesbezügliche Ressourcen sollten unbedingt genutzt werden. Dieses überraschende – für professionelle

Therapeuten auch ernüchternde Ergebnis – verdeutlicht einmal mehr den strukturellen Vorzug einer weltanschaulich orientierten Vorgehensweise. Denn ein gemeinsames Weltbild wirkt gemeinschaftsbildend, und häufig können spirituell ausgerichtete Behandler die Ratsuchenden auf gleichdenkende Gemeinschaften hinweisen. Derartige soziale Unterstützung erweist sich offensichtlich als höchst wirksam. Dasselbe gilt für das wichtige Zusammenspiel zwischen christlicher Seelsorge und der örtlichen Kirchengemeinde.

– Wenn die Qualität der therapeutischen Beziehung doppelt so wirksam ist wie die der eingesetzten psychotherapeutischen Techniken, unterstreicht das die bekannte Tatsache der Integrität, Echtheit und Glaubwürdigkeit des Therapeuten. Auch ein noch so umfangreich ausgebildeter Experte wird zunächst nicht an seinem Wissen oder Können gemessen, sondern nach seiner Ausstrahlung, dem Einfühlungsvermögen und seiner Beziehungsfähigkeit.

– Dass der Glaube an eine Veränderung genauso wirkmächtig ist wie das eingesetzte Verfahren, sollte jeden Therapeuten demütig machen.

8.3 Die spirituelle Haltung als ein therapeutischer Wirkfaktor?

Gerade angesichts auswegloser Situationen wie einer lebensbedrohlichen Krankheit hängt der Verarbeitungsprozess und die Bewältigungsfähigkeit davon ab, mit welcher Haltung dieser schwere Weg gegangen wird. Mit der Methode der Achtsamkeits-Meditation will beispielsweise der Meditiationsforscher Kabat-Zinn (1995) zur persönlichen Entwicklung einer spirituellen Haltung beitragen, aus der heraus diese Schwierigkeiten besser zu lösen sein sollen. Dazu zählt er

– **Akzeptanz und Achtsamkeit** – das Leben im gegenwärtigen Moment zu akzeptieren und leben, ohne passiv oder resigniert zu werden
– **Selbstvertrauen** – selber Entscheidungen treffen; den eigenen Körper wahrnehmen; emotionale Reaktionen erkennen; eine Sicherheit aufbauen, dass alles sich entwickelt, wie es sein soll
– **Geduld** – die Beziehung zu sich selbst und zu anderen sich entwickeln lassen
– **Großzügigkeit** – loslassen und geben, ohne selbst etwas zu nehmen
– **Empathie** – den anderen verstehen und sich gegenseitig mitteilen lernen

Glaubensüberzeugungen und religiös-spirituelle Rituale bergen ein großen Potential an Bewältigungskraft, Trost und Hoffnungsspender. Diese Ressourcen sind zur Bewältigung jeglicher Krisensituation sehr gefragt. Sie erschließen sich jedoch nicht wissenschaftlich, sondern im gläubigen Vollzug. Vertrauen kann man nicht verordnen, sondern nur vorleben. Will man als Berater oder Therapeutin diesen Bereich in seiner Tätigkeit mit einbeziehen, sollte dies offen mitgeteilt werden. Auf erstaunlich aktuelle Weise hat schon der Schweizer Arzt Paul Tournier (1947) die Zusammenhänge zwischen psychoanalytischer Behandlungstechnik und der Haltung des Analytikers – in seinem Fall der christliche Glaube – untersucht. Mit eindrücklichen Fallbeispielen und klaren Worten weist er auf die konstruktive Ergänzung beider Sichtweisen hin.

8.4 Paradoxe Spiritualität – Meditation als Gesundheitsprophylaxe

Beraterinnen und Therapeuten, die religiöse oder spirituelle Elemente in ihre Behandlungen mit aufnehmen wollen, stehen vor erheblichen Schwierigkeiten – nicht nur rechtlichen. Denn normalerweise wird eine Methode oder Interventionstechnik gezielt und kontrolliert eingesetzt. Alles andere wäre unseriös und unverantwortlich. Das generelle Ziel einer therapeutischen und beraterischen Behandlung besteht darüber hinaus darin, den Klienten zu mehr Autonomie und Selbstkontrolle zu führen.

Auf dem Gebiet der Religion und Spiritualität herrschen nun andere Regeln. Hier geht es nicht um Kontrolle, sondern Loslassen, nicht um aktives Steuern, sondern vertrauendes Zulassen. Eine spirituelle Haltung ist – wie im vorigen Abschnitt dargelegt – von Akzeptanz, Achtsamkeit und Vertrauen geprägt. Im Zentrum der spirituellen Haltung stehe, so schlussfolgern zwei amerikanische Religionspsychologen, sich bereitwillig einem größeren Ganzen zu ergeben (Cole & Pargament 1999). Diese »spirituelle Ergebenheit« beschrieben sie als einen »paradoxen Weg des Kontrollierens«. Durch spirituelle Ergebenheit, so definieren die Autoren, wird »die persönliche Kontrolle zugunsten des Geheiligten aufgegeben, sei es für ein transzendentes Ziel, sei es für ein Ideal, eine Beziehung oder eine Verpflichtung« (ebd., 184).

Meditationsforscher sowohl mit buddhistischem als auch christlichem Hintergrund stießen nämlich übereinstimmend auf den paradoxen Befund, dass die Heilwirkung der Meditation dann besonders groß ist, wenn sie gerade nicht zielgerichtet und funktional eingesetzt wird. Gesundheit und Entspannung treten demnach nur als ein indirekter Nebeneffekt ein: »Wir meditieren nicht, um Schmerzen, Krankheit oder Problem zu beseitigen. Der beste Weg, in der Meditation Ziele zu erreichen, ist, diese loszulassen. Es geht nicht darum, irgend etwas zu erreichen. Die Entspannung entsteht als Nebenprodukt regelmäßiger Übung, sie ist nicht das Ziel« (Kabat-Zinn 1995, 317 f.). »Gewöhnen Sie sich an, Ihre Entspannungsübungen einfach aus Freude an der Sache zu machen«, rät auch Herbert Benson (1997, 172) den Teilnehmenden seines Kursprogrammes, »nicht um irgendein Ziel zu erreichen«. »Spiritualität und Absicht vertragen sich nicht«, fasst Renz (2003, 17) ein Ergebnis ihrer Studie zusammen: »Spiritualität ist Berührung mit einer andersartigen Realität, zu der man Ja sagen kann oder Nein.« Religiosität und Spiritualität haben also mit Ehrfurcht und Achtsamkeit gegenüber einer größeren, umfassenderen Wirklichkeit zu tun.

Eine bewährte Methode meditativer Gesundheitspflege ist die Einübung der »Entspannungsreaktion« *relaxation response*. Sie ist das Gegenteil der Stressreaktion, die jeder körperlich kennt: Das Herz rast, die Hände werden schweißnass, Nervosität breitet sich aus. Die kontemplative Ruhe ist hingegen körperlich weniger deutlich wahrnehmbar und muss deshalb eingeübt werden. Sie verlangt Eigeninitiative und Disziplin, wird aber durch nachweisbare Effekte auf den Körper belohnt: 184 Frauen mit organisch nicht erklärbarer Unfruchtbarkeit erlernten in einem zehnwöchigen Kurs eine meditative Entspannungsmethode (*relaxation response*, H. Benson). Innerhalb von einem Jahr nach Abschluss des Kurses wurden 55 % der Teilnehmerinnen schwanger, in der Kontrollgruppe waren es lediglich 20 % (Domar et al. 2000).

In einer neuen amerikanischen Studie erlernten 25 Arbeiter von einem Meditationsexperten Entspannungstechniken. Sie und eine Kontrollgruppe erhielten danach eine Grippe-Impfung. Bei den Meditierenden schlug die Impfung besser an – sie hatten eine bis zu 25 % höhere Zahl von Antikörpern im Blut (Davidson & Kabat-Zinn 2003). Erste Untersuchungen in Deutschland weisen auf vergleichbare Effekte hin: Das konzentrierte Wiederholen eines Gebets oder Mantras bewirkt eine tiefe körperliche Entspannung und wohltuende innere Leere (Majumdar 2000).

Ein Übungsbeispiel für gesunde Gedanken
»Suchen Sie ein Wort, ein Bild oder ein Gebet, an das Sie glauben. Setzen Sie sich in bequemer Haltung in einen ruhigen Raum, entspannen Sie einzelne Muskeln. Atmen Sie bewusst und langsam, konzentrieren Sie sich auf die Wiederholung ihres Wortes, Bildes oder Gebets. Nehmen Sie dabei eine passive Haltung ein … Die Beachtung der beiden Schritte – Wiederholung und passives Nichtbeachten auftretender Gedanken – ruft rasch und zuverlässig die Entspannungsreaktion hervor« (Benson 1997, 163).

Mittlerweile belegen zahlreiche klinische Studien den prophylaktischen und kurativen Wert der Achtsamkeits-Meditation. In einer kontrolliert randomisierten Studie wurde Frauen, die an Brustkrebs erkrankt waren, ein MBSR-Kurs angeboten. Nach der Teilnahme unterschied sich diese Gruppe von einer Kontrollgruppe durch deutlich geringere Stresswerte, die in diesem Fall durch ein exaktes Erfassen der Schlafqualität ermittelt wurde (Shapiro et al. 2003). Auch an einer kleinen deutschen Stichprobe von 21 chronisch, psychologisch und psychosomatisch Erkrankten wurden positive Effekte im Wohlbefinden, der Lebensqualität und der Stressreduktion nach dem achtwöchigen Meditationslernprogramm gefunden (Majumdar et al. 2002).

Mit Erfolg wurde auch eine andere Meditationsform, das Hatha-Yoga, zur Gesundheitsprophylaxe eingesetzt. In einer Dissertation an der Berliner Humboldt-Universität nahmen 52 Probanden mit Kreuzschmerzen (Kontrollgruppe 21 Personen) und 34 Probanden mit Hypertonie (Kontrollgruppe 15 Personen) an einem Hatha-Yoga-Kurs teil. Bei den Kreuzschmerz-Probanden verringerte sich die Schmerzintensität und - dauer schon nach vierwöchiger Praxis deutlich, und diese Wirkung war auch noch nach vier Monaten nachweisbar. Bei den Hypertonie-Probanden wurde eine Absenkung des Blutdrucks um 9 % (systolisch) bzw. 6 % (diastolisch) festgestellt (Kühn 1996).

Heil und Heilung: Grenzen der Interpretation

Solche Befunde beeindrucken, können jedoch auch zu vorschnellen Versprechen oder Erwartungen verlocken. In der deutschen Sprache besteht zwischen »Heilung«, »heilig« und »Heil« ein enger Zusammenhang, der allerdings manche Theologen und Therapeuten zu einer vollmundigen Heilungsrhetorik verführt hat. Die Sehnsucht nach Ganzheit, Vollkommenheit, Unversehrtheit und Ungebrochenheit ist gerade heutzutage weit verbreitet. Eine immer ausgeklügeltere Technik erleichtert zwar den Alltag, treibt aber gleichzeitig die Ansprüche und Erwartungen ins Uferlose – gerade im Hinblick auf ein »Psychodesign«: den utopischen Versuch, mittels geeigneter Psychopharmaka und Psychotechniken einen perfekten neuen

Menschen herzustellen. Diesbezügliche Angebote des alternativen Lebenshilfe-marktes haben sich in den letzten Jahren sehr verbreitet. Sie schüren die Illusion, ein vollkommener Mensch, ein Leben ohne Krankheiten, seelische Konflikte und Hindernisse sei machbar. Dabei macht gerade der individuelle Umgang mit körper-lichen, seelischen und biographisch bedingten Grenzen das Menschliche aus und verleiht jedem Charakter ein unverwechselbares Profil und eine eigene Schönheit.

Heil und Heilung müssen wegen der Gefahr ihrer Gleichsetzung klar voneinan-der unterschieden werden. Geht es bei der Heilung um eine reparative Wiederher-stellung, die meistens Wunden und Narben hinterlässt, so zielt die Heilserwartung auf einen gänzlich neuen Menschen. Eine therapeutische Heilbehandlung ist von einer religiösen Heilsvermittlung strikt zu trennen. Während die Heilbehandlung mit wissenschaftlich kontrollierten Bedingungen arbeitet, erfolgt eine Heilsver-mittlung über die vertrauensvolle Erwartung. Ohne Zweifel kann religiöses Ver-trauen gesundheitsfördernd wirken. Es aber als eine Art Wunderdroge einzusetzen, hieße, eine Religion zu missbrauchen. Angesichts der zahlreichen korrelationssta-tistischen Indizien für die heilsamen Funktionen des Glaubens wurde in einer medizinischen Fachzeitschrift tatsächlich darüber diskutiert, ob Ärzte religiöse Tä-tigkeiten verordnen sollten. Schlussendlich überwog jedoch die Skepsis. Der wich-tigste Einwand war der Hinweis auf eine drohende Trivialisierung der Religion. Religion dürfe nicht instrumentalisiert und getestet oder verordnet werden wie ein Antibiotikum. Nicht der Glaube als solcher, wohl aber bestimmte Frömmigkeits-stile können sich wohltuend auswirken, genau so wie manche Religionsformen krankmachende Folgen zeitigen.

Echte Religiosität lässt sich nicht funktionalisieren oder instrumentalisieren. Weder sind die sogenannten neurotheologischen Forschungen ein Beweis für die Existenz Gottes, noch macht Religion automatisch reich, glücklich und gesund, wie manche propagieren. Darauf weisen auch zahlreiche Studien über die positiven Gesundheitseffekte der Meditation hin.

8.5 Voraussetzungen für die Einbeziehung religiös-spiritueller Interventionen

Eine wesentliche Voraussetzung für die Einbeziehung religiös-spiritueller Interven-tionen stellt eine möglichst genaue religiös-spirituelle Anamnese dar, wie sie im vo-rigen Kapitel vorgestellt wurde. Darüber hinaus ist eine möglichst genaue Indika-tion einer solchen Vorgehensweise zu stellen. Skepsis ist geboten, wenn der religiös-spirituelle Bereich aufgesucht wird, um handfester Beziehungsarbeit und seelischen Entwicklungsprozessen aus dem Weg zu gehen. Die Flucht in eine meta-physische Scheinwelt – der klassische Vorwurf gegenüber der religiösen Einstellung – kann notwendige seelische Entwicklungsschritte verhindern und zu einer thera-peutischen Stagnation führen. Um aber diese Flucht zu entlarven und etwa einem überzeugten Christen ein gemeinsames Gebet aus therapeutischen Gründen zu ver-weigern, erfordert neben professioneller Kompetenz ein hohes Maß an Welt-anschauungswissen. Zukünftig wäre es sicher gut, in einem kollegialen Netzwerk auch über die religiös-weltanschaulichen Spezialisierungen und Zusatzkenntnisse informiert zu sein. So hat in den letzten Jahren die wachsende Zahl muslimischer Patienten die Notwendigkeit gezeigt, sich auch stärker mit religiösen Sitten und Gebräuchen im Gesundheitswesen zu befassen (Ilkilitc 2002). Angesicht der Pluralisierung der Weltanschauungen wäre es sicher ein vermessenes Ansinnen, auf praktisch alle religiös-spirituellen Orientierungen eingestellt zu sein. Gerade in ethisch-moralischen Streitfällen wie der Schwangerschaftskonflikt- oder Eheberatung macht es eben große Unterschiede, ob jemand mit einem anthroposophischen, pietistischen, humanistischen, esoterischen oder materialistischen Weltbild einen solchen Konflikt durchlebt. Eine angemessene Begleitung wird erst mit entsprechenden Hintergrundinformationen möglich.

Eine weitere Voraussetzung betrifft inhaltliche Kenntnisse der jeweiligen religiösen oder spirituellen Orientierung des Klienten seitens der Beraterin oder des Therapeuten. Religionswissenschaftliche und theologische Grundkenntnisse sind unverzichtbar, um etwa das Konfliktpotential einer Mitgliedschaft in einer christlichen Sondergemeinschaft wie der Neuapostolischen Kirche oder der Zeugen Jehovas, die Teilnahme an einem neuhinduistischen Satsang-Seminar oder buddhistischen Meditations-Retreat oder aber die Sozialisation in einer charismatischen Freikirche einschätzen zu können. Natürlich können nachträglich Hintergrundinformationen bei kirchlichen Informationsstellen für Weltanschauungsfragen eingeholt werden. Allerdings sind religiöse und spirituelle Themen heute immer noch mit einer großen Scheu belegt. Wenn in einer Anamnese das Gespräch auf diesen Bereich kommt und der oder die Ratsuchende spürt, das keinerlei diesbezügliche Vorkenntnisse beim Gegenüber vorhanden sind, wird dieser Fragenkomplex, auch wenn einer Einfluss auf die Störung nimmt, in der Regel im weiteren Gesprächsverlauf nicht weiter thematisiert. Deshalb sind Weiterbildungen in Religions- und Weltanschauungsfragen für Berater und Therapeutinnen empfehlenswert und nützlich.

Wenn es in einer Beratung oder Therapie um existentielle Lebensthemen geht, hilft eine professionell-distanzierte Beratung kaum weiter. Hier ist vielmehr eine persönliche Begleitung erforderlich, bei der die Therapeutin oder der Berater auch persönlich Stellung bezieht. In welchem Ausmaß persönlich auf das entsprechende Thema eingegangen wird, kann nur im Einzelfall geklärt werden. Aber selbst bei einer nur sehr vorsichtigen Einlassung auf ein Lebensthema spürt die oder der Ratsuchende genau, ob die Beraterin oder der Therapeut persönlich eine Antwort auf das Thema Leid, Ungerechtigkeit, Schuld, Sinn oder Tod gefunden hat. Deshalb sind Weiterbildungen nötig, die Beratern und Therapeuten die Möglichkeit eröffnen, ihre religiöse Sozialisation besser zu integrieren, zumal in aller Regel religiöse Themen in allen therapeutischen und beraterischen Ausbildungen zu kurz kommen. Auch Themen wie heilsame oder schädigende Gottesbilder oder der Umgang mit ungewöhnlichen Erfahrungen oder Standpunkten – zum Beispiel Gedankenübertragung, Nahtoderfahrung oder der Glaube an die Reinkarnation – können wichtige Inhalte von Weiterbildungs- und Selbsterfahrungsseminaren sein.

9 Zusammenfassendes Fazit in Thesenform

Religion aus psychologischer Perspektive

Als ein objektivierbarer, empirischer Befund ist »Religion« eher eine soziologische denn eine psychologische Kategorie. In Übereinstimmung mit William James interessiert sich die psychologische Religionsforschung primär um die »persönliche Religion«, die heute häufig Spiritualität genannt wird. In dieser Forschungsrichtung wird untersucht, wie und mit welchem Ergebnis existentielle Lebensfragen (Zufall, Sinn, Leid, Wahrheit, Gerechtigkeit, Schuld, Tod) im Sinne der subjektiven Kontingenzbewältigung gelöst werden können. Die »persönliche Religion« im Sinne subjektiver Glaubensüberzeugungen gewinnt deshalb zunehmend an Bedeutung, weil sich die »institutionelle Religion« seit mehreren Jahrzehnten zunehmend auflöst.

Im lebenslangen seelischen Wachstums- und Entwicklungsprozess sind zwischen relativ stabilen Entwicklungsstufen häufig labile Übergangsphasen vorzufinden, in denen die Beantwortung existentieller Fragen in unterschiedlicher Ausprägung bedeutsam wird. Gleiches gilt für die Bewältigung schwerer Lebenskrisen, die in der Regel die gewohnten Lebensgrundlagen hinterfragen. Im Hinblick auf religiöse oder spirituelle Überzeugungen ist festzustellen, dass die persönliche Religion für manche Menschen eine Ressource der Konfliktbewältigung und Weiterentwicklung darstellt, für andere der Auslöser für neurotische Verstrickungen und eine Entwicklungshemmung bedeutet. Nicht die Religion per se kann als positiv oder negativ bewertet werden. Über eine nützliche Einbeziehung entscheidet ihre Integration in die persönliche Lebensgeschichte und die Entwicklung eines authentischen Glaubensstils.

Psychologische Hilfen angesichts des Religionswandels

Unabhängig davon, ob man die Gegenwart als ein säkularisiertes, diffus religiöses oder neureligiöses Zeitalter betrachtet: Der tiefgreifende Wandel des Religiösen erfordert von allen Mitmenschen eine Reflexion und Vergewisserung ihrer eigenen Grundüberzeugungen. Auch eine »nachmetaphysische« Gesellschaft funktioniert nur mit Mitgliedern, die einer persönlichen Gewissensentscheidung verpflichtet sind und verantwortungsbewusst handeln.

Die Vielfalt der ethisch-moralischen Optionen erfordert Entscheidungskriterien. Nur mit einem eigenen Standpunkt können solche Konflikte bewältigt werden, die aufgrund kultureller und weltanschaulicher Differenzen entstehen. Um eine multikulturelle Gemeinschaft beziehungsfähig zu erhalten, benötigen ihre Mitglieder Klarheit über und kritische Distanz zum eigenen Weltbild, um in einen konstruktiven Dialog über die unterschiedlichen Lebensauffassungen und ethischen Leitbilder treten zu können. Im Entscheidungskonflikt zwischen konkurrierenden Weltanschauungen kann die Psychologie Hilfestellungen leisten. Eine psychologische Perspektive ermöglicht durch einfühlendes Nachempfinden das Verstehen des Fremden und kann dadurch den weltanschaulichen Dialog verbessern. Was Menschen begehren und anstreben, ist immer abhängig von kulturell vermittelten Wertvorstellungen und Entwicklungszielen, von Menschen- und Weltbildern. Für den interkulturellen und interreligiösen Dialog steuert die Psychologie wichtige Kommunikationshilfen bei. Es gilt zunächst, Unterschiede zwischen dem eigenen Handeln und dem des anderen zuzulassen und wahrzunehmen, Orientierungs- und Verhaltensunsicherheiten, Spannungen sowie die stets mögliche Infragestellung des Eigenen durch den anderen zu ertragen.

Religiosität und Spiritualität antworten auf unausweichliche Lebensfragen

Religiöse Fragen berühren zentrale Lebensthemen und die Grundlagen jedes individuellen Welt- und Menschenbildes. Eine subjektive Beantwortung der existentiellen Lebensfragen (Leid, Schuld, Gerechtigkeit, Wahrheit, Sinn, Tod) stiftet ein Gefühl von Sicherheit und Kontrolle angesichts einer unvorhersehbaren und potentiell chaotischen Zukunft. Diese Fragen können weder wissenschaftlich-rational noch materiell-ökonomisch gelöst werden, sondern erfordern spirituelle oder religiöse Antworten.

1. Eine sachangemessene Psychologie analysiert und kommuniziert implizite Wert-Setzungen der ihrem Modell zugrunde liegenden Weltanschauung. Dabei müssen auch wissenschaftstheoretische Grundfragen untersucht und die Grenzen psychologischen Wissens beachtet werden.
2. Religiöse und spirituelle Fragen können zutreffend nur interdisziplinär beantwortet werden. Die Theologie und Religionswissenschaft bieten einen großen Reichtum historischen und systematischen Wissens darüber, was die Inhalte von Religionen und spirituellen Überzeugungen, Ritualen und Erfahrungen angeht. Ohne genauere inhaltliche Kenntnisse bleibt jede psychologische Konzeptualisierung an der Oberfläche.
3. Psychologische Modelle und therapeutischen Interventionen sind auf das Korrektiv von Menschenbildern angewiesen. Ohne eine weltanschauliche Einbettung droht jeder Psychologie die Gefahr der grenzenlosen Selbstüberschätzung (»Machbarkeitswahn«) und der Mutierung zu einer Heilsideologie.
4. Ein gemeinsames Weltbild zwischen Therapeut und Patient stellt einen bislang vernachlässigten Wirksamkeitsfaktor beraterischen und therapeutischen Handels dar. Um diese Ressource nützen zu können, ist eine verbesserte religiös-spirituelle Anamnese unverzichtbar.
5. Spirituelle Interventionen eröffnen einen neuen Raum in der Behandlung. In erster Linie ist dies ein Möglichkeitsraum, in dem auf Grundlage eines bestimmten Menschen- und Gottesbildes Impulse und Kräfte dieses Raumes nutzbar gemacht werden. Dieser Möglichkeitsraum entzieht sich jedoch der menschlichen Verfügungsgewalt. Es ist jedoch nötig, sich den Möglichkeiten dieses Raumes zu öffnen bzw. dafür zur Verfügung zu stehen.

Epilog: Die Notwendigkeit religionspsychologischer Forschungsförderung

Sachliche Gründe: Aus unterschiedlichen Gründen wurden die Bereiche der Religion und Spiritualität bisher in der deutschsprachigen Psychologie tabuisiert. Im Hinblick auf persönliche Glaubensüberzeugungen sind deshalb hierzulande nur Mutmaßungen möglich. Religionssoziologische Hinweise wie »Kirchen auf der Verliererstraße – Inferno und Aberglauben im Aufwind« (Terwey 2003) müssen individuumsspezifisch überprüft werden, um die widersprüchlichen Befunde der religiösen Gegenwartskultur richtig einschätzen zu können. Gegensätzliche soziologische Hypothesen – am bekanntesten ist der Streit zwischen der *Säkularisierungsthese* – die Religion wird in der Moderne durch Wissenschaft und Technik überflüssig – und der *Individualisierungsthese* – Religiosität bleibt ein charakteristisches Merkmal des Menschen, verändert nur ihre Gestalt und Ausdrucksformen – erfordern vertiefende psychologische Untersuchungen. Weil Religion und Spiritualität in ihre jeweilige Gesellschaftskultur eingebettet sind, helfen Befunde aus anderen Kulturkreisen wie beispielsweise den USA nur sehr eingeschränkt weiter.

Gesellschaftliche Gründe: Mitglieder westlicher Gesellschaften haben mit dem fatalen Ungleichgewicht zu kämpfen, in wissenschaftlich-technologischer Hinsicht hochentwickelt zu sein, mit der ihre ethisch-moralische Kompetenz schon lange nicht mehr mithalten kann. Um die Faktenflut zweckmäßig nutzen zu können, fehlen Deutungsfolien und Bewertungskriterien. Dem differenzierten Faktenwissen mangelt es an Orientierungswissen, um den zahlreichen Einzelergebnissen eine sinnvolle Gestalt zu geben. Gesellschaftliche Konfliktfelder wie der Fundamentalismus, die multikulturelle Vielfalt oder der interreligiöse Dialog weisen auf Arbeitsgebiete hin, für die religionspsychologische Einsichten wertvolle Kommunikations- und Verstehenshilfen beisteuern können.

Biblisch-theologische Gründe: Gelebte Spiritualität ist die menschliche Reaktion auf das Handeln Gottes. Auch außerhalb der Kirchen gibt es Spiritualität, und die Kirchen haben keinen Monopolanspruch auf den Heiligen Geist. Der Geist Gottes herrscht (hoffentlich!) nicht nur in der Kirche, sondern erfüllt die ganze Schöpfung (Gen. 1,2 und 2,7, Psalm 104, 25–30, Weisheit 1,7). Deshalb ist es legitim und spannend, den Wirkungen Gottes nachzugehen und sie religionspsychologisch zu erforschen (vgl. etwa die weisheitliche Einschätzung in Psalm 111).

Ökonomische Gründe: Eine transparente Einbeziehung religiöser Fragen und spiritueller Themen in die Krankenbehandlung kann sich sogar als ein Wettbewerbsvorteil herausstellen. Während bei öffentlichen Krankenhausträgern eher »Dienst nach Vorschrift« zu erwarten ist, überzeugt das christliche Profil einiger konfessioneller Krankenhäuser durch ihre Pflegequalität und die Einfühlsamkeit des Personal. Spiritualität als Kapital von Diakonie und Caritas – so könnte christliche Pflege wieder zu einem »Markenprodukt« werden (Biscoping 2003).[19] »Die Unternehmenskultur christlich geführter Krankenhäuser könnte bald ein entscheidender Vorteil am Markt sein«, mutmaßte kürzlich der Krankenhausbetriebswirt und Arzt Markus Holtel (2003), weil jeder Mitarbeiter aufgefordert sei, barmherzige Nächstenliebe einzubringen.

Die Religionspsychologie, kann zu einer nachhaltigen Verbesserung gesellschaftlicher Probleme führen. Ihre Relevanz kann an Praxisfeldern verdeutlicht werden, in denen bestimmte Formen von Religiosität und Spiritualität eine konkrete Hilfe, Ressource und Unterstützung liefern. Beispielsweise werden immerhin schon in vereinzelten deutschen Krankenhäusern Seelsorger aus dem Pflegesatzschlüssel, d. h. von den offiziellen Kostenträgern und nicht etwa den Kirchen finanziert. Dem lag die Einsicht zugrunde, dass seelsorgerliche Unterstützung in der religiösen Bewältigung einer schweren Erkrankung den Genesungsprozess nachweislich beschleunigt und somit die Liegezeit verkürzt.

Die Schlüsselfrage lautet: Wozu und wem nützen religionspsychologische Einsichten? Folgt man den Einsichten bestehender religionspsychologischer Studien in Deutschland, dienen bestimmte Formen von Religiosität und Spiritualität

- einer besseren Krankheitsbewältigung,
- der Akzeptanz chronischer Krankheit und Behinderung,
- der Rehabilitation von Suchterkrankungen,[20]
- einem zufriedeneren Älterwerden,
- der Sterbebegleitung,
- der Pflege alter, kranker und sterbender Menschen,
- der Stressbewältigung und Gesundheitsprophylaxe,
- einer Profilierung kirchlich-seelsorgerlicher Angebote,
- einer Verbesserung des interreligiösen Dialoges,
- einer Verhinderung fundamentalistischer Einstellungen,
- der persönlichen Sinnfindung angesichts des weltanschaulichen Pluralismus.

Die umfassenden religionspsychologischen Befunde aus den USA haben aufgrund des dort völlig anderen Stellenwertes von Religion und Spiritualität hierzulande nur eine bedingte Aussagekraft. Deshalb sind eigene Studien, die den Besonderheiten der deutschen Religionskultur Rechnung tragen, unverzichtbar. Immerhin haben die vorangehenden Kapitel zu jedem der genannten Praxisfelder mindestens eine in Deutschland durchgeführte Studie angeführt, die auf positive Bewältigungseffekte durch Religiosität und Spiritualität hinweist. Dies ist ein ermutigender Anfang, der dringend der Weiterführung bedarf.

Anmerkungen zu Teil 3

1 Zu ihnen zählte Martin Seligman, ein sehr bekannter Depressionsforscher. Während er früher der Religiosität gegenüber sehr skeptisch eingestellt war und sich gegen Bergins Entwurf stellte (Seligman 1985), hat er seine Position radikal verändert. In seinem Bestseller über Positive Psychologie bewertet er die Religiosität heute als eine Kraftquelle und Bewältigungshilfe (Seligman 2003; vgl. dazu ausführlich Kap. 5.3).

2 Aus deutscher Sicht gehören zu den bekanntesten Namen Karl Menninger, Hans Strupp, Albert Bandura und Carl Rogers.

3 »Der christliche Glaube ist für das Leben aller Gliagg-Therapeuten von fundamentalem Wert. Sie glauben an Gott, gehen wöchentlich zur Kirche, gestalten ihr Leben in Übereinstimmung mit ihrem Glauben, haben Ehrfurcht vor Gott und spüren seine leitende Hand« (Uden/Pieper 2002, ebd., 243). Dagegen »glauben die Riagg-Therapeuten im Vergleich mit dem durchschnittlichen Niederländer weniger an Gott und besuchen weniger die Kirche«.

4 Angefragt wurden 134 Riagg-Therapeuten (Rücklaufquote 49 %) und 38 Gliagg-Therapeuten (Rücklaufquote 76 %).

5 Die DE'IGNIS-Klinik in Egenhausen (Nordschwarzwald) ist eine BfA-Vertragsklinik und will die religiösen Ressourcen ihrer Patienten nutzen. Dazu werden zusätzlich zur professionellen Behandlung freiwillige religiöse Angebote wie Andachten, Gebet etc. gemacht. 78 % der Patienten haben sich diese Klinik speziell wegen ihres religiösen Profils ausgesucht. Die Patienten der Fachklinik St. Franziska-Stift in Bad Kreuznach sind in der Regel von ihren Kostenträgern diesem Haus zugewiesen worden. Das Behandlungsangebot umfasst die gängigen stationären Verfahren in einer verhaltensmedizinisch und einer tiefenpsychologisch orientierten Abteilung.

6 Vgl. www.smmr.de.

7 www.i-p-p-m.de.

8 www.heiligenfeld.de.

9 www.hohemark.de.

10 www.anthroposophische-psychotherapie.de.

11 www.deignis.de.

12 Müller, Nouwen, Grün (2001).

13 www.akademieps.de.

14 www.mbmi.org.

15 Vgl. Randour 1993; Shafranske 1996;. Richards & Bergin 1997; Pargament 1997; Becvar 1997; Koenig 1998; W. Miller 1999;. Richards & Bergin 1999; Sperry 2001; Miller 2003; Fontana 2003.

16 Aus deutscher Sicht widerspreche ich – »Spiritualität« wird hierzulande sicher häufiger verwendet als Lebensanschauung, Existentialität oder Sinngebung. Für Skandinavien kann ich das nicht beurteilen. Und weiter: Wird nicht der Begriff Weltanschauung häufiger verwendet als der Begriff Lebensanschauung?

17 Mit Recht kann der verwirrende Sprachgebrauch kritisiert werden – er weist aber auch auf die kompliziert verwobenen Sachverhalte hin: »Der Begriff ›außersinnliche Wahrnehmung‹ ist insofern höchst problematisch, als in der Regel an Wahrnehmungen die epistemische Anforderung gestellt wird, das der Wahrnehmende auch weiß, dass er etwas wahrnimmt« (Hergovich 2001, 15).

18 Mittlerweile wird die Gesundheit von einer Aura des Heiligen umgeben und maßlos überschätzt. Denn zahlreiche Gesunde sind permanent unzufrieden und unglücklich, und wie viele chronisch Kranke und Behinderte gibt es, die ihr Schicksal akzeptieren und ein ausgeglichenes und glückliches Leben führen! Nach der Meinung von Kritikern erweist die Alternativmedizin auch der Gesundheitspolitik durch ihre einseitige Vergötzung der Gesundheit einen Bärendienst, weil sie dazu beitrage, »den Menschen so lang wie möglich gesund, sprich leistungsfähig zu erhalten, um ihn dann, wenn er chronisch krank, aus-

gelaugt und alt ist, ins soziale Netz abgleiten zu lassen« (Jütte 1996, 65). Vgl. darüber hinaus als zwei wichtige Publikationen zum diesem Thema Lütz (2002) und G. Schneider-Flume (2003).

19 Dieses Zeitschriften-Editorial ist größtenteils wortgleich mit dem Beitrag von Holtel (2003), ohne ihn jedoch zu erwähnen.

20 Christliche Angebote der Rehabilitation alkoholkranker und drogenabhängiger Menschen haben einen guten Ruf, weil die klare Wertorientierung den Suchenden Halt vermittelt und einer abstinenten Lebensführung dient. In einer neuen Studie zur Sexsucht wird auch von gänzlich säkularen Therapeuten die Spiritualität anerkannt. Walter Lechler (2004), Pionier in der Behandlung von Mehrfachsüchtigkeit und Begründer der Klinik Bad Herrenalb, führte dazu kürzlich aus: »In Selbsthilfegruppen spielt die Spiritualität eine große Rolle. Anfangs hat mich das Thema ziemlich abgestoßen. Da ist bei mir alles hochgekommen, was ich aufgrund meiner protestantischen Erziehung nicht verdaut hatte. Aber diese Kraft, der die Menschen dort auf die Spur kommen, ist so allgemein, dass sie auf der ganzen Welt gültig ist – ganz gleich, welche Religion dort ansonsten herrscht. … C.G Jung schrieb wenige Monate vor seinem Tod über einen hoffnungslosen Trinker: ›Sein gewaltiger Drang, diese Sehnsucht nach Alkohol, war auf einer niedrigen Stufe unseres Seins nur das Äquivalent unseres spirituellen Durstes nach Ganzheit, und in der Sprache des Mittelalters: nach der Vereinigung mit Gott.‹ Ich möchte mich ganz fühlen und ganz werden – das ist es, was hinter jeder Sucht steckt«.

Teil 4: Religiosität in der therapeutischen Praxis: Therapeuten berichten

Der vierte Teil enthält Stellungnahmen von zwei Therapeutinnen und neun Therapeuten. Sie vertreten sehr unterschiedliche therapeutische Orientierungen und haben in ihren Publikationen Interesse an religiös-spirituellen Fragen bekundet. Die Auswahl war auch von dem Motiv bestimmt, unterschiedliche weltanschauliche Perspektiven zu Wort kommen zu lassen. Diese Praktiker wurden gebeten, ihren Standpunkt zum Umgang mit religiösen Fragen in Beratung und Therapie knapp darzulegen. Die Stellungnahmen von Werner Huth, Felix Helg, Eckhard Frick, Tilmann Moser, Monika Renz, Rolf Senst, Ursula Wirtz, Martin Grabe, Jürg Zöbeli, Karl-Heinz Witte und Friedhelm Lamprecht sind ohne Kommentar abgedruckt und sollen für sich sprechen. Als Anregung und Strukturierungshilfe wurden ihnen folgende Fragen vorgelegt:

– *Warum werden Ihrer Meinung nach in der deutschsprachigen Psychotherapie religiös-weltanschauliche Fragen häufig immer noch tabuisiert?*

– *Wie verbinden Sie Ihren an wissenschaftlichen Kriterien orientierten Beruf als Therapeut/-in (»Profession«) mit ihren religiös-weltanschaulichen Überzeugungen (im weitesten Sinne »Konfession«)?*

– *Nimmt Ihre persönliche Glaubensüberzeugung Einfluss auf Ihre psychotherapeutische Praxis? Wenn ja, welchen?*

– *Trennen oder integrieren Sie Psychotherapie und Spiritualität? Beziehen Sie religiös-spirituelle Fragen mit in eine Behandlung ein? Wenn ja, wie?*

Werner Huth

Das religionslose Zeitalter

Vor etwa 150 Jahren endete die letzte große »Epoche des Geistes«: Weimarer Klassik, Spätromantik, Hölderlin, deutscher Idealismus. Zeitgleich damit begann eine beispiellose naturwissenschaftliche und technische Revolution, deren Konsequenzen bis heute noch nicht aufgearbeitet sind. Durch beides veränderte sich das »spezifische Gewicht des Geistes« tiefgreifend, eine Bewertung, die zum Beispiel von so unterschiedlichen Denkern wie Adorno und Heidegger geteilt wurde. Das furchtbarste Symptom dieser Wandlung war das zutiefst unmenschliche und »geistlose« 20. Jahrhundert mit seinen mehr als 100 Millionen Toten, die in diesem Zeitraum allein durch Genozid zugrunde gingen. Die 6 Millionen Juden, die von den Angehörigen des Volkes ermordet wurden, in dem einstmals Bach, Kant und Goethe lebten, stellen dabei den unüberbietbaren Tiefpunkt dieser Entwicklung dar.

Zu ihr gehört aber auch der fortschreitende Zerfall von bis dahin Halt gebenden sozialen und geistigen Einbettungssystemen, zum Beispiel der Ehe, zentraler zwischenmenschlicher Spielregeln und nicht zuletzt der angestammten Religion. Die christlichen Kirchen standen beiden Prozessen, die inzwischen die ganze Welt überziehen, nicht nur meist hilflos gegenüber. Indirekt waren sie darin sogar involviert, gingen deren Folgezustände doch von ursprünglich christlich geprägten Ländern aus. Ein ganz anderer Aspekt des technischen Fortschritts war, dass er Mittel für bahnbrechende Entdeckungen der Kosmologie und der Evolutionsforschung bereitstellte, die zu bis dahin für unvorstellbar gehaltenen Einsichten in die Struktur der Wirklichkeit führten.

Daraus ergaben sich Konsequenzen, durch die zentrale christliche Behauptungen, jedenfalls in ihrer bisherigen Form, zutiefst fragwürdig wurden. Nur wenige Theologen nahmen die genannten Tatsachen und die Folgerungen dieser Revolution unseres Weltbildes wirklich zur Kenntnis, obwohl zum Beispiel Eugen Drewermann dazu unendlich viel Material zusammengetragen hat. Vielmehr begegnen sie bis heute ihrer Brisanz, wenn überhaupt, vorwiegend in Form von Killerphrasen. Statt die eigenen Positionen radikal neu zu durchdenken und so vielleicht zu einer tieferen Ahnung des unbegreiflichen Gottes durchzustoßen, bewegen sie sich nach wie vor weiterhin im Rahmen ihrer traditionellen Vorstellungswelt. Damit vertieft sich die Kluft zwischen ihnen und den nicht mehr religiös Sozialisierten noch weiter. Zwar durchschauen auch diese die Konsequenzen ihrer neuen Weltsicht nur selten. Tatsache ist aber, dass sie von den Kirchen keine plausiblen Antworten auf ihre existenziellen Fragen, welche auch immer, mehr erwarten. Wenn darauf viele Pfarrer mit Anbiederungsversuchen im Stil der Waschmittelwerbung reagieren, wird die Sache nur noch schlimmer, machen sie damit doch ihre Unfähigkeit, zu realisieren, worum es den anderen wirklich geht, nur noch offenkundiger.

Ein besonderes Gewicht bekommt das Gesagte dadurch, dass die bedeutendsten Theologen der beiden großen christlichen Kirchen im 20. Jahrhundert diese Entwicklung vorhersagten. Zwar setzten auch sie sich mit den Naturwissenschaften nur wenig auseinander, weil das zu ihrer Zeit noch nicht so aktuell war wie heute, doch zeigten sie schon Auswege aus unserer religiösen Krise auf: eine Neubelebung der Spiritualität. 1944 schrieb Dietrich Bonhoeffer: »Die Menschen können einfach, so wie sie nun einmal sind, nicht mehr religiös sein, ... es sind nur ... ein paar intellektuell Unredliche, bei denen wir ›religiös‹ landen können.« Dass dahinter nicht Resignation, sondern ein Umdenken aufgrund eigener spiritueller Erfahrungen stand, wird daran deutlich, dass er zur gleichen Zeit im Angesicht seines Todes dichtete: »Von guten Mächten wunderbar geborgen, erwarten wir getrost, was kommen mag. Gott ist mit uns am Abend und am Morgen und ganz gewiss an jedem neuen Tag.«

Eine ähnliche Klarsicht und zugleich Erfahrung leitete auch den bedeutendsten katholischen Theologen der Neuzeit, Karl Rahner. Er schrieb 1966: »Der Fromme der Zukunft wird ein ›Mystiker‹ sein, einer, der etwas ›erfahren‹ hat, oder er wird nicht mehr sein.« Obwohl es ihm nicht um absonderliche Erlebnisse ging und obwohl er im gleichen Beitrag betonte, Mystik sei, »recht verstanden, kein Gegensatz zum Glauben im Heiligen Pneuma«, reagieren die Theologen auf diese Hinweise bis heute meist ähnlich abwehrend wie auf die Naturwissenschaften. Weil ihnen die Mystik letztlich ein rotes Tuch ist, verschließen sie sich gegen den Königsweg der Spiritualität: eine Meditation, die diesen Namen verdient. Das wird auch dadurch nicht besser, dass man inzwischen zu der Unsitte neigt, jede verquaste Bildbetrachtung im Kirchenblättchen »Meditation« zu nennen.

Beziehungen zwischen Psychotherapie und Spiritualität

Von den genannten Voraussetzungen her versuche ich nunmehr, das Verhältnis zwischen Psychotherapie und spiritueller Praxis zu skizzieren. Dabei möchte ich allerdings zwischen »religiös« und »weltanschaulich« unterscheiden. Aufgrund meiner Erfahrungen als Analytiker und Lehranalytiker bezweifle ich, dass *religiöse* Fragen in der Psychotherapie wirklich mit einem Tabu belegt werden. Davon kann man ja nur reden, wenn jemand einem tabuisierten Objekt mit einer Gefühlsambivalenz begegnet, weil es ihm insgeheim wichtig ist. Hier aber scheint es so zu sein, dass sich diese Fragen den Therapeuten und ihren Klienten kaum stellen, weil beide, besonders, wenn es sich um in der Stadt aufgewachsene Intellektuelle handelt, nur noch selten konfessionell gebunden sind.

Somit teilen sie das nicht nur von Bonhoeffer und Rahner, sondern auch von Erich Fromm festgestellte Schicksal, der ersten weitgehend religionslos gewordenen Zivilisation der Menschheitsgeschichte zuzugehören. Daher ist es eher intellektuell redlich, wenn diese Therapeuten religiöse Themen ausklammern: »Wovon man nicht sprechen kann, darüber muss man schweigen« (Wittgenstein). Jedenfalls ist es besser, als wenn man, um nochmals Bonhoeffer zu zitieren, Gott lediglich zur Scheinlösung eines auf andere Weise nicht lösbaren Problems aufmarschieren lässt.

Warum auch *weltanschauliche* Fragen, die ja letztlich in der Frage nach dem Sinn des Lebens gipfeln, in der Psychotherapie meist kein Thema sind, erkläre ich mir damit, dass diese ursprünglich damit nichts zu tun haben wollte. Noch 1937 schrieb Sigmund Freud: »Im Moment, da man nach Sinn und Wert des Lebens fragt, ist man krank.« Ihm stellte sich allerdings diese Frage weit weniger drängend als uns, die wir es viel seltener mit »klassischen Neurosen« zu tun haben, als es damals der Fall war. Vielmehr suchen uns zunehmend Menschen auf, die als Folge der Wandlung in unserem geistigen Klima zum »Kaspar Hauser der existenziellen

Orientierung« (Albert Görres) geworden sind. Das überfordert aber die meisten von uns, denn sie haben nicht gelernt, damit umzugehen. Sie können das Fehlende auch nicht durch ein paar Kurse nachholen. Ganz anders steht es mit der Meditation. Sie kann vielen helfen, den Sinn ihres Lebens zu finden. Das ist möglich, weil ein Meditierender mit zunehmender Praxis zur Erfahrung der geistigen Wirklichkeit im Zustand höchstmöglicher Evidenz durchbrechen kann. Weil ihm dabei das Unbedingte im Bedingten aufleuchtet, kann das so Erfahrene für ihn »unbedingt wichtig« (Tillich) und damit verbindlich werden.

Für die Behandlung psychischer Störungen ist die Meditation allerdings untauglich. Vor allem, weil dabei die Grenze zur Psychotherapie oder Psychiatrie überschritten wird, kann das für die Betreffenden oft sogar äußerst gefährlich sein. Zwar wollen viele Meditationslehrer, Patienten und Psychotherapeuten die damit angesprochene Trennung der Kompetenzen nicht wahrhaben. Wie absurd jedoch eine Konfusion von Psychotherapie und Meditation ist, sollte ihnen spätestens dann aufgehen, wenn sie deren Konsequenzen zu Ende denken: hier Sinn- und Existenzerhellung als Krankenkassenleistung und dort zum Beispiel Zen anstelle von Psychotherapie oder gar von Antidepressiva! Zwar gibt es gewisse Parallelen zwischen beiden Wegen, zum Beispiel, dass man sich hier wie dort zum »Zeugen« seiner Erfahrungen machen und seine Affekte unter Kontrolle bringen soll. Letztlich aber überwiegen die Unterschiede. So will zwar auch die Psychotherapie nicht bloß Symptome beseitigen, sondern sucht dies über den Weg einer Nachreifung zu erreichen. Das ist aber nur im Kontext der eigenen Biographie möglich. Bei der Meditation dagegen ist die Biographie kein Thema. Auch setzen praktisch alle Richtungen der Psychotherapie eine therapeutische Regression voraus, während die Meditation auf dem Gegenteil beruht: auf einer nur für sie spezifischen Kombination von Achtsamkeit und Loslassen beziehungsweise von Rezeptivität und Aktivität (*meditari* heißt wörtlich: »zur Mitte gegangen *werden*«).

Die hoffnungsvolle Verbindung zwischen Psychotherapie und Meditation

Die für mich einzig denkbare Verbindung zwischen meinem Beruf und meinem Glauben liegt darin begründet, dass ich den Satz: »Du sollst Gott lieben, du sollst Deinen Nächsten lieben, du sollst Gott in Deinem Nächsten lieben!« für den Kern sowohl des christlichen als auch jedes anderen religiösen Glaubens halte, der diesen Namen verdient. Da aber Freud immer betont hat, für das »Erziehungswerk der Psychoanalyse« sei die Liebe unerlässlich, sehe ich für mich keinen Widerspruch zwischen Profession und Konfession. Allerdings gestehe ich, dass mir Kollegen ein Gräuel sind, die ihre fehlende Professionalität mit dem Mantel des Christlichen überdecken. Im Übrigen hat mich ausgerechnet ein Analytiker, der sich selber einen Agnostiker nannte (Walter Schindler, London), in meiner christlichen Entwicklung indirekt sehr gefördert. Dafür bin ich ihm bis heute dankbar. Ich würde ihn im Sinne von Rahner einen »anonymen Christen« nennen.

Aufgrund meiner Erfahrungen trenne ich streng zwischen Psychotherapie und Meditation, doch habe ich vor meinen Patienten nie geleugnet, Christ zu sein. Die meisten von ihnen wissen das aufgrund von Veröffentlichungen von mir sowieso. Wichtiger ist mir aber, auf etwas anderes hinzuweisen: Als ich älter wurde, kamen naturgemäß immer öfter ältere Patienten zu mir, die sich die Frage nach dem Sinn ihres Lebens stellten. Da ich aber nicht nur Psychoanalytiker, sondern auch Meditationslehrer bin, lag es nahe, dass ich ihnen (später zunehmend auch jungen Patienten) nach Abschluss ihrer Therapie riet, zu meditieren. Das hat sich für sie meist als ungemein fruchtbar erwiesen.

Inzwischen bin ich der Überzeugung, dass dies generell ein hoffnungsvoller Weg sowohl für die Psychotherapie als auch für die Meditation ist, der auch für die Theologie fruchtbar sein könnte. Allen dreien ist ja trotz aller Unterschiede gemeinsam, dass sie sich in einer kritischen Situation befinden (die Meditation vor allem, weil sie oft für Ziele missbraucht wird, für die sie nicht da ist, zum Beispiel zur Leistungssteigerung oder als Therapieform). Ich meine also, dass jede Kontamination zwischen Psychotherapie und spiritueller Praxis verhängnisvoll, der Dialog, ja sogar eine Ergänzung zwischen beiden Wegen in der Zukunft jedoch unverzichtbar ist. Zwar befindet sich beides noch in den Anfängen, und oft werden bereits die ersten Ansätze dazu durch Berührungsängste beschränkt. Das darf aber nicht das letzte Wort sein. Es ist ein Skandal, wenn bei uns immer noch Hunderttausende in die Fänge von Psychosekten geraten, weil die, die es besser wissen könnten, zu unwissend oder zu verschlafen sind, das Gebot der Stunde zu erkennen.

Dr. med. Werner Huth, geboren 1929, verheiratet, 3 Kinder, 4 Enkel, evangelisch. Arzt für Psychiatrie und Neurologie, Psychoanalytiker in eigener Praxis, Lehranalytiker, Lehrbeauftragter. Mehr als 120 Veröffentlichungen, zum Thema neben anderen »Glaube, Ideologie, Wahn« (Frankfurt 1988), »Praxis der Meditation« (gemeinsam mit seiner Frau, München 2000). Erste meditative Praxis bei Graf Dürckheim, später viele Jahre Zenschüler bei Pater Lassalle (S.J.) und bei Pater Ama Samy (S.J.), mehrere Jahre Praxis der tibetischen sowie christlichen Meditation.

Felix Helg

Religion und Gesellschaft

Die Frage nach innerer Freiheit, nach Selbstverwirklichung oder persönlichem Glück beschäftigt die Menschheit, seitdem sie über sich selbst nachdenkt. Jede Epoche kennt ihre spezifischen Wege und Methoden, um sich diesem Ziel zu nähern. In früheren Zeitaltern blieb das Gebiet der Glücks- oder Sinnsuche vorwiegend eine Domäne der Religion – sie kannte die glücksbringenden Methoden und hatte auch die Macht, um zu bestimmen, was als Selbstverwirklichung zählen konnte. In unserer Zeit hat sich das gründlich verändert. Die Kirche hat in den letzten Jahrzehnten stetig an Einfluss verloren, meines Erachtens aus zwei Gründen: Einerseits hat sie das eigentliche religiöse Erlebnis vernachlässigt, und andererseits ist die christliche Botschaft, die sich ja stark an den Mitmenschen, an das Du richtet, in der heutigen Zeit nicht mehr »en vogue«. Individualismus wird großgeschrieben, Selbsterfüllung und Selbstverwirklichung sind Trumpf.

Das so entstandene Vakuum wird von verschiedenen religiösen und pseudoreligiösen Strömungen aufgefüllt. Der Esoterik-Büchermarkt boomt, und die Anzahl von selbsternannten Heilsbringern wächst ständig. Die Frage nach der spirituellen Dimension wird in unserer Gesellschaft hauptsächlich unter negativen Gesichtspunkten diskutiert. In den Medien erscheinen vor allem Berichte über die Gefahren des spirituellen Weges. Beispielsweise wird der Information über Sekten viel Raum eingeräumt, während die kraftspendenden Aspekte der Spiritualität kaum je Erwähnung finden. Dabei besteht kein Zweifel daran, dass die spirituelle Dimension eine ganz wichtige Ressource im Leben vieler Menschen darstellt. Dies wird im Moment etwa so tabuisiert, wie es noch vor einigen Jahrzehnten mit der Sexualität der Fall war.

Psychotherapie und Wissenschaftsverständnis

In diesem gesellschaftspolitischen Umfeld wird in letzter Zeit die Frage nach dem Potential von Religiosität und Spiritualität für die Psychotherapie aufgeworfen. Diese Diskussion ist in den Vereinigten Staaten schon seit längerer Zeit im Gang. Interessanterweise wird sie im deutschsprachigen Raum erst in den letzten Jahren vertieft geführt.

Auch die Psychotherapie befasst sich mit dem persönlichen Glück. Sie steht deshalb in einer gewissen Konkurrenz zu den oben erwähnten Angeboten. Während früher der Seelsorger oder allenfalls der Arzt für die Beantwortung von Fragen nach der persönlichen Erfüllung zuständig war, wird diese Thematik heute auch an den Therapeuten herangetragen. Dabei steht die Psychotherapie unter einem großen Rechtfertigungsdruck. Sie will als vollwertige Partnerin im Gesundheitswesen ernst genommen werden und glaubt, sich am Wissenschaftsverständnis der Medizin messen zu müssen. Mit diesem Vergleich tut sie sich schwer: Während ein Hirntumor in München, Sydney oder Washington ähnlich behandelt wird, kann beispielsweise die Therapie einer narzisstischen Persönlichkeitsstörung ganz verschiedene Formen annehmen. Menschenbild und methodischer Ansatz des Therapeuten, die Entwicklung der Beziehung zwischen Therapeut und Patient sowie andere, kulturbedingte Einflüsse sorgen für große Unterschiede in der Behandlung.

Wer sich einen Anteil von den Geldtöpfen des Gesundheitswesens sichern will, darf sein Interesse an spirituellen Fragen nicht zu sehr in den Vordergrund stellen. Im gegenwärtig herrschenden gesellschaftlichen Umfeld besteht sonst die Gefahr, dass er bald nicht mehr ernst genommen wird. Es prallen zwei grundverschiedene Weltsichten aufeinander – hier der naturwissenschaftliche Ansatz, dem an duplizierbaren Ergebnissen gelegen ist, dort die spirituellen Traditionen mit einem ganz anderen Verständnis von der Beziehung zwischen Geist und Materie. Noch sind wir nicht soweit, dass das herrschende Wissenschaftsverständnis als Mythos erkannt wird – als *eine* mögliche Wirklichkeitskonstruktion unter vielen. Die Zeit wird kommen, in der wir unsere Auffassung von Wissenschaft gründlich revidieren werden. Wir Psychotherapeuten und -therapeutinnen müssen den Mut haben, zu einem neuen, erweiterten Begriff von Wissenschaftlichkeit zu stehen!

Die Frage nach dem Sinn

Der Sozialmediziner Antonovsky hat empirisch nachgewiesen, dass Menschen, die sich in einem größeren Ganzen eingebettet fühlen, im Allgemeinen körperlich und seelisch gesünder sind als Personen, die in ihrem Leben keinen Sinn sehen. Es wäre deshalb fatal, einen Graben zu ziehen zwischen einer «wissenschaftlich fundierten» Psychotherapie und der Bearbeitung von religiös-spirituellen Fragen. Fragen nach dem persönlichen Bezug zum Universum, nach der fundamentalen Beziehung zwischen uns Lebewesen und nach der Verbundenheit mit der Existenz dürfen nicht ausgeklammert werden. Im Gegensatz zum Seelsorger hat der Therapeut jedoch keine fertigen Antworten zu bieten, sondern muss seinen Klienten dazu ermuntern, auf die Suche nach seinem ganz persönlichen Sinn zu gehen. Ich mache in diesem Zusammenhang einen Unterschied zwischen *Glaube* und *Erfahrung*. Der Glaube im herkömmlichen Sinn kann eine wichtige Ressource im Leben eines Menschen darstellen, die ich als Therapeut meist nicht hinterfrage. Eine Ausnahme bilden jene Glaubenskonstrukte, bei denen ich den Eindruck bekomme, dass sie die innere Freiheit und Entfaltung eines Menschen beeinträchtigen. Hier gilt es vorsichtig darauf hinzuarbeiten, dass der Klient lernt, unterstützende und behindernde Aspekte seines Glaubens zu trennen.

Wichtig ist ein differentialdiagnostisches Wissen zur Abgrenzung von spirituellen Erfahrungen und psychotischen Episoden. Die Pathologisierung einer religiösen Erfahrung wäre fatal. Ich bin in meiner Berufstätigkeit schon einigen Menschen begegnet, die intensive religiöse Erfahrungen gemacht haben, aber diese mit niemandem teilen konnten. Es war ihnen so nicht möglich, das Potential, das in diesen Erfahrungen steckt, auszuschöpfen – im Gegenteil, sie waren eher erschreckt.

Auch mit dem Gegenteil, der Überhöhung einer psychotischen Episode in ein Erleuchtungserlebnis, ist dem Patienten natürlich nicht gedient! Manchmal ist es auch nötig, einen Patienten klar darauf hinzuweisen, dass er seine spirituelle Praxis dazu missbraucht, den Anforderungen des Lebens auszuweichen. Dieser hört das natürlich nicht gerne. Solche Abgrenzungen sind nicht immer einfach und verlangen viel Fingerspitzengefühl.

Die Frage nach dem Einbezug von religiös-spirituellen Fragen in eine Psychotherapie lässt sich meines Erachtens nicht allgemein beantworten. Sie hängt eng mit der Person des Therapeuten zusammen. Bestimmte Menschen können sich der spirituellen Dimension sehr leicht öffnen, andern fehlt dieser Zugang weitgehend. Dies gilt für Therapeuten ebenso wie für Klienten. Mit der Spiritualität ist es deshalb wie in vielen Themen in der Psychotherapie: Je nach Offenheit und Sensibilität des Therapeuten werden bestimmte Andeutungen aufgenommen, während andere unbeantwortet bleiben. Lösen wir uns vom Anspruch, dass es möglich sein sollte, allen Anliegen unserer Patienten gleichermaßen gerecht zu werden! Es gibt Therapeuten, für die die spirituelle Dimension eine wichtige Kraftquelle darstellt; anderen wiederum bedeutet sie nicht soviel. Ich finde es wichtig, dass ein Therapeut klar Stellung bezieht, wenn religiöse oder spirituelle Fragen auf den Tisch kommen. Wie bei andern Themen auch soll er sagen, wenn er sich bei diesem Thema nicht zuhause fühlt. Eine klare Abgrenzung macht es dem Klienten möglich, seine Erfahrungen an einem anderen Ort einzubringen, ohne sich abgewertet zu fühlen.

Für mich persönlich stellen solche Themen einen wichtigen Teil einer Therapie dar. Oft entsteht bei der Diskussion dieses Themas eine Verbundenheit, die sich positiv auf den ganzen Therapieprozess auswirkt. Eine persönliche Bemerkung kann unter Umständen sehr hilfreich sein und den Patienten ermutigen, auf seinem eigenen Weg fortzufahren. Je nach therapeutischer Beziehung kann sie aber ebenso den

Prozess des Patienten stören oder unterbrechen. Zu Beginn einer Behandlung bin ich deshalb zurückhaltender als gegen Ende einer länger dauernden Therapie, in der Persönliches oft mehr Raum einnimmt. Wichtiger als explizite Aussagen über den eigenen Weg ist aber die eigene Persönlichkeit, die natürlich durch die spirituelle Praxis nachhaltig geprägt wird. Dies wird sich unweigerlich in der Therapie bemerkbar machen, auch wenn nie darüber geredet wird.

Psychotherapie und spiritueller Weg: ein Widerspruch?

Ich bin im Laufe der Zeit zur Auffassung gekommen, dass sich ein spiritueller Weg gut mit einer Psychotherapie verbinden lässt, ja dass die beiden Ansätze sogar eine gute Ergänzung sein können. Natürlich haben beide Zugänge letztlich ein unterschiedliches Ziel: Während die Psychotherapie Befreiung von einem seelischen Leiden sucht, ist das Ziel auf einem spirituellen Weg ehrgeiziger formuliert: Innere Freiheit oder die Fähigkeit zur bedingungslosen Liebe werden angestrebt. Die Psychotherapie will eine Stabilisierung des Ich, die spirituellen Wege suchen seine Transzendierung. Auf dem Weg zu diesen Zielen, die ja in beiden Disziplinen kaum je völlig erreicht werden, gibt es aber einige Gemeinsamkeiten. So ist beispielsweise in vielen spirituellen Disziplinen das Entwickeln eines »Zeugenbewusstseins«, eines wertfreien Gewahrseins der eigenen seelischen und körperlichen Regungen, eine wichtige Übung. Dieses Zeugenbewusstsein ist auch in jeder Psychotherapie von großem Wert: Wenn ich genau über meine inneren Regungen Bescheid weiß, werden mir innerseelische Zusammenhänge schneller klar. Auf der anderen Seite ist es so, dass eine intensive Meditationspraxis auch neurotische Verstrickungen oder ungelöste Komplexe ins Bewusstsein bringt. In der Psychotherapie sind einige effektive Methoden entwickelt worden, um solche Verstrickungen zu lösen. Dies wirkt sich sehr befruchtend auf die spirituelle Praxis aus. In meiner eigenen Biographie habe ich viel von dieser Kombination profitiert. In vielen spirituellen Traditionen werden Emotionen wie die Aggression oder Motivationen wie der Ehrgeiz einseitig und negativ dargestellt. Mein Therapeut half mir dabei, auch zu diesen Lebensthemen eine positive Einstellung zu gewinnen. Meine spirituelle Praxis eröffnete mir dafür eine Tiefe und Unmittelbarkeit des Erlebens, wie sie in einer Therapie nicht möglich ist und auch gar nicht angestrebt werden muss.

Heikel wird es dann, wenn sich eine Art Konkurrenz zwischen Therapie und Seelsorge im weiteren Sinn ergibt. Sobald Glaubensfragen in einem fundamentalistischen Sinn verstanden werden, wird die Kombination von Therapie und spirituellem Weg unmöglich, weil die Antworten dann vorgegeben sind. Ich erinnere mich an einen Patienten, der sich in einer Therapiesitzung für Sekundenbruchteile an ein ganz frühes Trauma erinnerte. Das Bild, das er im Anschluss an diese Erinnerung malte, wurde dann von seiner spirituellen Lehrerin, die angeblich über mediale Fähigkeiten verfügt, als ein vorgeburtlicher Schock gedeutet. Damit war für ihn das Thema vom Tisch und konnte nicht weiter bearbeitet werden, was sich nachteilig auf die Therapie auswirkte.

In der Literatur wird oft die Auffassung vertreten, dass Psychotherapie eine Vorstufe für den spirituellen Weg sein könne, nach dem Motto »Man muss zuerst jemand werden, bevor man niemand sein kann«. Theoretisch betrachtet, hat diese Ansicht einiges für sich. Die Praxis ist allerdings komplexer. Ich kann jemanden, der ein spirituelles Interesse hat, nicht auf später vertrösten und ihm sagen, er solle zuerst seine Psychotherapie abschließen, bevor er sich auf den spirituellen Weg begebe. Im Gegenteil, es eröffnet sich die Chance der gegenseitigen Befruchtung und Bereicherung. Dies ist aber nur dann möglich, wenn beim Therapeuten eine Offenheit für den spirituellen Weg besteht. Wenn er diesen als Konkurrenz erlebt, wird sich der Klient hüten, seine Erfahrungen in die Therapie einzubringen.

> Felix Helg, geboren 1959, arbeitet als Psychotherapeut, Supervisor und Trainer für Führungskräfte. Er ist Lehrtrainer für Integrative Therapie am Fritz Perls Institut. Seit über 20 Jahren meditiert er regelmäßig. Die Begegnung mit dem Advaita Vedanta Lehrer Sri H.W.L. Poonja hat ihn nachhaltig geprägt. Er ist Autor des Buches »Psychotherapie und Spiritualität« (Düsseldorf 2000).

Eckhard Frick

Frömmigkeit in der Postmoderne

Mit dem Thema dieses Buches habe ich es als Arzt und katholischer Priester gewissermaßen alltäglich zu tun, insbesondere in meiner psychotherapeutischen Arbeit mit tumorkranken Menschen. Auch wenn »Spiritualität« gerade jenen Bereich meint, der den Alltag transzendiert, so ist doch gerade das Krankenhaus in aller technisch-handwerklichen Nüchternheit, Banalität und Faktizität ein Ort spiritueller Erfahrung.

Ich schreibe die folgenden Thesen auf Frauenchiemsee nieder, in der stillen Winterzeit. Im Sommer kommen täglich Tausende von Besuchern hierher. Esoterisch gesonnene unter ihnen eilen zum »*holy place*« der 1000-jährigen Linde. Schon vom Schiff aus übt der gedrungene achteckige Glockenturm des Münsters eine eigenartige Anziehung aus. Viele beten am Grab der seligen Irmengard. Sie wird nicht nur als Beschützerin des Chiemgaus, der Insel und des uralten Klosters angerufen, dessen erste namentlich bekannte Äbtissin sie war. Sie ist auch »zuständig« für wirtschaftliche und gesundheitliche Nöte und »spezialisiert« auf unerfüllten Kinderwunsch. Vielfältig sind die Anliegen, Sorgen, Gebete, die in das große Fürbittbuch in vielen Sprachen eingetragen werden oder – nach einer Gebetserhörung zum Dank – in Form einer Votivtafel veröffentlicht werden. Die letzte stammt von einem Münchener Frauenhaus, das sich bei der seligen Irmengard für die Beschaffung des langersehnten Baugrundes bedankt.

Die Wallfahrt zur seligen Irmengard mag wie ein mittelalterliches Relikt in postmoderner Zeit wirken. Gleich geblieben ist durch die Jahrhunderte bis heute der Grundsatz »batt's nix, so schadt's nix« (wenn es auch nicht wirkt, so schadet es doch wenigstens nicht), den manch einer befolgt, der hier eine Kerze entzündet oder ein Gebet spricht. Das Nebeneinander des postmodernen »*anything goes*« und traditioneller Frömmigkeitsformen, vor allem aber einer spürbar zunehmenden spirituellen Suche außerhalb institutioneller Religiosität, bietet den Hintergrund, auf dem ich die folgenden Thesen formuliere.

Zur Bedeutung der Spiritualität für Medizin und Psychotherapie

Es gibt eine *vordergründige* Tabuisierung religiös-weltanschaulicher Fragen in der deutschsprachigen Psychotherapie, im Gegensatz etwa zur US-amerikanischen Mentalität, in der psycho-spirituelle Themen und die Erforschung des »*faith*«-Faktors im Feld der Gesundheit modern, bisweilen auch aufdringlich sind. Die Tabuisierung kann unausgesprochen zwischen Therapeuten und Patient stehen: So kann sich der Patient scheuen, mit seinem Therapeuten über sein Beten zu sprechen, weil er annimmt, dass er »davon« nichts hält. Der Therapeut seinerseits, obwohl auf dem Weg in ein Zen-Retreat, schämt sich, die spirituelle Dimension anzusprechen, da er um sein wissenschaftliches Ansehen bangt.

Diesem Oberflächenphänomen der Tabuisierung steht jedoch eine *spirituelle Suche* gerade in der psychotherapeutischen Profession gegenüber, auf die ich in Gesprächen mit Kolleginnen und Kollegen immer wieder stoße. Häufig hat sie keine Sprache oder ist noch mit den adoleszenten Eierschalen des Abschüttelns einer Religiosität behaftet, die durch kirchliche oder familiäre Konvention geprägt war. Oder mit den Eierschalen einer psychotherapeutischen Institutsausbildung, in der das Pathologisieren des Spirituellen zum guten Ton gehörte. Hier auf der Fraueninsel begegne ich Menschen, die unter Internatserziehung »im Kloster« gelitten haben, aber nun in der Abtei zu Gast sind, wohl um vom in der eigenen Biographie erlebten Oberflächlich-Anstößigen zum Wesentlichen vorzustoßen.

Als Psychotherapeut und Priester teile ich die Situation vieler Kolleginnen und Kollegen, die den an wissenschaftlichen Kriterien orientierten Beruf mit ihren religiös-weltanschaulichen Überzeugungen zu verbinden versuchen. Der handwerklich-klinische Bereich – so schwierig er im Einzelnen auch sein mag – vermittelt durch Aus- und Fortbildung sowie durch die Zugehörigkeit zu einer Fachrichtung Sicherheit. Hingegen gilt das Spirituelle als privat, werteabhängig, subjektiv, ja: als anrüchig im Sinne von »Konfession« im Gegensatz zu »Profession«. Durch meine Zugehörigkeit zum Jesuitenorden und durch das Studium von Philosophie und Theologie habe ich das Glück, auch im spirituellen Feld institutionelle, intellektuelle und emotionale Rückendeckung zu erfahren. Die spirituelle Praxis der »Unterscheidung der Geister« hilft dabei, individuell und inter-subjektiv Kriterien für den Kontakt zwischen religiös-weltanschaulichen Überzeugungen einerseits und dem beruflichen Sektor andererseits zu entwickeln. Dazu gehört auch die legitime Autonomie der Natur-, Sozial- und Humanwissenschaften. Mit anderen Worten: Was dort als gesichert gilt, entscheidet sich nach Gesichtspunkten, die innerhalb des Fachgebietes kommunikabel und unabhängig von Wertüberzeugungen sein müssen. Der gläubige Mensch wird also die Fachkompetenz eines guten Arztes auch dann achten, wenn dieser keine oder andere spirituelle Positionen hat.

Glaubensüberzeugungen in der therapeutischen Beziehung

Was für die legitime Autonomie regionaler Wissenschaftsgebiete gilt, trifft auch auf den Kontakt zum einzelnen Menschen zu, besonders wenn es sich um eine therapeutische Beziehung handelt. Welchen bewussten, expliziten Einfluss die persönliche Glaubensüberzeugung auf die Begegnung nimmt, hängt davon ab, ob beide Gesprächspartner eine gemeinsame Sprache und Erfahrung teilen. Es gibt Menschen, die von Kirche, Priestertum, Christentum nur vage Vorstellungen haben, und andere, deren Neurose eng mit Werten zusammenhängt, die in der religiösen Erziehung vermittelt wurden. In diesem Fall kann es sinnvoll sein, dass der Psychotherapeut eine gewisse technische Neutralität wahrt, um dem Patienten Raum für die eigenen Phantasien zu lassen.

Häufig ist das nicht Gesagte und Unbewusste wichtiger als der religiöse Diskurs, der ein bewusstseinspsychologisches Oberflächenphänomen ist. Es ist eine Sache, sich vorzunehmen, Psychotherapie und Spiritualität zu trennen oder zu integrieren, und eine andere, Zeuge der Konstellation von Archetypen zu werden, die sich möglicherweise in der neurotischen Spielart der Komplexe manifestieren. Ist etwa das Leiden unter dem Sündenbock-Komplex ein psychologisches oder theologisches Problem? Die Frage ist ziemlich akademisch, wenn sich der Sündenbock-Archetyp konstelliert hat, z. B. in der überwertigen Hingabetendenz von christlich sozialisierten depressiven Menschen.

Auch unter dem Stichwort »Therapie krankmachender Gottesbilder« verbirgt sich häufig ein bewusstseinspsychologisches Missverständnis. Es ist gut und recht, dass aus der biblisch-theologischen Forschung religionspädagogische Konsequenzen gezogen werden und dass die Prediger eifrig die Bibel studiert und meditiert haben, damit sie ihre Verkündigung immer wieder überprüfen. Gottesbilder können jedoch sehr unorthodox sein, möglicherweise bipolar, wie dies von C. G. Jung immer wieder beschrieben wurde. Der Psychotherapeut kann auf kein unfehlbares Vor-Wissen über »gute« bzw. »schlechte« oder neurotische Gottesbilder zurückgreifen. Er wird sich über weite Strecken auf das Wahr-Nehmen beschränken, möglicherweise angeregt durch die jüdische Tradition einer Theologie des dunklen Gottes.

Entgegen einem sowohl in therapeutischen als auch seelsorglichen Kreisen weit verbreiteten *furor sanandi*, einem Heilen-Wollen um jeden Preis, läuft unser Leben letztlich auf das Nicht-Mehr-Gesundwerden, das Sterben zu. Das Christentum entmythologisiert innerweltliche Heils- und Gesundungserwartungen, indem es den Tod verspottet: »Tod, wo ist dein Stachel?« (1 Korinther 15,55). Verspottet wird damit auch die Instrumentalisierung des Glaubens für Gesundbeterei und therapeutische Seelsorge, soweit diese sich in eine naive Konkurrenz mit anderen Heilungsangeboten begeben. Gesünder zu werden, ist zwar zugleich ein therapeutisches und ein spirituelles Ziel. Durch sein kritisches Potential gegenüber Heilserwartungen und –versprechungen kann das Christentum jedoch nur eine nüchterne Spiritualität des Heilens hervorbringen (vgl. Frick, 1996).

Eckhard Frick, geboren 1955, Dr. med., Magister in Philosophie und Theologie, Facharzt für Psychiatrie, Psychoanalytiker, Mitglied des Jesuitenordens. Er leitet die Projektgruppe Psychoonkologie an der Klinik für Psychiatrie und Psychotherapie in München und ist Autor zahlreicher Veröffentlichungen, beispielsweise des Buches »Durch Verwundung heilen. Zur Psychoanalyse des Heilungsarchetyps« (Göttingen 1996) und Mitherausgeber vom Tumormanual Psychoonkologie (München 2002).

Tilmann Moser

Verdrängung des Religiösen

Ganz biographisch gesehen: Die Probleme meiner religiösen Erziehung wurden in meinen Analysen nicht aufgegriffen (Anteil des Analytikers), und ich habe nicht darauf gedrängt, darüber zu sprechen (mein Anteil). Und für Sigmund Freud war es nur allzu klar, dass Religion eine neurotische Veranstaltung ist. Das Thema Religion, von kleinen Versuchsballons auf der Couch abgesehen, trieb sich in meinem seelischen Untergrund weiter herum, obwohl ich meinte, es sei durch Vergessen bewältigt. Bis dann die »Gottesvergiftung« herausbrach ...

Ich habe viele Kollegen befragt, welche Themen in ihren Lehranalysen nicht aufgegriffen wurden, und es war, neben den seelischen Spätfolgen der NS-Vergangenheit, die Religion.

Es lag, und vielleicht liegt, eine eigentümliche Scham über dem Thema. Als aufgeklärte Ärzte und Psychologen mögen die Analytiker denken, sie seien über das Thema erhaben. Aber es spielt noch eine andere Tatsache eine Rolle: die mangelnde Kompetenz dem Thema gegenüber. So wie die Sexualisierung in der analytischen Beziehung lange aus mangelnder Ausbildung und mangelnder Kompetenz und Scham über die eigenen Gefühle nicht angegangen wurde, so erging es dem Thema Religion. Zum Mangel an Ausbildung gehört vor allem das Nicht-Wahrnehmen und das Nicht-Umgehen-Können mit religiösen Übertragungen. Es ist peinlich, sich in der Rolle Gottes oder des guten Hirten wiederzufinden oder der Gottesmutter. Die Scheu, unwegsames Gelände zu betreten, ist groß, und so tradierte sich von Generation zu Generation nicht nur die Scheu, sondern auch die Inkompetenz, mit dem Thema umzugehen. Der Erfolg der jungianischen Schulen hängt nicht zuletzt damit zusammen, dass sie solche vernachlässigten Themen aufgriffen.

Therapeutische und spirituelle Haltung

Ich bin selbst nicht mehr gläubig, aber anderen Glaubensformen gegenüber tolerant. Wenn sie mir als Leiden angebracht werden (ein lebensverneinender Richtergott z. B.), dann verlasse ich nicht meine wissenschaftliche Ausrichtung, wenn ich nach den neurotischen Anteilen Ausschau halte und die Struktur der Verstrickung mit einem destruktiven Überich zu erkunden versuche. Ich habe gelernt, mit Gottes- oder Jesusübertragungen umzugehen, sie aufzuzeigen, gemeinsam mit dem Patienten nach ihrem Ursprung zu forschen, nach ihrer Einbettung in die kindliche religiöse Sozialisation, aber auch nach einer gegen das familiäre Klima entwickelten Frömmigkeit. Meine Haltung würde ich als warmherzige Tendenzlosigkeit bezeichnen, verbunden mit einer gewissen Solidarität, weil ich selbst tief verstrickt war. Vor einem Glauben, der mir ermutigend, hilfreich und identitätserhaltend, entängstigend und kreativ machend erscheint, habe ich große Achtung und würde nicht versuchen, ihn als neurotisch zu denunzieren. Er mag mir als seelische Hilfskonstruktion anmuten, aber wenn er mir nicht als gravierende Schiefheilung vorkommt, akzeptiere ich ihn als zugehörig zur seelischen Ausstattung des Patienten.

Es kommt hinzu, dass manche Menschen seelisch nicht in der Lage sind, ohne eine beschützende Gottesvorstellung auszukommen. Negativ ließe sich, und es ist von polemischen Atheisten sicher oft so benannt worden, von einer »Krücke« sprechen, aber für eine Reihe von Menschen ist diese Lebenshilfe notwendig. Andere leben mit anderen Krücken.

Ich fühle mich also ohne inhaltliche Mission, nur getragen von einer therapeutischen: neurotisches Leiden zu vermindern. Ich behandle also eine Beziehung zu Gott wie die zu wichtigen frühen Figuren. Wo eine idolatrische oder masochistische Beziehung zu Gott vorliegt, behandle ich sie wie eine komplizierte Objektbeziehung und helfe, die zuträglichen von den abträglichen Inhalten zu unterscheiden und diese vielleicht zu verändern.

Meine persönlichen Glaubensüberzeugungen (soweit überhaupt noch vorhanden) nehmen hoffentlich keinen Einfluss auf meine Praxis. Es ist mir aber in Zeiten, in denen es mir nicht gut ging, vorgekommen, dass mich die fröhliche Gottesgewissheit eines Patienten traurig machte über die verlorenen Jugend-Gewissheiten. Und manchmal überkam mich sogar ein wenig Neid über diese geduldig brennende innere Wärmequelle, sozusagen in der Krypta der Persönlichkeit. Sie war wohl auch jeder Deutung unzugänglich, es sei denn um den Preis eines destruktiven Eingriffs und unter Missbrauch des Einflusses, den man in der therapeutischen Beziehung hat. Im Übrigen ist es eine Frage der langsam gewachsenen Kultur innerhalb einer Therapie, wie und wann man bestimmte Überzeugungen vorsichtig abklopfen kann, in Frageform, oder zunächst sogar bestätigend: »Ihr Glaube erscheint mir eine wichtige Lebenshilfe.« Nach der Bestätigung kann vom Patienten kommen: »Das hätte ich von einem gottlosen Freudianer nie gedacht, dass er meinen Glauben ernst nimmt und würdigt. Ich fühle mich auch nicht mit allem wohl, was ich da glaube, und traue Ihnen jetzt zu, das mit mir in Ruhe zu besichtigen. Ich kann immer noch nicht gut unterscheiden zwischen dem, was mir gelehrt, mir vorgelebt oder eingetrichtert worden ist und was mein Eigenes sein könnte. Da Sie nicht missionieren wollen, können wir an die Arbeit gehen.« Dies ist natürlich eine idealtypisch geraffte Sequenz, aber in einzelnen Aspekten kommt sie doch häufiger vor.

Zur Einbeziehung religiöser Fragen

Religiös-spirituelle Fragen beziehe ich in die Behandlung ein, wenn ich sicher zu sein glaube, dass sie sich atmosphärisch oder in Übertragung und Gegenübertragung zeigen. In ganz frühen Lebensjahren spielt die Andacht des kleinen Kindes vor der Mutter eine bedeutende Rolle, wie man es leicht an den bewundernden und verklärten Blicken ablesen kann. Diese Form der Andacht taucht dann, wenn man sensibel ist, auch in der Therapie auf und kann angesprochen werden.

Ein Patient von mir war einmal sicher, dass es im Zimmer nach Weihrauch röche, und ein anderer erlebte das Behandlungszimmer als Kapelle. Während einiger Jahre drang von einer nahen Kirche Glockengeläut in den Raum, was die verschiedensten Reaktionen, von Trauer über Geborgenheit bis zu Hass und Erbitterung auslöste. Wo es im Patienten einen Gott gibt, mit dem es eine konflikthafte Beziehung aufzuarbeiten gibt, greife ich auf Methoden der Gestalttherapie zurück und lasse den Patienten zu Gott sprechen. Einige Male habe ich den Patienten auch in die Rolle Gottes gehen lassen, um ihn die andere Seite der Geschichte erforschen zulassen. Erscheine ich selbst als eine Gottheit in der Übertragung, dann meist so, dass ich als Erlöser, Tröster oder mächtiger Helfer erlebt werde. Es ist dann wichtig, dies vorsichtig und taktvoll zu deuten und dem Kind im Patienten, das sich diesen schützenden Helfergott bewahrt hat, den Rückweg zu den Ursprüngen zu zeigen.

Tilmann Moser, geb. 1938, freudianisch ausgebildeter Analytiker und Körperpsychotherapeut (DGPT), private Praxis in Freiburg. Diaspora-protestantisch erzogen, später aus der Kirche ausgetreten. Zahlreiche Publikationen, zum Thema: »Gottesvergiftung (Frankfurt 1976), »Von der Gottesvergiftung zum erträglichen Gott« (Stuttgart 2003).

Monika Renz

Bevor ich auf die einzelnen Fragen eingehen kann, drängt es mich in Richtung einer begrifflichen Klärung, die alle vier Fragen umgreift.

Ich erachte es nicht als Aufgabe meiner therapeutischen Arbeit, mich mit religiös-weltanschaulichen Fragen zu befassen. *Therapie ist einer Wahrheitssuche verpflichtet:* einer zugleich höchst persönlichen und den Einzelnen doch übersteigenden Wahrheit. Sie ist einerseits also Suche nach der inneren Wahrheit des einzelnen Patienten in seinen tiefsten Sehnsüchten und Bedürfnissen, seiner Biographie, seinem Leiden an sich, an der Welt und an Gott. In all dem kreist sie andererseits um etwas, was dem Patienten als letzt-heilend, letzt-erlösend oder inspirierend entgegenkommt, eine Wahrheitssuche also, die auch über den Einzelnen hinausweist und unserem Erkennen immer auch verborgen bleibt. Der Schwerpunkt therapeutischer Arbeit kann nur in der je eigenen Erfahrung mit diesem Geheimnis liegen und nicht bei dem, was wir verallgemeinernd »Weltanschauung« nennen. Als Therapeutin bin ich soweit als möglich offen und damit gerade nicht festgelegt – weder auf Methoden einer bestimmten Meditationspraxis noch auf die Ausschließlichkeit dogmatischer Glaubenssätze. Als Therapeutin muss ich *nicht neutral sein, sondern authentisch und transparent* als meinerseits suchender, ringender und begrenzter Mensch.

In der Folge erlaube ich mir, die mir vorgelegten vier Fragen entsprechend dieser Vorüberlegungen umzuformulieren.

Religion und spirituelle Erfahrung: Tabus innerhalb der Psychotherapie

Ja, es gibt dieses Tabu, sei es aus einer tief inneren Berührungsangst, als Bestandteil einer letzten Unverbindlichkeit, aus Angst, persönliche Freiräume zu beschneiden, aus Unbeholfenheit u. a. m. In meiner Arbeit in der Psychoonkologie und der Sterbebegleitung am Kantonsspital St. Gallen begegnet mir dieses Tabu häufig. Gleichzeitig ist es aber auch das Bedürfnis nicht weniger Patienten, endlich ein Gegenüber zu finden, in dessen Gegenwart ihre existentiellen Fragen, ihre tiefsten Sehnsüchte oder auch ihre eigentlich spirituellen Erfahrungen wahr sein dürfen. »Endlich ein

Mensch, der das Wort Gott auch in den Mund zu nehmen wagt«, höre ich nicht selten sagen. Es geht nicht darum, ob ich das Thema Religion einbringe oder nicht, sondern *ob ich dieser Dimension – wenn sie Bedürfnis eines Patienten/einer Patientin ist – Raum zu geben vermag,* sei es im Gespräch oder in einer Grundhaltung von Ehrfurcht, über eine entsprechende Musik oder was auch immer. Nicht selten geschieht es auch im Erkennen der religiösen Dimension eines mir erzählten Traumes und der nachfolgenden gemeinsamen Vertiefung. Wenn ein Traum dann dem Betroffenen selbst durch das Ansprechen einer möglichen spirituellen Deutung näher gerückt und fühlbarer geworden ist, spricht dies für die Stimmigkeit einer solchen Interpretation.

Spiritualität – wesentliche Dimension gelingender Psychotherapie

Wie andernorts bereits ausgeführt, plädiere ich für das Aufeinander-Verwiesensein von Psychotherapie und Religion. Und dies speziell dort, wo Menschen in ihrem Leiden und ihren ältesten Ängsten und frühen Prägungen oder auch im Zugehen auf den Tod an äußerste Grenzen kommen und wo das Therapeutische allein nicht mehr greift. Umgekehrt kann auch das Therapeutische der spirituellen Arbeit zu Hilfe kommen, etwa im Verständnis von Übertragung und Gegenübertragung, im Umgang mit neurotischen Schuldgefühlen oder reaktivierten Traumata.

Mein Einfluss als gläubiger Mensch

Mein Glaube nimmt zuerst als *Frage nach meiner eigenen Hoffnung* Einfluss auf meine Behandlungen: Was gibt mir Kraft und Legitimation, in oft fast hoffnungslosen Therapie-Situationen, in einer Zeit und Gesellschaft ohne tragende Hoffnung, überhaupt zu hoffen? Dies nicht im Sinne einer »eingeredeten« Hoffnung, sondern als ein geläutertes, immer neu aus dem Zweifel aufsteigendes Festhalten an der Vision von etwas Letzt-Heil-Machendem. Wenn ich also in meiner Arbeit auf die Kraft von Beziehung, von Liebe und dahinter auf eine Kraft, die einem letzten Bezogensein, einer umfassenden Liebe entstammt, zu setzen wage, so kann ich dies nur, indem ich mich selbst ebenso getragen und geliebt erfahre. Nur das bewahrt mich vor Resignation und Zynismus.

Meine Gläubigkeit kommt ferner darin zum Ausdruck, dass ich das Kreative, Wandelnde, Erneuernde, das einer heilsamen Therapieerfahrung innewohnt, nicht als allein von Menschen her machbar betrachte. Menschen können an äußersten Punkten ihrer selbst offen werden auf ein Drittes hin. Doch was einbricht und daraus wird, ist mehr, als was Menschen zu bewirken vermögen. Diese therapeutische Grundhaltung von Demut bewahrt uns vor beruflicher und menschlicher Überheblichkeit.

Trennung oder Verbindung von Psychotherapie und Spiritualität?

Meine Arbeit beginnt am Alltäglichen, Konkreten und führt Patienten und mich je nachdem einmal mehr in Richtung Psychotherapie, ein andermal ins Spirituelle, ein drittes Mal verbindet sich das eine mit dem andern. Der Intuition und Fähigkeit zur therapeutischen Empathie fällt dabei eine gewichtige Rolle zu.

Beispiele: Ich werde zu einer akut verzweifelten Frau gerufen, die klagt, ›nichts mehr zu haben‹, und doch hat sie eine wunderbare Tochter. Im Erzählen über ihre Tochter beginnt sie zu strahlen. Meine Aufgabe rein immanenter Art besteht darin, ihrer Freude Raum zu geben und diese zu verstärken. – Eine andere Frau leidet an Spannungen und erhöhten Schmerzen. In einer Klangreise zu körperlicher Entspannung erfährt sie ein ›seltsames Getragensein, das gleichsam über die Schmerzen hinausrage‹. Ob sie solches früher auch schon erlebt habe, frage ich. Ob sie an ein größeres Getragen-Sein glaube? »Eigentlich nein – aber...«. Unsere gemeinsame Aufgabe lautet hier, anzukommen im Glauben an ihre soeben gemachte ureigene Erfahrung. Die Erfahrung weist uns geradezu in eine neue Religiosität ein. – Drittes Beispiel:

Vor mir liegt ein schwerkranker Mann. Er zweifelt inmitten seiner Situation an allem: an den Ärzten, am Sinn des Lebens, an Gott. Ob wir uns nicht an Gott täuschen würden?, fragt er. Mein Zuhören, mein Verständnis, dass man irre werden kann an Gott, wird diesem Mann zum Raum, in dem seine Enttäuschung wahr sein darf. Vielleicht wirkt aber unausgesprochen auch mein Abwarten-Können, ob denn die Verzweiflung wirklich das letzte Wort habe. Bei meinem vierten Besuch überrascht er mich mit den Worten: »Es geht mir besser. Ich verstehe es nicht. Aber es ist, als hätte ich genug geweint. Das Vertrauen ist einfach wieder da.« Ihm war klar, dass dieses Vertrauen Geschenk sei. Gnade!

Begleitung im Bereich des Spirituellen ist immer neu und immer radikaler ein Weg von Loslassen und Offen-Werden. Beim einen Patienten hat solche Seelenarbeit einen psychotherapeutischen Charakter, während einem anderen solches Loslassen eher gelingt, wenn er sich darin einem Größeren anheim geben kann. Immanenz und Transzendenz schließen sich in der Arbeit an den Fronten menschlichen Leidens nicht aus, sondern wollen sich gerade hier gegenseitig durchdringen und befruchten.

Abschließend erlaube ich mir, meinerseits eine Frage aufzuwerfen, die alle obigen Antworten umfasst: Habe ich wirklich eine persönliche, dogmatisch eingrenzbare Glaubensüberzeugung? Bin ich nicht immer neu Zweifelnde und Glaubende und in beidem hineingenommen in ein äußerstes Geheimnis, wie immer man es benenne. Das heißt, ich »habe« nicht Religion, wie man irgend ein Objekt hat. Ich »bin« aber – wenn mir dies überhaupt gelingt – ein nach innen horchender und mich nach einem unfassbaren Gott ausstreckender und in diesem Sinne religiöser Mensch. Religion kann ich nicht im »Haben einer Weltanschauung« ansiedeln, sondern esist für michein Ergriffen-Sein von etwas, was mich zutiefst angeht und aus dem ich zu leben versuche. Eine Haltung von Offenheit und Demut im Gegenüber eines ewig Unfassbaren. Was bei solcher Offenheit und Grundhaltung von Ehrfurcht im Zwischen von Menschen und einem ewig Andern geschieht – oder auch nicht geschieht –, nenne ich spirituelle Erfahrung. Von einer irgendwie dogmatisch eingrenzbaren »Glaubensüberzeugung« mag ich nicht sprechen, wohl aber kann ich »bezeugen«, dass es spirituelle Erfahrungen gibt und dass von ihnen etwas zutiefst Wandelndes und Letzt-Heilmachendes ausgeht. »Glauben haben« oder das (immer neu versuchte) In-der-Hoffnung-ankommen und Im-Glauben-sein, das ist für mich eine entscheidende Frage. Letzteres empfinde ich als zutiefst therapeutisch.

> Monika Renz, Dr. phil., lic. theol., Musik- und Psychotherapeutin. Leitung der Psychoonkologie am Kantonsspital St. Gallen. 1998–2002 Lehrauftrag für Spiritualität an der theologischen Fakultät der Universität Zürich. Internationale Vortragstätigkeit. Publikationen: »Zwischen Urangst und Urvertrauen.« Paderborn: Junfermann (1996), »Zeugnisse Sterbender«, Paderborn: Junfermann (2000). »Spiritualität – wesentliche Dimension gelingender Psychotherapie«. In L. Riedel (Hrsg): Couch oder Kirche. Basel: Perspectiva (2001). »Grenzerfahrung Gott. Spirituelle Erfahrungen in Leid und Krankheit«, Freiburg: Herder (2003).

Rolf Senst

Therapeutische Wirkfaktoren

Psychotherapie arbeitet mit Menschen. Ihr Arbeitsfeld sind Beziehungen. Wie ein Mensch heute Beziehungen lebt und erlebt, hängt ganz wesentlich von zwei Faktoren ab: Da sind zum einen die Erfahrungen, die jemand in seinem bisherigen Leben gemacht hat. Eine besondere Rolle spielen dabei die frühen Beziehungserfahrungen, weil sie in hohem Maße prägend sind für die Ausbildung von inneren Strukturen. Die Psychoanalyse spricht hier von Selbst- und Objektrepräsentanzen, die kognitive Verhaltenstherapie leitet u. a. kognitive Oberpläne aus entsprechenden Lernerfahrungen ab. Zum anderen sind es die Erfahrungen, die der Betreffende für sich überhaupt für möglich hält. Neben dem bisherigen eigenen Lebenslauf spielen hier die Beispiele anderer Menschen aus der näheren und weiteren Umgebung sowie aus sekundären Quellen (Erzählungen und Medien) eine Rolle, mit anderen Worten das soziale, gesellschaftliche und kulturelle Umfeld. Hier werden Normen und Werte vermittelt. Aus all diesen Einflüssen entsteht ein Welt- und Menschenbild, welches die Matrix darstellt, in die vergangene, gegenwärtige und zukünftige Erlebnisse eingeordnet und innerhalb derer eigene Handlungsentwürfe entwickelt werden. Niemand lebt ohne ein Welt- und Menschenbild; auch wenn es nicht explizit formuliert wird, so ist es doch stets implizit vorhanden.

Wichtiger Bestandteil einer psychotherapeutischen Behandlung ist das Bild, das der Therapeut sich vom Patienten macht. Dieses Bild ordnet sich in sein eigenes Welt- und Menschenbild ein und wird einen erheblichen Einfluss auf den Behandlungsverlauf haben. Wenn ich hier von Bild spreche, denke ich an zweierlei: Da ist zum einen der diagnostische Eindruck. Als Therapeut brauche ich eine klare theoriegeleitete Einschätzung des Krankheitsbildes wie auch der Ressourcen meines Patienten. Zum zweiten meine ich eine Art Vision für das, was aus dem Patienten durch die soeben angetretene Behandlung werden könnte. Welches Maß an Besserung könnte er erreichen, in welchen Lebensbereichen wittere ich bislang ungenutzte Ressourcen, wo gibt es Potential in seiner Person, das ihm (und möglicherweise auch seiner Umgebung) zu mehr Lebensqualität verhelfen könnte?

In einer größeren Studie über Wirkfaktoren in der stationären Psychotherapie (psychosomatische Rehabilitation, sog. Zauberberg-Studie) erwies sich die »Remoralisierung« von Patienten als eine zentrale Strategie für eine nachhaltige Veränderung. Mit anderen Worten, der Patient muss wieder Hoffnung schöpfen, will er gesund werden. Genau diese Hoffnung sollte im Therapeuten lebendig sein, will er seinem Patienten wirksam helfen.

Der amerikanische Psychotherapieforscher David Orlinsky hat für die Forschung zum Thema »Was wirkt in der Psychotherapie?« zwei unterschiedliche Hypothesen vorgestellt. Die eine betont die Bedeutung der Methode. Hier geht es darum, die richtige Methode zur richtigen Zeit beim richtigen Patienten einzusetzen und die Wirkung der methodischen Interventionen zu messen. Nach neueren Untersuchungen werden nur 15 % der Varianz statistisch durch den Einsatz spezifischer Methoden aufgeklärt, die übrigen 85 % sind anderen Faktoren zuzuordnen.

Die andere Hypothese hat einen eher ganzheitlichen Ansatz. Der Therapeut verkörpert bestimmte Eigenschaften, die dem Patienten im Kontakt mit ihm zugänglich gemacht werden. Wirksam ist dabei nicht in erster Linie seine psychotherapeutische Methode als solche, sondern das persönliche Engagement von Patient und Therapeut miteinander, wobei die Persönlichkeit des Therapeuten einen entscheidenden Einfluss auf den Therapieverlauf und -erfolg hat. Orlinsky geht dabei soweit, dass er im weiteren Sinne des Wortes von einer Art »Energietransfer« vom Therapeuten zum Patienten spricht. Begriffe wie die oben genannte Remoralisierung, das »Einflößen von Hoffnung« aus der Wirkfaktorenanalyse Irvin Yaloms zur Gruppentherapie und auch Ressourcenaktivierung gehören hierher.

Zur Bedeutung des christlichen Glaubens

Ausgehend von diesen Aspekten und der Ausgangsfrage nach dem Verhältnis meines persönlichen Glaubens zu meiner beruflichen Praxis möchte ich etwas über die Bedeutung sagen, die mein christlicher Glaube für mich persönlich hat. Zunächst einmal: ich hatte ihn nicht immer. Es gab Zeiten in meinem Leben als Erwachsener, da habe ich mich als »überzeugten Heiden« bezeichnet. Heute ist das völlig anders; das lehrt mich, dass auch grundlegende Veränderungen im Bereich von Haltungen, Welt- und Menschenbild aufgrund neuer Erfahrungen und eigener freier Entscheidungen möglich sind – eine wichtige Überzeugung für einen Psychotherapeuten. Wozu dient mir nun mein Glaube im beruflichen Kontext? Wegen des begrenzten Raumes beschränke ich mich auf eine Art Aufzählung:

- Erneuerbare Motivationsquelle zur psychotherapeutischen Arbeit.
- Psychohygiene – ich lade belastendes »Material« bei Gott ab.
- Identifikation mit dem Patienten: Vor Gott sind wir uns gleich, nämlich erlösungsbedürftige Sünder; das hilft mir insbesondere bei der Arbeit mit sogenannten »schwierigen Patienten«.

– Vertiefte Einfühlung/Empathie: Manchmal habe ich den Eindruck, etwas beim Patienten wahrzunehmen, was über die aus Übertragung/Gegenübertragung bekannten Konzepte hinaus geht; das empfinde ich dann als praktische Therapiehilfe von Gottes Seite.

– Gott als »transpersonale Ressource«. Der Patient muss zwar vieles selber tun. Will er sich aber verändern, hat er auch einen mächtigen Helfer, wenn er Gott die Möglichkeit dazu gibt.

– Planung von kognitiven Umstrukturierungen. Material hierfür beziehe ich direkt aus der Bibel.

– Eher sekundär: Die genaue Kenntnis verschiedenartiger Spielarten christlicher Religiosität mit ihren je eigenen Charakteristika ist mir hilfreich sowohl für ein empathisches wie auch für ein pathogenetisches Verständnis bestimmter Problematiken.

Drei Beispiele für eine spirituelle Intervention

Welche Rolle spielt nun die Religiosität für meine therapeutische Praxis? Hierzu möchte ich gerne drei konkrete Beispiele nennen. Das erste stammt aus einer psychoanalytisch-interaktionellen Gruppentherapie, deren Kassetten-Mitschnitt ich in einer Supervisionsgruppe bei Frau Prof. Heigl-Evers vorgestellt habe. Die Gruppe hatte sich während der gesamten laufenden Sitzung im Wesentlichen mit Sinnfragen und dem Thema der Integration von Leid- und Frustrationserfahrungen in die bei allen Teilnehmern persönlich vorhandene christlich-religiöse Weltanschauung beschäftigt. Der persönliche Fokus richtete sich dabei allmählich auf einen anfangs sehr zurückhaltenden, in depressiver Selbstisolierung verharrenden Patienten. Dieser fand im genannten Themenkontext zunehmend in den Interaktionsablauf des Gruppenprozesses hinein. Er gab seiner Hoffnungs- und Perspektivlosigkeit Ausdruck, die sich aufgrund einer unfallbedingten Mehrfachbehinderung mit zusätzlicher Krebsdiagnose entwickelt hatte. In der Gruppenatmosphäre fand sich eine Mischung aus Anteilnahme, Hilflosigkeit und leisem Ärger über die Entwertungen des Patienten, die dieser hinsichtlich seiner eigenen Person sowie seiner zwischenmenschlichen Kontakte zu Mitpatienten vornahm.

Ich suchte als Therapeut in der hier diskutierten Gruppensituation nach einer Reaktion, die auf die in der Gruppe für mich spürbaren oben genannten Affekte Antwort geben und den Patienten zu einer aktiveren Gestaltung seiner Situation ermutigen könnte. Aus dessen persönlicher Anamnese war mir bekannt, dass er wesentliche Ressourcen für seine langjährige psychosoziale Stabilisierung nach einer eher dissozialen Entwicklung in Adoleszenz und frühem Erwachsenenalter in seiner im Rahmen einer stationären Suchttherapie erlebten Hinwendung zum christlichen Glauben gefunden hatte. Bei Antritt der laufenden stationären Behandlung hatte er explizit die Hoffnung geäußert, von religiöser Seite her ein besseres Coping mit seinen jetzt stark reduzierten persönlichen Entfaltungsmöglichkeiten zu finden. Eine biographisch je anders geartete, jedoch gleichsinnige religiöse Orientierung war mir auch von den anderen Gruppenteilnehmern bekannt.

Als Antwort im Sinne der psychoanalytisch-interaktionellen Methode fand ich in mir den Impuls vor, die Gruppe zu einem gemeinsamen Gebet für den Patienten einzuladen. In einem kurzen Meinungsbildungsprozess reagierten alle Gruppenteilnehmer positiv auf diesen Vorschlag. Der von mir daraufhin ausdrücklich befragte Patient willigte ein, woraufhin zunächst 5 der 7 Mitpatienten und abschließend auch ich für ihn beteten. Der Patient, der selber nicht hörbar betete, bedankte sich anschließend für die Anteilnahme und die Gebete und äußerte spontan, er fühle sich jetzt nicht mehr so außerhalb der Gruppe wie in den vergangenen Wochen. Vielleicht hülfe es ja etwas mit den Gebeten. Tatsächlich gelang ihm in den folgenden Sitzungen eine spürbar bessere Integration in den Gruppenprozess.

In der Supervisionsgruppe stellte ich diese Intervention vor und wurde von Frau Heigl-Evers als wesentlicher Autorin der psychoanalytisch-interaktionellen Methode darin bestätigt, daß ich hier im Sinne dieser Methode eine damit kompatible »Antwort« auf den Patienten und die Gesamtsituation der Gruppe gegeben hatte.

Das zweite Beispiel stammt aus einer traumatherapeutischen Einzelbehandlung mittels EMDR (*eye movement desensitization and reprocessing*), einem Verfahren, das in den letzten Jahren zunehmend Beachtung und Verbreitung gefunden hat. Allgemein werden in der Traumatherapie vier Phasen unterschieden: Anamnese und Diagnostik, Stabilisierung, Traumaexposition und Integration. Im vorliegenden Fall einer etwa 40jährigen Patientin hatte sich aus der ersten Phase eine klare Indikation zur Traumabearbeitung ergeben und die Rahmenbedingungen waren geklärt. Im Kontext der Stabilisierung (hier geht es um das Erlernen von Techniken, das Abrutschen in szenische Erinnerungen an die Traumata, sogenannte Flashbacks, zu verhindern bzw. möglichst rasch wieder aus ihnen herauszufinden) wurde auch nach einem »inneren sicheren Ort« gesucht. Die Patientin fand ihn in Gestalt eines nur für sie selbst und Jesus zugänglichen imaginären Ortes. Damit setzte sie ein weiteres aus der Traumatherapie bekanntes Hilfsmittel ein, nämlich die Inanspruchnahme sog. »innerer Helfer«. Zugleich wurde deutlich, dass ihr christlicher Glaube eindeutig als Ressource zu betrachten war.

Nach dem befriedigenden Durchlaufen der Stabilisierungsphase folgten eine Serie von Sitzungen mit Traumaexposition. In einer davon durchlebte die Patientin eine blutige Vergewaltigung durch den eigenen Vater, was die Grenze des auch unter guten stationären Bedingungen, tragfähiger therapeutischer Beziehung und zusätzlicher stützender Anwesenheit einer Krankenschwester für sie Erträglichen bei weitem überschritt. In dieser Situation verzichtete ich auf die Fortsetzung der Exposition und unterstützte die Patientin, ihren inneren sicheren Ort aufzusuchen. Allerdings war sie von der Intensität der gerade erlebten Szene, ihrer Angst und ihrem Entsetzen derart gelähmt, dass sie sich zu eigener stabilisierender Aktivität nicht in der Lage sah. Daraufhin betete ich hörbar für sie, Jesus möge das bedrohte »innere Kind« aus der schrecklichen Situation herausholen und an den ihr vertrauten inneren sicheren Ort der Gemeinschaft mit ihm führen. Mein Gebet erfolgte schrittweise, in ruhigem und gleichmäßigem Tonfall, unter stetiger Beobachtung der Reaktion der Patientin, die sich zunehmend entspannte. Manche Details daraus erinnern mich an Interventionen aus der katathym-imaginativen Psychotherapie oder der Induktion von Entspannung etwa im Autogenen Training. Im Ergebnis gelang es der Patientin gut, aus der traumatischen Situation auszusteigen und sich wieder zu stabilisieren. Die Traumaexposition konnte dann zu einem späteren Zeitpunkt fortgesetzt werden.

Ein drittes Beispiel bezieht sich mehr auf eine Summe von alltäglichen Erfahrungen als auf einen einzelnen Fall. Immer wieder kommen Patienten mit dem Wunsch, sie mögen durch Gebet von ihren unangenehmen Affekten wie Ärger und Wut oder auch Schmerz und Trauer »befreit« werden. Das widerspricht meiner

Vorstellung von einem ganzheitlichen Behandlungsansatz. Integration von Religiosität bedeutet nicht Ausgrenzung von Emotionalität. Hier geht es für die Patienten in der Regel darum, sich diesen Affekten und ihrem Werdegang zu stellen und ggf. ihren Signalwert zu entschlüsseln, also diese Erlebensbereiche bewusst in ihr Selbst- und Weltbild und ihren Lebensvollzug zu integrieren. Entsprechend erläutere ich diese Aspekte und lehne derlei Anfragen nach Gebet ab.

Aus den Beispielen wird deutlich, wie ich in meiner therapeutischen Praxis mit dem Thema Psychotherapie und Religiosität arbeite. Dies lässt sich gut in bestehende fachliche Methoden wie die psychoanalytisch-interaktionelle Psychotherapie und traumatherapeutische Verfahren integrieren. Das gilt auch für verhaltenstherapeutische Ansätze, in denen schon traditionell der Therapeut eine aktivere Rolle übernimmt als in den analytischen Verfahren. Durch die oben geschilderten Entwicklungen in der Psychotherapieforschung sehe ich mich in diesem Ansatz bestärkt, den ich auch konzeptuell gegenüber meinen Mitarbeitern vertrete und der bei uns in der Klinik entsprechend umgesetzt wird.

Dr. med. Rolf Senst, geb. 1956, Arzt für Psychiatrie und Psychotherapie, Facharzt für Psychotherapeutische Medizin, Rehabilitationswesen, ist Chefarzt der DECIGNIS-Fachklinik für Psychiatrie, Psychotherapie und Psychosomatik in Egenhausen (Nordschwarzwald). Daneben Engagement im Vorstand der Akademie für Psychotherapie und Seelsorge (APS). Als Student bewusste Entscheidung für den christlichen Glauben, Mitglied einer evangelischen Freikirche charismatischer Prägung. Verheiratet, 4 Kinder.

Ursula Wirtz

Religiosität und Spiritualität

Mit Schleiermacher verstehe ich Religion als »Sinn und Geschmack für das Unendliche«. Meine Entscheidung für die Jungianische Psychoanalyse hat mit der Ausrichtung der analytischen Psychologie auf dieses »Unendliche« zu tun: einem Bezogensein auf etwas, das größer ist als mein persönliches Ich, einem umfassenderen, tiefer gehenden, größeren Ganzen, das mehr ist als die Summe seiner Teile.

Mein Menschenbild ist geprägt von der Auffassung, dass wir nicht nur bio-psycho-soziale Wesen, sondern auch spirituelle Wesen sind, Sinn suchend und Sinn erschaffend, bewegt von der Frage, was denn »die Welt im Innersten zusammenhält«. Spiritualität begreife ich als eine Seins- und Erlebnisweise, die sich einer transzendenten Dimension bewusst ist und der ethische Implikationen folgen. Diese Haltung ist durch bestimmte Werte in Bezug auf den Umgang mit sich selbst, der Mitwelt und der Schöpfung als Ganzem charakterisiert, aber auch dem gegenüber, was ein Mensch als das Höchste, das Letzte oder Absolute erkennt.

Ich gehe davon aus, dass Menschsein über sich selbst hinaus verweist, und dass somit die transzendente Dimension zur menschlichen Existenz gehört. Für Jung war darum die entscheidende Frage für den Menschen: Bist du auf Unendliches bezogen oder nicht? Nach meinem Verständnis ist der Individuationsprozess in der Jungschen Analyse letztlich ein spiritueller Prozess, in dem es darum geht, zur

Wahrheit des eigenen Seins vorzustoßen, die oder der zu werden, der ich zu sein gemeint bin, und die wahre Natur des eigenen Wesens zu entdecken. Auf diesem Weg geschieht das, was der Dichter William Blake als das Reinigen der »Tore der Wahrnehmung« bezeichnet hat, damit uns alles so erscheint,« wie es ist: unendlich«

Wenn ich mein Leben auf die Erfüllung der eigenen Existenz ausrichte, bedeutet dies engagiertes, solidarisches Dasein. Ich verstehe unsere Profession nicht nur als Sorge um individuelle Transformationsprozesse, sondern ich glaube, dass wir auch zur Mit- und Umgestaltung des politischen und sozialen Lebens Verantwortung tragen.

Zur Tabuisierung von Religion und Spiritualität

Die anhaltende Tabuisierung religiös-weltanschaulicher Überzeugungen im deutschsprachigen psychotherapeutischen Diskurs hat für mich verschiedene mögliche Gründe: Historisch spielt gewiss der hegemoniale Anspruch der Psychoanalyse, die Diskursmacht der Theorie, was die »wahre Lehre« sei mit ihrer Leitfigur Freud, der sich vor der Religion fürchtete wie der Teufel vor dem Weihwasser, eine wichtige Rolle. Die Zweigleisigkeit des Freudschen Diktums »wo Es war, soll Ich werden«, hat verhindert, dass für ein Drittes, den transzendenten Bezug, in der Psychotherapie Raum gelassen wurde.

Weiterhin sind die Ausgrenzungspolitik der deutschen Richtlinienverfahren und die Einbindung der Psychotherapie in die Kontrollmacht und Deutungsmacht des Medizinalsystems für das Ausklammern der religiös-weltanschaulichen Thematik mitverantwortlich.

Hinzu kommt die Problematik des vorherrschenden Wissenschaftlichkeitsdiskurses. Die Newtonsche Wissenschaftsgläubigkeit beruhte auf Atomismus, Determinismus und Objektivität, in der die Seele und ihre religiösen Ausdrucksformen nicht mehr aufschienen. Solange auch heute von einem nomothetischen Wissenschaftlichkeitsparadigma ausgegangen wird, in dem nur Objektivität, Validität und Reliabilität als zulässige wissenschaftliche Kriterien gelten, ist kein innerer Erfahrungsraum für spirituelle Fragestellungen in der Psychotherapie vorhanden. Erst wenn dieses Paradigma mittels idiographischer Forschung um die Kriterien von Konsistenz, Kohärenz, Bewährtheit ergänzt wird, wenn quantitative und qualitative Forschungsansätze zusammenkommen, wird es eine Wissenschaftlichkeit geben, die der Realität der menschlichen Psyche und der Suche nach Sinn und Wahrheit gerecht wird.

In der deutschsprachigen Psychotherapie und dem tonangebenden universitären psychologischen Diskurs hat sich die Seele verflüchtigt. Bald werden wir vom Seelischen – wie in amerikanischen wissenschaftlichen Journals vorgeschlagen – nur noch als Neurotransmitter-Vorgang sprechen, und Psychiater werden zu klinischen Neurowissenschaftlern mutieren. Therapie als Dienst an der Seele, am Lebenshauch erscheint wie ein Anachronismus. Stattdessen droht die Gefahr, als psychotherapeutische Zunft zu Seelenklempnern zu verkommen, unsere Praxen zu Reparaturwerkstätten und wir zu Folterknechten eines technokratischen Gesundheitssystems. Die Hypertrophie der Ratio hat einer »seelenlosen« Wissenschaft den Weg geebnet, in der die Psychoanalyse ihren subversiven Geist und ihr »produktiv ambivalentes Denken« (Küchenhoff) verliert, in vorauseilendem Gehorsam dem Zeitgeist entgegenläuft und sich an den Fragestellungen, ob wir effizient, kostengünstig genug und wettbewerbsfähig sind, abarbeitet. Das lässt wenig Raum für den engagierten psychotherapeutischen Diskurs einer »eingreifenden Wissenschaft« (Bourdieu), die erforscht, wie wir in dieser Gesellschaft sinnvoll leben, lieben, wohnen und arbeiten können und wie unser Beruf, unsere Haltung, unser Sein zu einem Leben in Gesundheit und Frieden beiträgt.

Die Ursache des krampfhaften Festhaltens an der Illusion von Machbarkeit und Kontrollierbarkeit sehe ich in einer exzessiven, kompensatorischen Absicherungstendenz, nachdem die Welt zunehmend als fragmentiert und von Sinn und Wert entleert erlebt wird. Das tief verunsicherte Individuum flüchtet in einen puren Narzissmus und klammert sich in positivistischer Manier an die scheinbar objektive Wirklichkeit.

In Deutschland mag auch der Schatten der nationalsozialistischen Ideologie die weltanschauliche Diskussion verdunkeln. Die tragischen Erfahrungen, die mit der Instrumentalisierung von Seele und Religion gemacht wurden, lassen das Irrationale als verdächtig und gefährlich erscheinen. Eine generalisierte Angst vor der Destruktivität des Unbewussten und der ideologischen Manipulierbarkeit scheint eine besondere Last deutscher Vergangenheit zu sein.

Gleichzeitig ist gegenwärtig ein »Zwischenhoch für Spiritualität« auszumachen, das ich als Gegenbewegung zur Kopflastigkeit und Einseitigkeit des alten Bewusstseins verstehe. Je säkularer eine Gesellschaft, desto spiritualitätsproduktiver ist sie. Darin äußert sich ein archetypisches Muster: In Zeiten der Erstarrung drängen Erneuerungsimpulse das Ausgegrenzte und Abgeblockte in den Vordergrund, um eine Wandlung zu bewirken. Die zunehmende transzendentale Obdachlosigkeit des modernen Individuums, das der Dimension des Unsichtbaren, das keinen Namen hat und doch Wirkung (Paracelsus), völlig entfremdet ist, kann sich als Sehnsucht nach Sinn und Suche nach einem inneren Wesenskern, nach einer Erfahrung mit dem Absoluten an der Oberfläche bemerkbar machen.

Die spirituelle Dimension in der therapeutischen Praxis

Wenn Psychotherapie eine Heilbehandlung ist, die den leidenden Menschen in seiner leibseelischen Ganzheit anspricht, um Leidenszustände besser zu verstehen und zu lernen, sinnvoll damit umzugehen, dann muss auch der spirituellen Dimension, der Suche nach Wert und Sinn, nach dem Woher und Wozu Raum gegeben werden. Eine Psychotherapie, die nur an einer kurzfristigen Symptombehandlung interessiert ist, um sich dem Rentabilitätscredo unseres Gesundheitssystems möglichst nahtlos anzupassen, fördert nicht nur bloße Symptomverschiebungen, sondern verhindert, dass bleibende, wachstumsfördernde emotionale, kognitive und spirituelle Neuerfahrungen gemacht werden können, die letztlich heilend wirken.

Für mich gibt es keinen wirklichen Hiatus zwischen meiner Profession, ihrem wissenschaftlichen Anspruch und meinen weltanschaulichen und spirituellen Überzeugungen. Physik und Transzendenz schließen sich für mich nicht aus. Ich halte es mit der Erkenntnis Einsteins, dass Naturwissenschaft ohne Religion lahm und Religion ohne Naturwissenschaft blind ist. Da ich als Psychotherapeutin weder blind noch lahm sein möchte und schon gar nicht beides, heißt dies für mich, dass ich aus der Paradigmenblindheit heraustreten und meine verabsolutierten »Eigenwahrheiten« überwinden muss, um für ein vernetztes systemisches Denken offen zu sein, in dem religiöse Fragestellungen und die Suche nach Sinn und Spiritualität Platz haben.

So wirkt sich das, woran ich glaube: »Der Mensch lebt nicht vom Brot allein«, auch auf meine psychotherapeutische Arbeit aus. *Vocatus adque non vocatus Deus aderit*, dieser Satz hat für mich Wirklichkeit. Ich glaube, dass gerade in der therapeutischen Arbeit eine numinose Dimension erfahrbar werden kann, die über das Persönliche hinausreicht. Als analytische Psychologin bin ich mir bewusst, in einer kontemplativen Tradition zu stehen, in der es – wie auf östlichen spirituellen Wegen – um die Transformation des Bewusstseins geht. Ich fühle mich daher, wie manche Analytiker der Jungschen Tradition, dem Zen-buddhistischen Weg sehr verbunden.

Es geht darum, sich mit den inneren Gegebenheiten auszusöhnen und die Welt wahrzunehmen, wie sie ist. Psychotherapie kann dabei hilfreich sein, die Spannung der Gegensätze auszuhalten und in guter Hegelscher Tradition aufzuheben. Das bedeutet, dass ein Teil ins übergeordnete Ganze integriert und dabei in dreifacher Hinsicht aufgehoben wird: Er wird aufgelöst, gleichzeitig bewahrt und auf eine höhere Ebene gehoben.

Zu wissen, wer ich bin, mein Gewordensein zu begreifen und kreativ damit umzugehen, ist sowohl ein psychotherapeutisches als auch ein religiös-spirituelles Anliegen: Religiös im Sinne einer »sorgfältigen Berücksichtigung« und religiös als Bezogensein und Rückverbindung mit inneren Seelenbildern und deren Verweisungscharakter. Die Integration dieser Bilder und Erfahrungen in meinen persönlichen Lebensvollzug gehört zu meiner ethischen Verantwortung mir selbst und dem Leben gegenüber.

Erkennbar wird diese spirituelle Ausrichtung – so hoffe ich – in meinem Sein, in der Haltung allem Begegnenden gegenüber und in meinem Bemühen um Achtsamkeit und Authentizität in der therapeutischen Beziehungsgestaltung. Ich vertraue darauf, dass meine Erfahrungen in der Praxis des »Alltags als Übung« und meine eigene Arbeit im Wesentlichen zu einem geschärften Bewusstsein für das Paradoxe geführt haben. Ich versuche, in einer Haltung des Nicht-Wissens an die Arbeit zu gehen, einer offenen, nicht wertenden Zeugenschaft für Freude und Leid, Glaube und Zweifel. Ich arbeite daran, mit dem Herzen zuzuhören und mit dem dritten Auge sehen zu lernen.

In meiner analytischen Praxis bin nicht ich diejenige, die religiös-spirituelle Fragen in die Behandlung einbringt, sondern die Patienten kommen zu mir mit diesen existentiellen Themen. Ich arbeite mit einem Schwerpunkt in der Psychotraumatologie, das heißt mit dem Sein an der Grenze. Menschen, die den »Himmel als Abgrund« (Celan) erfahren haben, die im Trauma dem »stummen Gott« begegnet sind, deren Sinnkosmos und Wertesystem durch traumatische Erfahrungen zertrümmert wurde, die das »Heimatrecht im Leben« verloren haben, diese Menschen sprechen immer in religiösen oder mythologischen Symbolbildungen, um das Unaussprechliche des Traumas, das *Mysterium tremendum* kommunizieren zu können. Auch in der Physik hat Hans Peter Dürr, der Träger des alternativen Nobelpreises, darauf verwiesen, dass wir das, was wir nicht begreifen können, in religiöse Metaphern kleiden. Es ist darum nicht verwunderlich, dass viele der großen Physiker – Einstein, Heisenberg, Bohm, Jordan, Dürr – zutiefst spirituelle Menschen sind.

In meiner Arbeit mit extremtraumatisierten Menschen, mit Entrechteten und Gefolterten, mit Opfern jahrelanger sexueller Ausbeutung, deren Sichtweise und

280

Seinsweise durch das Trauma gesprengt wurde, begegne ich immer wieder der Frage, wer ich denn bin, wenn ich nichts mehr bin. Der traumatische, alle Grenzen sprengende Einbruch des Undenkbaren und Unvorstellbaren, die Erfahrung des eigenen Nichts und das Bewusstsein der Substanzlosigkeit des persönlichen Ichs hat numinose Qualität, kann vernichten und zerstören, birgt aber auch die Möglichkeit in sich, einen Entwicklungsprozess in Gang zu setzen, der unser Verhältnis zu Sinn und Ziel menschlichen Lebens radikal transformiert.

Für mich konstelliert sich in der therapeutischen Begegnung mit diesen »Todeslandschaften der Seele« ganz besonders die spirituelle Dimension der Psychotherapie als Frage nach Sinn und Wert, als verzweifeltes Suchen nach dem, was mich trägt, wenn mich nichts mehr trägt.

Dr. phil. Ursula Wirtz, geboren 1946, Studium der Philosophie und Germanistik Universität München, Lic.phil., klinische und anthropologische Psychologie, Universität Zürich, Dozentin und Lehranalytikerin C.G. Jung Institut Zürich. Private Praxis, Arbeitsschwerpunkt Psychotraumatologie, Ethik, Sinn- und Wertfragen. Publikationen und Medienarbeit in diesen Forschungsbereichen, verfasste zusammen mit J. Zöbeli »Hunger nach Sinn« (Zürich 1995), internationale Lehrtätigkeit als Dozentin und Gastprofessorin. Katholisch sozialisiert, Erfahrungen mit Meditation und dem Zen-buddhistischen Weg.

Martin Grabe

Spiritualität in einer Klinik für Psychotherapie?

In diesem Beitrag soll die Frage nach der Spiritualität in der Psychotherapie von einem praktischen Ansatz her erörtert werden. Dabei möchte ich von unseren Patienten und ihren Bedürfnissen ausgehen, die ich zunächst einmal vorstelle. Die von mir geleitete Abteilung für Psychotherapie umfasst vier Stationen einer christlichen Klinik für Psychiatrie und Psychotherapie. Unter religiösen Gesichtspunkten kann man unsere Patienten etwas vereinfachend in drei Gruppen einteilen.

Die kirchlich nicht Interessierten

Diese Patienten kommen aufgrund fachlicher Konzepte oder der räumlichen Nähe in die Klinik und wussten meist vor Aufnahme gar nicht, dass es sich um eine christliche Einrichtung handelt. Nach dem Frühstück geht ein typischer Vertreter dieser Gruppe statt zur Morgenandacht in aller Ruhe erst mal eine rauchen, weil es ihn halt nichts angeht, was da passiert. Er hat gar nichts dagegen, dass andere spezielle Hobbys haben. Und offensichtlich sammelt sich hier in der Klinik die christliche Fraktion. So lange er sich mit seinem Therapeuten versteht und in Ruhe gelassen wird, ist das okay. Nur das Gebet vor den Mahlzeiten im Speisesaal nervt anfangs etwas. Doch selbst daran gewöhnt man sich schnell, wurde mir schon von vielen Patienten versichert.

Meist entsteht dann im Laufe der Tage aber doch ein gewisses Interesse. Es ist wichtig, Patienten zu ermöglichen, selbst das Tempo zu bestimmen, in dem sie sich dem Glaubensbereich annähern – wenn sie dieses möchten. Nur mit jederzeitiger Rückzugsmöglichkeit traut sich ein Mensch, der nicht christlich sozialisiert ist, an Veranstaltungen heran, die nach christlichen Inhalten riechen. Grund sind fast immer die christlichen Mitpatienten, die man als Menschen ganz vernünftig findet und dann auch Interesse bekommt, herauszufinden, warum sie bestimmte Veranstaltungen offensichtlich gut finden. In manchen Gruppen kommt das Gespräch über Glaubensfragen auch unter den Patienten häufig vor.

Die christlichen Patienten

Sie kommen entweder aufgrund eigener Informationen, auf Empfehlung eines Seelsorgers, oder sie werden von einem christlichen Therapeuten geschickt. Im christlichen Sinne gläubige Patienten machen etwa die Hälfte der Belegung unserer Abteilung aus.

Der christliche Glaube hat im Zusammenhang mit einer psychotherapeutischen Indikation immer zwei Bedeutungen, wobei in der Regel eine überwiegt. Zum einen stellt er – das ist inzwischen bekannt – eine Ressource dar. Gerade in sehr problematischen Lebenssituationen finden Menschen im Gebet und im Vertrauen auf Gott eine Kraft, die sie viele Schwierigkeiten überwinden lässt. Der Glaube ermöglicht oft, das Leben neu zu deuten und vor diesem Hintergrund konstruktive und subjektiv befriedigende Lösungen zu finden. Trotzdem, wer zu uns kommt, ist hier an seine Grenzen gestoßen.

Zum anderen bietet der Glaubensbereich aber auch, einschließlich seiner jeweiligen Denkstrukturen und Gemeindeformen, eine Vielzahl von neurotischen Kompromissbildungen an. Indem der Betroffene die Pathologie, die er da lebt, als gottgewollt oder gottgefällig ideologisiert, macht er sich oft schnell und wirkungsvoll unhinterfragbar. Anfragen sind dann Anfechtungen, die man aus gutem Grund abwehren sollte.

Ich behaupte, dass es bei christlichen Patienten immer um beides geht. Es gibt nicht auf der einen Seite den kompetenten Ressourcenchristen und auf der anderen den christlichen Neurotiker, der in psychodynamisch oder sozialisationsbedingter Enge lebt. Es ist immer beides vorhanden. Auch in uns selbst, nehme ich an. Auch wenn ich zugestehen möchte, dass im konkreten Einzelfall die eine oder die andere Komponente deutlich vorherrschen kann. Die gewohnte Form gibt Halt, ist aber auch immer in Gefahr, zur Kruste zu erstarren und zum Gesetz zu werden. Ängste entstehen, wenn an der Panzerung gerührt wird, und die Abwehr ist entsprechend heftig. Das gilt natürlich auch allgemein für alle in Frage gestellten neurotischen Lebensweisen, aber eben auch für die neurotischen Anteile des individuellen Glaubenslebens. Mit diesen Menschen, Christen, wie sie leiben und leben, haben wir in der Klinik zu tun.

Eine Eigenheit unserer Patienten ist allerdings immer, dass sie in ihrem täglichen Leben so stark unter Druck standen, dass es draußen nicht mehr ging. Menschen gehen auch heute noch erst dann in die Klinik, wenn sie so schwere Schläge haben hinnehmen müssen, dass sie nicht mehr wissen, wie sie sich helfen können. Sie kommen angeschlagen. Dabei kommen alle Stadien vor. Vielleicht ist jemand noch mitten im Versuch, seine bisherige Panzerung zu verteidigen, wehrt besonders heftig alle Infragestellungen und Angriffe darauf ab und sieht auch schnell in den Mitgliedern des therapeutischen Teams Gegner, die seinen Glauben zerstören wollen, ihn in Versuchung führen wollen usw. Hier ist die Aufgabe des therapeutischen Teams tatsächlich, so grausam das klingen mag, dem schon kippeligen Lügengebäude zum kompletten Einsturz zu verhelfen. Genauer ausgedrückt: dem Patienten genug persönliche Wertschätzung zu zeigen und Rückhalt zu geben, dass er den Mut findet, es einstürzen lassen kann. Dass er loslassen kann.

Vielleicht ist jemand aber auch schon an der Stelle angelangt, wo seine Schale unrettbar zerbrochen ist. Hier liegt meiner Erfahrung nach der Hauptunterschied zwischen Menschen, die einen Zugang zum Glauben haben, und denen, die das nicht haben. Im täglichen Leben kann man sie ja oft nur an der Sozialisation unterscheiden: Fisch auf dem Auto, Nichtraucher und schlechtes Gewissen, wenn sie Schwarzarbeiter beschäftigen. In ihren grundsätzlichen alltäglichen Strebungen scheint es kaum Unterschiede zu geben. Es geht um Anerkennung, Besitz und Lustgewinn wie bei allen anderen auch. Nur dass der Kampf darum innerhalb bestimmter Gemeinderegeln stattfindet, und das andere Mal außerhalb. Auch wenn ein bewusster Christ in eine Krise gerät, wo bei ihm das in Frage gestellt wird, was er bislang den ganzen Tag über gemacht hat, beginnt er es wie jeder andere zu verteidigen.

Wenn dann aber schließlich doch das Gefürchtete passiert ist, dass nämlich meist aufgrund äußerer Entwicklungen und Ereignisse die erstarrte, haltgebende Struktur zerbrochen ist, sich das Lebenskonzept als nicht tragfähig erwiesen hat, stellt der Betroffene oft etwas Unerwartetes fest: Es ist gerade der Kern des Glaubens, der noch da ist, wenn die Kruste in Scherben liegt. Oft erleben Menschen, wenn das, was sie bisher beschäftigte und – wie sie meinten – ausmachte, zusammenfällt, wenn sie sich gedemütigt fühlen, verarmt oder frustriert, dass sie auf einmal wieder auf neue und überraschende Weise Zugang zum Glauben haben. Eine formale Gottesbeziehung wird wieder personal. Sie spüren, dass Gott ihnen nah ist, und merken, dass sie trotz allem bei ihm geborgen sind. Es ist offensichtlich so, dass Krisen der äußeren Lebenssituation tiefere Schichten spiritueller Lebenserfahrung wieder freilegen und zugänglich machen können. Menschen werden wieder offen für die ganz grundlegende Erfahrung des Angenommenseins unabhängig von ihrer eigenen Leistung, die sie vielleicht irgendwann in ihrem Leben schon einmal gemacht haben. Mir fällt die Umschreibung Jesu »Werden wie die Kinder« für eine zuträgliche Gottesbeziehung ein. Das meint: eine heilsame Regression. Auf spiritueller Ebene können grundlegende Selbstbedürfnisse nacherlebt und gelebt werden. Betroffene brauchen hier ein Angebot, müssen aber selbst auswählen und steuern können. In der Therapie geht es um die Arbeit an inneren Konflikten und vielleicht um die Ausarbeitung funktionalerer Verhaltensstrategien. Parallel gilt es aber, das zarte, wieder auskeimende Glaubenspflänzchen zu unterstützen, das vielleicht lange hatte überwintern müssen. Nur mit gut gegründeten Sinn- und Orientierungsstrukturen im Hintergrund lässt sich nämlich überhaupt beurteilen, wie funktional ein neues Verhaltensmuster denn auf lange Sicht ist.

Der Glaube als Hilfe zum Leben

Deswegen erscheint es uns sinnvoll, auch den Patienten, die bisher keinen Zugang zum Glauben haben, die Möglichkeit zu eröffnen, das Sinnangebot des christlichen Glaubens kennenzulernen. Es geht um die Möglichkeit, aus all dem – gerade frisch gescheiterten – Streben und Kämpfen heraus zu ganz basalem Angenommensein und Vertrauen zu finden. Die Selbstpsychologie Kohuts sagt, dass drei Grundbedürfnisse konstitutiv für das Selbst eines Menschen sind: das Bedürfnis der Spiegelung (etwas verkürzt gesagt, dass ein Mensch erlebt, dass er erfreut zur Kenntnis genommen wird), das Bedürfnis der Idealisierung (jemanden zu haben, den man richtig gut finden kann) und das der Gleichheit (irgendwo richtig dazugehören zu dürfen). Ohne Erfüllung dieser Selbst-Bedürfnisse kann kein Mensch leben. Erstaunlicherweise gehört nicht dazu, sich in Konkurrenz gegenüber möglichst vielen Gegnern durchzusetzen, die Nachbarn neidisch gucken zu lassen und möglichst viel zu verdienen. Auch wenn man den Eindruck haben könnte, dass es im praktischen Leben weithin darum geht. Im Glauben kann ein Mensch zu grundsätzlichen Selbstbedürfnissen zurückkehren. Er kann Anschluss an die Kraft finden, die ihn wieder sich selbst sein lässt, der sich schon im Lebenskampf verloren hatte.

Die »gebrannten Kinder«

Bei ihnen handelt es sich um Menschen, die einschneidende negative Erfahrungen mit dem Bereich des Glaubens hinter sich haben. Es kann sich um eine durch das Umfeld geprägte rigide religiöse Erziehung in der Kindheit handeln, z. B. bei Kindern aus streng katholischen Familien oder Freikirchen mit einengenden Vorschriften. Es kann sich aber auch um negative oder traumatisierende Erfahrungen mit Einzelpersonen handeln, die den Glaubenbereich für den Betroffenen besetzten. Insbesondere erlebte Scheinheiligkeit in Kombination mit persönlichem Desinteresse oder Misshandlungen durch Eltern oder nahe Bezugspersonen kann es Menschen sehr schwer machen, einen eigenen lebendigen Zugang zur Religiosität zu finden. Das kann die Pastorentochter sein, deren Vater vor frommen Pflichten nie Zeit für sie hatte. Oder die jahrelang ausgenutzte Angestellte einer Kirchengemeinde.

Erstaunlicherweise kommen gerade auch Menschen mit ausgesprochen negativen religiösen Erfahrungen wissend in eine christliche Klinik. Die Motive sind vielfältig, und es ist wichtig, sie zu verstehen. Zum einen kann trotz allem offen zutage liegenden Ärgers und äußerlichen Fernhaltens von der Institution Kirche gleichzeitig immer noch eine starke (neurotische) Gewissensbindung bestehen, sich nicht zu tief mit säkularen Kräften einzulassen. Letztlich geht es immer noch um die in der Kindheit erworbenen Versündigungsängste, wenn auch meist auf einer unbewussten Ebene.

Es kann sich auch um das Motiv der »letzten Chance« handeln. Die Christen sollen noch eine letzte Möglichkeit bekommen, zu beweisen, dass sie doch nicht nur scheinheilig und schlecht sind. Das ist dann die bewusste Seite einer unbewussten Sehnsucht nach Wiedergutmachung. Der Wunsch, doch noch etwas von der Zuwendung elterlicher Figuren, und zwar christlicher wie in der Ursprungsfamilie, zu bekommen.

Zum Dritten kann es um unbewusste Rachefantasien gehen. Bewusst ist es Zufall, die schöne Landschaft oder was auch immer, was die Betreffenden in die Klinik bringt. In der Therapie wird aber bald deutlich, wie stark es darum geht, Elternfiguren auflaufen zu lassen, zu demütigen und zu entwerten. Wenn sich Gott als symbolische Übervaterfigur schon dem direkten Zugriff entzieht, kann man wenigstens die scheinheiligen Frommtuer entlarven. In den genannten Beispielen ist die Redewendung »gebrannte Kinder« auch in dem Sinne passend, dass es hier wirklich um frühe Erfahrungen geht, meist defizitärer Natur, die Menschen ihr Leben lang prägen. Der elterliche Aspekt der Institution Kirche steht hier im Vordergrund. Natürlich gibt es auch spätere negative Erfahrungen im kirchlichen Umfeld wie Konkurrenz oder Mobbing. Diese können einen Menschen ebenfalls wirkungsvoll davon abhalten, sich im weiteren Leben mit dem Glaubensbereich zu beschäftigen, prägen aber lange nicht so tiefgehend. Bei den negativen Erfahrung im Erwachsenenalter geht es um eine Generalisierung bestimmter Erfahrungen auf die gesamte Institution Kirche und Religiosität an sich, bei den frühen Erfahrungen um die Frustration wichtiger Selbstbedürfnisse durch Elternfiguren, die durch diese mit kirchlich-moralischen Argumenten rationalisiert wurde. Für das Kind stand damit der verweigernde Gott hinter den verweigernden Eltern.

Therapeutische Fallstricke bei religiösen Fragen

Natürlich tut insbesondere gegenüber unbewussten Rachewünschen ein Therapeut gut daran, sich nicht in die Position des Stellvertreters Gottes auf Erden bringen zu lassen – auch wenn sie ihm noch so dringend von seinem Patienten angeboten wird. Er wird noch mehr als sonst alles vermeiden, was in Richtung Bevormundung aufgefasst werden könnte. Er wird sich hüten müssen, kluge Ratschläge zu geben, auch wenn noch so dringend danach gefragt wird, da sich diese mit Sicherheit anschließend in den Händen des Patienten als »unbrauchbar« erweisen werden und ein guter Hebel zur Entwertung des Therapeuten sind. Insbesondere seelsorgerliche Ratschläge sind hier fatal. Sobald der Therapeut sich idealisierend in die Höhe heben lässt, ist sein Absturz schon programmiert. Stattdessen wird es wichtig sein, dass er als konstant wohlwollendes, aber abstinentes Objekt zur Verfügung steht, das sich weigert, in irgendeiner der vom Patienten angebotenen Weisen übergriffig zu werden. Nur auf diese Weise kann ein Patient immer wieder zur Selbstverantwortung für sein Leben hingeführt werden. Er spürt erst dann selbst, wie stark er dem Therapeuten Macht über sich anbietet, wenn diese Wünsche frustriert werden. Statt seine Energie im anschließenden hasserfüllten Agieren zu verbrauchen, dabei aber nicht wirklich weiterzukommen, kann er beginnen, die notwendige Trauer darüber zu leben, dass er niemals mehr das nachholen kann, was ihm real als Kind entgangen ist. Nur wer durch diesen Schmerz hindurchgeht, wird anschließend, auf der anderen Seite des Schmerzes, auf einmal unterscheiden können zwischen seinen Eltern, die an ihm schuldig geworden sind, und Gott, der von ihnen als Erziehungshelfer und Über-Ich-Verstärker missbraucht wurde. Vielleicht empfindet er sogar den solidarischen Schmerz Gottes. Erstmalig ist ein Zugang zu Gott frei, der vorher durch die Eltern verstellt war. Plötzlich gewinnt damit auch das die ganze Zeit die Therapie begleitende christliche Angebot der Klinik eine ganz neue Bedeutung für die Betroffenen. Anstatt die moralisierenden, autoritären oder lustfeindlichen Einstellungen ihrer Eltern überall herauszuhören, werden Begriffe wie Versöhnung und Angenommensein wahrgenommen und bekommen plötzlich eine persönliche, befreiende Bedeutung. Wir erleben immer wieder, wie die beschriebene Problematik im Rahmen negativ verlaufener »christlicher Erziehung« auftritt, und unsere Patienten begegnen uns in allen möglichen Stadien des Durchlaufens der geschilderten Entwicklung. Gott ist zum Symbol mangelhafter elterlicher Versorgung geworden.

Nach meinem Verständnis ist es für einen Therapeuten mit einer festen Glaubensüberzeugung wichtig, Zurückhaltung zu üben. Es geht nicht um das Marketing von Glaubensinhalten, sondern um Da-Sein. Sowohl die entkirchlichten Patienten als auch die Christen, die sich in einem komplizierten Prozess befinden, als auch die »gebrannten Kinder« können nichts weniger als Indoktrination, autoritäre oder manipulative Übergriffe gebrauchen. Sie würden, man kann nur sagen glücklicherweise, aus Selbstschutzgründen äußerst empfindlich auf alles reagieren, dass nur von weitem so aussieht. Stattdessen brauchen alle drei Gruppen gerade in den geschilderten krisenhaften Entwicklungen konstantes, unaufdringliches, aber zuverlässiges Wohlwollen. Es geht um das Signal des Ankommendürfens, Umlernendürfens und Angenommenseins. Wie die Eltern in der zurückliegenden Entwicklung den Blick auf Gott verstellten, können gläubige Mitarbeitende ihn wieder öffnen, indem sie ein alternatives Modell des Umgangs miteinander vorleben. Ein Modell, in dem Beziehung nicht in erster Linie bedeutet, zur Rechenschaft zu ziehen und in Frage zu stellen, sondern wertgeschätzt zu werden. Dieses Wissen um grundlegende Wertschätzung macht oft erst möglich, Fehler ehrlich zu benennen und sich auf neue Entwicklungen einzulassen.

Martin Grabe, geboren 1954, Dr. med., Arzt für Psychotherapeutische Medizin sowie für Psychiatrie und Psychotherapie, ist Chefarzt der Abteilung Psychotherapie der Klinik Hohe Mark. Erster Vorsitzender die Akademie für Psychotherapie und Seelsorge (APS). Autor des Buches »Lebenskunst Vergebung« (Marburg 2002). Er engagiert sich in der Leitung einer Kirchengemeinde, ist verheiratet, hat vier Kinder und lebt in Kronberg.

Jürg Zöbeli

»Soll unsere Seelenheilkunde heilkräftiger werden, wird mit dem Besitz an psychologischen Begriffen und psychotherapeutischer Technik eine Besonnenheit des Psychotherapeuten die Waage halten müssen, die sich täglich in einem stillen Offensein übt für den Zuspruch des unaussprechlichen Ursprungs all dessen, was ist.«
(Medard Boss)

Die Abwehr des Religiös-Spirituellen

Die Tabuisierung religiös-weltanschaulicher Fragen in der Psychotherapie, der Graben zwischen der religiösen Seelsorge und der therapeutischen Sorge um die Seele geht bis auf die Anfänge unserer Zunft zurück: auf Sigmund Freud, für den die Religion eine Illusion und kollektive Zwangsneurose und die Sinnfrage ein neurotisches Symptom war. Er glaubte, sich gegen die »Schlammflut des Okkultismus« abgrenzen zu müssen, um von seinen Fakultätskollegen ernstgenommen zu werden. Dieser Bannfluch des Urvaters scheint bis auf den heutigen Tag auf uns zu lasten. Herbert Stein weist in seinem Buch »Freud spirituell, das Kreuz (mit) der Psychoanalyse« auf eine Umfrage unter zeitgenössischen deutschen Freudianern hin, von denen sich zwar 48 % zu einem Gottesglauben bekennen, was jedoch in ihren Publikationen tunlichst verschwiegen werde.

In meinem Studium pflegte sich der Professor für innere Medizin über seinen psychiatrischen Kollegen Manfred Bleuler zu mokieren. Aber auch heute sind die Schulpsychiatrie und akademische Psychologie immer noch defensiv und ängstlich um ihr Image der »Wissenschaftlichkeit« besorgt. Obwohl sich die Physik schon seit bald einem Jahrhundert vom alten positivistischen zu einem neuen holistischen Paradigma gewandelt hat, hinken Psychiatrie und Psychologie unentwegt hinterher und frönen unbekümmert einem materialistisch-biologistischen Reduktionismus. Auch die schweizerische Psychiatrie beschränkt sich weitgehend auf die akribische Erforschung von Hirnstoffwechsel, Neurotransmittern und medikamentöser Therapie und hält Ansätze zu einem umfassenderen Menschenbild wie das der Transpersonalen Psychologie für Aberglauben, Magie und Ausdruck eines »autistisch-undisziplinierten Denkens« (Eugen Bleuler), wie kürzlich eine psychiatrische Tagung in Zürich ergab. Zwar ist die Abgrenzung gegen eine verwaschene postmoderne Gleichmacherei in Form des New Age durchaus berechtigt, doch bedeutet eine nicht-theistische oder mystische Religiosität nicht die Einebnung auf ein weltanschauliches »Flachland« (Wilber) und einen Einheitsbrei im Sinne des esoterischen Schlagwortes »alles ist eins«. Vielmehr plädiert sie für das Nebeneinander von Integration *und* Differenzierung, Globalisierung *und* Pluralismus, für das Paradox der »Einheit von Einheit und Vielheit« (Willigis Jäger).

Das Tabu einer ganzheitlichen Perspektive der Psychotherapie mag außerdem mit der Forderung nach einer begrenzten Zielsetzung in Form bloßer Symptombeseitigung und unmittelbarer, rasch nachweisbarer Effizienz zusammenhängen. Und dies beruht wiederum auf der Sorge um die Kassenzulassung mancher psychotherapeutischer Richtungen, die um ihr Überleben bangen. Die Schulmedizin und -psychiatrie haben daher Aufwind mit ihrer Maxime der technischen Verwaltung und Manipulation der Krankheit, die das Leiden nicht auch – etwa im Sinne von Alfred Adler – als Wachstumsmotiv und Läuterungsprozess zu sehen vermag. Daher geben die Krankenkassen und die akademische Psychologie den rein pragmatischen und scheinbar »wissenschaftlich fundierteren« Methoden, wie der Verhaltenstherapie oder dem NLP den Vorzug vor ganzheitlichen Therapieformen wie diejenigen der Humanistischen und Analytischen Psychologie, der Existenzanalyse oder Psychosynthese, die ja die religiös-spirituelle Thematik nie tabuisiert haben. Als Reaktion auf die weltanschauliche Dürre des Behaviorismus und die spirituelle Abstinenz der orthodoxen Psychoanalyse verstehen sie sich als eine Gegenbewegung.

Den eigenen Weg finden

Was meine eigene »psychotherapeutische Sozialisation« betrifft, bin ich dankbar, dass ich auf meinem Weg Lehrern begegnet bin, die weltanschaulichen Fragen gegenüber offen waren. Als Assistenzarzt an der Zürcher psychiatrischen Klinik Burghölzli hatte ich das Glück, dass Medard Boss, ein Begründer der Daseinsanalyse, einer meiner ersten Supervisoren war und dass ich in seinem Heim z. B. an Heideggers »Zollikoner Seminaren« teilnehmen durfte. Dies eröffnete mir früh den Blick für ein unvoreingenommenes phänomenologisches Krankheitsverständnis. Eine neofreudianische Ausbildung in Göttingen war dann ebenfalls von einem ganzheitlichen Therapiekonzept geprägt, indem neben den analytischen Klassikern auch das humanistische Menschenbild Erich Fromms wegleitend war. Sein Buch »Psychoanalyse und Ethik« war lange Zeit maßgebend für meine weltanschauliche Orientierung, und seine Schrift »Zen-Buddhismus und Psychoanalyse« hat mir den Weg zur östlichen Philosophie gewiesen. Die Zen-Meditation war seither eine Quelle täglicher Sammlung und innerer Kraft und ein unverzichtbares Instrument zur ständigen »Reinigung meines Wahrnehmungsfilters«. Das Göttinger psychoanalytische Institut war damals eine erfreulich liberale Insel im Meer der altgläubigen psychoanalytischen Therapiekultur. Bei uns waren auch Theologen zur Ausbildung zugelassen, und außerdem war dort eine ärztliche Kollegin gestrandet, die an einem buchstabengetreuen Freudianischen Institut abgewiesen worden war, weil sie sich als (nicht einmal besonders hartgesottene) Katholikin geoutet hatte. Ein weiterer Beitrag zu einer Sicht, die über unsere begrenzte Alltagswelt hinausweist, war für mich das Werk von Graf Dürckheim, das mir zu so etwas wie einer Offenbarung wurde. Und schließlich ließen spätere eigene Erfahrungen von »Synchronizität« keinen Zweifel mehr zu an der Existenz einer Wirklichkeit, die mein rationales Welt- und Selbstverständnis endgültig transzendierte.

Zur Integration von Konfession und Profession

Die Frage, ob religiös-weltanschauliche Themen von der Psychotherapie zu trennen oder in sie zu integrieren seien, ob die auf »objektive« wissenschaftliche Kriterien gegründete *Profession* und die subjektive *Konfession* miteinander kompatibel seien und sich wechselseitig beeinflussen, hängt meines Erachtens von unserem Religions-Verständnis ab: Handelt es sich dabei um eine dogmatisch ausgrenzende, auf Macht und Unterwerfung gegründete, institutionalisierte Form oder eine offene, nicht an ein anthropomorphes Gottesbild gebundene mystische Religiosität? Mein persönliches Glaubensbekenntnis, eine mystisch verstandene Religiosität im Sinne der Ehrfurcht vor allen fühlenden Wesen und der Offenheit gegenüber allem Seienden, wird, so hoffe ich, auch in meiner therapeutischen Grundhaltung aufscheinen. Religion in der ursprünglichen Wortbedeutung von *religere,* als sorgfältiges Wahrnehmen, als Toleranz gegenüber dem Toleranten, aber auch als einfühlsamer Umgang mit neurotisch erworbener Intoleranz bei meinen Patienten und mir selbst: Dies ist jedenfalls mein »immer strebendes Bemüh'«

Gemeinsamkeiten von Psychotherapie und spirituellem Weg

Ebenso wenig wie sich für Ken Wilber authentische Wissenschaft und authentische Religion ausschließen, (authentisch insofern, als sie auf Erfahrung und nicht auf dogmatischen Vorgaben basieren), gilt dies auch für authentische Formen psychotherapeutischer und spiritueller Praxis. Beide beziehen sich zwar auf zwei unterschiedliche Phasen der Bewusstseinsentwicklung, doch bilden sie zusammen ein Kontinuum. Für mich sind hier die Konzepte der Transpersonalen Psychologie hilfreich, besonders diejenigen ihres Theoretiker Ken Wilber. Sein »Vier-Quadranten-Modell« besagt, dass alle Elemente des Menschseins, das somatische, psychische, soziale und kulturelle gleich bedeutungsvoll und miteinander korreliert sind. Daher ist jeder Reduktionismus auf einen einzigen Aspekt, sei er biologistisch, psychologistisch, systemisch oder spirituell, zu vermeiden. Bezüglich einer mystischen Religiosität und einer undogmatischen Psychotherapie sehe ich daher mehr Verbindendes als Trennendes, und dies besonders in dreierlei Hinsicht: Zwischen »Seelen-Heilkunde« und »Seelenheil-Kunde« (Gräfin Dürckheim) besteht eine grundlegende Übereinstimmung in ihrer *Zielsetzung*: in der Entwicklung des Bewusstseins, wenn dies auch verschiedene Entwicklungs*stufen* betrifft. Das Ziel beider ist die unmittelbare Erkenntnis der Wirklichkeit, die Wahrnehmung »dessen, was ist«. In der Psychotherapie geht es dabei um *Veränderung* der Erfahrung und des Verhaltens, in der Psychoanalyse z. B. durch das Aufdecken unbewusster Inhalte und Konflikte und durch die Rücknahme von Projektionen und Beseitigung von Vorurteilen. Die spirituelle Praxis hingegen hat letztlich neben der Veränderung der Erfahrung auch das *Erforschen ihres Wesens* zum Ziel, nicht nur das Erkennen, *was*, sondern auch *wie* wir wahrnehmen. Hier geht es also um eine erkenntnistheoretische Metaebene und darum, das Erkannte in die alltägliche Lebenspraxis zu integrieren.

Eine zweite Gemeinsamkeit von Psychotherapie und spirituellen Wegen sind die *ethischen Grundwerte* von Freiheit, Gleichheit und Geschwisterlichkeit. Die therapeutische Befreiung von Vorurteilen und Feindbildprojektionen entspricht dem Wort aus dem Johannesevangelium: »Die Wahrheit wird euch freimachen.« Dies führt zur Erkenntnis unserer fundamentalen Gleichheit im Sinne der universellen »Buddhanatur«, und dies hat wiederum Mitgefühl und Nächstenliebe zur Folge, den zentralen Wert der Hochreligionen und auch das Behandlungsziel der klassischen und zeitgenössischen Psychoanalyse im Sinne der Objektbeziehungstheorie: Liebes- und Beziehungsfähigkeit oder auch das »Gemeinschaftsgefühl« bei Alfred Adler.

Drittens hat Alan Watts auf eine interessante Parallele der therapeutischen und spirituellen *Methoden* hingewiesen. Beide beinhalten ein differenzierendes und integrierendes Element: Das klar abgegrenzte therapeutische Setting entspricht dem strengen spirituellen Ritual, und die analytische Grundregel, die Offenheit des freien Assoziierens hat große Ähnlichkeit mit der nicht zensurierenden, unvoreingenommenen Haltung im Sinne der Achtsamkeit, dem zentralen Wert aller spirituellen Methoden. Durch die Gegensatzspannung dieser beiden Parameter erfolgt eine Reinszenierung des existentiellen Dilemmas in einer heilsamen, quasi »homöopathischen« Dosierung. Dies zwingt in der Psychotherapie zum Suchen nach neuen anstelle der bisherigen neurotischen Lösungen und in der spirituellen Praxis zum radikalen Transzendieren des dualistischen Bewusstsein. Ziel der Psychotherapie ist für mich die Aufarbeitung der individuellen Konflikte, ein Gleichgewicht i. S. des »mittleren Modus« (Perls) im menschlichen Grundkonflikt zwischen Autonomie und sozialer Anpassung, zwischen Selbst- und Nächstenliebe, ein Ausgleich neurotischer Einseitigkeit in Form narzisstischer Egozentrik (ein häufiges Merkmal der männlichen Zeitgenossen), oder selbstverleugnender depressiver Allozentrik. Wieweit die Psychotherapie über das Bewusstmachen dieses existentiellen Dilemmas hinaus auch Lösungen dieses Grundkonfliktes anzubieten vermag und wieweit dies die spezifische Aufgabe der spirituellen Wege ist, wage ich nicht zu beurteilen. Wohl brauchen wir die pessimistische Auffassung Freuds nicht zu teilen, dass die Psychotherapie lediglich in der Lage sei, »das neurotische (individuelle) Leiden in gewöhnliches (universelles) Unglück zu verwandeln«. Für mich ist es eine offene Frage und gleichzeitig ein spannendes Forschungsfeld, zu untersuchen, wo sich die Aufgabenbereiche der therapeutischen und spirituellen Praxis überschneiden, wo sie sich ergänzen und wo die Grenze zwischen ihnen verläuft. Die Differenzierung und Integration beider Disziplinen erscheint mir als der Hauptauftrag der Transpersonalen Psychologie. Sie hat sowohl eine Brücke zu schlagen als auch gegenseitige Kompetenzüberschreitung und Vereinnahmung zu verhindern.

Folgerungen für die Praxis

Wenn der Wunsch nach einer spirituellen Praxis schon vor dem Abschluss eines psychotherapeutischen Prozesses auftaucht, ist es durchaus möglich, beide Methoden gleichzeitig zu praktizieren. Doch ist dann zu überprüfen, ob kein *spiritual bypass* vorliegt, ob die Spiritualität nicht als Ego-Trip missbraucht wird, als narzisstische Verlockung durch das Vollkommenheitsideal der Erleuchtung oder die Möglichkeit, das »grandiose Selbst« auf den spirituellen Guru zu übertragen.

Eine spirituelle Praxis kann uns Helfenden das heilsame Schweigen lehren, eine Kultur der Stille und eine Lebenshaltung, die Zeit hat und sich Zeit nimmt. Sie ermöglicht es uns, die daseinsanalytische Haltung des »Lassens« zu üben: Im »transpersonalen Bewusstseinsraum« die eigenen Gegenübertragungsreaktionen zulassen, sie dann los-lassen, und uns auf das in der therapeutischen Beziehung Begegnende vorbehaltlos ein-lassen. Religion im Sinne einer mystisch verstandenen Religiosität ist dann kein regressiv-neurotisches Phänomen mehr, wie uns Freud dies weismachen wollte, sondern im Gegenteil die tragende Grundlage einer ganzheitlichen Psychotherapie. Und ein spiritueller Weg ermöglicht es uns, die anfangs zitierte Empfehlung von Medard Boss in die Praxis umzusetzen und uns »täglich zu üben in einem stillen Offensein für den Zuspruch des unaussprechlichen Ursprungs all dessen, was ist.«

Dr. med. Jürg Zöbeli, geboren 1933, Facharzt für Psychiatrie und Psychotherapie, Psychoanalytiker in freier Praxis in Zürich, protestantisch sozialisiert, seit 25 Jahren auf dem Zen-Weg, Arbeitsschwerpunkt: Transpersonale Psychologie, Differenzierung und Integration von Psychotherapie und Meditation, verfasste zusammen mit U. Wirtz »Hunger nach Sinn« (Zürich 1995).

Karl Heinz Witte

Argwohn gegen Religiöses

Insgesamt dürfte die Zurückhaltung gegenüber religiösen Themen in der publizierenden Therapeutengemeinschaft ein Bestandteil der akademischen, wissenschaftlichen Gruppenkultur sein. Religiöse Praxis, religiös begründete Konflikte oder Lebenshaltungen werden beargwöhnt und mit stillschweigender (Selbst-)Zensur belegt. Die Menschen sind für die öffentliche Therapeutenmeinung heute so religionslos, wie die Kinder zu Freuds Zeiten unschuldig und ohne Sexualität waren. Wo eine areligiöse oder agnostische Überzeugung als selbstverständlich gilt, gerät das diskriminierte Phänomen in den Untergrund. Von dort her wirkt es sich beim Einzelnen kontraproduktiv in der Psychodynamik aus, treibt aber in Subkulturen kräftige Blüten, die in der herrschenden gesellschaftlichen Wertschätzung als unfein gelten.

Die psychoanalytisch begründete Psychotherapie steht wohl immer noch unter dem Bann der Religionskritik Sigmund Freuds, insbesondere aber seiner Utopie, eine ausschließlich auf die Vernunft begründete wissenschaftliche Weltanschauung (!) zu schaffen. Diese Position war im 19. und Anfang des 20. Jahrhunderts ernst zu nehmen. Heutzutage wirken aber sowohl diese kritische Position wie die kritisierten Haltungen überholt, und zwar wenn über religiöse Erfahrungen gesprochen wird, als sei das Göttliche, das Religiöse, Transzendente ... eine vorhandene metaphysische Realität, zu der die Religiösen einen privilegierten Zugang hätten. Wenn die vulgäre oder aufgeklärte Religionskritik sich gegen eine solche Position richtet, rennt sie offene Türen ein – und verfehlt gleichzeitig das religiöse Phänomen. Dieses ist keine physikalische Realität, sondern eine Gegebenheit der symbolischen Ordnung.

Die Verbindung von Wissenschaft und Weltanschauung

Die »Wissenschaft« der analytischen Psychotherapie und meine »religiös-weltanschaulichen Überzeugungen« sind durch eine gemeinsame forschende hermeneutisch-phänomenologische Haltung miteinander verbunden. In der analytischen Therapie wird akzeptiert, was immer an Themen und Affekten auftaucht. Es wird entfaltet, durch Einfälle ergänzt, mit anderen Erfahrungen in Beziehung gesetzt und in seiner Genese, Entwicklung und seinen Übergängen beobachtet und gewürdigt. Meine Grundüberzeugung ist, dass die Seele ihren Weg selbst findet. Es gibt darum keine rückführende Deutung aus einem vermeintlichen Expertenwissen: »Dies ist (nichts anderes als) jenes«, sondern nur eine deiktische und explorierende Deutung: »Ich bemerke dies oder das. Wie sehen Sie es?«

In der gegenwärtigen klinischen Theorie der analytischen Psychotherapie scheint mir der formale und funktionale Gesichtspunkt ein ungerechtfertigtes Übergewicht gewonnen zu haben. Es wird nach der Persönlichkeitsorganisation, dem Strukturniveau, nach der Selbstkonstanz, der Differenzierung der Abwehr- und Kompensationsstrategien gefragt. Nicht zu Unrecht; aber es scheint, als sei mit der strukturellen und funktionalen »Gesundheit« der Psyche auch schon die seelische Gesundheit begründet. Übersehen werden dabei leicht die krankmachenden existentiellen Konflikte. Deren Unlösbarkeit bedingt ja oftmals erst das funktionale Defizit. Es geht um Lieben und Geliebtwerden oder deren Mangel, um Schuld und Gerechtigkeit oder deren Verleugnung, um Verlust und Verzicht, um nicht wieder gutzumachende Benachteiligung und Beschädigung, um unkompensierbare Lebensversäumnisse, um Leid, Krankheit und Tod, um Sinn, Erfüllung und Glück. In den Fragen der Sinnsuche sowie der subjektiven Wahrheit und Verbindlichkeit berühren und überschneiden sich die religiöse und die psychotherapeutische Thematik. Es scheint manchmal, als sollte die »Neutralität« des Analytikers solche existentiellen Konflikte nicht nur nicht in »einspringender Fürsorge« (Heidegger) suggestiv für die Patienten lösen, sondern die Lebensfragen selbst neutralisieren.

Das Unbewusste als Erscheinungsform des Mystischen

Darüber hinaus gibt es auch im Gegenstand und in der Vorgehensweise eine Verwandtschaft zwischen der religiösen und der analytisch-psychotherapeutischen Praxis. Der Kern dieser Übereinstimmung liegt im Wesen und in der Offenbarungsweise des »Unbewussten«. Die neuere psychoanalytische Forschung hat über die klassischen Konzepte hinaus Dimensionen des Unbewussten erschlossen, die an Erscheinungsformen des Mystischen erinnern. Als Wegbereiter möchte ich hier Matte Blanco und Wilfred R. Bion erwähnen. »The psychoanalytic mystic« von Michael Eigen kann als ein lesenswertes Einführungsbuch genannt werden. Meine eigenen Veröffentlichungen zu diesem Thema habe ich auf meiner Internet-Seite (*www.khwitte.de*) bereitgestellt.

Die Frage, inwiefern eine persönliche Glaubensüberzeugung Einfluss auf die psychotherapeutische Praxis nimmt, kann im ersten Teil leicht mit Ja beantwortet werden. Jede Glaubens- wie Unglaubens-Überzeugung wird Einfluss auf die psychotherapeutische Praxis haben. Dass die Forderung nach strikter Neutralität des Analytikers, der eine leere Projektionsfläche sein sollte, eine Illusion war, ist heute Allgemeingut. Meine »persönliche Glaubensüberzeugung« ist meine Grundhaltung zum Leben. Sie strömt auf tausend Kanälen in die psychotherapeutische Begegnung hinein, wenngleich ich sie von mir aus grundsätzlich nicht thematisiere. Dass hier die aktuelle, unabgeschlossene Diskussion über die Verflechtung von Übertragung und Gegenübertragung, Intersubjektivität, co-konstruktive Prozesse hineinspielt, kann ich an dieser Stelle nur in Erinnerung bringen. Wenn die Frage nach meiner therapeutischen Konzeption in dem Zusammenhang mit meiner weltanschaulichen Grundhaltung gestellt wird, halte ich es für notwendig, klar zu antworten, dass ich ein von Alfred Adler ausgehendes, beziehungsanalytisches Konzept vertrete. Darüber hinaus teile ich auf Nachfrage mit, dass ich für religiöse und spirituelle Phänomene aufgeschlossen bin, dass ich aber, wie über andere Gegebenheiten meiner Person – im Sinne der therapeutischen Abstinenz – keine konkrete Auskunft geben werde. Andererseits ist hier zu berücksichtigen, dass die Patienten immer häufiger schon Vorinformationen über meine Therapiekonzeption mitbringen, die sie aus »der Szene« erfragt haben, immer häufiger auch durch meine Hinweise und Veröffentlichungen im Internet.

Grenzüberschreitungen in Psychotherapie und Spiritualität

In Bezug auf eine (fragliche) Integration von Psychotherapie und Spiritualität gilt es zunächst, die Divergenz von Erfahrung selbst und vermittelndem Diskurs über die Erfahrung zu beachten. Religiöse Erfahrung kann sich auch unzureichender Ausdrucksmittel bedienen. Nur so ist es zu verstehen, dass solche Erfahrungen auch heute noch in der Sprache des Neuplatonismus oder der Brautmystik mitgeteilt werden können. Allerdings nur, wenn beide Gesprächsteilnehmer diese Sprachen kennen. Etwas anderes ist ein hermeneutischer oder wissenschaftlicher (psychologischer, psychoanalytischer) Diskurs über religiöse Erfahrungen. Dieser hat sich an Kriterien der Vermittlung und Objektivierung zu halten, die in den jeweiligen Sprachgemeinschaften normativ herrschen. Dasselbe gilt für die Psychoanalyse. Darum hat Wilfred R. Bion immer wieder betont: Reden und Schreiben über Psychoanalyse ist etwas anderes als In-Psychoanalyse-Sein. Das Sprechen in der Psychotherapie hat einen grundsätzlich anderen Bedeutungsgehalt und Wahrheits-Anspruch als das Sprechen darüber. Wenn die Verschiedenheit dieser Dimensionen und Felder verwischt wird, kommt es zu charakteristischen Grenzüberschreitungen: Die Indoktrinierung übersieht das Eigenwesen der jeweiligen Erfahrungsdimension, sowohl wenn sie im eigenen Feld bleibt (fachspezifische Belehrung in der Psychoanalyse oder im Seelsorgegespräch) als auch wenn sie die Felder vertauscht (religiöse Unterweisung in der Psychotherapie oder psychologische Theorien im religiösen Raum). Eine zweite Grenzüberschreitung wäre es, wenn ich im therapeutischen Raum mit dem Patienten beten oder meditieren bzw. im Seelsorgegespräch eine Minipsychoanalyse einleiten würde. Aus diesen Überlegungen lässt sich erkennen, dass ich die Eigenart des jeweiligen Phänomenbereichs zu bewahren versuche. Ich überweise ja auch eine Patientin oder einen Patienten weiter, wenn ich in der analytischen Psychotherapie zu dem Schluss komme, es wäre als Ergänzung eine Atemtherapie oder eine Medikation angezeigt.

Ich akzeptiere die Probleme und teile die Problemlösungsfelder der Patienten so, wie sie vorgetragen werden. Wenn Menschen von religiösen oder spirituellen Fragen oder Problemen sprechen, gehe ich ernsthaft darauf ein. Von mir aus bringe ich aber die religiöse Thematik nicht zur Sprache, es sei denn, der Gesprächsverlauf selbst ließe mich vermuten, das sie verdrängt oder verschwiegen im Hintergrund mitwirke. Dann aber versuche ich, wie oben angedeutet, deiktisch-explorativ zu fragen. Das Vergleichsmuster für eine solche Intervention ist etwa: »Könnte es sein, dass Sie verliebt sind?«

Auch wenn die Thematik ausdrücklich von religiösen und spirituellen Fragen bestimmt ist, bleibt meine Haltung psychoanalytisch. Ich stelle den Wahrheitsgehalt der Erlebnisse nicht in Frage; aber ich exploriere, in welchem psychodynamischen Kontext die Erfahrungen stehen, inwiefern sie von kompensatorischen oder vermeidenden Strebungen angetrieben oder überformt sind. In manchen glücklichen Momenten der Therapie teilen sich existentielle und spirituelle Erfahrungen erschütternd und erhellend mit. Dann hört die Analyse auf, dort ist dankbares, schweigendes Sein-Lassen angezeigt. Dann werden auch im psychotherapeutischen Raum Analytiker und Analysand vom Tremendum und Faszinosum ergriffen.

Dr. phil. Karl Heinz Witte, Psychoanalytiker (DGIP/DGPT). Studium der Philosophie, Theologie, Germanistik, Schwerpunkt: Deutschsprachige Mystik und Scholastik des Mittelalters. Dozent und Lehranalytiker am Alfred Adler Institut für Individualpsychologie München. Zahlreiche Aufsätze (www.khwitte.de). Katholische Basis ohne kirchliche Bindung.

Friedhelm Lamprecht

Die Bedeutung des Irrationalen

In einem Seminar über Religion, Moral und Neurose, welches schon vor über 20 Jahren am Berliner Institut für Psychotherapie (Koserstraße, heute Goerzallee 5) unter meiner Leitung stattfand, habe ich aufgezeigt, dass an die Stelle des Sexualtabus das Religionstabu getreten ist. Präziser handelt es sich um das Tabu, persönliche Glaubensüberzeugung preiszugeben. Zu groß war die Angst, in die Schublade der neurotischen Ideologiebildung gesteckt zu werden. Das freizügige Sprechen über Sexualität und damit in Zusammenhang stehenden Problemen wurde mit Aufgeklärtheit verwechselt, während die persönliche Glaubenseinstellung mit Rückständigkeit und mit Relikten aus fernen Zeiten verbunden wurde. Das Gegenteil ist wahr: Eine Aufgeklärtheit, die das Irrationale nicht anerkennt, muss meiner Meinung nach als sehr rückständig bezeichnet werden. Der Ideologieverdacht war in Deutschland besonders gefürchtet, war doch der größte Teil der Deutschen im Dritten Reich einer falschen Ideologie aufgesessen. Die Ausblendung der persönlichen Glaubenseinstellung ließe sich so als Reaktionsbildung verstehen. Auch in idealisierten Versuchsbedingungen gibt es keine vom Beobachter völlig losgelösten Beobachtungsobjekte: Das bedeutet: Was ein Therapeut oder Patient glaubt, wird sich – ausgesprochen und, was noch bedeutender ist, unausgesprochen – auf das jeweilige Gegenüber auswirken. Persönliche Glaubenseinstellungen, Weltanschauungen oder Wertvorstellungen aus dem dialogischen Sich-Begegnen herauszuhalten, halte ich für eine Verkennung der Realität und damit für eine Illusion.

In der Religion allgemein geht es um das Gefühl der Abhängigkeit und der Verbundenheit mit einer verehrungswürdigen und haltgebenden Macht. Die meisten Psychotherapeuten und deren Patienten sind im Abendland sozialisiert, was zu Recht oder zu Unrecht als das Christliche bezeichnet wird. Für Kant ist die Religion die Erkenntnis unserer Pflichten als göttliche Gebote. Das Besondere der christlichen Religion liegt nun darin, dass selbst durch größte sittliche Anstrengung unsere Sündhaftigkeit nicht aufgehoben werden kann. Es ist zugleich mit dem Gefühl fundamentalen Angewiesenseins auf Gnade verbunden.

Glaube und Wissenschaft

Wenn das Zusammenspiel von Glaubensüberzeugungen und wissenschaftlichen Kriterien untersucht wird, dann muss voraussetzend gesagt werden, dass es keine ideal isolierten wechselwirkungsfreien Objekte gibt. Oder, wie Viktor von Weizsäcker es anschaulicher ausdrückte: »Um Lebendiges zu beurteilen, muss man sich am Leben beteiligen.« Aus dem Gesagten folgt, dass meine persönliche Glaubenseinstellung implizit immer mit beteiligt ist. Darüber hinaus wird sie zur Hilfestellung auch explizit geäußert, insbesondere wenn es um die Entwicklung einer salutogenen Perspektive geht, in welcher die Bedeutung und Sinngebung eine herausragende Rolle spielt. Das Heil ist etwas, was über den Begriff der Gesundheit hinausgeht. Nach Viktor von Weizsäcker heißt Gesundheit nicht normal sein, sondern es heißt, sich in der Zeit zu verändern, wachsen, reifen und sterben können«. Wenn diese Veränderung zum Stillstand gekommen ist, könnte man einen Menschen als tot oder zumindest als krank bezeichnen, lange vor seinem physischen Ende. In der Begrifflichkeit, die ich verwende, drückt sich meine Einstellung aus. Bezeichne ich eine Heilung als natürlich, setze ich eine Selbstverständlichkeit voraus, hinter der sich eine Anspruchshaltung verbirgt. Verstehe ich sie als etwas Wunderbares, entstehen Gefühle der Dankbarkeit. Eine Spontanremission nach einer Krebserkrankung kann statistisch betrachtet als extrem unwahrscheinliches Ereignis oder als ein Wunder betrachtet werden. Dasselbe Ereignis lässt sich sehr unterschiedlich interpretieren mit entsprechend unterschiedlichen Folgewirkungen für den Interpretierenden.

Glaube und Krankheit

Ernsthafte körperliche Erkrankungen bedeuten für viele Menschen einen tiefen Einschnitt in ihr Selbstverständnis und ihre Lebensführung. In der psychologischen Fachliteratur werden sie fälschlicherweise Klienten genannt, was suggeriert, dass man einen Anspruch oder Anrecht auf Gesundheit habe. In meinen zahlreichen Beratungs- und Konsultationsgesprächen komme ich mit vielen Patienten zusammen, deren Lebensentwürfe durch die Krankheit geändert werden müssen. Hier wird das Angewiesensein auf Hilfe, die außerhalb des eigenen Kompetenzbereiches liegt, erfahren. Bei depressiven Patienten kann es die Aufgabe des Therapeuten sein, das sichtbar zu machen, was Viktor von Weizsäcker als ungelebtes Leben bezeichnet und was sich in der Depressivität Ausdruck verschafft. Wenn die durch die Krankheitsfolgen erforderlichen Anpassungsleistungen das Coping-Repertoire überfordern, kann es ein günstiger Moment sein, den Glauben, und da meine ich den christlichen Glauben, als persönliche Ressource wiederzuentdecken oder überhaupt erst zu entwickeln. Häufig hat man es hier mit einem Negativglauben zu tun im Sinne von »ich kann nichts, ich bin hässlich, keiner mag mich, es hat sowieso keinen Sinn mehr usw.«. Ich könnte hier nichts vermitteln, was ich nicht selber glaubte. Darüber hinaus mache ich die Erfahrung: Je bedeutsamer der Glaube für mich ist, desto eher fangen die Patienten von sich aus an, über den Glauben zu reden. Ohne direkt Glaubensfragen anzusprechen, kommt also etwas zum Vorschein, was sich nonverbal mitteilt.

Die Verbindung von Psychotherapie und Spiritualität

Psychotherapie und Spiritualität kommen integrativ zur Anwendung nicht im Sinne einer taktischen Zusammenführung, sondern als Ergebnis einer interpersonalen Konstellation, in der dann auch solche Fragen möglich sind wie: »Stellen Sie sich vor, Sie sind 30 Jahre älter, liegen auf Ihrem Totenbett und das ganze Leben läuft noch einmal im Blitztempo vor Ihrem inneren Auge ab. Was zählt dann, was hat dann Bestand?« Es sind nicht Besitztümer, Titel, Position, Bankkonten usw., sondern gelebte Beziehungen melden sich zu Wort, und zwar nicht nur die glücklichen Momente, sondern auch die Situationen, in denen man gefehlt hat. In diesem Kontext ist es wichtig, zwischen Schuld und Schuldgefühlen zu unterscheiden. Martin Buber hat in seinem Aufsatz über »Schuld und Schuldgefühle« Folgendes geschrieben, was ich auszugsweise zitiere: «Aber innerhalb eines umfassenden Dienstes um Erkenntnis und Hilfe muss er der Schuld selber gegenübertreten als einem ontisch charakterisierbaren Etwas, dessen Ort nicht die Seele, sondern das Sein ist«, und etwas weiter »ein Seelenarzt, der es wirklich ist, das heißt, der das Werk der Heilung nicht betreibt, sondern in es jeweils als Partner eintritt, ist eben ein Wagender«. Dieses Wagnis ist Risiko und Herausforderung zugleich.

Prof. Dr. med. F. Lamprecht, Arzt für Psychotherapeutische Medizin, Nervenarzt, Psychoanalytiker (DGPT), Ärztlicher Direktor der Abteilung Psychosomatik und Psychotherapie der Medizinischen Hochschule Hannover, Lehranalytiker der Deutschen Arbeitsgemeinschaft für Gruppenpsychotherapie (DAGG), neben anderen Autor von »Salutogenese – Ein neues Konzept in der Psychosomatik?« (Berlin 1997) und »Praxis der Traumatherapie – Was kann EMDR leisten?« (Stuttgart 2000). Verheiratet, 3 Kinder, 9 Enkelkinder, evangelisch, seit zehn Jahren im örtlichen Kirchenvorstand aktiv.

Literatur

Achterberg, J. (1996). Rituale der Heilung. München: dtv (amerik. Original 1992).

Adams, G. (2002). A Theistic Perspective on Ken Wilber's Transpersonal Psychology. *Journal of Contemporary Religion*, 17 (2), 165–179.

Adler, A. (1976). Der Sinn des Lebens. Frankfurt: Fischer (1930).

Adorno, T. W. (1973). Studien zum autoritären Charakter. Frankfurt: Suhrkamp (amerik. Original 1950).

Albani, C., et al. (2002). Erfassung religiöser und spiritueller Einstellungen. *Psychotherapie, Psychosomatische Medizin, Medizinische Psychologie*, 52, 306–313.

Albani, C. et al. (2003). Psychometrische Überprüfung der Skala «Transpersonales Vertrauen» in einer repräsentativen Bevölkerungsstichprobe. *Transpersonale Psychologie und Psychotherapie*, 9, 86–98.

Albani C., Gunzelmann, T, Boiler, H. et al. (2004) Religiosität und Spiritualität im Alter. *Zeitschrift für Gerontologie und Geriatrie*, 37, 43–50.

Alcock, J., Burns, J, Freeman, A. (Ed.). (2003). Psi Wars. Getting to Grips with the Paranormal. Exeter: Imprint Academic.

Albrecht, C. (1976). Psychologie des mystischen Bewusstseins. Mainz: Grünewald.

Allport, G. W. (1950). The individual and his religion: a psychological interpretation. New York. Macmillan.

Altmeyer, M. (2004). Inklusion, Wissenschaftsorientierung, Intersubjektivität. Modernisierungstendenzen im psychoanalytischen Gegenwartsdiskurs. *Psyche*, 58, 1111–1125.

Amberger, H. (2000). Wer glaubt, lebt länger. Glauben heilt – Beten hilft. Wien: Ueberreuther.

Ammicht Quinn, R. (2000). Körper – Religion – Sexualität. Mainz: Grünewald.

Anadarajah, G. Hight, E. (2001). Spirituality and medical practice: Unsing the HOPE questions as a practical tool for spiritual assessment. *American Family Physician*, 63, (8),1–89 T.

Andriessen, H., Miethner, R. (1993). Praxis der pastoralen Supervision. Heidelberg: Asanger.

Andritzky, W. (1997). Alternative Gesundheitskultur. Eine Bestandsaufnahme mit Teilnehmerbefragung. Berlin: Verlag für Wissenschaft und Bildung.

Andritzky, W. (1999). Religiöse Glaubensmuster und Verhaltensweisen. Ihre Relevanz für Psychotherapie und Gesundheitsverhalten. *Psychotherapeut*, 4, 5–20.

Andritzky, W. (2001). Vielfalt in der Therapie. Berlin: Leutner-Verlag.

Antholzer, R., Schirrmacher, T. (1997). Psychotherapie – der fatale Irrtum. Berneck: Schwengeler.

Antonovsky, A. (1997). Salutogenese. Zur Entmystifizierung der Gesundheit. Tübingen: dgvt-Verlag (amerik. Original 1987).

Argyle, M. (2000). Psychology of Religion. An Introduction. London: Routledge.

Astin, J. A., Harkness, E., Ernst, E. (2000). The efficacy of »distant healing«: a systematic review of randomized trials. *Annals of Internal Medicine*, 132, 903–910.

Astrow, A.B., Sulmasy, D. P. (2004). Spirituality and the Patient-Physician Relationship. *Journal of the American Medical Association*, 291 (23), 2884.

Austin, J. (1998). Zen and the Brain. Toward an Understanding of Meditation and Consciousness. Cambridge: MIT Press.

Bach, G. R., Molter, H. (1976). Psychoboom. Wege und Abwege moderner Psychotherapie. Köln: Diederichs.

Barnard, G. W. (2001). Diving into the depths: reflections on psychology as religion. In D. Jonte-Pace & W. B. Parsons (Ed.) Religion and Psychology: Mapping the Terrain. London: Routledge, 297–318.

Barth, H.-M. (1993). Spiritualität. Göttingen: Vandenhoeck & Ruprecht.

Bassler, M. (Hg.). (2000). Psychoanalyse und Religion. Versuch einer Vermittlung. Stuttgart: Kohlhammer.

Bauer, E. (1995). Hundert Jahre parapsychologische Forschung. In W. von Lucadou, Psyche und Chaos. Theorien der Parapsychologie. Frankfurt: Suhrkamp, 15–44.

Baumgartner, I. (Hg.). (1990). Handbuch der Pastoralpsychologie. Regensburg: Pustet.

Beck, J. R. (2003). Self and soul: Exploring the boundary between psychotherapy and spiritual direction. *Journal of Psychology and Theology*, 31, 24–36.

Becker, A., Mehr, C., Nau, H., Reuter, G., Stegmüller, D. (Hg.). (2003). Gene, Meme und Gehirne. Geist und Gesellschaft als Natur. Frankfurt: Suhrkamp.

Becvar, D. S. (1994). Can spiritual yearnings and therapeutic goals be melded? *Family Therapy News*, 7, 13–14.

Becvar, D. S. (1997). Soul Healing: A Spiritual Orientation in Counseling and Therapy. New York: Basic Books.

Beile, H. (1998). Religiöse Emotionen und religiöses Urteil. Ostfildern: Schwaben-Verlag.

Beloff, J. (1993). Parapsychology. A concise history. Cambridge: Cambridge University Press.

Belschner, W. (2000). Transpersonales Vertrauen. Manual zur Skala. Oldenburg: Universität.

Belschner, W., Galuska, J. (1999). Empirie spiritueller Krisen. *Transpersonale Psychologie und Psychotherapie*, 4 (1), 78–94

Belzen, J. van (1997). Spiritualität als Bemühen, sinnvoll zu leben. Profil eines kulturpsychologischen Ansatzes. *Theologische Literaturzeitung*, 122, 209–226.

Belzen J. van (1998). Die blühende deutsche Religionspsychologie der Zeit vor dem Zweiten Weltkrieg. In H. Gundlach (Hg.). Untersuchungen zur Geschichte der Psychologie und Psychotechnik. Passau: Profil, 75–93.

Belzen, J. van (1999). The cultural-psychological approach to religion: Contemporary debates on the object of the discipline. *Theory and Psychology*, 9, 229–256.

Belzen J. van (2003). Die Internationale Gesellschaft für Religionspsychologie auf dem Weg ins 21. Jahrhundert. *Archiv für Religionspsychologie*, 24, 7–23.

Benner, D. G. (1998). Care of Souls. Revisioning Christian Nurture and Counsel. Grand Rapids: Baker.

Benesch, H. (1990). Warum Weltanschauung. Eine psychologische Bestandsaufnahme. Frankfurt: Fischer.

Benson, H. (1997). Heilung durch Glauben. Selbstheilung in der neuen Medizin. München: Heyne (amerik. Original 1996).

Benson, P. L., Roehlkepartain, E. C. & Rude, S. P. (2003). Spiritual Development in Childhood and Adolescence: Toward a Field of Inquiry. *Applied Developmental Science*, 7 (3), 205–213.

Berger, K. (1991). Historische Psychologie des Neuen Testaments. Stuttgart: Quell.

Berger, K. (2000). Was ist biblische Spiritualität? Gütersloh: Gütersloher Verlagshaus.

Berger, P. L. (1980). Der Zwang zur Häresie. Frankfurt: Fischer.

Berger, P. L. (1994). Sehnsucht nach Sinn. Glaube in einer Zeit der Leichtgläubigkeit. Frankfurt: Campus.

Bergin, A. E. (1980). Psychotherapy and religious values. *Journal of Consulting and Clinical Psychology*, 48, 75–105.

Bergin, A. (1985). Proposed Values for Guiding and Evaluating Counseling and Psychotherapy. *Counseling and Values*, 29 (2), 99–116.

Bergin, A. E. Garfield, S. L. (Hg.) (1994). Handbook of psychotherapy and behavior change. New York 1994[4].

Berkel, K. (1984). Theologie. In H. E. Lück (Hg.), Geschichte der Psychologie in Schlüsselbegriffen. München: Urban & Schwarzenberg, 195–201.

Besier, G. (1980). Seelsorge und Klinische Psychologie. Göttingen: Hogrefe.

Bessinger, D., Kuhne, T. (2002). Medical Spirituality: Defining Domains and Boundaries. *Southern Medical Journal*, 95 (12), 1385–1388.

Biehl, P. (2001). Säkularisierung. Lexikon der Religionspädagogik (hg. V. N. Mette und R. Rickers), Bd. 2. Neukirchen: Neukirchener Verlagshaus, 1888 ff.

Bieritz, K. H. (2002). Die Macht sei mit dir. Von der Heimholung der Mythen in die Seelsorge. In M. Böhme (Hg.), Entwickeltes Leben: Neue Herausforderungen für die Seelsorge,. Leipzig: Evangelische Verlagsanstalt, 21–42.

Biscoping (2003). Christliches Profil als Chance. *Vincenz aktuell*, 39, 4–5.

Bischof, N. (1996). Das Kraftfeld der Mythen. Signale aus der Zeit, in der wir die Welt erschaffen haben. München: Heyne.

Bishop, G. (1999).). Poll Trends: Americans' Belief in God. *Public Opinion Quarterly*, 63, 421–434.

Bitter, W. (Hg.). (1965). Psychotherapie und religiöse Erfahrung. Stuttgart: Klett.

Bittrich, D., Salvesen, C. (2002). Die Erleuchteten kommen. Satsang: Antworten auf die wichtigsten Fragen des Lebens. München: Goldmann.

Blackmore, S. (2003). Evolution und Meme: Das menschliche Gehirn als selektiver Imitationsapparat. In A. Becker et al. (Hg.). Gene, Meme und Gehirne. Geist und Gesellschaft als Natur. Frankfurt: Suhrkamp, 49–89.

Blatter, J., Gareis, B., Plewa, A. (Hg.). (1992). Handbuch der Psychologie für die Seelsorge. 2 Bde. Düsseldorf: Patmos.

Bobert-Stützel, S. (2000). Frömmigkeit und Symbolspiel. Göttingen: Vandenhoeck & Ruprecht.

Bochmann, A., Näther, R. (2002). Sexualität bei Christen. Gießen: Brunnen.

Böhmer, A. (2004). Psychologische Theorien in den Diskussionen um Ethikunterricht. Berlin: Freie Universität (www.diss.fu-berlin.de/2004/48/).

Bösch, J. (2002). Spirituelles Heilen und Schulmedizin. Eine Wissenschaft am Neuanfang. Bern: Lokwort.

Bohren, R. (1996). Psychologie und Theologie – eine Gewinn- und Verlustrechnung für die Seelsorge. Bochum. Winkler.

Bolz, N. (1999). Die Wirtschaft des Unsichtbaren. Spiritualität, Kommunikation, Design, Wissen. Düsseldorf: Econ.

Bolz, N. (2002). Das konsumistische Manifest. München: Beck.

Boysen, G. (1988). Haut über Kopf. Erfahrungen mit einer Psychoanalyse. Augsburg: Maro-Verlag.

Brandl, Y., Bruns, G., Gerlach, A. et al. (2004). Psychoanalytische Therapie. Eine Stellungnahme für die wissenschaftliche Öffentlichkeit und den Wissenschaftlichen Beirat Psychotherapie. *Forum der Psychoanalyse*, 20 (1), 13–125.

Brody, H. und D. (2002). Der Placebo-Effekt. Die Selbstheilungskräfte unseres Körpers. München: dtv.

Brockman, J. (1996). Die dritte Kultur. Das Weltbild der modernen Naturwissenschaft. München: Heyne.

Browning, D. S. (1987). Religious Thought and the Modern Psychologies. A Critical Conversation in the Theology of Culture. Philadelphia: Fortress.

Brunner, R. (Hg.). (2002). Die Suche nach dem Sinn des Lebens. Transpersonale Aspekte der Individualpsychologie (Beiträge zur Individualpsychologie, 27). München: Reinhardt.

Brunstein, J. C., Meier G. W. (2002). Das Streben nach persönlichen Zielen: emotionales Wohlbefinden und proaktive Entwicklung über die Lebensspanne. In G. Jüttemann & H. Thomae (Hg.), Persönlichkeit und Entwicklung. Weinheim: Beltz, 157–190.

Buber, M. (1973). Das dialogische Prinzip. Heidelberg: Lambert Schneider.

Buber, M. (1982). Das Problem des Menschen. Heidelberg: Lambert Schneider.

Buber, M. (1994). Gottesfinsternis. Gerlingen: Lambert Schneider (Original Zürich 1953).

Bucher, A. (1992). Bibelpsychologie. Psychologische Zugänge zu biblischen Texten. Stuttgart: Kohlhammer.

Bucher, A. (1994). Einführung in die empirische Sozialwissenschaft für TheologInnen. Stuttgart: Kohlhammer.

Bucher, A. (2004). Psychobiographien religiöser Entwicklung. Glaubensprofile zwischen Individualität und Universalität. Stuttgart: Kohlhammer.

Bucher, A. & Oser, F. (2002). Religiosität, Religionen und Glaubens- und Wertegemeinschaften. In R. Oerter & L. Montada (Hg.) Entwicklungspsychologie (5. Auflage). Weinheim: BeltzPVU, 940–954.

Buchheld, N. (2000). Achtsamkeit in Vipassana- Meditation und Psychotherapie. Frankfurt: P. Lang.

Buchheld, N. & Walach, H. (2002). Achtsamkeit in Vipassana-Meditiation und Psychotherapie: die Entwicklung des »Freiburger Fragebogens zur Achtsamkeit«. *Zeitschrift für Klinische Psychologie, Psychiatrie und Psychotherapie, 2*, 153–172.

Buchholz, M. (1999). Psychotherapie als Profession. Gießen: Psychosozial-Verlag.

Bucke, R. M. (1993). Kosmisches Bewusstsein. Zur Evolution des menschlichen Geistes. Frankfurt: Insel (Original 1901).

Büttner, G., Dieterichs, V.-J. (2000). Die religiöse Entwicklung des Menschen. Ein Grundkurs. Stuttgart: Calwer.

Buggle, F. (1992). Denn sie wissen nicht, was sie glauben oder warum man redlicherweise nicht mehr Christ sein kann. Eine Streitschrift. Reinbek: Rowohlt.

Burbach, C. (2000). Seelsorge in der Kraft der Weisheit. *Wege zum Menschen, 52* (4), 51–68.

Büssing, A., Ostermann, T., Matthiessen, F. A. (2005) Spiritualität und Krankheit. Ergebnisse einer Patientenbefragung. In S. Ehm & M. Utsch (Hg.), Kann Glaube gesund machen? Berlin: EZW-Texte 181, 41-52.

Büssing, A., Ostermann, T. (2004). Cariatas und ihre neuen Dimensionen – Spiritualität und Krankheit. In M. Patzek (Hg.), Caritas Plus – Qualität hat einen Namen. Kevelaer: Butzon Bercher, 110–133.

Buss, D. M. (2002). Sex, Marriage, and Religion: What Adaptive Problems Do Religious Phenomena Solve? *Psychological Inquiry, 13* (3), 201–203.

Buss, D. M. (2004). Evolutionäre Psychologie. München: Pearson Studium.

Byrd, R. B. (1988). Positive Therapeutic Effects of Intercessory Prayer in a Coronary Care Unit Population. *Southern Medical Journal, 81*, 826–829.

Cardena, E., Lynn, S. J., Krippner, S. (Hg.). (2000). Varieties of Anomalous Experience: Examining the Scientific Evidence. Washington: APA.

Cha, K. A., Wirth, D. P., Lobo, R. A. (2001). Does prayer influence the success of in vitro fertilisation-embryo transfer? *Journal of Reproductive Medicine, 46*, 781–787.

Chukwu, A., Rauchfleisch, U. (2002). Gottesvorstellungen älterer Menschen. *Zeitschrift für Gerontologie und Geriatrie, 35*, 582–587.

Contrada, R. J. et al. (2004). Psychosocial Factors in Outcomes of Heart Surgery: The Impact of Religious Involvement. *Health Psychology, 23* (3), 227–338.

Cornelius-Bundschuh, J. (2002). Aufbruch, Differenzierung und Konsolidierung. *Verkündigung und Forschung, 47* (1), 48–70.

Crawford, C. C., Sparber, A. G., Jonas, W. B. (2003). A Systematic Review of the Quality of Research on Hands-On and Dinstance Healing. *Alternative Therapies, 9* (3), 96–104.

Croce, G. della (1979). Gerhard Tersteegen: Neubelebung der Mystik als Ansatz einer kommenden Spiritualität. Bern: P. Lang.

Curtis, R. C., Davis, K. M. (1999). Spirituality and multimodal therapy: A practical approach in incorporating spirituality in counseling. *Counseling and Values*, 43, 199–210.

Dannecker, G. (2003). Alles was Recht ist – Alternative Heilverfahren in rechtlicher Sicht. *Wege zum Menschen*, 55, 521–542.

Daur, R. (1965). Eröffnungsansprache. In W. Bitter (Hg.), Psychotherapie und religiöse Erfahrung. Stuttgart: Klett, 7–15.

Davidson, R. J., Kabat-Zinn, J., et al. (2003). Alterations in brain and immune function produced by mindfulness meditation. *Psychosomatic Medicine, 65*, 564–570.

Dàvila, N. G. (1994). Aufzeichnungen eines Besiegten. Wien: Karolinger.

Degen, R. (2000). Lexikon der Psycho-Irrtümer. Frankfurt: Fischer.

Dehn, U. (2004). Neurotheologie und religiöse Erfahrungstypen. *Materialdienst der EZW*, 67 (8), 283–292.

Deikmann, A. J. (1982). The Observing Self. Mysticism and Psychotherapy. Boston: Beacon Press.

Deikmann, A. J. (2000). A Functional Approach to Mysticism. In J. Andresen & R. K. C. Forman (Ed.). Cognitive Models and Spiritual Maps. Exeter: Imprint Academic, 75–92.

Deister, T. (2000). Krankheitsverarbeitung und religiöse Einstellungen. Ein Vergleich zwischen onkologischen, kardiologischen und HIV-Patienten. Mainz: Grünewald.

Demling, J. H. (2004). Zum Stellenwert der Religion in der Psychotherapie: Historischer Rückblick. In C. Zwingmann & H. Moosbrugger (Hg.) Religiosität: Messverfahren und Studien zu Gesundheit und Lebensbewältigung. Münster: Waxmann, 41–56.

Demling, J. H., Wörthmüller, M., Conolly, T. (2001). Psychotherapie und Religion. *Psychotherapie, Psychosomatik, medizinische Psychologie*, 51, 76–82.

Deneke, F., Hilgenstock, B. (1989). Das Narzißmusinventar. Bern: Huber.

Deusinger, I. M., Deusinger, F.L. (2004). Frankfurter Religiositätsfragebogen. Göttingen: Hogrefe.

Dethlefsen, T. (1979). Schicksal als Chance. Das Urwissen zur Vollkommenheit des Menschen. München: Goldmann.

Deutscher Bundestag (Hg.) (1998). Forschungsgutachten zur Enquetekommission Sogenannte Sekten und Psychogruppen'. Hamm: Hoheneck.

Dill, A. (1990). Selbstreferetialität und religiöse Sozialisation. Versuch einer Analyse der eigenen religiösen Biographie. In W. Sparn (Hg.), Wer schreibt meine Lebensgeschichte? Gütersloh: Gütersloher Verlagshaus, 386–400.

Dörr, A. (2001). Religiosität und psychische Gesundheit. Zur Zusammenhangsstruktur spezifischer religiöser Konzepte. Hamburg: Kovac.

Domar, A. Clapp, D., Slawsby, E. et al. (2000). Impact of Group Psychological Interventions on Pregnancy Rates in Infertile Women. *Fertility and Sterility*, 73 (4), 805–811.

Dornes, M. (2000). Die emotionale Welt des Kindes. Frankfurt: Fischer.

Dossey, L. (2003). Healing beyond the mind. Medicine and the infinite reach of the mind. Boston: Shambala.

Drigalski, D. v. (2000). Blumen auf Granit. Eine Irr- und Lernfahrt durch die deutsche Psychoanalyse. Libri Books on Demand.

Dürckheim, Graf von, K. (1982). Transzendenz als Erfahrung. In G. Condrau (Hg.) Transzendenz, Imagination und Kreativität. Die Psychologie des 20. Jahrhunderts, Bd. XV. Zürich: Kindler, 340–348.

Dupré, L. (2003). Ein tieferes Leben. Die mystische Erfahrung des Glaubens. Freiburg: Herder.

Ebertz, M. (1997). Kirche im Gegenwind. Zum Umbruch der religiösen Landschaft. Freiburg: Herder.

Ebertz, M. (1998). Erosion der Gnadenanstalt. Zum Wandel der Sozialgestalt von Kirche. Frankfurt: Knecht.

Ebertz, M. (1999). Die Dispersion des Religiösen. In H. Kochanek (Hg.), Ich habe meine eigene Religion. Düsseldorf: Patmos, 210–226.

Ebertz, M. (2001). Religionssoziologie. Lexikon der Religionspädagogik (hg. V. N. Mette u. F. Rickers). Bd. 2. Neukirchen: Neukirchener Verlag, 1772 ff.

Eck, B. E. (2002). An Exploration of the Therapeutic Use of Spiritual Disciplines in Clinical Practice. *Journal of Psychology and Christianity*, 21 (3), 266–280.

Ehm, S., Utsch, M. (Hg.). (2005). Kann Glauben gesund machen? Spiritualität und moderne Medizin. Berlin: EZW-Texte 181.

Eibach, U. (2003). »Gott« nur ein »Hirngespinst«? Zur Neurobiologie religiösen Erlebens. Berlin: EZW-Texte 172.

Elgeti, R., Winker, K. (1984). Die Angst der Kränkung. In: U. Rüger (Hg.), Neurotische und reale Angst. Göttingen: Vandenhoeck & Ruprecht.

Ellerbrock, J. (1985). Adamskomplex. Alfred Adlers Psychologie als Interpretament des christlicher Überlieferung, Frankfurt: Peter Lang.

Ellis, A. (1980). Psychotherapy and atheistic values: A response to Bergin. *Journal of Consulting and Clinical Psychology*, 48, 635–639.

Ellison, C. G. (1991). Religious involvement and subjective well-being. *Journal of Health and Social Behaviour*, 32, 80–99.

Elsässer, S. (2002). Die Wilberdebatte – Sparring oder Schattenboxen? *Transpersonale Psychologie und Psychotherapie*, 8 (2), 95–99.

Emmons, R. A. (2000). Is spirituality an intelligence? *International Journal for the Psychology of Religion*, 10, 3–16.

Emmons, R. A., Paloutzian, R. F. (2003). The Psychology of Religion. *Annual Review of Psychology*, 54, 377–402.

Enright, R.D. (2001). Forgiveness is a choice. Washington: APA Books.

Enright, R.D. & C. T. Coyle (1998). Researching the Process Model of Forgiveness Within Psychological Interventions. In E. L. Worthington (Ed.). Dimensions of Forgiveness. Philadelphia: Templeton Foundation Press, 139–162.

Enright, R. D., Exline, R. P. (2000). Helping Clients Forgive: An Empirical Guide for Resolving Anger and Restoring Hope. Washington: APA Books.

Ernst, H. (2003). Macht der Glaube gesund? *Psychologie heute Compact,* 8, 69.

Eschmann, H. (2000). Theologie der Seelsorge. Neukirchen: Neukirchener Verlagshaus.

Exline, J. J. (2003). Anger Toward God: A Brief Overview of Existing Research. *Psychology of Religion Newsletter*, 29 (1), 1–8.

Fahrenberg, J. (2004). Annahmen über den Menschen. Menschenbilder aus psychologischer, biologischer, religiöser und interkultureller Sicht. Heidelberg: Asanger.

Fechner, G. T. (1863). Die drei Motive und Gründe des Glaubens. Leipzig: Breitkopf & Härtel.

Ferguson, M. (1982). Die sanfte Verschwörung. Persönliche und gesellschaftliche Transformation im Zeitalter des Wassermanns. Basel: Sphinx.

Fetz, R. L., Reich, K. H., Valentin, P. (2001). Weltbildentwicklung und Schöpferverständnis. Stuttgart: Kohlhammer.

Flammer, A. (1994). Mit Risiko und Ungewißheit leben. Zur psychologischen Funktionalität der Religiosität in der Entwicklung. In G. Klosinski (Hg.). *Religion als Chance oder Risiko*. Bern: Huber, 20–34.

Folkman, S. (1997). Positive psychological states and and coping with servere stress. *Sociale Science and Medicine*, 45, 1207–1221.

Fontana, D. (2003). Psychology, Religion, and Spirituality. Leicester: Blackwell.

Forman, R. C. (1998). The Innate Capacity: Mysticism, Psychology, and Philosophy. Albany: Suny Press.

Foster, R. (1999). Gottes Herz steht allen offen. Über das Gebet. Brunnen: Giessen.

Fowler, J. (1991). Stufen des Glaubens. Die Psychologie der menschlichen Entwicklung und die Suche nach Sinn. Gütersloh: Gütersloher Verlagshaus.Gütersloh (amerik. Original 1981).

Fraas, H.-J. (1990). Die Religiosität des Menschen. Ein Grundriß der Religionspsychologie. Göttingen: UTB Vandenhoeck.

Fraas, H.-J. (2000). Anthropologie als Basis des Diskurses zwischen Theologie und Psychologie. In C. Henning & E. Nestler (Hg.), Religionspsychologie heute. Frankfurt: Lang, 105–122.

Frank, J., (1981). Die Heiler. Wirkungsweisen psychotherapeutischer Beeinflussung. Vom Schamanismus bis zu den modernen Therapien. Stuttgart: Klett-Cotta (amerik. Originalausgabe 1961).

Frankl, V. E. (1984). Der leidende Mensch. Anthropologische Grundlagen der Psychotherapie. Bern: Huber.

Frankl, V. (1992). Der Wille zum Sinn. Einführung in die Logotherapie und Existenzanalyse. Wien: Deuticke.

Freud, S. (1927/1974). Die Zukunft einer Illusion. Gesammelte Werke, Bd. 14. Frankfurt: Fischer.

Freud, S. (1956). Totem und Tabu. Frankfurt: Fischer.

Freud, S. (1961). Das Unbehagen in der Kultur. Gesammelte Werke, Bd. 14. Frankfurt: Fischer, 419–506.

Freud, S. (1968). Vorlesungen zur Einführung in die Psychoanalyse. Gesammelte Werke, Bd. 11. Frankfurt: Fischer.

Frey, C. (1977). Arbeitsbuch Anthropologie. Christliche Lehre vom Menschen und humanwissenschaftliche Forschung. Stuttgart: Kreuz.

Frielingsdorf, K. (1999). Der wahre Gott ist anders. Von krankmachenden zu heilenden Gottesbildern. Mainz: Grünewald.

Fuchs, B. (2000). Religiosität und psychische Gesundheit im Alter. In P. Bäurle, H. Radebold, R. D. Hirsch et al. (Hg.). Klinische Psychotherapie mit älteren Menschen. Bern: Huber, 234–243.

Fuchs, B., Kobler-Fumasoli, N. (Hg.). (2002). Hilft der Glaube? Heilung auf dem Schnittpunkt zwischen Theologie und Medizin. Münster: Lit-Verlag.

Funke, D. (1986). Der halbierte Gott. Düsseldorf: Patmos.

Funke, D. (2000). Das Schulddilemma. Wege zu einem versöhnten Leben. Göttingen: Vandenhoeck & Ruprecht.

Gabriel, K. (1994). Christentum zwischen Tradition und Postmoderne. Freiburg: Herder.

Gabriel, K. (2000). Neue Nüchternheit. Wo steht die Religionssoziologie in Deutschland? *Herder Korrespondenz*, 54 (11), 581–586.

Galton, F. (1872). Statistical Inquiries into the Efficacy of Prayer. *Fortnightly Review*, 12, 125–135 (Wiederabdruck in ders. (1883). Inquiries into Human Faculty and its Development. London: Macmillan).

Galuska, J. (1999). Die transpersonale Dimension der Psychotherapie. In L. Riedel (Hg.), Sinn und Unsinn der Psychotherapie. Rheinfelden: Perspectiva, 41–60.

Galuska, J. (2003). Der weite Raum hinter den Dingen. *Connection*, 2, 20–28.

Galuska, J. (Hg.). (2003). Den Horizont erweitern. Die transpersonale Dimension der Psychotherapie. Berlin: Ulrich-Leutner-Verlag.

Galuska (2003a). Grundprinzipien einer transpersonal orientierten Psychotherapie. In ders. (Hg.). Den Horizont erweitern. Berlin: Ulrich-Leutner-Verlag, 38–62.

Gay, P. (1987). Ein gottloser Jude. Die Biographie Sigmund Freuds. Frankfurt: Fischer.

Gebhardt, M. (2002). Sünde, Seele, Sex. Das Jahrhundert der Psychologie. Stuttgart. DVA.

Genia, V. (1997). Religious issues in secularly based psychotherapy. *Counseling and Values*, 44, 213–221.

George, L. K., Larson, D. B., Koenig, H. G., McCullough, M. E. (2000). Spirituality and health: What we Know, what we need to know. *Journal of Social and Clinical Psychology,* 19, 102–116.

Geyer, C. (Hg.). (2004). Hirnforschung und Menschenbild. Frankfurt: Suhrkamp.

Gierer, A. (1998). Im Spiegel der Natur erkennen wir uns selbst. Wissenschaft und Menschenbild. Reinbek: Rowohlt.

Gins, K. (1992). Experimentell-meditative Versenkung in Analogie zur klassisch christlichen Mystik. Eine religionspsychologische Untersuchung auf introspektiver Grundlage. Frankfurt: P. Lang.

Girgensohn, K. (1921). Der seelische Aufbau des religiösen Erlebens. Eine religionspsychologische Untersuchung auf experimenteller Grundlage: Leipzig: Hirzel.

Goldner, C. (2000). Die Psychoszene. Aschaffenburg: Alibri.

Goleman, D. (1996). Wege zur Meditation. Innere Stärke durch östliche und westliche Lehren. München: Heyne.

Goleman, D. (Hg.). (1998). Die heilende Kraft der Gefühle. Gespräche mit dem Dalai Lama über Achtsamkeit, Emotion und Gesundheit. München: dtv.

Goleman, D. (2003). Dialog mit dem Dalia Lama. Wie wir destruktive Emotionen überwinden können. München: Hanser.

Gorsuch, R. L. (1988). The Psychology of Religion. *Annual Review of Psychology,* 39, 201–221.

Gosso, M. (2003). Psi-Forschung und transpersonale Psychologie. In S. Grof et al. (Hg.). Wir wissen mehr als unser Gehirn. Freiburg: Herder, 57–90.

Gräb, W. (1997). Deutungsarbeit. Überlegungen zur Theologie einer therapeutischen Seelsorge. *Pastoraltheologie,* 86, 325–340.

Graf, F. W. (2004). Brain me up! Gibt es einen neurobiologischen Gottesbeweis? In C. Geyer (2004). Hirnforschung und Menschenbild. Frankfurt: Suhrkamp, 143–147.

Gramzow, C. (2000). Seelsorge oder Psychotherapie? *Materialdienst der EZW,* 63 (4), 120–122.

Graumann, C. F. (1985). Phänomenologische Analytik und experimentelle Methodik in der Psychologie. In K. Braun, K. Holzkamp (Hg.), Subjektivität als Problem psychologischer Methodik. Frankfurt: Campus, 38–59.

Greschat, H.-J. (1994). Mündliche Religionsforschung. Erfahrungen und Einsichten. Berlin: Reimer.

Groeschel, B. (1983). Spiritual Passages. The Psychology of Spiritual Development. New York: Crossroad.

Grof, S. (1985). Geburt, Tod und Transzendenz. Neue Dimensionen der Psychologie. München: dtv.

Grof, S. (2003). Außergewöhnliche Bewusstseinszustände. In ders. et al., Wir wissen mehr als unser Gehirn. Freiburg: Herder, 7–35.

Grom, B. (1996). Religionspsychologie (2. Aufl.). München: Kösel.

Grom, B. (2000). Tendenz: leicht steigend. Die deutschsprachige Religionspsychologie der 1990er Jahre. *Stimmen der Zeit,* 125 (11), 787–789.

Grom, B. (2001). Religiosität: Neurose oder Therapie? *Stimmen der Zeit,* 126 (1), 30–42.

Grom, B. (2003). Der Faktor »Religion« in der Gesundheitsforschung und –förderung. *Stimmen der Zeit,* 128 (2), 131–134.

Gross, P. (1991). Die Multioptionsgesellschaft. Frankfurt: Suhrkamp.

Gross, P. (1999). Ich-Jagd. Im Unabhängigkeitsjahrhundert. Frankfurt: Suhrkamp.

Gross, W. (Hg.) (1996). Gefahren auf dem Psychomarkt. Bonn: Berufsverband Deutscher Psychologen.

Grosse-Holtforth, M. (2001). Was möchten Patienten in ihrer Therapie erreichen? *Verhaltenstherapie & Psychosoziale Praxis,* 34, 241–258.

Gruehn, W. (1960). Die Frömmigkeit der Gegenwart. Grundtatsachen der empirischen Psychologie (2. Aufl.). Konstanz: Bahn.

Guardini, R. (1958). Die Sinne und die religiöse Erkenntnis. Würzburg: Echter.

Gundlach, H. (2004). Psychologie. In H. Lehmann (Hg.). Glaubenswelt und Lebenswelten (Geschichte des Pietismus, Bd. 4). Göttingen: Vandenhoeck & Ruprecht, 309–331.

Haas, A. (1992). Typologie der Mystik. In L. Honnefelder, W. Schüssler (Hg.), Transzendenz. Zu einem Grundwort der klassischen Methaphysik. Paderborn: Schöningh, 279–295.

Haas, A. (1996). Mystik als Aussage. Erfahrungs- Denk- und Redeformen christlicher Mystik. Frankfurt: Suhrkamp.

Hamer, D. (2004). The God Gene. How Faith is Hardwired into our Genes. New York: Doubleday.

Hänle, J. (1997). Heilende Verkündigung? Kerygmatische Herausforderungen im Dialog mit Ansätzen der Humanistischen Psychologie. Ostfildern: Schwabenverlag.

Hagel, J, Tschapke, M. (2005). Der Local Event Detector (LED). Eine neue experimentelle Anordnung zum Nachweis von Korrelationseffekten lokaler emotional geladener Zustände. *Zeitschrift für Anomalistik*, 5, 31–70.

Halbfas, H. (1976). Religion. Stuttgart: Calwer.

Hall, T. W., Edwards, J. (2002). The Spiritual Assessment Inventory: A theistic model and measure for assessing spiritual development. *Journal for the Scientific Study of Religion*, 41, 341–357.

Hall, T. W. (2003). Relational Spirituality: Implications of the Convergence of Attachment Theory and Emotional Information Processing. *Psychology of Religion Newsletter*, 28, 1–12.

Hampden-Turner, C. (1996). Modelle des Menschen. Ein Handbuch des menschlichen Bewusstseins. Weinheim. Beltz.

Hanegraaff. W. (1996). New Age Religion and Western Culture. Esotericism in the Mirror of Secular Thought. Leiden: Brill.

Hänle, J., Jochheim, M. (1998). Abschied von den Eltern? Warum es sich immer noch lohnt, PastoralpsychologIn zu sein. *Weg zum Menschen* 50, 54–70.

Harris, W.S., Gowda, M., Kolb, J.W. et al. (1999). A randomized, controlled trial of the effects of remote, intercessory prayer on outcome in patients admittes to the coronary care unit. *Archives of Internal Medicine*, 159, 2273–2278.

Hauenstein, H. U. (2002). Auf den Spuren des Gebets. Methoden und Ergebnisse der empirischen Gebetsforschung. Heidelberg: Asanger.

Hauschild, E. (2000). Zur Seelsorge zwischen Spezialisierung und Globalisierung. In C. Schneider-Happrecht (Hg.), Zukunftsperspektiven für Seelsorge und Beratung, Neukirchen-Vluyn: Neukirchener Verlagshaus, 12–18.

Hauschildt, E. (2000a) Seelsorgelehre. Theologische Realenzyklopädie, Bd. 31. Berlin: Springer, 54–74.

Hay, D., Reich, H., & Utsch, M. (2005). Religious Development: Intersections and Divergence with Spiritual Development. In P.L. Benson, C. Roehlkepartain et al. (Ed.). The Handbook of Spiritual Development in Childhood and Adolescence. Thousand Oaks: Sage Publications (im Druck).

Heidenreich, T. & Michalak, J. (2003). Achtsamkeit (»Mindfulness«) als Therapieprinzip in Verhaltenstherapie und Verhaltensmedizin. *Verhaltenstherapie*, 13, 264–274.

Heiler, F. (1923). Das Gebet. Eine religionsgeschichtliche und religionspsychologische Untersuchung. München, Reinhardt.

Heiler, F. (1979). Erscheinungsformen und Wesen der Religion. Stuttgart: Klett.

Heimbrock, H.-G. (1998). Religionspsychologie II: Praktisch-theologisch. Theologische Realenzyklopädie, Bd. 29. Berlin: de Gruyter, 7–19.

Heine, S. (2005). Grundlagen der Religionspsychologie. Göttingen: Vandenhoeck & Ruprecht.

Helg, F. (2000). Psychotherapie und Spiritualität. Östliche und westliche Wege zum Selbst. Düsseldorf: Walter.

Hell, D. (2003). Seelenhunger. Der fühlende Mensch und die Wissenschaften vom Leben. Bern: Huber.

Hellmeister, G., Fach, W. (1998). Anbieter und Verbraucher auf dem Psychomarkt: Eine empirische Analyse. In Dt. Bundestag (Hg.). Neue religiöse und ideologische Gemeinschaften und Psychogruppen. Hamm: Hoheneck, 356–401.

Helminiak, D. (1996). The human core of spirituality. Mind as psyche and spirit. Albany: The State University of New York Press.

Helminiak, D. (1987). Spiritual development. An interdisciplinary study. Chicago: Loylola University Press.

Hemminger, H. (1982). Kindheit als Schicksal. Reinbek: Rowohlt.

Hemminger, H., Becker, V. (1985). Wenn Therapien schaden. Reinbek: Rowohlt.

Hemminger, H. (1993). Religiöses Erlebnis – religiöse Erfahrung – religiöse Wahrheit. Überlegungen zur charismatischen Bewegung, zum Fundamentalismus und zur New Age-Religiosität. EZW-Texte, Impulse Nr. 36, Stuttgart 1993.

Hemminger, H., Keden, J. (1997). Seele aus zweiter Hand. Stuttgart: Quell.

Hemminger, H. (2003). Grundwissen Religionspsychologie. Eine Einführung für Studium und Praxis. Freiburg: Herder.

Hempelmann, R. u. a. (Hg.) (2001). Panorama der neuen Religiosität. Sinnsuche und Heilsversprechen zu Beginn des 21. Jahrhunderts. Gütersloh: Gütersloher Verlagshaus.

Henning, C., Murken, S., Nestler, E. (Hg.). (2003). Einführung in die Religionspsychologie. Paderborn: Schöningh.

Henning, C. (2004). 100 Jahre Religionspsychologie im deutschsprachigen Raum. In C. Zwingmann & H. Moosbrugger (Hg.) Religiosität: Messverfahren und Studien zu Gesundheit und Lebensbewältigung. Münster: Waxmann, 23–40.

Henseler, H. (1995). Religion – Illusion? Eine psychoanalytische Deutung. Göttingen: Steidl.

Herbst, M. (1999). Seelsorge und Psychotherapie. *Seelsorge* 2 (1), 4–11.

Hergovich, A. (2001). Der Glaube an Psi. Die Psychologie paranormaler Überzeugungen. Bern: Huber.

Hertzsch, K. P. (2003). Wie mein Leben wieder hell werden kann. Eine Einladung zur Beichte in der evangelisch-lutherischen Kirche. Hannover: VELKD.

Hickson, J., Housley, W., Wages, D. (2000). Counselors' Perception of Spirituality in the Therapeutic Process. *Counseling and Values*, 45, 58–66.

Hill, P. C. & Hood, R. W. (1999). Measures of religiosity. Birmingham: Religious Education Press.

Hill, P., Pargament, K. (2003). Advances in the Conceptualisation and Measurement of Religion and Spirituality. *American Psychologist*, 58, 64–74.

Hoenkamp-Bischops, A. (2000). Spiritual Direction, Pastoral Counseling and the Relationship between Psychology and Spirituality. *Archiv für Religionspsychologie*, 23, 253–264.

Höfer, R. (1997). Die Hiobsbotschaft C. G. Jungs. Folgen sexuellen Missbrauchs. Rotenburg: Kaskade.

Höhn, H.-J. (1998). Zerstreuungen. Religion zwischen Sinnsuche und Erlebnismarkt. Düsseldorf: Patmos.

Hoffmann, D. (1982). Der Weg zur Reife. Eine religionspsychologische Untersuchung der religiösen Entwicklung Gerhard Tersteegens. Lund: Studentlitteratur.

Holm, N. (1998). Historische Einführung. In C. Henning & E. Nestler (Hg.), Religion und Religiosität zwischen Theologie und Psychologie. Frakfurt: Lang, 117–130.

Holm, G. (1990). Einführung in die Religionspsychologie, 60–66 (schwedisches Original 1988). München: Reinhardt (vergriffen, im Internet abrufbar unter http://www.reinhardt-verlag.de/pdf/holm-religion.pdf).

Holtel, M. (2003). Christliches Profil als Chance. *Deutsches Ärzteblatt,* 100:A (41), 2635–2637.

Hood, R. (1986). Mysticism in the Psychology of Religion. *Journal for Psychology and Christianity*, 5 (2), 36–49.

Hood, R. (Hg.) (1995). Handbook of Religious Experience. Birmingham (Al): Religious Education Press.

Hood, R. (2002). Mysticism. (International Series in the Psychology of Religion, 13). Amsterdam: Rodopi.

Hood, R., et al. (1996). The Psychology of Religion: An Empirical Approach (2. Aufl.). New York: Guilford.

Hood, R. W., Spilka. B., Hunsberger, B. Gorsuch, R. (Eds.). (2003). The Psychology of Religion. An Empirical Approach (3. Aufl.). New York: Guilford.

Horgan, J. (1997). An den Grenzen des Wissens: Siegeszug und Dilemma der Naturwissenschaften. München: Luchterhand.

Horgan, J. (2000). Der menschliche Geist. Wie die Wissenschaften versuchen, die Psyche zu verstehen. München. Luchterhand.

Horn, K. P. (1997). Die Erleuchtungsfalle. Vom Sinn und Unsinn spiritueller Suche. Niedertaufkirchen: connection.

Huber, S. (2003). Zentralität und Inhalt. Ein neues multidimensionales Messemodell der Religiosität. Opladen: Leske & Budrich.

Hubble, M. A., Duncan, B. L., Miller, S. C. (Hg.). (2001). So wirkt Psychotherapie. Dortmund: Verlag Modernes Lernen (Originalausgabe Washington 1999).

Hüfner, M. (2004). Das Gemeinschaftsgefühl und die Paradoxität der Macht. Individualpsychologische Impulse für kirchliche Handlungsfelder. Münster: Lit-Verlag.

Hummer, R., Rogers, R., et al. (1999). Religious Involvement and U. S. Adult Mortality. *Demography*, 36 (2), 273–285.

Hundt, U. (2003). Psychotherapie und Spiritualität. Eine qualitative Studie über die Integration spiritueller Konzepte und Methoden in die psychotherapeutische Arbeitsweise. *Journal für Psychologie*, 11 (4), 368–386.

Huth, W. (1988). Glaube, Ideologie, Wahn. Das Ich zwischen Realität und Illusion. Frankfurt: Ullstein.

Hutterer, R. (1998). Das Paradigma der Humanistischen Psychologie. Berlin: Springer.

Huxel, K. (2000). Die empirische Psychologie des Glaubens. Historische und systematische Studien zu den Pionieren der Religionspsychologie. Stuttgart: Kohlhammer.

Illies, F. (2001). Generation Golf. Eine Inspektion. Frankfurt: Fischer: Fischer.

Ingersoll, R.E. (1994). Spirituality, Religion, and Counseling: Dimensions and Relationships. *Counseling and Values*, 38, 98–111.

Jacobs, C. (2000). Salutogenese. Eine pastoralpsychologische Studie zu seelischer Gesundheit, Ressourcen und Umgang mit Belastung bei Seelsorgern. Würzburg: Echter.

Jaeggi, E. (1998). Zu heilen die zerstossnen Herzen. Die Hauptrichtungen der Psychotherapie und ihre Menschenbilder. Frankfurt: Fischer.

Jaeggi, E. (2001). Und wer therapiert die Therapeuten? Frankfurt: Fischer.

Jaeggi, E., Möller, H., Hegener, W. (1998). Zu diesem Heft (Religion, Spiritualität und Psychokulte). *Journal für Psychologie*, 6 (4), 2–4.

Jaeggi, E., Rohner, R., Wiedemann, P. (1989). Gibt es auch Wahnsinn, so hat es doch Methoden. Eine Einführung in die Klinische Psychologie aus sozialwissenschaftlicher Sicht. München: Piper.

Jahn, R. G., Dunne, B. J. (1999). An den Rändern des Realen. Über die Rolle des Bewusstseins in der physikalischen Welt. Frankfurt: Zweitausendeins.

Jahrsetz, I. (1999). Holotropes Atmen. Psychotherapie und Spiritualität. Stuttgart: Pfeiffer bei Klett-Cotta.

James, W. (1997). Die Vielfalt religiöser Erfahrung. Eine Studie über die menschliche Natur. Frankfurt: Insel (amerik. Originalausgabe 1902).

Jenkins, P. (2003). Die zweite Reformation. Die Welt erlebt eine Umwälzung, die am Westen vorbei geht. *Rheinischer Merkur*, 10, vom 06.03.

Jilesen, M. (2003), Gott erfahren – wie geht das? Psychologie und Praxis der Gottesbegegnung. Freiburg: Herder.

Joas, H. (2004). Braucht der Mensch Religion? Über Erfahrungen der Selbsttranszendenz. Freiburg: Herder.

Jochheim, M. (1998). Seelsorge und Psychotherapie. Historisch-systematische Studien zur Lehre von der Seelsorge bei Oskar Pfister, Eduard Thurneysen und Walter Uhsadel. Bochum: Winkler.

Johnson, B. E. L., Jones, S. L. (2000). Psychology and Christianity: Four Views. Downers Grove: InterVarsity Press.

Johnson, E. J., Sandage, S. J. (1999). A Postmodern Reconstruction of Psychotherapy: Orientieering, Religion, and the Healing of the Soul. *Psychotherapy, 36* (1), 1–15.

Jones, S. L. (1994). A Constructive Relationship for Religion With the Science and Profession of Psychology. *American Psychologist, 49* (3), 184–199.

Josuttis, M. (2000). Segenskräfte. Potentiale einer energetischen Seelsorge. Gütersloh: Gütersloher Verlagshaus.

Josuttis, M. (2002). Religion als Handwerk. Zur Handlungslogik spiritueller Methoden. Gütersloh: Gütersloher Verlagshaus.

Josuttis, M. (2002). Spiritualität in wissenschaftlicher Sicht. *Verkündigung und Forschung, 47* (1), 70–89.

Jüttemann, G. (1992). Psyche und Subjekt. Für eine Psychologie jenseits von Dogma und Mythos. Reinbek: Rowohlt.

Jung, C. G. (1963). Psychologie und Religion (Gesammelte Werke, Bd. 11). Olten: Walter.

Jung, C. G. (1973). Die Beziehung zwischen dem Ich und dem Unbewussten. Olten: Walter.

Kabat-Zinn, J. (1995). Gesund durch Meditation. Das große Buch der Selbstheilung. München: Barth (amerik. Original 1990).

Kabat-Zinn, J. (2003). Mindfulness-Based Interventions in Context: Past, Present, and Future. *Clinical Psychology: Science and Practice, 10* (2), 144–156.

Kagan, J. (2000). Die drei Grundirrtümer der Psychologie. Weinheim: Beltz.

Kaiser, H. (1996). Grenzverletzung. Macht und Missbrauch in meiner psychoanalytischen Ausbildung. Düsseldorf: Walter.

Kaiser, P. (2001). Arzt und Guru: Die Suche nach dem richtigen Therapeuten in der Postmoderne. Marburg: Diagonal.

Kamphuis, A. (2004). Felder ohne Früchte. Rupert Sheldrakes Hypothese der formbildenden Verursachung. *Skeptiker, 17,* 96–102.

Karasu. T. B. (1999). Spiritual Psychotherapy, *American Journal of Psychotherapy, 53* (2), 143–162.

Karle, I. (1999). Was ist Seelsorge? In: U. Pohl-Patalong, F. Muchlinsky (Hrsg.), Seelsorge im Plural. Hamburg: Profil, 41–56.

Karle, I. (1999a). Seelsorge in der modernen Gesellschaft, *Evangelische Theologie, 59,* 216–223.

Kast, V. (1999). Die Jungsche Psychologie als Herausforderung für Psychologie und Religion. In P. Rusterholz & R. Moser (Hg.), Bewältigung und Verdrängung spiritueller Krisen. Bern: Peter Lang, 181–204.

Kast, V. (2000). Die Transzendenz der Psyche. In H. Egner (Hg.), Psyche und Transzendenz im gesellschaftlichen Spannungsfeld heute. Düsseldorf: Patmos, 33–55.

Katz, D. (Hg.). (1978). Mysticism and Philosophical Analysis. New York: Oxford University Press.

Keckes, R. & Wolf, C (1993). Zur Bedeutung christlicher Religiosität in personalen Beziehungen. Opladen: Leske & Budrich.

Kegan, R. (1986). Die Entwicklungsstufen des Selbst. München: tuduv.

Keilbach, W. (1973). Religiöses Erleben. Erhellungsversuche in Religionspsychologie, Parapsychologie und Psychopharmakologie. Paderborn: Schöningh.

Keintzel, R. (1991). C. G. Jung. Retter der Religion? Auseinandersetzung mit Werk und Wirkung. Mainz: Grünewald.

Kelly, E. W. (1990). Counselor responsiveness to client religiousness. *Counseling and Values*, 35, 69–72.

Kendler, K. S., et al. (2003). Dimensions of religiosity and their relationship to lifetime psychiatric and substance use disorders. *American Journal of Psychiatry*, 160 (3), 496–503.

Kick, H. A. (Hg.). (2002). Ethisches Handeln in den Grenzbereichen von Medizin und Psychologie. Münster: Lit-Verlag.

Kirkpatrick, L. A. (1999). Toward an evolutionary psychology of religion and personality. *Journal of Personality*, 67 (6), 921–952.

Kirsch, A. (2001). Trauma und Wirklichkeit. Wiederauftauchende Erinnerungen aus psychotherapeutischer Sicht. Stuttgart: Kohlhammer.

Klein, S. (1994). Theologie und empirische Biographieforschung. Stuttgart: Kohlhammer.

Klein, M. (2003). Gibt es die Generation Golf? Eine empirische Inspektion. *Kölner Zeitschrift für Soziologie und Sozialpsychologie*, 55 (1), 99–115.

Klessmann, M. (2001). Seelsorge zwischen Energetik und Hermeneutik. Ein Literaturbericht. *Pastoraltheologie*, 90, 39–54.

Klessmann, M. (2004). Pastoralpsychologie. Ein Lehrbuch. Neukirchen: Neukirchener Verlag.

Klosinski, G. (Hg.). (1994). Religion als Chance oder Risiko. Entwicklungsfördernde und entwicklungshemmende Aspekte religiöser Erziehung. Bern: Huber.

Klosinski, G. (1996). Psychokulte. Was Sekten für Jugendliche so attraktiv macht. München: Beck.

Knoblauch, H. (1999). Religionssoziologie. Berlin: de Gruyter.

Knoblauch, H. (2003). Qualitative Religionsforschung. Religionsethnographie in der eigenen Gesellschaft. Paderborn: Schöningh.

Knippenberg, T. van (2002). Towards Religious Identity. An Exercise in Spiritual Guidance. (Studies in Theology and Religion, 4). Assen: Royal von Gorcum.

Koenig, H. G., Hays, J.C., George, L.K. & Blazer, D.G., Larson, D.B. (1997). Modeling the cross-sectional relationship between religion, physical health, social support, and depressive symptoms. *American Journal of Geriatric Psychiatry*, 5, 131–144.

Koenig, H. G. (Ed.) (1998). Handbook of Religion and Mental Health. New York: Academic Press.

Koenig, H. G. (1999). The Healing Power of Faith. Science Explores Medicine's Last Great Frontier. New York.

Koenig, H. G., McCullough, M. E., Larson, D. B. (Hg.). (2001). Handbook of Religion and Health. New York: Oxford University Press.

Koenig, H. G. (2002). Spirituality in patient care. Why, how, when, and what. Radnor: Templeton Foundation Press.

Köthke, W., Rückert, H. W., Sinram, J. (1999). Psychotherapie? Psychoszene auf dem Prüfstand. Göttingen: Hogrefe.

Kramer, P. (1995). Glück auf Rezept? München: Piper.

Kremer, R. (2001). Religiosität und Schlaganfall. Bewältigen religiöse Menschen anders? Frankfurt: P. Lang.

Küng, H. (1987). Freud und die Zukunft der Illusion. München: Piper.

Küenzlen, G. (1994). Der Neue Mensch. Zur säkularen Religionsgeschichte der Moderne. Tübingen: Mohr.

Küenzlen, G. (1999). Religion und Kultur in Europa. Einige Anmerkungen zu ihrem gegenwärtigen Verhältnis. *Materialdienst der EZW*, 62 (4), 98–116.

Kutter, P., Páramo-Ortega, R., Müller, T. (Hg.). (1988). Weltanschauung und Menschenbild. Einflüsse auf die psychoanalytische Praxis. Göttingen. Vandenhoeck & Ruprecht.

Läpple, V., Scharfenberg, J. (Hg.) (1977). Psychotherapie und Seelsorge. Darmstadt: Wissenschaftliche Buchgesellschaft.

Lambeck, M. (2003). Irrt die Physik? Über alternative Medizin und Esoterik. München: Beck.

Langer, S. (1984). Philosophie auf neuen Wegen. Das Symbol im Denken, im Ritus und in der Kunst. Frankfurt: Fischer.

Larimore, W. L., Parker, M., Crowther, M. (2002). Should Clinicians Incorporate Positive Spirituality Into Their Practices? What Does the Evicence Say? *Annals of Behavioral Medicine*, 24 (1), 69–73.

Larson, D. B., Larson, S. S. (2003). Spirituality's potential relevance to physical and emotional health: a brief review of the qualitative research. *Journal of Psychology and Theology*, 31, 37–51.

Laszlo, E. (1998). Systemtheorie als Weltanschauung. Eine ganzheitliche Vision für unsere Zeit. München: Diederichs.

Lehr, U. (Hg.) (1992). Altern in unserer Zeit. Heidelberg: Quelle & Meyer.

Leibovici, L. (2001). Effects of remote, retroactive intercessory prayer on outcomes in patients with bloodstream infection: randomized controlled trial. *British Medical Journal*, 323, 1450–1451.

Lell, M. (1997). Das Forum. Protokoll einer Gehirnwäsche. Der Psycho-Konzern Landmark-Education. München: dtv.

Lersch, P. (1943). Seele und Welt. Zur Frage nach der Eigenart des Seelischen. Leipzig: Hirzel.

Lewis, C. S. (1982). Über den Schmerz. Gießen: Brunnen.

Linke, D. B. (2003). Religion als Risiko. Geist, Glaube und Gehirn. Reinbek: Rowohlt.

Loewenthal, K. N. (2000). The Psychology of Religion: A Short Introduction. Oxford: Oneworld/Penguin.

Lohaus, A., Schmitt, G. M. (1989). Fragebogen zur Erhebung von Kontrollüberzeugungen zu Krankheit und Gesundheit. Göttingen: Hogrefe.

Lommel, P. van, Wees, R. van, Meyers, V., Elfferich, I. (2001). Near-death experience in survivors of cardiac arrest: a prospective study in the Netherlands. *The Lancet*, 358, 2039–2045.

Lonergan, B. (1991). Methode in der Theologie. Leipzig: Benno (engl. Original 1971).

Lorenzer, A. (1970). Kritik des psychoanalytischen Symbolbegriffs. Frankfurt: Fischer.

Lorenzer A. (1981). Das Konzil der Buchhalter. Die Zerstörung der Sinnlichkeit. Eine Religionskritik. Frankfurt: Europäische Verlagsanstalt.

Lovinger, R. J. (1996). Considering the religious dimension in assessment and treatment. In E. A. Shafranske (Ed.), Religion and the clinical practice of psychology. Washington: APA, 327–364.

Lucadou, W. von (1997). Psi-Phänomene. Neue Ergebnisse der Psychokinese-Forschung. Frankfurt: Insel.

Lucadou, W. von (2003). Wie verschwindet Psi? Eine Erwidrung auf Guiards »Bemerkungen zum Modell der Pragmatischen Information«. *Zeitschrift für Anomalistik*, 3, 138–142.

Luckmann, T. (1991). Die unsichtbare Religion. Frankfurt a. M. (amerik. Original 1967)

Luckmann, T. (1996). Religion – Gesellschaft – Transzendenz. In H.-J. Höhn (Hg.), Krise der Immanenz,. Frankfurt: Fischer, 112–127.

Luckmann, T. (Hg.). (1998). Moral im Alltag. Bielefeld: Bertelsmann.

Ludewig, H. (1986). Gebet und Gotteserfahrung bei Gerhard Tersteegen. Göttingen: Vandenhoeck & Ruprecht.

Ludwig, M., Plaum, E. (1998) Glaubensüberzeugungen bei Psychotherapeuten. *Zeitschrift für Klinische Psychologie, Psychiatrie und Psychotherapie*, 46 (1), 58–83.

Lüke, U. (2004). Zur Freiheit determiniert – zur Determination befreit? *Stimmen der Zeit*, 129 (9), 620–622.

Lüke, U., Schnakenberg, J., Souvignier, G. (Hg.). (2004). Darwin und Gott. Das Verhältnis von Evolution und Religion. Darmstadt: Wissenschaftliche Buchgesellschaft.

Lütz, M. (2002). Lebenslust. Wider die Diät-Sadisten, den Gesundheitswahn und den Fitness-Kult. München: Pattloch.

Luhmann, N. (1977). Die Funktion der Religion. Frankfurt: Suhrkamp.

Lüssi, P. (1979). Atheismus und Neurose. Das Phänomen Glaubenslosigkeit > Neurose. Göttingen: Vandenhoeck & Ruprecht.

Luskin, F. (2003). Die Kunst zu verzeihen. So werfen Sie Ballast von der Seele. Landsberg: mvg-Verlag (amerik. Original 2002).

Luther, M. (1983). Kleiner Katechismus mit Erklärung. Hamburg: Korinth.

Macho, T. (2002). Die Faszination des dreizehnten Apostels. Warum die Ausrufung einer Wiederkehr des Religiösen in der postsäkularen Gesellschaft mit Skepsis zu betrachten ist. *Literaten*, 11, 12–19.

Madert, K. (2003). Trauma und Spiritualität. *Transpersonale Psychologie und Psychotherapie*, 9 (1), 16–29.

Märtens, M., Petzold, H. (Hg.). (2002). Therapieschäden. Risiken und Nebenwirkungen von Psychotherapie. Mainz: Grünewald.

Mager, A. (1945). Mystik als seelische Wirklichkeit. Eine Psychologie der Mystik. Graz: Styria.

Majumdar, M. (2000). Meditation und Gesundheit. Eine Beobachtungsstudie. Essen: KVC-Verlag.

Malony, H. N. (Hg.) (1977). Current Perspectives in the Psychology of Religion. Grand Rapids: Baker.

Malkwitz, L. (2003). «Ich möchte an Sie glauben können!« Das Phänomen ›Religiosität‹ in der psychoanalytischen Praxis. *Forum der Psychoanalyse*, 19, 343–361.

Martin, J. (Hg.). (1996). Psychomanie. Des Deutschen Seelenlage. Leipzig: Insel.

Marxer, F. (2003). Die mystische Erfahrung. Würzburg: Echter.

Maslow, A. (1985). Psychologie des Seins. Frankfurt: dtv.

Matthews, D. A. (2000). Glaube macht gesund. Spiritualität und Medizin. Freiburg: Herder (amerik. Original 1997).

Mattiesen, E. (1987). Der Jenseitige Mensch. Eine Einführung in die Metapsychologie der mystischen Erfahrung. Berlin: de Gruyter (Erstausgabe 1914).

Maugans, T. A. (1996). The SPIRITual history. *Archives of Family Medicine*, 5, 11–16.

Maurer, Y. (1999). Der ganzheitliche Ansatz in der Psychotherapie. Berlin: Springer.

May, G. (1992). Sehnsucht, Sucht und Gnade. München: Claudius.

McCullough, M. E. (1999). Research on Religion-Accommodative Counseling: Review and Meta-Analysis. *Journal of Consulting Psychology*, 46 (1), 92–98.

McCullough, M. E., Emmons, R. A. & Tsang, J. (2002). The grateful disposition. *Journal of Personality and Social Psychology*, 82, 112–127.

McCullough, M. E., Hoyt, Larson, Koenig, Thorensen (2000). Religious involvement and mortality: A meta-analytic review. *Health Psychology*, 19, 211–222.

McCullough, M. E., Larson, D.B. (1999). Prayer. In W. R. Miller (Hg.). Incorporating Spirituality in Counseling and Psychotherapy. Washington: APA, 85–110.

McCullough, M. E., Pargament, K. & Thorensen, C. E. (eds.). (2000). Forgiveness: Theory, Practice, and Research. New York: Guilford.

McCullough, M. E. & Snyder, C. R. (2000). Classical sources of human strength. *Journal of Social and Clinical Psychology*, 19, 1–10.

McDargh, J. (1994). Group Psychotherapy as Spiritual Discipline. *Journal of Psychology and Theology*, 22, 290–299.

McGinn, B. (1994). Die Mystik im Abendland. Band 1: Ursprünge. Freiburg: Herder.

McGinn, D. (2001). Wie kommt der Geist in die Materie? Das Rätsel des Bewusstseins. München: Beck.

McNamara, W. (1978). Die mystische Tradition des Christentums und die Psychologie. In C. Tart (Hg.). Transpersonale Psychologie. Olten: Walter, 487–540.

McNamara, W. (2001). Das I'M'Perium. *Was ist Erleuchtung?* 5, 37–41 (http://www.wie.org/de/j5/mcnam.asp?page=1)

Meerwein, F. (1979). Psychoanalytische Schriften (nach Freud) zur religiösen Thematik. In G. Condrau (Hg.), Transzendenz, Imagination und Kreativität (Die Psychologie des 20. Jahrhunderts, Bd. 15. Zürich: Kindler, 167–183.

Mehnert, A., Rieß, S., Koch, U. (2003). Die Rolle religiöser Glaubensüberzeugungen bei der Krankheitsbewältigung maligner Melanome. *Verhaltenstherapie und Verhaltensmedizin*, 24 (2), 147–166.

Mehnert, A., Koch, U. (2001). Religiosität und psychische Befindlichkeit. *Zeitschrift für Medizinische Psychologie*, 10 (4), 171–182.

Meier-Seethaler C. (1997). Gefühl und Urteilskraft. Ein Plädoyer für die emotionale Vernunft. München: Beck.

Mendes-Flohr, P. (1979). Von der Mystik zum Dialog. Martin Bubers geistige Entwicklung bis hin zu ›Ich und Du‹. Königstein.

Meng, W. (1997). Narzißmus und christliche Religion. Selbstliebe – Nächstenliebe – Gottesliebe. Zürich: Theologischer Verlag.

Mensching, G. (1961). Religion. In Die Religion in Geschichte und Gegenwart, 5. Band. Mohr, 961ff. Tübingen.

Mérö, L. (2002). Die Grenzen der Vernunft. Kognition, Intuition und komplexes Denken. Reinbek: Rowohlt.

Metz, J. B. (1992). Glaube in Geschichte und Gesellschaft. Studien zu einer praktischen Fundamentaltheologie. Mainz: Grünewald.

Metz, J. B. (1994). Gotteskrise. Versuch zur geistigen Situation der Zeit. In ders. (Hg.). Diagnosen der Zeit. Düsseldorf: Patmos, 76–92.

Meyer-Blanck, M. (2001). Liturgie und Therapie. *Praktische Theologie* 36 (4), 270–276.

Miller, W. R. (Ed.). (1999). Incorporating Spirituality in Counseling and Psychotherapy. Theory and Technique. Washington: APA.

Miller, W. R. (2003). Spirituality as an Antidote for Addiction. *Spirituality & Health*, October-Issue, 34–38.

Möller, A., Reimann, S. (2003). »Spiritualität« und Befindlichkeit – subjektive Kontingenz als medizinpsychologischer und psychiatrischer Forschungsgegenstand. *Fortschritte der Neurologie – Psychiatrie*, 71, 609–616.

Monroe, M. H. et al. (2003). Primary Care Phisician Preferences Regarding Spiritual Behavior in Medical Practice. *Archives of Internal Medicine*, 163 (22), 2751–2756.

Moosbrugger, H., Zwingmann, C., Frank, D. (Hg.). (1996). Psychologische Aspekte von Religiosität. In dies. (Hg.), Religiosität, Persönlichkeit und Verhalten. Münster: Waxmann, 3–8.

Moosbrugger, H., Zwingmann, C. (Hg.). (2004). Religiosität: Messverfahren und Studien zu Gesundheit und Lebensbewältigung. Münster: Waxmann.

Morgenthaler, C. (2002). Von der Pastoralpsychologie zur empirischen Religionspsychologie? Das Beispiel ›religiöses Coping‹, *Wege zum Menschen*, 54, 287–300.

Morgenthaler, C., Schibler, G. (2002). Religiös-existentielle Beratung. Eine Einführung. Stuttgart: Kohlhammer.

Moser, T. (1976). Gottesvergiftung. Frankfurt: Suhrkamp.

Moser, T. (1999). Von der Gottesvergiftung zum erträglichen Gott. In H. Schmoll (Hg.), Kirche ohne Zukunft? Berlin: Wichern, 13–25.

Moser, T. (2003). Von der Gottesvergiftung zum erträglichen Gott. Psychoanalytische Überlegungen zur Religion. Stuttgart: Kreuz.

Müller, N. (2001). Ungleichgewichtige Beziehung. Psychologen und Geistliche beurteilen ihr Verhältnis zueinander unterschiedlich. *Psychologie Heute*, September, 37.

Müller, W., Grün, A., Nouwen, H. (2001). Sammle deine Kraft. Spirituelle und therapeutische Erfahrungen. Münsterschwarzach: Vier-Türme-Verlag.

Müller-Pozzi, H. (1975). Psychologie des Glaubens. Versuch einer Verhältnisbestimmung zwischen Psychologie und Theologie. München: Kaiser.

Müller-Pozzi, H. (1982). Die Religionspsychologie im zwanzigsten Jahrhundert. In G. Condrau (Hg.). Psychologie der Kultur, Bd. 1: Transzendenz und Religion. Weinheim, 72–80.

Mundhenk, R. (1999). Sein wie Gott. Aspekte des Religiösen im schizophrenen Erleben und Denken. Neumünster: Paranus.

Murken, S. (1998). Gottesbeziehung und seelische Gesundheit. Münster: Waxmann.

Murken, S. (1999). Die John Templeton Foundation. *Materialdienst der EZW*, 62 (12), 313–315.

Murken, S. (2002). Religion und Gesundheit. *Der Humanist*.

Murken, S. (2002). Religionspsychologie in Deutschland: eine Bestandsaufnahme. *Wege zum Menschen*, 54 (4), 185–196.

Murken (2003). Die Bedeutung von Religiosität und Spiritualität für die Behandlung von Patienten in der psychosomatischen Rehabilitation. In ders., S. Rüddel, U. Laux (Hg.), Spiritualität in der Psychosomatik. Marburg: Diagonal (CD-ROM Tagungsdokumentation) (Sonderdruck im Internet verfügbar, 4).

Murken, S. & Namini, S. (2004). Selbst gewählte Mitgliedschaft in religiösen Gemeinschaften: Ein Versuch der Lebensbewältigung? In C Zwingmann, H. Moosbrugger (Hg.). Religiosität. Münster: Waxmann, 299–316.

Mutschler, H.-D. (2004). Fehlschlüsse des Naturalismus. Ist der Mensch wissenschaftliche erklärbar? *Herder Korrespondenz*, 58 (10), 529–532.

Nauer, D. (2001). Seelsorgekonzepte im Widerstreit. Stuttgart: Kohlhammer.

Nase, E. (1993). Pfisters Analytische Seelsorge. Berlin: de Gruyter.

Nase, E., Scharfenberg, J. (1977). Psychoanalyse und Religion. Einführung, in diess. (Hg.). Psychoanalyse und Religion. Darmstadt: Wissenschaftliche Buchgesellschaft, 3–9.

Nelson, R. D. (2001). Correlation of Global Events with REG Data: An Internet-based, Nonlocal Anomalies Experiment. *Journal of Parapsychology*, 65, 247–271.

Neukom, M. (2004). «Wissenschaftliche« Psychotherapie? Die Ausgangslage der Debatte um die Kriterien der Wissenschaftlichkeit von Psychotherapien in Deutschland und in der Schweiz. *Psychotherapie und Sozialwissenschaft*, 6, 32–47.

Newberg, A., D.Aquili, E., Rause, V. (2003). Der gedachte Gott. Wie Glaube im Gehirn entsteht. München: Piper.

Norcross, J. C. (1987). A Rational and Empirical Analysis of Exsistentiol Psychotherapy. *Journal of Humanistic Psychotherapy*, 27 (1), 41–68.

Nordhausen, F., Billerbeck, L. v. (1997). Psychosekten. Die Praktiken der Seelenfänger. Frankfurt: Fischer.

Nuber, U. (1995). Der Mythos vom frühen Trauma. Über Macht und Einfluß der Kindheit, Frankfurt: Fischer.

Nuber, U. (2003). Dankbarkeit – der Schlüssel zur Zufriedenheit. *Psychologie Heute*, November, 20–25.

Oden, T. (1995). Pastoral Theology. San Francinsco: Haper Collins.

O'Laiore, S. (1997). An experimental study of the effects of distant, intercessory prayer on self-esteem, anxiety, and depression. *Alternative Therapies and Health Medicine*, 3 (6), 38–53.

Oser, F., Bucher, A. (1995[3]). Religion – Entwicklung – Jugend. In R. Oerter, L. Montada (Hg.), Entwicklungspsychologie. Ein Lehrbuch. Weinheim, 1045–1055.

Oser, F., Bucher, A. (2002). Religiosität, Religionen und Glaubens- und Wertegemeinschaften. In R. Oerter & L. Montada (Hg.), *Entwicklungspsychologie*. (S.) (5. Aufl.). Weinheim: BeltzPVU, 940–954.

Ostermann, T., Büssing, A., Matthiessen, P. F. (2004). Pilotstudie zur Entwicklung eines Fragebogens zur Erfassung spiritueller und religiöser Einstellung um des Umgangs mit Krankheit (SpREUK). *Forschende Komplementärmedizin und Klassische Naturheilverfahren*, 11, 346–353.

Otto, R. (1987). Das Heilige. Über das Irrationale in der Idee des Göttlichen und sein Verhältnis zum Rationalen. München: Beck (Original 1917).

Paloutzian, R. F. (1996). Invitation to the Psychology of Religion (2. Aufl.). Boston: Allyn & Bacon.

Paloutzian, R. F. (2003). Psychology *of, and, for, in* and *against* Religion (and Spirituality)?: Pragmatism works. *Psychology of Religion Newsletter*, 28 (2), 17–19.

Pannenberg, W. (1983). Anthropologie in theologischer Perspektive. Göttingen: Vandenhoeck & Ruprecht.

Pargament, K. L. (1997). The Psychology of Religion and Coping. Theory, Research, Practice. New York: Guilford Press.

Pargament, K. (1999). The Psychology of Religion and Spirituality? Yes and No. *The International Journal for the Psychology of Religion*, 9 (1), 3–16.

Pargament, K. (2002). The Bitter and the Sweet: An Evaluation of the Costs and Benefits of Religiousness. *Psychological Inquiry*, 13 (3), 168–181.

Park, C. L. (2003). The Psychology of Religion and Positive Psychology. *Psychology of Religion Newsletter*, 28 (4), 1–8.

Parsons, W. B. (1999). The Enigma of the Oceanic Feeling. New York: Oxford University Press.

Parsons, W. B. (2001). Themes and debates in the psychology-comparativist dialogue. In D. Jonte-Pace & ders. (Hg.). Religion and Psychology. London: Routledge, 229–254.

Peck, M. S. (1986). Der wunderbare Weg. Eine neue Psychologie der Liebe und des spirituellen Wachstums. München: Goldmann.

Peng-Keller, S. (2003). Gottespassion in Versunkenheit. Die psychologische Mystikforschung Carl Albrechts aus theologischer Perspektive. Würzburg: Echter.

Persinger, M. (1997). »I Would Kill in God's Name«: Role of Sex, Weekly Church Attendance, Report of Religious Experience, And Limbic Lability. *Perceptual and Motor Skills*, 85, 128–130.

Petzold, H. G., Orth, I. (1999). Die Mythen der Psychotherapie. Paderborn: Junfermann.

Pfister, O. (1927). Analytische Seelsorge. Göttingen: Vandenhoeck & Ruprecht.

Philipp, T. (1997). Die theologische Bedeutung der Psychotherapie. Eine systematisch-theologische Studie auf der Grundlage der Anthropologie Alexander Mitscherlichs. Freiburg: Herder.

Piaget, J. (1926/1980). Das Weltbild des Kindes. Frankfurt: Ullstein.

Piedmont, R. L. (1999). Does spirituality represent the sixth factor of health? *Journal of Personality*, 67(6), 985–1014.

Platta, H. (1994). New-Age-Therapien pro und contra. Weinheim: Beltz.

Pöhlmann, H. G. (2004). Rezension in der *Theologischen Literaturzeitung*, 129, 438 f.

Pohlen, M. & Bautz-Holzherr, M. (1995). Psychoanalyse – Das Ende einer Deutungsmacht. Reinbek: Rowohlt.

Polak, R. (Hg.). (2002). Megatrend Religion? Neue Religiositäten in Europa. Ostfildern: Schwabenverlag.

Pollack, D. (2000). Wiederkehr des Religiösen? *Sociologica internationalis*, 1, 13–46.

Poloma, M. M., Pendleton, B.F. (1991). The Effect of Prayer and Prayer Experiences on Measures of General Well-Being. *Journal of Psychology and Theology*, 19, 71–83.

Pongratz, L. J. (1983). Hauptströmungen der Tiefenpsychologie Stuttgart: Körner.

Pongratz, L. J. (1984). Problemgeschichte der Psychologie. München: Reinhardt.

Popp-Baier, U. (2000). Religionspsychologie. In J. Straub, A. Kochinka, H. Werbik (Hg.), *Psychologie in der Praxis*. München: dtv, 754–775.

Popp-Baier, U. (2003). Qualitative Methoden in der Religionspsychologie. In C. Henning, S. Murken, E. Nestler (Hg.). Einführung in die Religionspsychologie. Paderborn: Schöningh, 184–229.

Posner, W. (Hg.) (1999). Religiosität und Glaube in der Psychiatrie. Lengerich: Pabst.

Powell, L., Shahabi, L., Thorensen, C. E. (2003). Religion and spirituality: Linkages to physical health, *American Psychologist*, 58, 36–52.

Prinz, W. (2004). Neue Ideen tun Not. *Gehirn & Geist*, 6, 34–35.

Pruyser, P. W. (1972). Die Wurzeln des Glaubens. Bern: Huber (Original New York 1968).

Puchalski, C. M., & Romer, A. L. (2000). Taking a spiritual history allows clinicians to understand patients more fully. Journal of Pallative Medicine, 24, 49–58.

Pyysiäinen I. (2001). How Religion Works. Towards a New Cognitive Science of Religion. Leiden: Brill.

Quincey, C. de (2000). The Promise of Integration: A Critical Appreciation of Ken Wilber's Integral Psychology. In J. Andresen & R. K. C. Forman (Ed.) Cognitive Models and Spiritual Maps. Exeter: Imprint Academic, 177–208.

Quitterer, J. (2004). Die Freiheit, die wir meinen. Neurowissenschaft und Philosophie im Streit um die Willensfreiheit. *Herder Korrespondenz*, 58 (7), 364–368.

Raguse, H. (1993). Psychoanalyse und biblische Interpretation. Stuttgart: Kohlhammer.

Raguse, H. (1994). Der Raum des Textes. Elemente einer transdisziplinären theologischen Hermeneutik. Stuttgart: Kohlhammer.

Rahner, K. (1976). Grundkurs des Glaubens. Einführung in den Begriff des Christentums. Freiburg: Herder.

Rahner, K. (1989). Visionen und Prophezeiungen. Zur Mystik und Transzendenzerfahrung. Freiburg: Herder.

Ramachandran, V. S., Blakeslee, S. (2002). Die blinde Frau, diesehen kann. Ätselhafte Phänomene unseres Bewusstseins. Reinbek: Rowohlt.

Randour, M. L. (Ed.) (1993). Exploring Sacred Landscapes: Religious and Spiritual Experiences in Psychotherapy. New York: Columbia University Press.

Raphael, L. (1996). Die Verwissenschaftlichung des Sozialen. *Geschichte und Gesellschaft*, 22, 165–193.

Rattner, J. (1990). Tiefenpsychologie und Religion. Berlin: Ullstein.

Rauchfleisch, U. (2004). Wer sorgt für die Seele? Grenzgänge zwischen Psychotherapie und Seelsorge. Stuttgart: Klett-Cotta.

Rebell, W. (1988). Psychologisches Grundwissen für Theologen. Göttingen: Vandenhoeck & Ruprecht.

Reich, K. H. (1999). Müssen ReligionspsychologInnen religiös gläubig sein? *Wege zum Menschen*, 51, 496–505.

Reich, K. H. (2003). Spiritualität, Religiosität und Gesundheit. *Forschende Komplementärmedizin und Klassische Naturheilkunde*, 10, 269–275.

Reiter, M. (1991). Pietismus. In G. Jüttemann, M. Sonntag, C. Wulf (Hg.), Die Seele. Ihre Geschichte im Abendland. Weinheim: Beltz, 198–216.

Remele, K. (2001). Tanz um das goldene Selbst? Therapiegesellschaft, Selbstverwirklichung und Gemeinwohl, Graz: Styria.

Renz, M. (2003). Grenzerfahrung Gott. Spirituelle Erfahrungen in Leid und Krankheit. Freiburg: Herder.

Richard, M. (2004). Religiosität als psychische Bindung: Die Struktur «innerer Arbeitsmodelle» von Gottesbeziehung. In C. Zwingmann, H. Moosbrugger (Hg.). Religiosität. Münster: Waxmann, 131–156.

Richards, P. S., Bergin, A. E. (1997). A Spiritual Strategy for Counseling ans Psychotherapy. Washington: APA Books.

Richards, P. S., Bergin, A. E. (1999). Handbook of Psychotherapy an Religious Diversity. Washington: APA Books.

Ricoeur, P. (1969). Die Interpretation. Ein Versuch über Freud. Frankfurt: Suhrkamp.

Rizutto, A. (1996). Psychoanalytic Treatment and the Religious Person. In E. Shafranske (Ed.). Religion and the Clinical Practice of Psychology. Washington: APA Books, 409–432.

Rindermann, H. (2003). Evolutionäre Psychologie im Spannungsfeld zwischen Wissenschaft, Gesellschaft und Ethik. *Journal für Psychologie*, 11 (4), 331–367.

Rose, E, M., Westefeld, J. S., Ansley, T. N. (2001). Spiritual Issues in Counseling: Clients' Beliefs and Preferences. *Journal of Consulting Psychology* 48 (1), 61–71.

Rosenau, H. (1993). Mystik III, systematisch- theologisch. Theologische Realenzyklopädie, Bd. 23.. Berlin. de Gruyter.

Ross T. (2004). Bindung, Selbstregulation und Religion. Bindungstheoretische Interpretation religiösen Verhaltens. *Wege zum Menschen*, 56, 587–591.

Roth, G. (1997). Das Ich und sein Gehirn. München: Beck.

Roth, K. (2004). Wenn Sex süchtig macht. Berlin: Christian Links-Verlag.

Ruff, W. (Hg.). (2002). Religiöses Erleben verstehen. Göttingen: Vandenhoeck & Ruprecht.

Ruhbach, G. (1987). Meditation und Gebet. In ders., Theologie und Spiritualität. Göttingen: Vandenhoeck & Ruprecht, 174–186.

Ruhbach, G. (1996). Geistlich leben. Wege zur einer Spiritualität im Alltag. Gießen: Brunnen.

Seiler, D. (1998). Zum Verhältnis von Psychoanalyse und Religion. *Wege zum Menschen*, 50, 479–485.

Safranski, R. (2002). Religiöse Sehnsucht – Sehnsucht nach Religion. In W. Ruff (Hg.), Religiöses Erleben verstehen. Göttingen: Vandenhoeck & Ruprecht, 11–26.

Safranski, R. (2003). Wie viel Globalisierung verträgt der Mensch? München: Piper.

Sandvoss, E. R. (1996). Sternstunden des Prometheus. Vom Weltbild zum Weltmodell. Frankfurt: Insel.

Santer, H. (2003). Persönlichkeit und Gottesbild. Religionspsychologische Impulse für eine Praktische Psychologie. Göttingen.

Sass, H., Wittchen, H. U., Zaudig, M. (1996). Diagnostisches und statistisches Manual psychischer Störungen, DSM IV, Göttingen.

Saroglou, V. & J.-M. Jaspard (2000). Personality and Religion. From Eysenck«s Taxonomy to the Five-Factor Model. *Archiv für Religionspsychologie*, 23, 41–70.

Scaramelli, G. B. (2001). Wegbegleitung in der mystischen Erfahrung. Würzburg: Echter.

Schäfer, C., Pfeifer, S., Steinberg, G., Heindl B. (2002). Wahnerleben versus religiöses Glaubenserleben. Unveröffentlichtes Poster (vgl. www.sonnenhalde.ch)

Scharfenberg, J. (1968). Sigmund Freud und seine Religionskritik als Herausforderung für den christlichen Glauben. Göttingen: Vandenhoeck & Ruprecht.

Scharfenberg, J. (1985). Einführung in die Pastoralpsychologie. Göttingen: Vandenhoeck & Ruprecht.

Scharfetter (1997). Der spirituelle Weg und seine Gefahren. Stuttgart: Enke.

Scharfetter, C. (2003). Wahn im Spektrum der Selbst- und Weltbilder. Sternenfels: Verlag für Wissenschaft und Praxis.

Scheich, G. (1997). Positivs Denken macht krank. Vom Schwindel mit gefährlichen Erfolgsversprechen. Frankfurt: Fischer.

Scheunpflug, A. (2004). Evolution und Religion. In C. Wulf, H. Macha & E. Liebau (Hg.), Formen des Religiösen. Pädagogisch-anthropologische Annäherungen. Weinheim: Beltz, 96–112.

Simmonds, J. (2004). Heart and Spirit: Research with psychoanalysts and psychoanalytic psychotherapists about spirituality. *The International Journal of Psychoanalysis*, 85, 951–971.

Schleiermacher, F. (1958). Über die Religion. Reden an die Gebildeten unter den Verächtern. Hamburg: Meiner (Original 1799).

Schmidbauer, W. (1998). Vom Umgang mit der Seele. Therapie zwischen Magie und Wissenschaft. München: dtv.

Schmidbauer, W. (1999). Mythos und Psychologie. München: Reinhardt.

Schmidt, M. (1972). Pietismus. Stuttgart: Kohlhammer.

Schmidt, N. (1996). Philosophie und Psychologie. Reinbek: Rowohlt.

Schmidt, S., Buchheld, N., Niemann, L., Grossman, P., Walach, H. (2004). Achtsamkeit und Achtsamkeitsmeditation: Die Erfassung des Konstrukts und seine klinische Bedeutung. In W. Belschner, P. Gottwald (Hg.). Transpersonale Studien. Oldenburg: BIS.

Schmied-Knittel, I., Schteschke, M. (2003). Psi-Report Deutschland. In E. Bauer, M. Schteschke (Hg.). Alltägliche Wunder. Würzburg: Ergon, 16–44.

Schmitz, E. (Hg.). (1992). Religionspsychologie. Eine Bestandsaufnahme des gegenwärtigen Forschungsstandes. Göttingen: Hogrefe.

Schnabel, U., Senker, A. (1997). Wie kommt die Welt in den Kopf? Reise durch die Werkstätten der Bewusstseinsforscher. Reinbek: Rowohlt.

Schneider-Flume, G. (1985). Die Identität des Sünders. Göttingen: Vandenhoeck & Ruprecht.

Schnell, T. (2004). Wege zum Sinn. Sinnfindung mit und ohne Religion – Empirische Psychologie der Impliziten Religiosität. *Wege zum Menschen*, 56 (1), 3–20.

Schnorrenberg, J. (Hg.) (1999). Spiritualität. Orientierung – Klärung – Vertiefung. Frankfurt: Verlag für Akademische Schriften.

Schwertfeger, B. (1998). Der Griff nach der Psyche. Was umstrittene Persönlichkeitstrainer in Unternehmen anrichten. Frankfurt: Campus.

Schowalter, M. et al. (2003). Die Integration von Religiosität in die psychotherapeutische Behandlung bei religiösen Menschen – ein Klinikversuch. *Zeitschrift für Klinische Psychologie, Psychiatrie und Psychotherapie*, 51, 361–374.

Schowalter, M., Murken, S. (2003). Religion und psychische Gesundheit – empirische Zusammenhänge komplexer Konstrukte. In C. Henning, S. Murken, E. Nestler (Hg.). Einführung in die Religionspsychologie. Paderborn: Schöningh, 138–162.

Schraut, B. (2001). Mystische Erfahrung als Erfahrung der Transzendenz aus Sicht der Theologie. *Transpersonale Psychologie und Psychotherapie*, 7 (2), 79–84.

Schreurs, A. (2002). Psychotherapy and Spirituality. Integrating the Spiritual Dimension into Therapeutic Practice. London: Jessica Kingsley.

Schubert, H. von, et al. (1998). Von der Seele reden. Eine empirisch-qualitative Studie über psychotherapeutische Beratung in kirchlichem Auftrag. Neukirchen: Neukirchener Verlagshaus.

Schütz, C. (1992). Spiritualität. In ders. (Hg.), Praktisches Lexikon der Spiritualität. Freiburg: Herder, 1170–1180.

Schumaker, F. J. (Hg.) (1992). Religion and Mental Health. New York: Oxford University Press.

Schwab, K. & Petersen, K. U. (1990). Religiousness: Its relation to loneliness, neuroticism, and subjective well-being. *Journal for the Scientific Study of Religion*, 29, 335–345.

Seefeldt, D. (Hg.). (2000). Spiritualität und Psychotherapie. Lengerich: Pabst.

Seemann, T. E., Dublin, L. F., Seeman, M. (2003). Religiosity/spirituality and health: A critical review of the evidence for biological pathways. *American Psychologist*, 58, 53–63.

Segal, S. (1998). Kollision mit der Unendlichkeit. Bielefeld: Kamphausen.

Seligman, M. (1983). Invited Commentary. *Counseling and Values*, 33, 55–56.

Seligman. M. (2003). Der Glücks-Faktor. Warum Optimisten länger leben. Bergisch Gladbach: Ehrenwirth.

Seligman, M. E. P. & Csikzentmihalyi, M. (2000). Positive psychology: an introduction. *American Psychologist*, 55, 5–14.

Senf, W., Broda, M. (2000). Praxis der Psychotherapie. Ein integratives Lehrbuch. Stuttgart: Thieme.

Sennett, R. (1992). Der flexible Mensch. Frankfurt: Fischer.

Shafranske, E. P. (Ed.) (1996). Religion and the Clinical Practice of Psychology. Washington: APA Books.

Sheldrake, R. (2003). Der siebte Sinn des Menschen. Gedankenübertragung, Vorahnung und andere unerklärliche Fähigkeiten. Bern: Scherz.

317

Sicher, F., Targ, E., et al. (1998). A radomized double-blind study for the effect of distant healing in a population with advanced AIDS. *Western Journal of Medicine,* 169 (6), 356–363.

Silbereisen, R. K., Vaskovics, L. A., Zinnecker, J. (Hg.) (1997). Jungsein in Deutschland. Opladen: Leske & Budrich.

Singer, A. (2003). Pater Willigis Jäger OSB und seine postmoderne Theologie der Religionen. Werkmappe Nr. 89. Wien: Referat für Weltanschauungsfragen der Arbeitsgemeinschaft österreichischer Pastoral- und Seelsorgeämter, 58–84.

Sloan, R. P. et al. (2000). Should Physicians Prescribe Religious Activities? *The New England Journal of Medicine,* 342 (25), 1913–1916.

Sloterdijk, P. (Hg.). (1993). Mystische Zeugnisse aller Zeiten und Völker. München: Diederichs.

Sloterdijk, P. (1997) Chancen im Ungeheuren. Notiz zum Gestaltwandel des Religiösen in der modernen Welt im Anschluss an einige Motive bei William James. In W. James. Die Vielfalt religiöser Erfahrung. Frankfurt: Insel, 11–34.

Söderblom, N. (1926). Das Werden des Gottesglaubens. Leipzig: Hinrichs (schwedisches Original Stockholm 1908).

Soeffner, H.-G., Knoblauch, H. (1999) Todesnähe: Interdisziplinäre Zugänge zu einem außergewöhnlichen Phänomen. Konstanz: Universitätsverlag.

Sommer, R. (1998). Lebensgeschichte und gelebte Religion von Frauen. Eine qualitativ-empirische Studie über den Zusammenhang von biographischer Struktur und religiöser Orientierung. Stuttgart: Kohlhammer.

Smart, N. (1978). Understanding Religious Experience. In S. Katz (Hg.), Mysticsm and Pilosophical Analysis. New York: Oxford University Press, 10–21.

Smith, T. B., McCullough, M. E., Poll, J. (2003). Religiousness und Depression: Evidence for a Main Effect. *Psychological Bulletin,* 129 (4), 614–636.

Snowdon, D. (2001). Lieber alt und gesund. Dem Altern seinen Schrecken nehmen. München: Blessing.

Söling, C. (2002). Der Gottesinstinkt. Bausteine für eine evolutionäre Religionstheorie. http://bibd.uni-giessen.de/gdoc/2002/uni/d020116.pdf

Sperry, L. (2001). Spirituality in Clinical Practice. Incorperating the Spiritual Dimension in Psychotherapy and Counseling. Philadelphia: Brunner-Routledge.

Sperry, L. (2003). Integrating spiritual direction functions in the practice of psychotherapy. *Journal of Psychology and Theology,* 31, 169–192.

Spiegel, Y. (Hg.) (1972). Psychoanalytische Interpretation biblischer Texte. München: Kaiser.

Spilka, B., McIntosh, D. N. (Hg.) (1997). The Psychology of Religion. Theoretical Views. Boulder: Westview.

Spranger, E. (1927). Lebensformen. Geisteswissenschaftliche Psychologie und Ethik der Persönlichkeit. Halle: Niemeyer.

Spranger, E. (1947). Psychologie des Jugendalters. Heidelberg: Quelle & Meyer.

Spranger, E. (1950). Magie der Seele. Tübingen: Francke.

Staehelin, B. (2002). Heilung geschieht von innen. Die Praxis der Christustherapie. Freiburg: Herder.

Steggink, O. (1992). Mystik. In C. Schütz (Hg.). Praktisches Lexikon der Spiritualität. Freiburg: Herder, 904–910.

Stein, M. (2000). C. G. Jungs Landkarte der Seele. Düsseldorf: Patmos.

Steinmeier, A. (1998). Wiedergeboren zur Freiheit. Göttingen: Vandenhoeck & Ruprecht.

Stephenson, G. (1995). Wege zur religiösen Wirklichkeit. Phänomene – Symbole – Werte. Darmstadt: Wissenschaftliche Buchgesellschaft.

Sternberg, E. M. (1998). Unexpected results. *Science,* 280, 1901–1902.

Stiksrud, A. (1992). Wertewandel. In R. Asanger & G. Wenninger (Hg.), Handwörterbuch Psychologie (4. Aufl.). Weinheim: PVU, 848–854.

Stollberg, D. (1969). Mein Auftrag – deine Freiheit. München: Kaiser.

Stolz, F. (Hg.). (1997). Homo naturaliter religiosus. Gehört Religion notwendig zum Mensch-Sein? Bern: P. Lang.

Sudbrack, J. (1988). Mystik, Selbsterfahrung – kosmische Erfahrung – Gotteserfahrung. Mainz: Grünewald.

Sudbrack, J. (1990). Mystische Spuren. Auf der Suche nach der christlichen Lebensgestalt. Würzburg: Echter.

Sudbrack, J. (1998). Religiöse Erfahrung und menschliche Psyche. Zu Grenzfragen von Religion und Psychologie, Heiligkeit und Krankheit, Gott und Satan. Mainz: Grünewald.

Sudbrack, J. (1999). Transpersonale Psychologie und christliche Mystik. In J. E. Schnorrenberg (Hg.). Spiritualität. Frankfurt: Verlag für Akademische Schriften, 113–128.

Sudbrack, J. (2001). Trunken vom Hell-Lichten Dunkel des Absoluten. Dionysios und die Poesie der Gotteserfahrung. Freiburg: Johannes-Verlag.

Sudbrack, J. (2002). Mystik. Sinnsuche und die Erfahrung des Absoluten. Darmstadt: Primus.

Süss, J. (2003). Spirituelle Wege e. V. – Zen und Kontemplation/Würzburger Schule der Kotemplation WsdK/Transkonfssionelle Religiosität. In M. Klöckner, U. Toruschka (Hg.), Handbuch der Religionen, II-3.1. (7. Ergänzungslieferung).

Süss, J. (2003a). Transpersonale Psychologie/transpersonale Bewegung. In M. Klöckner, U. Tworuschka (Hg.), Handbuch der Religionen, IX-15 (7. Ergänzungslieferung).

Süss, J., Pitzer-Reyl, R. (1996). Religionswechsel. Hintergründe spiritueller Neuorientierung. München: Claudius.

Sulmasy, D. P. (2002). A Biopsychosocial-Spiritual Model for the Care of Patients at the End of Life. *The Gerontologist, 42*, Special Issue III, 24–33.

Tacke, H. (1993). Glaubenshilfe als Lebenshilfe. Probleme und Chancen heutiger Seelsorge. 3. Aufl.. Neukirchen: Neukirchener Verlag.

Tan, S. Y. (2003). Religion in Clinical Pracitice: Integrating Spiritual Direction into Treatment. *Journal of Psychology and Theology, 31*, 14–26.

Tangney, J. P. (2000). Humility: theoretical perspectives, empirical findings and directions for future research. *Journal of Social and Clinical Research*, 19, 70–82.

Tarnas, R. (1997). Idee und Leidenschaft. Die Wege des westlichen Denkens. Frankfurt: Fischer (amer. Original 1991).

Tausch, R. (1996). Einsichten und seelische Vorgänge beim religiösen Glauben und bei christlich-ethischen Botschaften. In M. Schlagheck (Hg.), *Theologie und Psychologie im Dialog über die Frage nach Gott*. Paderborn: Bonifatius, 63–104.

Taylor, C. (2002). Die Formen des Religiösen in der Gegenwart. Frankfurt: Suhrkamp.

Terwey, M. (2003). Kirchen weiter auf der Verliererstraße – Inferno und Aberglauben im Aufwind? *ZA-Information* (Zentralarchiv für Empirische Sozialforschung), 52, 93–119.

Theissen, G. (1983). Psychologische Aspekte paulinischer Theologie. Göttingen: Vandenhoeck & Ruprecht.

Theissen, G. (2005). Psychologische Exegese (Themenheft). *Evangelische Theologie*, 65 (2).

Thiede, W. (2002). 150 Jahre parapsychologische Forschung. *Materialdienst der EZW*, 63 (10), 289–303.

Thierfelder, C. (1998). Gottes-Repräsentanz. Kritische Interpretation des religionspsychologischen Ansatzes von Ana-Maria Rizzuto. Stuttgart. Kohlhammer.

Thomä, H., Kächele, H. (1988). Lehrbuch der psychoanalytischen Therapie. Bd. 1. Stuttgart: Thieme.

Thomas, A. (Hg.). (2003). Psychologie interkulturellen Handelns (2. Aufl.). Göttingen: Hogrefe.

Thomas K. (1979). Religionspsychopathologie. In G. Condrau (Hg.) Transzendenz, Imagination und Kreativität (Die Psychologie des 20. Jahrhunderts, Bd. XV. 125–129). Zürich: Kindler.

Thomas, M. (2000). Ärger mit der Religion? Religiosität, Aggressionshemmung und experimentelle Ärgerinduktion – eine explorative Studie. Marburg: Tectum.

Thurneysen E. (1948). Die Lehre von der Seelsorge. München: Kaiser.

Thurneysen, E. (1978). Rechtfertigung und Seelsorge. In F. Wintzer (Hg.): Seelsorge. München: Piper, 73–94.

Tillich, P. (1962). Der Mut zum Sein. Stuttgart: Steingrüben.

Tournier, P. (1947). Technik und Glaube. Tübingen: Furche.

Tournier, P. (1977). Psychoanalyse und Seelsorge. In V. Läpple, J. Scharfenberg (Hg.) (1977). Psychotherapie und Seelsorge. Darmstadt: Wissenschaftliche Buchgesellschaft, 215–224.

Tournier, P. (1979). Bibel und Medizin. Heilung aus biblischer Schau. Bern: Humata.

Tolle, E. (1998). Die Kraft der Gegenwart. Bielefeld: Kamphausen.

Troll, P. (2000). Reise ins Nichts. Geschichte eines Erwachens. Bielefeld: Kamphausen.

Tsuang, M. T., Williams, W. M., Simpson, J. C., Lyons, M. J. (2002). Pilot Study of Spirituality and Mental Health in Twins. *American Journal of Psychiatry*, 159 (3), 486–488.

Uden, M. van, Pieper, J. Z. T. (2000). Religion in Mental Health Care: Psychotherapists' Views. *Archiv für Religionspsychologie*, 23, 264–277.

Utsch, M., Fisseni; H.-J. (1991). Religiosität. In W. D. Oswald et al. (Hg.). Gerontologie. Stuttgart: Kohlhammer, 480–493.

Utsch, M. (1992). Sinnfindung im Alter. Beiträge aus der Psychologie V. E. Frankls. In A. Niederfranke, U. M. Lehr (Hg.). Altern in unserer Zeit. Heidelberg: Quelle & Meyer, 69–80.

Utsch, M. (1992a). Religiosität im Alter. *Zeitschrift für Gerontologie*, 25, 25–31.

Utsch, M. (1998). Religionspsychologie: Voraussetzungen, Grundlagen, Forschungsüberblick. Stuttgart: Kohlhammer.

Utsch, M. (1998a). Religionspsychologie zwischen Wissenschaft und Weltanschauung. In C. Henning & E. Nestler (Hg.), Religion und Religiosität zwischen Theologie und Psychologie. Frakfurt: Lang, 117–130.

Utsch M. (1999). Meine Heimat ist im Himmel. Motive und Hintergründe religiös-spiritueller Selbst-Vergewisserung. *Zeitschrift für Individualpsychologie*, 24 (4), 342–354.

Utsch, M. (2000). Geht die Osho-Bewegung im alternativen Gesundheitsmarkt auf? *Materialdienst der EZW*, 63 (7), 238–240.

Utsch, M. (2001). Vier Versprechen der Psychoszene. In R. Hempelmann u. a. (Hg.), Panorama der Religiosität, Gütersloh: Gütersloher Verlagshaus, 95–204.

Utsch, M. (2002). Psychotherapie und Spiritualität. Unterschiede zwischen wissenschaftlicher und weltanschaulicher Lebenshilfe. Berlin: EZW-Texte 166.

Utsch, M. (Hg.) (2002a). Erfolg, Optimismus, Gewinn. Erfolgstrainer, Motivationstrainer und Strukturvertriebe auf dem Prüfstand. Berlin: EZW-Texte 164.

Utsch, M. (2003). Transpersonale Psychologie und christlicher Glaube: Gemeinsames und Trennendes. In ders./Johannes Fischer (Hg.), Im Dialog über die Seele. Transpersonale Psychologie und christlicher Glaube. Münster: Lit-Verlag, 153–164.

Utsch, M. (2004). Religiosität und Spiritualität. In A. E. Auhagen (Hg.). Positive Psychologie. Anleitung zum «besseren» Leben. Weinheim: BeltzPVU, 67–85.

Utsch, M. (2005). Was weiß die Psychologie von der Seele? Psychotherapie & Seelsorge 1, 5–11.

Utsch, M., Fischer, J. (Hg.) (2003). Im Dialog mit der Seele. Christlicher Glaube und Transpersonale Psychologie. Münster: Lit-Verlag.

Varela, F., Thomson, E. Rosch, E. (1994). Der mittlere Weg der Erkenntnis. Der Brückenschlag zwischen wissenschaftlicher Theorie und menschlicher Erfahrung. München: Goldmann.

Vaughan, F. (1991). Spiritual issues in psychotherapy. *Journal of Transpersonal Psychology*, 23, 105–119.

Vaughan, F., Wittine, B., Walsh, R. (1996). Transpersonal Psychology and the Religious Person. In E. Shafranske (Ed.). Religion and the Clinical Practice of Psychology. Washington: APA Books, 483–510.

Ven, J. van der (1994). Entwurf einer empirischen Theologie. Kampen.

Vergote, A. (1970). Religionspsychologie. Olten: Walter (Original Brüssel 1966).

Vergote, A. (1992). Religionspsychologie. Evangelisches Kirchenlexikon, Bd. 3. Göttingen: Vandenhoeck & Ruprecht, 1587–1592.

Vitz, P. (1994). Der Kult ums eigene Ich. Psychologie als Religion. Gießen: Brunnen (amerik. Original Michigan 1994²).

Vogel, K. (1999). Wie ein Psychokult funktioniert. Düsseldorf: Patmos.

Vorbrodt. G. (1895). Psychologie des Glaubens. Zugleich ein Appell an die Verächter des Christentums unter den wissenschaftlich interessierten Gebildeten. Göttingen: Vandenhoeck & Ruprecht.

Wagner, F. (1986). Was ist Religion? Studien zu ihrem Begriff und Thema in Geschichte und Gegenwart. Gütersloh: Gütersloher Verlagshaus.

Wahl, H. (1985). Narzißmus. Von Freuds Narzißmustheorie zur Selbsttheorie. Stuttgart: Calwer.

Wahl, H. (1994). Glaube und symbolische Erfahrung. Freiburg: Herder.

Wahl, H. (1999). Glaube und symbolische Erfahrung. *Wege zum Menschen*, 51, 447–462.

Wahl, H. (2000). Selbst- und objektbeziehungstheoretische Überlegungen zur Religions- und Pastoralpsychologie. In M. Bassler (Hg.), Psychoanalyse und Religion. Stuttgart: Kohlhammer, 67–91.

Walach, H. (2002). Komplementärmedizin – subtiler Materialismus? Oder: die Frage nach dem Bewusstsein. *Forschende Komplementärmedizin und Klassische Naturheilkunde*, 9, 265–268.

Walach, H. (2003a). Generalisierte Quantumtheorie: Eine theoretische Basis zum Verständnis transpersonaler Phänomene. In W. Belschner, L. Hofmann, H. Walach (Hg.). Auf dem Weg zu einer Psychologie des Bewusstseins. Oldenburg: BIS, 13–46.

Walach, H. (2003). Transpersonale Psychologie – Chancen und Probleme. In M. Utsch, J. Fischer (Hg.). Im Dialog über die Seele. Transpersonale Psychologie und christlicher Glaube. Münster 53–76.

Walach, H., Jonas, W.B., & Lewith, G.T. (2002). The role of outcomes research in evaluating compementary and alternative medicine. *Alternative Therapies*, 8 (3), 88–95.

Walch, S. (2002). Dimensionen der menschlichen Seele. Transpersonale Psychologie und holotropes Atmen. Düsseldorf: Walter.

Wallmann, J. (2002). Philipp Jakob Spener und die Mystik. In D. Meyer, U. Sträter (Hg.), Zur Rezeption mystischer Traditionen im Protestantismus des 16. und 19. Jahrhunderts. Köln: Rheinland-Verlag, 129–148.

Walsh, R. N (1990). The Spirit of Shamanism. Los Angles: Tarcher.

Walter, G. (1955). Phänomenologie der Mystik. Olten: Walter.

Weber, M. (1973). Gesammelte Aufsätze zur Religionssoziologie. Tübingen: Mohr.

Weber. S., Frick, E.(Hg.) (2002). Zur Bedeutung der Spiritualität von Patienten und Betreuern in der Onkologie. In Tumorzentrum München. Manual Psychoonkologie. München: Zuckschwert Verlag, 106–109.

Weenholsen, P. (1988). Transcendence of loss over the live-span. New-York: Hemisphere.

Weidemann, D. & Straub, J. (2000). Psychologie interkulturellen Handelns. In J. Straub, A. Kochinka, H. Werbik (Hg.), *Psychologie in der Praxis*. München: dtv, 830–855.

Weimer, M. (2001). Psychoanalytische Tugenden. Pastoralpsychologie in Seelsorge und Beratung. Göttingen: Vandenhoeck & Ruprecht.

Weingardt, B. (2003) … wie auch wir vergeben unsern Schuldigern. Stuttgart: Kohlhammer.

Weis, H.-W. (1998). Exodus ins Ego. Therapie und Spiritualität im Selbstverwirklichungsmilieu. Düsseldorf.

Weis, H.-W. (2001). Ken Wilbers Transpersonale Systemspekulation – eine kritische Auseinandersetzung. *Transpersonale Psychologie und Psychotherapie*, 7 (2), 20–32.

West, W. (2000). Psychotherapy and Spirituality, Crossing the Line beteween Therapy and Religion. London: Sage.

Westen, D., Novotny, C., Thomson-Brenner, H. (2004). The Empirical Status of Empirically Supported Psychotherapies. *Psychological Bulletin*, 130, 631–663.

White. J. (Hg.) (1988). Was ist Erleuchtung? Freiburg: Bauer (amerik. Original 1978).

Wiegand, R. (1995). Sozialpsychologie. In R. Brunner, M. Tietze (Hg.), Wörterbuch der Individualpsychologie, München: Reinhardt, 466 f.

Wiethaus, U. (1996). Ecstatic Transformation. Transpersonal Psychology in the Work of Mechthild of Magdeburg. New York: P. Lang.

Wiggermann, K. F. (2000).Spiritualität. In Theologische Realenzyklopädie, Bd. 31, 708–717.

Wilber, K. (1998). Naturwissenschaft und Religion. Frankfurt: Krüger.

Wilber, K. (2001). Integrale Psychologie. Freiamt: Arbor.

Wilber, K. (2001a). Einfach »Das«. Tagebuch eines ereignisreichen Jahres. Frankfurt: Fischer.

Wilber, K., Ecker, B., Anthony, D. (1998). Meister, Gurus, Menschenfänger. Über die Integrität spiritueller Wege. Frankfurt: Fischer.

Wilson Schaef, A. (1995). Mein Weg zur Heilung. München: dtv.

Winkler, K. (1995). Zur neueren psychoanalytischen Religionspsychologie. *Pastoraltheologie*, 84, 3–14.

Winkler, K. (1997). Seelsorge. Berlin: de Gruyter.

Winkler, K. (2000). Pastoralpsychologie und Psychoanalyse – Gemeinsames und Trennendes. In Bassler, M. (Hg.). Psychoanalyse und Religion. Stuttgart: Kohlhammer, 92–106.

Winkler (2000 a). Psychoanalyse und Religion. *Wege zum Menschen*, 52 (4), 177–186.

Wirsching, M. (1998). Jenseits vom Schulenstreit. Entwicklungen heutiger Psychotherapie. Frankfurt: Fischer.

Wirtz, U. (2003). Die spirituelle Dimension der Traumatherapie. *Transpersonale Psychologie und Psychotherapie*, 9 (1), 7–15.

Wirtz, U., Zöbeli, J. (1995). Hunger nach Sinn. Menschen in Grenzsituationen – Grenzen der Psychotherapie. Zürich: Kreuz.

Wiseman, R.; Greening, E., Smith, M. (2003). Belief in the paranormal and suggestion in the seance room. *British Journal of Psychology*, 94 (3), 285–297.

Wit, H. de (1993). Kontemplative Psychologie. Neue Einsichten und Erfahrungen aus religiösen Quellen. Gütersloh: Gütersloher Verlagshaus.

Wohlgemuth, M. (2001). Bewegung in der Seelsorge – und in der Vikarsausbildung? *Pastoraltheologie*, 90, 22–29.

Wohlrab-Sahr, M. (2004). Die Sektion Religionssoziologie in der Deutschen Gesellschaft für Soziologie. Ein Profil. *Praktische Theologie*, 39 (1), 37–42.

Wolff, G (1989). Solus Christus. Wurzeln der Christusmystik bei Gerhard Tersteegen. Gießen: Brunnen.

Worthington, E. L., Kurusu, T. A., MCCullough, M. E., Sandage, S. J. (1996). Empirical Research on Religion and Psychotherapeutic Processes and Outcomes: A Ten-Year Review and Research Prospectus. *Psycholocical Bulletin* 119 (3), 448–487.

Worthington, E. L., Sandage, S. J. (2001). Religion and Spirituality. *Psychotherapy* 38 (4), 473–478.

Worthington, E. L., Sandage, S. J. (2002). Religion and Spirituality in Psychotherapy. In J. C. Norcross (Ed.). Psychotherapy Relationships that Work. New York: Oxford University Press, 371–387.

Wullf, D. (1985). Psychological Approaches. In F. Whaling (Ed.), Contemporary Approaches to the Study of Religion. Vol. II: The Social Sciences. New York: Mouton, 21–87.

Wulff, D. (1991). Psychology of Religion. Classic and Contemporary Views. New York: John Wiley.

Wulff, D. M. (1997). Psychology of Religion. Classic and Contemporary (2. Aufl.). New York: John Wiley.

Wulff, D. (2000). On the current status of the psychology of religion in the United States. In C. Henning, E. Nestler (Hg.), Religionspsychologie heute. Frankfurt: Lang, 14–26.

Wulff, D. (2000a). Mystical Experrience. In E. Cardena, S. J. Lynn, S. Krippner (Hg.). Varieties of Anomalous Experience: Examining the Scientific Evidence. Washington: APA, 397–440.

Wulff, D. M. (Ed.). (2005). Handbook of the Psychology of Religion. New York: Oxford University Press.

Wundt, W. (1915). Völkerpsychologie. 6. Bd.: Mythus und Religion. Leipzig: Kröner.

Wyss, D. (1982). Die anthropologisch-existenzialontologische Psychologie. In H. Balmer (Hg.). Geschichte der Psychologie, Bd. 1. Weinheim: Beltz, 437–569.

Wyss, D. (1991). Psychologie und Religion. Untersuchungen zur Ursprünglichkeit religiösen Erlebens. Würzburg: Königshausen & Neumann.

Yahne, C. E. & Miller, W. R. (1999). Evoking hope. In R. W. Miller (Ed.), Integrating Spirituality in Counseling and Psychotherapy. Theory and Technique. Washington: APA, 217–234.

Zaehner, R. (1960). Mystik: Religiös und profan. Olten: Walter.

Zafar, H. (2000). Du kannst nicht fließen, wenn dein Geld nicht fließt. Reinbek: Rowohlt.

Zapf, J. (1989). Christliche Mystik. In E. Zundel, B. Fittkau (Hg.). Spirituelle Wege und Transpersonale Psychologie. Paderborn: Junfermann, 109–126.

Zellner, L. (1995). Gottestherapie. Befreiung von dunklen Gottesbildern. München: Kaiser.

Zepf, S., Hartmann, S. (2003). Einige Anmerkungen zur epistemischen Struktur der Diagnostik und Behandlung in der Humanmedizin und der Psychotherapie. *Journal für Psychologie*, 11, 413–419.

Ziemer, J. (2000). Seelsorgelehre. Göttingen: Vandenhoeck & Ruprecht.

Zimmerling, P. (2002). Zinzendorf als Herausforderung für heutige Seelsorge. International *Journal of Practical Theology*, 6, 104–120.

Zimmerling, P. (2003). Evangelische Spiritualität. Wurzeln und Zugänge. Göttingen: Vandenhoeck & Ruprecht.

Zinnbauer, B. J., Pargament, K. I. (2000). Working with the sacred: Four approaches to religious and spiritual issues in counseling. *Journal of Counseling and Development*, 78, 162–171.

Zinser, H. (1988). Religionspsychologie. In H. Cancik, B. Gladigow, M. Laubscher (Hg.), Handbuch religionswissenschaftlicher Grundbegriffe, Bd. Stuttgart: Calwer,

Zinser, H. (1997). Der Markt der Religionen. München: Fink.

Zorn, F. (1977). Mars. München: Fischer.

Zulehner, P. M., Hager, I., Polak, R. (2001). Kehrt die Religion wieder? Religion im Leben der Menschen 1970–2000. Ostfildern: Schwabenverlag.

Zulehner, P. M., Denz, H. (2001). Die europäische Seele. Leben und Glauben in Europa. Wien: Czernin-Verlag.

Polak (Hg.) (2001). Megatrend Religion. Ostfildern: Schwabenverlag.

Zwingmann, C. (2004). Spiritualität/Religiosität und das Konzept der gesundheitsbezogenen Lebensqualität. In ders., H. Moosbrugger (Hg.). Religiosität: Messverfahren und Studien zu Gesundheit und Lebensbewältigung. Münster: Waxmann, 215–238.

Zwingmann, C., Moosbrugger, H. (Hg.). (2004). Religiosität: Messverfahren und Studien zu Gesundheit und Lebensbewältigung. Münster: Waxmann.

Stichwortverzeichnis

A

Alternativmedizin 136, 236
Anamnese 214 f., 217, 248
Angst 22
Anthropologie 31, 76, 120
Aufklärung 41, 49, 52, 163

B

Begleitung, spirituelle 93
Begleitung, geistliche 155
Beichte 68, 84, 152, 155
Beratung 230
Bewältigungshilfe 161
Bewältigungsstrategien 157
Bewältigungsverhalten 28
Bewusstseinszustand 92, 188, 194
Bindungstheorie 78, 87

D

Deutung 10, 18 f., 22, 98, 105
Deutungsmacht 52
Dialog 8, 47, 64, 101, 111, 121, 123

E

Entwicklungspsychologie 116
Entwicklungsstufen 27
Erfahrung 10, 20 f., 27, 32, 115
Erleben 10, 18
Erlebnisse 29
Ethik 228
Evolutionstheorie 103, 106

F

Fallbeispiel 156, 160, 231
Fortschritt 38
Fortschrittsoptimismus 24

Fundamentalismus 64, 66, 119

G

Gebet 158, 167
Gebetsheilung 107
Gerontologie 32, 175
Gesundheit 170, 172, 213
Gesundheitsforschung 159, 188
Gesundheitspsychologie 78
Gewissen 43, 211
Glaube 39, 144, 152, 187
Glauben 157, 230
Glaubensentwicklung 67, 152, 154
Glaubensüberzeugung 12, 20, 25 f., 43,
    79, 114, 118, 189, 203, 245
Globalisierung 45, 58, 123
Glück 180
Gottesbegegnung 11, 93, 232
Gottesbeziehung 14, 29, 66 f., 127, 150,
    154, 175
Gottesbild 38, 67, 80, 115, 156, 159, 175,
    183, 199, 209, 223
Gotteserfahrung 23

H

Heil 177, 247
Heilbehandlung 94
Heiligen 29, 34
Heiligen Geist 142, 193, 252
Heilung 177, 247
Herzinfarkt 158, 171
Humanistische Psychologie 53, 56, 90, 95,
    110, 138, 143

I

Ideologie 110, 112, 137 ff.
Illusion 25
Individualisierung 35, 53, 56

Individualpsychologie 84

K

Krankheitsbewältigung 32, 73, 165
Krise 23 f.
Kultur 34, 52, 54, 83, 133, 224

M

Machbarkeit 107, 138, 155
Meditation 246, 248
Meditationsforschung 79
Menschen 105
Menschenbild 49, 52, 54, 76, 81, 88, 108,
  111, 119, 143, 152
Messinstrumente 196
Moderne 36 f., 39
Mystik 15 f., 19, 23, 118, 129, 144, 193 f.,
  211

N

Neurobiologie 11
Neurotheologie 100

O

Objektbeziehungstheorie 87

P

Parapsychologie 96
Passung 23
Pastoralpsychologie 148, 186
Pathologisierung 22
Persönlichkeitseigenschaft 187
Persönlichkeitsentwicklung 67, 156
Persönlichkeitsstruktur 12, 30
Pietismus 14, 39, 144, 204
Placebo(effekt) 136, 228
Pluralisierung 117, 123
Pluralismus 122, 137, 253
Positive Psychologie 178, 210
Positives Denken 179
Postmoderne 44, 47, 123
Psi-Erfahrungen 36
Psi-Phänomene 96, 186
Psychoanalyse 59, 61, 75, 83, 86, 127,
  140, 147
Psychoboom 135
Psychodesign 49, 51, 54, 139, 155, 177

Psychoszene 139 f.

Q

qualitative (Religions)Forschung 70, 201

R

Realitätsprüfung 15, 113, 116, 152
Religion 18, 24 f., 30, 35, 48, 187, 233
Religionskritik 41
Religionspädagogik 186
Religionspsychologie 26, 61 f., 69, 128,
  181, 192, 224
Religionssoziologie 60, 126, 176, 196
Religionswissenschaft 21, 77
religiös-spirituelle Intervention 214, 221,
  248
religiöse Erfahrungen 233
religiöse Erlebnisse 9, 14
religiöse Wirklichkeit 11
Religiosität 26, 187
Ressource 26 f., 117, 181, 201, 215, 226,
  245
Ritual 33, 41, 63, 68, 176, 212, 230

S

Säkularisierung 35, 40, 45 f.
Salutogenese 78, 182
Säuglingsforschung 88, 127
Schulmedizin 240
Seele 29, 53, 59 f., 92 f., 139, 144
Seelsorge 144, 146, 150
Sekte 238
Sinn 24, 42
Sinndeutungen 55
Sinnerfüllung 31
Sinnfindung 79, 110, 117, 123, 253
Sozialisation 161, 214, 229
Spiritualität 22, 33, 63, 132, 187, 193
Standpunkt 13, 24, 35, 45, 100, 229
Stressbewältigung(smodell) 62, 73, 79, 226
Suchttherapie 189

T

Theologie 21, 53, 57 ff., 65, 76 f., 86, 142
Transpersonale Psychologie 90, 99, 224
Transzendenz 27, 29 f., 32 f., 40, 65, 76,
  81, 120, 182, 186, 191, 212

V

Vergebung 172, 218

W

Wahn 22
Wahrheitsfrage 45, 77
Weisheit 80
Weltanschauung 9, 30, 38, 42, 55, 64, 85, 109, 111 f., 163, 216

Weltbild 18, 47, 74, 82, 92, 101, 105 f., 114, 119, 164, 174, 243
Weltflucht 161
Werte 44, 45
Werthaltungen 215
Wirklichkeit 14 f., 26, 28, 58, 116 f., 124, 141, 168
Wissenschaftsglaube 41
Wissenschaftstheorie 106

Harald Walach

Psychologie

Wissenschaftstheorie,
philosophische Grund-
lagen und Geschichte
Ein Lehrbuch

*2005. 376 Seiten mit
21 Abb. und 6 Tab. Kart.*
€ 38,–
ISBN 3-17-018467-9

Das Buch zeigt auf, welche historischen Entwicklungen zur Psychologie geführt haben, welche
philosophischen Grundthemen in ihr neu vereinigt
und verhandelt werden und welche wissenschaftstheoretischen Strömungen innerhalb der Psychologie aufgegriffen worden sind. Geistes- und
naturwissenschaftliche Ansätze, hermeneutische
und analytische, gehören beide zu einem vollstän-
digen Verständnis von Psychologie als Wissenschaft. Der Autor entwirft schlüssige Perspektiven
für eine genuine Wissenschaftstheorie der Psychologie. Das Werk ist als ein grundlegendes Lehrbuch
für Studierende konzipiert, das darüber hinaus auch
anderen Fachvertretern, die über die Grundlagen
ihres Tuns nachdenken wollen, nützlich sein wird.

▶ **www.kohlhammer.de**

W. Kohlhammer GmbH · 70549 Stuttgart
Tel. 0711/7863 - 7280 · Fax 0711/7863 - 8430